1 MONTH OF
FREE
READING

at

www.ForgottenBooks.com

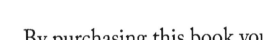

By purchasing this book you are
eligible for one month membership to
ForgottenBooks.com, giving you
unlimited access to our entire
collection of over 1,000,000 titles via
our web site and mobile apps.

To claim your free month visit:

www.forgottenbooks.com/free1283978

ISBN 978-0-364-92468-6
PIBN 11283978

Zeitschrift

für

Rechtspflege und Verwaltung

zunächst

für das Königreich Sachsen.

Neue Folge Dreiundzwanzigster Band.

Herausgegeben

von

Dr. Theodor Tauchnitz
Appellationsrath in Leipzig

und

Dr. Alfred Du Chesne
Oberappellationsrath in Dresden.

Verlag von Bernhard Tauchnitz

Leipzig 1863.

Archiv

für die

Sächsische Geschichte.

Bald wird sich ein halbes Jahrhundert erfüllt haben, seit in Deutschland eine neue Aera für nationale Geschichtsforschung und Geschichtsschreibung begonnen hat. Von Jahr zu Jahr ist der Eifer und der Fleiß in Aufsuchung von Urkunden und Quellenschriften, Prüfung ihres Ursprungs, ihrer Aechtheit, ihrer Glaubwürdigkeit gewachsen. Was Oestreich, Preußen und Bayern, ja was selbst kleinere Staaten wie Baden, Hessen-Darmstadt, Oldenburg, Frankfurt a. M., Hamburg, Lübeck für die Quellen ihrer Specialgeschichte gethan haben und noch thun, ist bekannt: mit Freuden können wir hinzufügen, daß auch Sachsen jenen Bestrebungen sich angeschlossen hat. Durch die hochherzige Bewilligung der erforderlichen Mittel von Seiten der Stände des Landes, ist die Füglichkeit erlangt worden, eine Sächsische Urkundensammlung (Codex diplomaticus) erscheinen zu lassen, für deren Veröffentlichung unter oberster Leitung Sr. Excellenz, des Herrn Staatsministers von Falkenstein, bereits seit einiger Zeit durch den Herrn Oberbibliothekar Hofrath Dr. Gersdorf die Vorarbeiten begonnen worden sind. Allein es kommt nicht bloß darauf an, Urkunden zu sammeln, sie müssen auch benutzt und so zu sagen lebendig gemacht werden: an Kräften dazu fehlt es gewiß nicht, wohl aber an einem Centralpunkt, in welchem die den Quellen entnommenen Schätze geborgen, vor planloser Zerstreuung geschützt, auch dem größern Publicum zugänglich gemacht und der sichtenden Kritik freigegeben werden. So mancher ernste Forscher — wir wissen es — verschließt die Ergebnisse gründlicher Erörterungen in seinem Schreibtisch, weil er nicht in der Lage ist, sie auf seine Kosten zu veröffentlichen und kein Organ findet, dem er sie anvertrauen könnte. Da soll nun „das Archiv für die Sächsische Geschichte," dessen Herausgabe jetzt unter wohlwollender Fürsorge des Herrn Staatsministers von Falkenstein unternommen wird, anregend und vermittelnd seine Dienste bieten. Allerdings besteht sonach ein enger Zusammenhang zwischen der obengedachten Quellensammlung und diesem Archiv. Jene bildet gleichsam den Grund des Gebäudes, dieses soll die einzelnen Bausteine bearbeitet aufnehmen und so wird es möglich werden, einen festgegründeten und auch in seinen einzelnen Theilen harmonisch gearbeiteten Bau, — ohne Bild — eine quellenmäßig bearbeitete Geschichte Sachsens herzustellen, so wird es möglich werden, nach und nach auch das größere Publicum mit den reichen Schätzen unserer vaterländischen Geschichte, mit der Geschichte unseres Regentenhauses — eines der ältesten und ehrwürdigsten —, unserer Städte, unserer Familien, unserer gesammten Cultur vertraut zu machen, dadurch aber die wahre, nicht auf Phraseologie, sondern auf wohlgegründete Ueberzeugung ruhende Vaterlandsliebe zu befestigen.

Sachsen ist klein; aber seine Geschichte ist groß; sie hängt so innig zusammen mit der gesammten Geschichte unseres Deutschen Vaterlandes, daß diese nur dann vollständig sein kann, wenn Sachsens Geschichte gründlich behandelt wird und insofern hoffen wir, soll das Unternehmen nicht nur im engern, sondern auch im weitern Vaterland freudig begrüßt und kräftig unterstützt werden. Eine neue Zeit für die Geschichtswissenschaft hat begonnen, man fühlt es, daß um Geschichte zu schreiben, die Quellen studirt sein wollen; daß es nicht genügt, einzelne Ereignisse aus willkührlichem Standpunkt beleuchtet, zu schildern, sondern daß vor allem eine gründliche, unbefangene, überall den Zusammenhang des Einzelnen mit dem Ganzen festhaltende Darstellung erforderlich ist. Wohl haben wir auch in Sachsen aus älterer Zeit treffliche Arbeiten, denen tüchtige Bestrebungen zu Grunde liegen, wie die Arbeiten Horns, Schöttgens, Kreysigs, Hasche's, Schultes', Weiße's u. s. w., aber theils fehlte es damals, wenn nicht an dem Wollen, so doch an der Füglichkeit, die Archive und andere Hülfsquellen, so wie es nöthig ist, zu benutzen, theils scheiterten diese Versuche an dem Mangel einer schnell und kräftig eintretenden Theilnahme des Publicums. Auch darin ist die Zeit eine andere geworden; überall öffnen sich die Archive, in denen so reiche Schätze verborgen sind und allenthalben reicht man sich freundlich die Hand, um Gemeinsames zu erstreben. Groß und ernst, wie unsere Zeit ist, nimmt die Mehrzahl der Gelehrten regen Theil an Allem, was Geschichte heißt; denn man verlangt gründlich erörtert zu sehen: wie das geworden, was ist, um daraus zu lernen, was noch zu thun übrig bleibt, damit an der Hand der Forschung eine schönere Zukunft herbeigeführt werde.

Diesem Streben, diesen Bedürfnissen der Gegenwart zu dienen, ist auch das Archiv für die Sächsische Geschichte bestimmt und es wird sich daher in Form und Inhalt den gleiches Ziel verfolgenden Zeitschriften anschließen. Es soll sowohl Abhandlungen und Aufsätze, wie Miscellen und kleine Mittheilungen enthalten. Ihr Inhalt soll die Geschichte des Landes im Allgemeinen und in den einzelnen Theilen (der Städte, Klöster, Familien u. s. w.), die Geschichte der Regenten, des Volks, der Sitten und der Cultur umfassen. Deshalb werden auch Beiträge zur Kunde der Landessprache und ihrer Eigenthümlichkeiten, zur Geschichte des Handels, des Gewerbes und der Landwirthschaft, des Bergbaues und Münzwesens, zur Kriegs=, Kunst= und Gelehrtengeschichte willkommen sein, und ebenso Lebensbeschreibungen hervorragender Sachsen, mögen sie im engern Vaterlande oder auswärts sich ausgezeichnet haben, ihren Platz finden können.

Für die Behandlung des Materials muß als Grundsatz festgehalten werden, daß die Grundlage wissenschaftlich sei und daß die Bearbeitung des Gegenstandes auf historischer Basis ruhe und neue Gesichtspunkte biete. Meinungen politischen Principienstreites und Polemik des kirchlichen Glaubensbekenntnisses sind unbedingt von dieser Zeitschrift fern zu halten. Das Archiv soll nicht zu bloß vorübergehender Unterhaltung dienen, sondern dem Geschichtsforscher beachtenswerthes Material und dem Geschichtsfreund anregenden und belehrenden Stoff bieten.

Möge unser Streben Beifall und thätige Theilnahme finden. Die echte Vaterlandsliebe muß zu handeln wissen, wenn es gilt; hier gilt es thätig zu sein für ein Unternehmen, gegründet zu Ehren des Sächsischen Vaterlandes; unsere Hoffnung wird uns nicht täuschen.

Leipzig und Dresden, im Juli 1862.

Dr. Wilhelm Wachsmuth.
Dr. Karl von Weber.

———————————

Den Verlag des **Archives für die Sächsische Geschichte** hat die unterzeichnete Buchhandlung übernommen. Jährlich erscheint ein Band von vier Heften; jedes Heft wird 6 bis 7 Bogen enthalten und zum Preise von ½ Thlr. — einzeln abgegeben.

Beiträge werden, wenn es Originalaufsätze sind, mit Sechszehn Thalern pro Druckbogen von 16 Seiten honorirt, abschriftliche Mittheilungen nach Verhältniß geringer. Die Zusendungen werden unter der Adresse des Verlegers erbeten.

Das erste Heft wird zu Michaelis erscheinen; alle Buchhandlungen und Postämter übernehmen Bestellungen.

Bernhard Tauchnitz.

I.

Vom Vergleiche über Alimente.

Vom Herrn Geheimfinanzrathe, Ritter ꝛc. Dr. B. Emminghaus
in Weimar.

Die Lehre vom Alimenten-Vergleiche ist von einer nicht geringen Anzahl angesehener älterer Juristen, und mit besonderer Rücksicht auf die früher schon darin hervorgetretenen Controversen namentlich von Donell,[1]) von dessen Schüler Scipio Gentilis,[2]) von Arnold Vinnius[3]) und von Gerhard Noodt[4]) fleißig durchforscht worden. Später dagegen hat sie ein ähnliches reges Interesse bei den Rechtslehrern keineswegs mehr zu erwecken vermocht; der Eifer für diese Lehre ist bedeutend erkaltet, ja man ist auffallend gleichgültig gegen sie geworden. Die meisten neueren Hand- und Lehrbücher beschränken sich darauf, über den Alimentenvergleich nur das Allernothwendigste beizubringen; und wie von einander abweichend auch zum großen Theile die Ansichten immer noch sind, welchen man in dieser Materie huldigt, so wenig Neigung zeigt sich doch, auf eine wünschenswerthe gründliche Er-

---

1) In Commentar. ad Titul. C. de pactis et transactionib. Col. Agripp. 1574.

2) In De alimentis libr. singulari ad orationem D. Marci. Francof. 1600.

3) In Tractat. V. de pactis, jurisdictione, collationibus, transactionibus et quaestionib. juris selectis. edit. 4. Rotterodam. 1664. Cap. VI. de transactionib.

4) In Tractat. de pactis et transactionib. (in Oper. omn. Col. Agrippin. 1732. Tom. I. p. 462, 7.)

örterung der streitig gebliebenen Punkte weitere Mühe zu verwenden und einer erschöpfenden Discussion sie zu unterziehen.

In dem Nachstehenden wollen wir versuchen, zur Erledigung
der hauptsächlichsten jener Streitfragen Einiges beizutragen.

§. I.

Fest steht nach römischem Rechte, daß gemeinhin kein Vertrag, mittelst dessen der Anspruch auf den ferneren Bezug eines
letztwillig oder sonst auf Grund einer Verfügung auf den Todesfall Jemandem, sei es auf die ganze Lebenszeit, sei es für einen
gewissen Lebensabschnitt, ausgesetzten Unterhaltes, oder eines nicht
bereits fällig gewordenen Theiles eines solchen, gegen Empfang
einer statt dessen zu gewährenden Aversional-Abfindung aufgegeben
wird, zu Recht besteht, es hätte denn das zuständige Gericht dieses
Uebereinkommen nach vorhergegangener vorschriftmäßiger Prüfung
ausdrücklich genehmigt und gutgeheißen.   Dahin lautet bekanntlich ein zur Zeit der Alleinherrschaft des Marcus Aurelius
Antoninus (Philosophus) von diesem Kaiser, nicht unwahr-
scheinlich auf Anrathen des Juristen Cervidius Scävola,[5]
veranlaßter Senatsbeschluß, dessen von Ulpian herrührender aus-
giebiger Commentar in L. 8. D. de transactionib. 2, 15. uns
aufbewahrt ist.

Ein angefallenes Alimentenvermächtniß vor erfolgter Annahme,
so gut wie jedes andere Legat, auszuschlagen, steht nun dem Honorirten unstreitig frei; er ist dabei an keine richterliche Zustimmung,
überhaupt an keine bestimmte Form gebunden. — Wie aber,
wenn er dem Anspruche auf den Fortbezug der ihm ausgesetzten
Alimente entsagt, ohne sich irgend eine Gegenleistung vom Onerirten dafür auszubedingen, — wenn er auf den letztwillig ihm
zugewendeten, bisher bezogenen Unterhalt für die Zukunft einfach
Verzicht leistet? Bedarf es zur Gültigkeit dieses Actes der Dazwischenkunft des Richters und der richterlichen Bestätigung?

Die Rechtslehrer der neueren Zeit berühren diese allerdings
manchem Zweifel unterliegende Frage überhaupt nur selten, pflegen

---

5) S. Joann. Mulleri (Praes. Nicol. Hieronym. Gundling)
D. singularia de transactionum stabilitate et instabilitate Capita.
Hal. 1719. §. XIV. u. Rudorff, Röm. Rechtsgeschichte. Bd. I. §. 72. p. 186.
Note 46.

sie aber, wo sie ihrer nicht, wie z. B. Valett,[6] als einer „be=
strittenen" bloße Erwähnung thun, sondern zugleich eine bestimmte
Meinung darüber äußern, schlechthin verneinend zu beantworten.
So z. B. v. Wening-Ingenheim[7], Bezug nehmend auf einige
ältere Autoritäten, freilich aber im Widerspruche mit der entgegen=
stehenden früheren „communis opinio," die, auf die Glosse ge=
stützt, noch von Cujacius[8] vertreten ward, und noch im
17. Jahrhundert namentlich an Martin Colerus,[9] sowie an
Johann Peter Surdus[10] lebhafte Vertheidiger gefunden hat.

Dem Wortlaute nach redet das schon erwähnte Senatusconsult,
soviel der Eingang der L. 8.[11] ergiebt, lediglich von einem
Vergleiche über Alimente, und es wird daselbst als Anlaß zu
der beim Alimentenvergleiche für nöthig erkannten Mitwirkung
des Prätors der aus der Erfahrung entlehnte Satz bezeichnet, daß
Leute, die mit Alimenten letztwillig bedacht worden, nur allzu ge=
neigt seien, mit einem an Statt der Alimente vom Onerirten
ihnen dargebotenen geringen Bauschquantum vorlieb zu nehmen.

Offenbar bezweckte also wohl das Senatusconsult die Abwen=
dung der nachtheiligen Folgen, denen der Alimentar bei, bei Ge=
schäften dieser Art häufigen und leicht möglichen, Uebereilungen
und Uebervortheilungen ausgesetzt sei.

Halten wir uns nun an das, fast in jedem der 25 Para=
graphen der L. 8. wiederkehrende, Wort: transactio, an den
kundgegebenen Anlaß und an den naheliegenden, auch von Ul=
pian im §. 10.[11a] und im §. 11.[11b] nicht unbeutlich aner=

---

6) Im Lehrbuch des prakt. Pandekten=Rechts. Bd. II. §. 588. Note 9.

7) Im Lehrb. des Gemeinen Civil=Rechts. 2. Aufl. Bd. II. Buch III.
Cap. V. §. 196 unter 4.

8) ad L. 8. D. de transactionib. verb. „alimentorum".

9) In Tractat. de alimentis Libr. III. Lps. 1672. Lib. II. Cap. VIII.
p. 629. sq.

10) In Tractat. de alimentis. Francof. ad Moen. 1625. Tit. VIII.
Privil. LVI. num. 19. p. 369.

11) Cum hi, quibus alimenta relicta erant, facile transigerent,
contenti modico praesenti; Divus Marcus oratione in Senatu recitata
effecit, ne aliter alimentorum transactio rata esset, quam
auctore Praetore facta. Solet igitur Praetor intervenire, et inter
consentientes arbitrari, an transactio, vel quae admitti debeat.

11a) verb. „ex modo fides transactionis aestimabitur."

11b) verb. „tunc enim apparebit, num quid circumvenire velit
eum, cum quo transigit."

kannten Zweck der neuen gesetzlichen Vorschrift, so ist ein Grund, aus welchem beim einfachen Verzichte auf letztwillig ausgesetzt erhaltene noch unbetagte Alimente der Richter die Hand einzuschlagen haben sollte, schwerlich abzusehen.

Wer, angelockt durch die Aussicht auf den alsbaldigen Genuß eines bereiten kleinen Vermögens, — auf den gewissen Besitz eines, wenn auch nur mäßigen, doch sofort verfügbaren Sümmchens, sich versucht fühlt, den Anspruch auf einen künftigen Unterhalt, rücksichtlich dessen es, wie lange er der Perception sich zu erfreuen haben werde, bei der Ungewißheit der Dauer jedes Menschenlebens, jedenfalls gleich ungewiß ist, fahren zu lassen, wird dabei immerhin darauf ausgehen, seine Lage zu verbessern, aus dem, obwohl gewagten, Geschäfte einen Vortheil zu ziehen. Auch mochte ein solches Geschäft, bei dessen Abschlusse es stets zweifelhaft ist, welchem der Contrahenten dasselbe Gewinn oder Verlust bringen werde, füglich ein Vergleich genannt und als solcher aufgefaßt werden.

Einem dem soeben angedeuteten entgegengesetzten Triebe, einer erfahrungsmäßig bei den Menschen ungleich seltener sich regenden Neigung würde dagegen derjenige folgen, welcher zu einem unentgeltlichen Aufgeben seines Alimentationsanspruches, also zu einer reinen Liberalität, sich herbeiließe. Mit einiger Ueberlegung verschenkt so leicht Niemand etwas, was ihm zur eignen Lebensnothdurft unentbehrlich sein könnte, und gewiß werden allenthalben zumeist nur mehr oder minder Bedürftigen Alimente legirt werden. Thorheit und Leichtsinn können zwar in Rom wie anderwärts auch zu Verzichtleistungen der hier fraglichen Art hin und wieder geführt haben. Aber nur wenn in Rom erweislich die Sitte geherrscht hätte, vorzugsweise Leute vom Schlage des Clitipho, bei Terenz, [12]) oder vom Gelichter des

---

12) Heautontimorum. V. 2.
    "Chremes. Quid me incusas, Chlitipho?
    — — — tibi prospexi et stultitiae tuae.
    Ubi te vidi animo esse omisso — — —
    Cepi rationem, ut neque egeres, neque ut haec posses perdere.
    Ubi, cui decuit primo, tibi non licuit per te mihi dare,
    Abii ad proximos, tibi qui erant; eis commisi et credidi.
    Ibi tuae stultitiae semper praesidium erit. —
    Victus, vestitus, quo in tectum te receptes."

aus Martial[13]) bekannten, neben der väterlichen Affenliebe so er-
götzlich von ihm gegeißelten Philomusus mit Alimentenver-
mächtnissen zu beglücken, würde Grund vorgelegen haben, die
Alimentenvermächtnißnehmer rücksichtlich jeder eine Veräußerung
involvirenden Verfügung, die sie über ein solches Vermächtniß
treffen könnten, unter die Vormundschaft des Prätors zu stellen.
Unserem Senatsbeschlusse lag dieß indeß insofern und insoweit
sicher fern, als derselbe, wie gesagt, nur zu dem Transacte über
Alimente die richterliche Genehmigung erfordert, — nicht also
auch zu einem Acte der bloßen Freigebigkeit, der als solcher niemals
unter den Begriff des Transactes fällt, — und mit einem Vergleiche, welcher ja, ohne daß jeder der contrahirenden Theile
etwas zu geben, zu thun oder zu unterlassen sich verpflichtet,[14])
juristisch gar nicht zu denken ist, irgend etwas gemein hat.

Damit widerlegt sich dann zugleich ein Theil der aufgestellten
Gegengründe ganz von selbst. Die Gegner[15]) meinen zunächst
darauf aufmerksam machen zu müssen, daß, wollte man die Zulässigkeit eines ohne Hinzutritt der richterlichen Bestätigung erfolgten
Verzichtes auf letztwillig zugewiesene Alimente statuiren, das Senatusconsult zum Nachtheile nicht blos des Verzichtleistenden, sondern auch zum Nachtheile derjenigen Dritten, denen im Falle
dessen Hülfsbedürftigkeit des Verzichtleistenden Ernährung obliege,
umgangen und so die Absicht des Gesetzgebers würde vereitelt
werden können. Hiermit wird dem Gesetzgeber eben eine Absicht
untergelegt, die aus dem Gesetze selbst nirgends erhellt. Nicht um
die Wahrung des Interesses etwaiger anderer Alimentationspflich-
tiger kann es dem Senatsbeschlusse zu thun gewesen sein; denn so
wenig das Senatusconsult dergleichen dritten Personen Mittel an
die Hand gegeben hat, den Honorirten an der Ausschlagung des
Alimentenvermächtnisses zu hindern, eben so wenig ist ersichtlicher

---

13) Epigrammat. L. III. epigr. 10.
 Constituit, Philomuse, pater tibi millia bina
  Menstrua, perque omnes praestitit illa dies,
 Luxuriam premeret cum crastina semper egestas,
  Et vitiis essent danda diurna tuis.
 Idem te moriens heredem ex asse reliquit: —
  Exheredavit te, Philomuse, pater.
14) C. 38. C. de transactionib. 2, 4. Transactio nullo dato, vel
retento, seu promisso, minime procedit.
15) Colerus, l. l. u. Surdus, l. l.

Weise darin Fürsorge getroffen worden, sie gegen Uebereinkünfte
des Legatars mit dem Onerirten sicher zu stellen, welche einen für
dieselben widrigen Erfolg äußern könnten. In der L. 8. [16]) sind
alle erdenklichen Umstände genau angegeben, welche der Richter,
bevor er das von dem Alimentationsberechtigten mit dem Onerir=
ten zu treffende Uebereinkommen genehmigt, zu erörtern und
gewissenhaft zu erwägen hat; keiner dieser Umstände deutet aber
auch nur entfernt auf das etwaige Vorhandensein eines anderen
Alimentationspflichtigen hin oder auf eine einem solchen Dritten
zugewendete Fürsorge. Nur den Vermächtnißnehmer nimmt das
Senatusconsult in seinen Schutz; aber auch diesen blos bei der
Eingehung eines Rechtsgeschäfts mit dem Onerirten, bei welchem
er bezüglich des ihm in Aussicht gestellten Vortheils einer mög=
licher Weise seine künftige Subsistenz gefährdenden Täuschung
ausgesetzt ist. Hat nun das Gesetz die richterliche Bestätigung
nur für ein solches, immerhin für beide Theile oneroses, Geschäft
erheischt, so ist in dem Abschlusse eines anders gearteten Ge=
schäfts, dessen Gültigkeit von einer Mitwirkung des Richters ge=
setzlich nicht abhängig gemacht ist, eine Gesetzesumgehung nimmer=
mehr zu erblicken. Ohnehin verbietet ja das Gesetz nicht schlecht=
hin, sich ohne richterliche Mitwirkung über letztwillig ausgesetzte,
nicht bereits betagte Alimente zu vergleichen, versagt vielmehr dem
nicht legal darüber abgeschlossenen Vergleiche blos den Rechts=
schutz, im Falle dieser dafür angerufen werden würde.

---

16) §. 8. Vult igitur oratio, apud Praetorem de istis quaeri: in pri-
mis de causa transactionis; dein de modo; tertio de persona transi-
gentium. §. 9. In causa hoc erit requirendum, quae causa sit transi-
gendi: sine causa enim neminem transigentem audiet Praetor. Causae
fere hujusmodi solent allegari: si alibi domicilium heres, alibi alimentarius habeat: aut si destinet domicilium transferre alter eorum: aut si
causa aliqua urgeat praesentis pecuniae (!): aut si a pluribus ei alimenta relicta sint, et minuatim singulos convenire difficile ei sit. ——
—— §. 10. Modus quoque pecuniae, quae in transactionem venit, aesti-
mandus est: utputa quantitas transactionis, —— —— Modus autem
pro aetate ejus, qui transigit, arbitrandus est, et valetudine: nam alias
cum puero, alias cum juvene, alias cum sene transigi palam est: con-
stat enim alimenta cum vita finiri. §. 11. Sed et personarum
contemplatio habenda est: hoc est, cujus vitae sint hi, quibus alimenta
relicta sunt: utrum frugi vitae hi sunt, qui alias sufficere sibi possint,
an sequioris, qui de alimentis pendeant. In persona ejus, a quo alimenta
relicta sunt, haec erunt specienda: in quibus sunt facultatibus etc.

Man hat ferner behauptet, es sei bei dem Senatusconsult im Grunde auf die Fürsorge für die Heilighaltung des vom Erblasser ausgesprochenen Willens, welchem der Legatar durch die Annahme des Legates sich unterworfen habe, abgesehen; [17]) hätte der Erblasser dem Vermächtnißnehmer die freie Verfügung über die legirte Sache einräumen wollen, so würde er nicht Alimente, sondern sofort durch die Annahme des Legates in das Eigenthum des Vermächtnißnehmers übergehende Gegenstände ihm ausgesetzt haben: [18]) somit liege in jedem Alimentenvermächtnisse ein stillschweigendes Veräußerungsverbot, an welches der Senatsbeschluß den Alimentar gebunden erkläre. In dem Gesetze selbst findet sich auch dafür nirgends ein bestimmter Anhalt. Es ist jene Behauptung wohl gewiß um so mehr eine bloße Hypothese, als sie die Frage: wie es außerdem zu rechtfertigen, daß dem Richter das Recht eingeräumt sei, von dem Veräußerungsverbote unter Umständen zu dispensiren? ungelöst ließe.

Vollends unerfindlich erscheint die Berufung der Gegner auf den §. 17. L. 8. cit. [19]), welcher nicht, wie Colerus [20]) irrthümlich annahm, von einer Schenkung handelt, die der Alimentenvermächtnißnehmer ohne Zustimmung des Prätors rechtsgültig nicht machen dürfe, sondern blos daran erinnert, daß der Prätor nur das Interesse des Vermächtnißnehmers beim Alimentenvergleiche zu wahren berufen, keineswegs aber befugt sei, für denselben etwas dabei zu verschenken.

Von scheinbar größerem Gewichte ist das Bedenken, welches man aus §. 15. der L. 8. cit. [21]) herleitet. Nicht einmal ein zur Sicherheit der ausgesetzten Alimente bestelltes Unterpfand soll,

---

17) Francisc. Duarenus, Disputation. anniversarior. Libr II. (Colon. Agripp. 1573.) Cap. XLIV. Vinnius, l. l. §. 3. Noodt, l. l. p. 463. S. auch Schweppe, Röm. Rechtsgeschichte, 2. Ausg. §. 501.

18) Donellus, l. l. sub nrs. 17. 18. u. 19.

19) Si Praetor aditus, citra causae cognitionem, transigi permiserit, transactio nullius est momenti: Praetori enim ea res quaerenda commissa est, non negligenda vel donanda.

20) l. l. p. 629.

21) Si uni pluribusve fundus ad alimenta fuerit relictus, velintque eum distrahere: necesse est Praetorem de distractione ejus, et transactione arbitrari. ———Idem est et si ager fuerit in alimenta obligatus: nam nec pignus ad hoc datum inconsulto Praetore poterit liberari.

wie Ulpian hier lehrt, ohne Zustimmung des Prätors rechtsgültig aufgegeben werden können. Noch viel weniger, — so folgern
die Gegner, [22] — bestehe ein Verzicht auf den Fortbezug der Alimente selbst zu Recht, wenn ihn nicht der Richter nach vorhergegangener causae cognitio bestätigt habe. Offenbar behandle
der §. 15. ein Rechtsgeschäft als unter das Gesetz fallend, welches Geschäft den Character eines Vergleiches überall nicht an
sich trage; demnach müsse der in L. 8. häufig gebrauchte Ausdruck: transactio und transigere daselbst in einer ungewöhnlichen,
weiteren, das pactum remissorium mit umfassenden Bedeutung
genommen worden sein.

Mit diesen Folgerungen steht indeß, — was aus dem Obigen
klar geworden sein dürfte, der übrige Inhalt der L. 8. im Widerspruche. Schwerlich zwar läßt sich der aus §. 15. cit. entlehnte
Einwand, mit Cocceji, [23] durch Hinweisung darauf beseitigen,
daß jeder Legatar blos die Macht habe, das ihm ausgesetzte Vermächtniß entweder ganz auszuschlagen, oder dem Willen des
Erblassers pünktlichst nachzuleben; welches letztere Seiten des Ali-
mentenvermächtnißnehmers eben nicht geschehe, wenn er auf ein
solches Pfandrecht verzichte. Es gebricht dieser Behauptung, die
auch Cocceji näher zu begründen nicht versucht hat, an einer gesetzlichen Stütze. Ein Legat zu dem einen Theile zu acceptiren,
zu einem andern zurückzuweisen, ist allerdings unstatthaft. [24]
Allein über ein schon erworbenes Vermächtniß kann der Legatar
wie pro toto, so auch pro parte, ungehindert frei verfügen; und
wenn schon die Regel, daß Vermächtnisse gemeinhin sofort im Momente des Anfalles auch erworben werden, beim Alimentenvermächtnisse insofern eine Ausnahme erleidet, als vermachte Alimente, soweit sie erst in Zukunft und wenn der Legatar diese erlebt,
fällig werden, als blos bedingt legirt, mithin als noch nicht erworben anzusehen sind; [25] so schließt dieß doch nicht aus, daß der

---

22) Colerus, l. l.

23) Jus civil. controvers. edit. Emminghaus, Tom. I. Libr. II.
Tit. XV. Qu. VII. 5. fin. p. 272.

24) L. 38. D. d. legat. et fideicommiss. I. L. 4. L. 6. pr. L. 23. L. 38.
L. 58. D. eod. II.

25) L. 4. D. de annuis legat. 33, 1. Si in singulos annos alicui
legatum est, Sabinus, cujus sententia vera est, plura legata esse ait,
et primi anni purum, sequentium conditionale: videri enim hanc

Legatar die ihm ausgesetzten Alimente auf die Zeit, die er durch=
lebt, auch sofort erwirbt. Wohl haftet nun das zu Gunsten eines
Alimentenlegates constituirte Unterpfand auch für die noch erst
künftig fällig werdenden Alimente. Inzwischen müßte es, —
stände §. 15. cit. nicht entgegen, — dem Legatar troßdem gestat=
tet sein, dem Pfandrechte rechtsgültig zu entsagen, da ja außer
ihm selbst an dem Fortbestehen desselben Niemand ein rechtliches
Interesse hat und auch für ihn das Pfandrecht nur von Nußen
sein kann rücksichtlich solcher Alimente, die entweder schon fällig
geworden sind, aber noch zurückstehen, oder in Zukunft, — vor=
ausgesetzt, daß er sie erlebt, — fällig werden.

Unseres Erachtens verhält sich die Sache einfach so: der in cit.
§. 15. von Ulpian aufgestellte, hier in Bezug genommene Satz be=
ruht, nicht minder als der demselben unmittelbar vorhergehende,[26]
wonach die Mitwirkung des Prätors auch bei der Auseinandersetzung
mehrerer Legatarien unter einander über Alimente, die ihnen ge=
meinschaftlich ausgesetzt sind, lediglich auf Interpretation. An
diese, das Senatusconsult, soweit dessen Inhalt bekannt ist, erwei=
ternde, Interpretation sind wir, da ihr Justinian durch die
erfolgte Aufnahme in die Digesten seine Sanction ertheilt hat,
gebunden. Allein dabei wird sich streng an die von ihr sich selbst
bestimmten Grenzen zu halten, und vor Generalisirungen, die nur
bei anerkannten allgemeinen Rechtssätzen zulässig erscheinen, sorg=
fältig zu hüten sein. Unbeschadet der im §. 15. enthaltenen Aus=
nahmsbestimmung werden wir daher mit Binnius[27] zu sagen
haben: „Gratis de futuris alimentis citra Praetorem pacisci
licet, quia pactio nullibi prohibetur, sed tantummodo transactio, quae prohibitio, quum sit contra regulas juris communis, non est producenda ad consequentiam. Visum, testatoris
voluntatem conservari ei, qui liberalitate ejus uti vellet, non
ei, qui contemneret. Unusquisque quod sibi relictum est, re-
pudiare potest. In pacto simplici cessat ratio, quae in trans-

---

inesse conditionem, si vivat, et ideo mortuo eo, ad heredem legatum
non transire.

26) Sed si pluribus fundus ad alimenta fuerit relictus, et hi inter
se transigant: sine Praetoris auctoritate facta transactio rata esse
non debet.

27) l. l. §. 21. Der nämlichen Ansicht sind auch Donellus, l. l. sub
no. 9., Gentilis, l. l. cap. IV., Noodt, l. l. p. 462.

actione cognitionem Praetoris desiderat, ne scilicet alimentarius circumveniatur: neque enim, qui ultro remittit, decipi
videri potest, sed facile decipitur, qui pro alimentis aliquid
accipit et mavult aliquid praesens habere, quam singulis
annis particulam.".

§. II.

Kürzer können wir uns faſſen bei der bis auf die neueſte
Zeit gleichfalls beſtritten geweſenen Frage: ob nach römiſchem
Rechte der Vergleich über vertragsmäßig bedungene Alimente
den nämlichen Beſchränkungen, wie der Vergleich über einen letztwillig ausgeſetzten Unterhalt unterliege, — ob es mithin dabei,
soweit es ſich nicht von bereits verfallenen noch unerhobenen Alimenten handelt, der richterlichen causae cognitio und hinzutre-
tenden Beſtätigung ebenfalls bedürfe?

Behauptet wurde dieß u. A. von Claproth,[28] und noch
ohnlängſt von Mühlenbruch,[29] — welcher Letztere aber mit
Unrecht Noodt als Gewährsmann anführt; denn gerade Noodt
iſt, mit der großen Mehrzahl der älteren[30] und neueren[31] Rechtslehrer, entſchieden der entgegengeſetzten[32] Meinung zugethan.

28) In: Rechtswiſſenſchaft von freiwilligen Gerichtshandlungen, §. 188.
Nr. 1. S. 365.

29) Lehrbuch des Pandekten-Rechts, §. 477. bei Note 6.

30) Insbeſondere Duarenus, l. l. Donellus, l. l. nr. 21. Gentilis, l. l. cap. X. Vinnius, l. l. §. 13. Colerus, l. l. cap. II. §. 51 sq.
de Cocceji, l. l. p. 271. 5. exc. 2. Voet, Commentar. ad Pandect.
Lib. II. Tit. XV. §. 14.

31) So Emminghaus, ad Cocceji Jus Controvers. l. l. not. X.
Glück, Erläuterung der Pandekten, Bd. V. §. 353. S. 52 f. Gotthelf
Benjamin Redlich, D. de transactionib. (Lps. 1824.): §. IV. p. 18 seq.
Sintenis, Pract. gemein. Civilrecht, Bd. II. §. 107. 8. 482. Not. 43. Freih.
von Holzſchuher, Theorie und Caſuiſtik des gemeinen Civilrechts, 2. Aufl.
Bd. III. S. 962. unter zu 7) und indem ſie die L. 8. D. cit. nur auf letztwillige
Alimente für anwendbar halten, Schweppe-Mejer, Röm. Privatrecht.,
Bd. III. §. 522. p. 377. bei Note 2. und Bd. V. §. 923. a. E.   Puchta, Lehrb.
der Pandekten, §. 294.   Seuffert, Pract. Pandektenrecht, 3. Aufl. §. 372.
Arndts, Lehrb. der Pandecten, 2. Aufl. §. 269. S. 405.

32) „Prohibet oratio" — ſagt Noodt, l. l. p. 463. — „transactionem alimentorum, nec tamen omnium, sed relictorum imprimis. — —
Quod si contractibus inter vivos constituta alimenta, et de his fiat
transactio, corrumpit alimentarius tantum jus — quod ipse sibi acquisi-
vit; nocet igitur sibi, sicut prodest, non repugnante oratione."

In der That scheint nun eine ihrem Wortverstande nach vollkommen deutliche Coderstelle, — die c. 8. C. de transactionib. 2, 4. — die von Claproth und von Mühlenbruch ausschließlich für sich angezogen wird —, für die bejahende Ansicht zu sprechen. Ganz allgemein heißt es daselbst: „De alimentis praeteritis si quaestio deferatur, transigi potest. De futuris autem sine Praetore seu Praeside interposita transactio nulla auctoritate juris censetur." Allein außer und neben diesem Ausspruche Gordian's kommt hier die im §. 2. L. 8. D. eod. enthaltene, nicht minder deutliche Aeußerung Ulpian's in Betracht: „Plane de alimentis, quae non mortis causa donata sunt, licebit et sine Praetore auctore transigi," und daß nach dem Eingange der L. 8., sowie nach den den obigen vorhergehenden Worten des §. 2. „Haec oratio pertinet ad alimenta, quae testamento vel codicillis fuerint relicta, sive ad testamentum factis sive ab intestato. Idem erit dicendum et si mortis causa donata fuerint relicta: vel ab eo, cui mortis causa donata sunt relicta" das mehrerwähnte Senatusconsult lediglich den Transact über Alimente, die auf den Todesfall hinterlassen waren, zum Gegenstande hatte. Sollte es nun in Justinian's Absicht gelegen haben, das Digestenrecht durch die Einverleibung des Gordianschen Rescripts in den Coder abzuändern? Nach bekannten Regeln der Auslegung [83] darf dieß im Zweifel nicht angenommen werden. Die Kaiser pflegten ihren Rescripten und Decreten für gewöhnlich das geltende gemeine Recht zum Grunde zu legen. Das wird auch Gordian hier gethan haben, wie man sich leicht überzeugt, wenn man, was gewiß unbedenklich ist, davon ausgeht, daß dem Kaiser ein Fall zur Entscheidung vorlag, in welchem ein Vergleich über letztwillige noch nicht betagte Alimente in Frage stand. Ein solcher Vergleich, — rescribirte der Kaiser, — gilt, nach dem bestehenden Rechte, nur, dafern ihn der Richter bestätigt hat; über schon betagte und noch rückständige Alimente dagegen mag man ohne richterliche Bestätigung gültig transigiren. Dieser letztere Rechtssatz war in den Pandekten so klar und entschieden noch nirgends ausgesprochen, und dieß allein hat muthmaßlich Justinian bewogen, dem Gordianschen Rescripte eine

_____

83) Thibaut, Theorie der logischen Auslegung, 2. Ausg. §. 88. S. 161 ff.

Stelle im Coder einzuräumen. An andere, als letztwillig ver-
mächte Alimente darf man bei denen, von welchen c. 8. cit. handelt, so wenig denken, als bei dem Vergleiche über Alimente,
dessen die L. 7. §. 2. D. de transactionib. [34]) erwähnt, obschon
auch dort, und selbst in pr. L. 8. D. eod. verb.: „ne aliter alimentorum transactio rata esset, quam auctore Praetore", ganz
allgemein von Transacten über Alimente die Rede ist.

Mit gutem Grunde neigt sich daher auch die Rechtssprechung
der Gegenwart [35]) immer mehr der verneinenden Beantwortung
der obigen Streitfrage zu. Denn wenngleich z. B. das Ober-
Appell.-Gericht zu Celle in einem Erkenntnisse vom Jahre
1837 [36]) sie bejaht hatte, so nahm dieses oberste Tribunal doch in
einem mehrere Jahre jüngeren Urtheile [37]) die entgegengesetzte Meinung an. Die Motive eines Dresdener Ober-Appell.-Ger.-
Erkenntnisses vom Jahre 1849 [38]) sagen: die c. 8. C. sei, wie
aus der L. 8. D. erhelle, lediglich von solchen zukünftigen Alimenten zu verstehen, die in einem Testamente hinterlassen worden
seien, und in einem Erkenntnisse des obersten Gerichtshofes zu
Cassel aus dem Jahre 1854 [38a]) kommt ebenfalls die Bemerkung
vor: die abstracte Fassung der c. 8. beabsichtige nicht eine Erweiterung des Pandektenrechtes; ihre wahre Bedeutung müsse aus
dem Digestenrechte erklärt werden.

---

34) verb. „ut inde sit et dictum et rescriptum circa alimentorum
transactionem" etc. S. auch L. 23. §. 2. D. de condict. indebiti, 12, 6.

35) In Ländern nämlich, wo das gemeine Recht gilt. Denn nach dem
Landrechte für die Preußischen Staaten (Thl. I. Tit. XVI. §. 412.) z. B.
sind Vergleiche über künftige Alimente überhaupt nur gültig, wenn sie unter
Bestätigung des persönlichen Richters des zu Verpflegenden abgeschlossen wer-
den, während dagegen das Oesterreichische allgem. bürgerl. Gesetzbuch (und
ebenso der Entwurf eines bürgerl. Gesetzbuches für das Königreich
Sachsen vom Jahre 1850) selbst zu dem Vergleiche über letztwillige dergleichen
Alimente die richterliche Bestätigung nicht erfordert.

36) Bei Seuffert, Archiv für oberstrichterliche Entscheidungen, Bd. V.
Nr. 285. S. 386.

37) Ebendas. Bd. XI. Nr. 39. S. 52.

38) In Ackermann, Rechtssätze aus Erkenntnissen des Königl. Ober-
Appell.-Ger. zu Dresden (Dresd. u. Leipz. 1849.) Nr. 177. S. 254.

38a) In Seuffert's Archiv Bd. X. Nr. 263. S. 380 f.

§. III.

Eine gleichfalls in unser Gebiet einschlagende Controverse, und in mehr als einer Beziehung leicht die interessanteste von allen, bildet endlich die Frage: ob auch Alimente, die auf Grund unmittelbarer gesetzlicher Vorschrift zu verabreichen sind, unter die obenerwähnten römischrechtlichen Bestimmungen fallen, oder nicht?

Allgemein giebt man zu, daß hierüber die L. 8. D. de transactionib. direct sich nicht ausspreche, indem sie eben nur der durch letzte Willensordnung oder durch Schenkung auf den Todesfall hinterlassenen, und, im Gegensatze dazu, der unter Lebenden geschenkten Alimente ausdrückliche Erwähnung thut. Auch die c. 8. C. handelt, wie wir gesehen haben, richtig verstanden, blos von letztwilligen Alimenten. Gleichwohl halten seit Glück[39] viele Neuere dafür, eine aus der L. 8 abzuleitende Analogie rede der Anwendbarkeit der darin enthaltenen, den Alimentenvergleich beschränkenden Vorschriften auf gesetzliche Alimente das Wort. So namentlich Thibaut,[40] Günther,[41] Reblich,[42] Wening-Ingenheim[43] und, zugleich mit Rücksicht auf die allgemeine Fassung der c. 8., von Holzschuher.[44]

Zunächst steht es aber mit dieser Analogie selbst ziemlich mißlich. Sie würde für zutreffend oder für nicht zutreffend zu erkennen sein, je nachdem man der L. 8. den einen oder den anderen Grund, die eine oder die andere Absicht unterlegte. Hätte der Gesetzgeber mit der L. 8. wirklich bezweckt, die Aufrechthaltung und getreuliche Erfüllung heilsamer letztwilliger Anordnungen durch den Prätor überwacht zu sehen, so wäre eine solche Analogie sicher nicht gerechtfertigt. Es würde beim Vergleiche über gesetzliche Alimente an einer Gleichheit des Grundes gänzlich fehlen, da bei diesem Vergleiche weder eine auf Spendung einer Wohlthat ge-

---

39) a. a. O. S. 53 f.

40) a. a. O.

41) Principia jur. Romani privati. Tom. II. §. 1150. p. 885. not. g.

42) a. a. O. p. 19. bei Note 82.

43) a. a. O. Note b.

44) a. a. O. — wo aber Schweppe unrichtig als gleichgesinnt genannt wird. S. Denselben an den angef. Orten und Bd. IV. §. 642. unter III. Mühlenbruch stützt (a. a. O. Bd. I. §. 211. a. E.) seine mit der Glück'schen übereinstimmende Meinung auch hier wieder lediglich auf c. 8. C. de transact.

richtete Absicht eines Privaten, noch ein letzter Wille, dessen Ver=
eitelung abzuwenden wäre, in Frage käme.   Anders allerdings,
wäre die richterliche Bestätigung beim Vergleiche über letztwillige
Alimente für nöthig gehalten worden, weil, wenn ein solcher Ver=
gleich der Willkühr der Contrahenten überlaffen bliebe, Nachtheil
für den Staat, für das Gemeinwesen erwachsen müßte.   Dieser
von Glück und Anderen vertheidigten Ansicht hält jedoch Sin=
tenis [45]) entgegen, daß sie dem bestehenden Rechte schwerlich ent=
spreche, welches beim Vergleiche über vertragsmäßige Alimente,
ohnerachtet dabei die gleiche Rücksicht keinesweges ausgeschloffen
sei, die richterliche Bestätigung nicht erfordere.   Sintenis findet
deshalb die Mitwirkung des Richters bei Vergleichen über gesetz=
liche Alimente, welche dispositionsfähige und selbstständige Con=
trahenten mit einander abschließen, nicht nöthig.   Zu dem näm=
lichen Resultate gelangte ein Würtembergisches Richtercollegium,
— der Kreisgerichtshof in Tübingen, — welcher im Jahre
1823 in von v. Hufnagel [46]) mitgetheilten Entscheidungsgründen
auszuführen suchte, es könne von einer analogen Anwendung der
L. 8. auf Legal=Alimente die Rede nicht sein, weil nur die oc=
casio, nicht aber auch die ratio dieses Gesetzes bekannt sei. [47])

Wir haben uns über den Anlaß und über den, kaum zu ver=
kennenden, Zweck des von Ulpian commentirten Senatsbeschlus=
ses oben (§. I.) bereits ausgesprochen, und möchten glauben, daß,
wenn das römische Recht Vergleiche über einen gesetzlich zu be=
anspruchenden Unterhalt überhaupt hätte zugelassen wissen wollen,

---

45) a. a. O.

46) S. Dessen Mittheilungen aus der Praxis der würtembergischen Ci=
vilgerichte (Tübingen 1846), Nr. 114. S. 388 ff.

47) Daß, wie in jenen Entscheidungsgründen angenommen wird, Dio=
nys. Gothofredus das Nämliche habe sagen wollen, wenn er seine Bemer=
kung ad c. 8. C. „Cur de alimentis testamento relictis transigere veta=
tur? Non ut non egeat legatarius (id enim falleret in divite ac
praeterea alimenta legata potest quis gratis remittere): non ut honos
praecise habeatur voluntati defuncti; numquam enim transactio
permitteretur“, mit den Worten schließt: „Dicendum ergo est: prohiberi
non praecise, sed causa cognita,“ möchte zu bezweifeln sein.
Denn schon in der Note zu §. 2. L. 8. D. ad verb. „fuerint relicta,“ hatte
Gothofredus als Grund der gesetzlichen Bestimmung den bezeichnet, „ut
voluntas testatoris servetur, quem verisimile est, legatario consultum
voluisse.“

der Grund, daß Uebereilungen und Ueberwortheilungen der Anspruchsberechtigten auch bei solchen Vergleichen leicht vorkommen könnten, dahin hätte führen mögen, die Gültigkeit auch dieser Vergleiche an die Bedingung des Hinzutrittes der vorgängigen causa cognitio und richterlichen Confirmation zu knüpfen. Allein es kann dieß füglich dahingestellt bleiben. Denn es ist kaum zu bezweifeln, daß das römische Recht derartige Vergleiche, mit der Wirkung, daß dadurch der Alimentationspflichtige unbedingt und für alle Zukunft seiner Verbindlichkeit ledig würde, so wenig statuirte, als einen gänzlichen Verzicht auf gesetzliche Alimente. Kein solcher Vergleich oder Verzicht, wäre derselbe gleich richterlich bestätigt, vermag von der Alimentationspflicht für immer zu befreien. Sobald der Alimentationsberechtigte thatsächlich in die Lage kommt, der gesetzlich ihm gebührenden Alimente nicht entbehren zu können, wird ihm der Alimentationspflichtige, trotz des im Mittel liegenden Verzichtes oder Vergleiches, den nöthigen Unterhalt reichen müssen.

Gesetzstellen, in welchen dieß buchstäblich gesagt wäre, lassen sich allerdings nicht citiren. An Gesetzesaussprüchen und Bestimmungen, die deutlich genug darauf hinweisen, ist aber kein Mangel.

Die gegenseitige Ernährungspflicht der Eltern und Kinder erkennen die Römer als eine schon im Rechte der Natur und in der Blutsverwandtenliebe begründete[48]) an, welche das bürgerliche Recht zu einer unverbrüchlichen Zwangspflicht erhoben habe,[49]) deren Verabsäumung Paulus[50]) sogar einer Tödtung gleichstellt. Ist nun diese Zwangspflicht zudem gerade auf den Fall berechnet und eingeschränkt, wo es dem Berechtigten an eigenem Vermögen gebricht, aus welchem der ihm nöthige Unterhalt bestritten werden

---

48) L. 5. §. 2. D. de agnoscend. et alend. liberis, 25, 3. verb.: „Et cum ex aequitate haec res descendat, caritateque sanguinis", L. 5. §. 16. eod. verb.: „quamvis ali a filio ratione naturali (parens) debeat."

49) c. 8. §. 5. C. de bonis quae liberis. 6, 61. „Ipsum autem filium vel filiam — — alere patri necesse est, non propter hereditates, sed propter ipsam naturam et leges, quae et a parentibus alendos esse liberos impetraverunt et ali ab ipsis liberis."

50) L. 4. D. eod. „Necare videtur non tantum is, qui partum perforat, sed et is, qui — alimonia denegat."

könnte,[51] erneuert sie sich folglich, so oft das Bedürfniß factisch von Neuem eintritt; so möchte rechtsgültig ihr im Voraus weder überhaupt, noch auf den Fall, daß das abfindungsweise dafür Empfangene verzehrt, verbraucht oder sonst verloren gegangen und in Folge davon der Verzichtende außer Stand gesetzt wäre, sich selbst zu ernähren, entsagt werden dürfen. — Minder klar, möchte man sagen, liege dieß in Bezug auf die aus dem ehelichen Verhältnisse entspringende Alimentationspflicht zu Tage. Nicht nur, daß ein selbstständiges Recht des Ehemannes, im Nothfalle Unterhalt von seiner Ehefrau zu fordern, überhaupt gemeinrechtlich kaum zu behaupten sein wird;[52] ist auch die Verpflichtung des Mannes, der Ehefrau standesmäßigen Unterhalt zu reichen, in keiner von den Gesetzstellen, die dafür angeführt zu werden pflegen,[53] allgemein ausgesprochen. In der That aber behandeln jene Gesetze[54] diese Pflicht als eine solche, die sich ganz von selbst verstehe, wie sie denn auch aus der Obliegenheit des Mannes, die Lasten des Ehestandes zu tragen,[55] mit Nothwendigkeit abfließt. Jemehr nun diese Pflicht noch überdem, weil ganz unabhängig davon, ob die Frau eigenes Vermögen besitzt oder nicht,[56] keinesweges, wie die aus der Blutsverwandtschaft hervorgehende, eine blos subsidiarische ist, desto weniger würde eine Uebereinkunft der beiden Gatten zu Recht bestehen, bei welcher die Umstände so sich gestalten könnten, daß es dem wohlbemitteltsten Ehemanne gestattet wäre, seine dürftige Ehefrau dem Hunger preiszugeben.

Während daher, anlangend die wechselseitige Alimentationspflicht der Eltern und Kinder, schon Durandus,[57] welchem

---

51) c. 8. §. 5. C. cit. verb.: „si inopia ex utraque parte vertitur."

52) Sintenis, a. a. O. Bd. III. §. 131. Note 14. S. 9.

53) L. 21. pr. §. 1. D. de donat. inter virum et uxor. 24, 1. c. 13. C. de negot. gest. 2, 19. L. 22. §. 8. D. soluto matrim. 24, 8.

54) Ebenso L. 20. pr. L. 21. D. de in rem verso. 15, 3.

55) L. 7. pr. D. de iure dot. 23, 3. c. 20. C. eod. 5, 12. Geht diese Last, aus einem besonderen Grunde, auf die Ehefrau über, so kann diese der Sustentation des Mannes sich nicht entbrechen. c. 29. C. de iure dot.

56) L. 22. §. 8. D. soluto matrim. c. 20. C. de jure dot. c. 13. C. de negot. gest. 2, 19.

57) Speculum juris Libr. IV. Partic. 4. qui fil. sint legit. (Part. III. et IV. p. 452. der Frankf. Ausg. von 1612).

hierin .nächst Colerus [58]) und Surdus, [59]) von den Neueren aber namentlich auch Johann Gottfried Bauer [60]) gefolgt ist, lehrte, daß ein vergleichsweises Aufgeben derselben so wenig, als ein Verzicht darauf rechtlich zulässig sei, vertheidigte bereits Gentilis das Nämliche in Absicht auf die unmittelbar aus dem Gesetze abzuleitende Alimentationspflicht überhaupt. „Quaero" — sagt Gentilis [61]) — „quid de iis alimentis dicendum sit, quae neque ex contractu vel donatione inter vivos, neque ex testamento vel alia figura mortis causa donationis constituta sunt, sed iure naturae debentur; officioque judicis vel magistratus peti solent. Veluti quae parentes liberis, liberi parentibus debent. — In hujusmodi causis an valet sine Praetore facta transactio?" „Et non puto" — meint er, und fügt sobann treffend hinzu: „non propter Orationem D. Marci, quae ad ea alimenta non pertinet; sed ea ratione, quod pudor et ius naturae, quo alimenta illa debentur, nullo pacto dissolvi aut extingui possit." Gleicher Ansicht sind aber aus ähnlichen Gründen nicht blos Christian Gottlob Biener, [62]) ingleichen Unterholzner, [63]) sondern es hat sich diese Ansicht auch in der neuesten deutschen Gerichtspraxis Bahn gebrochen. Insbesondere bekennen sich zu ihr die Ober=Appell.=Gerichte zu Dresden und zu Cassel. „Der Ernährungspflicht aus gesetzlichen Verhältnissen, namentlich dem Anspruche des Kindes, durch Fürsorge des Vaters fortzusetzen" — heißt es in dem schon erwähnten [64]) Casseler Erkenntnisse — „muß nothwendig eine absolute Natur

---

58) l. l. cap. XII. p. 676. no. 3.

59) l. l. Tit. VIII. Privil. 56. no. 20. p. 869.

60) In Opuscul. academ. edit. Henric. Godofr. Bauer, Tom. I. no. IV. §. III. p. 73. „Sicuti enim" — heißt es daselbst — „lex natura et jura sanguinis nullo jure civili dirimi possunt, —— ita nulla lege vel consuetudine vel transactione vel pacto —— effici potest, ut obligatio naturalis de praestandis alimentis inter parentes et liberos omnino tollatur. Es ist also nicht wohl begreiflich, wie Glück a. a. O. und die ihm folgten Bauer für sich anführen mochten.

61) l. l. cap. X. p. 38.

62) In Opuscul. academ. edit. Frideric. August. Biener, Tom. II. no. XC. s. fin. p. 356.

63) Lehre des röm. Rechts von den Schuldverhältnissen, herausgegeb. von Huschke, Bd. II. §. 614. S. 572 ff.

64) S. Note 38 a. oben.

beigemessen werden, so daß sie selbst durch Vergleich oder Verzicht
weder beseitigt, noch verkümmert werden darf, und so oft die Lage
wieder eintritt, daß das Kind nach eingetretenem Verbrauche oder
vorhandener Unzulänglichkeit vergleichsweise bezogener Aversional-
Alimentensummen wirklich darbt, die Ernährungspflicht des Vaters, des Verzichtes oder Vergleiches ungeachtet, in ihrer primi-
tiven unzerstörbaren Stärke wieder auflebt;" und in den Motiven
zu einem, gleichfalls aus dem Jahre 1854 herrührenden Erkenntnisse des Dresdener höchsten Tribunals [65] wird in Bezug auf
den Vergleich einer Ehefrau über die durante matrimonio gesetzlich zu gewährenden Alimente geäußert: „ein solcher Vergleich
sei schon seinem Inhalte nach ungültig; es handle sich hier von
einem Rechte, über welches kein Vertrag geschlossen werden könne,[66]
weil es auf einem im öffentlichen Interesse liegenden Gesetze beruhe, auch mit dem Begriffe der Ehe so innig verbunden sei, daß
die letztere ohne dasselbe nicht wohl bestehen könne" u. s. w.

---

65) Im Wochenblatt für merkwürd. Rechtsfälle, Jahrg. 1857. S. 896.

66) Im Entwurfe eines bürgerl. Gesetzbuches für das Königreich
Sachsen ist im Abschn. V. (von der wechselseitigen Verpflichtung der ehelichen
Eltern, Voreltern und Abkömmlinge zu Gewährung des Unterhaltes) §. 1885.
ausdrücklich bestimmt, daß auf das Recht, den Unterhalt zu fordern, für die
Zukunft nicht verzichtet werden kann.

II.

Welche Wirkung hat die Erklärung auf den Schiedseid nach sächsischem Rechte?

Vom Herrn Professor Dr. Nissen in Leipzig.

Es ist neuerdings von Marschner in seinen Bemerkungen zum Gesetze vom 30. December 1861 aufs Neue die Streitfrage angeregt, mit welcher Wirkung der Beklagte über seine Einreden den Eid deferire. Marschner ist der Ansicht, daß der Kläger ein unwiderrufbares Recht auf Erklärung durch die Delation erhalte (diese Zeitschr. Bd. 22. S. 36.). Da aber, auch abgesehen von dieser Ansicht, die Frage streitig ist, dieselbe andererseits in offenbarem, auch mehr oder minder eingestandenem Zusammenhange mit den entsprechenden Fragen bei dem über die Klage deferirten Eide steht, so scheint es mir nicht unpassend, im Zusammenhange die Frage zu erörtern, welche Wirkung im heutigen sächsischen Rechte der auf den Eid abgegebenen Erklärung beiwohne.

Zur möglichst sichern Begründung werde ich dabei auf die geschichtliche Ausbildung zurückgehen und bitte nur, mir das Vorlegen des Materials durch weitschweifige Citate zu erlassen. Die Schriften, aus denen ich schöpfte, sind so bekannt und leicht zugänglich, daß sie anzuführen nur gelehrten Schein geliefert hätte. Die Landtags- und Ausschußconventsacten, welche ich häufiger anziehe, befinden sich auf dem hiesigen Rathsarchive, dessen Benutzung mir mit dankenswerther Liberalität gestattet wurde.

Nach altem deutschen Beweisrechte war die Frage, wer den Eid zu leisten habe, gesetzlich festgestellt oder sie wurde im einzelner

Falle als Rechtssatz gefunden. Wen diese Rolle traf, der war zur Leistung des Eides ohne andre Wahl gehalten, als daß ihm die Anerkennung der jenseitigen Behauptung freistand; er mußte schwören oder bekennen, ohne daß es dazu gegnerischen Antrages bedurft hätte. Durch die Einwirkung romanischer Ideen und die materielle Beweistheorie schoben sich an dieses altdeutsche Institut einerseits für den Eidespflichtigen die Möglichkeit der Relation und Gewissensvertretung andererseits für den Gegner ein Antrag auf jene Eidesleistung, eine Eidesdelation. Dieß Letztere interessirt uns hier, denn durch dieses dem Kläger allmälig entstandene Wahlrecht zwischen Beweisung und Eideszuschiebung bildeten sich im sächsischen Rechte zwei Klagweisen: Die schlechte Klage, sobald Kläger die Last des Beweises auf sich nahm; die Eidesklage, wenn er dem Gegner Gewissen und Wissenschaft rührte. Daß diese beiden Klagweisen neben einander bestehen blieben und nicht wie im gemeinen Rechte eine Eidesdelation in der Beweisinstanz gestattet wurde, davon lag der Grund in einem altdeutschen Institute, in der Gewehr der Klage. Der Kläger mußte nämlich, ursprünglich unter Verpfändung seiner gesammten Habe oder mittelst körperlichen Eides, später wenigstens förmlich und feierlich vor Gericht dem Beklagten versprechen, daß er ihn vertreten wolle gegen jeden Dritten, welcher denselben Anspruch etwa erheben möchte. Solchergestalt wurde eine Grundlage für den ganzen Proceß durch Firirung der Klage geschaffen, und da nun sich historisch der Unterschied zwischen schlechter und Eidesklage ausgebildet hatte, so war die Wahl zwischen beiden Wegen für den Kläger nur so lange möglich, bis Beklagter die Angelobung der Gewehr beantragt und durchgesetzt hatte.

Wählte nun Kläger die Beweisung, so bot das Verfahren nichts Eigenthümliches dar; man hielt in aller Schärfe fest an dem altdeutschen Gedanken, daß jeder Beweis, sowie er übernommen oder festgesetzt, so auch geführt werden müsse, und gestattete in Folge dessen dem Kläger schlechterdings nicht, auf die von ihm zur Seite gelassene Eidesdelation späterhin zurückzukommen. Nicht einmal die vielgepriesene Theorie des Vorbehalts kam hier zur Geltung.

Deferirte hingegen Kläger gleich Eingangsweise den Eid, so setzte er damit den Beklagten in die Lage, welche in früherer Zeit das Gesetz selbst diesem auferlegte. Der Beklagte mußte schwören;

nur daß sich im Laufe der Zeit ihm Auswege eröffnet hatten, von
der Eidesleistung sich zu befreien, der eine, die Gewissensvertretung, durch welchen er die Alternative schwören oder bekennen
suspendirte, der andere, die Relation, durch welchen er den defe-
rirenden Gegner in die Nothwendigkeit selbst zu schwören brachte.
Aber seine Eidesleistung stand in der ersten Reihe; das ist
wichtig für den Fall, daß Beklagter auf den deferirten Eid keine
Erklärung abgab. Daß er schwören mußte, das stand fest ohnehin, es sei denn, daß er einen Ausweg wählte. Mithin bedurfte
es gar nicht einer ausdrücklichen Eidesannahme. Nahm der
Beklagte den Eid zum Ueberflusse an, so hieß das nur verzichten
auf jene Auswege. Die Annahme hatte mithin einen rein negativen Character, sie schuf nicht erst die Pflicht zum Schwure.
Die Consequenzen hiervon für das richterliche Urtheil müssen wir
gleich jetzt scharf in's Auge fassen: es ergiebt sich daraus, daß der Rich-
terspruch nicht etwa wie im gemeinen Rechte eine Erklärung auf die
jenseitige Delation anbefiehlt, sondern daß er dem Delaten die Leistung
des Eides auferlegt, er könne und wolle denn dem Gegner den Eid
wiederum heimschieben oder sein Gewissen mit Beweisung vertreten.

Wählte nun Delat die Gewissensvertretung, so hing der Eintritt jener Alternative schwören oder bekennen vom Erfolge des
Beweises ab. Im Falle des Mißlingens mußte auch jetzt noch
Beklagter entweder bekennen oder abschwören. Ergriff er hingegen
den andern Ausweg und referirte den Eid, so war Kläger unweigerlich gehalten zu schwören. In beiden Fällen konnte Kläger
sich nicht beschweren; im ersten befreite Beklagter ihn von der Beweisung, im zweiten geschah ihm, was er dem Beklagten zugemuthet, seine eidliche Aussage sollte entscheiden. — Ungünstiger
stellte sich die Sache für ihn, wenn Beklagter den Eid zu leisten
erbötig war. Beabsichtigt hatte Kläger solche Lösung natürlich
nicht, es war eine Gefahr, die er mit in den Kauf nehmen mußte,
wenn ihm die Beweisung abging. Er selbst hatte freilich nicht
Grund zur Beschwerde, es geschah, was er selbst gewollt, aber ein
anderer Gesichtspunkt kam ihm zu Hülfe, der christliche der Eides-
meidung, und dieser verschaffte ihm ein Reurecht im Widerspruche
mit der Lehre von der Gewehr. Er konnte also den Eid zurück-
nehmen, aber freilich nur re integra, nicht wie im Römischen
Rechte nach der l. 11. C. de rebus creditis, sondern nur so lange
des Delaten Betheiligung nicht eingetreten war, sei es durch Er-

klärung, sei es durch rechtliches Erkenntniß, welches, wie gesagt, regelmäßig die Erklärung erst herbeiführte.

Fassen wir dieß kurz zusammen, so liegt also für den Kläger die Sache dergestalt, daß er nach angelobter Gewehr in dem gewählten Wege bleiben mußte. Nur von der Eidesdelation konnte er bis zu erfolgter oder anbefohlener Erklärung des Gegners zum Beweise übertreten; vom Beweise zum Eide zu gehen war ihm nicht verstattet.

Wie nun, wenn trotzdem Kläger in verbotener Weise wechselte? Nach altem Rechte verfiel er in die Strafe der gebrochenen Gewehr. In Criminalsachen bestand diese in Abhauung der Hand oder Erlegung des halben Wergeldes [1]); aber auch in Civilsachen war sie hart genug. Der Kläger mußte dem Gegner 30 Gülden und überdieß dem Richter nach Weichbild 8, nach Landrecht 3 Schillinge zahlen und wurde mit seiner rechtswidrigen Klage abgewiesen. Indeß diese Strafen, welche noch bis in's 17. Jahrhundert zum gelehrten Ballast gehören, waren schon im Ausgange des 16. außer Uebung. Man wies statt dessen die neue Klage unter Verurtheilung in die Kosten zurück.

Auf diesem Standpunkte finden wir die alte Proceß-Ordnung. Sie gestattet außer jener beregten Aenderung in der Eidesdelation kein Abgehen von dem gewählten Wege in demselben Processe. A. Pr.-O. V. 4. u. XIIX, 1. 2.

Aber diese einfache Erledigung der Frage wurde im Laufe desselben Jahrhunderts dadurch unverständlich und die Frage selbst verwickelter, daß man ein ganz anderes Institut, das des Verzichts auf den Proceß mit ihr confundirte. Gegen das Ende des 17. Jahrhunderts verlor sich nämlich für diese Rechtssätze das Verständniß. Die Gewehr war mehr und mehr in den Hintergrund gedrängt durch die Litiscontestation, welche seit lange schon die gleiche Wirkung für den Fall hatte, daß Beklagter die Gewehr zu fordern unterließ. Dadurch wurde aber zugleich der Andrang derjenigen Sätze stärker, welche nach gemeinem Rechte an die Litiscontestation sich knüpften. Man begann daher auch an den Bestimmungen über Klageänderung zu rütteln, suchte die gemeinrechtlichen an deren Stelle zu setzen und dieses Bestreben führte dahin,

---

1) Goldstein giebt das auf 6 Pfd. Münze an, das Pfund nicht höher als 20 Fl.

Carpzov auf 12 Thlr.

eine Bestimmung der alten Proceßordnung mißzuverstehen. Sie hatte in Tit. V. §. 4. vorgeschrieben, daß nach angelobter Gewehr oder unbedingter Litiscontestation keine Aenderung oder Besserung der Klage gestattet sein solle. Sie erlaubte dem Kläger nur, den erhobenen Proceß zu vernichten durch seinen Verzicht und nachdem er die Kosten desselben dem Beklagten erstattet, mit einer „neuen" Klage hervorzutreten.

Wenn man die Organisation des sächsischen Processes, wie sie geschichtlich geworden, einsah, dann konnte man diese letzte Bestimmung der alten Proc.-Ordn. nicht irrig verstehen. Sie enthielt eine im gewissen Sinne überflüssige Vorschrift, indem sie die Lehre der in judicium deducirten Fragen anwandte auf das klägerische Recht des Proceßverzichtes. Unter jener „neuen" Klage dachte sie selbstredend sich eine auf Grund neuer Thatsachen erhobene, materiell andere.

Aber die Einsicht, soweit sie überhaupt bestand, wurde verdunkelt dadurch, daß man das bestehende Recht geändert zu sehen wünschte. Unverkennbar lag in der Schroffheit, mit welcher die alte Proc.-Ordn. auch jedwede Besserung der Klage nach angelobter Gewehr verbot, eine Härte, welche die durchgreifende Aufrechterhaltung des Principes auf alle Fälle unmöglich machte. Besserung unbedeutender Fehler ließen selbst diejenigen Juristen zu, denen sonst Verständniß und damit Achtung vor der Institution innewohnte. Aber einmal durchbrochen, war natürlich jede Consequenz des Princips in Frage gestellt und man schritt daher soweit vor, zu fragen, weshalb durch jene alte Gränze der Gewehr oder unbedingter Litiscontestation das Hinübertreten von dem einen auf den andern Weg der Beweisung ausgeschlossen sein solle.

Der alte Unterschied zwischen schlechter und Eidesklage war offenbar ein unverstandenes historisches Ueberbleibsel geworden. Man sah in jener Wirkung der Streiteröffnung nur eine rein willkührliche Bestimmung, welche ihr offenbarer Widerspruch mit dem gemeinen Rechte doppelt lebhaften Angriffen aussetzte. Hätte man für sie Verständniß gehabt, so würde eingeleuchtet haben, daß die gesetzlichen Bestimmungen über Rücknahme des Eides eine Inconsequenz, eine Concession an die Kirche enthielten. Nun aber standen gerade diese letzteren Bestimmungen mit dem Wünschen im Einklange und die Folge davon war, daß man das Inconsequente, Unerklärliche auf der andern Seite fand und sich fragte, weshalb denn nicht in gleicher Weise der Regreß vom Beweise zum Eide auch nach der angelobten Gewehr gestattet sei?

Diesem Streben stand nun die unzweideutige Bestimmung der alten Proc.-Ordn. XIIX, 1. entgegen, und interessant ist es, den Ausweg zu betrachten, auf welchen das Bedürfniß gerieth, weil es das positive Gesetz beseitigen wollte.

Der §. 4. Tit. V. gestattete dem Kläger, seine Klage fallen zu lassen und auch nach angelobter Gewehr oder unbedingter Litis-contestation eine „neue" anzustellen unter Erstattung der verur-sachten Kosten. Der Wunsch nach Aenderung lehrte diese an sich zweifellose Bestimmung mißverstehen; man warf die Frage auf, was unter solcher „neuen" Klage zu verstehen und ob nicht gerade hierdurch dem Kläger die Befugniß gegeben sei, die erhobene, auf Beweis gestellte Klage auch nach angelobter Gewehr fallen zu lassen und gegen Kostenerstattung dieselbe Klage als Eidesklage wieder zu erheben; ob also nicht die Aenderung in modo probandi schon allein hinreiche, um die Klage zu einer „neuen" im Sinne des Gesetzes zu machen. Wir müssen, um die Abwickelung der Frage deutlich vorzulegen, uns an die Vorarbeiten der Erl. Proc.-Ordn. anschließen. Wir werden dadurch am besten sehen, zu welchem Resultate diese sinnlose Vermengung von Verzicht und Klagänderung führte.

Bekanntlich waren von Dresden, Leipzig und Wittenberg casus dubii zur Erläuterung der alten Proc.-Ordn. eingefordert. In dem 9. Punkte nun des vom Leipziger Oberhofgerichte 1691 vorgelegten Gutachten heißt es:[2]

„ferner ist zum neunten hierüber, ob, wenn nach der Kriegs-Befestigung dem Kläger durch ein rechts-kräfftig Urthel der Beweiß aufferleget, dieser die Klage fallen lassen und eine neue anstellen könne? öffters ungleich gesprochen worden.

Ob nun wohl der affirmativae die Proceß-Ordnung Tit. 5. §. da auch 2c. zu statten zu kommen scheint, als ver-ordnet, daß, wenn einer nachdem der Krieg Rechtens pure befestiget, die vorige Klage gantz fallen lassen, und eine neue vorbringen wolte, solches dergestalt ihme freystünde, wenn er zuvor die Unkosten auff Richterliche Ermäßigung erstattet hätte.

---

2) Berger, Electa disc. for. V. obs. 10. Handschriftlich habe ich diese casus dubii in Leipzig nicht auffinden können.

Weilen aber in diesem Orthe nichts zugleich von dem, da auf die litis contestation albereit erkant und dem Kläger der Beweiß oder Beklagtem, wenn ihme die Klage ins Gewissen gestellet, der Eyd aufferleget worden, gemeldet worden, mit welchem es und deme, so in der Process-Ordnung enthalten, eine gantz andere Beschaffenheit hatt, in Ansehen durch die Sentenz, wenn sie Kraft Rechtens erreichet, dem Beklagten ein Recht erwächset, vermöge dessen er, wenn der Kläger solche nicht erweiset, oder er der Beklagter den deferirten Eyd leistet, von der Klage und Klägers Zuspruchen entbunden werden muß, welches jenem durch diese bloße renuntiation also schlechterdings nicht benommen und er daraus, ungeachtet ihme gleich die Unkosten erstattet würden, gesetzet werden mag, welcher Meynung auch sowohl die Rechte als viele bewährte Rechts-Lehrer beypflichten.

So halten wir auch davor, daß einem Kläger, wenn ihme der Beweiß, nach erfolgter Litis contestation rechtskräfftig aufferleget, oder dem Beklagten auff beschehene Eydesdelation derselbe zuerkant, von der erhobenen Klage abzustehen und eine neue anzustellen, nicht zu verstatten sey."

Wir stehen hier also einer Ansicht gegenüber, welche dem Kläger gestattet, zu jeder Zeit den Proceß fallen zu lassen und ex eadem causa aufs Neue zu klagen. Die gleiche Ansicht führt uns Lüder-Mencken

proc. jur. comm. et Sax. disp. 5. tit. 5. no. 13.

vor, indem er berichtet, das Leipziger Oberhofgericht habe in kurzer Zeit dreimal dahin entschieden, daß es unzulässig sei, durch Verzicht und bloße Aenderung in der Durchführung das bereits kristallisirte Material abermals richterlicher Prüfung zu unterwerfen. Aber er theilt auch von demselben Gerichte aus dem Jahre 1693 eine entgegengesetzte Entscheidung mit, welcher namentlich die Wittenberger angehangen zu haben scheinen. Und wer dieser Ansicht war, der suchte sie zu vertheidigen, indem er sie als einen Fall des nach §. 4. cit. zulässigen Verzichts aufstellte und die zahlreichen Rechtslehrer für sie anführte, welche wie Ziegler, Nicolai, Carpzov, erklärten, daß „auch nach angelobter Gewehr" oder daß „bis zum Enderkenntniß" dem Kläger das Aufgeben der Klage und das Einbringen einer neuen gestattet sei. So wenig die Proceßordnung wie diese Juristen hatten jedoch

dabei an eine blos in solchen Aeußerlichkeiten geänderte Klage
gedacht und mit gutem Rechte bekämpfen daher die Leipziger in
dem genannten Gutachten diese Ansicht. Aber sie selbst halten
dabei nicht an der gesetzlichen Bestimmung fest, sondern setzen eine
neue Gränze für die Zulassung in dem rechtskräftigen Erkenntnisse
auf Beweis oder Eid.

Was nun unter dieser „neuen" Klage zu verstehen, welche
die Leipziger bis dahin einzubringen gestatteten, das wird unzweifelhaft hervorgehen einmal daraus, daß sie von dem jus quaesitum des Beklagten, also von der processualischen Consumtion
ausgehen; dann aus dem Zusammenhange, in welchem Berger
uns ihre Ansicht mittheilt. In Uebereinstimmung mit ihr wurde
nämlich in dem 1699 den Ständen vorgelegten Entwurfe vorge-
schlagen:

„Was letzlich im §. Da auch einer 2c. von Veränderung
der Klage geordnet, wird hiermit dergestalt erläutert, daß
Klägern das Klaglibell in modo agendi vel probandi so
lange, biß über die Antwort und Kriegsbefestigung, also auff
den Beweiß oder die Bescheinigung rechts=kräfftig erkant,
oder verabschiedet, zu verändern nachgelassen sein solle. Da
hingegen nach der Zeit und da hierüber albereit res iudicata
vorhanden, die Veränderung ferner nicht statt haben, demnach zum Exempel Kläger, wenn er gleich die zeithero verursachten Unkosten nach vorhergehender richterlicher Ermäßigung
Beklagtem erstatten wolte, jedennoch den ihm einmahl rechts=
kräfftig aufferlegten Beweiß oder Bescheinigung hinwieder
fahren zu lassen, und der Eydes=Delation sich zugebrauchen
nicht befugt seyn, gleich wohl im übrigen demselben eine
andre und von den vorigen in substantia, alß ratione caus-
sae petendi oder rei petitae unterschiedene Klage, jedoch
nach Entrichtung derer aufgewendeten und ebenmäßig gerichtlich moderirten Expensen anzustellen unbenommen sein soll."[3]

---

[3] In der Commission zur Ausarbeitung dieses Entwurfs hatte nicht
Berger den Vorsitz, wie in meiner „Gewissensvertretung" S. 147 irrig steht,
sondern Jacob Born, der 1676 als Leipziger Bürgermeister in's Dresdner
Appellationsgericht gerufen war. — Das Original der Vorlage habe ich
übrigens nicht einsehen können; in drei von mir benützten Exemplaren der Landtagsacten findet es sich nicht. Man hatte des Umfangs wegen die Anfertigung
von Abschriften unterlassen. Als am 11. October 1699 die Universitäten sich

Auch hier sehen wir die geschichtlich gewordene Gränze aufgeben. An der alten Bedeutung der Gewehr festzuhalten, kam augenscheinlich Niemandem in den Sinn. Wollte man über sie hinausgehen, so war die einzig rationelle Möglichkeit die, in der rechtskräftigen Sentenz die Scheide zu erblicken. Hätte man dieses Streben mit Klarheit und Selbstbewußtsein verfolgt, so würde man freilich erkannt haben, daß man auf dem Boden des Verzichtes durchaus nicht stand, daß man folglich nur in grober Vermengung der Begriffe auf die Proceßordnung und die Aeußerungen der Juristen sich stützte, welche nur von der Zulässigkeit des Verzichtes handelten. Dem Leipziger Gutachten und diesem ersten Entwurfe gebührt mindestens das Lob, diese Unklarheit vermieden und jede Zweideutigkeit dadurch ausgeschlossen zu haben, daß sie vorschlugen: 1. verzichten kann der Kläger jederzeit; hat er dann eine substantiell andere Klage, so bleibt deren Selbstständigkeit unangetastet; 2. die Klagänderung, welche bisher durch die angelobte Gewehr oder unbedingte Litiscontestation begränzt wurde, soll bis zum rechtskräftigen Erkenntnisse auf Beweis oder Eid gestattet sein.

Dieser Entwurf jedoch, obschon er nach Berger's Aussage in demselben Landtage von 1699—1700 begutachtet wurde, ist als Gesetz nicht publicirt worden. Die Kriegswirren mit ihrem Gefolge, großer Geldnoth, Hunger, und namentlich der vom Erzgebirge aus über das ganze Land sich ausbreitenden Pest traten dazwischen, und mehr noch als alles dieses die Sorge um Wahrung der Religionsfreiheit. Dem Uebertritte des Königs zur katholischen Kirche folgten Uebergriffe, namentlich der Jesuiten, und ein offenes Hervortreten des Judencultus, welchem Allem Egon von Fürstenberg keinerlei Hinderniß in den Weg gelegt zu haben scheint. Kein Wunder also, daß man die Frage der Proceß- und Gerichtsordnung durch das Uebrige in den Hintergrund drängen ließ und ohne großen Nachdruck 1704 und 1711 Bitten und Versprechen austauschte, bis man einsah, daß der einreißenden Un-

---

beschwerten, ob man denn sie von Beurtheilung des Entwurfs ausschließen wolle, eröffnete ihnen ein Copist der Reichscanzlei, daß nur für den geheimen Staatsrath ein Exemplar angefertigt sei; sie möchten sich es abschreiben lassen. — Indeß ist es wohl unbedenklich, Berger's Angaben hier als authentisch anzusehen, und ich habe daher den Entwurf nach seiner Mittheilung in den cit. Electa discept. for. hier abdrucken lassen.

ſicherheit, dem Räuber= und Bandenweſen gründlich doch nur
durch ſchleunige und impoſante Juſtiz abgeholfen werden könne.
So kam am 12. Februar 1715 der engere und weitere Ausſchuß
der Ritterſchaft und Städte, und beſtimmter noch am 2. März
1716 die geſammten Stände der Ritterſchaft und Städte auf die
Frage zurück, beantragend, man möge aufs Neue die Dicaſterien
zur Einſchickung von zweifelhaften Fällen auffordern, ſie auch zur
Veröffentlichung ihrer Obſervantien anhalten. Aber durch ihre
ſchon am 17. März wiederholte Bitte erreichten ſie vorerſt nichts
Anderes, als die Zuſage, daß eine Commiſſion niedergeſetzt wer=
den ſolle mit Zuziehung ſtändiſcher Deputirten. So lag die Sache
noch, als am 23. Januar 1718 abermals der Landtag zuſammen=
berufen und in der königlichen Propoſition davon in Kenntniß
geſetzt wurde, daß man zur Ernennung einer Commiſſion ver=
ſchreiten wolle, was die Stände wiederum zu ihrer nicht geringen
Conſolation erfuhren. Wenn Hommel's Nachrichten zuverläſſig
ſind,[4] ſo wurde nunmehr unter Gribner's Vorſitze der neue Ent=
wurf ausgearbeitet, welcher dann endlich auf dem Landtage von
1722 den Ständen vorgelegt wurde.

Dieſer Entwurf iſt in dem uns intereſſirenden Paragraphen
nahezu identiſch mit dem §. 9. Tit. V. der Erl. Proc.=Ordn.;
aber nur nahezu, und die Differenz iſt für uns gerade das Wich=
tigſte. Wenn wir von unbedeutenden Kleinigkeiten im Ausdrucke
abſehen, auch davon, daß der §. 9. hier zum achten dadurch ge=
worden, daß der 6te und 7te Paragraph in eins verſchmolzen ſind,
ſo lautet der Schlußtheil des Entwurfs:

„Wolte aber Kläger die vorige Klage gänzlich fallen laſſen
und eine neue übergeben, ſoll[5] er zwar bis zu abſolvir=
tem Beweiß oder biß der Rechtskräfftig erkannte
Eyd von Beklagten würcklich acceptiret oder refe=
riret worden, keineswegs aber weiter, noch wenn er
an dem Beweiſe ſich gar verſäumet, damit zugelaſſen
werden, jedoch auch ſolchenfalls dem Beklagten ...... die
ſämmtlichen Unkoſten zu erſtatten gehalten ſeyn.... u. ſ. w."
Rührt dieſe Faſſung wirklich von Gribner her, ſo gereicht ſie ihm
nicht zur ſonderlichen Empfehlung. Nachdem im erſten Concepte

---

4) Rhapsod. qu. 709. p. 42. Ich habe keine handſchriftliche Kunde da=
von gefunden.

5) „ſo er" iſt offenbar Schreibfehler.

von 1699 die beiden Inſtitute klar geſondert, von Berger die
Verſchiedenheit derſelben noch überdieß in ſeinem Commentare erörtert war, hätte man ein abermaliges Vermengen derſelben nicht
für leicht halten dürfen. In Uebereinſtimmung mit der auch von
Berger gelehrten Anſicht ſtellte man auf, daß eine Aenderung der
Klage in modo agendi vel probandi bis an die Gränze des
rechtskräftigen Erkenntniſſes auf Beweis oder Eid geſtattet ſei;
aber ſtatt nun daneben den Verzicht gleich jenem Vorſchlage bis
zum Endurtheile und ihm ſich anſchließend die Einbringung einer
ſubſtantiell anderen Klage zu geſtatten, ſtatt deſſen ſchlug man vor,
Kläger ſolle die Klage gänzlich fallen laſſen und eine „neue“ einbringen dürfen bis zur Erklärung des Beklagten über den Eid
oder bis zu abſolvirtem Beweiſe. Sollte hier der materielle Verzicht auf den proceſſualiſch conſumirten Anſpruch zeitlich begränzt
werden, oder ſollte es ſich blos um die äußerliche Identität der
beiden Proceſſe handeln? Es war ein Ausdruck um ſo unglück-
licher gewählt, wenn wir erwägen, daß der vorliegende Streit über
den Begriff der „neuen“ Klage dem Redigenten nicht unbekannt
ſein konnte.

Der Erfolg davon zeigt ſich uns ſofort in dem Gutachten der
Stände. Die Prälaten freilich monirten nur gegen die Schluß-
beſtimmung, welche die Verzögerungsſtrafe androhte, aber in dem
Berichte der ſämmtlichen Stände der Ritterſchaft und Städte vom
28. April 1722 heißt es:

„verb.: biß zu abſolvirtem Beweiß“
„Dieſes dürffte als ein Mittel die geſambten Beweißfatalia
gänzlich zu eludiren leicht gemißbraucht werden, wenn der
Kläger etwas in den Beweiß zu bringen negligiret der Beklagte auch ſolchergeſtalt ein jus quaeſitum erlanget hätte,
auf dieſe Weiſe aber in des erſteren Gewalt ſtände, alles
bereits verſäumte nachzuhohlen und in vorigen Stand zu
ſezen, welches zumahl bey einer wichtigen Sache ein groß
Praejudicium nach ſich ziehen, dem Kläger hingegen nicht
viel verſchlagen könte, ob er mit bloßer Erſtattung derer Unkoſten den erlittenen Verluß reparirte; dannenhero zu über-
legen wäre, ob nicht anſtatt biß zu abſolvirten Beweiß 2c.
bis zu übergebenen Beweiß 2c. zu ſezen, wenn anders die
Übergabe noch binnen der gehörigen Friſt geſchehen.“

Ritterſchaft und Städte faßten alſo den Entwurf ſo auf,

als ob mit ihm die Zulaffung der alten Klage in veränderter Form
auf dem Wege des Verzichts gestattet werden solle, sie waren also
noch in dem alten Irrthume befangen, welcher Verzicht und Klagänderung verschmolz. Obgleich sie nun bei dieser Frage ausdrücklich das jus quaesitum des Beklagten im Auge hatten, traten sie
doch nicht mit der einzig consequenten Forderung auf, daß von
einer solchen Klagänderung auf dem Wege des Verzichts nach
rechtskräftiger Gestaltung des Streitpunktes überall nicht die Rede
sein könne, sondern ließen sich daran genügen, mit mäßiger Halb-
heit die Gränze der Vorlage vom absolvirten Beweise auf die Be-
weisantretung zurückzuschrauben. Die Regierung versprach nun
im Landtagsabschiede vom 15. Juni 1722:

> „Die unterthänigsten Erinnerungen derer getreuen Stände
> bey benen ihnen communicirten Project zur neuen Gerichts-
> und Process-Ordnung ..... werden Wir behörig erwegen,
> Dasjenige, so zu Verkürzung derer Process dienlich auch
> sonst erheblich befunden werden möchte, mit einrücken und
> sobann mit der Publication verfahren laffen."

und in unserm §. 9. berücksichtigte sie dieß Gutachten nur zu sehr.
Sie ging auf die Auffassung der Stände ein, sah die vorgeschlagene Gränze an als für die Klagänderung auf dem Wege des
Verzichts bestimmt, nahm für dieselbe die von den Ständen vorgeschlagene engere Zeit auf und fügte endlich hinzu, daß die Einbringung einer in substantia unterschiedenen Klage unter Verzicht
auf die erhobene jederzeit verstattet sei. So war also die Vermengung von Klagänderung und Verzicht legalisirt.

Ueber Verständlichkeit und Zweckmäßigkeit dieser gesetzlichen
Bestimmungen uns des längeren zu verbreiten, ist hier nicht der
Ort. Es war nur nothwendig, diesen Irrthum bis zu seinem
Ende zu verfolgen, weil seine Geschichte mit derjenigen unserer
Specialfrage eng verwachsen ist. Zu dieser letzteren kehren wir
nun zurück, indem wir die Frage erörtern, ob durch diese Bestim-
mungen über Klagänderung ein von den früheren Rechtssätzen der
Eideserklärung abweichendes Institut geschaffen ist.

Wir müssen diese Frage mit entschiedenem Nein beantworten,
zu dessen Begründung wir der eben gegebenen geschichtlichen Entwickelung wiederum nachgehen. Da stellt sich denn sofort

1) heraus, daß die Frage nach der Wirkung der Eideserklärung vor der Erl. Proc.-Ordn. gar keine offene war. Alle Par-

teien waren darüber einig, daß sie, einmal erfolgt, die definitive
Erledigung des Streites auf dem Wege der Eidesleistung, sei es
des Delaten, sei es des Deferenten, herbeiführte. Selbst denjenigen, welche, wie Ziegler, das sächsische Recht lebhaft hinsichtlich der mehrerwähnten Frage der Klagänderung bestreiten, kommt
es nicht in den Sinn, in Betreff der über die Eidesdelation bereits abgegebenen Erklärung eine Aenderung für nöthig zu erklären. Man wendet sich im Gegentheile des öfteren gegen die l. 11.
C. de rebus creditis, welche dem Deferenten die Rücknahme des
Eides selbst nach geschehener Acceptation gestattet.

Der eigentliche Kernpunkt, das, worauf man hinarbeitete,
war vielmehr die analoge Anwendung der durch die alte Proceß-
Ordnung für den gewählten Eid aufgestellten Vorschriften auf den
gewählten Beweis. Dieser Unterschied, so sehr er geschichtlich
nothwendig sich gebildet, war jener Zeit unverständlich, und man
bemühte sich daher, wie wir sahen, unter dem Deckmantel des
Verzichtes auf die Beweisklage, die nachträgliche Eidesdelation in
Fluß zu bringen. Diesen Gedankengang verkörpert das eben vor-
getragene Leipziger Gutachten vollständig. Die in ihm aufgewor-
fene Frage ist nur die: ob der Kläger eine „neue" Klage anstellen
dürfe, nachdem ihm der Beweis rechtskräftig auferlegt worden;
und erst bei der Erledigung dieser Streitfrage, erst in der Deduction wird ohne Weiteres das Erkenntniß auf Eid dem auf Beweis
beigeordnet.

Nun müssen wir gleich hier, um einem Mißverständnisse vorzubeugen, darauf aufmerksam machen, welcher Natur dieses Eidesurtheil ist. Wie früher gezeigt, ging in jener Zeit die Sentenz
darauf, daß Beklagter, weil Kläger ihm die Klage in sein Gewissen geschoben, sein Gewissen zu eröffnen schuldig, er wolle denn
dem Kläger den Eid wiederum heimschieben, oder sein Gewissen
mit Beweis vertreten. Die Fassung dieser Sentenz wurde natürlich nur dann eine andere, wenn der Beklagte vor ihrem Erlasse
bereits seinen Willen ausgesprochen hatte; von einem Offenlassen
verschiedener Möglichkeiten war dann selbstverständlich nicht mehr
die Rede. Aber die Langsamkeit des Proceßganges, die von allen
Seiten möglichst ausgebeuteten Fristen machten solche vorgängige
Erklärung zur Ausnahme, welcher mithin jene Urtheilsfassung,
als das Ergebniß der Regel, gegenüberstand. Daß die Leipziger
eben dieses Erkenntniß, welches also die Erklärung des Delaten

in seinem Gefolge hatte, hier vor Augen haben, ist dem ganzen Zusammenhange nach unzweifelhaft.

2) Sollten hiegegen noch irgend Bedenken obwalten, so werden sie schwinden bei Betrachtung des Concepts von 1699 und der von Berger dazu gelieferten Ausführung. Hier heißt es ausdrücklich, Kläger solle in modo agendi vel probandi seine Klage ändern dürfen, bis auf den Beweis oder die Bescheinigung rechtskräftig erkannt sei. Nur vom Beweisurtheile ist hier also die Rede, und noch schärfer tritt der Streitpunkt ins Licht, wenn hinzugefügt ist, es solle Kläger nach der Rechtskraft nicht befugt sein: „den ihm einmal rechtskräftig auferlegten Beweis oder Bescheinigung hinwieder fahren zu lassen und der Eydesdelation sich zu gebrauchen." Hier wird ganz unzweideutig an den Tag gelegt, daß es nur darauf ankomme, eine neue Regel für die Frage aufzustellen, ob nicht Kläger nach gewählter Beweisung noch zur Eidesdelation hinüber greifen dürfe. Wenn Berger für diese von ihm vorgeschlagene Erledigung sich in observ: 10. d. Tit. ebenfalls auf die alte Proceßordnung V. 4. beruft, so theilt er nur das Versehen vieler Anderer, welche die Lehre des Verzichts hineinziehen. Aber die Schärfe seiner Fragstellung und die Unzweideutigkeit der Antwort wird dadurch nicht geringert: er will an der Wirkung der Eideserklärung nichts ändern, nur die nachträgliche Zulässigkeit der Delation propagiren.

3) Man kann zugeben, daß die Frage eine bestrittene nicht war, ohne daraus etwas folgern zu dürfen für die gesetzliche Normirung, welche selbstredend den Punkt auch als unbestrittenen hätte treffen können. Allein auch hier, glaube ich, wird sich uns herausstellen, daß eine solche Aenderung nicht eingetreten ist.

In dem ersten Absatze des §. 8. Tit. V. des Entwurfs von 1722[6]) heißt es, daß §. 4. Tit. V. der alten Proceßordnung dahin erklärt werde, „daß Klägern das Klaglibell in modo agendi vel probandi und sonst so lange biß über der Litiscontestation also auf den Beweiß oder auf die Eidesleistung rechtskräftig erkannt oder verabschiedet, zu verändern nachgelassen" sei.

Im Gegensatze zu dem Entwurfe von 1699, welcher das Bestehen des bisherigen Rechts durch die stillschweigende Anerkennung der Eidesinstitutionen außer Zweifel stellte, finden wir hier

6) Wie oben gesagt, fast gleichlautend mit Erl. Proc.-Ordn. V. 9.

neben dem Beweisurtheile die rechtskräftige Entscheidung auf Eidesleistung als Gränze für die bekannte Klagänderung aufgeführt. Aber Angesichts des Leipziger Gutachtens von 1691 wird uns diese Faffung des Entwurfs nicht irre führen können; denn gleich jenem spricht man auch hier augenscheinlich von einem Erkenntniffe, wie sie bislang gewöhnlich fielen, also von einem Erkenntniffe, welches den Beklagten schuldig sprach zu schwören, er könnte denn durch Betreten eines der beiden Auswege sich davon befreien.

Diese Erklärung erscheint freilich um so mißlicher, wenn wir gleich beifügen, daß gerade dieser Entwurf zuerst in Vorschlag brachte, dem sub poena confessi et convicti geladenen Beklagten die Erklärung auf den in der Klage deferirten Eid schon im ersten Verfahren, spätestens in seinem letzten Schriftsatze aufzuerlegen. Derselbe Entwurf also, welcher die nachträgliche Eideserklärung aufhob, sollte an anderer Stelle bei Faffung jener Sentenz an ihr festgehalten haben? Aber so bedenklich es auch ist, den Vorwurf nicht nur solchen Widerspruches gegen die Gesetzesvorlage, sondern zugleich gegen die Stände denjenigen zu erheben, daß sie diesen Widerspruch trotz der bei beiden Paragraphen gemachten Ausstellungen übersehen haben; so klar liegt doch dieser Widerspruch vor, wenn wir den §. 8. Tit. V. weiter in seinem Wortlaute folgen. In dem bereits oben mitgetheilten Schlußsatze heißt es:

„oder bis der rechtskräftig erkannte Eid vom Beklagten wirklich acceptiret oder referiret worden"

und hier ist also ganz klar nur der Fall berücksichtigt, den wir schon mehrfach als die regelmäßige Praxis jener Zeit aufführten, daß nämlich Beklagter sich freiwillig nicht erklärte, vielmehr abwartete, bis ihm durch Erkenntniß auf Eid diese Erklärung abgepreßt wurde. — Haben wir aber hier wörtlich diese Praxis ausgeführt, welche nach den Bestimmungen ebendesselben Entwurfs ad Tit. XIIX. unmöglich werden sollte, so wird wohl Niemand zögern, auch in dem ersten Absatze des §. 8. unter Eidesurtheil jenes alte Erkenntniß zu erblicken, und mir darin beizupflichten, daß eine Abänderung durch diese Bestimmungen des Entwurfes nicht herbeigeführt werden sollte. Wäre man bei Abfassung des Tit. V. sich der Neuerung bewußt gewesen, welche man im Tit. XIIX. einführen wollte, dann hätte man nicht von einer dem Eidesurtheile nachfolgenden Erklärung gesprochen, hätte vielmehr eine Form gewählt, welche dieser Neuerung entsprechende Rech-

nung trug, weil nach Maßgabe der neuen Vorschläge das Erkenntniß nur in dem Falle die Eidesdelation zur Erledigung
brachte, daß der Beklagte mit seiner Erklärung ausblieb.

4) Die Erl. Proc.-Ordn. lehnt sich, wie gesagt, in den uns
jetzt vorliegenden Fragen an den Entwurf von 1722. Aber sie
hat bei ihrer Theilung des Verzichts den Zusatz des Entwurfs,
welcher von nachfolgender Erklärung auf den Eid sprach, weg-
gelassen, wodurch das Aufdecken des Widerspruches allerdings
sehr erschwert worden ist. Da man nun auf die historische Entwickelung bisher nicht eingegangen, lehrt man seit Gribner,[7]
daß die Eidesannahme Seitens des Beklagten den Kläger nicht
binde, ihm vielmehr dessenungeachtet freistehe, den Eid zu revociren.

Diese Auffassung tritt vor Allem mit der bei jeder Veranlassung entwickelten Tendenz der Erl. Proc.-Ordn., die Processe zu
kürzen, in Widerspruch. Man hätte dem Beklagten die sofortige
Erklärung abgefordert, um die Frist zu ersparen, welche ihm bislang nach dem Eidesurtheile offenstand; aber man hätte zugleich
den ganzen Vortheil mehr als aufgewogen, indem man dem Kläger gestattete, von seinem Revocationsrechte einen ausgedehnteren
Gebrauch zu machen. Man hätte mit der einen Hand genommen,
was man mit der andern gab. Auch würde man vergeblich nach
einem Grunde fragen, aus dem die Lage des Deferenten so außerordentlich auf Kosten des Delaten verbessert, nur der letztere an
seine Erklärung gebunden sein sollte. Allein ich räume ein, daß
diese Zweckmäßigkeitserwägungen bedeutungslos wären, wenn wir
die Existenz der gesetzlichen Vorschrift anerkennen müßten.

Meines Erachtens ist das geradezu unmöglich, sobald wir
die geschichtliche Entwickelung überblicken. Hätte man mit dem
alten, auch nach Ansicht der Gegner unbestrittenen Rechte brechen
und an Stelle der Erklärung, als das einzig Wirksame, das Urtheil
setzen wollen, dann wäre diese Absicht wahrlich tiefeinschneidend
gewesen, und man hätte mit vollem Rechte erwarten dürfen, daß
eine unmittelbare Aeußerung sie unverhüllt darlege. Daß solche
Aeußerung fehlt, darüber sind Alle einverstanden. Nichts als
jene mittelbare Vorschrift der Erl. Proc.-Ordn. soll zur Ursache
solcher Wirkung gemacht werden, und nach den Vorarbeiten liegt

---

7) Barth in seinem hodegeta und Rother, nova processualis
statua, kannten diese Lehre noch nicht.

unbeſtreitbar klar vor, wie es mit jener Vorſchrift beſtellt, daß ſie
für uns den bloßen Werth eines todten Buchſtabens behält, deſſen
Sinn ſich als völlig von dem verſchieden herausſtellt, was die
Doctrin bisher in ihm gefunden hat. Denn die Erl. Proc.=Ordn.
hat unverkennbar das Verſehen des Entwurfs nicht beſeitigt, ſon=
dern hat in derſelben Weiſe, wie jener das alte, die Erklärung
erzwingende, Eidesurtheil vor Augen. Möglich, daß man bei der
Schlußredaction des Widerſpruches zwiſchen dieſer Vorſchrift und
der ad Tit. XIIX. ſich bewußt wurde, und demſelben abzuhelfen
die nachfolgende Erklärung ſtrich. Allein ſelbſt wenn dem ſo ge=
weſen, ſo würde uns nur der Wegweiſer genommen ſein, welcher
uns ohne jede Mühe zum richtigen Verſtändniſſe geführt hätte.
Eine Beſeitigung des Widerſpruches ſelbſt könnte dadurch nicht
herbeigeführt ſein. Dieſelbe würde nach wie vor nur auf dem
Wege möglich bleiben, welchen wir vorhin zur Löſung eben deſſel=
ben Widerſpruches bei dem Projecte einſchlugen; wir würden auch
für die Erl. Proc.=Ordn. zu dem Ergebniſſe kommen, daß man bei
Beſtimmung der Gränze im Eidesurtheile die vorher eingehende
Erklärung auf den Eid ſammt ihrer Wirkung blos vergaß, und ſie
zu ſchmälern durchaus nicht beabſichtigte.

Man könnte dieſe Entwickelung anerkennen, trotzdem aber die
wörtliche Faſſung der Erl. Proc.=Ordn. als das einzig Maßge=
bende anſehen wollen. Aber in der That iſt der §. 9. cit. in
jeder Beziehung untüchtig, aus ihm jenes gegneriſche Reſultat zu
entwickeln; ſelbſt dann, wenn wir ohne Kenntniß des Werdens
blos an den vorhandenen Ausdruck uns halten wollten. Denn
nur auf den über die Klage deferirten Eid beziehen ſich ſeine Vor=
ſchriften, und aus ihnen eine Analogie für alle anderen, für den
Eid im Allgemeinen zu entnehmen, das iſt offenbar um ſo un=
ſtatthafter, als nicht einmal für den Klageneid wir ſeiner Beſtim=
mung in allen Conſequenzen folgen dürfen. Darüber nämlich,
daß jene Revocationsbefugniß wegfalle nach geſchehener Relation,
darüber ſind ſtillſchweigend Alle einig, wenn ich Oſterloh (II.
S. 43.) ausnehme, der m. W. mit dieſer Anſicht allein ſteht.
Nur auf die annehmende Erklärung ſoll alſo in beſchränkender
Interpretation die Vorſchrift des §. 9. angewandt werden, da
ſonſt das Verbot der Gewiſſensvertretung für den Relaten illu=
birt würde. Woher aber ſollten wir den Muth nehmen, aus
einem Satze, der nicht einmal für ſeine nächſte ihm untergebene

3 *

Nähe fest und scharfbegränzt dasteht, Consequenzen und Analogien so weittragender Natur zu entlehnen?

So gut also hier eine ergänzende Interpretation nöthig würde, um die Uebereinstimmung dieses Paragraphen mit anderen Rechtssätzen herzustellen, welche Interpretation uns zu einem für den Klageneid allein gültigen Rechte des Klägers, die Erklärung des Beklagten nicht zu beachten, führte, so gut würden wir, blos auf den Wortlaut eingehend, zu der Frage genöthigt sein, was sich der §. 9. unter dem Urtheile auf Eidesleistung denke. Denn zwei verschiedene Urtheile auf Eidesleistung haben wir; das eine schließt sich an die Partheierklärung an, ist also mehr anerkennender Natur, kann durch das Erbieten, sofort zu schwören, vielleicht gar überflüssig gemacht werden; das andere hingegen spricht als Präjudiz für das beklagtische Schweigen die poena acceptati aus; es ist also mehr schöpferischer Natur. Nur auf das letztere könnte der generelle Ausdruck des §. 9. bezogen werden, denn hinsichtlich des ersteren galt zur Zeit der Abfassung jenes Gesetzes ein bestimmtes Recht, welches so stillschweigend nicht zur Seite geschoben sein kann.

Mögen wir also an dem Buchstaben der Erl. Proc.=Ordn. festhalten, oder zurückgehen auf die Entstehung, — und das Letztere erscheint mir als das einzig Richtige, — überall tritt uns die Ueberzeugung entgegen, daß das altsächsische Recht noch heute besteht und daß noch heute die Erklärung auf den zugeschobenen Eid mit bindender Wirkung versehen ist. Denn weder absichtlich noch unabsichtlich hat die Erl. Proc.=Ordn. dem Abbruch gethan.

Die Justiz angehende Präjudizien.

1.

Ueber die nebenbei geforderten „erweislichen" Schäden kann nicht erkannt werden, wenn die Klage in der Hauptsache fallen gelassen worden, selbst dann nicht, wenn letzteres erst geschehen, nachdem schon der Rechtsstreit bis zur Entscheidung durchgeführt und das Material zur Entscheidung über den Hauptanspruch geliefert worden.

„Der Grund, weshalb eine auf Entschädigung gerichtete, in Bezug auf die Existenz des Schadens und die Höhe desselben der erforderlichen Begründung entbehrende Klage für unzulässig zu erachten ist, liegt darin, daß auf eine solche Klage hin möglicher Weise ein durchaus überflüssiger Rechtsstreit geführt werden würde. Wenn daher auch gerichtsbräuchlich eine Verurtheilung in Ersatz erweislicher Schäden in dem Falle, wo die letzteren nur nebenbei geltend gemacht worden sind, die Existenz derselben als möglich erscheint und die rechtliche Verbindlichkeit zu deren Vergütung aus demselben Rechtsverhältnisse hervorgeht, welches der geklagten Hauptforderung zu Grunde liegt, einzutreten pflegt, so wird doch dabei vorausgesetzt, daß wegen der in der Hauptsache verlangten Verurtheilung des Beklagten ohnedieß über das streitige Rechtsverhältniß erkannt werden muß, der Proceß also selbst, wenn die als Nebenforderung erwähnten Schäden späterhin nicht ausgeführt werden könnten, immer noch seinen wesentlichen Zweck erreicht."

Zeitschrift für Rechtspflege u. Verwaltung, N. F. Bd. 16. S. 287 f.

Vermag daher das auf Vergütung erweislicher Schäden gerichtete Verlangen eines Klägers niemals den ausschließlichen Gegenstand eines Rechtsstreites abzugeben, so muß auch, wenn im Laufe des Processes der Klage in ihrem die Hauptforderung betreffenden Theile entsagt wird, dieß ohne Rücksicht darauf, ob das zur Entscheidung der Sache erforderliche Material bereits gewonnen worden ist, oder nicht, nothwendig zu einer Abweisung der Klage, insoweit sie Vergütung erweislicher Schäden verfolgt, führen, und es bleibt dem Kläger nur übrig, den behaupteten Schädenanspruch mittelst einer, den letzteren in quantitativer und qualitativer Hinsicht gehörig begründenden besonderen Klage auszuführen."

(Urthel des O.=A.=G. in Sachen Fischer ÷ Vellmann, vom 4. December 1861. — Ger.=Amt Meißen.)

2.

Ueber die Verpflichtung des Besitzers eines mit einem Wohnungsauszuge belasteten Grundstücks zur Reparatur der Auszugswohnung. *)

„In Bezug auf die Frage, ob der Besitzer des auszugspflichtigen Grundstücks verbunden sei, die zur Wohnung und sonstigen Benutzung des Auszüglers bestimmten Gebäude im Stande zu erhalten und etwaige, ohne eigene Verschuldung entstandene Schadhaftigkeiten auf seine Kosten repariren zu lassen, ist Folgendes zu bemerken:

Der Auszug ist an sich ein dem deutschen Rechte angehöriges Institut, welches zwar in Bezug auf einzelne dabei vorkommende Berechtigungen eine gewisse Aehnlichkeit mit den Dienstbarkeiten und namentlich den Personalservituten des römischen Rechtes hat und deshalb auch in einzelnen Beziehungen nach den über diese geltenden Grundsätzen beurtheilt werden kann, wobei aber die Servitutenlehre des römischen Rechts nur mit großer Vorsicht und steter Berücksichtigung des eigenthümlichen und deutschrechtlichen Characters des Auszugs anzuwenden ist.

 Mittermaier, deutsches Privatrecht, §. 291.
 Philipp's Grundsätze des gem. deutsch. Privatr., §. 261.
 Runde, von der Leibzucht, Thl. I. §§. 1—7. Thl. II. §§. 29. 30.
 Thierfeld, der Leibzuchtscontract, §. 2 f.

Dieß gilt nicht blos von dem auf dem Colonatsrechte und der Interimswirthschaft beruhenden, sondern auch von dem in Sachsen, wo diese Institute nicht existiren, allein vorkommenden, durch Vertrag oder letztwillige Disposition begründeten Auszug, welcher nach sächsischem Rechte entweder durch einen bei der Veräußerung stattgefundenen Vorbehalt oder eine letztwillige Verfügung des Eigenthümers entstanden sein muß, wenn er als wahrer Auszug mit der Eigenschaft einer Reallast gelten soll.

 Bekanntmachung des O.=A.=G. v. 2. Oct. 1839. §§. 1. 2. 3.
 Hypothekengesetz vom 6. Nov. 1843. §. 41.

Schon die älteren, ebenso wie die neueren sächsischen Gesetze be=

---

*) Zu vgl. diese Zeitschrift Bd. XXI. S. 342 f. Num. 153.

handeln auch diesen Auszug als ein besonderes, von den Dienstbarkeiten verschiedenes Rechtsinstitut;

> Befehl vom 12. Juli 1861, daß kein nachtheiliger Auszug
> zu Abbruch des Lehngeldes ꝛc. verstattet werde (C. A. II.
> S. 25.)
> Erl. Proc.-Ordn. ad Tit. XXXIX. §. 11.
> Rescript an die Juristenfacultäten zu Leipzig und Witten-
> berg vom 28. Febr. 1726. (I. C. C. A. I. S. 275.)
> Anweisung für die Dorfgerichte im Bezirke des Kreisamts
> Wittenberg von 1773.
> Generale, die Dismembrationen betr., vom 4. Mai 1784.
> (II. C. C. A. II. S. 979.)
> vgl. Runde, l. c. Thl I. §. 28.

und so wird auch im Hypothekengesetze vom 6. Nov. 1843 (§. 15, 5.
§. 16, 7. §. 41.) der Auszug von den Grundbdienstbarkeiten und der
Personalservitut des usufructus, des usus und der habitatio
geschieden.

Die Bestimmungen des römischen Rechtes über die Verbindlichkeit
dessen, welcher den usufructus oder usus aedium oder die habitatio genießt, zur refectio des betreffenden Gebäudes,

> vgl. l. 7. §§. 2, 3., l. 48. pr., l. 64. D. de usufructu etc.
> (7, 1.)
> l. 7. C. de usufructu etc. (3, 33.)
> l. 18. D. de usu aedium (7, 8.)

auf welche sich der Beklagte bezieht, um seine Weigerung zu begründen, finden ihre Erklärung in dem römisch-rechtlichen Grundsatze:
servitus in faciendo consistere nequit, während die deutsch-rechtlichen Reallasten, zu denen der Auszug gehört, ein Geben und Leisten
des Verpflichteten, wie bekannt ist, zulassen und zumeist ausschließlich
in einem solchen bestehen. Es ist bereits bemerkt worden, daß unter
den einzelnen Befugnissen, welche Gegenstand eines Auszugs werden
können, auch solche mit vorkommen, welche den römischen Personalservituten ähnlich sind, und bei denen sich die Doctrin hin und wieder
bestrebt hat, die Grundsätze des römischen Rechtes zur Geltung zu
bringen. Es gilt dieß insbesondere in Bezug auf die Gebäude, deren
entweder ausschließliche oder Mitbenutzung dem Auszügler zukommen
soll. Allein alle die einzelnen Rechte und Verpflichtungen, deren In-
begriff im gegebenen Falle den Auszug in seiner Gesammtheit ausmacht, treffen in der gemeinschaftlichen Bestimmung: dem Auszügler
einen lebenslänglichen Unterhalt und eine Versorgung zu gewähren,
zusammen; sie fallen daher unter den Gesichtspunkt von Alimenten,
die jedoch nach dem Willen der Betheiligten bei der Bestellung des
Auszugs einen größeren oder geringeren Umfang haben, die vollständige Versorgung und Unterhaltung des Auszüglers oder nur einen
Beitrag dazu umfassen können.

Runde, l. c. Thl. II. §. 26.

Mittermaier, l. c.

Philipps, l. c.

Hänsel, Lehre vom Auszuge §. 3. und not. 8.

Theils aus diesem Grunde, theils auch mit Berücksichtigung des Umstandes, daß wenigstens bei dem auf Verträgen beruhenden Auszugsreservate der Werth des letzteren bei der Bestimmung des Kaufpreises berücksichtigt wird und der Auszügler die vorbehaltenen Rechte nicht unentgeltlich erwirbt, während sich die angezogenen Stellen des römischen Rechtes vornehmlich auf einen unentgeltlich durch letztwillige Verfügung bestellten Nießbrauch oder Gebrauch beziehen, ist auch in solchen Fällen, wo sich der Auszügler die ausschließliche Benutzung eines Gebäudes vorbehalten hat, die Instandhaltung des letzteren zu denjenigen Leistungen mit zu rechnen, welche der Auszugsträger zu bestreiten hat, um dem Auszugsberechtigten die zu seiner Versorgung mit erforderliche Wohnung und beziehenblich Benutzung wirthschaftlicher Räume in einem, diesem Endzwecke entsprechenden Zustande ohne weitere Entgeltung zu gewähren.

Manche Schriftsteller

Runde, l. c. Thl. II. §. 45.

Hänsel, die Lehre vom Auszuge ꝛc. §. 10. not. 7.

wollen zwar dem Auszügler, der ein besonderes Gebäude oder bestimmte Räumlichkeiten zu seinem ausschließlichen Gebrauche inne hat, die Verbindlichkeit, einen mäßigen Reparaturaufwand zu übertragen, auferlegen. Allein der Erstere scheint dieß wenigstens von dem Falle nicht zu verstehen, wo der Auszug, wie dieß in der Regel geschieht und im vorliegenden Falle ebenfalls vorauszusetzen ist, die Versorgung des Auszüglers mit den nöthigen Lebensbedürfnissen bezweckt. Und wenn man bei der Beantwortung der Frage, ob der Wirth das dem Auszügler zur Bewohnung und Benutzung angewiesene Gebäude im Stande zu halten habe, von dem schon erwähnten Gesichtspunkte auszugehen hat, daß der Auszug seinem Wesen nach den Unterhalt und die Versorgung des Auszüglers betrifft und zu diesem Behufe stipulirt wird, so erscheint der dem römischen Rechte entlehnte Unterschied zwischen einem mäßigen und einem beträchtlichen, den Nutzen der Sache übersteigenden Aufwand nicht gerechtfertigt, vielmehr ist es folgerichtiger, dabei nur zwischen den nothwendigen und den außer den Grenzen der Nothwendigkeit liegenden Herstellungen zu unterscheiden und anzunehmen, daß die ersteren in Mangel einer diesfalls getroffenen Bestimmung dem Besitzer des auszugspflichtigen Gutes obliegen.

vgl. Thierfeld, l. c. §. 20.

Nach diesen Grundsätzen hat das Oberappellationsgericht bereits früher

Wochenbl. für merkw. Rechtsf. 1848. S. 73 f.

und auch noch in der neueren Zeit

Zeitschr. f. Rechtspfl. u. Verw. Bd. XXI. S. 342.

entschieden und es beruht dieß auf demselben Principe, wie die Bestimmung in der Bekanntmachung desselben vom 2. October 1839 §. 17., nach welcher der Auszügler, dem die alleinige Wohnung in einem besonderen Gebäude zusteht, berechtigt ist, die Wiederherstellung desselben zu verlangen, wenn es durch Unglücksfall, also ohne Verschulden des Wirthes, vernichtet worden ist. Daß übrigens im vorliegenden Falle der Beklagte nur verpflichtet sein soll, die zur Bewohnbarkeit des Auszugshauses und der Benutzbarkeit des Stalles nothwendigen Reparaturen vorzunehmen, ist bereits Bl. — gesagt worden, und wird bei der künftighin zu ertheilenden Definitivsentenz eintretenden Falles ebenfalls wieder mit zu berücksichtigen sein.

Was ferner die in der Klage sub 1. und 2. gedachten, die Dielung der Wohnstube und die Stalldecke betreffenden Schadhaftigkeiten angeht, so sind dieß allerdings solche, deren Reparatur nothwendig ist, um diese Räumlichkeiten in einen ihrem Zwecke entsprechenden Zustand zu versetzen. Daß der Kläger auch die Benutzung des im Auszugshause befindlichen Stalles anzusprechen befugt sei, ist nicht zu bezweifeln. Denn erstlich ist dem Kläger nach der Bl. — zu lesenden Bestimmung des Kaufes das neu zu erbauende Auszugshaus nicht blos zum Aufenthalte für seine und seiner Ehefrau Person, sondern zum alleinigen Gebrauche überlassen worden, und zweitens steht auch demselben nach dem nämlichen Kaufe das Recht zu, sich nach Belieben Vieh zu halten, so daß sich aus der Anlegung eines Stalles in dem neuerbauten, zum ausschließlichen Gebrauche der Auszügler bestimmten Hause die Intention der Kaufscontrahenten, daß die Auszügler, wenn sie von dem Befugnisse des Viehhaltens Gebrauch machen wollen, sich dazu dieses Stalles bedienen sollen, von selbst ergiebt 2c. 2c.

Endlich kommt auch darauf nichts an, ob die betreffenden Schadhaftigkeiten während der Besitzzeit des Beklagten oder schon vorher zur Besitzzeit eines andern Käufers des auszugspflichtigen Grundstücks entstanden sind. Denn außer dem Falle einer nothwendigen Subhastation ist auch der possessor singularis die Auszugsreste seiner Vorbesitzer zu vertreten verbunden,

Bekanntmachung des O.-A.-G. §. 94.
und diesem Grundsatze steht die Bestimmung des Hypothekengesetzes §. 91. nicht entgegen, welche nur vorschreibt, daß der Besitzer eines auszugspflichtigen Grundstücks für die während der Dauer seiner Besitzzeit fällig werdenden Auszugsleistungen jederzeit auch persönlich verpflichtet sei. Diese persönliche Verpflichtung dauert über die Besitzzeit hinaus, schließt aber die dingliche Haftung des späteren Besitzers als solchen wegen derselben Reste nicht aus. Ueberdieß können aber auch Schadhaftigkeiten, welche ein früherer Besitzer zu repariren unterlassen, nicht einmal zu den Auszugsrückständen gerechnet werden, vielmehr begründet schon das Dasein einer den Besitzer des auszugspflichtigen Grundstücks zur Reparatur verpflichtenden Schadhaftigkeit an den zum Gebrauche des Auszüglers bestimmten

Gebäuden für den letzteren das Recht, die erforderliche Reparatur von dem actuellen Civilbesitzer zu verlangen, der sich der ihm selbstständig obliegenden Verbindlichkeit, dem Auszügler die bedungene Wohnung oder sonstige Benutzung gewisser Gebäude oder Gebäudetheile in der zweckentsprechenden Maße zu gewähren, nicht deshalb entbrechen kann, weil ein früherer Besitzer dieser Verpflichtung nicht nachgekommen ist und der Auszügler dieserhalb gegen den letzteren noch keine Klage erhoben hat."

(Urthel des O.-A.-G. in Sachen Mißbach ÷ Schöne, vom 31. December 1861. — Ger.-Amt Pulsnitz.)

3.

Legitimatio per subsequens matrimonium in Bezug auf adulterini nach gemeinem und sächsischem Rechte.

„Die Frage, ob Kinder, welche im Ehebruche erzeugt worden sind, durch nachfolgende Ehe legitimirt werden können, ist in der Deduction der Interessenten nicht näher berührt worden. Nach römischem Rechte würde man allerdings diese Frage, wenigstens der herrschenden Meinung zufolge, verneinen müssen, da das Institut der legitimatio per subsequens matrimonium nur in Bezug auf die Concubinenkinder (liberi naturales) von den Kaisern Constantin und Zeno eingeführt worden und in seinem Ursprunge auf dem politischen Grunde, daß dadurch indirect dem Concubinatsverhältnisse entgegenzuarbeiten sei, beruht.

    l. 5. 10. 11. C. de natur. lib. (5—27.) Nov. 12. cap. 4.
      Nov. 89. cap. 8.
    Allein nach canonischem und heutigem Rechte
    (cap. 6. X. qui filii sint leg. 4. 17.)
ist dieses Institut weiter und auf alle außereheliche Kinder ausgedehnt worden, zwischen deren Eltern eine erlaubte Ehe stattfinden kann. Dem stehen auch die Worte der oben angeführten Stelle des canonischen Rechtes, einem Decrete des Pabstes Alexander III.:

    „si autem vir vivente uxore sua aliam cognoverit et ex
    ea prolem susceperit, licet post mortem uxoris eandem
    duxerit, nihilominus spurius erit filius et ab hereditate
    repellendus"

nicht entgegen. Denn der Grund dieser Ausnahmebestimmung von der allgemeinen Regel:

    tanta est vis matrimonii, ut qui antea sunt geniti post
    contractum matrimonium legitimi habeantur

ist in den Schlußworten des Decretes — welche allerdings im corpus juris canonici nicht mit enthalten sind —

    „quoniam matrimonium legitimum inter se contrahere
    nequeunt"

angegeben. Dieses als Grund angeführte, in dem ehebrecherischen Verhältniffe liegende Ehehinderniß ist aber bekanntlich durch ein späteres Decret deffelben Alexander III.

(cap. 3. 6. X. de eo qui duxit in matrimonium etc. 4. 17.)

wesentlich gemildert und nur für die Fälle noch beibehalten worden, wenn eine der schuldigen Personen dem unschuldigen Ehegatten nach dem Leben getrachtet, oder wenn sich jene schon bei Lebzeiten die künftige Ehe miteinander förmlich versprochen haben sollten.

Diese Ansicht über die Statthaftigkeit der legitimatio per subsequens matrimonium in Bezug auf uneheliche Kinder überhaupt und somit auch auf die im Ehebruche erzeugten, ist auch von der Mehrzahl der älteren und neueren Schriftsteller des gemeinen Rechtes als die richtigere anerkannt worden.

cfr. J. H. Boehmer, jus eclesiast. Protest. IV. 17. §. 10.

Glück, Commentar II. S. 292 f.

Puchta, Pandecten, §. 440. S. 614.

Arndts, Pandecten, §. 421. Anm. 1. S. 660.

Vangerow, Pandecten, §. 255. Anm. 3. I. S. 542.

Brinz, Pandecten, Bd. 1. §. 9. S. 19.

Sintenis, Civilrecht III S. 102. Num. 46.

Keller, Pandecten, §. 417. S. 762.

Wochenblatt für merkwürdige Rechtsfälle, Jahrgang 1855. S. 405.

und die übrigen Blt. — citirten Schriften.

Auch nach sächsischen Rechten ist der Ehebruch kein absolutes Ehehinderniß wider die Schuldigen; vielmehr ist er als solches nach der Praxis der sächsischen Ehegerichte nur in den obengedachten beiden Fällen angesehen, außerdem aber die Ehe zwischen den schuldigen Personen, wenn der Ehebruch der Grund der Ehescheidung gewesen, nach vorheriger Dispensation und wenn diese Ehe auf andere Weise, wie z. B. im vorliegenden Falle durch den Tod getrennt worden, auch ohne Dispensation als erlaubt betrachtet worden.

Vergl. Weber, Kirchenrecht, Thl. II. Abth. 3. S. 1149.

Es war auch schon vor dem sogleich näher zu erwähnenden Erbgesetze die Ansicht, daß die im Ehebruche erzeugten Kinder durch die nachfolgende Ehe legitimirt würden, wenn nicht der Ehe der Eltern eines der obenerwähnten Hindernisse entgegenstehe, die in der sächsischen Praxis herrschende, welche insbesondere durch das Mandat vom 17. Juni 1819 (Gef.-S. S. 21) nicht reprobirt worden ist, indem solches auch bei der Lehnssuccession keine Art der unehelichen Kinder, deren Eltern sich nachher geheirathet haben, ausschließt, wenn nur die Ehe gültigerweise geschlossen worden ist.

Ferner ist in dem Mandate vom 31. Januar 1829, die Grundsätze der gesetzlichen Allodialerbfolge und mehrere Bestimmungen über einige damit in Verbindung stehende Rechtsverhältnisse betreffend §. 15.

in Verbindung mit §. 14. der Grundsatz, daß uneheliche Kinder jeder
Art durch nachfolgende Ehe legitimirt werden können, theils anerkannt, theils auch insofern noch erweitert worden, daß die nachfolgende Ehe die rechtlichen Wirkungen der Legitimation nur in dem
Falle nicht haben soll, wenn die (nachfolgende) Ehe von der Art
war, daß aus derselben nach §. 14. auch keine ehelichen Kinder ge-
boren werden konnten. Das Letztere ist aber nach §. 14. des angezogenen Gesetzes nur dann anzunehmen, wenn dieser ehelichen Verbindung entweder ein noch bestehendes Eheband oder eine so nahe
Verwandtschaft oder Schwägerschaft entgegenstand, daß weder
Dispensation ertheilt, noch die Ehe geduldet werden konnte, und wenn
sothanes Hinderniß beiden Eltern zur Zeit ihrer Verlobung oder
Verehelichung bekannt gewesen ist.

Der Anwendung dieser gesetzlichen Vorschrift auf den vorliegenden Fall würde, obschon das Gesetz erst nach der Testamentserrichtung
und dem Ableben des Testators erschienen ist, kein wesentliches Bedenken entgegenstehen. Zuvörderst nämlich ist zu bemerken, daß sich
dasselbe, wie Ueberschrift und Eingang an die Hand geben, nicht blos
auf das gesetzliche Erbrecht beziehen, sondern auch andere, mit demselben in Verbindung stehende allgemeine Bestimmungen enthalten
sollte, und daß man daher die hierher gehörigen Vorschriften darüber,
welche Kinder für ehelich oder den ehelichen gleich zu achten seien,
nicht auf das gesetzliche Erbrecht der ehelichen Kinder zu beschränken
hat, womit auch die allgemeine Fassung der §§. 14. 15. nicht über-
einstimmen würde. Dazu kommt daß hinsichtlich der Legitimation
durch nachfolgende Ehe das Gesetz kein neues Institut geschaffen, sondern nur ein bereits bestehendes anerkannt und geregelt und dabei
hinsichtlich der im Ehebruche erzeugten Kinder — abgesehen von der
gedachten erweiterten Bestimmung — eine Rechtsansicht sanctionirt
hat, welche schon früher in der Praxis befolgt worden war. Insofern
würde man bei der Anwendung desselben auch den vorliegenden
Fall dem neuen Gesetze um so weniger eine retrotractive Wirkung in
unstatthafter Weise beimessen, als von denjenigen Fällen, bei welchen
dasselbe zu Gunsten der im Ehebruche erzeugten Kinder weiter als das
gemeine Recht geht, keiner vorliegt. Man bedarf aber der Zuhülfenahme dieses Gesetzes nicht einmal, da selbst nach gemeinem Rechte
und dem früher in Sachsen bestandenen Gerichtsbrauche die von B.
mit der S. außerehelich erzeugten Kinder durch die nachfolgende Ehe
ihrer Eltern legitimirt und den ehelichen überhaupt, namentlich aber
bei Erbansprüchen gleichzustellen sein würden."

(Urthel des O.-A.-G. in Sachen B. ÷ Sperling ꝛc. v. 25. Febr.
1862. — Ger.-Amt Dresden.)

4.

Zur Frage über das Vorzugsrecht des früheren Käufers vor dem späteren.

„Wenn die Sache an mehrere Personen verkauft worden ist, so geht nach der übereinstimmenden, auch von dem Oberappellationsgerichte seither befolgten Meinung der Rechtslehrer in dem Verhältnisse der verschiedenen Käufer zu einander der erste Käufer dem späteren Käufer vor. Dieses auf den früheren Abschluß des Kaufes gegründete Vorzugsrecht cessirt jedoch nach den Grundsätzen des gemeinen Rechtes

cfr. l. 15. Cod. de rei vindic. III. 32.

l. 6. Cod. de hered. vel act. vend. IV. 39.

dann, wenn der Verkäufer die Sache bereits einem späteren Käufer übergeben hat, denn durch die bemerkte Tradition hat jener, der Verkäufer, die physische Möglichkeit verloren, seine Verbindlichkeiten gegen den ersten Käufer zu erfüllen, der spätere Käufer aber das Eigenthum oder doch ein mittelst der publiciana in rem actio zu schützendes Realrecht erlangt, welches der erste Käufer ihm nicht wieder entziehen kann. Diese gemeinschaftlichen Grundsätze haben auch in Sachsen Eingang und Geltung gefunden und nur erst durch das Gesetz, die Grund- und Hypothekenbücher und das Hypothekenwesen betreffend, vom 6. November 1843 haben sie, wie dieß das Ober-Appellationsgericht in einem dem vorliegenden ganz ähnlichen Falle schon früher ausführlich auseinandergesetzt hat,

vergl. Zeitschr. f. Rechtspfl. u. Verw. Bd. XV. S. 121 f.

ihre Anwendbarkeit verloren, insoweit es um Immobilien sich handelt. Bei diesen entscheidet mithin unter den verschiedenen Käufern, so lange es noch nicht zur Eintragung des einen oder des andern gekommen ist, lediglich die Priorität der Zeit.

Hier nun, wo Käufe über Immobilien in Frage stehen, ist in dem Vorbringen des Intervenienten mit hinreichender Deutlichkeit und Bestimmtheit behauptet, daß der Kauf des Klägers später, als der des Intervenienten abgeschlossen und daß nur doloser Weise Klägers Kaufsurkunde zurückdatirt worden sei. Dieses Vorbringen haben Kläger sowohl als Beklagter ins Leugnen gestellt und somit fehlt es in der That an jedem Grunde, weshalb Kläger durch das Blt. — gesprochene, Blt. — bestätigte Interlocut, welches dem Intervenienten den Beweis seiner Anführungen auferlegt hat, sich beschwert achten könnte."

(Urthel des O.-A.-G. in Sachen Hennigs, Klägers, ÷ Hennig, Beklagten, und ÷ Holzhausen als Intervenienten, v. 27. Febr. 1862. — Ger.-Amt Wurzen.)

5.

Ueber die Verpflichtung des Mandatars zur Verzinsung der von ihm für den Mandanten eingenommenen Gelder.

„Die Frage, inwiefern der Mandatar auch ohne Interpellation von Seiten des Mandanten die für den letzteren vereinnahmten oder beziehendlich von demselben zur Ausführung des Mandates empfangenen Gelder zu verzinsen verpflichtet sei, ist wenigstens nicht unzweifelhaft. In der Regel pflegt man anzunehmen, daß die Zinspflicht des Mandatars eintrete, wenn er sich mit der Ablieferung der vereinnahmten Gelder im Verzuge befinde, wenn er dieselben in seinen Nutzen verwendet, oder wenn es ihm zur Verschuldung angerechnet werden müsse, daß er sie nicht nutzbar angelegt habe.

Glück, Commentar XV. §. 955. S. 291 f.

Kritz, Pandectenrecht I. Cap. 3. S. 36. 55.

Thibaut, System, §. 171. jcta. §. 449. S. 134. 382.

Bucher, Recht der Forderungen, §. 76. S. 272.

Unterholzner, Schuldverhältnisse II. §. 620. S. 594.

Keller, Pandectenvorlesungen, §. 314.

Sintenis, Civilrecht II. §. 113. S. 577.

Diese Ansicht findet auch in verschiedenen hierauf bezüglichen Gesetzstellen eine ausreichende Unterstützung;

vergl. l. 10. §. 3. D. mand. (17, 1.)

„Si procurator meus pecuniam meam habeat, ex mora utique usuras mihi pendet. Quod si non exercuit pecuniam, sed ad usus suos convertit, ad usuras convenietur, quae legitimo modo in regionibus frequentantur; denique Papinianus ait: etiam si usuras exegerit procurator, et in usus suos convertit, usuras eum praestare debere.“

l. 13. §. 1. D. de usuris, 22. 1

Die von den Klägern hiergegen angezogene l. 31. §. 3. D. de neg. gest. (3, 5.)

„qui aliena negotia gerit, usuras praestare cogitur ejus pecuniae, quae purgatis necessariis sumptibus superest,“

enthält, wenn man es auch sonst für unbedenklich erachten kann, den negotiorum gestor und den Mandatar hinsichtlich der Verzinsung der für den Geschäftsherrn oder den Auftraggeber eincassirten Gelder auf gleiche Linie zu stellen, dennoch keinen directen Beleg für die entgegengesetzte Ansicht der Kläger, weil diese Stelle nur im Allgemeinen von einer Zinsverbindlichkeit handelt, ohne über den Eintritt und die Bedingungen derselben nähere Auskunft zu ertheilen, während die Blt. — berufene l. 8. §. 9. D. mandati (17, 1.) die Zinspflicht des Mandatars gar nicht unmittelbar berührt, und die l. 6. §. 12. D. de neg. gest. nicht von der Verzinsung eingenommener Gelder, sondern von der Verzinsung einer bis dahin unverzinslichen Schuld des negotiorum gestor an den dominus negotii handelt.

Erscheint es daher auch bedenklich anzunehmen, daß der Mandatar selbst ohne den Nachweis einer die mora begründenden Interpellation oder ohne den Nachweis der eigenmächtigen Verwendung in seinen Nutzen oder einer sonstigen Verschuldung verbunden sei, dem Mandanten die für diesen vereinnahmten Gelder bis zur Ablieferung zu verzinsen, und läßt sich ferner ebensowenig im Allgemeinen und ohne Rücksicht auf die Verschiedenartigkeit der Verhältnisse in einzelnen Fällen behaupten, daß jede Zögerung des Mandatars in der Ablieferung der vereinnahmten Summen als eine, die Zinsverbindlichkeit begründende Culpa zu betrachten sei; so hat man doch im vorliegenden Falle die Verpflichtung des jüngern L. zur Gewährung der libellirten Zinsen von dem Tage an, wo er die letzte Zahlung empfing, anerkennen zu müssen geglaubt.

Wie nämlich die Beklagten selbst gar nicht bestreiten, hatte L. der jüngere die ihm behauptetermaßen von seinem Vater zur Ausleihung von S. anvertrauten 200 Thaler nicht auf den Namen seines Vaters, sondern auf seinen eigenen Namen ausgeliehen. Die nächste Folge dieser dem Auftrage nicht entsprechenden Handlungsweise war die, daß der Mandatar das ausgeliehene Capital sammt Zinsen ohne Vorwissen und Concurrenz des Mandanten einziehen und der letztere den Zeitpunkt, wo die Einziehung erfolgt ist, und die von dem Mandatar angenommenen einzelnen Zahlungen geleistet worden sind, präsumtiv nicht wissen und daher auch nicht, wenigstens nicht ohne eigene, nach Befinden vergebliche Thätigkeit, zu einer rechtzeitigen Interpellation gelangen konnte. Unter diesen Umständen kann es dem Mandatar, der an sich verpflichtet ist, das Mandat mit Sorgfalt und lediglich im Interesse des Mandanten auszuführen, als eine culpa angerechnet werden, daß er den Mandanten nicht ohne besondere Aufforderung dazu von dem Stande der Sache und dem Eingange der successiv erfolgten Zahlungen in Kenntniß gesetzt und den Betrag der letzteren unter Abzug der etwa aufgewendeten Kosten eingeliefert hat. Dazu kommt, daß das ausgeliehene Capital ein zinsbares war, welches der Mandatar selbst und seinem eigenen Vorschlage gemäß in dieser nutzbringenden Weise ausgeliehen hatte, von dem er also voraussetzen mußte, daß es der Mandant in gleicher Weise von Neuem unterbringen werde. Nicht mit Unrecht bezieht sich aus diesem letzteren Grunde der Kläger auf die schon oben angezogene

l. 13. §. 1. D. de usuris. (22, 1.)

quaesitum est, an judicio negotiorum gestorum vel mandati pro pecunia otiosa usuras praestare debeat, cum dominus nullam pecuniam foeneravit? Respondit, si eam pecuniam positam habuisset, idque ex consuetudine mandantis fecisset, non debere quicquam usurarum nomine praestare.

Aus dieser Stelle folgt nämlich von selbst, daß eine Verbindlichkeit, das empfangene Geld zu verzinsen, eintreten, mithin eine zur

Verzinsung verpflichtende culpa angenommen werden soll, wenn der Mandatar die zinsbare Unterbringung der Gelder unterläßt, obschon ihm bekannt ist, daß der Mandant seine Gelder nutzbar unterzubringen pflegt.

Vergl. Glück l. c. S. 296.

Zwar scheint der obige Ausspruch auf der factischen Vorstellung zu beruhen, daß der Mandatar oder negotiorum gestor auch beauftragt gewesen sei, die empfangenen Gelder für den Mandanten oder Geschäftsherrn auszuleihen, und dieß würde sich im gegenwärtigen Falle von dem jüngern L. nicht voraussetzen lassen, allein es erscheint unbedenklich, eine Säumniß in der Ausführung eines solchen Auftrags der Säumniß in der rechtzeitigen Benachrichtigung des Mandanten von der Ausführung des Mandates und der Ablieferung der dabei eingenommenen Gelder gleichzustellen, wenn diese Gelder nutzbar ausgeliehen gewesen sind und daher anzunehmen war, daß es im Interesse des Mandanten oder Geschäftsherrn liege, daß dieselben anderweit nutzbar angelegt würden. Wollte man übrigens auch annehmen, daß gemeinrechtlich die Verschuldung in diesem Falle nicht direct eine Verbindlichkeit zur Verzinsung, sondern nur eine Verpflichtung zum Schadenersatze und Prästation des Interesse begründe, so würde doch nach heutigem Rechte

Gottschalk, analecta cap. 10. p. 238.

bei einer, die rechtliche Ablieferung einer Geldsumme betreffenden culpa, der landübliche Zinsenbetrag ohne Weiteres als eine dem Gläubiger gebührende angemessene Entschädigung betrachtet werden können.

Das Blt. — in voriger Instanz erhobene Bedenken hat man nicht für begründet anzusehen vermocht. Die dem Mandatar regelmäßig obliegende Verbindlichkeit zur Rechnungsablegung ist in den Blt. — allegirten Entscheidungsgründen nicht als ein hauptsächlicher Grund für die Zinsverbindlichkeit desselben angeführt worden, sondern die aus dem Mandatsvertrage selbst fließende Verpflichtung zur rechtzeitigen Erfüllung aller mit der Ausführung des Mandates in Verbindung stehenden Obliegenheiten. Wo nach Beschaffenheit der Umstände die Ablegung einer förmlichen Rechnung nothwendig ist, gehört dieselbe zur Erfüllung des Mandatsvertrags, aber gerade in diesem Falle würde man dem Mandatar eine mäßige Zögerung in der Ablieferung der vereinnahmten Gelder weniger zum Vorwurfe machen können, als wenn es, wie hier, einer solchen Rechnungsablegung gar nicht bedurfte. Auch kann der Blt. — anderweit hervorgehobene Umstand, daß der ursprüngliche Kläger Erbe des Mandatars geworden, zwar den Effect haben, daß derselbe eine nachträgliche Rechnungsablegung von seinen Miterben nicht zu beanspruchen hatte; wenn aber dem Mandatar die Säumniß in der Ablegung der Rechnung und der Herausgabe des Vereinnahmten zur Verschuldung anzurechnen ist, so kann mit dem Wegfalle der Verbindlichkeit der Rechnungsablegung nicht auch die an sich theilbare Verpflichtung zu Gewährung von Zinsen oder Ersatz des in Folge einer contractwidrigen Handlungsweise dem Auftraggeber verursachten Schadens für aufgehoben oder deren Uebergang zur antheiligen Vertretung auf die Miterben des Mandanten beim Nachlasse des Mandatars für ausgeschlossen erachtet werden.

Endlich ist noch zu erwähnen, daß es bei dieser Entscheidung ohne Bedeutung ist, ob man den mehrgedachten L. jun. bei der Einziehung des Capitals als Mandatar, oder als Geschäftsführer seines Vaters ansieht, da in Bezug auf die streitige Zinspflicht Mandatar und negotiorum gestor einander im Wesen gleichstehen und namentlich in dem in der l. 13. §. 1. D. de usur. besprochenen, dem vorliegenden mindestens ganz analogen Falle einander ganz gleichgestellt werden."

(Urthel des O.-A.-G. in Sachen Langen's Erben ÷ Wagner, vom 27. Februar 1862. — Ger.-Amt Leipzig.)

6.

Zur Widerlegung der Ansicht, daß bei verzinslichen Schuldforderungen der Gläubiger im Zweifel nicht vor Ablauf des ersten Zinstermins (bezüglich wenn über diese Termine nichts Besonderes ausgemacht worden, nicht vor Ablauf eines Jahres) kündigen, resp. klagen könne.

„Das, in dem Gerichtsbescheide Bl. — f. gegen die Fälligkeit der eingeklagten Forderung dem Generale, die Verjährung der auf Aufkündigung gestellten Forderungen betreffend, vom 14. December 1801 (C. A. C. III. Th. L S. 196 f.) entlehnte Bedenken, welches bereits die vorige Instanz Blt. — f. als unerheblich bezeichnet hat, kann auch das Oberappellationsgericht nicht theilen. Im Allgemeinen nämlich ist, nach dem Satze: quod sine die debetur, statim debetur, davon auszugehen, daß Schuldforderungen, welche auf einem Zahlungsversprechen beruhen, wenn sie nicht an einen bestimmten dies gebunden sind, oder von dem Eintritte einer Bedingung abhängen, wie alle übrigen Obligationen, von dem Berechtigten zu jeder Zeit, also sofort, realisirt werden können. Eine Kündigungsfrist, wenn solche ausbedungen worden ist, ändert an sich am Principe nichts, hat vielmehr eben nur die Wirkung, daß die Forderung, nachdem sie gekündigt worden ist, nicht früher, als nach Ablauf der festgesetzten Kündigungsfrist, zahlbar wird. Daß in Ansehung der auf Kündigung stehenden Forderungen im Allgemeinen alsbann etwas anderes gelte, wenn solche der Verzinsung unterliegen, folgt weder aus der Natur der Sache, noch bietet für eine derartige Annahme das oben angezogene Generale eine auch nur einigermaßen haltbare Unterlage. Denn dieses Gesetz hat nach seiner im Eingange erwähnten Ueberschrift, zusammengehalten mit seinem Eingange, lediglich die Verjährung der auf

Aufkündigung gestellten Forderung zum Gegenstande, in welcher Beziehung dasselbe zunächst als allgemeine Regel ausspricht, daß die auf Aufkündigung gestellten Schuldforderungen, obschon die Aufkündigung nicht erfolgt ist, gleich anderen Darlehen, der Verjährung unterworfen seien (§. 1.), nur mit dem Unterschiede, es solle, wenn bedungen worden, daß die Aufkündigung binnen einem gewissen Zeitraume nicht geschehe, vor Ablauf dieses Zeitraums und der nach Befindung über die Kündigung hinaus noch laufenden Zahlungsfrist, die Verjährung nicht ihren Anfang nehmen (§. 2. verbunden mit §§. 4. und 5.), andernfalls aber schlechthin nach Ablauf eine sächsischen Jahres von der Zeit der entstandenen Forderung die Verjährung anfangen (§. 6.). Wenn das Gesetz in §. 3. wörtlich dahin sich ausläßt, daß, wenn Zinsen von einer auf Aufkündigung gestellten Forderung versprochen worden, dieses „in Absicht auf die Verjährung" dieser Forderung so anzusehen sei, als ob, „daß vor Ablauf des ersten Verzinsungstermins die Aufkündigung der Schuld nicht stattfinden solle," verabredet worden wäre, dafern aber über den Zahlungstermin der Zinsen im Vertrage nichts festgesetzt worden sei, angenommen werden müsse, daß die Zinsen in jährlichen Fristen bezahlt werden sollen, so lassen zwar die soeben ausgehobenen Dispositionen keinen Zweifel daran übrig, daß nach dem Willen des Gesetzgebers bei auf Aufkündigung gestellten Forderungen, wenn sie verzinslich, „in Absicht der Verjährung" eine rechtliche Vermuthung für mindestens einjährige Gestundung und beziehenlich Verzinsung gelten, insoweit also der Satz: quod sine die debetur etc. nicht Platz ergreifen solle. Allein diese Erwägung rechtfertigt keineswegs den Schluß, als habe der Gesetzgeber für einjährige Gestundung jährlich zu verzinsender Schuldforderungen ganz im Allgemeinen eine Rechtsvermuthung etabliren wollen, zumal bekanntlich durch die einem Schuldverhältnisse beigefügte Nebenbestimmung wegen nach einem gewissen Procentsatze auf das Jahr berechnet zu zahlender Zinsen nach dem Sprachgebrauche des gewöhnlichen Lebens etwas Weiteres nicht, als der Maßstab für die Zinsenberechnung, festgestellt zu werden pflegt. Ist dieses der Fall, eine extensive Anwendung des Generale im Wege der Gesetzanalogie aber um so weniger statthaft, als nurgedachtes Gesetz sich selbst nur als Specialgesetz ankündigt und gesetzliche Bestimmungen, welche eine Ausnahme von allgemein gültigen Normen enthalten, bekanntlich einer stricten Anwendung unterliegen, so kann sich das Oberappellationsgericht auch keineswegs damit einverstanden erklären, wenn die Verfasser des ersten Erkenntnisses der Meinung sind, daß bei verzinslichen Schulden im Zweifelfalle der Gläubiger nicht vor dem Ablaufe des ersten Zinstermins aufkündigen könne, dergestalt, daß im Mangel anderer Verabredung mit Rücksicht auf die solchenfalls Platz ergreifende Annahme einjähriger Zinszahlung der Gläubiger erst den Ablauf eines Jahres abwarten müsse, ehe er zur Klaganstellung, resp. Kündigung verschreiten dürfe. Gegen eine derartige Ansicht, wie solche allerdings nicht selten vorkommt und unter andern auch von

Curtius, im Handbuche §. 1278. verbunden mit §. 1632. und
Kori, im Executivprocesse §. 14. not. 97. S. 31.

aufgestellt wird, hat vielmehr das Oberappellationsgericht bereits mehrfach, unter anderen in der im Wochenblatte für merkwürdige Rechtsfälle, Jahrgang 1849. Seite 311, abgedruckten Entscheidung ganz entschieden sich ausgesprochen und mit Unrecht ist Blt. — und Blt. — im gegentheiligen Sinne auf das in der Zeitschrift für Rechtspflege und Verwaltung, Neue Folge, Theil 13. Seite 311 enthaltene Präjudiz Bezug genommen worden, indem dieses, wie aus dessen Inhalt deutlich erhellt, eine Verjährungsfrage der in dem mehrangezogenen Generale bezeichneten Art zum Gegenstande gehabt hat.

Hat daher, was den vorliegenden Fall betrifft, der Rechtsvorgänger des jetzigen Klägers die damals ihm zuständige, auf der Schuldverschreibung vom 15. September 1860 beruhende Forderung von 500 Thlrn. behauptetermaßen schon am 7. October 1860 dem Beklagten gekündigt, obwohl solche, wie die Urkunde besagt, einer jährlichen Verzinsung nach 4 Procent unterliegt, so war derselbe hierzu vollkommen befugt."

(Urthel des O.-A.-G. in Sachen Hüttel ÷ Reißmann, vom 4. März 1862. — Ger.-Amt Zwickau.)

7.

Zweck der processualischen Vorschriften über die Insinuation der Ladung. — Was ist erforderlich, um einen hierbei vorgekommenen Fehler zu saniren?

„Daß die Insinuation der Ladung an die verehel. M. unstatthaft gewesen, kann nach der klaren Vorschrift der Erl. Proc.-Ordn. ad Tit. IV. §. 2. nicht bezweifelt werden, mag nun der Beklagte Kostgänger der verehel. M. gewesen sein oder zur Miethe bei derselben gewohnt haben; denn weder der Kostgeber noch der Vermiether gehören zu denjenigen Personen, welchen nach der angezogenen Gesetzstelle eine Ladung in Abwesenheit des Adressaten legal behändigt werden kann. Dieser Mangel der Vorladung ist auch dadurch nicht gehoben worden, daß Beklagter nach seinem eigenen Zugeständnisse Blt. — die der verehel. M. übergebene schriftliche Citation sogar noch vor dem Blt. — angezeigten Insinuationstage in Empfang genommen hat; denn die Vorschriften der Erl. Proc.-Ordn. l. c. über die Art und Weise wie, und die Personen, an welche eine Ladung insinuirt werden soll, haben nicht blos den Zweck, einen — auf andere Weise ersetzbaren — Nachweis darüber zu liefern, daß der Adressat die Ladung richtig und rechtzeitig erhalten habe, sondern es ist auch zugleich die vorschriftmäßige Behändigung eine gewisse Solemnität, welche beobachtet wer-

4*

ben muß, wenn die Nichtbefolgung der Citation den Eintritt der in derselben angedrohten Rechtsnachtheile zur Folge haben soll.

Vergl. A. Proc.-Ordn. Tit. IV. §. 1.

Erl. Proc.-Ordn. ad Tit. IV. §§. 1. und 5.

Zeitschr. für Rechtspfl. u. Verw. N. F. Bd. 18. S. 260.

Ein Fehler in der Vorladung, mag nun derselbe den Inhalt oder die gleich wichtige Insinuation betreffen, wird aber nur dadurch beseitigt, daß der Geladene die ihm obliegende Proceßhandlung freiwillig, ohne Vorbehalt vollzieht,

Wiener, System, §. 64. S. 121.

und dieß hat der Beklagte im vorliegenden Falle insofern nicht gethan, als er zwar im Termine erschienen ist und den Grund der Klage im Allgemeinen in Abrede gestellt, sich aber nicht speciell und den Vorschriften der Erl. Proc.-Ord. ad Tit. XVI. §. 1. entsprechend auf die Klage eingelassen hat c. Ebensowenig kann darin, daß der Procerichter die Partheien zum Verfahren verwiesen hat, und wie Blt. — behauptet, aber vom Proceßgerichte nicht bestätigt worden ist, den Beklagten über die Frist zur schriftlichen Einlassung verständigt haben soll, oder in dem persönlichen Erscheinen des Beklagten im Jurotulations- und Publicationstermine ein thatsächlicher Verzicht auf die Ausflucht der mangelhaften Vorladung erblickt werden, da der Beklagte nicht verbunden war, sich über diesen Punkt zu erklären und bei keiner von diesen Gelegenheiten von ihm zu erkennen gegeben worden ist, daß er die Legalität der Insinuation anerkenne und sich dieser gemäß habe bezeigen wollen.

Von einer verspäteten Vorschützung jener Exception aber kann, da Beklagter rechtzeitig gegen den condemnatorischen Bescheid appellirt hat, nicht die Rede sein, weil der defectus citationis nach Maßgabe der Erl. Proc.-Ord. ad Tit. XXXVIII. §. 1. in jedem Stadium des Processes noch geltend gemacht werden kann, so lange nur nicht eine rechtskräftige Entscheidung hindernd dazwischen tritt."

(Urthel des O.-A.-G. in Sachen Ranftin ÷ Peukert, v. 4. März 1862. — Ger.-Amt Freiberg.)

8.

Wirksamkeit eines zwischen dem Ehemanne als Gläubiger und der Ehefrau als Schuldnerin eingegangenen Darlehnsvertrags.

„Es existirt keine gesetzliche Bestimmung, wonach den Eheleuten verboten wäre, mit rechtlicher Wirkung onerose Verträge unter sich abzuschließen, dafern dieselben nur nicht eine ungültige Schenkung befassen, vielmehr wird das Gegentheil unter Anderem namentlich auch in dem die Geschlechtsvormundschaft betreffenden Mandate v. 10. Nov. 1828. §. 28. unter 1. deutlich ausgesprochen. Wie daher die Rechtsgültigkeit eines zwischen den Eheleuten eingegangenen Darlehnsvertrags

außer Zweifel steht und auch an sich von der Beklagten nicht bestritten
werden zu wollen scheint, so folgt schon hieraus, daß, sobald die
Ehefrau Darlehnsempfängerin ist, sie den ihr als solcher obliegenden
rechtlichen Verbindlichkeiten, insonderheit also der Verpflichtung, das
Darlehn zur gesetzten Zeit zurückzugewähren, unbedingt Genüge zu
leisten gehalten ist und die Frage, ob sie die Erfüllung zu ermöglichen
vermag, nicht das Rückforderungsrecht des Ehemanns unmittelbar
berührt, sondern lediglich dem künftigen Hülfsverfahren anheimfällt.

Aber auch das ehemännliche Nießbrauchs- und Verwaltungsrecht
ändert an dieser Vertragswirkung etwas nicht. Bereits von der
vorigen Instanz ist Blt. — in dieser Hinsicht die Natur des Darlehnsvertrags eingehalten worden, welcher bekanntlich durch die Ueberlieferung
vertretbarer Sachen zum Eigenthume gegen die Verbindlichkeit der
Restitution einer gleichen Quantität solcher Sachen geschlossen wird,
l. 2. D. de reb. cred. etc. (12. 1.)
und vermöge dessen somit allerdings, falls der Ehemann Darleiher
ist, die Absicht desselben, seine Ehefrau als Empfängerin des Dar-
lehnes zu dessen Eigenthümerin zu machen, vorausgesetzt werden muß.

Sind nun das Verwaltungs- und Nießbrauchsrecht natürliche
Ausflüsse des Eigenthums, so liegt es auf der Hand, daß dieselben
mit dem Letzteren selbst der Ehefrau ebenfalls zufallen, in Wirklichkeit
also der Gegenstand des Darlehns die Eigenschaft von Receptitienvermögen erlangt und dadurch dem Nießbrauche und der Verwaltung
des Ehemannes entzogen wird.

Hierzu kommt indeß noch, daß auch sonst nicht abzusehen ist, in
wiefern der Befriedigung des Ehemannes aus dem Vermögen seiner
Ehefrau der Umstand, daß er Nutznießer und Verwalter desselben ist,
entgegenstehen sollte. Denn wenn zur Rechtsbeständigkeit eines von
der Ehefrau ohne Beitritt des Ehemannes mit einem Dritten eingegangenen Rechtsgeschäftes erfordert wird, daß dieselbe zur Zeit des
Vertragsabschlusses Receptitienvermögen besessen habe, aus welchem
die übernommene Verbindlichkeit erfüllt werden kann, so beruht dieß
auf dem Grundsatze, daß die Ehefrau wegen des an ihrem Vermögen
dem Ehemanne nach deutsch-rechtlichen Prinzipien gebührenden Admi-
nistrations- und Nießbrauchsrechtes kein Rechtsgeschäft, welches rechts-
verbindliche Folgen für sie haben würde, ohne Zustimmung des Ehemannes vollziehen darf.

Zeitschr. f. Rechtspfl. u. Verw. N. F. Bd. 18. S. 258.

Diese Rücksicht tritt aber offenbar da, wo letzterer selbst Gläubiger
seiner Ehefrau ist, nicht ein, indem, sobald er seine Befriedigung aus
dem eheweiblichen Vermögen fordert, eine Collision zwischen diesem
seinem Forderungsrechte und dem ihm zustehenden Nießbrauchs-
und Verwaltungsrechte nicht weiter stattfindet, vielmehr letzteres,
dafern es zur Verwendung des demselben unterworfenen eheweiblichen
Vermögens behufs seiner Befriedigung kommt, von selbst sich erledigt.
Bliebe es denkbar, daß der Ehemann zur ungeschmälerten Erhaltung

seines Nießbrauchs- und Verwaltungsrechtes ein Interesse daran haben könnte, zunächst aus dem Receptitienvermögen der Ehefrau befriedigt zu werden, so bedarf es gegenwärtig eines Eingehens auf die Frage, ob dießfalls die Bezugnahme auf das Vorhandensein eines solchen Vermögens zur Klagbegründnng gehöre, um deswillen nicht, weil Kläger Blt.' — die Rückzahlung des Darlehns nur im Allgemeinen beantragt und nach Blt. — bereits eventuell als Hülfsobject das ihm verpfändete eheweibliche Grundstück bezeichnet hat, wozu er gemäß §. 80. des Hypothekengesetzes vom 6. November 1843 unzweifelhaft berechtigt ist.

Dem Allen nach erscheint der Instanzbescheid, durch welchen die Einwendungen der Beklagten verworfen worden sind, vollkommen gerechtfertigt und das von der letzteren dawider eingewendete Rechtsmittel um so unerheblicher, als auch im Uebrigen Form und Inhalt der der erhobenen Klage untergelegten Urkunden den gesetzlichen Anforderungen entsprechen und der vom Kläger Blt. — für die Unbeachtlichkeit der Einwendungen hervorgehobene Grund von der vorigen Instanz gegen Beklagte gar nicht geltend gemacht worden ist."

(Urthel des A.-G. zu Zwickau in Sachen Kunzel ÷ Künzelin, vom 21. November 1861. — Ger.-Amt Chemnitz. — Bestätigt vom O.-A.-G. unterm 20. März 1862.)

9.

Ueber Besitz- und Eigenthumserwerb des negotiorum gestor, bezüglich Mandatar für den dominus negotii oder Mandanten, mit besonderer Beziehung auf den Fall, wo zu dem Vermögen des Tradenten (Schuldners) nachher Concurs entstanden ist.

„Als im Wesentlichen unbestritten konnte man die Thatsache ansehen, daß am 23. November 1857 das damalige Directorium des Actienvereins für den Steinkohlenbau zu Gittersee das Original der Urkunde Blt. — und 68 Stück Actien der Coburg-Gothaischen Creditgesellschaft à 100 Thlr. nebst Dividendenscheinen an den Advocaten Julius T. ausgehändigt und letzterer darüber das Blt. — zu lesende Empfangsbekenntniß ausgestellt habe. Auf diesen thatsächlichen Unterlagen beruhen für jetzt die Ansprüche der verw. K. und Genossen und die Entscheidungen der beiden vorigen Instanzen. In erster Instanz hat man sich bestimmt gefunden, die Eigenthumsansprüche der genannten drei Creditoren 2c. ohne Weiteres anzuerkennen, weil man von der Ansicht ausging, daß T. nach Inhalt seines Empfangsbekenntnisses bei der Annahme der fraglichen Urkunde und Werthpapiere, sowie bei der letzteren Verwaltung durch Anlage der Dividendenbeträge, die negotia jener Gläubiger gerirt und demzufolge das Eigenthum an diesen Werthpapieren und beziehenblich den für die Dividenden angekauften sächs. Staatspapieren auf dieselben übergegangen sei. In zweiter Instanz scheint man auch der Ansicht gewesen zu sein, daß T. den Willen gehabt habe, Besitz und Eigenthum an den gedachten Effecten für diese Personen zu ergreifen; denn wenn dieß auch Blt. — nur in Ansehung der verw. K. speciell ausgesprochen worden ist, welche behauptet hatte, daß T. damals ihr Mandatar gewesen sei, so läßt sich doch nicht bezweifeln, daß letzterer in Bezug auf alle drei in seinem Empfangsbekenntnisse gedachten Interessenten eine gleiche Willensrichtung gehabt habe. Dagegen ist die vorige Instanz insofern zu einer reformatorischen Entscheidung gelangt, als sie die von der Ia. gar nicht näher berührte Frage, ob der negotiorum gestor und beziehenlich der Mandatar Besitz und Eigenthum für den dominus negotii und den Mandanten erwerben können, einer eingehenden Prüfung unterworfen und die Meinung aufgestellt hat, daß hierzu bei der negotiorum gestio die Ratihabition des dominus nöthig sei, diese aber im vorliegenden Falle noch vor der Concurseröffnung hätte erfolgen müssen, während der Mandatar, bei genügend erscheinender Vollmacht, ohne Weiteres und selbst ohne Vorwissen des Mandanten Besitz und Eigenthum für den Mandanten erwerben könne, wenn nur auch seinerseits dieser Wille vorhanden gewesen sei.

In dieser Beziehung ist nun Folgendes zu bemerken. Zunächst ist demjenigen, was über die gemeinrechtlichen Grundsätze von dem Erwerbe des Besitzes und Eigenthums durch freie Stellvertreter ausgeführt worden ist, im Allgemeinen beizupflichten. Der Besitz und das Eigenthum können durch solche Stellvertreter erworben werden, es ist aber dazu der Regel nach außer dem Factum der Apprehension durch den Repräsentanten nicht blos der Wille des letzteren, für den Vertretenen zu erwerben, sondern auch der eigene Wille des Vertretenen, der entweder schon zum Voraus durch Befehl oder Auftrag oder nachher durch Ratihabition erklärt werden kann, erforderlich, da, wenn keines von beiden geschehen ist, die Regel: ignoranti non adquiritur possessio, eintreten würde.

Vergl. l. 5. D. de adquir. vel amitt. poss. 41, 2.

l. 41. D. de usurp. et usuc. 41, 3.

l. 13. D. de adquir. dom. 41, 1.

l. 21. §. 5. D. de negot. gest. 3, 5.

Paulus, receptae sent. lib. V. tit. 2. §. 2.

Savigny, Recht des Besitzes. §. 26. S. 360 f.

Vangerow, Lehrbuch der Pandecten, §. 205. I. 228.

Keller, Pandecten, §. 121. S. 228 f.

Chambon, die negotiorum gestio, §. 19. S. 162 f.

Man würde das Rescript des Kaisers Sever, l. 1. Cod. de adquir. et ret. possessione mißverstehen, wollte man in dessen an sich etwas allgemeiner lautenden Worten: per liberam personam ignoranti quoque possessionem adquiri etc., iam pridem receptum est, den Ausspruch finden, daß bei einer Besitzerwerbung durch freie Personen auf den Willen des Vertretenen gar nichts ankomme. Viel-

mehr enthält dieses Rescript nur eine Billigung des schon früher angenommenen Satzes, daß, abweichend von der strengen Regel des
älteren Rechtes „per extraneam personam adquiri non posse", ein
Erwerb des Besitzes durch Stellvertreter allerdings möglich sei, wenn
nämlich, wie dieß in den oben angeführten Gesetzstellen ausgedrückt
und consequent dem Grundsatze, daß der Besitz animo et corpore
ergriffen werden muß, auch nothwendig ist, der Wille des Repräsentanten und der übereinstimmende Wille des Vertretenen vorhanden
sind. Deßhalb ist auch in dem Rescripte Sever's und in §. 5. I. per
quas personas etc. 2. 9. bei den Worten: „per liberam personam
veluti per procuratorem non solum scientibus, sed et ignorantibus
nobis adquiri possessionem secundum divi Severi constitutionem"
unter der ignorantia nur die Unkenntniß von dem speciellen Acte der
stattgehabten Besitzergreifung selbst, nicht der gänzliche Mangel des
Willens zu besitzen auf Seiten des Vertretenen, zu verstehen.

Diese Regeln erleiden nun zwar insofern eine Ausnahme, als
bei der Tradition nicht sowohl der Wille des Stellvertreters, als der
Wille des Tradenten dergestalt maßgebend ist, daß nur diejenige
Person, welcher der Tradent Besitz und Eigenthum bestimmt, Beides
erwerben kann.

l. 13. D. de donat. 39, 5.
Savigny, l. c. S. 353.
Keller, l. c. S. 229.
Vangerow, l. c. S. 428.
Chambon, l. c. S. 167.

Wenn es aber auch in diesem Falle zunächst auf den Willen
des Tradenten ankommt, so muß doch der Wille dessen, auf welchen
der letztere Besitz und Eigenthum zu übertragen beabsichtigt, deßhalb
noch hinzutreten, weil niemand durch einseitige Erklärungen und Handlungen in die Rechts- und Vermögenssphäre des anderen eingreifen
darf. So lange dieser letztere Wille noch nicht existirt, ist in der
Tradition nur eine bedingte Aufgabe des Besitzes und Eigenthums
zum Besten einer dritten Person enthalten.

Chambon, l. c.
Kierulff, Theorie des gemeinen Civilrechts, S. 392.

Der vorliegende Fall ist ein Fall der Tradition, denn das Directorium des Vereines hat dem Advocaten X. die streitigen Creditpapiere
übergeben. Es kommt also nach den bisher entwickelten Grundsätzen
vor allem darauf an, ob das Directorium jene Papiere dem genannten
X. in der Absicht und zu dem Zwecke übergeben habe, daß dieselben
durch die Tradition in den Besitz und das Eigenthum der obgenannten
Gläubiger an Zahlungsstatt übergehen sollten, und dann, ob solchenfalls die letzteren den Willen, Besitz und Eigenthum zu ergreifen,
rechtzeitig erklärt haben, während der eigene Wille X.'s, den Besitz für
diese Gläubiger zu ergreifen, seine hauptsächliche Bedeutung in Bezug
auf die sehr nahe liegende Frage gewinnt, ob die behauptete Datio

in solutum überhaupt zwischen dem Stellvertreter des Gläubigers und dem Schuldner als ein vollendetes Rechtsgeschäft zu Stande gekommen sei.

In voriger Instanz hat man in Bezug auf die Rechtzeitigkeit der Willenserklärung der Creditoren der Eröffnung des formellen Concurses ein entscheidendes Gewicht beigelegt; man hat angenommen, daß nur in dem Falle, wenn diese Erklärung noch vor der Concurseröffnung erfolgt sei, ihr Anspruch auf das Eigenthum an den streitigen Creditpapieren von der Concursgläubigerschaft anzuerkennen sei. Hierin ist das Oberappellationsgericht anderer Meinung. Durch die Eröffnung des formellen Concurses gehen die übertragbaren Vermögensrechte des Schuldners auf die Gläubigerschaft behufs ihrer Befriedigung über. Hat man auch, wie von

Günther, Concurs der Gläubiger, S. 34 f.

gezeigt worden ist, diese Succession im Wesentlichen als eine successio singularis zu behandeln, so ist doch als Regel zu beobachten, daß die Gläubiger nicht mehr an Rechten und Vermögen erwerben, als der Schuldner selbst beim Ausbruche des formellen Concurses besessen hat, und daß Rechtsverhältnisse, welche bereits vor der Concurseröffnung bestanden, durch diese nicht aufgehoben werden. Gesetzt nun, die behauptete Hingabe der streitigen Creditpapiere an Zahlungsstatt wäre von dem Directorium des Actienvereines an den Advocaten X. als negotiorum gestor der betreffenden Gläubiger definitiv erklärt und ausgeführt und von diesem in der eben bemerkten Eigenschaft angenommen worden, so würde — abgesehen hier von anderen Gründen, welche sich vielleicht gegen die Rechtsbeständigkeit dieses Vertrags geltend machen ließen, und deren von dem Gütervertreter auch mehrere geltend gemacht worden sind — zwar nach den oben entwickelten Grundsätzen über den Besitz- und Eigenthumserwerb durch Stellvertreter nicht anzunehmen sein, daß der Besitz und das Eigenthum der an Zahlungsstatt an den gestor ausgehändigten Creditpapiere ohne vorherige Ratihabition der domini negotiorum auf die letzteren übergegangen sei; allein nichtsdestoweniger würde durch die zwischen dem Actienvereine als Schuldner und dem negotiorum gestor zu Stande gekommene und von dem ersteren zugleich auch erfüllte Uebereinkunft immerhin auch in Bezug auf den Geschäftsherrn insofern bereits ein bestimmtes Rechtsverhältniß herbeigeführt worden sein, daß es dem Schuldner nicht mehr frei gestanden hätte, diese Uebereinkunft und dasjenige, was er zu deren Erfüllung bereits gethan, einseitig und willkürlich zu widerrufen.

Diese Ansicht findet ihre wesentliche Unterstützung in der

l. 24. D. de negotiis gest. 3, 5.

si ego hac mente pecuniam procuratori dem, ut ea ipsa creditoris fieret, proprietas quidem per procuratorem non adquiritur; potest tamen creditor, etiam invito me, ratum habendo pecu-

niam suam facere, quia procurator in accipiendo creditoris
duntaxat negotium gessit, et ideo creditoris ratihabitione liberor.

In dieser Stelle, welche auf der Voraussetzung beruht, daß der
procurator nicht mit dem speciellen Auftrage, Schulden einzukaffiren,
versehen gewesen sei und eben deßhalb bei dem Empfange der Zahlung
nur als negotiorum gestor gehandelt habe, wird ein dem vorliegen=
den insofern ganz ähnlicher Fall behandelt, als dort die Zahlung
einer Schuld in baarem Gelde erfolgt war, hier dagegen eine (ab=
schlägliche) Zahlung vermöge einer datio in solutum erfolgt sein soll,
der Unterschied sich also nur auf die als Zahlungsmittel verwendete
Sache bezieht. Es läßt sich auch gegen diese Ansicht nicht einwen=
den, daß sich nach derselben die an Zahlungsstatt übergebenen Papiere
bis zu dem Eintritte der Ratihabition, für welche eine bestimmte Frist
an sich nicht festgesetzt worden ist, in Niemandes Besitze befinden
würden; der factische Besitz besteht unleugbar in der Person des
negotiorum gestor, welcher Zahlungsmittel in der Absicht, dieselben,
dem Willen des Tradenten entsprechend, für den dominus zu erwer=
ben, an sich genommen hat; die gänzliche Aufgabe des Besitzes und
des Eigenthums ist aber, wie schon oben bemerkt, auf Seiten des
Tradenten eine bedingte, deren endgültige und unbedingte Wirksamkeit
von der Ratihabition des Gläubigers abhängt. Tritt letztere nicht
ein, so ist der Schuldner zwar von der Schuld nicht liberirt, aber
auch berechtigt, den factischen Besitz der von dem negotiorum gestor
übergebenen Zahlungsmittel zurückzuverlangen. Nur kann dieß nicht
invito creditore, also erst dann geschehen, wenn der Letztere seine
Ratihabition versagt hat.

Hätte mithin, wenn die behauptete Hingabe an Zahlungsstatt
in der That zwischen dem Directorium des Actienvereins und dem
Advocaten Julius X. als negotiorum gestor der Gläubiger stattgefun=
den haben sollte, der Verein selbst die als Zahlungsmittel verwendeten
Creditpapiere nicht willkürlich zurückfordern und von der auf diese
Weise bedingt geleisteten Zahlung zurücktreten können, so wird auch,
nach eröffnetem Concurse, die Gläubigerschaft ein solches Recht des
einseitigen Widerrufs nicht geltend machen dürfen, und sich Seiten
der Gläubiger, für welche die Zahlung geleistet worden, dieselbe Aus=
flucht gefallen lassen müssen, welche dem Gemeinschuldner entgegenge=
standen hätte, daß nämlich der einseitige Widerruf des einmal mit
dem negotiorum gestor abgeschlossenen Rechtsgeschäfts und die Zurück=
forderung des vor der Concurseröffnung thatsächlich Weggegebenen
dem Schuldner nicht invito creditore zustehe."

(Urthel des O.=A.=G. im Creditwesen des Gittersee Steinkohlen=
Actienvereins, vom 20. März 1862. — Ger.=Amt Döhlen.)

10.

Ueber das Mandat zur Besorgung der Geschäfte eines
Dritten. Der Mandant kann durch Ertheilung eines sol=

chen dem Dritten nicht einen Stellvertreter verschaffen, um selbst ein Geschäft mit diesem Dritten abzuschließen.

„Es ist richtig und wird an mehreren Stellen des römischen Rechtes ausdrücklich gesagt, daß ein Mandat zur Besorgung der Geschäfte eines Dritten stattfinden kann; unterzieht sich der Mandatar dieser Geschäftsbesorgung, so tritt zwischen ihm und demjenigen, dessen Geschäfte er besorgt hat, das Rechtsverhältniß der negotiorum gestio ein, während der dominus negotii gegen den Mandanten nach Umständen entweder mit der Mandats= oder mit der Geschäftsführungs= klage vorgehen kann; ebensowenig würde man zu bezweifeln haben, daß das Mandat zur Geschäftsbesorgung nur insoweit, als noch res integra vorhanden ist, revocirt werden dürfe.

cfr. l. 28. D. de neg. gest. 3, 5.
l. 3. §. 11. l. 4. l. 21. §. 3, D. ib.
l. 53. §. 17. D. mand. 17, 1.
l. 14. C. de neg. gest. 2, 19.
Thibaut, System, §. 558. ed. 9.
Vangerow, Lehrbuch der Pandecten, §. 664. III. 520.
Keller, Pandecten, §. 318. S. 598.

Indessen wird sich ein Mandat zur Besorgung der Geschäfte eines Dritten immer nur in solchen Fällen statuiren lassen, wo es sich um die mit anderen Personen als dem Mandanten selbst künftig abzu= schließenden Geschäfte handelt. Will aber Jemand selbst ein Rechts= geschäft mit einem Andern abschließen, dessen persönliche Concurrenz augenblicklich nicht zu erlangen ist, so kann er sich nicht dadurch, daß er eine dritte Person beauftragt, dieses Geschäft als negotiorum gestor seines Mitcontrahenten mit ihm abzuschließen, einen Stell= vertreter des letzteren bei diesem Vertrage verschaffen. Man könnte nur sagen, daß in diesem Falle die in dem Mandate liegende äußere Veranlassung, die Geschäfte eines Anderen zu besorgen, zu einer negotiorum gestio geführt habe, wenn der Dritte, in Folge dieser Veranlassung, und nicht schon aus anderen Gründen, den eigenen und selbstständigen Entschluß, als negotiorum gestor des Abwesen= den einzutreten und in dieser Eigenschaft das proponirte Rechtsge= schäft abzuschließen, gefaßt und zu erkennen gegeben hätte; alsdann ist aber auch keine Concurrenz der negotiorum gestio mit einem, von besondern Rechtswirkungen begleiteten Mandatsvertrage anzunehmen, weil Alles nur von dem eigenen, direct auf die Geschäftsbesorgung gerichteten Willen des gestor abhängt und bei diesem das ver= meintliche Mandat lediglich als ein für die Erzeugung dieses Willens mitwirkender Umstand, aber nicht als ein Grund für die Entstehung eines zweiten Rechtsverhältnisses in Betracht kommen würde."

(Urthel des O.=A.=G. in der vorbemerkten Rechtssache, Credit= wesen des Gitterseer Steinkohlen=Actienvereins, vom 20. März 1862.)

11.

Die Eintragung der Braugenossenschaften in das Handelsregister betr.

„Dem Gerichtsamte S. wird auf den Bericht vom 15. v. M., die Eintragnng der basigen Braugenossenschaft in das Handelsregister betreffend, Folgendes zu erkennen gegeben:

Durch die in dem Berichte allegirte, in der Zeitschrift für Rechtspflege und Verwaltung Bd. XXII. S. 296. unter Nr. 79. abgedruckte Verordnung des Justizministeriums hat keineswegs ausgesprochen werden sollen, noch können, daß die Eintragung einer städtischen Braugenossenschaft in das Handelsregister eine facultative, d. i. von deren Willkühr abhängige sei. Namentlich kann eine solche Absicht nicht daraus hergeleitet werden, daß nach jener Verordnung — nicht, wie in dem Berichte gesagt wird, der Gewerbebetrieb, sondern — die Form des Eintrags der eintragspflichtigen Braugenossenschaften nach Analogie der Actiengesellschaften behandelt werden soll. Denn auch die Eintragung von Actiengesellschaften ist keineswegs facultativ, vielmehr hängt die Pflicht, sich in das Handelsregister eintragen zu lassen, auch bei einer Actiengesellschaft, wie bei den Braugenossenschaften und überhaupt bei jeder physischen oder juristischen Person oder Gesellschaft, zunächst davon ab, ob dieselbe Handelsgeschäfte gewerbmäßig betreibt, was bei der in der Eingangs erwähnten Verordnung gedachten Braugenossenschaft, wie in der Verordnung selbst erwähnt ist (s. in der alleg. Zeitschrift a. a. O. S. 296. Zeile 6 von unten und S. 386. in der Anmerkung), vorauszusetzen war.

Dieselbe Voraussetzung scheint auch bei der Braugenossenschaft zu S. zuzutreffen. Denn wenn dieselbe, wie in dem Berichte angeführt wird, und auch aus Bl. — s. des eingereichten Actenheftes hervorgeht, das von ihr gebraute Bier nicht blos an ihre Mitglieder abgiebt, sondern auch an andere Personen verkauft, so ist zugleich vorauszusetzen, daß sie das Brauen nicht blos mit selbsterzeugten Materialien betreibt, sondern solche im Wege des Ankaufs bezieht, wodurch ihr Geschäftsbetrieb nach Art. 271, 1. des Handelsgesetzbuchs unter den Begriff eines Handelsgeschäfts fällt. Und daß dieselbe dieses Handelsgeschäft gewerbmäßig betreibe, läßt sich an sich kaum bezweifeln.

Es könnte daher nur noch in Frage kommen, ob die Braugenossenschaft zu S. für ihre Weigerung, sich in das Handelsregister eintragen zu lassen, die Ausnahme geltend machen könne, welche Art. 10. des Handelsgesetzbuchs für Handelsleute (worunter natürlich auch handeltreibende Genossenschaften zu verstehen) von geringem Gewerbsbetriebe festsetzt. Hierüber zu urtheilen, bieten jedoch die Vorlagen kein genügendes Anhalten. Wenn in dem erstatteten Berichte erwähnt wird, daß die Braucommun ihr Bier größtentheils an ihre Mitglieder abgebe, jedoch auch dergleichen an Andere verkaufe, so würde dabei nur der Umfang dieses letzteren Theils ihres Gewerbebetriebes in Betracht kommen. Was außerdem bei der Beantwortung jener Frage in Betracht zu ziehen sei, wird das Gerichtsamt theils aus dem Art. 10. selbst, theils aus den in der mehrgedachten Zeitschrift S. 187. und S. 302 f. ersichtlichen Erläuterungen desselben entnehmen.

Es ergeht daher hierdurch, bei Rückgabe des gedachten Actenhefts, an das Gerichtsamt S. Verordnung, hierüber die nöthigen Erörterungen anzustellen und, wofern nicht dadurch die hervorgetretene Differenz sich erledigt, anderweit Bericht Anher zu erstatten."

(Verordnung des Justizministeriums an das Gerichtsamt S., vom 5. Aug. 1862, 7403/1354 I.)

12.

Eine Gesellschaft, welche den Zweck hat, Serpentinsteinbrüche zu erwerben und zu betreiben, ist als solche nicht in das Handelsregister einzutragen.

„Dem Gerichtsamte Z. wird auf die berichtliche Anfrage vom 23. v. M., die Eintragung der Z. Serpentinstein-Gesellschaft in das Handelsregister betreffend, unter Rückgabe zweier Actenstücke und eines Statuts Folgendes zu erkennen gegeben:

Das Justizministerium hat sich schon mehrfach, und unter Anderem in den in der Zeitschrift für Rechtspflege und Verwaltung Bd. XXII. Heft 3. S. 297. Nr. 80. und Heft 5. S. 479. Nr. 150. abgedruckten Verordnungen, dahin ausgesprochen, daß der Verkauf eigener Bodenerzeugnisse, sei es nach vorheriger Verarbeitung oder ohne eine solche, als ein Handelsgeschäft im Sinne des Handelsgesetzbuchs nicht angesehen werden könne. Es befindet sich hierin sowohl mit den Worten des Art. 271. Nr. 1. als auch mit den für die Fassung dieser Gesetzstelle maßgebend gewesenen, in den Protocollen der Nürnberger Conferenz niedergelegten Anschauungen im Einklange. Denn nach S. 1273. dieser Protocolle wurde von einem Mitgliede der gedachten Conferenz eine entgegengesetzte Bestimmung des Inhaltes: „Als ein Kaufmann ist anzusehen, wer — 2. gewerbmäßig in einem Umfange, welcher die Anwendung eines regelmäßigen Geschäftsbetriebes der unter 1. angeführten Art (in kaufmännischen Formen) erfordert, — c. Gegenstände eigener Production roh oder verarbeitet weiter veräußert," beantragt und wurde S. 1274. zur Motivirung einer solchen Bestimmung angeführt: „der bisherige Entwurf schließe eine Menge der größten Gewerbe aus, welche oft mit den ausgedehntesten Geschäftsverbindungen, in den ausgebildetsten Formen des Verkehrs, hier in Hochöfen, Walzwerken u. s. w. verarbeitete Bergproducte, dort ihre Steinkohlen mit eigenen Flottillen in nahe und entfernte Gegenden absetzen, anderswo den Ertrag eigener oder gepachteter Felder in Zucker- und Alkoholfabriken verwerthen; alles dieses bleibe ausgeschlossen, da man unter dem Worte „anschafft" des Entwurfs die eigene Production (worunter nach Obigem auch die Förderung von Fossilien durch Berg- und Kohlenabbau begriffen wurde) ausdrücklich nicht habe verstehen wollen." Allein dieser Antrag ist nicht angenommen worden, indem nach S. 1292. der Protocolle dagegen geltend gemacht wurde, daß man dadurch weit über die richtige, dem Handelsrechte gesteckte Grenze hinausgehen und jeden Deconomen, sowie alle Production durch Ausnutzung von Grund und Boden in das Handelsrecht ziehen würde, während auf der anderen Seite eine sichere Unterscheidung zwischen großartiger und geringfügiger Production aufzustellen ganz unmöglich sei. Eine ähnliche Aeußerung findet sich S. 517. der gedachten Protocolle, wo namentlich auch noch besonders anerkannt ist, daß der kaufmännische, d. i. in kaufmännischen Formen geführte Betrieb solcher Etablissements nicht über den Begriff eines Handelsgeschäftes entscheiden könne.

Ebenso hat das Justizministerium in der bereits allegirten Verordnung S. 297. der angeführten Zeitschrift unter Nr. 80. sich dahin entschieden, daß der Ankauf von inhärirenden Bestandtheilen des Bodens, z. B. eines Kohlenlagers, also auch eines Steinbruchs, wenn auch mit der Bestimmung, dieselben durch Abbau in bewegliche Sachen zu verwandeln, nicht als eine Anschaffung beweglicher Sachen im Sinne des Art. 271 , 1. des Handelsgesetzbuchs betrachtet werden könne.

Wenn nun die Z. Serpentinsteingesellschaft nach §. 2. ihrer Statuten den Zweck hat, die Z. Serpentinsteinbrüche zu erwerben und zu betreiben, so fällt sie nach Obigem auch durch den nach §. 32. der Statuten beabsichtigten kaufmännischen Betrieb ihrer Geschäfte nicht unter die Kategorie einer Handelsgesellschaft, da sie ihre Geschäfte auf die Verwerthung eigner Producte beschränkt und der Natur der Sache nach beschränken muß.

Demnach und im Hinblick auf Art. 5. und 207. des Handelsgesetzbuchs ist die gedachte Gesellschaft in das Handelsregister nicht einzutragen und finden hierdurch auch die Bl. — der mitfolgenden Acten unter b, c und d aufgestellten Desiderien ihre Erledigung ꝛc.

Demgemäß hat das Gerichtsamt Z. die gedachte Gesellschaft auf die Eingabe Bl. — f. gedachter Acten zu bescheiden."

(Verordnung des Justizministeriums an das Gerichtsamt Z., vom 8. Aug. 1862, 7505/1374 I.)

Die Verwaltung angehende Präjudizien und Bestimmungen.

II. Die Gewerbepolizei betr.

13.

Die Erhebung gewerblicher Abgaben betr.

Das Ministerium des Innern hat in Betreff des von einem Stadtrathe aufgestellten Regulativs über die Erhebung gewerblicher Abgaben von den in §. 8. unter 2. und 5. und §. 13, 2 des Gewerbegesetzes genannten Gewerben Folgendes ausgesprochen:

Zunächst erscheint es nämlich mit Rücksicht auf den localstatutarischen Character der im §. 39. der Ausführungsverordnung zum Gewerbegesetze vorgesehenen Regulative eben so unbedenklich, als angemessen, daß die Kreisdirection der Prüfung und Genehmigung des ihr zu diesem Behufe vorgelegten Regulativs sich unterziehe. Für diese Prüfnng wird aber der Gesichtspunkt als maßgebend anzusehen sein, daß §. 46. des Gewerbegesetzes lediglich und ausdrücklich von Abgaben spricht, welche in den dort näher bezeichneten Fällen für die Berechtigung zum Gewerbebetriebe vom Staate oder von Gemeinden erhoben werden dürfen. Wäre dabei an eine nach dem präsumtiven Werthe der fraglichen Berechtigung zu bemessende Gebühr für die Ertheilung der Concession zu dem betreffenden Gewerbebetriebe gedacht worden, so würden alle Concessions- und ortspolizeilich zu regulirende Gewerbe einer solchen Abgabe zu unterwerfen gewesen sein, während nach der jener Vorschrift zum Grunde liegenden Ansicht dadurch nur diejenigen Gewerbe haben getroffen und die Füglichkeit einer Heranziehung derselben zu einer besonderen Besteuerung hat gewahrt werden sollen, deren Betreibung vorzugsweise einer polizeilichen Beaufsichtigung unterliegt und welche aus diesem Grunde dem Staate oder der Gemeinde mittelbar einen Aufwand verursachen. Folgt nun hieraus, daß diese Abgaben, soweit sie für Rechnung von Gemeinden erhoben werden, die Natur wirklicher Gemeindeabgaben haben, so wie nicht minder, daß sie nur mit Rücksicht auf die wirkliche Gewerbsausübung, mithin auch nur so lange, als von der verliehenen Gewerbsberechtigung thatsächlich Gebrauch gemacht wird, abzuentrichten sind, so ergiebt sich schon hieraus die völlige Unstatthaftigkeit der Stipulirung einer bei Verleihung von Real-Gasthofsgerechtigkeiten ein für allemal zu erlegenden Summe (Concessionsgeld), oder, was auf dasselbe hinauskommt, einer solchen Bestimmung, nach welcher die aufzulegende jährliche Abgabe der Ablösung durch Capitalzahlung unterworfen sein würde.

Anlangend ferner die Höhe der zu entrichtenden Abgaben, so läßt sich zwar für diese selbstverständlich kein absoluter Maßstab aufstellen, indem dabei ebensowohl auf die Verschiedenheit der örtlichen Verhältnisse überhaupt, als auf das im speciellen Falle in Frage stehende Object wesentlich Rücksicht zu nehmen und die Abgabe hiernach angemessen abzustufen sein wird. Sowie jedoch im Allgemeinen davon auszugehen ist, daß der jährlich an die Stadtcasse zu entrichtende Betrag nicht als ein Aequivalent für die verliehene Gewerbsberechtigung anzusehen sei, so unterliegt es unter allen Umständen nicht dem mindesten Zweifel, daß die Vorschrift des §. 46. nicht zu dem Zwecke Aufnahme in das Gesetz gefunden habe, um den Stadtgemeinden zur Ausbeutung des den Obrigkeiten im Bereiche des Schank- und Gasthofsgewerbes beziehendlich im gegen früher erweiterten Umfange beigelegten gewerblichen Concessionsrechts im fiscalischen Sinne ein Mittel an die Hand geben. Insofern daher die Kreisdirection befindet, daß in einem zu ihrer Kenntniß gelangten Regulative diese Tendenz in bedenklicher Weise vorwalte, so wird sie sich zweifelsohne für eben so verpflichtet wie berechtigt zu halten haben, ihr Oberaufsichtsrecht zu dem Ende geltend zu machen, um die regulativmäßigen Sätze auf das richterliche Maß zurückzuführen. M. B. an die Ksd. zu Bud., vom 11. April 1862, den übr. Ksd. abschr. zugef.

14.

Die Verwendung des bei Auflösung von Mühlenbezirks-vereinen vorhandenen Vermögens betr.

Das Ministerium des Innern hat das Vorhaben eines Mühlenherbergsvereines, die bei der beschlossenen Auflösung des Vereins vorhandenen Vermögensbestände desselben nach Abzug der Passiven unter die dermaligen Vereinsmitglieder zur Vertheilung zu bringen, unstatthaft gefunden und deßhalb verordnet wie folgt:

Wenn auch dem Auflösungsbeschlusse selbst im Hinblicke auf die bezügliche Bestimmung im §. 47. der Ausführungsverordnung zum Gewerbegesetze nicht entgegenzutreten ist, so würde doch das dabei gleichzeitig beabsichtigte vorerwähnte Gebahren mit dem Vereinsvermögen durchaus gegen den durch das Gewerbegesetz sich gleichmäßig hinziehenden Grundsatz verstoßen, daß etwaiges Vermögen, welches

von den auf der früheren Gewerbeverfassung oder gesetzlichen Vorschriften beruhenden Gewerbscorporationen, oder dergleichen Unter-
stützungsverbänden angesammelt worden, oder denselben nach Besinden
sonst zugekommen ist, nicht dergestalt in das Privateigenthum der
actuellen Mitglieder jener Gewerbsgenossenschaften übergegangen ist,
daß ihnen bei Auflösung der letzteren eine völlig freie Disposition
darüber zu ihrem eigenen persönlichen Vortheile zuständē. Vermögensbestände der fraglichen Art vielmehr auch fernerhin zu gleichen oder
analogen Zwecken verwendet, beziehendlich zurückgelegt werden müssen.

Dieser Grundsatz, welcher in Ansehung der Innungen und der,
auf Grund des Mandats vom 7. December 1810 bei denselben bestehenden Gesellenverpflegungscassen, als den die Regel bildenden derartigen Corporationsverhältnissen, in den §§. 94. und 98.
des Gewerbegesetzes ausdrücklich ausgesprochen worden ist, hat seiner
Allgemeinheit halber auch auf die bisher bestandenen Mühlenherbergs-
vereine Anwendung zu leiden, da die letzteren auf der, mit Allerhöchster Genehmigung unter dem 21. Juli 1842 von dem Ministerium
des Innern erlassenen Verordnung, mithin auf einer Verfügung beruhen, welche von der nach früherer Gewerbeverfassung dazu competenten obersten Verwaltungsbehörde in Gewerbesachen ausgegangen
ist und den dadurch hervorgerufenen Mühlenherbergsbezirken und
Vereinen in Bezug auf die betreffenden Gewerbtreibenden einen dergestalt öffentlichen Character beigelegt hat, daß, wenn auch den letzteren
von der jetzigen Gewerbegesetzgebung die freie Entschließung über den
Fortbestand oder die Auflösung der bisherigen Einrichtung überlassen
worden ist, doch in Ansehung der Gebahrung mit den vorhandenen
Vermögensbeständen jedenfalls dieselben Grundsätze zur Richtschnur
zu nehmen sind, welche zur Anwendung gekommen sein würden,
wenn die Auflösung des Vereinsbezirks aus irgend welchem Grunde
unter der Herrschaft des früheren Rechts erfolgt wäre und die überdieß in Bezug auf die Vermögensverwendung der sich auflösenden
sonstigen Gewerbsgenossenschaften gesetzlich feststehen. Kommt übrigens
hierzu noch der, das Gewicht dieser Erwägungen erheblich verstär-
kende Umstand, daß die nach Besinden bei den Mühlenherbergsver-
einen angesammelten Vermögensbeträge nicht ausschließlich durch die,
nach §. 11. der Verordnung vom 21. Juli 1842 von den zur Bestreitung des Aufwandes für die Herberge u. s. w. zunächst verpflichtet
gewesenen Mitgliedern des Vereins geleisteten Beiträge erwachsen sind,
sondern zum Theile auch von den nach demselben Paragraphen in
Gemäßheit des Mandats vom 7. December 1810 zu bewirken gewesenen Lohnabzügen der Mühlburschen herrühren, so kann es keinem
Zweifel unterliegen, daß allermindestens in Ansehung dieses letzteren
Vermögensbestandtheils den Vereinsmitgliedern selbst keinerlei Dis-
positionsrecht zusteht, ganz abgesehen davon, daß bei Ausführung
einer solchen Vermögensvertheilung die dermalen noch in dem Kreise
des betreffenden Mühlenherbergsbezirks in Arbeit stehenden Mühlbur-

schen sich nach Befinden für berechtigt halten könnten, eintretenden Falls bis zur Höhe des vorhandenen Bestandes auf den Genuß der ihnen durch die mehrangezogene Verordnung von 1842 zugesichert gewesenen Unterstützung und Verpflegung in Erkrankungsfällen Ansprüche zu erheben.

Unter diesen Umständen befindet daher das Ministerium des Innern, daß dem Vorhaben des Mühlenherbergsvereins hinsichtlich der fraglichen Vermögensvertheilung nicht Statt zu geben ist, nach definitiv erfolgter Auflösung des Vereins vielmehr dessen noch vorhandene Vermögensbestände nach davon erfolgter Berichtigung der etwaigen Passiven zum Amtsdepositum zu nehmen und seiner Zeit nach Befinden unter Hinzuschlag des etwaigen Zinsenzuwachses derjenigen Casse oder Anstalt zu überweisen sind, welche, sei es im Wege freiwilliger Vereinigung oder schließlich nach Maßgabe des letzten Absatzes im §. 74. der Ausführungsverordnung zum Gewerbegesetze, durch von der Obrigkeit zu treffende Vorkehrung die Krankenpflege des früheren Mitgliederkreises übernehmen wird. M. V. an die Ksd. zu Dresd., v. 17. April 1862, den übr. Ksd. abschr. zugef., und dieser gemäß Gen.-V. der Ksd. zu Dresd. v. 3. Mai 1862. (V.-Bl. Nr. 7.)

15.
Die Sonntagsschulen betreffend.

Die Kreisd. zu Zwick. hat, unter Bezugnahme darauf, daß vielfach in Zweifel gezogen worden, ob und in wie weit die von den meisten Innungen ihres Regierungsbezirks durch von der Regierungsbehörde bestätigte Nachträge zu ihren Specialartikeln festgesetzten Bestimmungen über die Verbindlichkeit der Lehrlinge zum Besuche der am Orte bestehenden Sonntagsschule, über die bei gewissen Innungshandlungen zur Sonntagsschulcasse zu entrichtenden Abgaben 2c. auch nach Eintritt der Wirksamkeit des Gewerbegesetzes vom 15. October vorigen Jahres noch fortbeständen, zur Beseitigung dieser Zweifel darauf hinzuweisen, daß nach §. 96. des Gewerbegesetzes diese Artikelnachträge jedenfalls so lange, als nicht nach Maßgabe §. 93. des Gesetzes, beziehendlich §. 68. der Ausführungsverordnung hierüber etwas Anderes bestimmt worden, fernerhin in Gültigkeit bleiben, indem die fraglichen innungsstatutarischen Bestimmungen mit den Bestimmungen des Gewerbegesetzes nicht nur nicht im Widerspruche, sondern vielmehr nach §. 80. in fine, §. 88 c. des Gesetzes und §. 64. der Ausführungsverordnung, insofern als sie auf die Förderung des Sonntagsschulwesens gerichtet sind, mit den Intentionen des Gesetzes in vollem Einklange stehen, und hat die betreffenden Behörden angewiesen, die Betheiligten soweit nöthig demgemäß zu verständigen. Gen.-V. v. 24. Febr. 1862. (V.-Bl. Nr. 7.)

16.
Das Verfahren bei Ausstellung von Arbeitsbüchern rc. betr.

Die Kßd. zu Dresd. hat sich veranlaßt gesehen, die Polizeibehörden zur gehörigen Nachachtung darauf aufmerksam zu machen, daß die bei ihnen producirten Wanderbücher von Inländern den letzteren auf ihren Wunsch bei der Ausstellung und Aushändigung der Arbeitsbücher zwar wieder behändigt werden können, diese Wanderbücher jedoch mit einem, die fernere Ungültigkeit derselben bekundenden Eintrage Seiten der Polizeibehörde zu versehen sind; daß dagegen, wenn die betreffenden Gewerbsgehülfen oder Arbeiter bei der Behändigung ihrer Arbeitsbücher die gleichzeitige Ausantwortung ihrer zeither geführten Wanderbücher nicht beantragen, mit der Caffation dieser letzteren zu verfahren ist. Gen.-V. v. 25. April 1862. (V.-Bl. Nr. 7.)

17.
Den Inhalt der Arbeitszeugnisse betr.

Ein Fabrikinhaber kann nicht genöthigt werden, einem Fabrikarbeiter ein auch seine Ehrlichkeit und seinen Fleiß documentirendes Arbeitszeugniß auszustellen, da zur Zeit eine gesetzliche Verpflichtung der Fabrikinhaber, den in ihren Fabriken beschäftigten Fabrikarbeitern bei der Entlassung aus der Arbeit Arbeitszeugnisse in gleicher Weise zu ertheilen, wie in der Gesindeordnung für die den eigentlichen Dienstboten auszustellenden Dienstzeugnisse vorgeschrieben ist, nicht besteht. M. V. an die Kßd. zu Zwick. v. 14. Oct. 1861.

III. Gemeindesachen betr.

18.
Die städtischen Wahlen betr.

Das Ministerium des Innern hat, als Zweifel darüber entstanden war, ob, dafern bei einer Wahl der Stadtverordneten — weil zu deren Gültigkeit auf Grund local-statutarischer Bestimmungen eine absolute Stimmenmehrheit erforderlich ist — mehrfache Abstimmungen stattgefunden haben, die Stellen der Ersatzmänner der Stadtverordneten nach dem Resultate der letztmaligen Abstimmung oder nach den Ergebnissen der sämmtlichen Abstimmungen zu ergänzen seien, zu befinden gehabt, daß die letztgedachte Ansicht für die richtigere und dem Geiste der allgemeinen Städte-Ordnung entsprechendere anzusehen sei, und zwar aus folgenden Gründen:

Der für die erstere geltend gemachte Grund, daß allererst nach beendigter Wahl der Stadtverordneten die Ergänzung der Stellen der

Erſaßmänner in Frage kommen könne, würde dann von Gewicht ſein, wenn die Wahl der Erſaßmänner mittelſt beſonderer Abſtimmung erfolgte. Nach §. 146. der Städte-Ordnung iſt dieß jedoch nicht der Fall; vielmehr beſtehen hiernach die erforderlichen Erſaßmänner aus denjenigen, welche nächſt den zu Stadtverordneten Erwählten die mehrſten Stimmen haben. Die Anwendung dieſer Beſtimmung ſetzt aber offenbar voraus, daß die ſtattgefundene Wahlhandlung und die im Laufe derſelben vorgekommenen Abſtimmungen als ein Ganzes betrachtet werden.

Wollte man ſie, wenigſtens für ſolche Städte, wo für die Wahl der Stadtverordneten local-ſtatutariſch abſolute Majorität Erforderniß iſt, blos auf die jedesmalige letzte Abſtimmung beziehen, ſo würde damit das, außerdem nach der Städte-Ordnung überall maßgebende Majoritätsprincip gänzlich in den Hintergrund geſtellt und es könnte ſein, daß eine verſchwindend kleine Stimmenzahl für die Beſtellung der Erſaßmänner den Ausſchlag gäbe, während bei den vorhergegangenen Abſtimmungen ganz andere Perſonen nach der auf ſie gefallenen Stimmenzahl als in den zu Stadtverordneten Erwählten im Vertrauen der Bürgerſchaft Nächſtſtehenden bezeichnet worden wären.

Ja dieſes Reſultat würde um ſo häufiger eintreten, als erfahrungsmäßig bei ſpätern Abſtimmungen ſich die Stimmen mehr concentriren, um die Abſtimmung nicht wieder erfolglos bleiben zu laſſen. M. V. an die Ksd. zu Zwick. v. 1. April 1862, den übr. Ksd. abſchr. zugef.

19.

Verordnung des Miniſteriums des Innern an die Kreisbirectionen, das Aufnahme- oder Einzugsgeld betreffend.

Die ſächſiſche Geſetzgebung und die an ſie ſich anlehnende Verwaltungspraxis haben, in richtiger Würdigung der Verhältniſſe des Landes und der Bedürfniſſe ſeiner Bevölkerung, in den auf das Recht der Niederlaſſung bezüglichen Fragen, von jeher den Grundſatz der Freizügigkeit feſtgehalten. Durch die in §. 17. des Heimathgeſetzes vom 26. November 1834 aufgenommene Beſtimmung: „daß keinem ſächſiſchen Staatsangehörigen die Aufnahme und die Erlaubniß zur Niederlaſſung an einem andern als dem Heimathorte zu verſagen ſei, dafern er einen Heimathſchein und einen Verhaltſchein beizubringen vermöge‟, in Verbindung mit der im §. 15. den Ortspolizeibehörden ertheilten Anweiſung: „auf Verlangen eines Jeden, der ein Intereſſe daran habe, über eine nach den Beſtimmungen des Geſetzes begründete Heimathangehörigkeit eine Beſcheinigung (Heimathſchein) auszuſtellen‟, iſt im Weſentlichen nichts Neues eingeführt, ſondern nur ein ſchon beſtehender Grundſatz der neuen Heimath- und Gemeindegeſetzgebung gegenüber beſtätigt und in ſeiner practiſchen

Handhabung geregelt worden. Auch indirecte Erschwerungen der Niederlassungsfreiheit durch Abforderung mehr oder minder hochgeschraubter Einkaufsgelder, Aufnahmegebühren u. s. w. von neu anziehenden Gemeindegenossen haben, als mit jener Tendenz der Gesetzgebung unvereinbar, ebensowenig Eingang finden können; vielmehr ist den sich von Zeit zu Zeit erneuernden Versuchen der Gemeinden, die Erhebung derartiger Gebühren als Einnahmequelle für die Gemeindecassen, wohl sogar als Mittel der Abschließung gegen fremden Zuzug zu benutzen, von den Aufsichtsbehörden stets und mit Erfolg entgegengetreten worden. Diese letztere Consequenz ist auch den Ausländern zu Statten gekommen, insofern sie bei ihrer den Eintritt in den Staatsverband bedingenden Aufnahme in den Gemeindeverband zu besonderen pecuniären Leistungen an die Gemeindecasse niemals haben herangezogen werden dürfen.

Wenn gleichwohl ein, der neueren Gesetzgebungsperiode angehöriges Gesetz, die Armenordnung vom 22. October 1840, im §. 13. unter A. 9. die nach den Localstatuten in den Städten bei Gewinnung des Bürgerrechts oder auf dem Lande bei Aufnahme in die Gemeinde an die Armencasse zu entrichtenden Beiträge als Bestandtheil der ordentlichen Zuflüsse der Ortsarmencassen aufführt, somit die Erhebung solcher Beiträge gelegentlich der Aufnahme neuer Gemeindeglieder als zulässig bezeichnet, so ist dieß nicht als mit obigen Sätzen in Widerspruch stehend zu betrachten. Die in neuerer Zeit fast überall erheblich gesteigerten Ansprüche an die öffentliche Armenpflege und die von den Behörden geübte strengere Aufsicht über Ordnung und Regelmäßigkeit bei der Armenverwaltung mußten in natürlicher Folge bei den Gemeinden das Bedürfniß und das Bestreben hervorrufen, den Ortsarmencassen soviel möglich neue Einnahmequellen zuzuführen oder die schon vorhandenen besser auszunutzen. Sowie nun eine Procentabgabe von Grundstückskäufen zur Armencasse von Alters her sehr allgemein hergebracht gewesen war, so bot sich auch der ohne Ansässigmachung erfolgende Eintritt eines Auswärtigen in den Gemeindeverband als ein Act dar, bei welchem eine mäßige Bezeigung zur Armencasse des künftigen Wohnorts wohl am Platze und umsomehr gerechtfertigt erschien, als jeder solcher Vorgang, selbst abgesehen von einer dadurch zu begründenden Anwartschaft auf Erwerbung des persönlichen Heimathrechts für den Aufgenommenen doch schon wegen der daran sich knüpfenden mittelbaren und zufälligen Wirkungen, das Interesse der Armencasse mehr oder weniger berührt. Die von diesem Gesichtspunkte aus in den Städten in Gebrauch gekommene Erhebung eines Beitrags zur Armencasse bei Gelegenheit der Gewinnung des Bürgerrechts und als Bestandtheil der nach §. 60. der allgemeinen Städteordnung der statutarischen Regulirung vorbehaltenen Bürgerrechtsgebühren, die, der Gleichförmigkeit halber, vielfach auch auf den Eintritt in das bloße Schutzverwandten=Verhältniß ausgedehnt wurde, konnte aber billiger Weise auch den Landgemeinden, wo der Wunsch und das Bedürfniß darnach sich zeigte, nicht versagt werden. Dieselbe hatte daher bei Erlassung der Armenordnung von 1840 bereits die Autorität eines bestehenden localen Herkommens für sich, bei dem es der Gesetzgeber um so unbedenklicher bewenden lassen konnte, als es dem von ihm im Allgemeinen befolgten Systeme, die Deckung des Bedarfs der öffentlichen Armenpflege zunächst und hauptsächlich auf die ordentlichen — regelmäßigen wie zufälligen — Zuflüsse der Armencassen zu verweisen, die Ausschreibung directer Armencassenanlagen aber nur ausnahmsweise, als außerordentliches und subsidiarisches Hülfsmittel zuzulassen, vollkommen entsprach. Aufgabe der Aufsichtsbehörden blieb es, darüber zu wachen, daß, besonders auf dem Lande, von dem Rechte zu Erhebung der fraglichen Beiträge kein über den eigentlichen Zweck hinausgehender, die Aufzunehmenden erheblich belästigender und die Freizügigkeit erschwerender oder sonst zu Uebelständen führender Gebrauch gemacht werde. Bekanntlich haben die Kreisdirectionen ihr Aufsichtsrecht auch stets in diesem Sinne geübt und sind dazu durch eine unter dem 11. Juni 1855 (vergl. Funke's Polizeigesetze rc. Bd. 5. S. 229.) ergangene Ministerialverordnung noch besonders angewiesen worden.

Ist dieß im Allgemeinen die Sachlage hinsichtlich der Erhebung eines Aufnahme- oder Einzugsgeldes in den Gemeinden, insbesondere den Landgemeinden, wie der Eintritt der neuen Gewerbegesetzgebung sie vorfindet, so liegt in diesem Ereignisse an und für sich nichts, was eine Aenderung des bisherigen Verfahrens im Principe motiviren könnte. Im Gegentheile wäre für eine solche der Zeitpunkt um so ungünstiger gewählt, je mehr gerade der in unserer Heimath- und Gemeindegesetzgebung festgehaltene und durchgeführte Grundsatz der Freizügigkeit es gewesen ist, der den sofortigen Uebergang zur unbedingten Gewerbefreiheit erleichtert, ja in gewisser Hinsicht erst möglich gemacht hat. Von einer Aufgabe oder auch nur einer indirecten Beeinträchtigung und Schmälerung desselben wird daher selbstverständlich nicht die Rede sein dürfen.

Inzwischen kann es nicht fehlen, daß im Gefolge der Gewerbefreiheit auch nach dieser Seite hin manche neue Erscheinungen hervortreten und Verhältnisse sich bilden, welche die bisherige Verwaltungspraxis nicht vorgesehen hatte und denen sie künftig in geeigneter Weise Rechnung zu tragen haben wird. Zunächst und ganz besonders gilt dieß von der durch das Gewerbegesetz vollständig geänderten gewerblichen Stellung des platten Landes gegenüber den Städten. Eine gewerbliche Freizügigkeit im vollen Sinne des Wortes konnte zeither für das platte Land nicht bestehen, so lange die Gewerbeverfassung den Gewerbebetrieb grundsätzlich an die Städte bannte und auf dem Lande nur ausnahmsweise unter mancherlei beschränkenden und erschwerenden Bedingungen zuließ. Das Gewerbegesetz hat diese Schranken beseitigt und der beliebigen Ausbreitung der Gewerbe über

Stadt und Land steht kein Hinderniß mehr entgegen. Es kann und soll Jeder seine gewerbliche Niederlassung da — es sei Stadt oder Land — nehmen, wo er es unter den für ihn günstigen Bedingungen thun zu können glaubt. Allein die Ausübung dieses Rechts durch den Einzelnen ist nur innerhalb der durch die Gemeindeverfassung des gewählten Niederlassungsortes vorgezeichneten Bedingungen und Formen möglich und da diese für Stadt und Land gesetzlich nicht die nämlichen sind, so macht sich hier ganz von selbst ein Unterschied geltend, der auch auf die Bewegung der Niederlassungsverhältnisse nicht ohne Rückwirkung bleiben kann. Insonderheit kommt hier das Bürgerrecht, als ein der städtischen Verfassung, im Gegensatze zur Gemeindeverfassung des platten Landes eigenthümliches Institut und zwar um so mehr in Betracht, als, nächst der Erwerbung von Grundbesitz, wesentlich der Betrieb der bisher sogenannten städtischen (bürgerlichen) Gewerbe es ist, auf welchen nach der allgemeinen Städteordnung die Verpflichtung zum Eintritt in die Gemeinde als Bürger und folgbar zu Entrichtung der Bürgerrechtsgebühren beruht. Für den angehenden Gewerbtreibenden hat daher diese Einrichtung die Wirkung einer, die gewerbliche Niederlassung in der Stadt bedingenden pecuniären Belastung, der er entgeht, wenn er den Sitz seiner gewerblichen Thätigkeit an einem Orte des platten Landes aufschlägt. Ohne allen Zweifel wird die natürliche Anziehungskraft, welche die Städte, als Mittelpunkt des Verkehrs, namentlich auf die für die unmittelbare Consumtion arbeitenden technischen und Handelsgewerbe ausüben, ein hinlängliches Gewicht in die Wagschale legen, um diesen Unterschied wenigstens für die große Mehrzahl der Fälle auszugleichen und aufzuwiegen. Immerhin aber könnte derselbe, wenn auch nicht im Allgemeinen, doch für gewisse Gegenden und Oertlichkeiten mehr oder weniger dazu beitragen, den Zug der Gewerbe, mehr als außerdem der Fall sein würde, also gewissermaßen künstlich von den Städten ab- und dem platten Lande zuzuführen. Thatsache ist, daß in dieser Hinsicht wegen einer möglichen Beeinträchtigung der Landgemeinden, besonders der in der Nähe größerer Städte gelegenen, durch einen unverhältnißmäßigen Zuzug gerade der minder bemittelten und der Verarmung leichter ausgesetzten Gewerbtreibenden Besorgnisse gehegt werden und mehrfach laut geworden sind.

Ob und in wie weit aus dieser völlig veränderten Sachlage für die Gesetzgebung ein Motiv hervorgehen könne, als weitere Consequenz der neuen Gewerbegesetzgebung auch eine Modification der bestehenden Gemeindeverfassung, zunächst durch Lostrennung des städtischen Bürgerrechts von seiner jetzigen, organischen Verbindung mit dem Gewerbebetriebe, nach Befinden im Zusammenhange mit der Einführung eines allgemeinen, Stadt- wie Landgemeinden umfassenden, Gemeindebürgerrechts in Betracht zu ziehen, muß der weitern Entwickelung der Verhältnisse und künftigen Erwägung vorbehalten bleiben. Für jetzt handelt es sich nur um eine im Verwaltungswege zu treffende Fürsorge dafür, daß in Beziehung auf die Vertheilung der gewerbtreibenden Bevölkerung zwischen Stadt und Land, soweit sie durch die mit dem städtischen Bürgerrechte zusammenhängenden Verhältnisse beeinflußt werden könnte, ein gewisses Gleichgewicht aufrecht erhalten werde.

Dieß ist der Zweck des bei Gelegenheit der Berathung der unter dem 15. October vorigen Jahres als Gesetz publicirten Novelle zum Heimathgesetze von beiden Kammern beschlossenen, in der ständischen Schrift vom 3. August vorigen Jahres niedergelegten Antrags:

„die Staatsregierung wolle, sofern Gemeinden auf Grund von §. 13. A. sub 9. der Armenordnung vom 22. October 1840 auf Feststellung eines bei der Niederlassung im Orte zur Armencaffe einzuzahlenden Aufnahmegeldes antragen, auf die durch das neue Gewerbegesetz veränderten Verhältnisse geeignete Rücksicht nehmen, um dadurch eine den Bürgerrechtsgebühren in den Städten sich annähernde, den Ortsverhältnissen entsprechende Ausgleichung in Betreff derjenigen auf dem Lande, ohne sich ansässig zu machen, sich niederlassenden Personen zu erzielen, welche bei ihrer Niederlassung in der Stadt das Bürgerrecht zu gewinnen verpflichtet sein würden";

und in diesem Sinne ist demselben durch die mittelst der nachträglichen Bekanntmachung zum Landtagsabschiede vom 4. December vorigen Jahres veröffentlichte Allerhöchste Entschließung Berücksichtigung zugesichert worden.

Indem nunmehr das Ministerium des Innern, in Erledigung dieser Zusage, die Kreisdirectionen hiermit ermächtigt, beziehendlich anweist, sich bei ihren, auf das Aufnahme- (Einzugs-) geld bezüglichen Entschließungen den in dem ständischen Antrage angedeuteten Gesichtspunkt hinführo zur Richtschnur dienen zu lassen, kann es zwar nicht die Absicht sein, für die Anpassung desselben an die jedesmal zunächst in's Auge zu fassenden Ortsverhältnisse und das hiernach sich verschieden gestaltende Bedürfniß im Voraus in's Einzelne gehende und überall gleichförmig in Anwendung zu bringende Normen aufzustellen. Um jedoch anderer Seits nicht in Ermangelung jedes principiellen Anhaltens irrthümliche Auffassungen hervorzurufen, die möglicher Weise auch auf practische Abwege führen und Mißgriffe zur Folge haben könnten, nimmt das Ministerium des Innern Veranlassung, die Grundsätze, welche mit Rücksicht sowohl auf die bisher bestandene langjährige Verwaltungspraxis, als auf deren nothwendige Modification in Folge des ständischen Antrags, für die künftige Behandlung dieser Angelegenheit als maßgebend zu erachten sein werden, unter folgenden Punkten zusammenzustellen.

1.

Als gesetzliche Grundlage für die Erhebung eines Aufnahme-(Einzugs-) geldes in Niederlassungsfällen ist nach wie vor die bezügliche Vorschrift der Armenordnung vom 22. Nov. 1840 §. 13. A. 9. zu betrachten. An den hinsichtlich der Unzulässigkeit der Erhebung einer derartigen Abgabe für Rechnung der Gemeindecassen bisher befolgten Grundsätzen wird nichts geändert.

2.

Wegen Einführung eines Aufnahme= oder Einzugsgeldes zur Armencasse an Orten, wo ein solches noch nicht bestanden hat, ebenso wie wegen Modification einer schon bestehenden Einrichtung dieser Art ist ein Beschluß der Gemeindevertretung abzuwarten. Die Behörden haben sich einer Initiative deshalb zu enthalten.

3.

In den Städten vertritt der in den Bürgerrechtsgebühren inbegriffene, zur Ortsarmencasse fließende Beitrag auch ferner die Stelle des in der Armenordnung erwähnten „Aufnahmegeldes".

Ob und in welchem Betrage eine Abgabe dieser Art für den Eintritt eines Fremden in das Schutzverwandtenverhältniß zu stipuliren sei, bleibt wie bisher Sache der ortsstatutarischen Regulirung. Bei dieser haben die nachfolgenden Grundsätze (Punkt 4 f.) analog zum Anhalten zu dienen.

4.

Das Aufnahme= (Einzugs=) geld ist auch auf dem Lande, seiner Bestimmung für die betreffenden Ortsarmencassen ungeachtet, als Gegenstand der Gemeindeverwaltung zu behandeln. Die darauf bezüglichen Angelegenheiten gehören zur Competenz der gesetzlichen Organe der letztern.

Wo Gemeinden mit anderen Gemeinden oder mit exemten Grundstücken zu einem Heimathbezirke vereinigt sind, haben aber die Behörden im Wege der Verhandlung auf Herstellung einer, den ganzen Heimathbezirk umfassenden, für sämmtliche, selbstständige Bestandtheile desselben verbindlichen Einrichtung thunlichst hinzuwirken.

Das Nichtzustandekommen einer solchen kann jedoch an und für sich keinen Grund abgeben, dem von einer einzelnen Gemeinde für ihren Gemeindebezirk gefaßten, sonst unbedenklichen Beschlüsse die Bestätigung zu versagen.

Entsprechend der Natur des Aufnahme= (Einzugs=) geldes als einer zwar auf Veranstaltung der Gemeinden beruhenden, aber der Armencasse des betreffenden Armenversorgungsverbandes zu Gute kommenden Abgabe, ist übrigens bezüglich der gemischten, d. h. aus einer Mehrzahl von Gemeinden oder exemten Grundstücken zusammengesetzten Heimathbezirke an dem Grundsatze festzuhalten, daß bei Uebersiedelungen aus einem Bestandtheile eines solchen Heimathbezirkes in einen andern eine erneute Verpflichtung zu Entrichtung von Aufnahme= (Einzugs=) geld niemals Platz greife, dem Anspruche der Armencasse vielmehr durch das im ersten Aufnahme= oder Niederlassungsfalle in diese geflossene Aufnahmegeld auch für etwaige spätere Wohnsitzveränderungen innerhalb des Heimathbezirks Genüge geschehen sei.

5.

Die Erhebung eines Aufnahme- (Einzugs-) geldes setzt als Regel (vgl. Punkt 4. Abs. 2. und Punkt 8. Abs. 3.) den Eintritt eines Fremden in den Gemeindeverband und dessen ausdrückliche Aufnahme in diesen voraus (allg. Städteordnung §. 12. 19. Landgemeindeordnung §. 25. 26.) — Personen, welche als am Orte bereits heimathberechtigt oder als Angehörige von Gemeindegliedern mit Begründung ihrer bürgerlichen Selbstständigkeit von selbst und ohne Weiteres in die Gemeindemitgliedschaft eintreten, können daher zu Entrichtung jener Abgabe zwangsweise ebensowenig angehalten werden, als die Verpflichtung dazu auf öffentliche Beamte, Kirchen- und Schuldiener auszudehnen ist, welchen zugleich mit ihrer, durch das ihnen übertragene Amt bedingten Wohnsitznahme am Orte die Gemeindemitgliedschaft zu Theil wird.

Anlangend den Fall der Ansässigmachung, so ist von dem, in der Hauptsache auch der zeitherigen Praxis entsprechenden Grundsatze auszugehen, daß die nach §. 13 A. 2. der Armenordnung bei Grundstückserwerbungen zur Armencasse zu entrichtenden Beiträge mit dem auf Grund der Bestimmung §. 13 A. 9. eingeführten Aufnahmegelde nicht cumulirt werden dürfen, indem vielmehr bei Ansässigmachung Auswärtiger jene Beiträge zugleich die Stelle des Aufnahmegeldes ersetzen.

Zu Vermeidung einer ungleichen Behandlung übrigens gleichartiger Verhältnisse wird es jedoch unbedenklich sein, eine Bestimmung dahin zuzulassen, daß, wenn die von einem Auswärtigen auf Anlaß seiner Ansässigmachung zur Ortsarmencasse abzuführende, nach der Kaufsumme sich bemessende Abgabe im gegebenen Falle niedriger ausfallen sollte, als der nach seinen persönlichen Verhältnissen ihn außerdem treffende Satz des Aufnahmegeldes, die gedachte Procentabgabe bis zum Betrage dieses letztern Satzes zu erhöhen sei.

6.

Das Aufnahme- (Einzugs-) geld ist allerwärts, wo ein solches fortbestehen oder eingeführt werden soll, in angemessener, den verschiedenen Einwohnerclassen des Ortes und den bei Niederlassungen sonst in Betracht kommenden Verhältnissen entsprechender Weise und zwar mindestens nach einem dreifachen Satze abzustufen. Dabei wird, soviel die Landgemeinden anlangt, der eben hervorgehobene Zweck einer Ausgleichung zwischen Stadt und Land hinsichtlich derjenigen auf dem Lande sich niederlassenden Personen, welche im gleichen Falle in der Stadt das Bürgerrecht zu gewinnen haben würden, in der geeigneten Weise und innerhalb der ohne Gefährdung des Freizügigkeitsprincips zulässigen Grenzen im Auge zu behalten sein.

7.

Gegenstand der örtlichen Regulirung ist auch die Frage, ob eine Restitution des eingezahlten Aufnahmegeldes, etwa bis zur Hälfte des Betrags, dann stattfinden solle, wenn der Aufgenommene, innerhalb eines bestimmten Zeitraumes vom Zeitpunkte der Niederlassung an gerechnet, letztere wieder aufgibt und sich bleibend vom Orte hinwegwendet; nicht minder ob und inwieweit eine Anrechnung der bereits eingezahlten und zurückbehaltenen Quote des Aufnahmegeldes dann zu beanspruchen sei, wenn eine Rücksiedelung innerhalb eines gewissen Zeitraums von der Aufgabe des Wohnsitzes an gerechnet, erfolgt wäre.

8.

Ausländer sind nach denselben Grundsätzen zu beurtheilen, wie die Inländer.

Die der Verleihung des Unterthanenrechtes an einen Ausländer vorangehende Aufnahme desselben in den Gemeindeverband des Niederlassungsortes zieht daher für ihn die Verpflichtung zu Entrichtung des am Orte für Inländer der nämlichen Kategorie bestehenden Aufnahmegeldes, aber auch keines höheren nach sich.

Abgesehen von diesen nach dem Gesetze vom 2. Juli 1852 zu beurtheilenden Aufnahmefällen wird es jedoch unbedenklich sein, auch solche dem Auslande angehörige Personen zur Entrichtung des Aufnahmegeldes heranzuziehen, welche, unbeschadet der Beibehaltung ihrer ausländischen Qualität und daher der Regel nach ohne Erlangung der Gemeindemitgliedschaft, einen bleibenden und selbstständigen Aufenthalt an einem Orte des Inlandes unter Verhältnissen zu nehmen in dem Falle sind, die für den Inländer in gleicher Lage die Verpflichtung zu Bezahlung des Aufnahmegeldes begründen würden. Die oben Punkt 5. Abs. 1. zu Gunsten öffentlicher Beamten ꝛc. stipulirte Ausnahme ist daher auch bei Ausländern dieser Kategorie, deren Aufenthalt im Inlande durch ein öffentliches, dienstliches Verhältniß bedingt ist, analog in Obacht zu nehmen.

9.

Die über das Aufnahme= (Einzugs=) geld aufzustellenden Ortsstatute bedürfen der Bestätigung, die an und für sich bei der Kreisbirection nachzusuchen ist.

Im Interesse der Vereinfachung des Geschäftsbetriebs, wie zu Beförderung der Gemeindeautonomie erscheint es jedoch unbedenklich und angemessen, wegen Genehmigung aller solcher, auf die fragliche Einrichtung bezüglichen Gemeindebeschlüsse, welche sich innerhalb eines, durch allgemeine Verfügung zu bestimmenden Maximalsatzes halten, die Gerichtsämter, als Ortsobrigkeiten, im Allgemeinen mit Auftrag und Ermächtigung zu versehen.

Als dieser Maximalsatz mag für jetzt und bis zu einer mit

Rückſicht auf die zu machenden Erfahrungen nach Befinden zu treffenden veränderten Beſtimmung

    a. für Gemeinden über 500 Einwohner ein Betrag von Fünf Thalern,

    b. für Gemeinden bis zu 500 Einwohnern ein Betrag von Drei Thalern

angeſehen werden.

Es iſt dafür zu ſorgen, daß die Kreisdirectionen auch von dieſen, unter gerichtsamtlicher Autorität erfolgten Regulirungen im Intereſſe des ihnen ſelbſtverſtändlich ungeſchmälert verbleibenden Oberaufſichtsrechts, in fortlaufender Kenntniß erhalten werden.

Die Gerichtsämter ſind anzuweiſen, der ihrer Seits zu ertheilenden Genehmigung jedesmal eine Vernehmung mit dem betreffenden Friedensrichter vorangehen zu laſſen, ſowie überhaupt bei allen wichtigeren auf das Aufnahmegeld bezüglichen Angelegenheiten und Geſchäften des friedensrichterlichen Beiraths ſich zu bedienen.

Innerhalb der durch vorſtehende Beſtimmungen gezogenen Grenzen wird den Behörden, wie das Miniſterium des Innern annehmen darf, der hinlängliche Spielraum bleiben, um einerſeits billigen Wünſchen der Gemeinden und wirklich vorhandenen örtlichen Bedürfniſſen die entſprechende Berückſichtigung angedeihen zu laſſen, ohne doch anderer Seits das bei der Wahrung des Freizügigkeitsprincips nahe betheiligte Intereſſe der Geſammtheit einer wirklichen Gefährdung auszuſetzen. Von der Umſicht der Kreisdirectionen, deren Fürſorge die weitere Behandlung der Angelegenheit zunächſt anvertraut wird, iſt zu erwarten, daß ſie die aufgeſtellten Grundſätze in dieſem Geiſte theils ſelbſt zu handhaben, theils deren Handhabung Seiten der Unterbehörden and Gemeindeorgane zu überwachen wiſſen werden. Zugleich werden ſie angewieſen, dem Miniſterium des Innern nach Jahresfriſt eine überſichtliche Darſtellung der Verhältniſſe hinſichtlich des Aufnahme (Einzugs) geldes, wie ſie ſich in den reſp. Regierungsbezirken bis dahin thatſächlich geſtaltet haben, ſowie der in Beziehung auf die Wirkſamkeit der obigen Grundſätze zu machen geweſenen Wahrnehmungen und Erfahrungen zugeben zu laſſen, auch damit, ſoweit ſich dazu Veranlaſſung bietet, eine Darlegung ihrer eigenen gutachtlichen Anſichten und Vorſchläge zu verbinden. Dresden, den 15. Januar 1862.

Von dieſer Verordnung des Min. des Inn. ſind auf deſſen Anordnung Abdrücke den Verwaltungsobrigkeiten durch die Kreisd. zugefertigt worden und dabei iſt von dieſen zugleich ſonſt behufige Verfügung ergangen. Vgl. Gen.-V. der Krsd. zu Dresd. vom 10. Febr. 1862. (V.-Bl. Nr. 5.), V. d. Ksd. zu Zwick. v. 7. ej. (V.-Bl. 5.), V. der Ksd. zu Leipz. v. 8. ej. (V.-Bl. Nr. 7.)

20.
Die Entrichtung des Gottespfennigs an die Kirche in Besitzveränderungsfällen betr.

In Administrativ-Justizsachen zwischen dem Actor des Kirchen-lehns zu S., Impetrantens an einem, Carl Christoph S. und Cons., Impetraten am andern, und gen. S., Mitimpetraten am dritten Theile, hat das Cultus-Ministerium, nach Vorschrift von §. 18. des Ges. sub D. vom 30. Januar 1835 collegialisch constituirt, auf den von Impetraten und Mitimpetraten gegen die Entscheidung zweiter Instanz eingewendeten Recurs entschieden,

> daß es bei gedachter Entscheidung in der Hauptsache und soweit darnach Impetraten und Mitimpetrat zu Bezahlung des streitigen Gottespfennigs an das Kirchenärar zu S. in der geforderten Höhe von 1 Ngr. 8 Pf. von Hundert Thalern der Kauf- oder Ueberlassungssumme und zwar

die Impetraten wegen ihres Eintrags im Grund- und Hypothekenbuche auf Grund der Cessionserklärung der P.'schen Erben entweder nach 46,727 Thlr. 10 Ngr. als der letzten, abzüglich der Kaufpreise für inzwischen verkaufte Parzellen erlangten Kaufsumme, oder, dafern sie dieß verlangen würden, nach der durch legale Würderung zu ermittelnden Taxe dieser Grundstücke,

Mitimpetrat S. aber von dem neuerlichen Kaufpreise an 40,000 Thlr. für die erkauften Antheile der Impetraten und zwar von der von diesem Kaufpreise für das Inventar gerechneten Summe von 2000 Thlrn., wovon derselbe, nach der im Uebrigen von der Immobiliarkaufsumme an 38,000 Thlr. bewirkten Berichtigung des Gottespfennigs, seine Verpflichtung zu dessen Erlegung zu bestreiten gesucht hat,

> verurtheilt worden sind, zwar zu lassen. Es bleibt jedoch Impetraten und Mitimpetraten unbenommen, ihre behauptete Befreiung von vorgedachten Abentrichtungen, dafern sie sich damit fortzukommen getrauen, im Rechtswege an- und auszuführen und ist daher gegenwärtiger Entscheidung so lange, als nicht im Justizwege etwas Anderes festgestellt sein wird, nachzugehen 2c.

Diese Entscheidung beruht auf folgenden Gründen 2c.

Soviel hiernächst die Sache selbst anlangt, so sind die vorigen Instanzen von der Ansicht ausgegangen, daß die Forderung des Gottespfennigs und das Recht einer Kirche, bei Käufen und Besitzveränderungen eine derartige Abgabe zu beanspruchen, auf allgemeiner gesetzlicher Vorschrift beruhe, und daß demnach eine dem öffentlichen Rechte angehörige allgemeine Prästation in Frage sei, welche auch der Kirche zu S. zustehe und deren Höhe und Modalität der Entrichtung beim dasigen Aerar durch den nach Bl. — Act. bei Gelegenheit der Kirchrechnungsabnahme von der Kirchengemeinde unter Genehmigung

der Kircheninspection hierüber gefaßten Beschluß geordnet und festgestellt worden sei.

Dieser Ansicht hat nun aber das Ministerium nicht allenthalben
beipflichten können.

Zwar läßt sich nicht bestreiten, daß nach den älteren Kirchenge-
setzen, den General-Artikeln vom Jahre 1557, Art. „vom Gotteskasten" und vom Jahre 1580 Art. 34. „Zum Vierdten: Wann
Kauff" 2c. die Verbindlichkeit begründet ist, daß bei Besitzveränderungen
der Immobilien wie vom Verkäufer, so vom Käufer Etwas in den
Gotteskasten für die Armen gegeben werde. Das Mandat wegen
Versorgung der Armen 2c., vom 11. April 1772 hat §. 4. unter 3.
mit ausdrücklicher Beziehung auf den angeführten Art. 34. vom
Jahre 1580 die dortige Vorschrift wiederholt und wegen Vertheilung
dieser Einnahme die nähere Bestimmung getroffen, daß dieselbe völlig,
und ohne daß davon für die Kirche etwas zurückbehalten
werden dürfe, an den verpflichteten Almoseneinnehmer jedes Orts
abzugeben und einzig und allein zur Versorgung der einheimischen
Armen jedes Orts verwendet werden solle. Es ist hiernach klar,
daß das Kirchenärar diese Einkünfte nur als Durchgangsposten aufzunehmen und die Kirche mit ihren Verwaltern sich nur als Recepturbehörde derselben zu betrachten hatte. Diese Function ist erklär-
bar nach der in früherer Zeit bestandenen Einrichtung, daß die
Armenpflege in der Parochie mit der Kirche als ein Werk der christlichen Mildthätigkeit in näherer Verbindung stand. Nachdem aber
in neuester Zeit, namentlich durch die Armenordnung vom Jahre 1840
die Armenversorgung auf dem Principe der Heimathsgemeindeverbind-
lichkeit geregelt worden ist, so hat jene engere Verbindung mit der
Kirche und der Verwaltung ihres Aerars aufgehört, obwohl in
§. 13 A. 2. der Armenordnung die hier fragliche Einnahmequelle
beibehalten worden ist. An die Stelle der Kirche und ihrer Verwalter
ist aber eine andere Recepturbehörde, nämlich die Gerichtsstelle, wo die
Insinuation und Bestätigung der betreffenden Käufe und anderer Contracte erfolgt, oder die Armencassenverwaltung insofern getreten, als
bei Gütern, welche bei einer der Lehnscurien zur Lehn gehen, die
betheiligten Debenten selbst und unmittelbar derselben jene Abgabe
zu berechnen haben. Könnte darüber noch ein Zweifel obwalten, ob
die an dieser Stelle erwähnte Abgabe dieselbe sei, von welcher die
oben angeführten Gesetze handeln, so würde dieser Zweifel durch die
Motiven der Armenordnung vom Jahre 1840.
(Landt.-Act. I. Abth. 2. Bd. S. 170. zu §. 10—23.)
vollständig gehoben werden, da hiernach dieser Abschnitt an die Stelle
der im Mandate vom 11. April 1772. Cap. I. §. 3—6. enthaltenen Bestimmungen getreten ist, „welche größtentheils nur in veränderter Stellung darin aufgenommen sind" und bei §. 13—16. des
Entwurfs — §. 12—15. des Gesetzes — ausdrücklich auf §. 4.
Cap. I. mehrberegten Mandats vom Jahre 1772 Beziehung genom-

men worden, also keineswegs die Absicht gewesen ist, an der ange=
führten Stelle eine neue Abgabe zu Armenzwecken einzuführen.

Aus vorstehender Darlegung ergiebt sich somit, daß durch die
Bestimmung in §. 13 A. 2 der Armenordnung vom 22. Oct. 1840
die bezogenen älteren gesetzlichen Vorschriften, insbesondere Art. 34.
„Zum vierdten" der Gen.=Art. von 1580 und §. 4. unter 3.
Cap. I. des Mandats vom 11. April 1772 als aufgehoben anzu=
sehen sind, wodurch eine Bezugnahme auf jene Vorschriften zum
Zwecke der Begründung des vorliegenden Anspruchs schon an sich
ausgeschlossen ist. Es kommt aber noch hinzu, daß in jenen älteren
Gesetzen überhaupt nur von freiwilligen milden Spenden „zu
Unterhaltung der Armen" die Rede ist, zu denen überdieß nicht blos
der Käufer, sondern auch der Verkäufer „vermahnt" werden sollen,
während es sich hier um eine in Besitzveränderungsfällen zu entrich=
tende regelmäßige und fixirte Abgabe handelt, welche nicht zum
Zwecke der Armenversorgung, sondern zum Besten des Kirchenärars
für kirchliche Zwecke vom Käufer beansprucht wird. Es würde daher
auch bei einer fortdauernden Gültigkeit der betreffenden Bestimmung
des 34. Gen.=Art. vom Jahre 1580 dieselbe auf die hier fragliche
Abgabe überhaupt nicht anwendbar erscheinen. Vielmehr handelt es
sich im vorliegenden Falle von einer ganz anderen dem Kirchenärar
gehörigen selbstständigen Abgabe, welche mit der in den älteren Ge=
setzen erwähnten, für das Almosen bestimmten und gegenwärtig nach
der Armenordnung von 1840 direct in die Armencasse fließenden
ähnlichen Abgabe etwas nicht gemein hat, und bezüglich deren aller=
dings die Berechtigung zur Erhebung in Ermangelung einer dem
Kirchenärar hierbei zur Seite stehenden gesetzlichen Bestimmung be=
sonders erworben worden sein muß, sei es nun, daß das diesfallsige
Befugniß auf localstatutarischer Festsetzung beruhe, oder daß ein be=
sonderer Rechtstitel dafür angeführt werden könne.

In dieser Beziehung ist sich nun vom Actor des Kirchenlehns
Bl. — theils auf rechtsverjährtes Herkommen, wonach der Gottes=
pfennig in der G.'er Kirchfahrt von jeher und seit undenklichen Zeiten
von der vollen Kaufsumme für die Grundstücke, einschließlich der
miterkauften Inventarien und Vorräthe für die Kirche erhoben worden
sei, theils auf den schon oben erwähnten, im Jahre 1820 bei Gele=
genheit der Kirchrechnungsabnahme nach Bl. — von der Kirchenge=
meinde unter Genehmigung der Kircheninspection gefaßten Beschluß
bezogen worden, durch welchen damals festgesetzt worden ist, daß zur
Erhöhung der dießfallsigen Einnahme des Kirchenärars der herköm=
liche Gottespfennig fernerhin nach 1 Ngr. 6 Pf. vom Hundert der
Kaufsumme entrichtet werden solle.

An sich würde der angeführte Beschluß vom Jahre 1820 schon
für sich allein ausreichend erscheinen, um die Verbindlichkeit zu Ent=
richtung des geforderten Gottespfennigs als einer im Kirchenbezirke
bestehenden örtlichen Parochialleistung dadurch als begründet anzu=

sehen, wenn nicht der Gültigkeit dieses Beschlusses als eines rechtsverbindlichen Ortsstatuts das von den Impetraten Bl. — geltend
gemachte allerdings begründete Bedenken entgegenstände, daß die zur
damaligen Local-Kirchrechnungsabnahme abgeordneten Gemeindevertreter zu rechtsverbindlichen Erklärungen in der gedachten Beziehung nicht autorisirt gewesen seien, oder wenigstens nach den Acten
dazu nicht als legitimirt angesehen werden können, da in der Vorladung der Kirchengemeinde zur Kirchrechnungsabnahme Bl. — von
einer über den fraglichen Gegenstand zu pflegenden Verhandlung
etwas nicht enthalten ist, daher auch eine specielle Beauftragung und
Ermächtigung der Abgeordneten zu einer dießfallsigen Beschlußfassung
nicht hat stattfinden können;

(vgl. Dr. von Weber's systemat. Darstellung des im Königr. Sachsen geltenden Kirchenrechts, 2. Ausg. 2. Bd.
S. 686. Note 82.)

obschon andererseits dieses Bedenken dadurch gehoben erscheinen kann,
daß die Abgabe nach der von den Gemeindeabgeordneten damals beschlossenen Höhe seitdem unweigerlich gegeben und von der Kirchengemeinde entrichtet und somit jener Beschluß wenigstens stillschweigend
und factisch von ihr anerkannt und ratihabirt worden ist.

Man kann aber die Frage, welche Bedeutung jenem Beschlusse
für die Entscheidung der vorliegenden Differenz beizulegen sein möchte,
überhaupt ganz dahingestellt sein lassen, da aus den Bl. — beigebrachten beglaubigten Extracten aus dem N.'er Kaufbuche vom Jahre
1818, sowie aus den Kauf- und Hypothekenprotocollen von 1852,
1854, 1855 und 1856 in Verbindung mit den G.'er Kirchrechnungen
schon für sich allein hervorgeht, daß, gleichwie bei den in den übrigen
Ortschaften des Kirchenbezirks vorgekommenen Veräußerungsfällen,
so auch insbesondere bei denjenigen Besitzveränderungen, welche in den
Jahren 1821, 1823, 1824, 1827, 1828, 1836, 1842, 1844, 1852,
1854, 1855 in der Gemeinde N. stattgefunden haben, der Gottespfennig jederzeit in der jetzt geforderten Höhe nach 1 Ngr. 6 Pf.
resp. von und mit dem Jahre 1840 ab nach 1 Ngr. 8 Pf. vom
Hundert der Kaufsumme für die Grundstücke, einschließlich des
Werths der mitverkauften Inventarien und Vorräthe für das Kirchenärar zu G. erhoben und entrichtet worden ist. Diese während des
zur Verjährung nöthigen Zeitraums erfolgte gleichmäßige Ausübung
des behaupteten Befugnisses der Kirche, gegen welche ein gegentheil-
liger Act, wo der angeführten Observanz nicht nachgegangen worden
wäre, nicht beigebracht worden, ist vollkommen ausreichend, um der
Kirche das durch verjährtes Ortsherkommen erworbene Recht auf
Erlegung des Gottespfennigs nach der geforderten Höhe sowie in
dem sonst behaupteten Umfange ohne Abrechnung der Werthe mit-
verkaufter Inventarien und Vorräthe bei den im Kirchenbezirke vorkommenden Besitzveränderungen der Immobilien zuzugestehen, ohne
daß es erst mit Rücksicht auf den angeführten speciellen Erwerbstitel

des örtlichen Herkommens der Verweisung des erhobenen Anspruchs auf den Rechtsweg bedürfe, wenn schon allerdings aus diesem Grunde nach Maßgabe von §. 11. des Gesetzes sub A. vom 28. Januar 1835 nur provisorisch zu entscheiden und Impetraten der Rechtsweg dagegen nachzulassen gewesen ist, insoweit sie eine Befreiung von der geforderten Abgabe in Anspruch nehmen zu können glauben.

Hierbei mag nur noch in Bezug auf den Bl. — erhobenen Einwand der Impetraten, wonach dieselben ihren auf Grund der Cessionserklärung der P.'schen Erben erfolgten Besitzeintrag als einen abgabepflichtigen Besitzveränderungsfall um deswillen nicht gelten lassen wollen, weil die genannten Erben Bl. — anerkannt hätten, daß die Impetraten schon bei Lebzeiten ihres Erblassers wirkliche berechtigte Eigenthümer der betreffenden Grundstücke gewesen seien, und letzterer diese Grundstücke überhaupt nur in der Impetraten Namen besessen und für sie acquirirt gehabt habe, daher sie den geforderten Gottespfennig bereits damals bei der Erwerbung durch P. entrichtet hätten und ein Grund zu nochmaliger Erlegung dieser Agabe gar nicht vorliege, bemerkt werden, daß die Verbindlichkeit zu Erlegung der bei Besitzveränderungen von Grundstücken zu entrichtenden Abgaben nicht sowohl durch die rechtliche Natur des dem betreffenden Besitzwechsel zu Grunde liegenden Vertrags, als vielmehr durch die in Folge dieses Vertrags stattfindende Eintragung des neuen Besitzers im Grund- und Hypothekenbuche, oder mit anderen Worten, durch die Uebertragung des Civileigenthums auf den neuen Besitzer bedingt und begründet wird.

Eine solche Eigenthumsübertragung hat unzweifelhaft auch im vorliegenden Falle auf Grund der Cessionserklärung der P.'schen Erben stattgefunden und es können die Gründe, aus denen die genannten Erben die fraglichen Grundstücke an die Impetraten abgetreten und ihre Einwilligung zur Eintragung der letztern im Grund- und Hypothekenbuche ertheilt haben, die Kirche überhaupt nicht weiter tangiren, da eben mit der gerichtlichen Zuschreibung der betreffenden Grundstücke an die Impetraten und mit der Verlautbarung ihres Eigenthums im Grund- und Hypothekenbuche das Recht auf Einforderung des Gottespfennigs für die Kirche eingetreten ist.

Mit demselben Rechte, mit welchem die Impetraten im vorliegenden Falle die Entrichtung des üblichen Gottespfennigs verweigern wollen, würden dieselben haben verlangen können, mit den für ihren Besitzeintrag zu erlegenden gesetzlichen Gerichts- und Stempelgebühren verschont zu werden, zu deren Bezahlung dieselben gleichwohl, ungeachtet ihres auch hiergegen erhobenen Widerspruchs, nach dem Anführen Bl. — vom Justizministerio für verpflichtet erklärt worden sind ꝛc.

(Verordn. des Cult.-Min. an die Ksb. zu L., v. 23. März 1862.)

F.

21.

Die Genehmigung einer Darlehnsaufnahme zu Bestreitung eines außerordentlichen Parochial- oder Schulaufwandes steht der Kirchen- oder Schulinspection zu.

Die Kreisdirection zu L. hatte ihre specielle Genehmigung zu Aufnahme eines für den Kirchenbau in St. zu verwendenden Darlehns zu ertheilen aus folgenden Gründen nicht für erforderlich erachtet: Wenn auch in früheren Zeiten, wo dergleichen Darlehne, wenigstens der Regel nach, für das betreffende Kirchenärar oder Kirchenlehn, nicht aber von Seiten der betreffenden Parochialgemeinden selbst aufgenommen zu werden pflegten, eine Genehmigung der vorgesetzten Consistorialbehörde nothwendig gewesen sei, so habe sich doch dieses Verhältniß durch die neuere Gesetzgebung geändert, indem das Parochiallastengesetz vom 8. März 1838 §§. 1. f. vorschreibe, daß das Stammvermögen der Kirchen zu erhalten sei, und sobald die Bestreitung des kirchlichen Aufwandes aus dem Aerar nicht thunlich sei, die Parochialgemeinden den ganzen oder den fehlenden Bedarf durch Anlagen aufzubringen hätten, in Folge dieser subsidiarischen Verbindlichkeit der Parochialgemeinden zu Deckung des Parochialaufwandes aber dann, wenn der letztere nicht sofort durch Anlagen aufgebracht, sondern zu dessen einstweiliger Deckung ein Darlehn aufgenommen werden solle, das letztere nicht auf den Credit des an sich hierunter nicht weiter betheiligten Kirchen- oder Schullehns, sondern lediglich von Seiten der Kirchen- und Schulgemeinde selbst, als des zu Uebertragung des Aufwandes verpflichteten Subjects, und unter deren alleiniger Vertretung aufzunehmen sei. Nun sei, sowie überhaupt der neueren Gesetzgebung das Princip, den Gemeinden in der Verwaltung ihrer Angelegenheiten thunlichste Freiheit zu gewähren, im Allgemeinen zu Grunde liege, so auch insbesondere durch die Bestimmung des §. 62. der Landgemeindeordnung zur Aufnahme von Darlehnen Seiten jener, nur die Genehmigung der Gemeindeobrigkeiten für nothwendig erklärt worden, ingleichen ferner, was die ländlichen Schulgemeinden angehe, im §. 9. der Verordnung vom 17. September 1843. ausdrücklich ausgesprochen, daß die Vorschriften des vorgedachten Gesetzes auch auf die Verwaltung der Schulangelegenheiten Anwendung leiden sollen. Auch scheine um deswillen, weil bei den im §. 2. des Gesetzes vom 8. März 1838 in Verbindung mit §. 32. des Gesetzes vom 6. Juni 1835 getroffenen Anordnungen wegen der Aufbringung des Parochialaufwandes des Falles der Aufnahme eines Darlehns Seiten der Parochialgemeinde zu diesem Endzwecke nicht speciell Erwähnung geschehen, in einer Maßnehmung solcher Art eine wirkliche Abweichung von den berührten Anordnungen, welche eben deshalb eine besondere Genehmigung der Consistorialbehörde als erforderlich darstellen möchte, insofern schon nicht erblickt werden zu können, als in der Erhebung eines Darlehns im Wesentlichen blos eine provisorische Maßregel enthalten sei, und die Tilgung des letzteren immer wiederum durch Aufbringung von Anlagen, also in dem gesetzlich bezeichneten Wege zu bewerkstelligen sei. Die Kreisdirection habe daher aus diesen Rücksichten, und weil doch in einer derartigen Genehmigung in gewisser Hinsicht eine Beeinträchtigung des Rechts der Gemeinden zur selbstständigen Verwaltung ihrer Angelegenheiten gefunden werden könnte, seither bereits in mehreren zu ihrer Cognition gelangten Fällen, wo ländliche Parochialgemeinden zu vorschußweiser Deckung eines außerordentlichen Parochialaufwandes ein Darlehn aufzunehmen beabsichtigt, und ihr hiergegen ein besonderes Bedenken nicht beigegangen, die hauptsächliche Beschlußnahme in der Sache, unter gleichzeitiger Hinweisung auf die Beachtung der Vorschrift des §. 60. der Landgemeindeordnung den betreffenden Inspectionen selbst, als zunächst zu deren Competenz gehörig, überlassen.

Mit dieser Ansicht hat sich das Cultusministerium, auf erstatteten Vortrag, im Allgemeinen einverstanden erklärt und ausgesprochen, daß es zu Darlehnsaufnahmen durch Kirchen- und Schulgemeinden zu Bestreitung eines außerordentlichen Kirchen- und Schulaufwandes einer ausdrücklichen Genehmigung der Consistorialbehörde an sich nicht bedürfe, daß vielmehr die Genehmigung der Inspection zu einer solchen Maßregel für ausreichend zu achten sei, obschon andererseits in Bezug auf die Regulirung der Wiederabtragung einer solchen Schuld und Feststellung eines gehörigen Tilgungsplanes eine Controle der oberen kirchlichen Behörde in deren Aufsichtsrechte allerdings begründet erscheine.

(Verordn. des Cult.-Min. an die KBd. zu L. vom 14. Nov. 1861.)   F.

22.

Zu §. 8. der Seminarordnung vom Jahre 1857.

Rücksichtlich der im ersten Satze des §. 8. der mittelst Bekanntmachung vom 15. Juni 1859 (G. V. Bl. von 1859. S. 250.) publicirten Ordnung der evangelischen Schullehrerseminare im Königreiche Sachsen gedachten Aufnahme von Zöglingen, welche das 16te Lebensjahr noch nicht erfüllt haben, ist in den einzelnen Consistorialbezirken seither insofern ein verschiedenes Verfahren beobachtet worden, als die in diesem Falle erforderliche Dispensation bald von der betreffenden Consistorialbehörde ohne Weiteres ertheilt, bald die Entschließung des Cultusministeriums hierüber eingeholt worden ist.

Das letztere hat nun, zu Beseitigung dieser, durch die verschiedene Auslegung der, allerdings in dieser Beziehung nicht ganz zweifellosen, oben angezogenen Vorschrift des §. 8. der Seminarordnung veranlaßten Ungleichmäßigkeit bei Handhabung der fraglichen Bestimmung beschlossen, die Dispensationsertheilung in dem dort bemerkten Falle den einzelnen Consistorialbehörden bezüglich der in ihrem Bezirke gelegenen Schullehrerseminarien zu überlassen.

6*

(Verordn. des Cult.-Min. an sämmtliche Ksbb. und das Gef.-Conf. zu Glauchau vom 6. Mai 1862.) F.

23.

Die bei Einleitung von Untersuchungen wider Geistliche und Schullehrer an die Dienstbehörde zu erstattenden Anzeigen betr.

In Bezug auf einen von dem Gerichtsamte zu B. angeregten Zweifel darüber, inwieweit den Bestimmungen in §. 39. der Ausführungsverordnung zur Strafproceßordnung vom 31. Juli 1856 gegenüber die Verordnung vom 1. Juni 1839 (G. V. Bl. vom Jahre 1839. S. 166) noch in Wirksamkeit sei? hat das Cultusministerium im Einverständnisse mit dem Justizministerium ausgesprochen, daß die zuletzt gedachte Verordnung durch den vorher erwähnten §. 39. der Ausführungsverordnung außer Kraft gesetzt und aufgehoben sei. Dieß folge mit Nothwendigkeit aus dem Inhalte des §. 39. cit., da es in der That des letzteren und der in ihm enthaltenen ganz speciellen Bestimmungen gar nicht bedurft hätte, wenn neben denselben die ganz allgemeine, sie völlig verüberflüssigende Vorschrift der Verordnung vom Jahre 1839 noch in Kraft hätte verbleiben sollen. Es würde solchenfalls höchstens einer Verweisung auf diese Verordnung bedurft haben. Eine ausdrückliche Aufhebung der letzteren sei nicht nothwendig gewesen, sie sei mit der neuen, ihr völlig derogirenden Vorschrift in §. 39. cit. von selbst außer Kraft getreten, und es habe daher, bekannten Rechtsgrundsätzen zufolge, keiner ausdrücklichen Erklärung, daß sie aufgehoben werde, bedurft.

Im Uebrigen sei die in §. 39. enthaltene Beschränkung der früher den Gerichtsbehörden auferlegten Verpflichtung nicht ohne Vorwissen der betheiligten Ministerien in die Ausführungsverordnung aufgenommen worden. (Verordn. des Cult.-Min. an die Ksb. zu B. vom 25. April 1862.) F.

24.

Ueber die Competenz der kirchlichen Behörden zu Entscheidung von Meinungsverschiedenheiten zwischen dem Stadtrathe und den Gemeindevertretern.

Das Ministerium des Innern hatte die Entscheidung einer ihm angezeigten, zwischen dem Stadtrathe zu W. und dem größeren Bürgerausschusse daselbst wegen Bestreitung des durch Vermehrung des kirchlichen Sängerchors veranlaßt werdenden Aufwandes aus städtischen Mitteln obwaltenden Meinungsverschiedenheit, beziehendlich die Entschließung über den vom größeren Bürgerausschusse eingewendeten Recurs dem Cultusministerium überlassen, welches letztere der Kreisdirection in Betreff der formellen Behandlung der Sache Folgendes zu erkennen gegeben hat.

Die Competenz des Cultusministeriums zu Entscheidung der vorliegenden Differenz erscheint schon aus dem Grunde nicht zweifelhaft, weil es sich um die Regelung einer äußeren kirchlichen Angelegenheit, sowie um die Vertheilung der, eintretenden Falles dadurch erwachsenden Parochiallasten handelt, und auch durch den Umstand wird hieran Etwas nicht geändert, daß das eingewendete Rechtsmittel von dem größeren Bürgerausschusse zu W., also von einer städtischen Corporation, ausgegangen ist. Denn obschon §§. 273. ff. der Allg. Städteordnung eine Theilnahme der Gemeindevertreter an solchen, auf Kirchen, Schulen und fromme Stiftungen sich beziehenden Geschäften, welche das Vermögen derselben zum Gegenstande haben, mittelbar daher auch mit den Angelegenheiten des städtischen Haushaltes im Allgemeinen im Zusammenhange stehen, gestatten, so ist doch diese Theilnahme nur unter gewissen Voraussetzungen nachgelassen, über deren Vorhandensein jedenfalls die geistliche Behörde zu cognosciren hat. Wenn aber im §. 274. Alin. 3. bestimmt ist, daß die von der competenten geistlichen Behörde für nöthig erklärten Leistungen in Kirchen- und Schulangelegenheiten von den Stadtverordneten nicht verweigert werden dürfen, obgleich es ihnen unbenommen bleiben soll, deshalb gehörigen Orts Vorstellung zu thun, dafern sie erhebliche Gründe dazu zu haben glauben, so ist unter der Bezeichnung „gehörigen Orts" die vorgesetzte kirchliche Behörde um so mehr zu verstehen, als nach §. 14. des Gesetzes, die Publication und Einführung der Allg. Städteordnung betr. vom 2. Febr. 1832, die Angelegenheiten der Kirchen- und Parochialverfassung ein für die Städteordnung fremdartiger Gegenstand sind und daher von derselben unberührt bleiben. Ob nun ein Widerspruch der Gemeindevertreter gegen für nöthig erklärte kirchliche Leistungen einfach der Consistorialbehörde angezeigt, oder das, für den Fall nicht zu erlangender Zustimmung der Stadtverordneten oder des größeren Bürgerausschusses, in §. 227. f. der Allg. Städteordnung vorgeschriebene Verfahren, wie Solches im vorliegenden Falle geschehen, eingeschlagen worden ist, kann in der Competenz der kirchlichen Behörden nichts ändern, zumal im §. 228. nicht die Regierungsbehörde, sondern ganz im Allgemeinen die vorgesetzte Behörde als diejenige, an welche Bericht zu erstatten und deren Bescheidung zu erbitten ist, bezeichnet wird.

(Verordn. des Cult.-Min. an die Ksd. zu Zw. vom 5. Mai 1862.)   F.

25.

Die Gestattung der Sylvestergottesdienste sowie der Gottesdienste bei den Versammlungen der Gustav Adolph- und der Missionsvereine ist den Kreisdirectionen überlassen.

Das Cultusministerium war seither von der Ansicht ausgegangen, daß es zu Veranstaltung und Einführung von Sylvestergottesdiensten, wie solche seit mehreren Jahren an verschiedenen Orten des Landes üblich geworden sind, der vorherigen Einholung seiner Genehmigung bedürfe, da es sich hierbei um die Einführung einer neuen gottesdienstlichen Einrichtung handelt, welche nicht füglich ohne Vorwissen des Kirchenregiments getroffen werden kann. Es ist daher auch von den Kreisdirectionen fast in allen Fällen, wo Anträge um Gestattung einer kirchlichen Sylvesterfeier vorgelegen haben, an das Ministerium, Behufs der Einholung der Entschließung desselben, Vortrag erstattet worden, wobei man übrigens die Genehmigung einer dergleichen Feier, wenn das Gesuch um deren Gestattung nicht ohnehin, wie in den meisten Fällen, von der Kirchengemeinde selbst ausgegangen war, jederzeit von der zustimmenden Erklärung der Kirchengemeindevertreter abhängig gemacht hat, um darüber Gewißheit zu erlangen, daß die Kirchengemeinde eine derartige Feier auch wirklich wünsche.

Nachdem jedoch diese Gottesdienste nach und nach immer gebräuchlicher geworden sind, so daß darin, bei deren gegenwärtiger Verbreitung durch fast alle Theile des Landes, eine erhebliche Abweichung von den bestehenden kirchlichen Einrichtungen nicht mehr erblickt werden kann, hat das Ministerium im Allgemeinen auch kein Bedenken weiter gefunden, dergleichen Gottesdienste in geeigneten Fällen fernerhin ohne weitere Anfrage bei demselben zuzulassen, und hat die Kreisdirectionen ermächtigt, auf erfolgende Anträge wegen Gestattung einer kirchlichen Sylvesterfeier in Zukunft selbstständige Entschließung zu fassen.

Bei dieser Gelegenheit ist zugleich in Erinnerung gekommen, daß bisher auch bezüglich der bei den Jahresversammlungen des Dresdner Hauptvereins, sowie der an verschiedenen Orten bestehenden Zweigvereine der Gustav-Adolph-Stiftung, ingleichen bei den jährlichen Missionsfesten der mit dem evangelisch-lutherischen Hauptmissionsvereine in Verbindung stehenden Missionsfreunde und Vereine gewöhnlich veranstalteten Gottesdienste ein gleichmäßiges Verfahren nicht Statt gefunden hat, indem Gesuche um Gestattung einer dießfallsigen kirchlichen Feier theilweise dem Ministerium zur Genehmigung vorgelegt worden sind, theilweise nicht einmal die Genehmigung der Kreisdirection dazu eingeholt, sondern die bloße Inspectionsgenehmigung für hinreichend erachtet wurde. Nun konnte zwar dieses letztere Verfahren nicht gebilligt werden, da es mit Rücksicht auf die den Kreisdirectionen nach §. 2. sub 2. der Verordn. vom 10. April 1835 zustehende allgemeine Aufsicht über den evangelischen Gottesdienst einer Cognition derselben bei beabsichtigter Abhaltung dergleichen kirchlicher Missions- und Gustav-Adolphs-Feste jedenfalls bedurfte. Man hat aber keine Veranlassung gefunden, die Kreisdirectionen ihrerseits hierbei an die vorerst einzuholende Zustimmung des Ministeriums zu binden, und denselben daher überlassen, auf bezügliche Anträge wegen gewünschter Abhaltung solcher Gottesdienste selbstständige Entschließung zu fassen, in welcher Beziehung die Inspectionsbehörden daher

eintretenden Falles zu jedesmaliger Einholung dieser Entschließung
anzuweisen seien.

(Verordn. und Inserat des Cult.-Min. an die Ksd. zu Zw. vom
22. Febr. 1862, wovon den übrigen Ksdd. Abschrift zugefertigt worden ist.)   F.

26.
Das Gevatterbitten durch den Kirchschullehrer betr.

Das Cultusministerium hat einen von der Gemeinde zu P. und
dem Webermeister T. daselbst in der zwischen ihnen und dem Kirch-
schullehrer T. wegen der von Letzterem beanspruchten Gebühren für
das Gevatterbitten in P. gegen die von der Kreisdirection erlassene
Verordnung eingewendeten Recurs aus folgenden Gründen verworfen:

Anlangend zuvörderst die Frage, ob im vorliegenden Falle die
fragliche Verrichtung dem Lehrer gegen die von ihm beanspruchten
Gebühren observanzmäßig zustehe? so ist der dieserhalb ausgesprochenen bejahenden Ansicht in Hinblick auf die in dieser Beziehung vom
Pfarramte P. Bl. — neuerlich abgegebene, auf Erkundigungseinziehung bei den Parochianen gestützte Versicherung um so mehr beizupflichten gewesen, als ohnehin für die Uniformität eines derartigen
Herkommens in der ganzen Parochie die Präsumtion so lange strei-
tet, als der Gegner nicht facta contraria, in denen dem Lehrer die
Ausübung dieser Mühwaltung, sowie die Entrichtung der dafür herkömmlichen Gebühren mit Erfolg verweigert worden ist, anzuführen
vermag.

So wenig man aber selbst in dergleichen Fällen, wo ein solches
Herkommen wirklich besteht, dem Lehrer ein Befugniß, daß ihm in
jedem einzelnen Falle die Bestellung der Gevatterbriefe persönlich
übertragen werde, nach der in §. 68. der Ausführungsverordnung
zum Volksschulgesetze vom 9. Juni 1835 und nach der Verordnung
des Cultusministeriums vom 21. März 1842 — vergl. Supplement
zum Codex des Kirchen- und Schulrechts, S. 291. Nr. 14. — zu
vindiciren gemeint ist, so wenig kann man dagegen es andererseits für
statthaft erachten, wenn dem Lehrer die herkömmlichen Gebühren für
diese ihm in den meisten Landortschaften, mitunter aber auch in
Städten, von jeher als kirchendienstliche Nebenbeschäftigung übertragen gewesene Verrichtung ohne Weiteres entzogen werden sollen.
Vielmehr muß man darauf bestehen, daß derartige Nebenverdienste,
selbst beim Wegfalle der Leistung, den Schulstellen erhalten bleiben,
und daß daher die Parochianen, falls sie das Schreiben und Austra-
gen der Gevatterbriefe durch den Lehrer nicht besorgen lassen wollen,
dessenungeachtet die dafür herkömmlichen Gebühren dem Lehrer entrichten.

Hiernach ist aber dasjenige gänzlich ohne Einfluß, worauf die
Recurrenten zur Begründung ihres Rechtsmittels hauptsächlich Bezug

genommen haben, daß nämlich eine feste Bestimmung darüber angeblich mangele, ob dem Vater des Täuflings oder den Pathen die Verpflichtung zur Abentrichtung dieser Gebühren obliege, indem, selbst wenn man das Erstere nicht als in der Natur der Sache gelegen anerkennen müßte, unter allen Umständen der Erstere, sei es als Auftraggeber, oder weil er dadurch, daß er die Dienste des Lehrers nicht in Anspruch nehmen will, diesem Letzteren die Möglichkeit zur Einforderung dieser Gebührnisse entzieht, als zunächst, beziehendlich als allein verhaftet angesehen werden muß.

(Verordn. des Cult.=Min. an die Ksb. zu D. vom 19. April 1862.)   F.

27.

Das Collaturbefugniß einer Ehefrau wird, so lange ihr Ehemann dispositionsunfähig ist, von ihr allein ausgeübt.

Dem Gerichtsamte zu L. waren darüber Zweifel beigegangen, ob der Besitzerin des Rittergutes K., der verehelichten H., nachdem zu dem Vermögen ihres Ehemannes der Concursproceß eröffnet worden, nachgelassen sei, die mit dem Besitze dieses Rittergutes verbundenen Collaturrechte eintretenden Falles auch ferner durch und resp. mit ihrem Ehemanne auszuüben, insofern dieß aber nicht zulässig sein sollte, in welcher Maße und durch wen sonst dieselben während der Besitzzeit der verehelichten H. auszuüben sein würden.

Hierbei war von der Kreisdirection zu B. in Betracht gezogen worden, daß der kirchenrechtliche Grundsatz, wonach, wenn ein Kirchenpatron sich in so zerrütteten Vermögensverhältnissen befindet, daß die Einkünfte des Gutes, worauf das Recht haftet, von der richterlichen Behörde sequestrirt werden, es möge der Concurs zu dessen Vermögen förmlich ausgebrochen sein, oder nicht, während der Dauer der Sequestration das Collaturrecht von dem Cultusministerium ausgeübt werden soll, auf den vorliegenden Fall nicht anwendbar sei, da hier der Concurs nicht zum Vermögen des Collators und Patrons, sondern des Ehemannes der Besitzerin des Gutes, auf dem die fraglichen Rechte ruhen, ausgebrochen war.

Demnächst erschien es der Kreisdirection aber auch nicht unzweifelhaft, ob die eheliche Vormundschaft, vermöge welcher der Beitritt und die Einwilligung des Ehemannes erforderlich wird, wenn eine Ehefrau vor oder außer Gericht verbindlich handeln soll, überhaupt soweit sich erstrecke, daß eine Ehefrau selbst das hier fragliche, doch an sich persönliche Befugniß ohne Beitritt ihres Ehemannes nicht gültig sollte ausüben können, wäre dieß aber auch wirklich unbedingt erforderlich, so glaubte sie annehmen zu müssen, es könne das Recht zu Ausübung der ehelichen Vormundschaft in dieser Beziehung, wobei es sich doch in keiner Weise um eine Vermögensdisposition handle, durch die Concurseröffnung nicht aufgehoben worden sein.

Der hierauf gestützten Ansicht der Kreisdirection, daß der Ausbruch des Concurses zu dem Vermögen H—s das Collaturrecht seiner Ehefrau nicht alteriren könne, ist denn auch das Cultusministerium beigetreten, indem es ausgesprochen hat, daß, der vorübergehenden Dispositionsunfähigkeit des Ehemannes ungeachtet, die Ehefrau als Besitzerin des Rittergutes an der Ausübung des ihr zustehenden Rechtes nicht zu behindern sei.

(Verordn. des Cult.-Min. an die Ksd. zu B. vom 17. Mai 1862.) **F.**

28.

Die Gebühren bei Taufen der Kinder von Militärpersonen betr.

Das Cultusministerium hatte laut Verordnung an die Kreisdirection Zw. vom 18. Mai 1859 in einem damals zur Beschwerde gekommenen Falle die in der Stadt Ch. bei Zuziehung von mehr als 3 Taufpathen regulativmäßig bestimmte Erhebung höherer Stolgebühren bei Taufen von Kindern von Militärpersonen nicht für zulässig angesehen, vielmehr angeordnet, daß es in dieser Beziehung bei der unter Punkt II. des Regulativs über die Jura stolae von Militärpersonen ꝛc. vom 1. Sept. 1785 vorgeschriebenen Stolgebühr von 8 Ngr. zu bewenden habe. Was dagegen die übrigen in Ch. bestehenden Taufabgaben zum geistlichen Gemeindekasten und zur Armencasse betrifft, welche bei Zuziehung von mehr als 3 Taufzeugen ebenfalls nach erhöhten Sätzen zu entrichten sind, so war in der gedachten Verordnung nur rücksichtlich der ersteren Abgabe eine und zwar nur theilweise Befreiung der Militärpersonen insofern angenommen worden, als man diese Abgabe einer persönlichen Anlage für kirchliche Zwecke gleichgestellt und darauf die Bestimmung in §. 8. sub c. des Gesetzes vom 12. December 1855 in Anwendung gebracht hatte, dergestalt, daß sonach jene Abgabe nur von höheren Militärpersonen, vom Hauptmanne an aufwärts, zu entrichten, alle in einem niedrigeren Range, als dem der Hauptleute, stehenden Militärpersonen dagegen von dieser Abgabe freizulassen seien. Hinsichtlich der Abgabe zur Ortsarmencasse endlich war in der gedachten Verordnung irgend eine Befreiung der Militärpersonen nicht anerkannt, vielmehr ausgesprochen worden, daß diese Abgabe eintretenden Falles von allen Militärpersonen ohne Unterschied des Ranges durchgängig zu entrichten sei.

Bei einer neuerlichen, eingehenden Erwägung dieser ganzen Angelegenheit und der Frage über die von den Militärs in den gedachten Beziehungen zu beanspruchenden Befreiungen beim Gesammtministerium ist nun die vorstehende Anordnung wesentlich modificirt worden. Zwar ist man in Betreff der Stolgebühren der Ansicht beigetreten, daß das Regulativ vom 1. September 1785 zu Gunsten der Militärpersonen noch vollständige Gültigkeit habe und höhere als die dort geordneten Stolgebührensätze den Militärpersonen weder direct noch indirect angesonnen werden könnten, wodurch mithin die Anwendbarkeit des Eh—er Gebühren-Regulativs bezüglich der Erforderung einer höheren Stolgebühr bei Taufen, bei denen mehr als 3 Taufpathen zugezogen werden, auf Militärpersonen allerdings ausgeschlossen sei. Dagegen ist man in Betreff der nach dem Eh—er Regulative bei Taufen geforderten Abentrichtung zum geistlichen Gemeindekasten der Meinung gewesen, daß darauf der Begriff einer „Anlage" im Sinne des Parochiallastengesetzes vom 8. März 1838 und des Nachtragsgesetzes vom 12. December 1855 keine Anwendung finden könne, und daß daher alle Militärpersonen, einschließlich der Hauptleute und Stabsofficiere, von dieser Abgabe freizulassen seien.

Ebenso hat man eine Beiziehung der Militärpersonen zu der Abgabe zur Stadtarmencasse nicht für gerechtfertigt gehalten, und ist daher auch in dieser Beziehung die erfolgte Weigerung für begründet erachtet worden.

(Verordn. des Cult.-Min. an die KSb. zu Zw. vom 11. Februar 1862.)   F.

29.

Wer bezahlt die Essenkehrerlöhne für die Schulhäuser?

Eine Verordnung der Kreisdirection zu Zw., worin diese einen Widerspruch der Schulgemeinde zu N. gegen die fernere Abentrichtung der Essenkehrerlöhne für das dortige Schulhaus zurückgewiesen hatte, ist von dem Cultusministerium, unter Verwerfung des Seiten der Schulgemeinde dagegen eingewendeten Recurses, aufrecht erhalten und diese Entschließung folgendermaßen motivirt worden:

Ganz richtig geht die Kreisdirection davon aus, daß der auf dem XXXIIsten Generalartikel Alinea 3 und 4. verbunden mit dem Rescripte vom 12. Juni 1793 beruhende Grundsatz, wonach die zu den gewöhnlichen Wirthschaftsausgaben zu rechnenden Essenkehrerlöhne für die geistlichen Gebäude in der Regel von deren Bewohnern zu bestreiten sind, auf Schulhäuser, welche nur zum Theil zur Benutzung des Lehrers bestimmt sind, der Natur der Sache nach keine Anwendung leidet. Hier treten vielmehr, wie auch in v. Weber's Kirchenrecht 2. Aufl. 2. Bd. S. 368 Note 24 angedeutet ist, wegen der Schulstube andere Verhältnisse ein, indem man die Bezahlung des durch die Verheizung der Schulzimmer veranlaßten Kehrerlohnes jedenfalls von der Schulgemeinde zu beanspruchen hat, während man den Lehrer äußersten Falles nur rücksichtlich der Feuerung für seinen Wohn- und Wirthschaftsbedarf zu einem verhältnißmäßigen Beitrage zum Kehrerlohne heranzuziehen berechtigt sein würde. Aber auch von diesem Beitrage ist derselbe für entbunden zu erachten, wenn observanzmäßig bisher die Essenkehrerlöhne für das Schulhaus von der

Schulgemeinde allein bestritten worden sind. Daß nun Letzteres in N. der Fall sei, muß, der von der Recurrentin aufgestellten gegentheiligen Behauptung ungeachtet, angenommen werden, da mit dem, beziehendlich auf eine Mittheilung der Hinterlassenen seines Amtsvorgängers sich stützenden Anführen des Lehrers B. Bl. —, daß die Lehrer in N. seit 45 Jahren niemals Kehrerlohn gezahlt hätten, die Angabe des Schornsteinfegers N. Bl. —, wonach sowohl er selbst seit 22 Jahren, als auch sein Vorgänger E., bei welchem er als Geselle gearbeitet, das Kehrerlohn durch den Gemeindevorstand, niemals durch den Schullehrer bezahlt erhalten haben, übereinstimmt. (Verordn. des Cult.=Min. an die Ksd. zu Zw. v. 2. Juli 1862.)

F.

30.
Die Abkündigung der Aufgebote betr.

Dem Antrage der Kirchengemeindevertreter zu M., daß in Zukunft die Aufgebote in der dasigen Kirche nicht mehr verlesen, sondern durch einen Anschlag an der Hauptthüre der Kirche zur Kenntniß gebracht werden möchten, ist unter der Voraussetzung, daß die dasige Geistlichkeit, welche deshalb zunächst mit ihrer Erklärung zu hören sei, ihre Zustimmung zu der beabsichtigten veränderten Einrichtung erkläre, Statt gegeben, dabei aber angeordnet worden, daß jedenfalls außer der kirchlichen Fürbitte für die Verlobten auch die vorschriftmäßige provocatorische Clausel beibehalten werde.

Gleichzeitig ist in Bezug auf die Frage, ob und in welcher Ausdehnung etwa auf weitere Anträge der vorliegenden Art die Entschließung der Kreisdirection zu überlassen sei? bemerklich gemacht worden, daß, da es sich hierbei um eine Abweichung von der allgemein gültigen Observanz handle, wonach die Abkündigung des Aufgebots bei dem öffentlichen Hauptsonntagsgottesdienste nach der Predigt und dem Kirchengebete von der Kanzel zu geschehen habe, in jedem einzelnen Falle die Genehmigung des Cultusministeriums erforderlich sei; diese Genehmigung werde jedoch nur ausnahmsweise für gar zu umfangreiche Parochieen, wo die verhältnißmäßig große Zahl von sonntäglichen Aufgeboten einen, den eigentlichen Gottesdienst beeinträchtigenden Zeitaufwand in Anspruch nehme, ertheilt, wogegen man in den anderen Fällen an der alten wohlbegründeten Ordnung der mündlichen Abkündigung festhalten werde.

(Verordn. des Cult.=Min. an die Ksd. zu L. v. 5. Juni 1862.)

F.

31.
Die rechtliche Natur des Gnadengenusses der Hinterlassenen eines Geistlichen betr.

Von dem Einkommen des Pfarramtes zu S. sind nach früher getroffener Bestimmung regelmäßig in jedem Jahre 150 Thlr. an die dortige Diaconatcasse abzugeben.

Diese Abzüge hatte man auf Ansuchen dem Pfarrer L. zu S., in Rücksicht auf dessen Privatverhältnisse, während der Jahre 1852 bis 1857 dergestalt creditirt, daß derselbe verpflichtet wurde, den hiernach verbleibenden Rückstand von 900 Thlrn. in den Jahren 1858 bis 1863 mit je 150 Thlrn. abzuzahlen, also während dieser Zeit jährlich 300 Thlr. zur Diaconatcasse zu gewähren.

Nun starb der Pfarrer L. im October 1861, also noch vor vollständiger Abzahlung jenes Rückstandes, und die Kircheninspection hielt sich für berechtigt, von dem Gnadengenusse der L.'schen Relicten neben der von ihnen ohne Weiteres gewährten gewöhnlichen Abgabe zur Diaconatcasse auch noch die auf die Gnadenzeit kommende halbjährige Restitutionsrate jenes Vorschusses zu kürzen.

Dem widersprachen die L.'schen Hinterlassenen, und sowohl die Kreisdirection zu Zw. als das Cultusministerium erachteten diese Weigerung für begründet, indem sie Folgendes aussprachen:

Der noch nicht zur Restitution gelangte Theil jenes Rückstandes müsse als eine persönliche Schuld des inzwischen verstorbenen Pfarrers L. betrachtet werden, woraus von selbst folge, daß derselbe zwar von den Erben L.'s, insofern sie den Nachlaß des Verstorbenen angetreten hätten und soweit die Kräfte desselben dazu ausreichten, zu vertreten sei, nicht aber könne der Gnadengenuß der L.'schen Relicten zur theilweisen Berichtigung obigen Rückstandes innebehalten werden. Denn das Einkommen des Gnadenhalbjahres gehöre nicht zur Verlassenschaft, sondern dasselbe sei seiner rechtlichen Natur nach ein Beneficium der Relicten, über welches der verstorbene Geistliche selbst weder bei Lebzeiten, noch auf den Todesfall gültig disponiren könne und worauf seine Gläubiger keinen Anspruch wegen Bezahlung ihrer Forderungen oder dießfälliger Verkümmerung oder Arrestbelegung machen könnten.

Vgl. von Weber's Kirchenrecht, 2. Aufl. 2. Bd. S. 346. Man werde daher von dem Gnadengenusse nur denjenigen Betrag, welcher den regelmäßigen halbjährigen Abzug vom Einkommen der Pfarrstelle bilde, zu kürzen berechtigt sein, wozu sich die verw. L. ausdrücklich verstanden habe, wogegen zu erörtern sei, ob zur Deckung des Rückstandes an die Diaconatcasse aus dem Nachlasse des Pfarrers L. Etwas zu erlangen sein möchte.

(Verordn. des Cult.-Min. an die Ksd. zu Zw. v. 1. Mai 1862.)

F.

32.

Zu Punkt 4. der Verordnung wegen Erlassung eines Regulativs für die Realschulen vom 2. Juli 1860. (G.- u. V.-Bl. S. 96.)

In Folge eines Falles, wo ein Zögling der Oberclasse der Realschule zu B., welcher zur Maturitätsprüfung reif war und sich auf der Bergacademie zu Freiberg dem Studium der Bergwissenschaften zu widmen beabsichtigte, ohne gedachte Prüfung von der Realschule abgehen und sich der Aufnahmeprüfung auf der Bergacademie unterziehen wollte, hat das Finanzministerium auf Antrag des Cultusministeriums das Oberbergamt mit Anweisung versehen, daß bei Zöglingen, welche auf einer Realschule, der das Recht der Maturitätsprüfung in der Abschnitt VI. §. 99 f. des Regulativs für die Realschulen vorgeschriebenen Maße und mit den unter Punkt 4. der dazu gehörigen Publicationsverordnung für die erlangten Reifezeugnisse zugestandenen Wirkungen und Vergünstigungen eingeräumt worden ist, den ganzen Unterrichtscursus absolvirt haben und unmittelbar nach ihrem Abgange von derselben auf die Bergacademie übergehen wollen, die vorherige Bestehung der Maturitätsprüfung von der betreffenden Realschule und die Vorweisung eines Reifezeugnisses gefordert werde.

Demnächst ist aber auch auf Antrag des Finanzministeriums den Vorständen der betreffenden Realschulen die besondere Rücksichtnahme auf die Kenntnisse der zu Prüfenden in den mathematischen Wissenschaften und die nöthige Strenge in dieser Beziehung bei Ertheilung von Reifezeugnissen noch besonders anempfohlen worden.

(Verordn. des Cult.-Min. an die Ksbb. zu D., L. und Zw., sowie an die Gymnasial- und Realschulcommission zu Plauen und Zittau v. 5. April 1862.)   F.

33.
Zu §. 12. des Mandates vom 4. Juli 1829, die Vorbereitung junger Leute zur Universität betr.

Die Immatriculations-Commission zu Leipzig hatte einem Schüler der ersten Classe des modernen Gesammtgymnasiums daselbst, Sch. aus Quedlinburg, die Immatriculation als Student der Chemie mit Bezugnahme auf die in der Ueberschrift gedachte gesetzliche Bestimmung darum versagt, weil er ausdrücklich die Absicht zugestanden, sich in nächster Zeit dem Maturitätsexamen zu unterwerfen und daher voraussichtlich den Aufenthalt auf der Universität zunächst zur Vorbereitung auf diese Prüfung benutzen würde, was mit dem Zwecke des Universitätslebens nicht vereinbar erscheine. Auch auf die spätere Erklärung Sch.'s, daß er von dem Bestehen der Maturitätsprüfung ganz absehen wolle, konnte sich die genannte Commission im Hinblicke auf die erst kurz vorher abgegebene entgegengesetzte Erklärung und die dadurch hervorgerufenen Zweifel gegen die Aufrichtigkeit der späteren, anscheinend unter dem Einflusse der abfälligen Bescheidung abgegebenen Erklärung, zu seiner Immatriculation ohne Genehmigung des Cult.-Min. nicht entschließen.

Das Letztere hat nun von seinem Standpunkte aus dagegen, daß Sch., obwohl er die Maturitätsprüfung noch nicht bestanden, als Student der Chemie inscribirt werde, um so weniger Bedenken gefunden,

als die Bestimmung in §. 12. des Manb. v. 4. Juli 1829 auf denselben, als Ausländer, nicht nothwendig Anwendung zu finden habe.

(Verordn. des Cultusmin an die Immatriculationscommission
zu Leipzig v. 8. Mai 1862.) F.

34.

Die Beschaffung von Hilfslehrern für die Taubstummen-
anstalten betr.

Durch eine an die sämmtlichen Kreisdirectionen und an das Ge-
sammtconsistorium zu Glauchau unterm 20. Mai 1862 ergangene
Verordnung ist Behufs der Gewinnung von geeigneten Schulamtscandidaten zu Hilfslehrern für die Taubstummenanstalten, welche auf
zwei Jahre gegen Gewährung eines Gehalts von jährlich 200 Thlrn.
und freier Wohnung in der Anstalt, wo ihnen die Beaufsichtigung
der Zöglinge mit übertragen wird, einzutreten haben, dahin Veranstaltung getroffen worden, daß bei den auf den Schullehrerseminarien
stattfindenden Abgangsprüfungen Seiten des dieselben leitenden Mitgliedes der Cosistorialbehörden Zöglinge, welche zu gedachtem Zwecke
von den Seminardirectoren als geeignet bezeichnet worden sind, aufgefordert werden sollen, sich zur Uebernahme einer solchen Stelle zu
melden.

Neuerlich ist nun, auf Antrag der Kreisdirection zu L., weitere
Anordnung an die Directoren der Taubstummenanstalten dahin ergangen, daß sie, im Falle des Vorhandenseins eines Bedürfnisses
für Anstellung eines Hilfslehrers jedesmal vor den bei den Semina-
rien stattfindenden Schulamtscandidatenprüfungen Behufs Erlangung
eines Schulamtscandidaten für diese Stellung an den Kirchen- und
Schulrath einer der Kreisdirectionen, oder an die Seminardirectionen
sich zu wenden und letztere um Versorgung einer dazu geeigneten
Persönlichkeit aus der Zahl der abgehenden Seminarzöglinge anzugehen hätten.

(Verordn. des Cult.-Min. an die Directoren der Taubstummenanstalten v. 3. Juli 1862.) F.

35.

Die Ertheilung von Urlaub an Realschullehrer betr.

In einer unterm 6. März 1854 an sämmtliche Consistorialbehörden ergangenen Verordnung ist hinsichtlich der Beurlaubung von
Lehrern, mit alleiniger Ausnahme der Lehrer an den beiden Landes-
schulen und Gymnasien bestimmt worden, daß zu Reisen derselben in
das Ausland oder zu einem längeren als vierwöchigen Urlaube für
das Inland die Genehmigung der Kreisdirection, beziehendlich des
Gesammtconsistoriums zu Glauchau, einzuholen, auf mehr als 8 Tage
bis zu vier Wochen aber der Superintendent, und für 8 Tage oder

darunter der Localschulinspector Urlaub für das Inland zu ertheilen berechtigt sei.

Eine zwischen den Mitgliedern der Inspection für die Real=schule zu Ch. entstandene Meinungsverschiedenheit darüber, ob obige Grundsätze auch auf die Realschullehrer Anwendung zu leiden hätten, oder für die Realschulen lediglich das Regulativ vom 2. Juli 1860 maßgebend sei, wonach die Inspection in ihrer Gesammtheit die der Realschule und deren Lehrern zunächst vorgesetzte Behörde bilde, hat nun zu dem Ausspruche geführt, daß seit Erlaß dieses Regulativs rücksichtlich der Realschullehrer andere Verhältnisse eingetreten seien.

Da nämlich nach §. 4. dieses Regulativs die Realschulen in un=terer Instanz unter den Schulinspectionen, in mittlerer unter den Kreisdi=rectionen, in oberster Instanz unter dem Cultusministerium ständen und nur die mit Gymnasien verbundenen Realschulen in dieser Be=ziehung eine Ausnahme bildeten, so sei nun auch die Schulinspection — nicht mehr der Superintendent allein — die erste Instanz für Urlaubsertheilung, es habe aber dieselbe bei Reisen in das Ausland und bei Reisen im Inlande, wenn solche über vier Wochen dauern, die Entschließung der Kreisdirection, welcher die Genehmigung über=lassen werde, einzuholen.

(Verordn. des Cult.=Min. an die Kreisdirection zu Zwickau vom 10. Juni 1862.)   F.

36.

Zu §. 4. des Ges., die Einhebung der Opferpfennige ꝛc., sowie anderer kleiner an Geistliche, Lehrer und Kirchen=diener zu entrichtender Gefälle betr., vom 30. Sept. 1861.

In Verfolg einer Anfrage des Gerichtsamts L., ob auf das den Lehrern zustehende sogenannte Umgangsgeld, insoweit selbiges von den Angesessenen zu gewähren und auf deren Grundstücksfolien im Hypothekenbuche verlautbart ist, das Gesetz vom 30. Sept. 1861 Anwendung zu leiden habe, ist, unter Reprobation der in dieser Be=ziehung ausgesprochenen Ansicht, daß jene Leistung unter dieses Ge=setz nach dessen Wortlaute und nach der vom Königl. Commissar bei den ständischen Berathungen über dasselbe zu §. 4. abgegebenen Er=klärung nicht falle, Folgendes verordnet worden:

Allerdings nimmt besagtes Gesetz solche Geld= und Naturallei=stungen, welche die Eigenschaft von Reallasten einzelner Grund=stücke haben, von dessen Vorschriften ausdrücklich aus; allein die hier in Frage befangene Leistung hat offenbar nicht die Natur einer Reallast, sondern einer Parochiallast, und die irrthüm=lich erfolgte Eintragung im Hypothekenbuche hat selbstverständlich an dieser Eigenschaft nichts ändern können. Ist mithin die fragliche Leistung weder als Gebühr oder Accidenz für einzelne Amtshand=lungen, noch als Reallast einzelner Grundstücke zu betrachten, so folgt daraus, daß die Bestimmungen des mehrerwähnten Gesetzes und der durch selbiges festgesetzte Firations- und Erhebungsmodus allerdings Anwendung leidet.

Hierdurch erledigt sich aber zugleich der angebliche Widerspruch zwischen der in den Landtagsacten vom Jahre 1860/61, Beilagen zu den Protocollen der II. Kammer 3. Abth. III. Bd. S. 56., Landtagsmittheilungen der II. Kammer 3. Bd. S. 2555. u. 2556. ersichtlichen Erklärung des Königl. Commissars mit den Bestimmungen §. 52 b. des Gesetzes v. 17. März 1832, jcta §. 10. des Ges. vom 15. Mai 1851 und der Verordnung vom 26. Jan. 1852 alinea 4. sub 6. u. 7., indem gerade der der zuerst gedachten Erklärung beigefügte Zusatz, daß dergleichen Reallasten ohnedieß der Ablösung durch Capitalzahlung zu unterliegen hätten, danach angethan ist, die ausgesprochene Ausnahme der Reallasten auf diese letzteren im eigentlichen Sinne des Worts zu beschränken und hiermit den dem Ministerium nicht unbekannt gewesenen Fall der nach §§. 15. u. 17. des Gesetzes vom 6. November 1843 fälschlich erfolgten Verlautbarung von Parochiallasten im Hypothekenbuche von dieser Ausnahme besonders auszuschließen.

Unter diesen Umständen muß man ein bereitwilliges Eingehen auf die von der einen oder anderen Seite gewünschte oder beantragte Ablösung dieser Leistung für zweckmäßig erachten.

(Verordn. des Cult.-Min. an die Ksb. zu B. vom 3. Juli 1862.)   F.

III.

Das Recht der Ablösungsrenten und Landrenten im Königreiche Sachsen.

Vom Herrn Kreissteuerrath Judeich in Dresden.

(Schluß von Bd. XXII. S. 394 f.)

§. 8.
Dismembration landrentenpflichtiger Grundstücke.

Das Ablösungsgesetz verordnete in §. 48.: „Wird die Dis=
membration eines Grundstücks beabsichtigt, von welchem eine Rente
an die Rentenbank zu entrichten ist, so ist die Bestimmung des
auf das Trennstück zu legenden Theils der Rente von der einzu=
holenden Genehmigung der Rentenbankverwaltungsbehörde ab=
hängig." Es folgt hieraus im Allgemeinen, daß die Landrenten=
bank die Dismembration eines ihr verhafteten Grundstücks ge=
nehmigen muß, wenn der von ihr zu bestimmende Theil der Rente
auf das Trennstück übernommen wird. Sie hat also in dieser
Beziehung eine weniger bevorzugte Stellung, als der Berechtigte,
welcher Ablösungsrenten bezieht. Denn dieser kann nach §. 47.
des Ablösungsgesetzes seine nothwendige Einwilligung in die
Dismembration des ihm mit Ablösungsrenten verpflichteten Grund=
stücks davon abhängig machen, daß die auf das Trennstück ver=

hältnißmäßig zu legende Rate der ihm gebührenden Rente durch Capitalzahlung getilgt werde.

Das Verfahren bei Dismembration landrentenpflichtiger Grundstücke wurde zunächst geregelt durch die zu Ausführung von §. 48. des Ablösungsgesetzes [53]) erlassene Verordnung vom 30. Januar 1838 (Gesetzbl. S. 38.).

So oft die Dismembration eines Grundstücks, von welchem der Landrentenbank Ablösungsrenten überwiesen worden sind, beabsichtigt wird, sollte mit Repartition dieser Renten verfahren werden „und zwar ohne Unterschied der Fälle, ob der Ablösungsreceß bereits bestätigt ist oder nicht, und selbst in dem Falle, wenn ein solcher noch nicht entworfen, wohl aber die Ablösungsrente festgestellt und von den Interessenten die Absicht ausgesprochen worden ist, die Rente an die Landrentenbank zu überweisen." §. 1. gedachter Verordnung.

Die Repartition der Landrenten sollte nach demjenigen Verhältnisse erfolgen, „in welchem das Trennstück zu dem übrigen Complexe des Stammgutes sich befindet," und zwar dergestalt, „daß entweder der auf das Trennstück zu übernehmende Rentenantheil der Landrentenbank als selbständige Rente überwiesen und die bisherige Rente des Stammgutes sofort um so viel vermindert, oder der Avulsenbesitzer mit der antheiligen Rentenabführung an das Hauptgut gewiesen wird und dieses nach wie vor die Verbindlichkeit zur vollen Rentenabführung über sich behält." §. 6. derselben Verordnung.

„In letzterem Falle dauert jedoch der antheilige Rentenbeitrag ebenfalls nur so lange fort, als nicht die auf dem Hauptgute haftende Rente in Folge der allgemeinen Rentenamortisation selbst in Wegfall gelangt; es ist daher der Zeitpunkt, von wo ab die gedachte Rente auf die Landrentenbank übernommen worden, bei der Dismembrationsverhandlung genau mit auszudrücken." Will sich der Avulsenbesitzer seines Rentenbeitrages vor Ablauf der

---

53) Im Eingange der Verordnung heißt es zwar, sie sei „zu Ausführung der §§. 47. und 48." des Ablösungsgesetzes erlassen. Allein es ist darin von den in §. 47. des Ablösungsgesetzes behandelten Ablösungsrenten nicht die Rede, sondern sie handelt ausschließlich nur von den an die Landrentenbank überwiesenen Renten, auf die sich §. 48. des Gesetzes bezieht. — Uebrigens beginnt schon in dieser Verordnung der zu mancher Begriffsverwirrung führende stylistische Irrthum, daß man den Ausdruck „Ablösungsrenten" auch da gebraucht, wo der Sache nach nur Landrenten gemeint sind. Vergl. §. 11.

Amortiſation durch Capitalszahlung entledigen, ſo hat er das entſprechende Capital für Rechnung des Stammgutsbeſitzers an die Landrentenbank abzuführen. Von dieſer wird die Rente des Stammgutsbeſitzers antheilig vermindert und im Rentencataſter abgeſchrieben. Der Avulſenbeſitzer kann auf Grund der Quittung der Landrentenbank bei der Hypothekenbehörde die Anmerkung der geleiſteten Zahlung beantragen. §. 6. der Verordnung vom 30. Januar 1838.

Dieſe Verordnung ſtellte alſo die drei Hauptſätze feſt:

1) daß bei jeder Dismenbration eines landrentenpflichtigen Grundſtücks das Trennſtück mit einer verhältnißmäßigen Zubuße zur Landrente des Stammes zu belegen iſt;

2) daß dieſe Zubuße zugleich mit der betreffenden Rente amortiſirt;

3) daß der Trennſtücksbeſitzer von der Zubuße durch Zahlung des Capitalbetrages an die Bank ſich befreien kann, und zwar ohne Befragung des Stammgutsbeſitzers, deſſen Rente ſolchen Falls ſelbſt gegen ſeinen Willen um den Betrag der getilgten Zubuße vermindert wird.

Der dritte Satz findet ſeine Berechtigung theils in der allgemeinen Begünſtigung der Ablöſung der Reallaſten, zu denen auch die Landrentenzubußen gehören; theils in der ſpeciellen Vorſchrift, daß die Capitaltilgung der Landrenten möglichſt gefördert werden ſoll.

Dieſe' drei Hauptſätze ſind in allen ſpäteren Vorſchriften unverändert aufrecht erhalten worden, was bezüglich des erſten Satzes von praktiſcher Wichtigkeit iſt. Denn in früheren Jahren iſt die Betheiligung der Trennſtücke mit Landrentenzubußen zuweilen überſehen worden. Wird dieß jetzt, beſonders bei ferneren Abtrennungen vom Stammgute gerügt oder von der Behörde entdeckt, ſo muß kraft jener geſetzlichen Vorſchrift eine nachträgliche Belegung des irrthümlich frei gebliebenen Trennſtücks mit einer auf ſeinem Grundbuchsfolium einzutragenden Landrentenzubuße erfolgen, und zwar nunmehr mit einer Zubuße, welche den zur Ausführung des erſten Hauptſatzes erlaſſenen neueren Vorſchriften entſpricht. (§. 5. der Verordnung vom 15. Februar 1841.).

Die gedachte Verordnung vom 30. Januar 1838 wurde nämlich zurückgenommen durch die

7*

„Verordnung, das Verfahren bei Dismembrirung der mit Ablösungsrenten behafteten Grundstücke betreffend," vom 15. Februar 1841. Gesetzblatt S. 15.

Einige Bestimmungen dieser Verordnung beziehen sich auf die Fälle, in denen zur Zeit der Dismembration die Ablösungsurkunde noch nicht bestätigt, die Landrente noch nicht übernommen war, wo also nach Befinden die Zubuße nicht an das Stammgut, sondern unter entsprechender Verminderung der Rente des letzteren unmittelbar an die Landrentenbank verwiesen werden konnte. Diese Bestimmungen haben ihre praktische Bedeutung dadurch verloren, daß eine Ablösung durch Uebernahme von Landrenten überhaupt nicht mehr möglich ist, nachdem am 31. October 1859 die Landrentenübernahme definitiv aufgehört hat. [54]

Im Uebrigen ist diese Verordnung noch jetzt maßgebend. Nach §. 2. der Verordnung zum Dismembrationsgesetze vom 30. November 1843, nach §. 59. des Grundbuchgesetzes vom 6. November 1843, nach § 25. der dazu gehörigen Ausführungsverordnung vom 15. Februar 1844, nach §. 4. des Gesetzes über Vertheilung der Reallasten bei Dismembrationen vom 22. Mai 1852 und nach der Verordnung über Landrentenrepartition bei Eisenbahnexpropriationen vom 26. Februar 1859 (Gesetzblatt S. 49.) hat die Vertheilung der Landrenten in Dismembrationsfällen lediglich zu erfolgen nach den Vorschriften der Verordnung vom 15. Februar 1841.

Ist das zu dismembrirende Grundstück mit verschiedenen Landrenten behaftet, so ist für jede einzelne Rente eine besondere Zubuße auszuwerfen. §. 48. des Ablösungsgesetzes, §. 4. der Verordnung vom 26. Februar 1859.

„Die Repartition der in Frage stehenden Renten ist nach dem Quotalverhältnisse vorzunehmen, in welchem das Trennstück zu dem übrigen Complexe der zur Rentenzahlung verpflichteten Grundstücke sich befindet. Der Umstand, daß von der Naturallast, an deren Stelle die Ablösungsrente getreten ist, das zu veräußernde einzelne Grundstück gar nicht betroffen wurde, wie es z. B. bei

---

54) Auch die Verordnung vom 15. Februar 1841 unterscheidet nicht scharf zwischen den beiden, so sehr verschiedenen, Gattungen der Ablösungsrenten, nämlich zwischen den Landrenten und den Ablösungsrenten im engeren Sinne. Die auf letztere bezüglichen Vorschriften sind oben §. 2. berücksichtigt worden.

Huthungsrechten und Naturalzehnten vorkommen kann, giebt keinen
Grund ab, daſſelbe mit einem Beitrage zu der auf das Stammgut
gelegten Ablöſungsrente zu verſchonen." §. 4. der Verordnung
vom 15. Februar 1841. Bei dem Vertheilungsmaßſtabe iſt das
Grundſteuereinheitenverhältniß zu Grunde zu legen. §. 3. der
Verordnung vom 26. Februar 1859.

„Der auf das Trennſtück zu legende Rentenantheil iſt in
einem beſtimmten jährlichen Geldbetrage, jedoch nur in einem
ſolchen auszudrücken, der durch vier Neupfennige ohne Reſt theilbar iſt. Würde daher derſelbe den vollen Betrag von vier Neu-
pfennigen nicht erreichen, ſo iſt das Trennſtück gänzlich beitragsfrei
zu laſſen." §. 5. der Verordnung vom 15. Februar 1841.

Der dem Trennſtücke zugetheilte Rentenbeitrag darf und kann
niemals in der Eigenſchaft einer ſelbſtändigen Rente der Landrentenbank überwieſen werden, vielmehr muß in allen Fällen das
Trennſtück die ausgefallene Zubuße entrichten an das Stammgut,
„welches die Verbindlichkeit zur vollen Rentenabführung nach wie
vor über ſich behält." §. 7. 8. der Verordnung vom 15. Februar
1841.

Nach erfolgter Genehmigung der Dismembration iſt von der
Realbehörde die geſchehene Landrentenvertheilung in der letzten
Erwerbsurkunde über das Stammgrundſtück und in der über das
Trennſtück auszufertigenden Erwerbsurkunde genau anzumerken.
Dieſe Bemerkung muß, ſo viel die auf das Trennſtück gelegte Zubuße anlangt, erfolgen „zugleich mit Angabe des Termins, in
welchem die Rente des Stammguts zum erſten Male an die Landrentenbank zu entrichten geweſen iſt, um den Trennſtücksbeſitzer
und deſſen Beſitznachfolger darüber außer Zweifel zu ſetzen, mit
welchem Zeitpunkte die Amortiſation der Rente begonnen hat, und
künftig, gleichzeitig mit dem davon auf das Trennſtück übernommenen Antheile, aufhören wird." §. 9. der Verordnung vom
15. Februar 1841.

Außer dieſer, aus dem angegebenen Grunde auch jetzt noch
erforderlichen Anmerkung in den Erwerbsurkunden hat die Realbehörde den Eintrag der Landrentenzubußen in der erſten Rubrik
des Grundbuchsfolium, welches für das Trennſtück angelegt oder
mit welchem das Trennſtück verſchmolzen wird, zu bewirken, als
wodurch erſt die Landrentenzubußen die ihnen beigelegte Eigenſchaft
von Reallaſten erlangen. §. 3. §. 15. Nr. 5. §. 19 b. §. 59. des

Grundbuchgesetzes und §§. 25. 26. der dazu gehörigen Ausführungsverordnung vom 15. Februar 1844. Gegen diesen Eintrag steht den am Trennstücksfolium etwa betheiligten Realgläubigern ein Widerspruchsrecht nicht zu. §. 75. desselben Gesetzes.

Wenn der Erwerber eines mit Landrentenzubuße zu belegenden Trennstücks ein Folium im Grundbuche nicht hat, wie dieß nach §. 153. des Grundbuchgesetzes bei fiskalischen, geistlichen und communlichen Grundbesitzungen vorkommen kann, so muß, weil die Eintragung der Landrentenzubuße in der ersten Rubrik des erwerbenden Folium gesetzlich nothwendig ist, deshalb für den Erwerber ein Folium angelegt werden. Vergl. Heyne, Commentar zum Grundbuchgesetze 2. Bd. S. 80.

Bei folgerichtiger Anwendung dieser allgemeinen Vorschriften lassen sich die in der Praxis häufig vorkommenden Zweifel und Bedenken leicht entscheiden.

Eine Zusammenziehung mehrer auf einem Stammgute haftenden Landrenten Behufs der Belegung des Trennstücks mit einer einzigen Zubuße zu allen Landrenten ist unzulässig, weil jede Landrente und folglich jede Zubuße in verschiedenen Zeiten amortisirt, weil für jede Landrente und folglich für jede Zubuße im Falle der Capitaltilgung ein verschiedener Amortisationsabzug eintritt. Aus denselben Gründen darf die Realbehörde die von der Steuerbehörde einem Trennstücke zu den einzelnen Stammrenten aufgelegten einzelnen Zubußen bei deren Eintrage in das Grundbuch nicht in einen einzigen Gesammtbeitrag zu den Landrenten des Stammes zusammenfassen. [55]

Bei jeder Dismembration landrentenpflichtiger Grundstücke bleibt das Stammgut zur Abführung der ganzen Rente an die Landrentenbank verpflichtet. Als Stammgut ist bei geschlossenen Foliencomplexen dasjenige Grundbuchsfolium zu betrachten, welches die Gebäude behält und im Grundbuche als Stammgut bezeichnet wird. Allerdings ist es denkbar und schon

---

55) Verschiedene Realbehörden haben bieß irrthümlich gethan, also z. B. die auf das abgetrennte Folium 68. repartirten sechs Zubußen zu den sechs Landrenten das Stammfolium 31. nicht einzeln eingetragen, sondern ihre Beträge addirt und folgenden Eintrag auf dem Folium 68. bewirkt: „2 Thlr. 12 Ngr. — jährlich Beitrag zu den Fol. 31. des Grundbuchs verzeichneten Landrenten." Dergleichen Einträge müssen berichtigt und die einzelnen Zubußen einzeln eingetragen werden.

vorgekommen, daß in Folge Dispenſation auf dem Stammfolium
nur die Gebäude mit wenigem oder keinem Zubehör ſtehen bleiben,
alle anderen Flurſtücke abgetrennt und auf andere oder neue Folien
überſchrieben werden.   Das Hauptgut bleibt alsdann mit einer
von ihm allein zu vertretenden, unverhältnißmäßig hohen Stamm-
gutsrente belaſtet. Indeſſen wird das Intereſſe der Landrentenbank
dadurch nicht gefährdet, weil ein ſolcher Stammfundus, ſeiner
Arealverminderung ohngeachtet, immer noch mindeſtens einen
Capitalwerth hat, welcher volle Deckung darbietet, wenn etwa die
Hilfsvollſtreckung wegen eines in Reſt gelaſſenen Rententermins
bis zur nothwendigen Verſteigerung des Stammgutes fortgeſetzt
werden müßte. Nur dann, wenn bei Dismembration geſchloſſener
Complexe das Folium, auf welches die Gebäude kommen, von der
Realbehörde ausdrücklich als Trennſtück, und das für die übrigen
Zubehörungen ohne die Gebäude beſtehende Folium als Stamm-
gut bezeichnet wird, würde das letztere auch für die Landrenten als
Stammgut zu betrachten und zu deren voller Entrichtung an die
Bank verpflichtet, das Trennſtücksfolium mit den Gebäuden aber
nur mit Zubußen zu belegen ſein.

Als Stammgut bei walzenden Grundſtücken iſt dasjenige Grundſtück anzuſehen, welches nach erfolgter Dismembration
ſein zeitheriges Folium im Grundbuche behält.   Erliſcht das bisherige Folium in Folge Ueberganges aller Trennſtücke an andere
Folien, ſo wird von letzteren dasjenige als Stammgut betrachtet,
welches das mit den meiſten Steuereinheiten belegte Trennſtück in
ſich aufnimmt.   Gehen alle Trennſtücke mit gleichen Einheiten an
andere Folien über, ſo beſtimmt der Kreisſteuerrath, welches der
abquirirenden Folien künftig die ganze Rente zu vertreten und von
den anderen Folien Zubußen zu erhalten hat.

Das Quotalverhältniß, nach welchem die Zubußen der
Trennſtücke zu den Landrenten des Stammes auszuwerfen ſind,
muß ſelbſtverſtändlich dem Werthe des Stammes und der Avulſen
entſprechen.   Die bloße Fläche bietet gar kein Anhalten zu einer
gleichmäßigen oder verhältnißmäßigen Vertheilung, weil der
Flächenraum weder die Bonität der Grundſtücke, noch die Werthe
der Gebäude und der Realgerechtſame begreift.   Der anzuwen-
dende Werthmeſſer muß nicht allein alle dieſe den Werth der betheiligten Grundſtücke beſtimmenden Umſtände berückſichtigen, ſondern er muß auch ein auf das ganze Land anwendbarer und durch

diese ausnahmslose Anwendung gerechter sein. Ein solcher Werthmesser ist vorhanden in den Grundsteuereinheiten, welche nach §. 2. 3. des Grundsteuergesetzes vom 9. September 1843 den Reinertrag aller Grundstücke und Gebäude des ganzen Landes nachweisen[56]). Man braucht also nur mit den Steuereinheiten des Avulsum in die Zahl der gesammten Steuereinheiten des ganzen Stammes einschließlich des Avulsum zu dividiren, um die Verhältnißzahl für die dem Avulsum aufzulegende Zubuße zu den Stammrenten zu finden[57]). Allerdings erstreckt sich dieser Werthmesser nicht auf die Realgerechtigkeiten (z. B. Brobbänke, Fleischbänke, Mahl-, Apotheken-, Schlacht-, Brau, Gasthofs-, Backgerechtigkeit ꝛc.), weil dieselben gleich den Reallasten nach §. 4. des Grundsteuergesetzes bei der Grundsteuer unberücksichtigt geblieben sind. Bei Dismembration landrentenpflichtiger Grundstücke, zu denen Realgerechtigkeiten laut Grundbuchs gehören, oder bei separater Abtrennung solcher Realgerechtigkeiten und Uebertragung derselben auf ein anderes Grundbuchsfolium[58]) ist es daher noth

---

56) In §. 3. der Verordnung vom 26. Februar 1859 ist zwar gesagt, daß das Steuereinheitenverhältniß „am zweckmäßigsten" zu Grunde zu legen sei. Indessen kann dieser Ausdruck aus obigen Gründen doch nur als ratio decidendi betrachtet und in präceptiver Deutung aufgefaßt, keinesweges aber alternativ und so verstanden werden, als ob noch andere, zweckmäßige und zweckmäßigere, Vertheilungsmaßstäbe vorhanden seien.

57) z. B. das Mühlgut zu Walda hat 205,45 Steuereinheiten und ist wegen Ablösung des Erbzinses mit 287 Thlr. 23 Ngr. 2 Pf. Landrente behaftet. Es dismembrirt ein Areal, das mit 41,09 Einheiten belegt ist. Diese Einheiten des Trennstücks bilden den fünften Theil der Einheiten des Stammes. Das Avulsum muß also eine Zubuße von 57 Thlr. 16 Ngr. 4 Pf. zur Landrente des Stammes übernehmen.

58) Die Abtrennung und Transferirung von Realgerechtigkeiten konnte früher nur geschehen mit Genehmigung der betreffenden Kreisdirectionen. Nach §. 9. des Gewerbegesetzes vom 15. October 1861 und §. 14. der zugehörigen Ausführungsverordnung aber gehört jetzt die Genehmigung zur Transferirung von bestehenden Realconcessionen lediglich vor die Ortsobrigkeit, auch wenn die Realconcession früher von einer anderen Behörde ertheilt war. Neue Realconcessionen dürfen jetzt nur zu Gasthöfen ertheilt werden und auch diese Ertheilung gehört vor die Ortsobrigkeit. — Für Transferirung und Ertheilung von Realgerechtigkeiten ohne Unterschied war früher ein jährlicher fiskalischer Canon, in der Regel ein Thaler für jede Gerechtsame, zu zahlen. Ein solcher Canon muß nach §. 46. des Gewerbegesetzes und nach Verordnung vom 3. März 1862, Gesetzblatt für 1862. S. 23, auch künftig für Ertheilung oder Transferirung von Realgasthofsgerech

wendig, ihren Werth in Grundsteuereinheiten zu bestimmen. Da
nach §. 3. des Grundsteuergesetzes für jeden Thaler Reinertrag
drei Steuereinheiten aufgelegt sind, so muß der Reinertrag der
Realgerechtigkeit in Thalern ermittelt, derselbe mit drei multipli-
cirt und die gefundene Summe zu den Steuereinheiten der Gebäude und Flurstücke des Stammgutes addirt werden [59]. Hieraus ergiebt sich dann das Quotalverhältniß des Trennstücks oder
der abgetrennten Reallast zum Stammgute. Die Ermittelung des
jährlichen Reinertrages der Realgerechtigkeiten geschieht von der
Realbehörde auf dem für dergleichen Schätzungen üblichen Wege,
entweder durch die Ortsgerichtspersonen, oder durch die bei dem
Gerichte in Pflicht stehenden Taratoren, oder durch besonders zu
verpflichtende Sachverständige. Für diese Abschätzung von Realgerechtigkeiten lassen sich allgemeine Vorschriften nicht ertheilen
und es muß daher den Taratoren überlassen bleiben, wie sie nach
ihrem pflichtmäßigen Ermessen in jedem Falle verfahren wollen [60].

tigkeiten übernommen und deshalb v o r der Ertheilung oder Uebertragung von
der Obrigkeit Bericht zum Finanz-Ministerium erstattet werden. Dieser Canon
ist als Reallast im Grundbuche auf dem erwerbenden Folium einzutragen.

59) z. B. Auf Folium 2. zu Groitzsch haften die Schank-, Schlacht- und
Backgerechtigkeit als Realgerechtsame. Der Besitzer verkauft die Schank- und
Schlachtgerechtigkeit an das Folium 13., auf welches sie mit Genehmigung der
Ortsobrigkeit transferirt werden. Der vom Gerichtsamte als Tarator berufene
Ortsrichter eines Nachbardorfes taxirt den jährlichen Reinertrag des Rechtes zum
Schanke auf 24 Thlr., zum Schlachten auf 12 Thlr., zum Backen auf 12 Thlr.
Da nun eine Steuereinheit nach dem Grundsteuergesetze — 10 Ngr. — Reiner-
trag repräsentirt, so sind die Reinerträge jener drei Realrechte, an zusammen
48 Thlr., gleich 144,00 Steuereinheiten. Das Folium 2. ist wegen Haus und
Areal mit 99,73 Einheiten belegt. Hierzu werden die 144,00 Einheiten der Realrechte gerechnet. Die an das Folium 13. verkaufte Schank- und Schlachtgerechtigkeit repräsentirt nach 36 Thlr. Ertrag 108 Einheiten, bildet also 0,443 der
243,73 Einheiten des ganzen Folium 2. Demgemäß muß Folium 13. zu den
Landrenten des Stammfolium 0,443 als Zubuße, mithin zu 1 Thlr. 6 Ngr. 4 Pf.
Landrente eine Zubuße von — 16 Ngr. — und zu 9 Thlr. 26 Ngr. — Landrente
eine Zubuße von 4 Thlr. 10 Ngr. 8 Pf. übernehmen.

60) Im Zweifelsfalle werden die Vorschriften über Abschätzung der Realgerechtigkeiten Behufs der Ablösung der Lehnwaare vom Werthe des Grundstücks
maßgebend sein. Gehört die Realgerechtigkeit, deren jährlicher Reinertrag den
Grundstückseinheiten zuzurechnen, zu den ablösbaren, wie z. B. die mit Zwang
verbundenen Brau- und Mahlrechte nach dem Gesetze vom 27. März 1838, so ist
deren Werth in gleicher Weise wie zum Zwecke der Ablösung zu ermitteln. Sonst
geben auch Kaufpreise und Pachtgelder einiges Anhalten. Bei Brau- und

Was unter dem zur Rentenzahlung verpflichteten Complexe zu verstehen sei, dieß lehrt die erste Rubrik des betreffenden Grundbuchsfolium, woselbst alle zur Zeit der Abtrennung den Grundstückskörper bildenden Flurbuchsparzellen und Realgerechtigkeiten aufgeführt und somit alle Objecte nachgewiesen sind, welche die Landrenten und Reallasten des Grundstücks tragen.

Wenn verschiedene Grundbuchsfolien eines und desselben Eigenthümers für eine und dieselbe Landrente solidarisch verhaftet sind, so ist bei Abtrennung von einem dieser Folien die dem Trennstücke zuzutheilende Zubuße nach dem Quotalverhältnisse zu berechnen, in welchem die Steuereinheiten des Trennstücks zu den Steuereinheiten aller solidarisch verhafteten Folien stehen. Wird eines dieser Folien ganz verkauft, so hat eine Dismembration nicht einzutreten und das verkaufte Folium behält auch in dritter Hand seine solidarische Verhaftung. Eine Abzweigung der Landrente auf die einzelnen solidarisch verhafteten Folien kann erst nach Aufhebung der solidarischen Verbindlichkeit erfolgen [61]). Zu dieser Aufhebung bedarf es in allen Fällen der Genehmigung der Landrentenbankverwaltung. Die Realbehörde hat dahin Bericht zu erstatten und erst im Genehmigungsfalle die Repartition der Landrente bei der Steuerbehörde zu beantragen.

Da die Landrenten ihrer Natur nach alle Zubehörungen des betreffenden Folium an Gebäuden, Flurstücken und Realgerechtigkeiten gleichmäßig afficiren, so ist auch jeder von diesen Zubehörungen dismembrirte Theil mit einer verhältnißmäßigen Zubuße zu belegen, gleichviel ob er vormals von der durch die Landrente beseitigten Reallast betroffen war oder nicht, [62]) ob er von jeher zum Folium gehörte oder später damit consolidirt wurde. Eine Ausnahme hiervon ist nur dann denkbar, wenn auf einem Grund-

---

Schlachtgerechtigkeiten kann nach einem Durchschnitte der jährlichen Bier- und Schlachtsteuer der Werth ermittelt werden. Gesetz A. vom 21. Juli 1846. §. 5. Nr. 2., Ausführungsverordnung dazu vom 30. September 1846. §. 6. e. g.

61) Ueber die Rechtsverhältnisse verschiedener solidarisch (gemeinschaftlich) für ein und dieselbe Forderung verhafteter Folien vergl. Heyne, Erörterungen aus dem Grundeigenthums- und Hypothekenrechte. Leipzig 1847. S. 1–47.

62) Es ist z. B. bei Dismembration mit der ihren Steuereinheiten entsprechenden Zubuße zu belegen: eine Teichparzelle zur Landrente für Holzdeputate — eine Waldparzelle zur Landrente für Fischereirechte — eine Gebäudeparzelle zur Landrente für Getreidezehnten — eine Feldparzelle zur Landrente für Weberstuhlzinsen zc.

buchsfolium nach §. 154. des Grundbuchsgesetzes und §. 53. der Verordnung vom 15. Februar 1844. einzelne, zu derselben Zeit und unter dem nämlichen Rechtstitel erworbene, walzende Grundstücke ohne Wirkung der Consolidation in getrennten Abtheilungen und mit ihren besonderen Lasten eingetragen sind [63]). Solchen Falls vertritt jede Folienabtheilung nur die ihr zugeschriebenen Landrenten und ist wie ein Stammfolium zu betrachten.

Alle Landrentenzubußen müssen durch vier Neupfennige theilbar sein. . Alle Trennstücke, deren Zubuße nicht volle vier Pfennige erreicht, sind zubußenfrei zu lassen. Diese Vorschrift ist nicht bloß auf solche Rentenbeiträge anzuwenden, die ihrem ganzen Betrage nach die Höhe von vier Pfennigen noch nicht erreichen, sondern auch auf solche Rentenbeiträge, welche als überschießende Pfennigspitzen einer höhern Theilrente erscheinen. Also sind auch bei den mehr als vier Pfennige betragenden Zubußen die überschießenden Pfennigspitzen, welche nicht volle vier Pfennige erreichen, außer Ansatz zu lassen [64]). Diese ausfallenden Pfennigspitzen verbleiben dem Stamme, welchem dadurch kein Unrecht geschieht, weil er ja ohnehin zur alleinigen Vertretung der ganzen Rente verpflichtet bleibt, und weil er die kleinen Nachtheile zu übertragen hat, die mit der von seiner Willkür abhängigen Dismembration verbunden sind. [65])

Die Betheiligung eines Trennstücks mit einer Zubuße zur Landrente des Stammes ist zuweilen übersehen worden. Es kommt dieß vor theils bei den vor Anlegung der Grundbücher regulirten Dismembrationen, theils bei den während der Verhandlung einer

---

63) Vergl. Heyne, Commentar. 2. Bd. S. 83. 88.

64) Wenn z. B. die nach dem Quotalverhältnisse ausfallende Zubuße 3,999 Pfennige beträgt, so ist das Trennstück zubußenfrei zu lassen. Und wenn für das Trennstück — 12 Ngr. 7,999 Pfennige ausfallen; so erhält es nur — 12 Ngr. 4 Pf. Zubuße.

65) Im Rechnungswerke für das directe Steuerwesen werden ausfallende Spitzen über die Hälfte gewöhnlich vollgerechnet, z. B. 0,51 Quabratruthen für eine ganze Quabratruthe; 0,51 Pf. für einen ganzen Pfennig. Man könnte also analog auch bei Zubußen 6,01 Pfennige für acht Pfennige rechnen. Allein abgesehen davon, daß die Rentenrepartitionen noch minutiöser und die Ungenauigkeiten für alle Spitzen von zwei Pfennigen und weniger dieselben bleiben würden, so würde eine solche Rechnungsfiction gesetzlich unzulässig sein. Auf Grund des Gesetzes kann jeder Trennstückserwerber verlangen, daß er von den vier Pfennige nicht erreichenden Zubußtheilen befreit bleibe.

Dismembration vom Stamme übernommenen Landrenten. Sobald die competente Steuerbehörde von einem solchen Versehen Kenntniß erhält, hat sie wegen nachträglicher Belegung der vorschriftwidrig frei gebliebenen Trennstücke das Nöthige einzuleiten. Alle Bestandtheile eines Grundstücks, welche an dem Tage, wo das Grundstück sich während der Ablösungsverhandlung zur Uebernahme einer Landrente bereit erklärte, noch nicht vollständig dismembrirt und in das civilrechtliche Eigenthum eines Dritten übergegangen waren, müssen nachträglich eine verhältnißmäßige Zubuße zu der fraglichen Landrente übernehmen, wenn dieß früher übersehen oder nicht nach den Vorschriften der Verordnung vom 15. Februar 1841 bewirkt worden war. Den Betheiligten steht ein Widerspruchsrecht nicht zu, weil die Landrenten den öffentlichen Abgaben gleich sind und ihre auf §. 48. des Ablösungsgesetzes, §. 59. des Grundbuchgesetzes und §. 4. des Gesetzes vom 22. Mai 1852 beruhende Repartition in Dismembrationsfällen von der Privatwillkür der Interessenten unabhängig, vielmehr lediglich nach den Vorschriften der Verordnung vom 15. Februar 1841 zu reguliren ist. [66]

Die Landrentenbank selbst hat mit den Zubußen, welche die landrentenpflichtigen Stammgüter von ihren Trennstücken erhalten, gar nichts zu thun. Mit der Abschreibung des Trennstücks im Grundbuche hört jeder Realnexus zwischen dem Trennstücke und der Landrentenbank auf. Sie fordert nach wie vor der Dismembration von dem Stammgute allein die unveränderte Entrichtung der ganzen Landrente; ihr gegenüber bleibt das Stammgut in seinem durch die Dismembration verminderten Bestande wegen des ganzen darauf eingetragenen Rentenbetrags allein verpflichtet, und im Falle säumiger Zahlung wird nur gegen den verbliebenen Stammrest wegen des rückständigen Termins mit Zwangsmitteln verfahren. Trotz der Dismembration geht mit der Landrente des

---

66) z. B. Nach der im September 1852 erfolgten Genehmigung der Steuereinheiten- und Landrentenvertheilung wegen Abtrennung der Parzelle Nr. 76. vom Folium 2. zu Sieglitz werden auf dem Folium 2. am 23. April 1853 drei neue Landrenten eingetragen. Erst am 20. November 1853 wird die Parzelle Nr. 76. im Grundbuche abgeschrieben, war also bis dahin civilrechtlich ein Bestandtheil des Folium 2. Im Jahre 1861 erfährt die Steuerbehörde, daß die Parzelle Nr. 76 mit Zubußen zu jenen drei nach ihrer factischen Abtrennung dem Folium 2. intabulirten Landrenten nicht betheiligt worden ist. Hier wird sofort diese übersehene Belegung nachträglich verfügt.

Stammgutes keine Veränderung vor, welche nach §. 15. 5. des Grundbuchgesetzes auf dem Stammfolium zu verlautbaren wäre. Dieses Rechtsverhältniß ist auch, wie Heyne in seinem Commentare zum Grundbuchgesetze 1. Band S. 177. bemerkt, der Grund, aus welchem man die Verlautbarung der von Trennstücken zu entrichtenden Zubußen auf dem Folium des empfangsberechtigten Stammes nicht für nöthig erachtet hat. [67]) Selbstverständlich kann sich die Bank, wenn der Stamm mit den von ihm zu vertretenden Renten in Rest bleibt und im Executionswege zur Zahlung gezwungen wird, an die fälligen und noch nicht eingezahlten Zubußen der Trennstücke durch Inhibition derselben halten. Allein dieß geschieht nicht deshalb, weil ihr die Trennstücke verpflichtet sind, sondern deshalb, weil sie als Realgläubigerin des Stammgutes sich eventuell an die realen Forderungsrechte desselben halten, und daher die von demselben zu beziehenden Zubußen eben so gut inhibiren kann, wie z. B. die Pachtgelder für eine verpachtete Realschankgerechtigkeit, vergl. §. 7.

Die Landrentenzubußen werden, unabhängig vom Privatwillen, im öffentlichen Interesse der Landrentenbank aufgelegt, um den *landrentenpflichtigen* Stamm in den Stand zu setzen, seine Landrenten rechtzeitig und richtig abzuführen. Aus dieser Entstehung und Bestimmung der Landrentenzubußen folgt, daß dem zubußberechtigten Stamme gegen die ihm zubußpflichtigen Trennstücke und deren Besitzer ganz dieselben Rechte und Sicherungsmittel zustehen, welche die Landrentenbank selbst gegen den landrentenpflichtigen Stamm hat. (Vgl. oben §. 7.) Zu denselben Terminen, wo der Stamm seine Landrenten abführen muß, haben ihm die Trennstücke ihre Zubuße zu entrichten. Weiter folgt daraus, daß die Landrentenzubußen gleichzeitig mit Amortisation derjenigen Landrente, zu welcher sie aufgelegt wurden, erlöschen, daß sie aber auch, gleich den Landrenten, vor Ablauf der Amortisationsperiode durch Ca-

---

67) Zur bessern Uebersicht bei Repartitionen und bei der künftigen Amortisation wäre freilich sehr zu wünschen, daß auf jedem Folium nicht bloß seine Passivbeiträge oder Vertretungsposten, d. h. die vom Folium zu zahlenden Zubußen oder Unterzubußen, sondern auch seine Activbeiträge oder Forderungsrechte, d. h. die dem Folium von anderen Folien zufließenden Zubußen oder Unterzubußen verlautbart würden. Da dieß nicht geschieht, so muß desto strenger auf die in §. 9. der Verordnung vom 15. Februar 1841 vorgeschriebene Angabe in den Besitzurkunden gehalten werden.

pitalzahlung an die Bank, selbst wider den Willen des zubußeberechtigten Stammes, unter entsprechender Verminderung der Landrente des letzteren, getilgt werden können (vergl. oben §. 6. und §. 7.). Getilgte Zubußen sind nach §. 56. der Verordnung vom 15. Februar 1844 im Grundbuche zu löschen.

Will ein Trennstücksbesitzer noch vor Ablauf der Amortisationsperiode seine Zubuße vermindern oder ganz tilgen, so hat er dieß bei der Recepturbehörde anzumelden, welche die Entschließung der Landrentenbank einholt. Die entsprechende Capitalzahlung wird von ihm für Rechnung des Stammgutes geleistet und die Landrente des letzteren antheilig vermindert. Bei Kündigung von Zubußen, welche vor Erlaß der Verordnung vom 15. Februar 1841 aufgelegt wurden, kann jedoch der Fall vorkommen, daß die gänzlich zu tilgende Zubuße des Trennstücks sich durch Vier ohne Bruch nicht theilen läßt. In einem solchen Falle können die weniger als vier Neupfennige betragenden Spitzen nur dann durch Capitalzahlung getilgt werden, wenn der Stammgutsbesitzer so viel an Capital aus eigenen Mitteln beiträgt, um einen mit Vier ohne Bruch theilbaren Rentenbeitrag des Stammgutes abschreiben zu können. Will dieß der Stammgutsbesitzer nicht, so sind diese Spitzen bis dahin fortzuentrichten, wo dieselben im Wege der Amortisation ohnehin in Wegfall gelangen. §. 10. der Verordnung vom 15. Februar 1841.

Bei Tilgung von Landrentenzubußen wird übrigens, wie bei Capitaltilgung von Landrenten, derjenige Betrag gut gerechnet, um welchen sich das abzutragende Capital durch die planmäßig vorgeschrittene Amortisation nach der zur Verordnung vom 19. August 1840 publicirten Amortisationsscala vermindert hat. §. 10. der Verordnung vom 15. Februar 1841.

Wenn der Stamm selbst eine Landrente, zu welcher ihm Trennstücke Zubußen entrichten, durch Capitalzahlung tilgt, so bleiben die bezüglichen Zubußen auf den Trennstücksfolien stehen und zwar als Realzinsen, welche an das Stammgut fortzuentrichten sind bis zu dem Zeitpunkte, wo die Landrente durch Amortisation erloschen wäre und folglich auch die bezüglichen Zubußen von selbst aufhören. Will in solchem Falle der Trennstücksbesitzer die Zubuße vor Ablauf der Amortisationsperiode durch Capitalzahlung tilgen, so hat er diese Capitalzahlung mit dem fünfundzwanzigfachen Betrage der Zubuße, unter Abrechnung des gesetzlichen

Amortisationsabzugs, an das Stammgut zu bewirken, und auf Grund gerichtlicher Quittung die Löschung der Zubuße im Grundbuche zu beantragen.

Die Verpflichtung der Trennstücke landrentenpflichtiger Stämme zur Uebernahme von Landrentenzubußen erleidet wenige Ausnahmen.

Im Allgemeinen haben das Finanz-Ministerium, die Landrentenbankverwaltung und deren Bevollmächtigte, die Kreißsteuerräthe, das Recht, in solchen besonderen Fällen, wo eine Gefährdung des Landrentenbankinteresse nicht vorliegt, auf Antrag des Stammgutsbesitzers und des Trennstückserwerbers von einer Betheiligung des Trennstücks mit der vorschriftmäßigen Landrentenzubuße abzusehen, weil eben die Landrentenzubußen nur zur Sicherung jenes Interesse eingeführt sind.

Bei der Zusammenlegung von Grundstücken hat nach den gleichlautenden Vorschriften in §. 40. des Zusammenlegungsgesetzes vom 14. Juni 1834 und §. 36. des Zusammenlegungsgesetzes vom 23. Juli 1861 (Gesetzblatt für 1861, S. 125.) eine Repartition der auf dem zusammengelegten Areale haftenden Landrenten überhaupt nicht einzutreten, weil bei Zusammenlegungen eine Dismembration im realrechtlichen Sinne nicht stattfindet, weil vielmehr derjenige Grund und Boden, welchen jeder einzelne Interessent bei der Zusammenlegung oder bei einer damit verbundenen Grenzausgleichung zugetheilt erhält, in aller Hinsicht die rechtliche Natur und Eigenschaft der dafür abgetretenen Grundstücke annimmt. Es gehen daher auch alle Reallasten, zu denen die Landrenten nach dem Grundbuchgesetze gehören, ohne Weiteres und ohne Neuerung auf denselben über. Ob die Zusammenlegung die ganze Flur oder nur einen Flurtheil oder nur die Grundstücke einzelner Grundbesitzer betrifft, ob sie also total oder partiell ist, macht keinen Unterschied. Sogar wenn außerhalb der Zusammenlegung sich Grundbesitzer über Austauschung von Grundstücken zum Behufe von Grenzausgleichung vereinigen und den Vertrag von der Generalcommission bestätigen lassen, hat eine Vertheilung der Landrenten und sonstigen Reallasten nicht einzutreten. §§. 11. 36. des Gesetzes vom 23. Juli 1861. In allen Fällen also, wo auf Grundstücksaustausch bezügliche Verträge von der Generalcommission bestätigt werden, ist von Landrentenvertheilung abzusehen.

Bei solcher Vertauschung von Grundstücken, wo die eingetauschten Grundstücke in Folge von Consolidation ganz an die
Stelle der vertauschten treten, hat eine Landrentenrepartition nur
bei dem Folium stattzufinden, welches in Folge des Tausches mehr
Steuereinheiten abgegeben, als empfangen hat. Denn soweit die
abkommenden und zuwachsenden Steuereinheiten sich gegenseitig
ausgleichen, wird bei keinem Folium die bisherige Realsicherheit
der Landrenten vermindert. Die Repartition ist solchen Falls nur
nach Höhe der durch die eingetauschten Grundstücke nicht ersetzten
Steuereinheiten zu bewirken [68]). Auch diese Repartition erledigt
sich von selbst, wenn für die nicht ersetzten Steuereinheiten eine
Zubuße von weniger als vier vollen Pfennigen ausfällt. Bei
Grundstückstauschen hingegen, wo die tauschenden Folien die
Tauschobjecte nicht gegenseitig consolidiren, sondern zu anderen
oder neuen Folien schreiben lassen, tritt stets das gewöhnliche
Repartitionsverfahren ein.

Bei Abtrennungen zu öffentlichen Straßen und zu Communi-
cationswegen verbleiben nach dem noch giltigen Straßenbauman-
date vom 28. April 1781 Cap. I. §§. 1. 10. (Cod. Aug. Cont.
II. Tom. II. S. 671.) und nach dem Eingange der Verordnung
vom 24. Januar 1853. (Gesetzblatt für 1853 S. 16.) die auf

---

68) Da der Landrentenbetrag, für welchen die Steuereinheiten der tauschenden und gegenseitig consolidirenden Folien zu haften haben, oft sehr verschieden ist,
so kann eine kleine Differenz der vertauschten Steuereinheiten von großer Wichtigkeit sein. Wenn z. B. zwei Folien, jedes mit 300 Einheiten belegt, tauschen
und das eine 95, das andere 100 Einheiten erhält, so beträgt die Differenz nur
5 Einheiten. Haften aber, was bei Geldgefällablösungen vorkommt, auf dem
Folium, das nur 95 Einheiten zurückbekommt, 60 Thlr. Landrente, so fällt auf
die nicht ersetzten fünf Einheiten eine Landrentenzubuße von einem Thaler. Umgekehrt würde aber selbst bei einer Differenz der Tauschobjecte um 100 Einheiten
wenigstens im Interesse der Landrentenbank eine Repartition nicht nöthig erscheinen, wenn das um 100 Einheiten verkürzte Folium mit 3000 Einheiten und
10 Thaler Landrente belegt war, mithin trotz des Tausches in seinen ihm bleibenden 2900 Einheiten überflüssige Sicherheit für die Landrente gewährt. Indessen muß nach Obigem auch in diesem Falle eine Repartition eintreten und das
die 100 Einheiten mehr empfangende Folium eine Zubuße von 10 Ngr. an das
verkürzte Folium entrichten. Vielleicht hätte man, da doch jeder Tausch mehr
oder weniger die Natur einer partiellen Zusammenlegung hat, obige Vorschrift
dahin fassen können, daß bei mit Consolidation verbundenen Grundstückstauschen
eine Landrentenrepartition nach Höhe der Einheitendifferenz nur dann einzutreten habe, wenn das Landrentenbankinteresse dieß erheischt.

dem abzutrennenden Areal haftenden onera, mit alleiniger Ausnahme der Grundsteuern (vgl. Verordnung vom 9. December 1843.
Gesetzblatt für 1843 S. 97.) dem Stammgute, ohne daß es zu
dieser Freilassung der Einwilligung der Realberechtigten bedarf.
Demgemäß sind Landrentenzubußen den zum Straßenbau abgetretenen Grundstücken nicht aufzulegen. Erscheint dem Kreissteuerrathe als dem in §. 2. der Verordnung vom 15. Februar 1841
geordneten Vertreter der Landrentenbank, im Interesse der letzteren
bedenklich, daß die auf das Trennstück ausfallende Theilrente beim
Stamme verbleibe, so hat er in diesen gewiß nur seltenen Fällen
an die Realbehörde zu verfügen, daß diese Theilrente durch Capitalzahlung von den Entschädigungsgeldern, die das Stammgut
für das abgetretene Land erhält, abgelöst werde[69]).

Nur irrthümlich wurde die in §. 48. des Ablösungsgesetzes
geordnete Betheiligung der Trennstücke mit Zubußen bei Eisenbahnexpropriationen unterlassen, weil man die in §§. 16. 17.
der Ausführungsverordnung zum Expropriationsgesetze vom 3. Juli
1835. (Gesetzblatt S. 380.) und in §. 6. der das Expropriations-
verfahren betreffenden Verordnung vom 5. März 1844. (Gesetzblatt für 1844 S. 122) den Eisenbahnunternehmern und den betreffenden Grundbesitzern nachgelassene freie Vereinigung über
Vertheilung der rein privatrechtlichen Oblasten, zu denen die an
die Berechtigten unmittelbar zu entrichtenden Ablösungsrenten
allerdings gehören, auch auf die Repartition der den öffentlichen
Abgaben gleichstehenden Landrenten bezogen hatte. Dieser Irrthum
ist wenigstens für die Zukunft beseitigt worden durch die Verordnung über Landrentenrepartition bei Eisenbahnexpropriationen vom
26. Februar 1859 (Gesetzblatt S. 48), welche ausdrücklich vorschreibt, daß auch bei Abtretungen zur Eisenbahn die Verordnung
vom 15. Februar 1841 zu befolgen und Repartition der Landrenten vorzunehmen ist.

---

69) Ein solcher Fall wäre z. B. denkbar, wenn auf einem nur mit 205,45
Einheiten belegten Mühlgute 287 Thlr. 23 Ngr. 2 Pf. Landrente haften, und
10 Einheiten zum Straßenbau abgetrennt werden. Dann wäre es doch bedenklich, die für diese 10 Einheiten ausfallende Theilrente von 14 Thlrn. 2 Ngr.
8 Pf. bei dem Stamme zu lassen.

§. 9.

Verfahren bei Dismembration landrentenpflichtiger Grundstücke.

Die Vertheilung der Landrenten in Dismembrationsfällen ist ein reiner Verwaltungsact und gehört vor die Steuerbehörde. Es ist diese Vertheilung also in Städten, wo die allgemeine Städteordnung eingeführt, vom Stadtrathe, dagegen in allen übrigen Orten des Landes von der betreffenden Bezirkssteuereinnahme zu bewirken [70]). Die zweite Instanz in dieser Beziehung bildet der dem Stadtrathe oder der Bezirkssteuereinnahme vorgesetzte Kreissteuerrath. Die dritte Instanz ist das Finanzministerium. §. 2. der zum Dismembrationsgesetze gehörigen Ausführungsverordnung vom 30. November 1843. Gesetzblatt S. 258.

Die Betheiligten haben ihren, bei der Realbehörde (Grund- und Hypothekenbehörde) anzubringenden Dismembrationsgesuchen die Angabe beizufügen, welche Landrenten auf dem zu dismembrirenden Gute haften, ob diese Landrenten durch Capitalzahlung vermindert worden sind, an welchem Termine jede Landrente zum ersten Male an die Landrentenbank abgeführt worden ist, und welche Zubußen zu diesen Renten der Stamm von früheren Trennstücken erhält. §. 5. der Ausführungsverordnung vom 30.

---

70) Eine Ausnahme von dieser allgemeinen Vorschrift ist eingeführt worden in §. 2. der, die Landrentenvertheilung bei Eisenbahnexpropriationen betreffenden, Verordnung vom 26. Februar 1859, wo es heißt, daß die Vertheilung der Landrente bei Grundstücksexpropriationen für Eisenbahnen nicht von der sonst in Dismembrationsfällen zuständigen Steuerbehörde, sondern von der Straßenbaucommission zu bewirken ist. Die Vorschrift, daß bei Eisenbahnexpropriationen die Vertheilung der Grundsteuern und Oblasten von der Straßenbaucommission erfolgen solle, findet sich schon in §. 2. der Verordnung vom 5. März 1844, ist jedoch weder wegen der in der Verordnung erwähnten Grundsteuern, nach wegen der daselbst gar nicht erwähnten Landrenten practisch durchzuführen gewesen. Die Landrentenrepartitionen sind in Folge großer Vermehrung der Landrenten und Landrentenzubußen recht verwickelte und schwierige Arbeiten geworden, zumal bei den weitgreifenden Eisenbahnexpropriationen. Dergleichen Repartitionen sind dem Ressort der Straßenbaucommissionen fremd und man kann von ihnen ausreichende Kenntniß des Verfahrens und der einschlagenden Grundsätze nicht verlangen. Außerdem sind aber auch alle zu solchen Repartitionen erforderlichen Unterlagen, nämlich Steuercataster, Rentencataster und Grundsteueracten, lediglich in den Händen der Steuerbehörden. In der Praxis wird also auch fernerhin eine richtige Landrentenvertheilung nur mit Concurrenz der unteren Steuerbehörden zu ermöglichen sein.

November 1843., vergl. das der Verordnung vom 12. Juli 1851, die Dismembrationsgesuche betreffend [71]), beigegebene Schema zum Dismembrationsanbringen. Gesetzblatt für 1851. S. 291.

Die Realbehörde befördert, nachdem sie die administrativen und privatrechtlichen Verhältnisse regulirt hat [72]), das Dismembrationsanbringen nebst Unterlagen an die Steuerbehörde (Bezirkssteuereinnahme oder Stadtrath), welche nach erfolgter Prüfung der Sache die Landrentenvertheilung [73]) entwirft und dem vorgesetzten Kreissteuerrathe zur Genehmigung überreicht. §. 5. §. 2. §. 6. der Verordnung zum Dismembrationsgesetze vom 30. November 1843. Hat eine Betheiligung der Trennstücke mit Zubußen zu den Stammrenten nicht einzutreten, weil entweder ein Beitrag von vier Pfennigen nicht ausfällt oder ein mit Consolidation verbundener Tausch vorliegt (s. §. 8.), so ist von der Steuerbehörde ein motivirtes Gutachten dem Kreissteuerrathe zu übersenden.

Der Kreissteuerrath ertheilt sodann, dafern er bei seiner Prüfung nicht Anlaß zu Interlocuten findet, sofort oder nach Erledigung der ihm beigegangenen Bedenken, mittelst Decrets seine Genehmigung zu der Repartition oder dem Gutachten. Denn durch §. 2. der Verordnung vom 15. Februar 1841 und §. 2. der Verordnung vom 30. November 1843 sind die Kreissteuerräthe beauftragt, die zur Repartition der Landrenten nach §. 48. des Ablösungsgesetzes vom 17. März 1832 einzuholende Genehmigung der Landrentenbankverwaltung, ohne vorgängige Vernehmung mit selbiger, Namens derselben zu erklären.

71) Die Verordnung ist zwar rubricirt „die Grundstückstheilungen betreffend." Sie enthält jedoch keineswegs principielle Vorschriften über Grundstückstheilungen, sondern betrifft einzig und allein die bei Theilung von Flurbuchsparzellen erforderlichen Dismembrationsgesuche, deren Form und Unterlagen.

72) Vergl. über alle diese Verhältnisse Jubeich, „die Theilbarkeit des Grundeigenthums im Königreiche Sachsen" in Nr. 59. der wissenschaftlichen Beilage zur Leipziger Zeitung vom 25. Juli 1858.

73) Der zwischen dem Finanzministerium und dem Justizministerium vereinbarten, allen Steuerbehörden und Gerichtsämtern zur Nachachtung und Kenntnißnahme zugefertigten, gedruckten „Anweisung für die Steuerbehörden zu Instandhaltung der Flurbücher und Grundsteuercataster, ingleichen zu Regulirung der Steuereinheitenveränderungen und Grundstückstheilungen" vom 14. Juli 1851 ist sub D. ein Schema beigegeben, dessen sich die Steuerbehörden bei allen Landrentenrepartitionen zu bedienen haben.

Mit seinem Genehmigungsdecrete remittirt der Kreissteuerrath die Acten der Steuerbehörde, von welcher sie an die Realbehörde zurückgelangen. Die letztere legt die Repartition den Betheiligten zur Anerkennung vor und berichtet im Falle von Einwendungen, welche durch anderweite Vernehmung mit der Steuerbehörde nicht zu erledigen sind, an das Finanz-Ministerium. Wegen auerkannter Repartitionen hat die Realbehörde das Nöthige nach Anleitung der betreffenden Repartition im Grundbuche und in den Erwerbsurkunden nachzutragen.

In allen die Vertheilung von Landrenten in Dismembrationsfällen betreffenden Angelegenheiten ist, soweit nicht die Betheiligten unbegründete Weiterungen veranlassen, stempel- und kostenfrei zu expediren. (§. 3.)

Bevor eine Belegung von Trennstücken mit Zubußen zu den Landrenten des Stammes vorgenommen oder genehmigt werden kann, hat sich die Steuerbehörde zuvörderst aus den ihr von der Realbehörde mitgetheilten Acten und Dismembrationsunterlagen zu überzeugen, daß die wirkliche Ausführung der fraglichen Dismembration so weit sichergestellt ist, als dieß überhaupt vor der Eintragung derselben im Grundbuche geschehen kann. Denn die ganze oft sehr umfängliche Arbeit der Steuerbehörde würde eine vergebliche, die Nachtragung der Rentencataster eine makulirte sein, wenn nach erfolgter Genehmigung einer Landrentenvertheilung die letztere wieder aufgehoben oder abgeändert werden müßte, weil später die Dismembration für unzulässig befunden wird, oder weil die Hypothekarier ihre Einwilligung versagen, oder weil die Interessenten bei Recognition des Veräußerungsvertrags die im letzteren angegebenen Dismembrationsobjecte berichtigen.

Aus diesem allgemeinen Grunde und überdieß durch die speciellen Vorschriften in §. 5. der Dismembrationsverordnung vom 30. November 1843 und §§. 56. 57. des Grundbuchgesetzes vom 6. November 1843 ist die Steuerbehörde zu dem Verlangen berechtigt und verpflichtet, daß vor Einleitung einer Landrentenrepartition die Dismembration für administrativ zulässig erklärt und die Regulirung der privatrechtlichen Verhältnisse, zu denen namentlich die Einwilligung der hypothekarischen Gläubiger gehört, vollständig erfolgt sei. Es versteht sich von selbst, daß die Steuerbehörde sich in keiner Weise in die Zulässigkeitsfrage und in die privatrechtlichen Verhältnisse einmischen darf. Sie hat sich vielmehr in allen

Fällen mit der Versicherung der competenten Behörde, daß in den gedachten Beziehungen der Ausführung der Dismembration ein Hinderniß nicht entgegenstehe, zu begnügen. Daß aber eine solche Versicherung in den ihr zugehenden Acten sich finde, muß die Steuerbehörde verlangen. Gehen ihr demohngeachtet Bedenken in obigen Richtungen bei, so bleibt ihr unbenommen, dieselben dem betreffenden Gerichtsamte oder der Oberbehörde zur competenten Entschließung vorzulegen.

Die Steuerbehörden haben ferner Landrentenrepartitionen nur auf Grund öffentlicher Urkunden vorzunehmen. Sie haben, gleich den Realbehörden, nach §. 143. des Grundbuchgesetzes vom 6. November 1843, das Recht, die gerichtliche Recognition der in Form bloßer Privaturkunden vorliegenden Privatverträge zu verlangen, bevor sie zur Einleitung und Genehmigung der fraglichen Nachträge vorschreiten [74]).

Allerdings ist die Möglichkeit nicht ausgeschlossen, daß auch nach erfolgter Regulirung aller jener Verhältnisse und nach Recognition des Vertrags eine Dismembration doch noch in den letzten Stadien bis zum Grundbuchseintrage verändert oder aufgehoben werde, und daß solchen Falls die Realbehörde die Abänderung oder Cassation der bereits genehmigten Repartition bei der Steuerbehörde beantragen muß. Allein solche Fälle werden nur äußerst selten vorkommen und es kann diese seltene Ausnahme nicht dahin führen, daß die nach den Gesetzen erreichbare Sicherstellung der Landrentenrepartitionen vernachlässigt werde.

Eine jede Landrente, welche von der Steuerbehörde repartirt werden soll, muß auf einem Grundbuchsfolium eingetragen sein und ist auf die das Folium bildenden Parzellen zu repartiren. Die Localrentencataster geben keinen Nachweis über die für die Landrenten verhafteten Folien und deren Parzellen. Die Steuerbehörde kann nur von der competenten Realbehörde zuverlässige Auskunft darüber erhalten, welches Folium für die fraglichen Landrenten verhaftet ist, welche Flurbuchsparzellen dieses Folium

---

74) Besonders auf dem Lande, wo oft wenig befähigte Leute die Veräußerungsverträge entwerfen, ist vorgängige gerichtliche Recognition der Verträge nöthig. Es sind Fälle vorgekommen, wo die Betheiligten bei der Recognition als Gegenstand der Dismembration ganz andere Parzellen bezeichneten, als der Privatvertrag angab.

zur Zeit der Repartition, unter Berücksichtigung der bis dahin vorgekommenen Abtrennungen und Consolidationen, bilden. Es ist daher schlechterdings nothwendig, daß den Dismembrationsacten der Realbehörde entweder ausreichende Grundbuchsertracte, oder die betreffenden gehörig vervollständigten Grundacten beigefügt, oder nach Befinden die bezüglichen Angaben des Dismembrations= gesuchs von der Realbehörde attestirt werden.

Ist von der Realbehörde allen diesen Vorbedingungen der Repartition genügt, beziehenblich das Fehlende auf Antrag der Steuerbehörde ergänzt worden, so kann zur Repartition selbst ver= schritten werden.

Zu diesem Behufe hat die Steuerbehörde zunächst die Steu= ereinheiten zusammenzurechnen, mit welchen die Zubehörungen des dismembrirenden Folium, einschließlich der davon abzutrennenden Grundstücke, zur Zeit der Repartition belegt sind. Diese Steuer= einheiten stehen im Flurbuche, in welchem ohne Genehmigung des Finanzministerium keine Zahl geändert werden darf. Die Ge= sammtzahl der in Rechnung zu ziehenden Steuereinheiten des Stammes ist also stets nach demjenigen Stande zu bestimmen, den zur Zeit der Repartition das Flurbuch für die von der Realbe= hörde als verhaftet bezeichneten Parzellen nachweist. Freilich wird sich nicht selten diese Zahl späterhin als unrichtig erweisen, wenn Unrichtigkeiten im Flurbuche entdeckt, wenn also entweder irrige Grenzzüge auf den Meßselblättern, oder Flächenfehler in der Flächenberechnung berichtigt und in dessen Folge die Steuerein= heiten einzelner Parzellen mit Genehmigung des Finanzministerium verändert werden. So wie jedoch den mit den Steuereinheiten eines Folium vorgehenden Veränderungen (z. B. durch Neubau von Gebäuden) überhaupt eine rückwirkende Kraft auf die vor ministerieller Genehmigung der Veränderung genehmigten Repar= titionen nicht beigelegt werden kann, weil sonst niemals eine defi= nitive Landrentenvertheilung aufgestellt und eingetragen werden könnte, so bleiben auch die obigen, von der Willkür der Interes= senten unabhängigen, Berichtigungen ohne Einfluß auf die vor= hergegangenen Repartitionen. Solche Berichtigungen kommen vielmehr erst in Frage bei denjenigen Landrentenvertheilungen, welche der ministeriellen Genehmigung jener Berichtigungen nachfolgen[75].

75) Z. B. das Gut Folium 8. enthält laut Flurbuch 10 Acker mit 300 Steuereinheiten. Es haften darauf sieben Landrenten. Seit dem Jahre 1845

Es versteht sich von selbst, daß diejenigen Steuereinheiten, welche in Folge von Berichtigungen vorgedachter Art nicht in der Natur, sondern nur in den Grundsteuerdocumenten dem einen Gute abzuschreiben, dem andern Gute zuzuschreiben sind, nicht als Dismembrationsobject betrachtet und daher auch mit Landrentenzubußen nicht betheiligt werden können. Denn realrechtlich ist der Landrentenbank nur dasjenige Areal verhaftet worden, welches nach den gerichtlichen Besitzurkunden und Rainen dem landrentenpflichtigen Gute civilrechtlich gehört, keineswegs aber dasjenige Areal, welches durch ein geodätisches, graphisches oder calculatorisches Versehen in den Grundsteuerdocumenten dem fraglichen Gute irriger Weise zugeschrieben worden war.

Eben so wenig sind vorkommenden Falles zu den Steuereinheiten des Stammes diejenigen Steuereinheiten zu addiren, welche auf solchen Parzellen haften, die bei Ueberschreitung des abtrennbaren Drittheils Behufs Erlangung der Dispensation nach Vorschrift der Verordnung vom 26. Februar 1853 (Gesetzblatt für 1853 S. 34) mit dem dismembrirenden Folium so consolidirt werden sollen, als ob sie schon bei Erlaß des Dismembrationsgesetzes vom 30. November 1843 dazu gehört hätten[76]). Denn zur Zeit der Landrentenvertheilung wegen der dispensationsweise genehmigten Dismembration sind diese zuwachsenden Parzellen noch nicht consolidirt.

---

sind eine Menge Trennstücke davon veräußert und durchgängig mit Landrentenzubußen betheiligt worden, welche dem Verhältnisse der 300 Steuereinheiten des Stammes zur Steuereinheitenzahl jedes Trennstücks entsprechen. Im Jahre 1861 wird constatirt, daß die gerichtlich feststehenden Raine und Steine des Gutes nur eine Fläche von 9 Acker mit 280 Steuereinheiten umschließen, wogegen 1 Acker mit 20 Steuereinheiten innerhalb der civilrechtlichen Grenzen des Nachbargutes liegen und diesem daher zuzuschreiben sind. Hier bleiben alle bis zum Jahre 1861 festgestellten und grundgebuchten Landrentenvertheilungen unverändert. Erst bei den nach dem 16. Mai 1861, wo das Finanzministerium die Steuerveränderung genehmigte, vorkommenden weiteren Abtrennungen vom Folium 8 ist das Verhältniß des Stammes zu den Trennstücken nach 280 Steuereinheiten des Stammes festzustellen. Umgekehrt kommt auch bei dem Nachbargute, welchem die gedachten 20 Steuereinheiten zuwachsen, die erhöhte Steuereinheitenzahl erst bei den Landrentenvertheilungen in Frage, welche der ministeriellen Genehmigung vom 16. Mai 1861 nachfolgen.

76) Z. B. der Stamm hatte ursprünglich 900 Einheiten. Hiervon sind 360 bereits abgetrennt, also weitere Abtrennungen nicht mehr zulässig. Es sollen aber noch 83 Einheiten von den vorhandenen 600 abkommen. Um dieß zu ermöglichen und Dispensation zu erlangen, will er walzende Grundstücke mit

Haften außer dem dismembrirenden Folium noch andere Folien für die zu repartirende Landrente solidarisch; so sind die Steuereinheiten aller solidarisch verpflichteten Folien zusammenzurechnen (s. §. 8.).

Ferner gehören zu den Steuereinheiten des Stammes diejenigen Steuereinheiten, welche für die mit dem Stamme verbundenen Realgerechtigkeiten in der oben §. 8. beschriebenen Weise auszuwerfen sind.

Die auf vorgedachtem Wege gefundene Gesammtzahl der Steuereinheiten des landrentenpflichtigen Complexes wird dividirt durch die Zahl der Steuereinheiten, mit welchem das Trennstück[77] zur Zeit seiner Abtrennung vom Stamme belegt war. Der Theil des ganzen Complexes, welchen hiernach das Trennstück ausmacht,

---

99 Einheiten nach obiger Verordnung, also dergestalt consolidiren, daß der bei Erlaß des Dismembrationsgesetzes vorhanden gewesene Stammbestand bei künftigen Dismembrationen zu 999 Einheiten angenommen wird. Hier werden bei der Landrentenrepartition wegen der eben abzutrennenden 33 Einheiten bloß die auf dem Folium vorhandenen 600 Einheiten in Rechnung gezogen. Die von den zuwachsenden 99 Einheiten dem Stamme untrennbar verbleibenden 66 Einheiten kommen erst nach erfolgter Consolidation der 99 Einheiten in Frage und es ist daher bei einer künftigen Abtrennung diese Gesammtzahl der Einheiten des Stammes auf 666 zu stellen. — Selbstverständlich hat der Stamm wegen der ganzen consolidirten 99 Einheiten die darauf ruhenden Landrenten oder zu repartirenden Zubußen zu übernehmen.

77) Da die der Landrentenbank verhafteten Stammparzellen nur nach denjenigen Steuereinheiten, mit denen sie in der Hand des Stammbesitzers belegt waren, in Rechnung kommen können, so versteht sich von selbst, daß die vom Trennstückserwerber nach wenigstens factisch erfolgter Abtrennung und Uebergabe des Avulsum mit Genehmigung des Stammbesitzers vorgenommenen Veränderungen des Trennstücks, welche eine Vermehrung oder Verminderung der Steuereinheiten desselben herbeiführen, bei der Landrentenvertheilung nicht in Berücksichtigung gelangen dürfen, obgleich die Eintragung des Trennstückserwerbers in's Grundbuch noch nicht erfolgt ist. Wenn z. B. ein landrentenpflichtiger Stamm eine ungangbare Halde, ein Stück cassirten öffentlichen Weges veräußert, so bleiben diese als ertraglose Objecte mit Steuereinheiten nicht belegten Avulsen von Landrentenzubußen befreit, auch wenn zur Zeit, wo das dießfallsige Gutachten der Bezirkssteuereinnahme zur Genehmigung des Kreissteuerrathes gelangt, der Trennstückserwerber die Avulsen bereits cultivirt und deshalb Steuereinheiten darauf erhalten hat. Oder wenn der Stamm eine mit 5,07 Einheiten belegte Wiese verkauft und der Käufer vor Genehmigung der Repartition ein zu 80,50 Einheiten abgeschätztes Haus darauf erbaut hat, so wird die Zubuße des Avulsum doch nur nach 5,07 Einheiten ausgeworfen. Oder wenn der Trennstückserwerber das erkaufte und mit 76,50 Einheiten belegte Haus abgetragen und den

iſt nun der verhältnißmäßige Theil der Landrente, welchen das Trennſtück als Zubuße übernehmen muß [78]). Als Trennſtück iſt alles Dasjenige zu betrachten, was gleichzeitig von einem Folium abgeſchrieben und auf ein neues Folium gebracht oder mit einem bereits beſtehenden Folium conſolidirt werden ſoll. Ob das neue oder bereits beſtehende Folium einen andern oder vielleicht denſelben Beſitzer habe, wie das dismembrirende Folium, macht keinen Unterſchied. Jede Abſchreibung von einem Folium iſt Dismembration. Vergl. §. 158. des Grundbuchgeſetzes und §. 12. der Verordnung vom 20. December 1844.

Hat die Steuerbehörde den gegenwärtigen Geſammtwerth des Stammes in Steuereinheiten ermittelt und durch Diviſion dieſes Werthes mit den Steuereinheiten des Trennſtücks gefunden, welchen Theil der Stammrenten das Trennſtück als Zubuße übernehmen ſoll, ſo bleibt zuletzt der präſente Werth der Landrenten zu beſtimmen. Die Entrichtung von Landrenten hat im Jahre 1834 begonnen und es ſind ſeitdem bei den allermeiſten landrentenpflichtigen Gütern und Grundſtücken Dismembrationen vorgekommen, wegen deren die Stämme von ihren Trennſtücken Zubußen erhalten. Obwohl nun jeder Stamm, wenn er auch noch ſo viele Zubußen bezieht, ſtets allein die volle Landrente an die Bank abführen muß, ſo vermindert ſich doch für ihn factiſch ſeine Beitragslaſt um ſo viel, als er Zubußen bezieht. Er kann daher den neueren Trennſtücken gegenüber nur den für ihn ſelbſt nach Abrechnung der Zubußen verbliebenen Landrentenbetrag geltend machen. Wollte man die Zubußen älterer Trennſtücke bei neueren Dismembrationen unbeachtet laſſen und die Landrente des Stammes ſtets nach ihrem ganzen vom Stamme zu vertretenden Werthe in Anſatz bringen, ſo würde der Stamm unverhältnißmäßig hohe und bald den Werth

---

Platz in Garten verwandelt hat, ſo muß er doch eine Zubuße nach 76,50 Einheiten übernehmen, wenngleich bei Genehmigung der Repartition die abgetrennte Parzelle nur noch mit 1,50 Einheiten, in Folge Abſchreibung der 75,00 Einheiten des abgetragenen Gebäudes, belegt iſt.

78) Dieſer Theil des Ganzen iſt in Decimalen auszudrücken. z. B. der dismembrirende Stamm hat 347,43 Einheiten. Er dismembrirt die drei Parzellen Nr. 272a. 273b. 275a. mit zuſammen 40,74 Einheiten. Das Trennſtück bildet alſo 0,118 Theil des Ganzen. Da eine Landrente von 3 Thlr. 12 Ngr. auf dem Stamme haftet, ſo muß das Trennſtück hiervon 0,118 Theil, alſo in vorſchriftmäßiger Abrundung 12 Ngr. als Zubußen übernehmen.

der ganzen Landrente übersteigende Zubußen erhalten [79]). Jede Landrente ist also bei weiteren Dismembrationen des landrenten-pflichtigen Stammes nur nach demjenigen Betrage in Rechnung zu ziehen, welcher nach Abrechnung der den früheren Trennstücken aufgelegten Zubußen übrig bleibt [80]).

Die für jede Landrente des Stammes gefundenen Zubußen sind endlich von der Steuerbehörde dergestalt abzurunden, daß sie durch vier Neupfennige ohne Bruch theilbar sind. S. §. 8.

§. 10.
Zubußen und Unterzubußen.

In den letzten beiden Paragraphen ist gehandelt worden von landrentenpflichtigen Besitzungen, von den davon abkommenden Trennstücken und von den auf diese Trennstücke zu repartirenden Zubußen zu den Landrenten des Stammes. Aber von diesen zu-bußpflichtigen Trennstücken, oder von den Gütern, mit denen die zubußpflichtigen Trennstücke consolidirt wurden, wird weiter dis-membrirt. Man könnte fragen, ob in solchen Fällen die Zubußen der zubußpflichtigen Grundstücke weiter zu repartiren sind auf die Trennstücke der zubußpflichtigen Besitzungen. Die Landrentenbank hat schon an den Zubußen der ihr landrentenpflichtigen Stämme kein Realrecht, noch viel weniger an den etwanigen Beiträgen,

---

79) z. B. das Folium 5, aus walzenden Grundstücken bestehend, ist mit 80 Steuereinheiten und 4 Thlr. Rente belegt. Es dismembrirt 40 Einheiten und bekommt 2 Thlr. Zubuße. Es verkauft weiter 20 Einheiten und würde nun, wenn man die von den 40 Einheiten des Stammrestes allein zu vertretenden 4 Thlr. Rente ganz in Rechnung ziehen wollte, wieder 2 Thlr. Zubuße bekommen. Bei fernerer Dismembration von 10 Einheiten der dem Folium verbliebenen 20 Einheiten müßte es wieder 2 Thlr. Zubuße erhalten. So würde das Folium 5 schon beim dritten Avulsum 2 Thlr. mehr Zubuße empfangen, als die ganze von ihm zur Bank abzuführende Rente beträgt.

80) z. B. Folium 11 war ursprünglich mit 400 Steuereinheiten und 4 Thlr. Landrente belegt. Es dismembrirt 100 Einheiten, darauf werden 1 Thlr. Zu-buße repartirt, nämlich:

400 Einheiten: 4 Thlr. Rente = 100 Einheiten: 1 Thlr. Zubuße.
Später dismembrirt das Folium 50 Einheiten. Dieß Trennstück bekommt 14 Ngr. 8 Pf. Zubuße, nämlich

300 Einheiten: 3 Thlr. Rente = 50 Einheiten: 14 Ngr. 8 Pf. Zubuße (in der Abrundung).
Nachher baut der Besitzer des Folium 11 ein Haus. Dieß wird mit 100 Einhei-ten belegt. Das Folium hat also nun 350 Einheiten. Es dismembrirt weitere 50 Einheiten. Diesem Trennstücke sind 10 Ngr. 4 Pf. aufzulegen weil
350 Einheiten: 2 Thlr. 15 Ngr. 2 Pf. Rente = 50 Einh.: 10 Ngr. 4 Pf. Zub.

welche die zubußpflichtigen Grundſtücke ſich von ihren Avulſen zu ihren Zubußen ſtipuliren. Die Geſetze und Verordnungen ſprechen nur von der Dismembration landrentenpflichtiger Grundſtücke und von den dabei aufzulegenden Zubußen, nirgends aber findet ſich eine Vorſchrift, welche eine weitere Repartition der Zubußen bei Abtrennungen von zubußpflichtigen Grundſtücken verlangt. In⸗ deſſen gelten im Allgemeinen dieſelben Gründe, welche die Bethei⸗ ligung der Trennſtücke landrentenpflichtiger Stämme mit Zubußen zu den Stammrenten nöthig machen, auch für die Dismembration zubußpflichtiger Stämme, die gleichfalls zur richtigen Abführung ihrer Zubußen ſolvent erhalten werden müſſen. Sobann gehören die Zubußen unzweifelhaft zu den Grundlaſten, und jeder Stamm fann fordern, daß im Dismembrationsfalle von den Laſten des Stammes die Trennſtücke einen verhältnißmäßigen Antheil über⸗ nehmen. Speciell aber ſind die Zubußen im Grundbuche einge⸗ tragene Reallaſten, und für bergleichen Reallaſten verordnen §. 59. des Grundbuchgeſetzes vom 6. November 1843 und §§. 25. 26. der dazu gehörigen Ausführungsverordnung vom 15. Februar 1844 ausdrücklich, daß bei Abtrennungen von mit ſolcher Laſt be⸗ ſchwerten Grundſtücken ein verhältnißmäßiger Theil der Laſt auf das Trennſtück repartirt werden muß, ehe daſſelbe im Grundbuche vom Stamme abgeſchrieben werden kann. Mit Recht hat man daher vom Anfange herein bei allen Dismembrationen zubußpflich⸗ tiger Grundſtücke die Avulſen mit Beiträgen zu den Zubußen des Stammes (Unterzubußen) belegt. Es ſind jedoch hierbei die all⸗ gemeinen Vorſchriften über Vertheilung der Reallaſten niemals zur Anwendung gekommen.[81] Man hat vielmehr in Betracht der Entſtehung und Natur dieſer zu einer vorübergehenden Leiſtung

---

81) Z. B. bei Reallaſten kann nach dem Geſetze vom 22. Mai 1852 unter gewiſſen Vorausſetzungen die Betheiligung des Trennſtücks unterbleiben, bei Landrentenzubußen darf dieß nicht geſchehen. — Bei Reallaſten kann nach §. 59. des Grundbuchgeſetzes der Empfangsberechtigte das Hauptgut wegen des auf das Trennſtück gelegten Antheilsanſpruchs entlaſſen, bei Zubußen iſt dieß nicht erlaubt, vielmehr muß der Stamm ſeine Zubuße ſtets voll an den Zubußberech⸗ tigten (landrentenpflichtigen) Stamm abführen. — Bei Reallaſten darf das mit Beiträgen beſchwerte Trennſtück nach §. 75. des Grundbuchgeſetzes nicht mit einem anderen Folium wider Willen der an letzterem betheiligten Hypothe⸗ karier conſolidirt werden, bei Zubußen haben die Hypothekarier kein ſolches Widerſpruchsrecht, vielmehr afficirt die Unterzubuße des Trennſtücks ohne Wei⸗ teres das ganze Folium, mit dem es verſchmolzen wirb ꝛc.

zahlbaren und mit der ursprünglichen Hauptleistung binnen bestimmter Zeit erlöschenden Zubußen lediglich und durchgängig die
für die ursprüngliche Hauptleistung, nämlich für Vertheilung der
Landrenten in Dismembrationsfällen, geltenden Grundsätze analog
angewendet. Die Beziehungen zwischen zubußpflichtigen Besitzungen und ihren Trennstücken sind ganz in der Weise zu beurtheilen
und zu ordnen, wie die Beziehungen zwischen den landrentenpflichtigen Besitzungen und deren Trennstücken.

Alles, was in den vorhergehenden beiden Paragraphen über
die Dismembration landrentenpflichtiger Grundstücke und über das
dabei zu befolgende Verfahren gesagt worden ist, leidet analoge
Anwendung auf die weiteren Dismembrationen der mit Zubußen
zu Landrenten beschwerten Grundstücke.

Zu jeder einzelnen Zubuße eines zubußpflichtigen Stammgutes oder Stammgrundstückes hat das davon abkommende Besitz-
thum eine durch vier Neupfennige ohne Bruch theilbare Unterzubuße zu übernehmen, soweit nicht einer der in §. 8. gedachten
Befreiungsgründe vorliegt. Diese Unterzubuße ist auszuwerfen
nach dem Verhältnisse, in welchem bei der Abtrennung die Steuereinheiten des Trennstückes zu den Steuereinheiten des nach Inhalt
des Grundbuches für die Zubuße verhafteten Complexes stehen.
Hat der zubußpflichtige Stamm bereits Unterzubußen zu erhalten,
so sind diese bei weiterer Vertheilung der bezüglichen Zubuße ab-
zurechnen. Jede Unterzubuße ist auf dem neuen oder bereits bestehenden Folium, zu welchem das Trennstück kommt, einzutragen,
ohne daß den Realgläubigern des bereits bestehenden Folium ein
Widerspruchsrecht zusteht, und erlangt erst durch diesen Eintrag
die Eigenschaft einer Reallast. Diese Reallast ist jedoch nur auf
eine bestimmte Zeit begründet, nämlich auf die Zeit bis zur Amortisation der Zubuße, für welche sie bestimmt ist. Zu demselben,
in den Erwerbsurkunden anzugebenden, Zeitpunkte, wie die bezügliche Zubuße, erlöscht auch die Unterzubuße, dafern sie nicht früher
durch Capitalzahlung unter Abrechnung des Amortisationsabzugs
getilgt wird. Tilgt das zubußpflichtige Gut selbst seine Zubuße
durch Capital, so sind ihm die Unterzubußen seiner Trennstücke
so lange fortzugewähren, bis sie amortisirt oder auch durch Capital
abgelöst sind.

Die Unterzubußen sind unbedingt zu entrichten an das zubußpflichtige Stammgut. Denn der zubußpflichtige Stamm behält

nach wie vor der Dismembration die Verbindlichkeit zur vollen
Abführung seiner Zubuße an das zubußberechtigte (landrentenpflichtige) frühere Stammgut und letzteres kann niemals genöthigt
werden, sich seine Zubußen bei den Trennstücken des zubußpflichtigen Gutes zusammenzusuchen. Ganz dasselbe Verhältniß, wie
zwischen der Landrentenbank und den ihr landrentenpflichtigen
Stämmen, findet statt zwischen diesen Stämmen und den ihnen zubußpflichtigen Trennstücken, zwischen diesen Trennstücken und den ihnen
zu Unterzubußen verpflichteten Folien. So wie die Landrentenbank keine reale Beziehung hat zu den Avulsen der ihr landrentenpflichtigen Folien, so hat auch das wegen dieser Avulsen zubußberechtigte Folium keine reale Beziehung zu den Avulsen des ihm
zubußpflichtigen Folium. Mit der Dismembration und Abschreibung des Trennstücks im Grundbuche hört jeder Realnerus zwischen dem zubußberechtigten Folium und den abgetrennten Bestandtheilen des ihm zubußpflichtigen Folium auf. Nur in seiner
Eigenschaft als Realgläubiger des ihm zubußpflichtigen Gutes hat
das zubußberechtigte Gut an den Unterzubußen des zubußpflichtigen Gutes dieselben Anrechte, welche jedem Realgläubiger an den
realen Forderungsrechten des ihm verhafteten Gutes zustehen.
Das zubußberechtigte Gut kann daher das Capital, mit welchem
dem zubußpflichtigen Gute eine Unterzubuße abgelöst wird, zur
Minderung der ihm schuldigen Zubuße in Anspruch nehmen. Es
kann, wenn das zubußpflichtige Gut mit einem Termine in Rest
bleibt, die fälligen Unterzubußen desselben inhibiren. Aber es
kann niemals wegen der Zubußrückstände des zubußpflichtigen
Gutes dessen unterzubußpflichtige Trennstücke versteigern lassen.
Und diese ihm als Realgläubiger zustehende Befugniß, die Unterzubußen des zubußpflichtigen Gutes oder deren Capitalwerth eventuell zu beanspruchen, erstreckt sich nur auf die realen Forderungsrechte des zubußpflichtigen Gutes, nicht aber weiter hinaus auf
die Forderungsrechte der unterzubußpflichtigen Folien.[82]

---

82) Z. B. Auf Folium 1. haften 4 Thlr. Landrente. Vom Folium 1.
wird abgetrennt Folium 2. und mit 3 Thlr. Zubuße in Folium 1. belegt. (Erster
Dismembrationsgrad.) Das Folium 1. muß unverändert seine vollen 4 Thlr.
Rente an die Bank bezahlen. Folium 2. trennt ab das Folium 3. und erhält
von diesem 1 Thlr. Unterzubuße. (Zweiter Dismembrationsgrad.) Das Folium 2. muß unverändert seine vollen 3 Thlr. Zubuße an Folium 1. bezahlen.
Folium 1. hat sich wegen seiner Zubuße von 3 Thlrn. lediglich an Folium 2. zu
halten und kann nur in seiner Stellung als Realgläubiger des Folium 2. die

Ganz die nämlichen Grundsätze gelten in ferneren Dismembrationsgraden, wenn also unterzubußpflichtige Folien und deren Avulsen weiter dismembriren und von ihren Trennstücken tertiäre und weitere Unterzubußen erhalten. Das Trennstück darf mit seinen Hilfsbeiträgen niemals an den am Stammfolium Bezugsberechtigten, sondern nur an das leistungspflichtige Stammfolium, dessen Leistungspflicht unverändert bleibt, verwiesen werden. Ein Realnexus besteht nur zwischen dem dismembrirenden Folium und seinem Trennstücke. Das am dismembrirenden Folium bezugsberechtigte Stammfolium hat an den Unterzubußen des Trennstücks immer nur dieselben Rechte, welche der Bank an den Zubußen des ihr landrentenpflichtigen Urstammes zustehen.[83]

Bei dem einzelnen Verhältnisse können also in jedem einzelnen Falle und in jedem Dismembrationsgrade immer nur drei Factoren in Frage kommen, nämlich der Bezugsberechtigte, der Leistungspflichtige und der dem Pflichtigen Unterverpflichtete. Eine Berücksichtigung weiterer Factoren in aufsteigender oder absteigender Dismembrationslinie findet schlechterdings nicht Statt.

Die volle Anerkennung und bewußte Durchführung dieser Grundsätze in der Praxis ist von größter Wichtigkeit, wenn zwei-

---

dem letzteren vom Folium 3. zufließende Unterzubuße von 1 Thlr. in derselben Weise eventuell beanspruchen, wie die Landrentenbank die dem Folium 1. vom Folium 2. zufließende Zubuße von 3 Thlrn.

83) Wenn also z. B. das vom zubußpflichtigen Folium 2. abgetrennte und dahin mit einer Unterzubuße von 1 Thlr. belegte Folium 3. weiter dismembrirt (dritter Dismembrationsgrad) und von seinem Avulsum Folium 4. zu seiner Unterzubuße von 1 Thlr. eine Unterzubuße von 8 Ngr. erhält, so muß doch Folium 2. seine volle Unterzubuße an 1 Thlr. vom Folium 3. erhalten, und niemals kann das Folium 4. mit seinen 8 Ngr. an das Folium 2. oder gar noch weiter hinauf verwiesen werden. Und wenn Folium 2. mit seiner dem Folium 1. schuldigen Zubuße in Rest bleibt, so kann Folium 1. wohl die dem säumigen Folium 2. vom Folium 3. gebührende Unterzubuße an 1 Thlr. als Executionsobject bezeichnen, keinesweges aber die dem Folium 3. vom Folium 4. zufließende Unterzubuße von 8 Ngr., weil eben diese letztere Unterzubuße nicht zu den realen Forderungsrechten des dem Folium 1. allein verhafteten Folium 2. gehört. Und wenn die Dismembration und Unterzubußenbetheiligung noch weiter fortgeht und zuletzt vom Folium 16. eine Unterzubuße von 4 Pf. an das Folium 15. zu zahlen ist, so wird doch immer wieder Folium 15. seine volle Unterzubuße an Folium 14. zu zahlen haben, und nur Folium 14. als Realgläubiger des Folium 15. eventuell berechtigt sein, die dem Folium 15. vom Folium 16. zu leistende Unterzubuße zu inhibiren.

fel, Irrthümer und Fehler in Repartition, Amortifation und Capitaltilgung der Unterzubußen thunlichst vermieden werden sollen.
Die Realbehörden find hierbei wegen Führung ihrer mit Unterzubußen überfüllten Grundbücher eben so betheiligt, wie die Steuerbehörden wegen Nachtragung der Localrentencataster. Man ver-
gegenwärtige fich nur die unzähligen Zubußen und Unterzubußen,
welche bei der bis zu vier Pfennigen herabgehenden Theilbarkeit
der Landrenten auf der einen, und bei der großen Ausdehnung
der Dismembrationen auf der anderen Seite schon entstanden find
und bis zum Schluße der fünfundfünfzig Amortifationsjahre noch
entstehen werden. Man bedenke, daß auf einem einzigen Folium
schon jetzt zuweilen bis zu sechszehn ursprünglich darauf übernommene Landrenten und noch mehr Zubußen und Unterzubußen
wegen späterhin consolidirter Grundstücke haften; daß für jede
Landrente, Zubuße und Unterzubuße so viele Verkleinerungen, als
durch vier Pfennige theilbar, möglich find, und daß dieses Verkleinern fortdauert bis zu dem Ostern 1889 zuerst eintretenden und
fich terminweise bis zu Michaelis 1914 fortsetzenden Wegfallen der
Landrenten. Eine Landrente von jährlich 40 Thlrn. kann fich
möglicher Weise in mehr als tausend Zubußen und Unterzubußen
verlaufen. Die Landrentenbank selbst ist hierbei nicht interessirt,
weil fie fich in allen Fällen an den ihr allein verhafteten landrentenpflichtigen Stamm, an dessen Arealbestand, Zubehörungen
und Forderungsrechte zu halten hat. Auch bezüglich der Zubußen, d. h. der von den unmittelbaren Avulsen landrentenpflichtiger Stämme zu den Landrenten der letzteren zahlbaren Beiträge,
liegen erhebliche Schwierigkeiten nicht vor, selbst wenn die Verkleinerung weit gegangen wäre, wenn also z. B. zu jeder der auf
einem walzenden Holzcomplexe haftenden drei Landrenten von dreißig Trennstücken dreißig Zubußen zu zahlen wären. Das zubußberechtigte (landrentenpflichtige) Folium wird leicht nachweisen
können, welche Avulsen davon abgezweigt, zu welchen Folien selbige gekommen, welche Zubußen von diesen Folien zu entrichten
und auf welche der einzelnen Landrenten des Stammes diese Zubußen zu beziehen find. Das zubußpflichtige Folium wird leicht
nachweisen können, welche Zubußen es zu zahlen hat, auf welche
Landrenten des Stammfolium diese Zubußen fich erstrecken, und
zu welchem Zeitpunkte nach Amortifation der bezüglichen Landrente
jede einzelne Zubuße vom zubußpflichtigen Folium gelöscht werden

muß. Weit schwieriger gestaltet sich die Beantwortung dieser Fragen bei den Unterzubußen, d. h. bei den Beiträgen, welche in ferneren Dismembrationsgraden die weiteren Trennstücke zu den Zubußen und Unterzubußen ihrer Stämme zu entrichten haben. Diese Schwierigkeit steigt dadurch, daß die Unterzubuße nicht auf dem Avulsum allein ruht, welches dieselbe zum Folium mitbrachte, sondern gleich allen Reallasten den ganzen Complex des Folium, zu dem das Avulsum kommt, afficirt und daher in weiteren Dismembrationsfällen als eine Gesammtlast des ganzen Folium zu vertheilen ist. Jeder reale Zusammenhang des Trennstücks mit dem vorletzten Stammgute hört auf, und mit diesem Realnexus verschwindet in späteren Dismembrationsgraden leicht der Nachweis, aus welcher Zubuße einst die fragliche Unterzubuße abgeleitet worden ist. Oft wird der erste Ursprung einer Unterzubuße in einer Zubuße zu suchen sein, welche vielleicht in der achtzehnten Dismembrationsstufe aufwärts repartirt wurde. Es müssen nothwendig Millionen von Unterzubußen entstehen, und auf einzelnen Folien in Folge von Consolidirung späterer Erwerbungen sich Hunderte von Unterzubußen häufen, die dann bei Abtrennung von solchem Folium einzeln auf das Trennstück zu repartiren sind. Schon jetzt kommen Fälle vor, wo bei Dismembrationen das Trennstück Beiträge zu mehr als dreißig Repartitionsobjecten (Landrenten, Zubußen und Unterzubußen) des Stammes zu übernehmen hat.

Es wird also die Aufgabe der Realbehörden sein, in den betreffenden Grundbuchsfolien und Erwerbsurkunden genau anzumerken, zu welcher Zubuße oder Unterzubuße des Stammfolium die auf dem Trennstücksfolium einzutragende Unterzubuße zu entrichten ist. Namentlich muß in den Erwerbsurkunden in analoger Anwendung von §. 9. der Verordnung vom 15. Februar 1841 stets der Termin angegeben werden, zu welchem die Landrente, aus welcher durch stufenweise Dismembration die jetzige Unterzubuße herabgekommen, zum ersten Male an die Landrentenbank gezahlt wurde, damit über Amortisation der einzelnen Unterzubuße kein Zweifel entstehe.

Es wird ferner die Aufgabe der Steuerbehörde sein, für die Nachträge der Zubußen und Unterzubußen zu den bei ihr befindlichen Localrentencatastern ein fortführbares Schema anzuwenden, welches ohne überflüssige Zuthat kurz und übersichtlich für jedes einzelne Grundbuchsfolium chronologisch nachweist,

a. welche Landrenten für die Bank darauf haften;

b. welche Zubußen zu diesen Landrenten es von andern Folien zu empfangen hat;

c. welche Zubußen und Unterzubußen zu den Landrenten, Zubußen und Unterzubußen anderer Folien es zahlen muß; und

d. welche Unterzubußen es von anderen Folien zu den unter c. gedachten Zubußen und Unterzubußen zu beziehen hat.

Da jede Landrente, Zubuße und Unterzubuße als solche real-rechtlich nur existirt, wenn und soweit sie auf einem Folium verlautbart ist, da mithin die Grundbücher die alleinige Basis des Landrentenrechts bilden; so versteht sich von selbst, daß die Steuerbehörde für jedes einzelne Folium einen besonderen Nachtragsbogen anlegen und fortführen muß. Grundbuchseinträge und Catasternachträge müssen genau corresponbiren und sich gegenseitig controliren. Deshalb muß auch jeder Nachtragsbogen die Nummer des Grundbuchfolium tragen, auf welches er sich bezieht. Die Nummern der Folien, welche an das betreffende Folium zu zahlen oder von demselben zu empfangen haben (s. oben b. c. und d.), sind auf dem Nachtragsbogen genau anzugeben. Außerdem sind etwanige Verminderungen durch Capitaltilgung nachzutragen. Im Allgemeinen gehört also nur alles vom Folium zu Leistende oder zu Empfangende und die Angabe des bezugsberechtigten oder leistungspflichtigen Folium auf den Nachtragsbogen. Alle sonst etwa zu wünschende weitere Auskunft ist in den Grundsteueracten enthalten, deren bezügliches Blatt bei jedem einzelnen Nachtrage auf dem Nachtragsbogen zu allegiren ist. Durch eine solche Nachtragsform würde zugleich der doppelte Uebelstand beseitigt werden, daß erstens die alten Localrentencataster durchaus in keiner Relation stehen zu den jetzt für alle Verhältnisse des Grundeigenthums ausschließlich maßgebenden Grundbüchern (s. §. 5.), und daß zweitens die Grundbuchsfolien nur die vom Folium zu gebenden, nicht aber die an dasselbe von anderen Folien zu zahlenden Zubußen und Unterzubußen nachweisen.

Wenn die Realbehörden und die Steuerbehörden die vorgedachten Aufgaben überall und sorgfältig lösen, wozu sie freilich bis jetzt durch ausdrückliche Vorschriften nicht verpflichtet sind, so

wird in Zukunft eine Uebersicht der Unterzubußen und ihrer Beziehungen bei der Repartition, Capitaltilgung und Amortisation
soweit erreichbar sein, als dieß bei der unglaublich anschwellenden
Maſſe der Unterzubußen überhaupt möglich ist. Für die Vergangenheit, d. h. für die Zeit von Ertheilung der gedachten Vorſchriften bis zur Entſtehung der Landrenten zurückgerechnet, würde
es bei den einmal in den Grundbüchern feſtſtehenden Unterzubußen
bewenden müſſen, ſoweit nicht von der Behörde zu berückſichtigende
Irrthümer und Geſetzwidrigkeiten hervortreten. Dennoch wird
ſelbſt für die Vergangenheit durch die vorgeſchlagenen Nachtragsbogen der obige Zweck erreicht werden, weil die in den Grundbüchern verlautbarten Unterzubußen nothwendig in die von der
Steuerbehörde für jedes Folium anzulegenden Nachtragsbogen
übergehen und deren Anfang bilden müſſen.

Indeſſen bleibt trotz alledem zu fürchten, daß man im Jahre
1889, wo der Wegfall der Landrenten und der bis zu ihrem Aufhören ſtipulirten Zubußen und Unterzubußen beginnt, nicht immer
genau wiſſen wird, welche der zahlreichen, aus vielverſchlungenen
Dismembrationen und Conſolidationen entquollenen, Unterzubußen eines Folium aus der amortiſirten Landrente uranfänglich
entſprungen und daher mit Amortiſation der Landrente im Grundbuche zu löſchen ſind. Hier drohen verwickelte, vielleicht unlös-
bare Differenzen. Man könnte im Jahre 1914, wo die letzten
Landrenten amortiſirt ſein werden, die ſchwebenden Differenzen zu
löſen ſuchen durch ein Geſetz, daß alle noch ungelöſchten grundbücherlichen Realbeiträge, deren Hervorgehen aus dem Landren-
tenverbande erweislich, ohne Weiteres zu löſchen ſind. Allein
man würde damit den Nachtheil nicht vermeiden, daß viele Unterzubußen bis zum Jahre 1914 fortgezahlt worden ſind, die ſchon
früher hätten gelöſcht werden ſollen, weil ſie in Wahrheit ihr Da-
ſein aus Landrenten herleiten, die ſchon vor 1914 amortiſirt waren. Und dann wird der Nachweis des Urſprunges aus dem
Landrentennexus nach ſo langer Zeit oft nicht in der Vollſtändigkeit zu beſchaffen ſein, welche von den bei Löſchungen im Grundbuche mit Recht bedenklichen und vorſichtigen Realbehörden gefordert wird. Es kann daher kommen, daß mancher Realbeitrag
als Geldgefäll fortbeſtehen muß, der in Wahrheit eine Unterzubuße
und als ſolche zu löſchen war.

Der Staat hat das Recht, die Trennſtücke ſelbſt gegen ihren

Willen mit Unterzubußen zu belegen. Er hat aber auch die Pflicht, ſie vor den daraus entſtehenden Nachtheilen zu ſchützen. Es iſt daher nothwendig, daß, neben dem Erlaſſe der obigen Vorſchriften über das Nachtragen der Unterzubußen in Erwerbsurkunden und Nachtragsbogen, ſchon jetzt dem bedenklichen Anſchwellen der Un=terzubußen ein Damm entgegengeſtellt werde. Dieß kann, ohne daß es eines Geſetzes bedarf, nach zwei Richtungen hin mit größ=tem Erfolge im Verordnungswege geſchehen.

Die zwei durch kein Geſetz gebotenen Urſachen, welche das maſſenhafte Anwachſen der Unterzubußen begünſtigen und deren Abſtellung daher im Verordnungswege erreichbar iſt, ſind die Aus=dehnung des Begriffes walzender Grundſtücke und hauptſächlich die Verkleinerung der Zubußen bis auf vier Pfennige herab.

Die Theilbarkeit walzender Grundſtücke iſt unbeſchränkt, und es werden daher bei walzenden Grundſtücken die darauf ruhenden Zubußen und Unterzubußen häufig ſoweit verkleinert, als in ihrem Betrage vier Pfennige aufgehen. Nun hat bekanntlich die Ver=ordnung vom 13. September 1844, Geſetzblatt S. 272, die geſetz=liche Wirkung der Conſolidation walzender Grundſtücke inſoweit aufgehoben, als ſie bezüglich der Abtrennbarkeit und Theilbarkeit die conſolidirten walzenden Grundſtücke für nicht conſolidirt erklärt und ihre walzende Qualität wieder hergeſtellt. Dieſe Ausnahme=beſtimmung vermehrt in doppelter Weiſe die Zubußen und Unter=zubußen. Erſtens, weil dieſe Grundſtücke bei ihrer Dismembration von den Landrenten, Zubußen und Unterzubußen des conſolidirten Complexes, dem ſie bisher angehörten, zu betheiligen ſind. Zwei=tens, weil dieſe ihnen zugetheilten Zubußen und Unterzubußen bei der ferneren unbeſchränkten Theilbarkeit häufig bis zum Minimal=betrage von vier Pfennigen herab verkleinert werden. Wenn nun zu einer Aufhebung jener Verordnung und Herſtellung der ganzen Conſolidationswirkung nicht zu gelangen ſein ſollte, ſo möchte wenigſtens zu verordnen ſein, daß nicht auf bloße Behauptungen oder ungenügende Beſcheinigungen hin ein Areal für walzend an=zuſehen, ſondern daß vielmehr jeder Folienbeſitzer, der ſich auf das Privilegium jener Verordnung beruft, ſtreng verpflichtet ſei, die durchgängig als Ausnahme zu betrachtende Walzqualität zu bewei=ſen. Dieſer Beweis kann ſelbſtverſtändlich, ſoweit die behauptete Walzqualität aus den Zeiten vor Anlegung des Grundbuchs her=ſtammen ſoll, nur nach den allein maßgebenden Vorſchriften der

9*

alten Grundsteuerverfassung geführt werden, da hierüber die Grundbuchsfolien keine zuverlässige Auskunft geben können. [84])

Die Hauptursache der massenhaften Vermehrung der Unterzubußen liegt in dem Verkleinern derselben bis zu vier Pfennigen
herab. Das Ablösungsgesetz hatte einst mit weiser Vorsicht angeordnet, daß Ablösungsrenten unter zwölf Groschen nicht auf die
Bank übernommen, sondern an die Berechtigten fortentrichtet oder
durch Capital getilgt werden sollten. Gewiß aus guter Absicht
gestattete die Verordnung von 1837 die Uebernahme von Landrenten bis zu vier Pfennigen herunter. Um solche Kleinigkeiten
wurde der Apparat des dadurch weit ausgedehnten Landrenten-
wesens herumgestellt, ohne Nutzen für die Pflichtigen, welche nur
an Gerichtsgebühren für die nöthige Eintragung solcher Land-
rentchen mehr zu zahlen hatten, als der ganze Capitalwerth derselben betrug. Man hätte nun wenigstens die Zubußen von diesen
Diminutiven befreien und bestimmen können, daß in Dismembrationsfällen diejenigen auf die Trennstücke zu repartirenden Land-
rentenantheile, welche nur zwölf Neugroschen oder weniger betragen, vor Genehmigung der Dismembration vom Verkäufer durch
Capital getilgt werden müssen. Allein die Verordnung von 1841
gestattete Zubußen bis zu vier Pfennigen herab. Wegen der Unterzubußen existirt nun zwar gar keine Vorschrift, allein es ist
darauf die Verordnung von 1841 analog anzuwenden gewesen.
Soll nun den oben bemerkten, für Behörden und Betheiligte gleich
nachtheiligen, Folgen dieser grenzenlosen Zersplitterung wenigstens
für die Zukunft vorgebeugt werden, so würde die Vorschrift in

---

84) Vgl. den Commentar zur Verordnung vom 13. September 1844 von
Judeich „über Consolidation und Dismembration nach sächsischem Rechte" in
dieser Zeitschrift N. F. 11r Bd. S. 510. Leipzig 1853. — Das Grundbuchsgesetz
erforderte in §. 218. ausdrücklich, daß Jeder, der die Eintragung eines Grundstücks als eines walzenden verlangte, den Beweis der behaupteten Walzqualität
führen müsse. Hat er diesen Beweis wirklich und ausreichend geführt, so werden die Acten über Anlegung des betreffenden Grundbuchs (§.239. des Gesetzes)
sofort den Nachweis der Walzqualität liefern. Hat man aber damals, wie
anscheinend oft geschehen, genügenden Beweis nicht erfordert, so muß dieser
Beweis, obschon das Grundstück als walzend im Grundbuche bezeichnet ist, bei
der Dismembration erfordert werden. Das Princip der Oeffentlichkeit des
Grundbuchs erstreckt sich nicht auf die dem öffentlichen Rechte angehörigen
Verhältnisse des Grundstücks, und das Präjudiz in §. 234. trifft nur die Inhaber
dinglicher Rechte.

§. 4. der Verordnung vom 15. Februar 1841 aufzuheben, und an deren Stelle die Vorschrift zu ertheilen sein, daß in allen Dismembrationsfällen, wo der auf das Trennstück zu repartirende Beitrag zu jeder einzelnen Landrente, Zubuße und Unterzubuße des Stammes zwölf Neugroschen oder weniger beträgt, dieser Antheil vom Verkäufer vor Genehmigung der Dismembration durch Capitalzahlung getilgt werden muß. Dieses mit Rücksicht auf den Amortisationsabzug bei der Steuerbehörde auszuwerfende und bei der Realbehörde einzuzahlende Capital würde hinsichtlich der Zubußen stets die Landrentenbank, hinsichtlich der Unterzubußen immer der nächstvorhergehende Stamm zu beanspruchen haben. Die durch solche Maßregel den Steuerbehörden und Realbehörden entstehende Arbeit kommt nicht in Betracht gegen die unermeßliche Arbeitsersparniß, welche ihnen dadurch für künftige Repartitionen, Nachträge und Einträge erwächst. Füllen doch schon jetzt die Zubußen und Unterzubußen oft halbe Seiten der Grundbuchsfolien.

Ueberhaupt dürfte es wohl jetzt an der Zeit sein, „die Dismembration landrentenpflichtiger Grundstücke" durch eine neue Verordnung zu regeln, da die noch bestehende Verordnung vom 15. Februar 1841 durch Einführung des neuen Grundsteuersystems, durch Herstellung der Grundbücher, durch die gänzliche Umgestaltung der Jurisdictionsverhältnisse, durch den Schluß der Landrentenbank und durch die mangelnde Berücksichtigung der Unterzubußen ausreichend antiquirt ist.

§. 12.

Unterschied der Ablösungsrenten und Landrenten.

Ablösungsrenten sind die aus dem Ablösungsgeschäfte hervorgehenden Renten. Ihre rechtliche Natur bleibt unverändert, so lange sie an den Berechtigten zu zahlen sind. Dergleichen Ablösungsrenten bilden die Minderzahl. Die meisten aus der Ablösung entstandenen Geldrenten wurden der Landrentenbank überwiesen und verwandelten sich dadurch in Landrenten. Aus der Vergleichung dessen, was in §. 2. über Ablösungsrenten bemerkt worden, mit demjenigen, was später über Landrenten zu sagen gewesen, ergiebt sich von selbst die gänzliche Verschiedenheit beider Begriffe. Schon das Landrentenbankgesetz vom 17. März 1832 rückte diese Verschiedenheit deutlich vor die Augen. Es errichtete eine Landrentenbank, nicht eine Ablösungsrentenbank; es creirte Landrentenbriefe, nicht Ablösungsrentenbriefe; es gedachte nur historisch der Ablösungsrenten und stellte die an die Landrentenbank zu zahlenden Renten (nicht Ablösungsrenten) den Grundsteuern gleich. Man weiß bei dieser klaren Sachlage wirklich nicht, ob man es mit einem fortgeerbten sprachlichen oder juristischen Versehen entschuldigen soll, daß man den eben so bezeichnenden wie erschöpfenden Ausdruck „Landrenten" fallen ließ, und sich dafür der auseinander ziehenden Umschreibung „die an die Landrentenbank überwiesenen Ablösungsrenten" bediente, oder wohl gar den Ausdruck Ablösungsrenten da brauchte, wo man der Sache nach Landrenten meinte. Dieser chronischen Erscheinung gegenüber ist es nothwendig, die wesentlichen materiellen Unterschiede der Ablösungsrenten und Landrenten in gedrängter Uebersicht vorzuführen.

1) Ablösungsrenten sind in Geld, Holz, Getreide 2c. stipulirt worden; Landrenten nur in Geld.

2) Ablösungsrenten in Gelde, soweit sie aus der Zeit vor dem Jahre 1841 herrühren, sind im 20-Guldenfuße, also mit Agio, zu entrichten; Landrenten aus jener Periode nur im 14-Thalerfuße.

3) Ablösungsrenten in Gelde existiren auch in durch 4 Neupfennige nicht theilbaren Beträgen, Landrenten nur in durch vier Neupfennige theilbaren Beträgen.

4) Ablösungsrenten darf der Berechtigte unter gewissen Voraussetzungen kündigen; die Landrenten darf die Bank niemals kündigen.

5) Ablösungsrenten kann der Pflichtige, wenn der Capitalwerth unter 100 Thlr. beträgt, nur ganz; wenn er aber über 100 Thlr. beträgt, nur in durch 100 oder 50 theilbaren Beträgen kündigen. Von Landrenten kann der Pflichtige jeden beliebigen Betrag, wenn er nur durch vier Neupfennige theilbar ist, kündigen.

6) Ablösungsrenten enthalten lediglich die Verzinsung des Ablösungscapitals; Landrenten begreifen außer der Verzinsung auch die Rückzahlung des von der Landrentenbank dargeliehenen Capitals.

7) Ablösungsrenten amortisiren nicht und haben ein Realrecht auf unbestimmte Zeit; Landrenten erlöschen durch Amor-

tisation und haben ein Realrecht nur auf die Dauer der Amorti-
sationszeit.

8) Bei Ablösungsrenten muß der Pflichtige, wenn er kündigt oder ihm in gewissen Fällen gekündigt wird, den vollen
fünfundzwanzigfachen Capitalwerth bezahlen; bei Landrenten geht
dem Pflichtigen, wenn er kündigt, der Amortisationsabzug am
Capitale zu Gute.

9) Ablösungsrenten können nur durch gerichtliche Hülfe bei-
getrieben werden; Landrenten außerdem durch militärische Execution.

10) Bei Ablösungsrenten kann in Dismembrationsfällen der
Berechtigte Capitalzahlung für den auf das Trennstück zu repartirenden Theil der Rente fordern, widrigen Falls die Dismembration unterbleiben muß; bei Landrenten darf die Bank niemals
solche Capitalzahlung fordern, niemals ihre Einwilligung zur Dismembration verweigern.

11) Zubußen zu Ablösungsrenten können unmittelbar an den
Berechtigten gewiesen werden; Zubußen zu Landrenten niemals an
die Landrentenbank, vielmehr bleibt ihr in allen Fällen das Stammgut allein zur Abführung der ganzen Landrente verpflichtet.

12) Bei Ablösungsrenten sind in Dismembrationsfällen aller
Art, auch bei Eisenbahnerpropriationen (vgl. §. 16. der Verordnung vom 3. Juli 1835 und §. 1. der Verordnung vom 26. Februar 1859) freie Vereinigungen der Interessenten über Renten-
repartition oder Unterlassung derselben gestattet; bei Landrenten
sind dergleichen Vereinigungen ohne Ausnahme verboten.

Diese materiellen Unterschiede mögen genügen, um den Beweis zu führen, daß man sehr im Irrthume ist, wenn man die
Begriffe Ablösungsrenten und Landrenten als gleichbedeutend behandelt. Dieser weitverbreitete Irrthum ist nicht ohne practische
Folgen geblieben. So ist es z. B. wohl nur diesem Irrthume
zuzuschreiben, daß man den Landrenten, als ganz speciellen und
unvergleichbaren Reallasten, eine alleinige Stelle unter den in
§. 15. des Grundbuchgesetzes verzeichneten Einträgen der ersten
Folienrubrik nicht eingeräumt hat. So hat es ferner die Landrentenbank wohl nur diesem Irrthume zu verdanken, daß sie bei
Zwangsversteigerungen außerhalb des Concurses mit ihren Ansprüchen auf Rückstände dem letzten Hypothekarier nachstehen muß
und sich nicht an den Ersteher halten darf.

§. 13.

Grundlaftenbeiträge.

Seit Entstehung der Reallaften wurden bei Dismembrationen des damit behafteten Stammgutes die abkommenden Trennstücke mit Beiträgen zu den Reallaften des Stammgutes belegt. Der Realberechtigte duldete nur selten, daß der Trennstückserwerber mit seinem Beitrage unmittelbar an ihn verwiesen und um diesen Beitrag die Reallaft des Stammgutes vermindert würde, verlangte vielmehr die unveränderte Leistung der ganzen Reallaft vom Stammgute. Geschah jedoch, namentlich bei größeren Dismembrationen, die Vertheilung der Grundzinsen und anderen Leistungen des Stammes auf das Trennstück mit Genehmigung des Berechtigten in der Maße, daß die antheilige Leistung des Trennstücks unmittelbar an den Realberechtigten gewiesen und die Leistung des Stammes entsprechend herabgesetzt wurde, so hörte jede dießfallsige Beziehung zwischen Stamm und Trennstück auf. Das Trennstück war nunmehr selbst ein mit einer principalen Reallaft dem Realberechtigten verpflichteter Stamm. Bei einzelnen Reallaften trat ihrer Natur nach diese principale Verpflichtung des Trennstücks gegen den Realberechtigten von selbst ein. So ging z. B. bei dem Lehngelde nach einem Procentsatze des Grundstückswerthes diese Verbindlichkeit von selbst antheilig auf das Trennstück über, und eine Vertretung des letzteren Seiten des Stammgutes fand nicht mehr Statt. Ebenso ging die Hutungslaft und der Naturalzehnte, soweit diese Reallaften auf dem Avulsum selbst auszuüben waren, mit der Dismembration als selbständige Reallaft auf das Trennstück über. In allen diesen Fällen, wo vermöge Vertrags oder kraft der Natur der Reallaft das Trennstück seinen Antheil an den Reallaften des Stammgutes nicht dem Stammgute, sondern dem betreffenden Realberechtigten unmittelbar zu leisten hatte, ist kein Anlaß zu Zweifelsfragen vorhanden. Solche Reallaftenantheile, soweit sie jetzt noch vorkommen, sind wie bisher schon ganz als selbstständige Reallaften des Avulsum zu behandeln und lediglich nach den über Reallaften überhaupt bestehenden Vorschriften zu beurtheilen. Namentlich ist ihre etwanige Ablösung nur zwischen dem Trennstücke und dem Realberechtigten unmittelbar, ohne irgend welche Dazwischenkunft des Stammgrundstücks, zu verhandeln. Ausdrücklich wird dieß anerkannt in

§. 1. der Verordnung vom 28. Juli 1853 „die Ablöſung der auf
Trennſtücken haftenden Oblaſtenantheile betreffend." Geſetzblatt
für 1853 S. 164. Die Landrentenbank, ſo lange ſie noch Landrenten übernahm, verfuhr ganz nach gleichen Grundſätzen. In
§. 12. der Ausführungsverordnung vom 30. September 1846,
Geſetzblatt S. 243, iſt ausdrücklich verordnet, daß die in der Zwi-
ſchenzeit von Conſtituirung einer Ablöſungsrente bis zu deren
Uebernahme als Landrente vorgekommenen Dismembrationen dann
berückſichtigt werden ſollten, wenn das Trennſtück mit einem ſelbſt-
ſtändigen Rentenbeitrage belegt und die Rente des Stammgutes
entſprechend vermindert worden war. Das Trennſtück bekam dann
eine ſelbſtändige Landrente. War aber das Trennſtück mit einem
bloßen Hülfsrentenbeitrage in das Stammgut belegt worden, ſo
wurde darauf nicht Rückſicht genommen, vielmehr das Stammgut
mit dem ganzen Betrage der Ablöſungsrente als landrentenpflichtig
eingetragen.

Dieſe Conſtituirung einer principalen Reallaſt auf dem Trennſtücke bildete jedoch nur die Ausnahme. In der Regel behielt in
Dismembrationsfällen das Stammgut die Verbindlichkeit zur vollen und unveränderten Leiſtung ſeiner Reallaſten, und empfing
dazu Hülfsbeiträge von den Trennſtücken. Die Hülfsbeiträge wurden bei Dismembrationen von den Betheiligten vereinbart und
bis zum Jahre 1843 von der Steuerbehörde genehmigt, weil nach
der bis dahin beſtandenen Verfaſſung die Repartition der Steuern
und Reallaſten in Dismembrationsfällen den Steuerbehörden
oblag. Da nun damals für die Reallaſten noch weniger als für
die Steuern ausreichende Repartitionsunterlagen exiſtirten, ſo
wurde von der Steuerbehörde bezüglich der für ſie als Nebenſache
erſcheinenden Reallaſten der Privatvereinigung faſt volle Freiheit
gelaſſen. So kam es, daß zur Zeit der Ablöſung der Reallaſten
die ablöſenden Güter zu ihren bisherigen Reallaſten von früheren
Avulſen Hülfsbeiträge der verſchiedenſten Qualität und Quantität
erhielten. In verhältnißmäßig wenigen Fällen wurden dieſe Hülfsbeiträge in die Ablöſung gezogen. Das Avulſum löſte dann
ſelbſtändig ab, und um den bezüglichen Betrag minderte ſich die
Ablöſungsrente des Stammes. Hätte der Werth der Hülfsbeiträge,
welche in älteren Zeiten beliebig, und oft als Theil des Kaufprei-
ſes normirt wurden, den Betrag der Ablöſungsrente des Stammes
überſtiegen, ſo würde das Avulſum nicht nur die ganze für den

Stamm ermittelte Rente übernommen, sondern auch den dieselbe übersteigenden Werth noch besonders dem Stamme gegenüber abgelöst haben.[85])

In den meisten Fällen aber wurde ohne Rücksicht auf die alten Avulsenbeiträge vom Stamme allein der volle Werth seiner Reallasten abgelöst und die vereinbarte Landrente auf die ihm zur Zeit der Ablösung gehörigen Parzellen übernommen. Die alten Hülfsbeiträge blieben also stehen und gingen auch größtentheils über in die erste Rubrik der Grundbücher.

Diese stehen gebliebenen Hülfsbeiträge lassen sich nicht mehr betrachten als Beiträge zu den abgelösten Reallasten. Denn die Reallasten haben nach §. 20. des Ablösungsgesetzes mit der Ablösung aufgehört, rechtlich zu existiren.

Die Ablösungsrenten sind keine Fortsetzung der bisherigen Reallasten, welche letzteren überhaupt mit den gebrauchten gesetzlichen oder conventionellen Ablösungsmitteln (Landabtretung, Capitalzahlung, Geldrente ꝛc.) nur in einem historischen Zusammenhange stehen.

Noch weniger lassen sich die alten Hülfsbeiträge betrachten als Beiträge zu den Landrenten. Denn die Landrenten sind noch weniger ein Surrogat oder eine Fortsetzung der alten Reallasten. Die Landrenten sind vielmehr neubegründete Reallasten, Sicherungsmittel für die Verzinsung und allmälige Rückzahlung des einem bestimmten Complexe zur Ablösung vorgeschossenen Capitals. Sie haften selbstverständlich nur auf demjenigen Complexe, welchem das Ablösungscapital vorgeschossen und welcher dafür der Landrentenbank realrechtlich verhaftet worden ist, nicht aber auf den vor der Landrentenüberweisung davon legal abgezweigten Grundstücken.[86]) Reallasten, zu denen die Landrenten jetzt nach dem

---

85) Z. B. das Müller'sche Bauergut hat dem Rittergute Tirschbach Leistungen zu prästiren, welche nach Geldwerth einer jährlichen Rente von 40 Thlrn. gleich sind. Zu diesen Leistungen erhält das Müller'sche Bauergut von fünfzehn vormals abgetrennten Complexen gewisse Beiträge, welche bei jedem Avulsum 100/1000 zu sämmtlichen vorgedachten Leistungen betragen. Die Avulsenbesitzer lösen gleichzeitig mit dem Bauergute ab. Jedes Avulsum übernimmt 4 Thlr. Rente, die der Bank überwiesen wird. Die Bank zahlt also 1500 Thlr. Ablösungscapital. Hiervon bekommt das Rittergut Tirschbach 1000 Thlr., das Müller'sche Bauergut 500 Thlr.

86) Wären die Landrenten ein Surrogat der abgelösten Reallasten, so könnten sie z. B. bei Dismembrationen nur auf diejenigen Parzellen repartirt

Grundbuchsgesetze gehören, können ihrer Natur nach nur diejenigen Parzellen afficiren, auf welche sie übernommen wurden. So wenig es denkbar ist, daß eine Hypothek erstreckt werde auf die vor der Hypothekenbestellung vom hypothecirten Gute legal dismembrirten Parzellen, ebensowenig kann das Realrecht der Landrentenbank rückwärts bezogen werden auf die vor der Rentenüberweisung vom überweisenden Gute abgetrennten Avulsen. Die Existenz einer Landrente als Reallast hängt davon ab, daß sie in der ersten Rubrik des Grundbuchs eingetragen sei. In den Grundbüchern aber sind Landrenten nur auf denjenigen Folien eingetragen, deren Parzellen zur Zeit der Ueberweisung den überweisenden Stamm gebildet haben, oder später in Folge von Consolidation in die Mitverhaftung für die Landrente eingetreten sind. Nur solche Trennstücke, welche von dem mit Landrenten realrechtlich beschwerten Complexe nach Ueberweisung der Landrente abkommen, sind im Landrentenrealnexus inbegriffen und mit Zubußen zu belegen.

Dennoch sind noch immer einzelne Gerichtsämter, Steuerbehörden und viele Betheiligte der irrigen Ansicht, daß bei Dismembration landrentenpflichtiger Complexe und Repartition ihrer Landrenten auf die Trennstücke auch die Grundlastenbeiträge, welche der dismembrirende Complex von alten Avulsen zu den abgelösten Reallasten empfängt, mit berücksichtigt, gleichsam als Beiträge zu den Landrenten behandelt werden müssen. Durch diesen weit verbreiteten Irrthum werden viele unbegründete Anträge, viele unrichtige und überflüssige Erörterungen und Arbeiten verursacht. Es ist daher nöthig, darauf hinzuweisen, daß die fragliche Ansicht nicht nur aus vorstehenden Gründen realrechtlich unzulässig, sondern auch practisch verwirrend und unausführbar ist.

Stellt man sich also auf diesen irrigen Standpunkt, so wird man zunächst nachsehen müssen, ob der alte Beitrag zu abgelösten Reallasten im Grundbuche eingetragen ist, weil nur durch diesen

---

werden, welche von der abgelösten Reallast betroffen waren, also z. B. die Garbenzehntrente nur auf Feldparzellen. Es findet aber nach §. 4. der Verordnung vom 15. Februar 1841 gerade das Gegentheil Statt. Alle Trennstücke sind von den Landrenten des Stammes verhältnißmäßig zu betheiligen, weil eben die Landrenten keine Fortsetzung der abgelösten Reallasten, sondern selbständige Realzinse sind, die zwar den übernehmenden Complex ganz, aber auch nur diesen Complex und die später damit consolidirten Parzellen afficiren.

Eintrag die reale Natur des Beitrags begründet wird. Vgl. §. 1. der Verordnung vom 24. October 1851. Ist der Beitrag eingetragen, so ist zu erörtern, ob er sich ganz auf die Reallast, für welche die bezügliche Rente übernommen worden, bezieht, oder ob er nicht vielmehr ganz oder theilweise zu andern, vielleicht unablösbaren oder ohne Entschädigung aufgehobenen oder auf Staatskosten abgelösten Reallasten gezahlt wurde. Ist festgestellt, daß der Realbeitrag ganz oder zu einem bestimmten Theile auf die durch die Landrente abgelöste Reallast sich bezieht, so fragt sich weiter, ob er in baaren Geldgaben besteht oder nicht. Besteht er nicht in baaren Geldgaben, so hat er nach §§. 23. 24. des Gesetzes vom 15. Mai 1851 vom 1. Januar 1854 ab seine reale Natur verloren, und besteht nur noch bis zum 1. Januar 1884 als persönliche Verbindlichkeit des am 1. Januar 1854 vorhandenen Besitzers und seiner Universalsuccessoren im Besitze des beitragspflichtigen Grundstücks, vgl. §. 6. der Verordnung vom 28. Juli 1853. Ein solcher Personalbeitrag kann jedoch stets durch Uebereinkunft des Trennstücksbesitzers und des Empfangsberechtigten in ein Geldgefälle und also in eine Realleistung verwandelt werden. Diese Umwandlung kann und darf in keinem Falle geschehen von den Steuerbehörden, weil diese nur für Vertheilung wirklicher Landrenten und Landrentenzubußen competent, in dieser Hinsicht lediglich an die Grundbuchseinträge gebunden und keineswegs zur Einmischung in Ablösungsgeschäfte befugt sind. Es ist vielmehr in allen derartigen Fällen die Errichtung von Umwandlungsverträgen vor der Realbehörde nöthig. Ein solcher im Grundbuche eingetragener, als feste Geldgabe vorhanden gewesener, oder in feste Geldgabe verwandelter, Grundlastenbeitrag wäre nun wenigstens calculatorisch geeignet, nach vorschriftmäßiger Abrundung (§. 5. der Verordnung vom 15. Februar 1841) in eine Zubuße zu der vom empfangsberechtigten Gute für die abgelöste Reallast übernommenen Landrente verwandelt zu werden. Dieser calculatorischen Möglichkeit tritt vor allen Dingen die doppelte Thatsache entgegen, daß Reallasten und bezügliche Landrenten in ihren Werthen nicht gleich sind, und daß die Reallastenbeiträge fast niemals dem richtigen Verhältnisse der alten Avulsen zum Stamme entsprechen. Eine Proportion ist also logisch nicht möglich. Sowie man die Vertheilung der alten Schocke und Quatember nicht übertragen darf auf die Vertheilung

der Grundsteuereinheiten, so darf man auch nicht die alten Reallastenbeiträge verwandeln in Landrentenzubußen. Es würde sonst
die Anomalie entstehen, daß die Zubußen zu derselben Landrente
wegen der alten Avulsen im alten unrichtigen Maßstabe, wegen
der neueren nach Auflegung der Rente abgekommenen Trennstücke
im neuen richtigen Maßstabe ausgeworfen wären.[87] Außer diesem allgemeinen Bedenken liegen noch gewichtige specielle Gründe
vor, aus denen eine Verwandlung solcher Beiträge in Landrentenzubußen unausführbar sein würde. Zuvörderst würde nicht selten
der Fall eintreten, daß der Werth der alten Beiträge den Werth
der alten Reallast und der bezüglichen Landrente übersteigt. Denn
da die alten Grundlastenbeiträge von den Interessenten fast willkürlich festgestellt wurden und oft einen Theil des Kaufpreises
bildeten, so betrug ihr Gesammtwerth zuweilen mehr, als die ganze
Reallast, und es bildete sich ein Ueberschuß für das Stammgut.
Da ferner bei der Ablösung alle Ablösungsmittel frei gegeben und
nur die durch Landabtretung, antheilige Capitalzahlung oder sonstige Abfindungen nicht absorbirten Geldwerthe in Landrenten zu
verwandeln waren, so müssen die Landrenten oft selbst hinter dem
durch die Ablösung ermittelten Werthe der Reallasten zurückbleiben.
Also aus einem doppelten Grunde könnte man einen Zubußenüberschuß bekommen. Dieser Zubußenüberschuß, den man dem
berechtigten Gute nicht wegnehmen darf, müßte dann auf den beitragspflichtigen Avulsen als Realzins stehen bleiben, und zwar,
weil solcher Realzins nicht gleich den Landrentenzubußen amortisirt, antheilig auf allen beitragspflichtigen Avulsen. Beim Stamme
selbst aber wäre dann, im Falle weiterer Dismembration, eine
Repartition der vom Stammgute der Bank gegenüber zu vertretenden Renten nicht mehr ausführbar, weil es aus eigenen Mitteln nichts mehr aufzubringen hätte. Wenn aber auch in den
meisten Fällen ein Zubußenüberschuß nicht resultirt, wenn also
der bekannte Gesammtwerth der verwandelten alten Beiträge innerhalb der bezüglichen Landrente bleibt, so würde dann der wichtige Umstand zu bedenken sein, daß der Gesammtwerth der alten
Beiträge sich nur selten mit Sicherheit ermitteln läßt. Einmal

---

87) Ein altes Avulsum z. B., dessen Realbeitrag zu einer abgelösten Reallast einen Geldwerth von 16 Ngr. hat, würde vielleicht, wenn es jetzt abgetrennt und mit einer Zubuße zu der für jene Reallast vom Stamme übernommenen Landrente belegt würde, nur 1 Ngr. 6 Pf. Landrentenzubuße erhalten.

kann stets ein solcher in den alten Besitzurkunden begründeter, im Grundbuche nicht verlautbarter Beitrag mit Zustimmung der Interessenten nachträglich auf dem Grundbuchsfolium eingetragen werden.[88] Und dann lassen sich aus den Grundbuchsfolien die alten Beiträge nicht ersehen, weil die Folien nur die vom Folium zu zahlenden, nicht aber die dahin von andern Folien zu entrichtenden Beiträge enthalten. Die Realbehörden können daher nur attestiren, daß die im concreten Falle angegebenen Activbeiträge eines Folium im Grundbuche stehen, nicht aber, daß es sämmtliche Beiträge sind, die das Folium von andern Folien zu erhalten hat. Jeder aus dem Dunkel der Vorzeit neu auftauchende, jeder vergessene oder übersehene Grundlastenbeitrag alter Avulsen würde mithin alle bis dahin, ohne Rücksicht auf denselben, festgestellten Landrentenrepartitionen unrichtig und ihre Abänderung in Localrentencatastern, Grundbüchern und Besitzurkunden nöthig machen. Man denke sich nur ein Dreihufengut mit seinen zahlreichen Realprästationen an Kammerfiscus, Jagdfiscus, Rentamt, Rittergut, Kirche, Schule, Gemeinde 2c., von dem seit dem Normaljahre 1628 nach und nach eine Menge Grundstücke abgetrennt und mit Grundlastenbeiträgen verschiedener und willkürlicher Qualität und Quantität belegt worden sind, bis endlich noch eine halbe Hufe als Stamm übrig war, welcher ao. 1839 und 1852 alle Reallasten allein ohne Zuziehung der Avulsen ablöste, und nun zehn oder mehr Landrenten trägt. Man wird dann wohl begreifen, daß es nicht möglich ist, den Umfang und die Identität der alten Avulsen, den Gesammtwerth ihrer Grundlastenbeiträge mit solcher Sicherheit zu ermitteln, um darauf richtige und dauerhafte Landrentenvertheilungen gründen zu können.

Aus allen diesen Gründen resultirt unzweifelhaft, daß die weitverbreitete Meinung, als ob die grundbücherlichen Beiträge alter Avulsen zu den abgelösten Reallasten des Stammgutes verwandelt werden könnten in Zubußen zu den für diese Reallasten übernommenen Landrenten des Stammgutes eine nicht blos real-

---

88) Wenn z. B. ao. 1861 bekannt wird, daß das Folium 109. des Grundbuchs für Burgk bei seiner ao. 1843 erfolgten Abzweigung vom Folium 39. zu dessen Reallasten einen Aversionalbeitrag von 1 Thlr. 12 Ngr. 9 Pf. übernommen hat, so kann bei allseitigem Einverständnisse der Folienbesitzer dieser im Grundbuche noch nicht eingetragene Grundlastenbeitrag nachträglich auf dem Folium 39. verlautbart werden.

rechtlich unzulässige, sondern auch practisch verwirrende und unausführbare Meinung ist.

Die bei der Ablösung nicht berücksichtigten, im
Grundbuche eingetragenen, Beiträge alter Avulsen zu
den abgelösten Reallasten des Stammgutes sind selbständige Reallasten. Sie sind zwar nicht mehr als Beiträge
zu den rechtlich verschwundenen Reallasten des Stammgutes, wohl
aber als ein an letzteres zu entrichtender Grundzins fortzugewähren. [89]) Ihre Bezeichnung im Grundbuche als Beiträge zu
nicht mehr existirenden Reallasten geschieht nur demonstrationis
loco. Bei Beurtheilung ihrer rechtlichen Natur muß man, zur
Vermeidung unrichtiger Gesichtspunkte, alle Reflexionen über Entstehung der abgelösten Reallasten fernhalten und wohl beachten,
daß diese Grundlastenbeiträge in keinem Falle Erzeugnisse feudaler
und gutsherrlicher Verhältnisse, sondern vielmehr rein privatrechtlichen Ursprungs sind, da sie nicht von den Reallastenberechtigten
aufgelegt, sondern vielmehr von den Reallastenpflichtigen selbst bei
Dismembration ihres Besitzthums mit den Trennstückserwerbern
vertragsmäßig vereinbart wurden. Wünschenswerth wäre freilich
gewesen, daß man die Rechtsverhältnisse dieser in großer Menge
im ganzen Lande vorkommenden Realbeiträge zu abgelösten Reallasten in den Ablösungsgesetzen vom 17. März 1832 und 15. Mai
1851 regulirt oder nachträglich durch ein besonderes Gesetz geordnet hätte, da so viel irrige Ansichten, wie oben gedacht, darüber
aufgetaucht und leider auch in der Praxis zur Geltung gelangt
sind. Indessen kann man diese Realbeiträge in ihrer Eigenschaft
als selbständige Reallasten rechtlich doch nur eben so beurtheilen,
wie alle Reallasten überhaupt, und muß daher das für letztere geltende Recht auch auf sie anwenden.

Hieraus folgt zuvörderst, daß, wie schon aus dem Bisherigen
hervorgeht, die alten Grundlastenbeiträge, auch wenn sie intabulirt

---

89) Ganz das nämliche Rechtsverhältniß findet Statt bei den auf einem
Privatrechtstitel beruhenden Beiträgen alter Avulsen zu den mit Einführung
des neuen Grundsteuersystems durch §. 6. des Gesetzes vom 9. September 1843
abgeschafften alten Grundsteuern des Stammgutes. Hier sind unter gewissen
in §. 7. desselben Gesetzes angegebenen Voraussetzungen diese alten Beiträge
unverändert fortzuentrichten, und zwar natürlich nicht als Beiträge zu den nicht
mehr existirenden alten Grundsteuern, sondern als selbständige, in die erste
Rubrik des Grundbuchsfolium gehörige Realzinsen. Vgl. Heyne, Commentar
zum Hypothekengesetze, 1. Bd. Leipzig 1845. §. 15. sub IX. S. 118.

sind, die Natur selbständiger Reallasten nur dann annehmen, wenn und soweit sie zu abgelösten Reallasten des Stammgutes entrichtet wurden. Sind sie nämlich zu einer von der Aufhebung und Ablösbarkeit ausgeschlossenen Reallast des Stammgutes, z. B. zu einer aus dem Kirchenrechte fließenden parochialen Reallast zu entrichten, so bleibt das bisherige Verhältniß zwischen Stammgut und Trennstück unverändert. Vgl. §. 3 a. der Verordnung vom 28. Juli 1853. Sind sie zu zahlen zu einer ohne Entschädigung oder gegen Entschädigung Seiten des Staats aufgehobenen Reallast, z. B. zu Wolfsjagdbdienstgeldern oder zu einer gutsherrlichen Abgabe, so kann ihre Fortentrichtung nicht mehr gefordert und ihre Löschung stets beantragt werden, soweit sie nicht in einem vor jener Aufhebung durch Realvertrag constituirten Geldgefälle bestehen, welchen Falles es nach §. 13. des Gesetzes vom 15. Mai 1851 bei dem getroffenen Abkommen bewendet. Sind sie endlich zu leisten zu einer ablösbaren und noch nicht abgelösten Reallast, so bleibt ihr bisheriges Verhältniß unverändert, bis sie entweder mit der Reallast selbst nach §§. 23, 24. des Gesetzes vom 15. Mai 1851 erlöschen (vgl. §. 6. der Verordnung vom 28. Juli 1853); oder bis sie abgelöst werden, welchen Falls das Ablösungscapital nach §. 186. des Ablösungsgesetzes und §. 3 e. der Verordnung vom 28. Juli 1853 zur entsprechenden Verminderung der Oblast des Stammgutes zu verwenden ist; oder bis ohne ihre Berücksichtigung das Stammgut ablöst, in welchem letzteren Falle sie die oben erwähnte Eigenschaft selbständiger Realzinsen annehmen.

Die Realbeiträge zu abgelösten Reallasten bestehen gegenwärtig zum größten Theile nur noch in Geldgaben und bleiben solchenfalls als ein dem Stammgute zu gewährender Realzins auf dem Trennstücke haften, bis sie abgelöst werden. Bestehen sie aber nicht in Geldgefällen, sondern beziehen sie sich auf solche Grundlasten und Dienstbarkeiten, welche nach §. 23, 24. des Gesetzes vom 15. Mai 1851 wegen unterbliebener Provocation seit dem 1. Januar 1854 die Natur von blos persönlichen Verbindlichkeiten des damaligen Stammgutsbesitzers und seiner Erben im Besitze angenommen haben (vgl. Verordnung vom 1. December 1853, Gesetzbl. S. 270), so existiren sie nicht mehr als Realbeiträge, sondern nur noch als persönliche Verbindlichkeiten. §. 6. der Verordnung vom 28. Juli 1853. Indessen können, bei der unbeschränkten Willensfreiheit der Grundbesitzer, diese persönlichen

Verbindlichkeiten stets durch einstimmige Willenserklärung des Stammgutes und des Trennstücks in Geldgefälle umgewandelt und als solche im Grundbuche verlautbart werden. In diesem, die Freiheit des Privatabkommens durchgängig respectirenden Geiste verordnet §. 13. des Gesetzes vom 15. Mai 1851 ausdrücklich, daß in allen Fällen, wo an die Stelle früherer Naturalleistungen und Naturaloblasten Geldgefälle als Reallasten übernommen worden sind, es bei dem getroffenen Abkommen bewenden soll. [90])

Wird ein mit solchen Realzinsen in ein früheres Stammgut belastetes Grundbuchsfolium weiter dismembrirt, so gehört die Vertheilung dieser lediglich auf Privatrechtstitel beruhenden Real-

---

90) Es wurden z. B. noch im Jahre 1834 auf ein von einer Gartennahrung in Burgk abkommendes, sechs Scheffel großes, Feldstück folgende Beiträge zu den Lasten des Stammgutes gelegt, als:

a. Zu fiscalischen Leistungen:

1 ggr. zum Wolfsjagdgeld,

der dritte Theil der Amtshofearbeit,

der dritte Theil der Heidefuhrenanlage,

die Hufenprästationen nach ³/₁₆ Hufe.

b. Zu gutsherrschaftlichen Leistungen:

mit Ausschluß des dem Stamme allein verbleibenden Hofezugs der Kinder und Flachsspinnens,

3 ggr. 6 Pf. zu den Michaeliserbzinsen,

1 „ 2 „ zum Arbeitergelde,

8 Pfennige zum Klingstein'schen Zinse,

8 „ zum Jagddienstgelde,

3³/₄ Metze zur Kornlieferung,

5 Metzen zur Haferlieferung,

2 Stück Eier,

3 Pfennige zu ¹/₄ Henne,

ein halber Tag zu 1¹/₂ Tagen Kornschneiden,

ein Vierteltag zu ³/₄ Tag Haferhauen.

c. Zu Gemeindeleistungen:

der dritte Theil aller Gemeindeleistungen.

Die Trennstücksbeiträge zum Michaeliszinse und zum Arbeitergelde an zusammen 4 ggr. 8 Pf. wurden in die Ablösung gezogen, vom Trennstücke selbstständig abgelöst und dafür 5 Ngr. 6. Pf. Landrente übernommen.

Alle übrigen ablösbaren Lasten löste die Stammnahrung ohne Zuthun des Avulsum ab. Das letztere übernahm statt aller oben specificirten Beiträge später durch Privatvereinigung zwischen dem Besitzer der Stammnahrung und des Trennstücks einen Aversionalbeitrag von 1 Thlr. 12 Ngr. 9 Pf. Erst im Jahre 1861 wurde auf Antrag der jetzigen Besitzer dieser Beitrag auf dem Grundbuchsfolium des Trennstücks verlautbart.

zinsen nach §. 3. der zum Dismembrationsgesetze gehörigen Ausführungsverordnung vom 30. November 1843 (Gesetzbl. S. 258.)
vor das betreffende Gerichtsamt als Realbehörde. Wenn jedoch
die Contrahenten damit einverstanden sind und nach richterlichem
Ermessen bei verhältnißmäßiger Geringfügigkeit des Realzinses
oder des Avulsum der Realberechtigte (das frühere Stammgut)
durch die Abtrennung nicht gefährdet erscheint, so kann nach §. 1.
des Gesetzes über Vertheilung der Reallasten in Dismembrationsfällen vom 22. Mai 1852 (Gesetzblatt S. 77.) die Belegung des
Trennstücks mit einem Beitrage unterlassen und die Einwilligung
des Realberechtigten, dafern nicht ein ausdrücklicher Widerspruch
desselben vorliegt, nach §. 2. desselben Gesetzes vom betreffenden
Appellationsgerichte ergänzt werden. Diese Ergänzung der Einwilligung des Berechtigten in die Unterlassung der Repartition
gilt nach §. 3. des angezogenen Gesetzes als Aufgabung des fraglichen Rechtes an dem abzutrennenden Grundstücke.

Die Ablösung solcher Realzinse ist, wie bei allen ablösbaren
Reallasten, stets auf einseitigen Antrag gestattet, vgl. §. 10. §. 16.
des Gesetzes vom 15. Mai 1851. Nur kann dabei die Vermittelung der Landrentenbank nicht mehr in Anspruch genommen
werden, weil mit dem 1. October 1859 die Uebernahme von
Landrenten Seiten der Bank definitiv aufgehört hat. Es erledigen
sich hierdurch zugleich alle diejenigen Vorschriften der Verordnung
vom 28. Juli 1853, welche sich auf Ablösung solcher Realzinse
unter Mitwirkung der Bank beziehen. Die Modalität der Ablösung ist dem Uebereinkommen der Betheiligten ganz frei gegeben.
Denn alle Gesetze über Ablösung von Reallasten garantiren den
Interessenten volle Freiheit in der Wahl der Ablösungsmittel und
verordnen nur eventuell, wenn ein freiwilliger Ablösungsvertrag
nicht vorliegt, gewisse gesetzliche Ablösungsmittel. In Folge Vertrags kann also ein solcher Realzins z. B. durch Landabtretung,
Uebernahme einer Grunddienstbarkeit ꝛc. abgelöst und auf Grund
solchen gerichtlich abgeschlossenen Vertrags die Löschung des Beitrags im Grundbuche beantragt werden. Als gesetzliches Ablösungsmittel existirt jetzt, wo nur noch Geldleistungen als Reallasten
denkbar sind, nur noch die Capitalzahlung.

Wird nun, wie meist geschieht, ein Realzins der vorliegenden Art durch Capitalzahlung abgelöst, so kann dieß mit real-
rechtlicher Wirkung nur durch Vertragsabschluß vor der Realbe-

hörde und Einzahlung des Capitals an letztere geschehen. Die
Realbehörde hat [das Capital dem berechtigten Stammgute erst
dann auszuantworten, wenn am Stammgute Realberechtigte nicht
vorhanden sind. Zu diesen Realberechtigten gehört vorzugsweise,
wenn das Stammgut mit Landrenten behaftet ist, die Landrenten=
bank, wie oben im §. 7. bei Darstellung der rechtlichen Natur der
Landrenten ausführlich nachgewiesen worden. Nach der [allge=
meinen Vorschrift in §. 186. des Ablösungsgesetzes vom 17. März
1832 sind die einem Gute zufließenden Ablösungscapitale zunächst
zur Tilgung der diesem Gute aufliegenden ablöslichen Renten zu
verwenden. Haften also auf dem Stammgute, dem der Realbei=
trag eines früheren Trennstücks durch Capital abgelöst wird, Land=
renten, so muß das Ablösungscapital zunächst zur Tilgung oder
Verminderung der Landrenten des Stammgutes verwendet wer=
den, unter Beachtung der für Kündigung von Landrenten bestehen=
den Vorschriften. Dabei kommt, wie schon aus der allgemeinen
Disposition in §. 186. des Ablösungsgesetzes folgt, gar nichts
darauf an, zu welcher von den abgelösten Reallasten des Stamm=
gutes ehemals der Trennstücksbeitrag zu zahlen war.[91] Denn
diese Verwendung erfolgt nicht etwa deshalb, weil die alten Avul=
sen für die später auf dem Reste des Stammgutes allein fundir=
ten Landrenten realiter verhaftet sind, sondern lediglich deshalb,
weil die Trennstücksbeiträge zu den realen Werthen des Stamm=
gutes gehören. Das Realrecht der Landrentenbank, wie das
Realrecht aller Realgläubiger, vgl. §. 64. des Grundbuchgesetzes,
afficirt nicht blos die Gebäude und Liegenschaften des verhafteten
Complexes, sondern auch dessen nutzbare Realgerechtigkeiten und
realen Forderungsrechte. Bleibt ein zu solchen Trennstücksbeiträ=
gen berechtigtes Stammgut mit seinen Landrenten in Rest, so kann die
Bank niemals die alten Avulsen versteigern, sondern nur deren Bei=
träge an's Stammgut gerichtlich inhibiren lassen. Und löst das
landrentenpflichtige Stammgut die alten Avulsenbeiträge ab, so
darf zwar nach §. 9. des Ablösungsgesetzes die Landrentenbank

---

91) Wenn z. B. ein Stammgut seine Hutungslast und sein Teichfrohngeld
mit Landrenten abgelöst, nach einiger Zeit die Landrente für das Teichfrohngeld
durch Capital getilgt hat, und jetzt den ehemaligen Teichfrohngeldbeitrag eines
alten Avulsum von jährlich 1 Thlr. durch Zahlung von 20 Thlr. Capital abgelöst
rhält, so muß dieß Ablösungscapital zur Tilgung eines entsprechenden Theiles
der Hutungsrente verwendet werden.

der Ablösung nicht widersprechen, aber es muß ihr für diese reale Werthsverminderung des ihr verpflichteten Stammgutes ein Aequivalent gewährt werden, und dieses ihr nach §. 186. des Ablösungsgesetzes prioritätisch zu gewährende Aequivalent besteht eben in der Verwendung des Ablösungscapitals zur Tilgung oder Verminderung der Landrenten. Welche von den verschiedenen Landrenten des Stammgutes getilgt oder vermindert werden soll, ist materiell ganz gleich und daher im concreten Falle von dem Stammgutsbesitzer oder der Landrentenbank zu bestimmen.[92] Durch diese prioritätische Verwendung der fraglichen Ablösungscapitale werden die außer der Landrentenbank vorhandenen Realgläubiger des Stammgutes nicht beeinträchtigt, weil um den Werth der getilgten oder verminderten Rente der reale Werth des ihnen verhafteten Gutes steigt. Haften auf dem Stammgute gleichzeitig Landrenten und Ablösungsrenten, so würden dann die Landrentenbank und der Ablösungsrentenempfänger als zwei Gleichberechtigte concurriren und die Ablösungsgelder, dafern der Ablösungsempfänger es verlangt, antheilig und verhältnißmäßig zur Verminderung der Landrenten wie der Ablösungsrenten zu verwenden sein.

Die Verordnung vom 28. Juli 1853 „die Ablösung der auf Trennstücken haftenden Oblastenantheile betreffend“ ist im Vor-

---

92) Die Bauergüter in Hermsdorf bewirkten die Ablösung gewisser Realprästationen an das dasige Rittergut anno 1839 theils durch Compensation von Gegenleistungen, theils durch Landrente, theils durch Ueberlassung von Areal an das Rittergut. Das Rittergut übernahm dabei theils Quotalbeiträge, theils Averstonalbeiträge zu den sämmtlichen anno 1839 nicht abgelösten Reallasten der Stammgüter, von denen es Landentschädigung erhalten hatte. Diese beitragsberechtigten Stammgüter lösten später alle ihre Lasten ab und übernahmen Landrenten. Auf die Beiträge des Rittergutes wurde dabei nicht Rücksicht genommen; sie blieben als selbständige Realzinsen stehen und wurden lange vom Rittergute an die Stammgüter fortentrichtet. Anno 1852 befreite sich das Rittergut von diesen Realzinsen im Wege freier Privatvereinigung dadurch, daß es den bezugsberechtigten Empfängern ihre Bezugsrechte durch vereinbarte Capitalzahlung abkaufte. Die Realbehörde hatte dabei nicht concurrirt, die alten Beiträge blieben auf dem Rittergutsfollum des Dresdner Lehnhofes ungelöscht stehen. Als diese Löschung anno 1856 beantragt wurde, erfolgte dieselbe erst dann, nachdem die Stammgutsbesitzer die erhaltenen Capitale nachträglich zur antheiligen Tilgung ihrer Landrenten verwendet hatten, und zwar gerade zur antheiligen Tilgung ihrer ältesten anno 1839 übernommenen Landrente.

stehenden soweit nöthig berücksichtigt und angezogen worden.   Da
sie jedoch manchen Mißverständnissen und irrigen Auffassungen
ausgesetzt gewesen, so ist hierüber noch Einiges zu bemerken.
Diese Verordnung als solche hat an den bestehenden Gesetzen
etwas nicht ändern können und wollen.   Sie prädicirt sich vielmehr im Eingange ausdrücklich nur als eine zu Erzielung eines
gleichmäßigen Verfahrens bei Ablösung der auf Trennstücken
haftenden Oblasten erlassene Verordnung.   Materielles Recht
konnte und wollte sie nicht schaffen, dazu hätte ein Gesetz gehört.
Sie hat also nicht gegen die Natur des Realrechts eine Verhaftung alter Avulsen für die Sicherheit der auf diesen Avulsen nicht
fundirten Landrenten eingeführt. — Sie hat einen Zwang zur
Ablösung der Trennstücksbeiträge nicht gerechtfertigt, vielmehr bedarf es auch hier eines Antrages nach §. 23. des Gesetzes vom
17. März 1832 und §. 16. 30. des Gesetzes vom 15. Mai 1851.
— Sie hat in keiner Weise die in allen sächsischen Ablösungsgesetzen, vgl. §. 2. 29. 52. des Gesetzes von 1832 und §. 17. des
Gesetzes von 1851, garantirte vollkommene Freiheit der Privatvereinigung beschränkt. — Sie beruht nothwendig auf dem Principe, daß die Landrentenbank wegen der ihr überwiesenen Landrenten mit den Hülfsbeiträgen alter Avulsen zu den durch die
Landrenten getilgten Reallasten nichts zu schaffen, daß vielmehr
bezüglich dieser Hülfsbeiträge der dazu berechtigte Stamm sich
selbständig mit den ihm beitragspflichtigen Avulsen auseinander
zu setzen hat. — Sie hatte wohl überhaupt nur den doppelten
Zweck, die damals noch zulässige Vermittelung der Landrentenbank bei der Ablösung solcher Trennstücksbeiträge auszusprechen,
und gleichzeitig in Ausführung von §. 186. des Ablösungsgesetzes die eventuelle Verwendung der für solche Beiträge etwa
eingehenden Ablösungscapitale zur Abtragung der auf dem beitragsberechtigten Stamm ruhenden Landrenten sicherzustellen.   In
letzterer Hinsicht darf man wohl der Casuistik [93]) der Verordnung
nur eine exemplicative Bedeutung beilegen.   Namentlich liegt

---

[93]) Diese Casuistik ist ohnehin unvollständig. Es sind in der Verordnung
nicht berücksichtigt die Trennstücksbeiträge a. zu den unentgeltlich aufgehobenen; b. zu den gegen Entschädigung auf Staatskosten aufgehobenen; c. zu
den nur auf Antrag der Pflichtigen oder nur durch freie Vereinigung ablösbaren, also nicht unter §§. 23. 24. des Gesetzes vom 15. Mai 1851 fallenden,
Reallasten.

darin in keinem Falle eine Beschränkung des unbestreitbaren Rechtes der Landrentenbank, diejenigen Ablösungscapitale, welche einem landrentenpflichtigen Complexe für Beseitigung der Realbeiträge alter Avulsen zu abgelösten Reallasten zufließen, auch dann zur Tilgung oder Verminderung ihrer Landrenten in Anspruch zu nehmen, wenn der alte Realbeitrag zu einer zwar abgelösten, aber nicht gerade durch die noch vorhandene Landrente abgelösten Reallast entrichtet wurde. — Endlich läßt sich zwar ohne Kenntniß der Motive nicht gut beurtheilen, was damit gemeint ist, wenn es in §. 3 b. der Verordnung heißt: „Ist dieser Beitrag zu einer solchen Reallast des Stammgrundstücks zu leisten, welche von dessen Besitzer bereits durch eine an die Landrentenbank überwiesene Rente abgelöst worden ist, so wird derselbe ebenso, wie §. 9. der Verordnung vom 15. Februar 1841 bezüglich der Hülfsrentenbeiträge bestimmt worden ist, zugleich mit der Rente des Stammguts amortisirt, kann auch vor dessen Erfolg nur durch Capitalzahlung in der durch §. 10. der Verordnung vorgeschriebenen Weise abgelöst werden." Indessen dürfte doch soviel unzweifelhaft sein, daß man diese Vorschrift nicht wörtlich interpretiren kann. Denn wollte man diese Vorschrift nach ihrem Wortlaute auffassen, so würde zunächst die Verordnung mit sich selbst im principiellen Widerspruche stehen, weil nach §. 4. Trennstücksbeiträge, welche in bestimmten Geldsummen zu allen Stammlasten bestehen, also auch Beiträge zu den durch Landrente abgelösten Reallasten begreifen, nicht nach dem bezüglichen Antheile mit der Landrente amortisiren sollen. Auch wäre in consequenter Durchführung des Wortlautes gedachter Vorschrift nothwendig weiter zu verordnen gewesen, daß, wenn der Stamm die Landrente vor der Amortisation durch Capital tilgt, auch nur bis zur Höhe des gezahlten Capitals und mit Berücksichtigung des Amortisationsabzugs die Trennstücksbeiträge durch Capital ablösbar sein sollten. Die Verordnung bestimmt aber ohne solche Beschränkung in §. 3 c., daß, wenn die Rente durch Capital abgelöst ist, auch der Beitrag lediglich dem Stamme gegenüber durch Capital abzulösen sei. Wird also schon durch die eigenen richtigen Vorschriften in §. 4. und §. 3 c. der Verordnung die Möglichkeit einer wörtlichen Auffassung obiger Vorschrift ausgeschlossen, so bedarf es wohl überhaupt kaum dieser Andeutungen. Denn eine so eingreifende, vom geltenden Rechte abweichende, materielle Vorschrift wie die, daß

Realbeiträge alter Avulſen zu den durch Landrente abgelöſten
Laſten des Stammes gleichzeitig mit der bezüglichen Landrente
amortiſiren ſollen, hätte man nicht in einer das Ablöſungsverfah-
ren betreffenden Verordnung, ſondern nur in einem Geſetze gegeben. Es würden gegen eine ſolche Vorſchrift alle diejenigen
Gründe ſprechen, aus denen oben die Anſicht, daß man ſolche
Beiträge in Landrentenzubußen verwandeln könne, als eine realrechtlich unzuläſſige und practiſch unausführbare nachgewieſen
worden iſt. Man denke ſich nur ein Bauergut, welches ſeine alternativ in Geld oder Natur zu präſtirenden Getreidelieferungen
an das Pfarrgut theils mit einem Stück Land, theils mit 500 Thlr.
Capital, und den Reſt mit 40 Thlrn. Landrente abgelöſt hat.
Vor alten Zeiten verkaufte das Bauergut zehn Bauſtellen mit
Garten, jede 200 Thlr. an Werth, nahm aber kein Geld, ſondern
ſtipulirte ſich von jeder Bauſtelle einen jährlichen Beitrag von
8 Thalern zu den Getreidepräſtationen. Es hat alſo jährlich an,
nach Befinden auch erſt ſpäter in Geld verwandelten, Realbeiträ-
gen zu jener abgelöſten Naturalleiſtung die Summe von 80 Thlrn.
zu erhalten. Mit welchem Rechte und kraft welches Geſetzes
könnte man nun behaupten, daß dieſe Realzinſen, wenn die Landrente von 40 Thlrn. nach beendigter Amortiſation erloſchen oder
vorher durch Capital getilgt iſt, auch amortiſirt oder nur nach
Höhe von 40 Thlrn. unter Beachtung des Amortiſationsabzugs
ablösbar ſein ſollen? Was haben nutzbare Realgerechtigkeiten
eines Gutes zu thun mit den amortiſirenden Realzinſen i. e.
Landrenten, welche das Gut der Landrentenbank für das von ihr
vorgeſchoſſene Ablöſungscapital conſtituirt hat? Eine Vorſchrift,
wie ſie aus einer blos wörtlichen Erklärung von §. 3 b. obiger
Verordnung reſultirt, könnte nur durch ein Geſetz gegeben werden.
Dieſes Geſetz müßte lauten, daß alle Realzinſe zu ganz oder theilweiſe durch Landrenten abgelöſten Reallaſten binnen 55 Jahren
von der erſten Abführung der Landrente an erloſchen ſein ſollen.
Im Principe würde dieß freilich ziemlich daſſelbe ſein, als ob ein
Geſetz erſchiene, daß unbezahlte Kaufgelder nach 55jähriger Ver-
zinſung bezahlt ſein ſollen.

Die Justiz angehende Präjudizien.

37.

Eine Cession, welche blos den Zweck hat, daß der Cessionar die erhobene Summe dem Cedenten oder dessen Beauftragten zukommen lassen soll, also ein bloßes Mandat zum Incasso vermäntelt, ist als Scheingeschäft zu betrachten und denen gegenüber, welche ein Interesse daran haben, daß die Forderung in dem Vermögen des Cedenten bleibe, wirkungslos.

„Der Beklagte hatte rc. das exceptivische Vorbringen zu beweisen, daß der Kaufmann S. diejenige Forderung, welche ihm zu Ende Mai 1858 gegen Beklagten zustand, an K. nicht in Wirklichkeit, sondern nur zum Scheine abgetreten habe.

Dieser Beweis ist auch in der gegenwärtigen Instanz als gelungen zu erachten gewesen.

Denn wenn Kläger zum Beweis-Art. — eingeräumt hat, daß S. in den letzten Tagen des Monats Mai 1858 ihm eröffnet, daß er insolvent sei und daß derselbe ihn beauftragt, die erforderlichen Vorkehrungen zu treffen, mit den Gläubigern außergerichtlich zu verhandeln, einen Vergleich herbeizuführen und die gerichtliche Eröffnung des Concurses zu vermeiden; wenn er ferner beim Beweis-Art. — eingeräumt, daß er diesen Auftrag übernommen, daß S. seine außenstehenden Forderungen, darunter auch die ihm an Beklagten zustehende, an K. abgetreten und Kläger darüber eine Cessionsurkunde aufgesetzt; sodann Kläger beim Beweis-Art. — zugestanden, daß er in Ausführung des von S. erhaltenen Auftrags an alle Gläubiger S.—'s unterm 1. Juni 1858 ein Schreiben erlassen, worin er dieselben nicht nur von den mißlichen Vermögensumständen S.—'s in Kenntniß gesetzt, sondern auch benachrichtigt habe, daß, um die Masse nicht noch mehr abschwächen zu lassen, im Interesse der Gesammtgläubigerschaft sofort alle weiteren Zahlungen eingestellt, der Verkauf auf Credit soweit thunlich sistirt, Compensationsversuchen durch

Cession der Außenstände an einen sichern Mann vorgebeugt worden sei, nicht minder Kläger zum Beweis-Art. — zugegeben hat, daß dieser sichere Mann der mehrgenannte K. gewesen, so leuchtet ein, daß die Cession an K. keine Uebertragung der in Rede stehenden Forderungen aus dem Vermögen S.—'s in das Vermögen K.—'s bezwecken konnte, daß sie vielmehr, da sie eigens darauf berechnet war, dem Vermögen S.—s diese Außenstände zu erhalten, nur als Auftrag zum Incasso angesehen werden kann, dem nur zum Scheine, also wider die Wahrheit, die Form einer das Recht selbst auf K. übertragenden Cession gegeben worden ist.

Die vorigen Instanzen haben dieselbe Ansicht bereits ausführlich begründet, so daß man sich im Hauptwerke nur darauf zu beziehen hat.

Wenn Appellant neuerlich noch hervorhebt, daß, wenn S. einmal, anstatt K. ein einfaches Mandat zum Incasso zu geben, demselben die Forderungen cedirt habe, so müsse er auch die Folgen dieser Handlungsweise gewollt haben, so genügt es, darauf zu entgegnen, daß es auf den secundären Zweck, den S. bei der Vollziehung jener Cession vor Augen hatte, keineswegs ankommt, vielmehr vollständig zu Gunsten des Beklagten durchschlägt, daß S. durch Abtretung seiner Außenstände an K. seinem Vermögen diese Außenstände nicht entziehen wollte, K. vielmehr verbunden sein sollte, dieselben einzuheben und an S. oder dessen Bevollmächtigten auszuantworten.

Die von Klägern dagegen aufgestellte Ansicht, daß, indem K. durch jene Cession die Forderungen S.—'s mit dem Befugnisse erworben, sie für sich selbst einzuheben, dagegen aber derselbe nur verbunden gewesen, eine gleich hohe Summe an S. oder dessen Bevollmächtigten abzugeben, ein rechtsbeständiger Vertrag abgeschlossen worden sei, der K. das wirkliche Eigenthum an den fraglichen Forderungen verschafft habe, ist unhaltbar. Denn abgesehen davon, daß Kläger die Existenz eines derartigen Vertrags bisher weder behauptet noch nachgewiesen, so ist auch ein solcher Vertrag nichts anderes als ein Auftrag zum Incasso, weil bei vertretbaren Gegenständen, wohin doch das bei der Einziehung von Außenständen eingehende Geld gehört, ohnehin nicht davon die Rede sein kann, daß der Mandatar gerade die eingezahlten Geldstücke an den Mandanten abliefert, mithin auch das von dem Kläger neuerlich construirte Rechtsgeschäft seinem Wesen nach immer wieder mit dem Mandatscontracte zusammentrifft.

Hat nun aber S. an K. in der Wirklichkeit nur ein Mandat zum Incasso gegeben, so stellt sich die formell vorgenommene Cession der Außenstände S.—'s an K. allerdings als Scheingeschäft dar und Beklagter hat daher dasjenige, was ihm zu beweisen auferlegt worden war, zur Genüge erwiesen, weshalb die Entbindung und Loszählung desselben von der erhobenen Klage nicht ausbleiben konnte."

(Urthel des O.-A.-G. in Sachen Hennig ÷ Pfützner, vom 5. Dec. 1861. — Ger.-Amt Dresden.)

38.

Die Vormundschaftsbehörde ist berechtigt und resp. verpflichtet, einen Specialvormund unter anderen auch dann
zu bestellen, wenn der bereits im Allgemeinen bestellte
Vormund die von ihm verlangte Mitwirkung zu Ausführung eines dem Tuenden zuständigen Anspruches verweigert.[*)]

„Ohne allen Grund bestreitet Beklagte die Berechtigung der
vormundschaftlichen Behörde, in Fällen der vorliegenden Art einen
Specialvormund zu bestellen, dessenungeachtet aber den in Function
stehenden Vormund beizubehalten. Der Fälle, in welchen das Vor-
mundschaftsgericht im Interesse des Pflegebefohlenen zu einer derartigen Maßregel verschreiten kann und muß, lassen sich verschiedene
denken. Namentlich wird diese Maßnahme gerechtfertigt sein, wenn
in Bezug auf gewisse Angelegenheiten das Interesse des Vormundes
mit dem des Pflegebefohlenen collidirt, wenn der Vormund Gläubiger
oder Schuldner des Pflegebefohlenen ist und die Ansprüche des einen
oder des anderen Theiles klagbar gemacht werden sollen, oder wenn,
wie im gegenwärtigen Falle, der Vormund die von ihm verlangte
Mitwirkung zur Ausführung eines Anspruchs an eine dritte Person,
dessen Verfolgung im Rechtswege die Behörde im Interesse des Pflegebefohlenen für nothwendig erachtet, versagt. Die Vormundschaftsordnung von 1782 schreibt sogar für derartige Fälle ein Verfahren,
wie es hier beobachtet worden ist, wiederholt ausdrücklich vor.
Vormundsch.-Ordn. Cap. V. §. 5., Cap. VI. §. 8., Cap. VIII.
§. 3., Cap. XV. §. 5, 10, 16.
Ist aber, wie aus dem Zeugnisse sub A. erhellt, Kläger zum Behufe
der Geltendmachung der libellirten Ansprüche als Specialzustands-
vormund des geisteskranken Ehemannes der Beklagten bestellt, so
kann es auch nicht zweifelhaft sein, daß ihm das dominium litis in
dieser Sache zusteht.“
(Urthel des O.-A.-G. in Sachen Berger in cura status W—'s
÷ Wernerin, vom 10. Dec. 1861. — Ger.-Amt Leipzig.)

39.

Wenn für die Lieferung bezüglich Abnahme erkaufter
Waaren ein bestimmter Zeitpunkt festgesetzt worden, so
kann bei Nichtinnehaltung desselben Seiten des einen oder
andern der Contrahenten sofort auf das id, quod interest
geklagt werden. — Realoblation des Kaufpreises ist zur
Herbeiführung der mora des Verkäufers nicht nöthig,
wenn der letztere vor Eintritt des Lieferungstermins

[*)] Wochenbl. f. m. R. Jahrg. 1862. S. 268 f.

bereits die Vertragserfüllung verweigert hat. — Was ist
unter marktgängiger Waare zu verstehen?

„Man ist nicht der Meinung, daß Kläger unter den in der
Klage angegebenen Umständen schlechterdings auf Erfüllung des abgeschlossenen Vertrages, mithin auf Lieferung der von ihm bestellten
2500 Bund Tafelglas gegen Beklagten hätte klagen müssen und daher ein sofortiger Anspruch auf Schadenersatz wegen verweigerter
Lieferung als solcher überhaupt unstatthaft sei. Denn in dem Falle,
wenn für die Lieferung einer Waare ausdrücklich oder, nach Art und
Zweck des Vertrags, indirect ein bestimmter Zeitpunkt zwischen den
Contrahenten festgesetzt worden ist, die Lieferung aber nicht zum bestimmten Termine erfolgt, kann bekanntlich der Abkäufer, wenn er
nur selbst zu rechter Zeit zu contractgemäßer Abnahme bereit war —
wie dieses auch im umgekehrten Falle auf Seiten des Verkäufers bei
nicht erfolgender rechtzeitiger Abnahme der Waare Platz ergreift —
nach seiner Wahl anstatt auf Erfüllung ohne Weiteres auf das id,
quod interest gegen den säumigen Mitcontrahenten klagen, weil ihm
eine andere, als die verabredete Leistung — und dieses würde eine
Leistung nach Ablauf des dafür bestimmten Zeitpunkts sein — von
dem anderen Theile nicht aufgedrungen werden darf, und ihn der
Umstand, daß eine bestimmte Zeit der Lieferung festgesetzt war, des
Beweises überhebt, daß eine spätere Lieferung Seiten des Verkäufers
ihm unnütz sein werde. Es ist dieses ein Satz, welcher ebenso gewiß
durch unverwerfliche Quellenzeugnisse des römischen Rechts sich begründen läßt,

vergl. L. 4., L. 10., L. 12., Cod. de act. emt. vend.
(IV, 19)

wie er durch die practische Nothwendigkeit der bestehenden Verkehrs-
verhältnisse und durch das Wesen sogenannter Lieferungsgeschäfte geboten wird, und hat derselbe daher nicht allein vorlängst schon in der
Wissenschaft Eingang gefunden,

vgl. Pöhls, das Handelsrecht, I. Bd. §. 48. S. 292 f.
verb. mit §. 86. unter 3. S. 370 f. u. §. 87. S. 372 f.
Brinckmann, Lehrb. des Handelsr. §. 98, 99, 100. S. 373 f.
Gelpcke, Zeitschr. für Handelsr., über den Rücktritt von
einem zweiseitigen Vertrage und die Differenzklage in
Handelssachen, 1. Heft. S. 3 f., insonderheit S. 29 f.
Treitschke, Kaufcontract, §. 63. S. 142. §. 80. S. 179.
§. 91. S. 219.
Siebenhaar, „Inwieweit kann und inwieweit muß die actio
emti auf Tradition der gekauften Sache gerichtet werden,“
in der Zeitschr. für Rechtspfl. u. Verw. N. F. Thl. X.
S. 205 f.

sondern auch das Oberappellationsgericht hat denselben in neuerer
Zeit constant beim Rechtsspruche befolgt,

vergl. Annalen des D.-A.-G. I. Bd. S. 336. f. u. S. 476 f. wie er denn ganz neuerlich durch das mittelst Gesetzes vom 30. Oct. 1861 in Sachsen eingeführte allgemeine deutsche Handelsgesetzbuch in §. 354 f. auch sogar gesetzliche Sanction gefunden hat.

Nun hat, so viel den gegenwärtigen Fall anlangt, das zwischen dem Kläger und dem Handlungsreisenden Beklagtens am 29. Oct. 1860 aus Anlaß des zwei Tage vorher die Stadt L. betroffenen Schloßenwetters zum Abschluß gekommene Lieferungsgeschäft eine solche Quantität von Tafelglas zum Gegenstande gehabt, wie sie von dem Kläger zwar bei dem außergewöhnlichen localen Bedürfnisse mit Leichtigkeit sofort, nach Wegfall des Bedürfnisses dagegen voraussetzlich nur nach und nach in längerer Zeit abgesetzt werden konnte, und wie daher nach Klägers Behauptung Beklagter verpflichtet gewesen wäre, das ganze Quantum von 2500 Bund Tafelglas im Laufe der nächsten 8—14 Tage dergestalt ihm zu liefern, daß längstens in den nächsten 4 Tagen eine Fuhre mit 3—400 Bund zu liefern und in gleicher Maße in gleichen Fristen fortzufahren war, so liegt es auf der Hand, daß eine rechtzeitige Lieferung allein eine annehmbare gewesen sein, eine jede nachträgliche Erfüllung des Contracts aber dem ausgesprochenen Zwecke des Vertrags nicht mehr entsprochen haben würde. Andererseits aber bedurfte es noch der der Klage zufolge schon am 2. Sept. Seiten des Beklagten durch seinen Procuristen erklärten Weigerung, den Vertrag überhaupt zu erfüllen, nicht erst noch einer besondern Realoblation des Kaufpreises Seiten Klägers an den Verfalltagen der einzelnen Lieferungen, um den Beklagten deshalb in Verzug zu setzen; Kläger war vielmehr an und für sich betrachtet ohne Weiteres auf Schadenersatz mittelst der actio emti zu klagen vollständig befugt, und soweit er anstatt der Klage auf Contractserfüllung sein Petitum auf Entschädigung gerichtet hat, steht daher dem Libell ein Bedenken nicht entgegen. Allein, was den Schadenanspruch als solchen anlangt, so hätte derselbe, wie die vorige Instanz Bl. — mit Recht bemerkt, anders als zeither begründet werden müssen.

Wiefern nämlich zuvörderst in der Klage unter Anderm gesagt wird: der am Platze auf 2 Thlr. gestiegene Verkaufspreis für das Bund Tafelglas sei bei dem damals notorisch ungewöhnlichen Bedarfe der zur Zeit der Klaganstellung übliche und der Marktpreis geworden und Kläger, wie es hiernach den Anschein gewinnt, sich für befugt erachtet, auf den Grund der Seiten des Beklagten verhangenen mora als Schadenersatz ohne Weiteres die Preisdifferenz von 18 Ngr. einzuklagen, welche sich für jedes Bund Tafelglas herausstellt, wenn man von dem vorgedachten angeblichen Marktpreise den Betrag des zwischen den Partheien vereinbarten Lieferungspreises von 1 Thlr. 12 Ngr. für das Bund abzieht, so beruht dieses Verlangen, wenn es nicht überhaupt auf irrthümliche factische Voraussetzungen sich gründet, jedenfalls auf einer unrichtigen Anwendung eines an sich ganz richtigen Grundsatzes auf den vorliegenden Fall. Zwar kann bei vorhandener mora des Verkäufers in Erfüllung eines Lieferungsgeschäfts der nicht in mora befindliche Käufer, wenn er statt der Naturalerfüllung das id, quod interest am Lieferungstage fordert, als Gegenstand des Schadenersatzes unter gewissen Umständen sofort die Differenz fordern, welche zwischen dem vereinbarten Kaufpreise und dem Markt- und Börsenpreise zur Zeit und am Orte der geschuldeten Leistung besteht, ohne daß er nöthig hat, erst noch den Nachweis zu liefern, daß er Gelegenheit gehabt hätte, die Waare weiter zu verkaufen und unbeschadet des Rechts, einen erweislich noch höheren Schaden daneben noch geltend zu machen. Allein dieser Grundsatz bezieht sich', wie dieses in der Natur der Sache liegt und auch von dem Oberappellationsgerichte in den oben angezogenen Entscheidungen ausgesprochen sich befindet, nur auf sogenannte marktgängige, d. h. solche Waaren, die nach bestimmten, je nach Verschiedenheit der eintretenden Conjuncturen steigenden und fallenden Markt- oder Börsenpreisen (Cursen) gekauft und verkauft werden und eben darum erfahrungsmäßig fortwährenden Cursschwankungen unterliegen, wie dieses außer bei cursirenden Staats- und anderen Werthpapieren regelmäßig nur bei Fungibilien, wie z. B. Getreide, Oel, Spiritus u. s. w. stattfindet. Dasselbe auch bei anderen Handelsartikeln anzunehmen, verbietet einfach schon der Umstand, daß Waaren, welche nicht in gleicher Weise Gegenstand des Markt- und Börsenverkehrs sind, einen Marktpreis in obigem Sinne, wenn man unter solchem denjenigen Preis zu verstehen hat, welcher für Waaren im Markt- und Börsenverkehre zu einer bestimmten Zeit an einem gewissen Handelsplatze allgemein verlangt und gewährt wird,

vergl. Brinckmann, a. a. O. §.69. not. 4. S. 270.

überhaupt nicht haben und es daher für derartige Waaren an einem sichern Maßstabe für die Quantificirung des id, quod interest, wie solcher bei marktgängigen Waaren besteht, gänzlich ermangelt. Wie nun Tafelglas im Allgemeinen zu denjenigen Handelsartikeln, welche regelmäßig im Markt- und Börsenverkehre umgesetzt werden, bekanntlich nicht gehört, so liegt es auch auf der Hand, daß für diese Waarenbranche weder überhaupt ein fester Marktpreis besteht, noch auch insonderheit zu dem hier in Rede stehenden Zeitpuncte in L. ein solcher bestanden hat, man müßte denn annehmen, daß eine plötzliche Preissteigerung eines gewissen Artikels, auf den Grund des durch ein außergewöhnliches Ereigniß hervorgerufenen augenblicklich gesteigerten localen Bedürfnisses, allein schon im Stande sei, aus einer Waare, die es sonst nicht ist, eine marktgängige Waare und ihren Preis zu einem Marktpreise in obigem Sinne zu machen, wie Kläger zu glauben scheint; eine Annahme, welche jedoch augenscheinlich und um so gewisser eine unrichtige sein würde, als im Gegentheile der durch ein allgemeines örtliches Bedürfniß hervorgerufene augenblickliche Nothstand, verbunden mit dem Erfahrungssatze, daß in Fällen solcher

Art der Einzelne öfters, je schneller er bedient sein will, um so höhere Preise gern verwilligt, diejenige, wenn auch nur vorübergehende Gleichmäßigkeit des Preises ausschließt, welche gerade das Charakteristische im Wesen des Marktpreises ist. Es enthält hiernach das obengedachte Anführen Klägers in Betreff eines zur Zeit der Klaganstellung angeblich bestandenen Marktpreises des Tafelglases nichts weiter als eine einseitige Behauptung, welche, ganz abgesehen selbst davon, daß darüber unter allen Umständen nicht der Eid deferirt werden konnte, aus den angegebenen Gründen als unrichtig sich darstellt, nicht zu gedenken des Widerspruchs, dessen Kläger insofern sich schuldig machte, als nach seinem Anführen Beklagter die 2500 Bund Tafelglas nach und nach und dergestalt, daß die erste Lieferung von 3—400 Bund in den nächsten 3 oder 4 Tagen nach dem am 29. August erfolgten Vertragsabschlusse, die übrigen Lieferungen aber innerhalb 14 Tagen von da ab noch erfolgen konnten, zu liefern gehabt haben soll, gleichwohl Kläger die geforderte Differenz nach einem bei Anstellung der Klage, am 4. Sept., angeblich gestandenen Marktpreise petirt — also geklagt hat zu einer Zeit, wo er noch gar nicht wissen konnte, wie künftig zur Verfallzeit der zweiten und der folgenden Lieferungen die Preisverhältnisse sich gestalten würden."

(Urthel des O.=A.=G. in Sachen Shrutschöck ÷ Röhrig, vom 10. Dec. 1861. — Ger.=Amt Leipzig.)

40.

Auch im possessorio summario muß die innere Beschaffenheit der Besitzacte geprüft und insbesondere das Vorhandensein der opinio juris dabei erfordert werden.

„So richtig und in den Gesetzen (Decis. 15. vom Jahre 1661; Anhang der Erl. Proc.=Ordn. §. 20.) begründet der Satz ist, daß in possessorio summario nicht auf das beste Recht oder den älteren und richtigeren Besitz, sondern allein auf das factum possessionis zu sehen ist und die in das petitorium gehörige Frage nach dem rechtlichen Fundamente des factischen Besitzstandes in der Regel sogar vom possessorischen Processe völlig ausgeschlossen bleiben muß, so führt dieß doch nicht zu der Folgerung, daß jeder factische Zustand ohne Weiteres auch als Ausdruck eines Besitzstandes desjenigen zu gelten habe, welcher jenen Zustand in irgend einer Weise benutzt hat und an dessen Fortdauer ein Interesse zu haben behauptet. Am wenigsten läßt sich, wenn man mit dem Kläger Bl. — davon ausgeht, daß der summarische Besitzproceß dem römischen Interdictenprocesse nachgebildet sei, eine gewissermaßen so rein äußerliche Auffassung der Besitzfrage, wie solche von dem Kläger Bl. — aus dem römischen Rechte abgeleitet wird, rechtfertigen. Nach römischem Rechte wurden die interdicta retinendae possessionis nicht blos, wie übrigens auch das Particularrecht (Mand. v. 30. März 1822. §. 2.) für den summarischen Besitzproceß ausspricht, demjenigen, welcher vi, clam, precario ab adversario besitzt (§. 4. Inst. de interd.), sondern überhaupt auch dann verweigert, wenn die Umstände gegen die Voraussetzung sprechen, daß der angebliche Besitzer den Besitz für sein eigenes Privatinteresse ausgeübt habe. (l. 1. §. 6. l. 7. D. de itin. actuque priv.; l. 25. D. quemadm. serv. amitt.)

In beiden Beziehungen ist also in eine Prüfung der Besitzacte, ihrer inneren Beschaffenheit nach, soweit nach Lage der Sache dazu Veranlassung vorhanden ist, auch für die Frage des provisorischen Besitzschutzes einzugehen und insbesondere das Vorhandensein der opinio juris nach der vom Oberappellationsgerichte schon im Jahre 1842 (Registr. II. Sen. no. 420/400 desselben Jahres) angenommen und seitdem wiederholt befolgten Rechtsmeinung in Bezug auf solche Besitzhandlungen, auf welche das possessorium summarium gegründet wird, allerdings zu prüfen.

Gerade in dieser Beziehung hat aber Beklagte den vom Kläger behaupteten Besitzstand angefochten und man hat auch in jetziger Instanz nicht verkennen mögen, daß die erheblichsten Zweifel gegen die Annahme vorliegen, es habe Kläger das Wasser der nach Niederhermsdorf geführten Röhrenleitung in der in Klagabschnitt 9—16 angeführten Maße mit der Absicht und mit dem Zwecke der Ausübung eines privatrechtlichen Interesses benutzt" ꝛc. ꝛc.

(Urthel des O.-A.-G. in Sachen Berger ÷ Gemeinde Niederhermsdorf, v. 13. December 1861. — Ger.-Amt Döhlen.)

41.

Zur Lehre von der res judicata mit besonderer Beziehung auf die hereditatis petitio. — Beschränkung der Wirkung derselben, wenn in foro arresti entschieden worden.

„Die vorigen Instanzen sind darin einverstanden, daß die in Klagabschnitt 166—195. verbunden mit den Klagbeifugen VII—IX. dargestellten processualischen Vorgänge, bei welchen das der Pflegebefohlenen Klägers gegenüber der Beklagten zustehende vorzüglichere Erbrecht auf den Nachlaß G.—'s in specieller Beziehung auf einen zu diesem Nachlasse gehörigen Forderungsbetrag vor den kurfürstl. hessischen Gerichten bereits zur Geltung und richterlichen Anerkennung gelangt ist, nicht geeignet sind, die vorliegende Klage zur actio judicati zu erheben. Kläger hat in dem Bl. — aufgestellten gravamen, dessen Tendenz nicht blos die Frage, ob Klägern überhaupt die Beweislast treffe, sondern auch die Frage berührt, was er zu beweisen habe und ob der Nachweis der behaupteten rechtskräftigen Entscheidung allein genüge, diese Ansicht der vorigen Instanz bekämpft und das Vorhandensein der res judicata zu Gunsten seiner Pflegebefohlenen ausführlich darzulegen gesucht. Man hat jedoch in jetziger Instanz diese Ausführung für gelungen nicht erachten können.

Darin ist allerdings dem Kläger beizupflichten, daß an sich die hauptsächliche Bedingung der exceptio oder replica rei judicatae, die Identität der Rechtsfrage und der Partheien

l. 3., l. 7. §. 4. D. de exc. rei jud. (44, 2.)

zweifellos vorhanden ist.

In dem vor den kurfürstl. hessischen Gerichten in den Jahren 1843 bis 1846 anhängig gewesenen Rechtsstreite, in welchem die Pflegebefohlene Klägers den sub 1—3 genannten Verwandten des Erblassers und unter ihnen der jetzigen Beklagten, als alleinige Erbberechtigte des von G.schen Nachlasses entgegengetreten ist, hat es sich ganz ebenso wie in dem gegenwärtigen Processe um die Existenz des behaupteten alleinigen und ausschließlichen Erbrechts gehandelt. Es ist damals durch richterliche Entscheidung dieses Erbrecht anerkannt und auf dessen Grund der Pflegebefohlenen Klägers mit Ausschluß der gedachten übrigen Erbprätendenten, welchen zugleich mit ihr der Besitz des von G.schen Nachlasses auf vorausgegangenes Edictalverfahren provisorisch überwiesen worden war, ein nachträglich zum Nachlasse eingegangener Zinsenrückstand in dem deshalb entstandenen Rechtsstreite rechtskräftig zugesprochen worden. Daß diese richterliche Entscheidung damals nicht den ganzen von G.schen Nachlaß, sondern nur den gedachten einzelnen Bestandtheil desselben zum Gegenstande gehabt hat, ist auf die rechtliche Natur der exceptio rei judicatae ohne Einfluß. Die unter den Partheien streitige Rechtsfrage ist damals das vorzüglichere, die Gegner ausschließende, Erbrecht der Pflegebefohlenen Klägers gewesen, und, wie Kläger richtig bemerkt, folgt schon aus der Universalität dieses Rechts, daß dessen rechtskräftige Anerkennung weiter greift, als nach dem einzelnen Gegenstande, welcher die Veranlassung zur richterlichen Cognition darüber gegeben hat. Auch beim Streite über einen einzelnen Erbschaftsgegenstand, welchen er als Erbe fordert, macht der Kläger sein Erbrecht in der Totalität, vermöge deren es alle zur Erbschaft gehörigen körperlichen Gegenstände und Rechte umfaßt, geltend, und wie daher seine Abweisung mit der speciellen Klage auf die einzelne res hereditaria die exc. rei judicatae wider die nachmalige hereditatis petitio des Ganzen begründet, so gewährt ihm auch umgekehrt sein Obsiegen mit der letzteren in Betreff des einzelnen Erbschaftsgegenstandes die exceptio oder replica rei judicatae in Ansehung der übrigen Bestandtheile der Erbschaft, über welche in dem vorausgegangenen Erbschaftsprocesse speciell weder gestritten noch entschieden worden ist.

l. 4, l. 18. §. 2, l. 19. pr. D. de hered. pet. (5, 3.)
l. 7. §§. 4. 5. l. 15. D. de exc. rei jud. (44, 2.)
v. Savigny, System des heutigen röm. Rechts. Bd. VI. S. 323, 430 f.
Keller, Litiscontestation, S. 224 f.
Endemann, Princip der Rechtskraft. S. 83 f.

Die Ueberzeugung des Richters, daß der klagenden Parthei das behauptete Erbrecht zustehe, ist im letzteren Falle zwar nicht zu einem formellen wörtlichen Ausdrucke in der Disposition der Entscheidung gelangt, sie bildet aber die nothwendige, von der Disposition nicht zu trennende objective Unterlage der Entscheidung. Wenn daher der streitige Ausstand der Pflegebefohlenen Klägers zugesprochen worden ist, weil sie ihr besseres, die Beklagte ausschließendes Erbrecht nachgewiesen hat, so steht der nurgedachte Grund dieses Ausspruchs nach der richtigen Ansicht über die Rechtskraft der Entscheidungsgründe,

> v. Savigny, a. a. O. S. 350 f.

welcher auch das Oberappellationsgericht sich angeschlossen hat,

> Zeitschr. f. Rechtspfl. u. Verw. N. F. Bd. V. S. 385 f.
> Bd. VI. S. 201 f.
> Annalen des O.-A.-G., Bd. I. S. 237 f.

mit dem Ausspruche selbst in Beziehung auf die Fähigkeit zur Rechtskraft auf gleicher Linie, denn das Erkenntniß erhält dann der Sache nach den zwiefachen Ausspruch, daß die Klägerin als alleinige Erbin anerkannt und ihr als solcher das Streitobject zuerkannt wird, wobei es materiell irrelevant bleibt, daß blos der zweite Theil des richterlichen Ausspruchs in wirklich dispositiver Form gegeben ist.

Die vorgedachten Erwägungen haben jedoch aus dem von der zweiten Instanz entwickelten Grunde zu einer Abänderung des vorigen Erkenntnisses nicht führen können.

So wenig der Umstand, daß der unter den Partheien entschiedene Vorproceß lediglich einen einzelnen Theil des v. G.schen Nachlasses betroffen hat, an sich und nach allgemeinen Grundsätzen die Consequenzen der Rechtskraft in Beziehung auf den gesammten Nachlaß auszuschließen vermag, so treten doch diesen Consequenzen die besonderen und eigenthümlichen Verhältnisse des gedachten Rechtsstreites entschieden entgegen. Klägers jetzige Pflegebefohlene hat dem Anführen in Klagabschnitt 174. und 175. zufolge (vergl. die Klagbeifugen VII. und IX.) im Jahre 1843 auf einen zum v. G.schen Nachlasse gehörigen, in den Händen des Oberger.-Anwalts H. befindlichen Zinsenbetrag von 580 Thlrn. 17 Ngr. 6. Pf. Arrestschlag ausgebracht und in Verfolg des hieran geknüpften Hauptprocesses die Bl. — abschriftlich beigebrachten Entscheidungen des Obergerichts beziehendlich Oberappellationsgerichts zu Kassel erlangt, durch welche Jene nach vorgängiger Ableistung eines Legaleides für allein erbberechtigt hinsichtlich des Arrestobjects erklärt und die damaligen Beklagten verurtheilt worden sind, dessen Verabfolgung an sie zu bewirken, beziehendlich geschehen zu lassen. Die genannten kurfürstl. hessischen Gerichte sind mithin nur als forum arresti zu der Entscheidung in der fraglichen Differenz unter den v. G.schen Erbprätendenten berufen worden und insbesondere hat das Obergericht zu Kassel sowohl Bl. — als in dem Purificationsbescheide Bl. — in Festhaltung der ihm als forum arresti gezogenen Grenzen seiner Competenz klar und bestimmt ausgesprochen, daß durch den anhängigen Proceß der Erbschaftsstreit nur in Betreff des mit Arrest bestrickten Betrags von 580 Thlrn. 17 Ngr. 6 Pf. entschieden werde, da nur insoweit die Competenz des angegangenen Gerichts begründet sei. Etwas dem Entgegenstehendes, den Competenzpunkt Abänderndes ist auch in dem Erkenntnisse des Oberappellationsgerichts zu Kassel nirgends ausgesprochen. Die erkennenden Richter selbst haben sonach der Ausdehnung ihrer Entscheidung über das specielle Nachlaßobject hinaus, welches zu der Prüfung des Erbrechts der streitenden Theile Anlaß gegeben hat, zur Genüge vorgebeugt und Kläger kann sich folgerecht zu Begründung seines damit in directem Widerspruche stehenden Verlangens in keinem Falle auf die nurgedachten Erkenntnisse mit Erfolg beziehen. Wäre aber auch dieser formelle Gesichtspunkt in den Vorerkenntnissen weniger klar und entschieden, als geschehen, festgehalten worden, so würde dieß doch der Beklagten für den gegenwärtigen Proceß nicht präjudiciren: Der Eintritt der Rechtskraft setzt selbstverständlich eine Entscheidung voraus, welche ihrer formellen Beschaffenheit nach geeignet ist, Rechtskraft zu erlangen, mithin zunächst und vor Allem die Competenz des entscheidenden Richters. Die oben bemerkten richtigen Grundsätze, von welchen Kläger ausgegangen ist, würden zu seinen Gunsten maßgebend werden, wenn der rechtskräftige Ausspruch über das Erbrecht der damaligen Klägerin in Bezug auf das einzelne Streitobject von demjenigen Richter ertheilt worden wäre, welcher auch zu der Entscheidung über das Erbrecht in seinem ganzen Umfange, wäre solches vor ihm in judicium deducirt worden, competent gewesen sein würde. Diese Competenz ist aber, wie dem Acteninhalte gemäß anzunehmen ist und von Klägern nirgends bezweifelt wird, den kurfürstl. hessischen Gerichten abgegangen und damit erledigt sich jede über den damaligen Streitgegenstand hinausgehende Wirkung ihrer Entscheidung von selbst. Die damaligen Beklagten haben auch zu ihrer Sicherung wider jedes aus derselben mögliche Präjudiz einer ausdrücklichen Verwahrung oder eines besonderen Schutzmittels, wie sie zu gleichem Zwecke schon das römische Recht, obwohl hauptsächlich zum Schutze Klägers gegen die Nachtheile der processualischen Consumtion kennt,

vgl. Keller, a. a. O. S. 509 f.
Endemann, a. a. O. S. 85.

nicht bedurft. Denn zu dem definitiven Austrage über die Zuständigkeit ihres Erbrechts konnte es in dem forum speciale des Arrestes den Rechten nach nicht kommen und die bloße Beruhigung der Beklagtem bei dem, was in diesem verhandelt und entschieden worden ist, darf daher nicht als stillschweigende Anerkennung einer gar nicht in Frage gekommenen Competenz ausgelegt werden. Die rechtlichen Unterlagen einer actio judicati sind demnach nicht vorhanden, während die Frage, ob und inwieweit die Ergebnisse des mehrgedachten Vorprocesses bei der

rechtlichen Beurtheilung des gegenwärtigen Rechtsstreites eine materielle Bedeutung erlangen können, zur Zeit nicht zu erörtern ist."

(Urthel des O.-A.-G. in Sachen des Curat. stat. der verehel.
v. F. ÷ verehel. v. C. v. 17. Dec. 1861. — Ger.-Amt Camenz.) .

42.

Fall der Abweisung einer auf den Wettpreis gerichteten
Klage wegen Mangels näherer Angabe der Vermögensverhältnisse des Beklagten.*)

„Wenn man es bei der Abweisung der Klage auch in jetziger
Instanz hat bewenden lassen, so ist dieses nur darum geschehen, weil
die vorliegende Klage über die Erwerbs- und Vermögensverhältnisse
der Partheien viel zu wenig Unterlagen darbietet, als daß sich beurtheilen ließe, ob der beiderseits vereinbarte Wettpreis, insonderheit der
jetzt dem Beklagten zur Zahlung angesonnene, ein- den Umständen
angemessener und nicht zu hoher sei. Denn zu hohe Wetten sind
bekanntlich gesetzlich verboten, und wenn auch die unverhältnißmäßige
Höhe des Wettpreises im einzelnen Falle in der Regel wenigstens nicht
die Ungültigkeit des ganzen Wettvertrags zur Folge hat, so unterliegt doch die Frage, ob und inwieweit der Wettpreis ein zu hoher
sei oder nicht, jederzeit dem Ermessen des Richters, dem hierunter soweit nöthig ein Recht auf Ermäßigung zusteht. Zu diesem Ende ist
eine Angabe der einschlagenden Vermögensverhältnisse wenigstens in
den Fällen nicht zu entbehren, wo über die Verhältnißmäßigkeit der
Wettsumme Zweifel entstehen können. Erscheint es aber nach der
Ansicht des Oberappellationsgerichts bedenklich, die Bestimmung hierüber, wie Kläger ·Bl. — will, eintretenden Falles der Execution zu
überlassen, weil es bei der einschlagenden Frage mehrfach auf Erörterung solcher Thatsachen ankommt, bei welchen ein rechtliches Gehör
der Partheien und eine richterliche Entscheidung sich nothwendig
machen kann,

vgl. Zeitschrift für Rechtspfl. u. Verw. N. F. Thl. 18.
S. 169.

so war auch im vorliegenden Falle eine nähere Angabe der Vermögensverhältnisse des Beklagten in der Klage selbst nicht zu entbehren; dieß um so weniger, als die Lieferung von Fabrikgegenständen
im Werthe von 1000 Thalern, zu welchen Beklagter für den Fall
des Verlustes der Wette sich verpflichtet haben soll, an sich sowohl
wie im Vergleiche mit dem von dem Kläger versprochenen Gegensatze
von nur 200 Thalern augenscheinlich eine an sich verhältnißmäßig
hohe genannt werden muß."

(Urthel des O.-A.-G. in Sachen Serre ÷ Trautmann, vom
19. December 1861. — Ger.-Amt Dresden.)

---

*) Zu vergl. diese Zeitschrift N. F. Bd. 22. S. 183 f. Nr. 64.

43.

Zu §. 37. der mittelst Verordnung vom 2. März 1849 publicirten Grundrechte ꝛc. u. §. 14. des Gesetzes vom 25. Nov.
1858, das Jagdrecht auf fremdem Grund und Boden betr.

„Nach der der Klage zu Grunde liegenden Urkunde unter I. hat
unter dem 21. October 1834 Beklagter auf den Grundstücken des ihm
gehörigen Erblehngutes N. die hohe, Mittel- und Niederjagd zur
Koppel gegen einen jährlichen, mit 200 Thlrn. ablösbaren Canon
von 8 Thlrn. Conv.-Münze von dem Staatsfiscus erblich überlassen
erhalten und damit ein Recht, welches bis dahin als ein von seinem
Eigenthume abgelöster, einer dritten Person gehöriger Bestandtheil
sich darstellte, wieder an sich gebracht. Schon hieraus ergiebt sich,
daß sich gegen die Verpflichtung des Beklagten zur Fortentrichtung
des gedachten Canons aus der im §. 37. der mittelst Verordnung
vom 2. März 1849 publicirten Grundrechte enthaltenen Bestimmung
ein Einwand nicht ableiten lasse. Denn diese befaßt ihrem unzwei-
deutigen Wortlaute nach nur die Jagdgerechtigkeit auf fremdem Grund
und Boden, während in Folge des obgedachten Vertrags das fragliche
Koppeljagdbefugniß ein jus in re aliena zu sein aufhörte und Aus-
fluß des Eigenthums an dem früher damit behaftet gewesenen fundus
ward.

Wollte und könnte man aber auch annehmen, daß die bis in das
Jahr 1834 auf einem Theile der Grundstücke des Beklagten dem
Staatsfiscus zuständig gewesene Koppeljagd von diesem nicht durch
einen lästigen, mit dem Eigenthümer des belasteten fundus abgeschlossenen Vertrag erworben worden sei und sonach eine solche Berechtigung in sich begriffen habe, welche, wenn sie zur Zeit der Publication
der Grundrechte annoch bestanden hätte, nach letzteren ipso jure und
ohne alle Entschädigung erloschen sein würde, so würde doch auch
hieraus, insofern als der klagbar gemachte Anspruch auf ein bereits
vor Publication der Grundrechte eingegangenes Vertragsverhältniß
sich gründet, neueren Gesetzen aber nicht ohne Weiteres rückwirkende
Kraft beigelegt werden kann,

　　　Wochenbl. f. merkw. Rechtsf., Jahrg. 1851. S. 200.
zu Gunsten des Beklagten etwas nicht gefolgert werden können.

Auch bei Erlassung des Gesetzes, das Jagdrecht auf fremdem
Grund und Boden betreffend, vom 25. Nov. 1858, ist man, wie der
der Ständeversammlung vom Jahre 1857/58 vorgelegte desfallsige
Entwurf und die darüber stattgefundenen Verhandlungen der Kammern an die Hand geben, davon ausgegangen, daß diejenigen an den
Staatsfiscus zu entrichtenden jährlichen Canons, für welche vor dem
2. März 1849 Jagden auf eigenem Grund und Boden erworben worden, auf einem Vertragsverhältnisse beruhen, welches von §. 37. der
Grundrechte nicht berührt worden sei. Der Entwurf disponirte daher
im §. 15. (§. 14. des Gesetzes), daß die bis zu der nach demselben

eintretenden Wiedereröffnung der Jagd in Rückstand gelassenen Canons an den Fiscus für von demselben veräußerte Jagden nur in dem Falle, wenn der Erwerber der Jagdberechtigung Jagd auf fremdem Grund und Boden dritter Privatpersonen, nicht aber auch, wenn er solche auf dem eigenen Grund und Boden erworben habe, abzuschreiben seien. Nun wurde zwar der letztere Satz in Folge eines auf Antrag der ersten Deputation der zweiten Kammer sowohl von dieser, als auch von der ersten Kammer gefaßten Beschlusses ausgeschieden; allein es geschah dieses, wie der Bericht jener Deputation und die daran sich anschließenden Kammerberathungen an die Hand geben, nicht etwa, weil man der Bestimmung in §. 37. der Grundrechte eine größere Tragweite zuzugestehen sich veranlaßt gefunden hätte, sondern lediglich deshalb, weil man der Meinung war, daß „zu möglicher Verhütung entstehender Ungleichheiten der in dem Entwurfe ausgesprochene Erlaß rückständiger Canons auch auf solche zu erstrecken sein möchte, für welche Jagden auf eigenem Grund und Boden erworben worden."

Mittheilungen über die Verhandlungen des Landtags 1857/58 zweite Kammer, Bd. I. S. 727, 737., erste Kammer, Bd. II. S. 1251 f.

Hieraus ergiebt sich zugleich, daß die Ansicht des Beklagten, als leide die Bestimmung im §. 14. des angezogenen Gesetzes, nach welcher von Zeit der Publication des letzteren an jährliche Canons für Jagden auf nicht fiscalischem Grund und Boden wiederum abzuführen sind, auf an den Staatsfiscus für auf eigenem Grund und Boden erworbene Jagden zu entrichtende Canons keine Anwendung, vollständig unbegründet sei. Nicht weniger grundlos ist aber auch die Behauptung des Beklagten, als sei das Recht des Klägers auf fernere Gewährung des in Rede stehenden Canons, weil ersterer hierunter innerhalb der im §. 1. des Gesetzes vom 25. Nov. 1858 geordneten Präclusivfrist mit einem Antrage nicht hervorgetreten, erloschen; denn diese Gesetzesdisposition berührt, wie deren Eingang deutlich hervorhebt, nur Jagdberechtigungen auf fremdem Grund und Boden, welche durch Artikel 37. der Grundrechte ohne Entschädigung aufgehoben worden sind und kann daher in keiner Weise auf Fälle der vorliegenden Art bezogen werden."

(Urthel des O.-A.-G. in Sachen des Procurat. des Staatsfiscus im Königreich Sachsen ÷ von Friesen, vom 30. December 1861. — Ger.-Amt Rötha.)

44.

Die Anmeldung einer Forderung im Concurse unterbricht den Lauf der Extinctivverjährung, und zwar dergestalt, daß mit Beendigung des Concurses durch Ausschüttung der Masse eine neue Verjährung für den in letzterem nicht oder nicht vollständig zur Perception gelangten Gläubiger

wegen seiner Forderung oder des nicht gedeckten Theiles
derselben eintritt.

„Gegen die Annahme, daß in dem vorliegenden Falle die Extinctivverjährung liquid entgegenstehe, würde sich dann nichts einwenden
lassen, wenn der Gesichtspunkt der schlummernden Verjährung der
einzige zu Gunsten der Kläger hierunter mögliche wäre und nicht vielmehr,
wie dieses nach der Ansicht des Oberappellationsgerichts in der That
der Fall ist, daneben noch und zwar in erster Linie vorliegend wäre
die Frage, ob nicht der Concurs als solcher, die Anmeldung des
Gläubigers vorausgesetzt, von dem Zeitpunkte an, wo diese letztere erfolgt, für die Zeit seiner Dauer für den betreffenden Gläubiger ein
sein Forderungsrecht perpetuirendes Rechtsmoment auch dem Gemeinschuldner gegenüber bilde, dergestalt, daß für den Gläubiger, wenn er
im Concurse ganz oder zum Theil mit seiner Forderung leer ausgegangen, wegen des Residui erst mit der Beendigung des Concurses
eine ganz neue Verjährung zu laufen beginne? Die Verfasser des vorigen Erkenntnisses haben zwar auch dieser Frage ihre Aufmerksamkeit
zugewendet, sich jedoch nach Bl. — für deren Verneinung entschieden,
indem sie der Meinung sind, daß die Anmeldung des Gläubigers im
Concurse der Regel nach und abgesehen von dem Ausnahmefalle, wo
dem Schuldner die eigene Vertretung des Creditwesens überlassen
werden kann, der Behändigung der Klage auf eine gegen den Schuldner erhobene Klage in Ansehung der den zeitherigen Verjährungs-
lauf aufhebenden Wirkung nicht gleichgeachtet werden könne — schon
darum nicht, weil die Klaginsinuation und die in ihr vorliegende Interpellation unmittelbar dem persönlich in Anspruch genommenen
Schuldner gegenüber wirksam werde, wogegen im Concurse bei Anmeldung der Forderung dieses Moment entweder gar nicht oder mindestens nicht nothwendig und direct hervortrete, als weshalb denn
auch der Liquidirung einer Forderung im Concurse in der Regel wenigstens der Effect einer Unterbrechung der Extinctivverjährung zu
versagen sei. Mit dieser Ansicht, wenn sie auch anscheinend Manches
für sich hat, kann man sich jedoch in jetziger Instanz nicht einverstanden erklären.

Betrachtet man nämlich die Frage, welchen Einfluß der Ausbruch des formellen Concurses auf die Verjährung der gegen den Gemeinschuldner bereits entstandenen Klagen äußere, zunächst vom
Standpunkte des liquidirenden Gläubigers — denn nur von solchen
Creditoren kann natürlich hier die Rede sein, da diejenigen, welche
nicht liquidiren und sonach auf antheilige Befriedigung ihrer Forderungen aus dem Concurse freiwillig verzichten oder vermöge Versäum-
nisses an rechtzeitiger Anmeldung also zu betrachten sind, wie in den
Entscheidungsgründen Bl. — ganz richtig bereits bemerkt sich findet,
abgesehen von der zu Gunsten der Wechselgläubiger hierunter nach §. 20.
des Gesetzes v. 7. Juni 1849 getroffenen besonderen Bestimmung, durch

den Concurs überhaupt gar nicht berührt werden — so wird sich zuvörderst so viel gewiß nicht bestreiten laßen, daß in der Anmeldung der Forderung beim Concurse eine in ihrer Wirkung der Klaganstellung objectiv völlig gleichstehende Willensäußerung des Gläubigers, sein Recht gerichtlich geltend zu machen, enthalten ist. Dieses um so gewisser, als der Gläubiger, welcher sich anmeldet, hierdurch eben dasjenige thut, wozu er durch den Concursrichter mittelst der erlaßenen Edictalien ausdrücklich provocirt worden ist. Giebt daher der Gläubiger durch seine Anmeldung von dem Zeitpunkte an, wo diese bewirkt wird, als einen solchen sich zu erkennen, von dem nicht gesagt werden kann, daß ihn eine Säumniß bei Verfolgung seiner Rechtsansprüche treffe, so kommt auch noch besonders in Betracht, daß die Anmeldung im Concurse auch noch überdieß der einzige Weg ist, wie während der Dauer des Concurses der Gläubiger zu einer Befriedigung gelangen kann, indem eine persönliche Klaganstellung gegen den Gemeinschuldner, wenn er solche wählen wollte, so lange der Concurs dauert, voraussichtlich erfolglos bleiben würde.

Wenn hiernächst die Verfaßer des vorigen Erkenntnißes, indem sie der Anmeldung im Concurse die Wirkung einer Interpellation absprechen, solches, wie gedacht, hauptsächlich darum thun, weil sie dem Schuldner gegenüber ein der Klaginsinuation analoges Verhältniß vermißen, so ist es zwar richtig, daß in dem Concurse, wie überhaupt, so namentlich wiefern es sich um die Prüfung der Verität der liquidirten Forderungen handelt, in der Regel wenigstens nicht der Gemeinschuldner, sondern der Concursvertreter dem einzelnen Gläubiger gegenüber steht. Nichtsdestoweniger betrifft dieser Satz, wie auch die Motiven Bl. — selbst nicht verkennen, doch immer nur die processualische Seite des Verhältnißes.

Das Obligationsverhältniß selbst, welches zwischen dem Gemeinschuldner und dem liquidirenden Gläubiger obwaltet, in materieller Beziehung, erleidet durch den Concurs nur insoweit eine Aenderung, als der Gläubiger aus der zur Vertheilung gelangenden Maße voll befriedigt wird, als weßhalb es unrichtig sein würde, wenn man behaupten wollte, daß nach erfolgter Güterabtretung ein jedes rechtliche Interesse an der Concursmaße und beziehendlich an dem Ausgange des Concursprocesses auf Seiten des Gemeinschuldners eo ipso erloschen sei — in welcher Beziehung man hier nur an die bis zur Ausschüttung der Maße immerhin denkbare Eventualität einer, durch einen unerwarteten Vermögenszuwachs plötzlich wieder herbeigeführten Rückkehr der Solvenz und an das jedenfalls dem Gemeinschuldner zuständige Recht auf den Ueberschuß der Maße erinnern will. Schon dieserhalb hat man anzunehmen, daß niemand anders als der Gemeinschuldner selbst, auch nach Eröffnung des Concurses materiell betrachtet, in gewißem Sinne wenigstens der Gläubigerschaft gegenübersteht, nur daß ihm die Disposition an dem abgetretenen Vermögenscomplexe entzogen ist und er je nach Verschiedenheit der ein-

schlagenden Beziehungen entweder von dem Güter- oder von dem
Rechtsvertreter factisch wie rechtlich repräsentirt wird. Die Richtigkeit dieser Anschauung ergiebt sich, um von anderen Momenten,
welche sich dafür anführen lassen, hier nur eines sehr wesentlichen zu
gedenken, recht deutlich aus der dem Locationserkenntnisse, wenn es
rechtskräftig geworden, auch dem Gemeinschuldner gegenüber beiwoh-
nenden Wirksamkeit. Denn während dieses, wenn die gegentheilige
Ansicht richtig wäre, nicht allein in Ansehung der Locirung der angemeldeten Forderungen, sondern auch, was den Anspruch über die
Existenz der Forderungen betrifft, dem Schuldner gegenüber so gut
als nicht vorhanden angesehen werden müßte, äußert sich bekanntlich
das Gegentheil in dem Falle, wenn es sich um die Frage handelt, ob
ein Gläubiger, welcher mit seiner Forderung im Concurse ganz oder
zum Theile leer ausgegangen, später nach der Beendigung des Concurses ein Nachforderungsrecht gegen den früheren Gemeinschuldner
geltend machen könne, indem solchenfalls in dem neuentstehenden
Rechtsstreite nach Befinden über das Vorhandensein der sonstigen
Voraussetzungen eines Nachforderungsrechts, niemals aber darüber
ein Zweifel obwalten kann, daß in Ansehung der rechtlichen Begründung der Forderung der Schuldner den Ausspruch der Locatoria ohne
Weiteres gegen sich gelten lassen müsse. So lange also einem Gläubiger unverwehrt ist, in dem angegebenen Falle auf den Grund des
ihm günstigen Inhalts der Locatoria, die sonstigen Voraussetzungen
für Geltendmachung eines Nachforderungsrechts vorausgesetzt, gegen
den Schuldner auf Nachzahlung Klage zu erheben — wie dieß in
der Praxis zu keiner Zeit bestritten worden ist, — so lange läßt sich
auch nicht behaupten, daß die Anmeldung in dem vorausgegangenen
Concurse den Gemeinschuldner persönlich unberührt lasse. Eben darum
aber muß nach der Ansicht des Oberappellationsgerichts dem Concurse,
für den darin als Liquidant aufgetretenen Gläubiger, von dem Zeitpunkte der Liquidation an auch in Ansehung der Verjährungsfrage
Wirksamkeit beigelegt werden, nicht darum, weil während der Dauer
des Concurses die Verjährung ruhe, sondern darum, weil in der Anmeldung selbst ein Interruptionsact zu erblicken ist, welcher, in der
Regel wenigstens, bis zu dem Zeitpunkte, wo der Concurs durch Ausschüttung der Masse seine Endschaft erreicht, als fortwirkend und das
Forderungsrecht perpetuirend gedacht werden muß.

Möge man nun, so viel den gegenwärtigen Fall anlangt, den
ursprünglichen Lauf der Extinctivverjährung schon von der Rechtskraft des am 9. Juli 1824 eröffneten condemnatorischen Bescheides
an, oder, was nach dem Obigen richtiger erscheint, erst vom 2. Nov.
desselben Jahres an berechnen, jedenfalls ist durch die später Seiten
des Gläubigers bewirkte Anmeldung der Forderung im Concurse des
Erblassers der Beklagten, welche am 29. März 1825 bewirkt worden
ist, die Verjährung dergestalt unterbrochen worden, daß deren Lauf
erst am 2. April 1827, wo die Ausschüttung der Masse erfolgt ist,

von Neuem beginnen konnte. Wenn nun zwischen diesem Tage und
dem Tage der Insinuation der vorliegenden Klage — dem 28. April
1858 — eine volle Verjährungsfrist nicht inne liegt, so stellt sich
auch die der Extinctivverjährung entlehnte Ausflucht der Beklagten
von selbst als unbegründet dar. Sie würde indessen, ganz abgesehen
von der angegebenen Erwägung, auch noch aus einem anderen
Grunde zurückzuweisen gewesen sein, und zwar darum, weil man im
Gegensatze von der in den Entscheidungsgründen Bl. — adoptirten
Ansicht der vorigen Instanz und im Anschlusse an die schon von dem
vormaligen Landesappellationsgerichte befolgte Praxis
vgl. Gottschalk, disc. for. Tom. III. cap. XVII. pag. 221.
den Grundsatz befolgt, daß derjenige, welcher im Concurse sich gemeldet hat, dort aber mit seiner Forderung nicht oder doch nur zum
Theile befriedigt worden ist und nachmals auf den ungedeckt gebliebenen Rest seiner Forderung den früheren Gemeinschuldner in rechtlichen Anspruch nehmen will, dieses anderergestalt nicht thun kann,
als wenn er sofort in der Klage in genügender Weise darauf sich zu
beziehen und eintretenden Falls den Beweis zu liefern vermag, daß
der Schuldner inzwischen wieder zu besserem Vermögen gekommen
und unbeschadet der zu dessen Gunsten in ihrer Wirkung auch nach
Beendigung des Concurses fortdauernden Rechtswohlthat der Competenz Zahlung zu leisten im Stande sei. Nach dieser Ansicht, wonach also solchenfalls der Nachweis genügender Solvenz auf Seiten
des klagenden Gläubigers Voraussetzung der Klagbarkeit ist, nicht
aber die Beantwortung der Frage, ob wirklich eine beachtliche Ver-
mögensverbesserung eingetreten oder nicht, dem Executionsstadio überlassen werden kann, wie man dieses bei Gläubigern, welche beim
Concurse sich nicht gemeldet haben, auch hierorts unbedenklich findet,
vgl. Zeitschr. f. Rechtspfl. u. Verw. N. F. Thl. 9. S. 168.
muß angenommen werden, daß für die Kläger oder beziehenblich deren
Rechtsvorgänger erst von dem Zeitpunkte der eingetretenen Verbesserung in der Vermögenslage ihres Schuldners an actio nata vorhanden war, woraus folgt, daß die vorliegende, insoweit, wie nicht zu
bezweifeln steht, ausreichend fundirte Klage aus dem Gesichtspunkte
der Verjährung an sich überhaupt gar nicht zurückgewiesen werden
konnte. So lange wenigstens nicht, als nicht etwa Beklagte — was
aber erst Sache der Exception gewesen sein würde — in schlüssiger
Weise und unter Angabe geeigneter Thatsachen darauf sich berufen
konnte, daß die Melioration der Vermögensverhältnisse ihres Erblassers schon vor so langer Zeit eingetreten sei, daß seit deren Eintritt eine Verjährungsperiode verflossen wäre, was jedoch Beklagte
nirgends behauptet haben, auch, weil seit der Beendigung des Concurses bis zur Klaganstellung überhaupt nicht einmal die volle Ver-
jährungszeit inne liegt, selbstverständlich nicht behaupten konnten.''
(Urthel des O.-A.-G. in Sachen verw. Jacob 2c. ÷ Schäfer 2c.,
vom 31. Dec. 1862. — Ger.-Amt Penig.)

45.

Ueber die Wirkung eines im Concurse zu dessen Beendigung unter den Gläubigern abgeschlossenen Vergleiches
gegenüber dem Gemeinschuldner bezüglich des Nachforderungsrechtes.

„Wie Kläger selbst in der Klage Bl — angeführt haben, auch
aus den beiliegenden B—schen Concursacten des Mehreren zu ersehen,
ist der zu dem Vermögen des Erblassers der Beklagten entstandene
Concurs nicht in dem gewöhnlichen Wege der rechtskräftigen Entscheidung und einer auf letztere gegründeten Vertheilung der Masse,
sondern vermittelst eines zwischen den sämmtlichen betheiligten Creditoren unter sich — wiewohl selbstverständlich unter Zuziehung des
Concursvertreters — noch vor Einholung einer Locatoria abgeschlossenen gerichtlichen Vergleichs beendigt worden, nach Maßgabe dessen
und des demgemäß abgeschlossenen vergleichsweise ebenfalls allerseits
genehmigten Vertheilungsplanes auf die damaligen Inhaber der klä-
gerischen Forderung in der Eigenschaft als chirographarische Gläubiger
auf ihre in Rechtskraft beruhende Gesammtforderung an Capital und
Zinsen ein Mehreres als eine Perceptionsrate von 4 Procent nicht
ausgefallen ist, welches Vergleichsquantum im Belaufe von 157 Thlr.
6 Ngr. 4 Pf. von ihnen auch in Empfang genommen worden, wiewohl nach ihrer ausdrücklichen Erklärung nur als eine zunächst auf
Kosten und Zinsen zu rechnende Abschlagszahlung und unter ausdrücklichem Vorbehalte ihres Anspruchs auf das Residuum an Capital, Zinsen und Kosten für den Fall, wenn der Gemeinschuldner später
wieder zu besserem Vermögen gelangen sollte.

Nicht als ob man nun der Meinung wäre, daß abgesehen von
dem Falle eines sogenannten pactum remissorium oder beziehentlich
eines pactum plurium im Sinne §. 17. des geschärften Bankerottirmandats vom 20. December 1766 — dergleichen hier sonach nicht
vorliegt — nach vergleichsweiser Beendigung eines Concurses schon
an sich ein Nachforderungsrecht auf Seiten der angemeldeten, aber
nicht voll befriedigten Creditoren cessire — insonderheit ein solches
in dem Falle eines zwischen den Creditoren unter sich, unter concurs-
gerichtlicher Mitwirkung, abgeschlossenen Vergleichs, wodurch der Concurs seine Endschaft erreicht hat, schlechterdings ausgeschlossen sei, es
müßte denn der Gemeinschuldner persönlich dabei concurrirt und zu
dem Vergleiche selbst und beziehentlich zu dem vorbehaltenen Nachforderungsrechte ausdrücklich seine Zustimmung gegeben haben. Denn
involvirt, wie bereits oben in anderer Richtung hin bemerkt worden
ist, der Concurs als solcher für die Creditoren, welche sich in ihm
gemeldet haben, einen modus tollendi obligationem lediglich dann
und insoweit, als er zur vollen Befriedigung derselben geführt hat;
so unterliegt es auch schon gemeinrechtlich keinem Zweifel, daß in der
Regel jeder Gemeinschuldner, auch der, welcher die Rechtswohlthat

der Güterabtretung ergriffen hat, zur Nachzahlung der im Concurse unbefriedigt gebliebenen Forderungen gehalten ist, nur daß bei einem Gemeinschuldner der letzteren Art diese Verbindlichkeit, wie gedacht, lediglich dann eintritt, wenn er ad meliorem fortunam gelangt ist, und auch solchenfalls mit Vorbehalt der ihm zuständigen Rechtswohlthat der Competenz.

L. 4. pr. L. 6. L. 7. Dig. de cess. bon. (42, 3.)

L. 7. Cod. qui bonis cedere possunt. (7, 71.)

L. 3. Cod. de bonis auct. jud. poss. (7, 72.)

Schweppe, System des Concursrechts, §. 87. S. 175. 3. Ausg.

Die sächsische Gesetzgebung, welche vorstehenden Satz nach §. 17. des geschärften Bankerottirmandats auch sogar in dem Falle angewendet wissen will, wo ein Gemeinschuldner das beneficium cessionis bonorum ergriffen und es hierauf zu einem pactum remissorium gekommen ist, welchem beizutreten die Minderzahl der Gläubiger durch den Beschluß der Mehrzahl derselben genöthigt wird, hat die Richtigkeit desselben durch die in der angezogenen Gesetzstelle zu lesenden Worte „als welches alles auch in dem Falle stattfindet, wenn der Concurs wirklich ausgebrochen ꝛc." in voller Allgemeinheit außer Zweifel gestellt. Wie daher in Sachsen nach der angezogenen Gesetzesstelle der debitor communis, dafern er nach getroffenem und erfülltem gerichtlichen Accorde zu besserem Vermögen gelangt, das von den Creditoren remittirte Quantum, ohne sich dawider mit dem pactum remissorium schützen zu können, jedoch „sonder einiges Interesse" und vorbehältlich des beneficii competentiae regelmäßig nachzuzahlen schuldig ist und nur bei außergerichtlichen Accorden, weil diese rein als Verträge zu behandeln sind, das Nachforderungsrecht anderergestalt nicht, als wenn es zwischen den Gläubigern und dem Gemeinschuldner ausdrücklich ausbedungen worden ist, Platz ergreift,

Haubold, Sächs. Privatrecht, §. 378.

Kind, Quaest. for. Tom. IV. c. 40. pag 236. ed. 2.

Kori, Concurs, §. 89. not. 583. S. 165. Ausg. 2.

so ist dagegen davon auszugehen, daß dann, wenn es zu einem Accorde gar nicht gekommen, vielmehr der Concurs wirklich zum Austrage gekommen ist, jeder hierbei nicht voll befriedigte Gläubiger, und zwar auch ohne sich einen Vorbehalt gemacht zu haben, sobald der Gemeinschuldner wieder zu besserem Vermögen gelangt ist, in der Regel wenigstens selbstständig das Nachforderungsrecht exerciren kann und zwar ohne erst abwarten zu müssen, ob die übrigen, ebenfalls unbefriedigten Gläubiger ein Gleiches thun oder nicht.

Kori, a. a. O., §. 122. S. 225.

Darauf, ob solchenfalls der Concurs in der regelmäßigen Form der Ausschüttung der Masse nach Maßgabe eines vorausgegangenen rechtskräftigen Locations- und beziehendlich Distributionsbescheids,

ober, wie dieses vorliegend der Fall gewesen ist, vermöge eines
zwischen den betheiligten Creditoren unter sich unter Zuziehung
des Concursvertreters zu Stande gekommenen Vergleichs seine Endschaft erreicht hat, kann nach der Ansicht des Oberappellationsgerichts
an und für sich betrachtet in der Beziehung auf das Nachforderungsrecht etwas nicht ankommen, man müßte denn, was die letztgedachte
Procedur anlangt, in einer solchen entweder einen stillschweigenden
Verzicht auf das Nachforderungsrecht, oder andernfalles ein eo ipso
schon dem Interesse des Gemeinschuldners zuwiderlaufendes Moment
erblicken. Von einer im Vergleichsabschlusse liegenden stillschweigenden
Verzichtleistung der Creditoren nun kann offenbar nicht die Rede sein,
am wenigsten dann, wenn die Gläubiger, wie dieß auf Seiten der
Rechtsvorgänger geschehen ist, eine derartige Voraussetzung durch
einen ausdrücklich erklärten Vorbehalt ausgeschlossen haben. Ebensowenig aber möchte sich eine Annahme der letzteren Art rechtfertigen
lassen, vielmehr findet dieselbe einfach ihre Widerlegung in §. 17. des
schon angezogenen Bankerottirmandats, wo vorgeschrieben ist, daß die
Gläubiger zum Abschlusse eines Vergleichs aufgefordert werden, dieserhalb auch, insoweit selbige nicht persönlich erscheinen, deren Man-
datare ad transigendum instruirt sein sollen, was offenbar nicht
geschehen sein würde, wenn nicht der Gesetzgeber selbst den Fall der
vergleichsweisen Beendigung des Concurses als erwünscht angesehen
hätte. Wenn nun auch in der That ein solcher Vergleich wegen der
damit verbundenen Ersparniß von Kosten, welche außerdem von der
Theilungsmasse abgehen würden, für die Gesammtheit der Gläubiger
ebenso wie für den Gemeinschuldner unbestreitbare Vortheile darbietet
und insonderheit die Kostenersparniß um so höher angeschlagen werden muß, je früher die betheiligten Creditoren sich zu einem derartigen
Vergleiche unter sich entschließen können, hiernächst die gerichtliche
Mitwirkung ebenso wie die Zuziehung des Concursvertreters, welcher
letztere, wie oben nachgewiesen worden ist, in gewissem Sinne wenigstens den Gemeinschuldner repräsentirt, einer ungerechtfertigten Bevorzugung eines Gläubigers vor dem andern beim Vergleiche, welche
in ihren Folgen auch auf den Gemeinschuldner selbst nachtheilig zu-
rückwirken könnte, hindernd entgegentritt, so rechtfertigt sich die Annahme, daß in Fällen der angegebenen Art den nicht voll befriedigten
Gläubigern, gleichwie denen, welche bei einer ordnungsmäßigen Beendigung des Concurses ganz oder zum Theile leer ausgegangen sind,
in der Regel unter sonst geeigneten Voraussetzungen ein Klagerecht
auf Nachzahlung des ungedeckt gebliebenen Theils ihrer Forderung
zusteht, ohne daß sie erst nöthig haben, darzulegen und zu beweisen,
daß sie bei regulärer Beendigung des Concurses weniger oder wenigstens nicht mehr, als ihnen der abgeschlossene Vergleich eingebracht
hat, percipirt haben würden. Denn ein Verlangen der letzteren Art
regelmäßig stellen zu wollen, hieße in der That soviel, als den Gläubigern die Behauptung und den Beweis einer Negative anzusinnen,

welche zu beschaffen in vielen Fällen überaus schwierig, wenn nicht gar unmöglich sein und indirect wenigstens dahin führen würde, den Gläubigern in Fällen solcher Art ein Nachforderungsrecht überhaupt abzusprechen. Auch der Bl. — der Beilageacten ersichtlichen Verordnung des Oberappellationsgerichts liegt dem Principe nach keine andere, als die eben dargelegte Rechtsansicht zu Grunde und es beruht daher auf einer nicht ganz richtigen Auffassung, wenn die beiden vorigen Instanzen, wie es nach Bl. — den Anschein hat, jene Entscheidung in anderem Sinne aufgefaßt haben.

Allein freilich dürfen — und nur dieses, aber auch nichts weiter findet sich in jener Verordnung ausgesprochen und, insoweit als der damalige Zweck eines Executionsprocesses es erforderte, dargelegt — einem Gläubiger, welcher, abgesehen von dem Falle eines vorausgegangenen Pacti remissorii, wo das Gesetz ein Nachforderungsrecht im Falle, daß der Gemeinschuldner später zu besserem Vermögen gekommen ist, indistincte verwilligt, auf Nachzahlung des in einem zwischen ihm und den übrigen Creditoren ohne Concurrenz des Gemeinschuldners abgeschlossenen Concursvergleiche ungedeckt gebliebenen Quanti klagen will, nicht solche Thatsachen liquid entgegenstehen, welche obige ihm an sich zu Statten kommende Rechtsvermuthung zu erschüttern geeignet sind, indem der Gemeinschuldner, wie oben ausgeführt worden ist, zwar das Ergebniß eines regelmäßig beendigten Concurses schlechterdings, das vermöge eines zwischen den Creditoren ohne seine Zuziehung abgeschlossenen Vergleichs erzielte Resultat dagegen nur unter der Beschränkung und insoweit gegen sich gelten lassen muß, als der Vergleich in seinen Wirkungen auf das ungedeckt gebliebene Quantum, rücksichtlich dessen er an sich Nachforderungsansprüchen annoch ausgesetzt geblieben, kein ihm nachtheiliger gewesen sein darf" ꝛc. ꝛc.

(Urthel des O.-A.-G in der vorbemerkten Rechtssache verw. Jacob ꝛc. ÷ Schäfer ꝛc., vom 31. Dec. 1862. — Ger.-Amt Penig.)

46.

Die Eintragung der Lebensversicherungsgesellschaften, Staatseisenbahnen, ritterschaftlichen Creditvereine, städtischen Speiseanstalten, städtischen Gasanstalten und des fiscalischen Salzverkaufes in das Handelsregister betr.

„Dem Handelsgerichte zu L. wird auf die berichtlichen Anfragen vom 2. Juni dieses Jahres, nachdem Man deshalb mit dem Ministerium des Innern und beziehendlich mit dem der Finanzen in Vernehmung getreten ist, unter Rückgabe eines Actenheftes Folgendes eröffnet:

Was zuvörderst die Lebensversicherungsgesellschaft zu L. betrifft, so läßt sich nicht zweifeln, daß dieselbe, indem sie nach §. 2. und §. 26. ihrer Statuten auch Versicherungen von Nichtmitgliedern gegen feste Prämie übernimmt, nach Art. 271. des Handelsgesetzbuchs unter 3. Handelsgeschäfte betreibt. Auch an der Gewerbmäßigkeit dieses Betriebes läßt sich nicht zweifeln, da bei dem gedachten Zweige ihrer Geschäfte außer dem gemeinsamen Zwecke aller Versicherungs= institute, auch der nur auf Gegenseitigkeit beruhenden, ein anderer Zweck, als der, ihr Vermögen und indirect die Dividende der Mit= glieder zu vergrößern, mithin einen Gewinn zu erzielen, nicht gedacht werden kann. Sie fällt hierdurch entschieden unter den Begriff eines Kaufmannes (Art. 4. des Handelsgesetzbuchs), wenn sie gleich weder als eine offene Handelsgesellschaft, noch als eine Actiengesell= schaft betrachtet werden kann. Und wenn nun dieser kaufmännische Geschäftsbetrieb von dem der Versicherung der Mitglieder nicht ge= trennt ist, auch nicht behauptet werden mag, daß derselbe im Sinne des Art. 10. ein geringer sei, so folgt von selbst, und da von der Gesellschaft andere Gründe, als daß sie die Versicherung auf feste Prämie nicht des Gewinnes halber betreibe, nicht geltend gemacht worden sind, daß dieselbe als solche auch den Bestimmungen im dritten Titel des ersten Buches des Handelsgesetzbuchs, namentlich der durch Art. 19. begründeten Anmeldungspflicht zur Eintragung in das Han= delsregister unterworfen ist, wie sie denn auch in Beziehung auf den gedachten Zweig ihres Geschäftsbetriebes nach den materiellen Be= stimmungen des Handelsgesetzbuches zu beurtheilen sein wird.

Anders verhält es sich mit den Staatseisenbahnen. Zwar ist nicht zu bezweifeln, daß sie, gleich den Privateisenbahnen, ebenfalls an die materiellen Bestimmungen des Handelsgesetzbuchs gebunden und nach denselben zu beurtheilen sind, da Art. 421., indem er die Anwendbarkeit des ersten (und des zweiten) Abschnitts des 5. Titels im 5. Buche auf die Eisenbahnen erklärt, für die Staatseisen= bahnen keine Ausnahme macht. Allein hieraus allein folgt keines= wegs, daß die Staatseisenbahnen — oder die Verwaltungen derselben — als Kaufleute zu betrachten und als solche auch den formellen Bestimmungen des Handelsgesetzbuchs über Firmenwesen, Handlungs= bücher und Procurenwesen unterworfen seien. Es giebt ganze Klassen von Personen, für welche das Handelsgesetzbuch specielle materielle Bestimmungen enthält, ohne daß deren Geschäfte als Handelsgeschäfte oder sie selbst als Kaufleute anzusehen wären. Es gehören dahin zunächst die Mäkler, deren amtlichen Geschäften Art. 272. unter 4. die Eigenschaft von Handelsgeschäften ausdrücklich abspricht, ferner die Inhaber von Actten, die stillen Gesellschafter, die Theilnehmer an einzelnen Handelsgeschäften für gemeinschaftliche Rechnung (Art. 266 f.) und die Mitcontrahenten bei einseitigen Handelsgeschäften (Art. 277.). Alle diese Personen werden daher in das Handelsregister nicht einge= tragen, obgleich bei einigen derselben sogar der Betrieb von Handels= geschäften vorausgesetzt wird.

Der Geschäftsbetrieb der Staatseisenbahnen ist nun zwar dem der Privateisenbahnen, deren Geschäfte unstreitig Handelsgeschäfte sind, völlig analog, allein sie werden darum noch nicht wie Kaufleute, ja ihr Geschäft wird dadurch nicht einmal als Handelsgeschäft zu betrachten sein, denn die Geschäfte eines Frachtführers sowie der für den Transport von Personen bestimmten Anstalten sind nach Art. 272. überhaupt nur dann als Handelsgeschäfte zu betrachten, wenn sie gewerbmäßig betrieben werden. Bei der Beurtheilung dieses Begriffs kommt es aber weder auf den Umfang des Geschäfts, noch auf die kaufmännische Form desselben an, sondern darauf, ob dasselbe des Erwerbs halber betrieben wird, was bei den Privateisenbahnen nicht zu bezweifeln ist, da die Errichtung derselben eine gewerbliche Speculation, wie jede andere, ist. Der Staat aber, indem er Eisenbahnen erbaut, oder auch im Wege des Abkaufes übernimmt, erfüllt damit nur, wie bei der Einrichtung von Posten und dem Bau von Chausseen, eine Pflicht der Sorge für die öffentliche Wohlfahrt, und es liegt im öffentlichen Interesse, diesen Gesichtspunkt stets festzuhalten. Dabei muß zwar der Staat, wie bei andern Wohlfahrtsanstalten, schon zur Deckung unvermeidlicher Verluste, auf Erträgnisse Bedacht nehmen, allein dadurch wird sein Geschäftsbetrieb noch nicht zu einer gewerblichen Speculation, zumal die Ueberschüsse selbst wieder zu öffentlichen Zwecken verwendet werden. Er ist daher nicht Kaufmann im Sinne des Handelsgesetzbuchs und es können demnach auf ihn die formellen, lediglich für Kaufleute bestimmten Vorschriften dieses Gesetzbuchs nicht angewendet werden.

Hiermit stehen die in dem Berichte des Handelsgerichts allegirten Aeußerungen in den Protocollen der Nürnberger Commission keineswegs in Widerspruch. Vielmehr dienen dieselben der obigen Ansicht zur Bestätigung. Der von der sächsischen Regierung gestellte Antrag, im Art. 5. nach dem Worte „Banken" hinzuzufügen „und anderer vom Staate oder unter dessen Autorität betriebener Handelsgewerbe" (Anhang zu den Prot. S. 5.) ist nach S. 4629. nicht, aufgenommen worden. Er kann aber schon um deswillen gegen die obige Ansicht nicht angezogen werden, weil er sich nur auf vom Staate rc. betriebene Handelsgewerbe bezog, was z. B. auf die Meißner Porcellanfabrik, nicht aber auf die Staatseisenbahnen paßt. Ein ähnlicher Antrag, der namentlich auch auf die Erwähnung der Staatseisenbahnen gerichtet war, ist nach S. 540. ebenfalls abgelehnt worden, und zwar unter Angabe des Grundes, daß in Betreff der öffentlichen Transportanstalten Art. 326. (der jetzige Art. 421.) — also die Subsumtion derselben unter die materiellen Bestimmungen des Handelsgesetzbuchs — genüge. Hierbei ist S. 1260. noch besonders hervorgehoben worden, daß die Bestimmung des Art. 4. (5.) doch nur auf die des Gewinnes halber betriebenen Handelsgeschäfte des Staates Anwendung finden könne, und es gewiß nicht angehe, wegen solcher Unternehmungen, welche auf anderen Gründen beruhen, eine Eintragung in das Handelsregister zu verlangen, oder auf die mit der Verwaltung derselben beauftragten Personen die Vorschriften über die Procuristen anzuwenden. Gleichergestalt wurde gegen die Anwendbarkeit der für Kaufleute bestehenden formellen Vorschriften auf die Postanstalt S. 5048. geltend gemacht, daß die Post eine Staatsanstalt sei, deren Zweck nicht in der Ausbeutung eines Geschäftszweiges zu gewinnbringendem Erwerbe, sondern in der Förderung des gemeinen Wohles bestehe, obgleich hierdurch die Anwendung der materiellen Bestimmungen des Handelsgesetzbuchs auf deren Geschäftsbetrieb, soweit nicht durch Abs. 2. des Art. 421. eine Ausnahme begründet sei, keineswegs ausgeschlossen werde, was, abgesehen von der zuletzt gedachten, nach Art. 423 f. auf die Eisenbahnen nur beschränkte Anwendung leidenden Ausnahme, auf die Staatseisenbahnen ganz eben so paßt.

Endlich würde die Eintragung der Staatseisenbahnen in das Handelsregister auch ganz zwecklos sein. Eine Firma, im Sinne des Handelsgesetzbuchs, führen dieselben nicht, und die Behörden, von denen sie verwaltet werden, gelangen auf anderem Wege zur öffentlichen Kenntniß. Der Inhaber derselben ist aber so bekannt, und es tritt bei demselben kein Wechsel ein. Die Vertreter derselben sind durch Gesetz und gesetzliche Verordnung bestimmt und Procuristen kommen bei denselben nicht vor.

Demnach ist auch die Königl. westliche Staatseisenbahnverwaltung in das Handelsregister nicht einzutragen.

Auch das Banquier- und Wechslergeschäft ist nach Art. 272, 2. kein absolutes Handelsgeschäft, sondern wird dazu nur, wenn es gewerbmäßig betrieben wird. Der Natur der Sache nach kann aber, da bei jedem Geschäfte dieser Art ein Gewinn beabsichtigt wird, nicht jeder, wenn auch gewohnheitsmäßig, zum Zwecke des Gewinnes gemachte Geschäftsabschluß als gewerbmäßiger Betrieb von Handelsgeschäften angesehen werden, es muß vielmehr bei Beantwortung der Frage, ob letzterer vorliege, der gesammte Geschäftsbetrieb der in Frage stehenden Person, Anstalt oder Genossenschaft und dessen wesentlicher Character in's Auge gefaßt werden. Es würde sonst jeder sorgsame Familienvater, der, um seine Capitalien nicht todt baliegen zu lassen, die disponiblen Gelder zum Ankauf von Staatspapieren, Discontiren von Wechseln und dergl. verwendet und damit auch wohl speculirt, als Kaufmann angesehen werden müssen.

Da nun der erbländische ritterschaftliche Creditverein nach §. 84. seiner Statuten nur seine Bestände in der Zwischenzeit zum Discontiren von Staatspapieren ꝛc. oder zum Verleihen auf andere Pfänder verwendet, und auch von der Königl. Landeslotterie und von den Sparkassen Banquiergeschäfte nur in diesem Sinne betrieben werden, so sind auch diese Institute als kaufmännische nicht anzusehen und in das Handelsregister nicht einzutragen.

Gleiches gilt von den städtischen Speiseanstalten und der Darlehnsanstalt für Gewerbtreibende in L., welche, gegebener Auskunft zufolge, nur wohlthätige Zwecke verfolgen, während es bei den städtischen Gasanstalten von der speciellen Art und Weise ihres Betriebes abhängen wird, ob sie als ein kaufmännisches Gewerbe zu betrachten und daher in das Handelsregister einzutragen sind oder nicht. Es muß daher, was die städtische Gasanstalt zu L. betrifft, der eigenen Beurtheilung des Handelsgerichts überlassen werden, ob dieselbe zur Anmeldung für das Handelsregister zu veranlassen sei. Dabei wird jedoch das Handelsgericht darauf hingewiesen, daß das Justizministerium in anderer Beziehung Sich schon mehrfach dahin ausgesprochen hat, daß, wo die Eintragspflichtigkeit zweifelhaft erscheint, wenigstens ein Zwang zur Anmeldung nicht angewendet werden möge (vergl. die in der Zeitschr. f. Rechtspfl. u. Verw. Bd. XXII. S. 170. unter 67. u. S. 302. unter Nr. 85. abgedruckten Verordnungen) und daß es unbedenklich erscheint, diese Maxime auch da anzuwenden, wo der Zweifel in der Frage, ob das fragliche Geschäft als ein Handelsgewerbe anzusehen, beruht.

Was endlich den von dem Handelsgerichte noch erwähnten fiscalischen Salzverkauf betrifft, so hat derselbe mehr den Character einer indirecten Besteuerung als den eines Handelsgewerbes.

Schließlich wird noch bemerkt, daß man gegen die Art und Weise, wie das Handelsgericht die L.'r Lebensversicherungsgesellschaft und eventuell die städtische Gasanstalt in das Handelsregister einzutragen gedenkt *), nichts zu erinnern hat."

(Verordnung des Justizministeriums an das Handelsgericht zu L, vom 16. Aug. 1862, 7896/1451. I.)

---

*) Nämlich in der zweiten (Inhaber-) Rubrik mit den Worten: „Die Inhaber der Lebensversicherungsgesellschaft zu L. sind die bei der Gesellschaft auf Lebenszeit Versicherten", beziehentlich: „die Inhaberin der Gasanstalt ist die Stadtcommun zu L."

Die Verwaltung angehende Präjudizien und Bestimmungen.

─────

I. Das Verhältniß der Behörden und das Verfahren betr.

47.

Das Verhältniß der Gerichtsämter zu den Stadträthen bei getheilter obrigkeitlicher Wirksamkeit betr.

In einer zwischen der Stadtgemeinde S. und der Gemeinde H. vor dem Gerichtsamte S. wegen Erstattung durch die Cur und Pflege des Tischlermeisters N. entstandenen Aufwandes anhängigen Verwaltungsstreitigkeit hat das Ministerium des Innern, collegialisch constituirt, Folgendes ausgesprochen:

Nach dem unterm 16. April 1856 über die Abgrenzung der Geschäftskreise des in S. zu errichtenden Gerichtsamtes und des dasigen Stadtrathes aufgestellten Regulative S. I d. gehört zwar, außer den daselbst unter a—c. genannten Zweigen der früher dem Stadtrathe zu S. zuständig gewesenen obrigkeitlichen Wirksamkeit, auch das „Verfahren und die Entscheidung in allen Administrativjustizsachen" zu dem Ressort des dasigen Gerichtsamts, und könnte es daher und im Hinblick auf die Fassung des §. 11. alin. 3. des Gesetzes D. vom 30. Jan. 1835 den Anschein gewinnen, als ob hier ein unter die hierin enthaltene Bestimmung zu subsumirender Fall um so weniger vorliege, als danach das für die Gemeinde H. allenthalben zuständige Gerichtsamt S. auch für die Stadtgemeinde S. mindestens in der hier in Frage kommenden Beziehung Obrigkeit zu sein scheint.

Diese Auffassung der angezogenen Regulativbestimmung stellt sich jedoch bei näherer Erwägung als nicht richtig dar.

Denn, wie schon die Eingangsworte des §. I. des mehrgedachten Regulativs andeuten und der ganze Inhalt und Zweck desselben als zweifellos erscheinen läßt, kann die Bestimmung unter d. §. I. nicht anders verstanden werden, als dahin, daß in allen denjenigen Admi-

niftrativjuftizfachen, welche zeither bei dem Stadtrathe zu S. reffor-
tirten, und rücksichtlich welcher mithin diesem die Leitung des Verfahrens und die Entscheidung zustand, mit dem Eintritte der Wirksamkeit
des Regulativs das Gerichtsamt zu S. an die Stelle des Stadtraths
treten und in demselben Umfange, wie zeither, dieser letztere der Leitung des Verfahrens und der Ertheilung der Entscheidung sich unterziehen solle.

Nun haben jedoch zu den Administrativjustizsachen, in welchen
dem Stadtrathe zu S. früher und vor dem Inkrafttreten des Regulativs Leitung und Entscheidung zustand, Verwaltungsstreitigkeiten,
in welchen die Stadtgemeinde S. selbst Parthei war, umsoweniger
gehört und überhaupt gehören können, jemehr solchenfalls mit Rücksicht auf die verfassungsmäßige Stellung des Stadtraths Identität
zwischen der Parthei und dem Richter, also ein ganz unstatthaftes
Verhältniß, vorhanden gewesen sein würde.

Hieraus folgt aber ganz von selbst, daß derartige Verwaltungsstreitigkeiten, bei welchen die Stadtgemeinde S. selbst als Parthei betheiligt ist, und zwar ohne Rücksicht darauf, ob sie dabei als Impetrantin oder als Impetratin erscheint, nicht zur Competenz des Gerichtsamts gehören.

Hierbei ist es auch einflußlos, daß das Gerichtsamt insofern eine
andere Stellung einnimmt, als es nicht, wie dieß bei dem Stadtrathe
der Fall war, neben der obrigkeitlichen Function zugleich Vertreter
der Stadtgemeinde ist. Denn wie in Folge des fraglichen Competenz-
regulatives überhaupt etwas Mehreres, als früher dem Stadtrathe
zustand, auf das Gerichtsamt nicht übergehen konnte, so kann auch
insbesondere weder aus demselben, noch aus einer etwaigen allgemeinen gesetzlichen Bestimmung gefolgert werden, daß die Stadtgemeinde
S. in sie betreffenden Verwaltungsstreitigkeiten bei dem Gerichtsamte
S. dingpflichtig sei. Daß dieß namentlich nicht daraus folgt, daß
das Gerichtsamt in Justizsachen auch für die Stadt und die Stadtgemeinde S. die zuständige Behörde ist, ist in der, in dem Vortrage
der Kreisdirection bezogenen Verordnung des Ministeriums vom
12. Nov. 1857 des Näheren dargelegt worden.

Unter solchen Umständen ist nun aber diejenige gleiche Stellung
des Gerichtsamtes S. den in der vorliegenden Verwaltungsstreitigkeit
betheiligten beiden Gemeinden gegenüber, wie sie nach §. 11. des Gesetzes D. vom 30. Jan. 1835 erforderlich ist, wenn eine untere Verwaltungsbehörde ohne besonderen Auftrag der Leitung und Entscheidung einer zwischen mehreren Gemeinden streitigen Verwaltungssache
sich unterziehen soll, nicht vorhanden, und hat man daher der Kreisdirection nur beistimmen können, wenn sie den hiernach incompetenter
Weise von dem Gerichtsamte ertheilten Bescheid und zwar ohne Rücksicht darauf, daß derselbe gerade zum Nachtheile derjenigen Gemeinde,
welche vollständig zum Verwaltungsbezirke des Gerichtsamtes gehört,

ausgefallen ist, wieder aufgehoben hat.   M. Entsch. an die Ksd. zu Dresd., den übr. Ksd. abschr. zugef.

48.

Die Competenz bei rücksichtlich der Ortsgerichtspersonen in der Annahme und Entlassung derselben entstehenden Differenzen.

Das Ministerium des Innern ist mit dem Justizministerium dahin übereingekommen, daß, wenn rücksichtlich der Ortsgerichtspersonen und der Annahme und Entlassung derselben zwischen Gerichtsamt und Gutsherrschaft Differenzen entstehen, künftighin jedesmal zwar die betreffende Kreisdirection in dergleichen Differenzen die Entscheidung auszusprechen hat, daß jedoch die Kreisdirection vor Ertheilung ihrer Entscheidung, in Berücksichtigung der in Betreff der Gerichtspersonen Platz greifenden gemischten Competenz, mit dem betreffenden Appellationsgerichte sich in Vernehmung zu setzen und bei ihrer Entscheidung auf das verlangte Einverständniß des letzteren ausdrücklich Bezug zu nehmen, im Falle nicht erlangten vollständigen Einverständnisses aber der eigenen Entscheidung sich zu enthalten, vielmehr Vortrag an das Ministerium des Innern zu erstatten hat. Letzteres wird solchenfalls, sowie, dafern gegen die von einer Kreisdirection im Einverständnisse mit dem betreffenden Appellationsgerichte ertheilte Entscheidung remonstrirt oder recurrirt werden sollte, mit dem Justizministerium in Vernehmung treten und seine Entschließung nur im Einverständnisse mit dem letzteren fassen.   Wie demgemäß von dem Justizministerium an die Appellationsgerichte Verordnung ergangen ist, so sind hiervon auch die Kreisdirectionen zur Nachachtung in Kenntniß gesetzt worden durch M. V. an die Ksd. zu Leipz. vom 20. Juni 1862, den übr. Ksd. abschr. zugef.

49.

Art. 75. der Strafproceßordnung.

Das Ministerium des Innern hat den Kreisdirectionen auf die Beschwerde, welche von einem Staatsanwalte wegen der zur Entdeckung des Urhebers eines Schadenfeuers eingeleiteten polizeilichen Erörterungen erhoben worden war, in Bezug auf die Handhabung der in Art. 75. der Strafproceßordnung vom 11. Aug. 1855 enthaltenen Bestimmungen Folgendes zur Nachachtung eröffnet:

Die Vernehmung zwischen den Ministerien des Innern und der Justiz, in deren Verfolg das (den Kreisdirectionen mittelst der Bd. 22. S. 527. dieser Zeitschrift angezogenen Verordnung v. 5. Dec. 1861 mitgetheilte) Communicat des Justizministeriums vom 8. Nov. v. J. ergangen ist, hat zwar zunächst den Fall der Beschwerdeführung einer Privatperson gegen eine Sicherheitspolizeibehörde in einer zum Be-

reiche der gerichtlichen Polizei gehörenden Angelegenheit und das hierbei
Platz greifende Competenzverhältniß zum Gegenstande gehabt.   Aus
der in jenem Communicate enthaltenen Motivirung der von dem Justizministerium hierüber ausgesprochenen Ansicht ergiebt sich jedoch,
wie dieses Ministerium auf Grund der in dem zweiten Absatze des
Art. 75. der Strafproceßordnung enthaltenen Bestimmungen, und da
hiernach die Geschäfte der gerichtlichen Polizei „unter der obersten
Aufsicht und Leitung des Justizministeriums" von den daselbst gedachten Behörden besorgt werden, der Ansicht ist, daß die gerichtliche Polizei überhaupt gegenwärtig zu seinem Ressort gehöre.

Diese Ansicht hat nun auch das Ministerium des Innern nur für begründet anzuerkennen gehabt. Wie daher das Ministerium des Innern
selbst in Sachen dieses Zweiges der Sicherheitspolizei gegenwärtig nicht
mehr zu cognosciren hat, so leidet Gleiches auch auf die Kreisdirectionen Anwendung, zumal da dieselben als „mit der Handhabung der
Sicherheitspolizei beauftragten Behörden" im Sinne des vorangezo-
genen zweiten Abschnittes des Art. 75. der Strafproceßordnung ganz
zweifellos nicht angesehen werden können, während gleichwohl nur
von diesen Behörden und den mit der Handhabung der Sicherheitspolizei beauftragten Beamten, neben der Staatsanwaltschaft, nach der
ausdrücklichen Bestimmung der nurgedachten, in fraglicher Beziehung
gegenwärtig allein maßgebenden Gesetzesstelle jetzt die Geschäfte der
gerichtlichen Polizei zu besorgen sind, wie denn auch aus der in dem
ersten Absatze im §. 14. des Organisationsgesetzes vom 11. August
1855 enthaltenen Bestimmung, soviel die gerichtliche Polizei anlangt,
im Hinblick auf Art 75. der Strafproceßordnung etwas Anderes
nicht gefolgert werden kann.

Es liegt nun auch dafür, daß in Betreff der Ermittelung des
Urhebers eines Schadenfeuers ein anderes Competenzverhältniß Platz
greife und den Kreisdirectionen in den dießfallsigen Geschäften der gerichtlichen Polizei ihre frühere, vor Eintritt der Wirksamkeit der neuen
Strafproceßordnung bestandene Competenz ohne Aenderung verblieben
sei, kein Grund vor.

Die Zweckmäßigkeitsrücksichten, die in dieser Richtung angeführt worden sind, würden, auch insoweit sie als solche anerkannt
werden könnten, schon aus dem Grunde hier nicht in Betracht kommen, weil nach Obigem die Kreisdirectionen mit der Handhabung der
gerichtlichen Polizei gegenwärtig nichts mehr zu thun haben und rücksichtlich der hier fraglichen besonderen Kategorie von Verbrechen eine
ausdrückliche Ausnahme nicht gemacht worden ist.   Auf der andern
Seite kann es aber auch keinem Zweifel unterliegen, daß an der Competenz der Kreisdirectionen, in allen sonstigen, bei einem stattgehabten
Schadenfeuer in Betracht kommenden, unter die Cognition der Polizeibehörden fallenden Beziehungen, insbesondere auch was die Handhabung der Bau- und Feuerpolizei anlangt, in Folge der Gesetzgebung des Jahres 1855 sich nichts geändert hat.   In dieser Richtung

erscheinen daher die Kreisdirectionen auch noch gegenwärtig zu Er-
laffung von ihnen nothwendig erscheinenden Anordnungen an die betreffenden Polizeibehörden, ohne hierbei durch die Entschließungen der
Staatsanwaltschaft irgendwie beschränkt zu sein, vollständig competent, wie denn auch die früher ertheilten Vorschriften über die Erstattung von Anzeigeberichten wegen außerordentlicher Vorfälle in §. 34. der
Ausführungsverordnung zur Strafproceßordnung rc. ausdrücklich aufrecht erhalten worden sind.

Nicht minder zweifellos ist es endlich auch, daß, wenn in Folge
der nach Vorstehendem an die Kreisdirectionen nach einem stattgehabten Schadenfeuer auch gegenwärtig noch zu erstattenden Berichte denselben darüber Zweifel beigehen sollten, ob die zu Entdeckung des Urhebers eines solchen Feuers angestellten Erörterungen und die gegen
eine bestimmte Person sich ergebenden Verdachtsgründe wirklich mit
erschöpfender Gründlichkeit angestellt und verfolgt worden seien, die
Kreisdirectionen auch fernerhin berechtigt sind, ihre dießfälligen
Wahrnehmungen zur Kenntniß der Staatsanwaltschaft oder nach Befinden des Generalstaatsanwalts oder des Justizministeriums zu bringen,
beziehendlich deshalb Vortrag an das Ministerium des Innern zu erstatten. M. V. an die Ksd. zu Bud. v. 1. Juli 1862, den übrigen
Ksd. abschr. zugefert.

50.
Die schriftliche Civil- oder Handelsacte der Juden in Rußland betr.

Nach Art. 7. des publicirten kaiserlich russischen Ukas vom
$\frac{24. \text{Mai}}{5. \text{Juni}}$ 1862, die bürgerliche Gleichstellung der Juden im Königreiche
Polen betreffend, dürfen von dessen Publication an keine schriftlichen
Civil- oder Handelsacte, als da sind: Testamente, Verträge, Verpflichtungen, Obligationen, Wechsel, Rechnungen, Handelsbücher und Cor-
respondenzen, sowie Acte und Documente irgend welcher anderen Art,
in hebräischer oder in jüdisch-deutscher Sprache, oder in irgend welcher
Sprache mit hebräischer Schrift geschrieben oder unterschrieben werden,
und zwar bei Ungültigkeit des Actes. Bei der Wichtigkeit dieser
Vorschrift für den Handelsverkehr mit Polen findet das Ministerium
des Innern sich veranlaßt, den sächsischen Handels- und Fabrikstand
auf erstere besonders aufmerksam zu machen. Bek. des Min. d. Inn.
v. 17. Juli 1862. (Leipz. Zeit. Nr. 173.)

II. Das Legitimationswesen betr.

51.
Die von der Königl. Sächs. und Königl. Niederländischen Regierung vereinbarte gegenseitige Aufhebung des Visir- zwanges betr.

Zur Erleichterung des zwischen dem Königreiche Sachsen und
dem Königreiche der Niederlande stattfindenden Reiseverkehrs ist von

der Königl. Sächsischen und der Königl. Niederländischen Regierung die gegenseitige Aufhebung des Visirzwanges, vom 1. Juli d. J. an, in der Maße vereinbart und beschlossen worden, daß den durch Pässe legitimirten Unterthanen der beiderseitigen Staaten der Eintritt in das Gebiet des einen oder des andern Staates auch ohne das zur Zeit erforderliche Gesandtschafts- oder Consulatsvisum gestattet sein soll. Auch hat die Königl. Niederländische Regierung erklärt, daß inskünftige die Königl. Sächs. Unterthanen selbst ohne Paß in den Niederlanden zulassen wolle. — Das Min. d. Inn. hat dieß daher in einer Bekanntmachung vom 27. Juni d. J. (Leipz. Ztg. v. J. 1862. Nr. 160.) zur öffentl. Kenntniß gebracht.

52.

Das Legitimationswesen bei Niederlassungen und Aufenthaltsnahmen betr.

Die Kreisd. zu Zwick. hat in dieser Beziehung Folgendes verordnet:

Die vielfältig stattfindende Verschiedenartigkeit in der Handhabung der polizeilichen Vorschriften über das Legitimationswesen bei Niederlassungen und Aufenthaltsnahmen seiten der Ortsobrigkeiten muß namentlich für diejenigen Classen der Bevölkerung, welche häufig zu einem Wechsel ihres Wohn- und Aufenthaltsortes genöthigt sind, mancherlei Belästigungen und Erschwerungen zur Folge haben.

Hiernächst scheint auch hie und da zu Einrichtungen und Bestimmungen verschritten worden zu sein, welche entweder überhaupt in der bestehenden Gesetzgebung nicht begründet sind, oder doch über die örtliche Sphäre der Obrigkeiten hinausgehen und daher zu ihrer Gültigkeit der Genehmigung der vorgesetzten Regierungsbehörde bedürfen. Letzteres ist unter Anderem der Fall bei Feststellung der polizeilichen Gebühren, z. B. für Aufenthaltskarten, in einer solchen Höhe, daß sie dadurch die Natur einer Abgabe annehmen.

Es muß daher eine möglichst gleichförmige und vereinfachte Regelung dieser Verhältnisse besonders in solchen Gegenden als zweckmäßig und wünschenswerth erachtet werden, wo die durch die neue Gewerbegesetzgebung noch mehr beförderte Beweglichkeit der Bevölkerung die Nothwendigkeit einerseits der Sicherung gewisser polizeilicher, communlicher und heimathsrechtlicher Interessen, andererseits der Beseitigung jeder überflüssigen Verkehrsbelästigung bedingt.

Wenn nun das von dem Gerichtsamte Chemnitz mit Genehmigung der Kreisdirection unter dem 14. März d. J. für seinen Verwaltungsbezirk erlassene Regulativ über die Niederlassung und den Aufenthalt fremder Personen den dießfallsigen Erfordernissen entspricht, so nimmt die Kreisdirection, von dem nurbezeichneten Gesichtspunkte aus, Veranlassung, dasselbe zum Anhalten, namentlich auch in kleinen und mittleren Städten, hiermit zu empfehlen. V. v. 1. Juli 1862. (V.-Bl. Nr. 12.)

III. Die Verbindlichkeit, ausgewiesene Staatsangehörige aufzunehmen betr.

53.

Zur Erläuterung der bei Anwendung des Gothaer Vertrags anzuwendenden Grundsätze.

In einer zwischen der Regierung des Staates A. und der des Staates B. wegen der Uebernahme des Webergesellen St. obwaltenden Differenz stand zunächst fest, daß St. von Geburt Unterthan des Staates B. gewesen, seiner dortigen Unterthanenrechte vermöge langjähriger Abwesenheit aus seinem Geburtslande nach dasiger Gesetzgebung zwar verlustig gegangen sei, mit Rücksicht auf die Bestimmung §. 1. unter b. des Gothaer Vertrags jedoch als vormaliger Unterthan vom Staate A. zu übernehmen sein würde. Die Regierung des letzteren betrachtete aber ihre dießfallsige Verpflichtung aus dem Grunde für erloschen, weil St., nach ihrer Ansicht, inzwischen Unterthan (Angehöriger) des Staates A. geworden und in dessen Folge die Verbindlichkeit, denselben zu übernehmen, beziehendlich beizubehalten, vertragsmäßig auf die Regierung des Staates A. übergegangen sei. Dieser Behauptung widersprach die letztere und sonach war es lediglich die Frage über die Erwerbung der Staatsangehörigkeit (Unterthanenschaft) im Staate A. durch St., aus deren Beantwortung die Entscheidung für die vorliegende Uebernahmedifferenz sich von selbst ergeben mußte.

Nach dem Gothaer Staatsvertrage, besage dessen Bestimmung im §. 1. unter b., soll hinsichtlich der Frage, ob ein Auszuweisender einem der contrahirenden Staaten als dessen Unterthan angehöre oder ihm angehörig geworden sei? lediglich die eigene innere Gesetzgebung des betreffenden, beziehendlich in Anspruch genommenen Staates maßgebend sein. An sich und der natürlichen Fassung dieser Vertragsbestimmung gegenüber würde es, was die hier fragliche Differenz anlangt, daher eigentlich nur darauf angekommen sein, die dermalen in Bezug auf Erwerb und Verlust der Unterthanenschaft im Staate A. bestehenden gesetzlichen Vorschriften als Maßstab an die ermittelten Lebensverhältnisse des St. anzulegen und darnach zu bemessen, ob nach diesen Vorschriften eine Erwerbung der Angehörigkeit Seiten des letzteren in diesem Staate eingetreten sei.

Es handelte sich jedoch im vorliegenden Falle nicht sowohl darum, ob St. nach der in dieser Beziehung dermalen im Staate A. bestehenden Gesetzgebung Unterthan dieses Staates geworden sei, als vielmehr um die Frage, ob derselbe daselbst die Angehörigkeit (Unterthanenschaft) bereits nach den früher dort beobachteten dießfallsigen Normen und Grundsätzen erworben habe.

Es bestanden nämlich bis zum Jahre 1853 gesetzliche Vorschriften über Erwerb und Verlust der Staatsangehörigkeit im Staate

A. überhaupt nicht. Erst der beabsichtigte Beitritt zum Gothaer Vertrage gab der Großherzoglichen Regierung Veranlassung, wegen Regulirung dieser Verhältnisse im Wege der Gesetzgebung Einleitung zu treffen. Darauf erfolgte die Emanation der Verordnung vom 1. Juni 1853, betreffend den Erwerb und Verlust der Eigenschaft eines Unterthans im Staate A., welche sämmtlichen Paciscenten des Gothaer Vertrages mitgetheilt worden ist, und die dermalige gesetzliche Grundlage hinsichtlich dieses Gegenstandes im dortigen Staate bildet. Auf diese Verordnung gründete nun aber nach den vorliegenden Ausführungen beider Theile die Regierung des Staates B. ihre vorerwähnte Behauptung nicht, sondern auf angeblich früheres Recht, das heißt, auf diejenigen Grundsätze, welche nach Ansicht der gedachten Regierung bis zum Ergehen der Verordnung vom 1. Juni 1853 bezüglich des Entstehens von Angehörigkeits= (Unterthanen=) Verhältnissen im Staate A. gehandhabt worden seien.

Dieser letzteren Aufstellung trat jedoch die Regierung des Staates A. aus einem doppelten, einerseits formellen, andererseits materiellen Grunde entgegen. Nach der Denkschrift dieser Regierung erschien es derselben nämlich

1° schon in formeller Hinsicht unzulässig, daß Seiten der Regierung des Staates B. die behauptete Unterthanenschaft des Webergesellen St. im Staate A. nicht auf eine derartige Gesetzgebung, sondern auf bloße, Seiten der Regierung des letztern Staates als verpflichtend nirgends anerkannte Verwaltungsgrundsätze gegründet werde.

Die gedachte Regierung bemerkte hierzu,
daß der Gothaer Vertrag die contrahirenden Regierungen nur verpflichte, in der Frage über das Vorhandensein eines Unterthanenverhältnisses die eigene innere Gesetzgebung wider sich gelten zu lassen; andere als die in einer solchen begründeten Normen könnten für den betheiligten Staat an und für sich conventionsmäßig nicht bindend gehalten werden. Eine Gesetzgebung über die Unterthanenschaft habe vor Emanation der Verordnung vom 1. Juni 1853 im Staate A. nicht bestanden, und eben so wenig habe die dasige Regierung allgemeine Grundsätze über Erwerb und Verlust der Landesangehörigkeit — Unterthanenschaft — vor Emanation der gedachten Verordnung je aufgestellt, oder, sei es für ihre Thätigkeit in der inneren Verwaltung, oder für ihre Beziehungen zu auswärtigen Staaten, als bindend anerkannt. Sie habe bei der conventionsmäßigen Mittheilung der über Erwerb und Verlust der Unterthanenschaft für ihr Gebiet bestehenden Rechtsnormen die vorerwähnte Verordnung mitgetheilt, und dürfe daher begehren, in ihren conventionsmäßigen Beziehungen nach dieser ihrer inneren Gesetzgebung beurtheilt zu werden.

Dagegen bestand
2. der in materieller Hinsicht als präjudiziell zu betrachtende

Einwand der Regierung des Staates A. gegen die Aufstellung der Regierung des Staates B. darin, daß vor Emanation der Verordnung vom 1. Juni 1853 der Begriff der Staatsangehörigkeit — Landesangehörigkeit — im Sinne des Gothaer Vertrages im Staate A. überhaupt nicht existirt habe, und es wurde hierzu in der bezüglichen Denkschrift weiter ausgeführt,

wie es zwar keinen Zweifel leide, daß in den dasigen Landen auch vor Emanation der Verordnung vom 1. Juni 1853 die Eigenschaft eines Unterthanen — Inländers — Gegenstand rechtlicher Beziehungen in bestimmten Richtungen und daher der Beurtheilung der Großherzoglichen Behörden habe sein können und gewesen sei. Allein diese Ausdrücke hätten ganz andere Verhältnisse bezeichnet, als welche die Gothaer Convention mit dem Ausdrucke — Unterthanenschaft. Landesangehörigkeit — bezeichne. Mit dem Subjectionsverhältnisse zum Landesherrn, oder dem Wohnsitze, oder der Geburt im Lande sei der Begriff einer Staatsangehörigkeit mit bestimmten Rechtsfolgen nicht verbunden, ein solches Rechtsverhältniß vielmehr vor Emanation der Verordnung vom 1. Juni 1853 dem Rechte des Staates A. völlig fremd und daher so wenig rücksichtlich seiner Entstehung, als seiner Aufhebung mit bestimmten thatsächlichen und rechtlichen Verhältnissen in Verbindung gebracht gewesen. Der Begriff einer allgemeinen Landesangehörigkeit sei erst durch die gedachte Verordnung aus Veranlassung des Beitrittes zu der Gothaer Convention, welche ein solches Verhältniß aufgestellt und Rechte und Pflichten daran geknüpft habe, in das Recht des Staates A. aufgenommen und an bestimmte Voraussetzungen geknüpft worden, deren Vorhandensein jetzt ohne Rücksicht auf die Zeit, wo sie entstanden, die betreffenden Individuen zu Landesangehörigen — Unterthanen — in diesem Sinne mache. Vor dieser Verordnung habe die dasige innere Gesetzgebung ein Angehörigkeitsverhältniß nur in Bezug auf einzelne Ortschaften und Heimathsbezirke und für genau bestimmte Rechtsbeziehungen gekannt, welche Rechte und Pflichten nur für die Behörden und Personen, unter denen es bestanden, beziehendlich unter den Localbehörden erzeugt habe, und insofern wesentlich privatrechtlicher Natur gewesen sei, als die Entscheidung entstehender Streitigkeiten über Bestand und Wirkungen desselben den Gerichten zugestanden habe.

Hierauf ging die von der Königl. Sächs. Regierung in der Sache ertheilte schiedsrichterliche Entscheidung von folgenden Grundsätzen aus:

Es liege auf der Hand, daß, wenn die in den vorerwähnten Beziehungen von der Regierung des Staates A. bewirkten Ausführungen für begründet zu erachten gewesen wären, dieß die Beweisführung, deren sich die Regierung des Staates B. hinsichtlich des behaupteten Erwerbs der Unterthanenschaft im Staate A. Seiten St.'s bedient

habe, gleich von Haus aus entkräftet haben würde, da dieselbe nicht
auf die Bestimmungen der Seiten der Regierung des Staates A.
ausschließlich für maßgebend erklärten Verordnung vom 1. Juni 1853
gegründet sei, und in der That auch die im §. 1. dieser Verordnung
hinsichtlich der Begründung der Eigenschaft eines Unterthanen der
dasigen Lande aufgestellten gesetzlichen Voraussetzungen bei St. nicht
zuträfen.

Indessen habe man sich den Anschauungen der Regierung des
Staates A. weder in dem einen noch in dem anderen Punkte anzuschließen vermocht. Denn

zu 1. würde durch Anerkennung der von der gedachten Regierung behaupteten beschränkten Bedeutung des im §. 1. unter b. des
Gothaer Vertrages gebrauchten Ausdruckes: „Gesetzgebung" eine
Tendenz in diesen Vertrag getragen werden, welche bei dessen Errichtung den Paciscenten völlig fremd gewesen sei und selbstverständlich
fremd habe bleiben müssen.

Die contrahirenden Regierungen seien vielmehr dabei lediglich
von der thatsächlichen Voraussetzung ausgegangen, daß in sämmtlichen bei dem Vertrage sich betheiligenden Staaten bestimmte Rechtsnormen über den Erwerb und Verlust der Angehörigkeit — Unterthanenschaft — beständen, und dieser Voraussetzung hätten dieselben
allerdings um deswillen nicht entrathen können, weil die Absicht
dahin gerichtet gewesen sei, das Verhältniß der Unterthanenschaft im
einzelnen Staate — und zwar sowohl einer noch bestehenden, als
nach Befinden einer vormals existent gewesenen — als unbedingtes
und erstes Kriterium für die durch den Vertrag zu regelnden Ueber-
nahmepflichten, an die Spitze zu stellen.

Ob diese Rechtsnormen im Wege der Gesetzgebung zu Stande
gekommen, oder nur auf gleichförmig für die Landesbehörden aufgestellten und von diesen in Anwendung gebrachten Verwaltungsgrund-
sätzen beruhten, sei dabei außer Betracht geblieben, und zwar um so
mehr, als die Paciscenten ein dem Vertragszwecke an sich fern liegen-
des und lediglich der partikularrechtlichen Verfassungssphäre angehö-
rendes Gebiet beschritten haben würden, wenn sie darauf ausgegangen
wären, die Gesetzgebung im eigentlichen Sinne für sämmtliche betheiligte Staaten als die alleinige Form anzuerkennen, in welchen
Bestimmungen über Erwerb und Verlust der Unterthanenschaft getroffen werden könnten.

Man habe vielmehr der Regierung des Staates B. darin vollkommen beizutreten, wenn sich dieselbe hinsichtlich des in Rede stehenden Einwandes der Regierung des Staates A. in ihrer Denkschrift
dahin erklärt habe:

daß der allgemeine Ausdruck „Gesetzgebung" im §. 1. unter b.
des Gothaer Vertrages nicht blos Gesetze im engeren Sinne,
sondern auch alle diejenigen Anordnungen umfasse, welche in

dem betreffenden Staate zur Regelung der Unterthanenschaft oder Angehörigkeit beständen, einschließlich der Normen und Grundsätze, die sich hierfür in der Verwaltung gebildet hätten und den Behörden zur Richtschnur für die Beurtheilung solcher Angehörigkeit dienen sollten.

Ueberdem spreche, wie von der Regierung des Staates B. ebenfalls und mit Recht hervorgehoben werde, die Praxis unbedingt gegen die Auffassung der Regierung des Staates A., da nicht nur bei vielfachen, durch den Schriftenwechsel der verschiedenen Landesbehörden zur Erledigung gebrachten Fragen über behauptete Unterthanenverhältnisse, sondern namentlich auch in einer Reihe von Schiedssprüchen seit dem Bestehen des Gothaer Vertrages solche Normen und Grundsätze als zulässige Entscheidungsquellen — sei es für oder wider — anerkannt und in Anwendung gebracht worden seien, welchen die Eigenschaft von gesetzlichen Vorschriften im eigentlichen Sinne nicht würde zugestanden werden können.

Eher würde vielmehr hiernach die, in der Einrede der Regierung des Staates A. gewissermaßen mit enthaltene Frage angeregt werden können, ob es gegenwärtig überhaupt noch statthaft erscheine, auf früher rücksichtlich des Erwerbes und Verlustes der Unterthanenschaft im Staate A. bestandene Verwaltungsgrundsätze und durch solche begründete Unterthanen- oder Angehörigkeitsverhältnisse Bezug zu nehmen, nachdem neuerdings hinsichtlich dieses Gegenstandes daselbst im Wege der Gesetzgebung bestimmte Erfordernisse und Voraussetzungen festgestellt worden seien.

Allein auch diese Frage müßte man im Sinne der von der Regierung des Staates B. unternommenen Beweisführung beantworten, da schon nach allgemeinen Grundsätzen solche Rechte, welche ihren Ursprung früher bestandenen Normen und verfassungsgemäß in Anwendung gekommenen Grundsätzen verdankten, der Regel nach durch spätere Gesetze nicht wieder entzogen werden könnten und überdem auch die Verordnung vom 1. Juni 1853 selbst für die Bejahung obiger Frage ein ausreichendes Anhalten insofern biete, als nach der Schlußbestimmung im §. 2. der gedachten Verordnung die nach der bisherigen Gesetzgebung erworbenen und nicht nach eben derselben wieder verlorenen Rechte bei Bestande bleiben sollten.

Anlangend dagegen

zu 2. den mehr gegen das Materielle der Behauptung der Regierung des Staates B gerichteten Einwand der Regierung des Staates A., so liege demselben offenbar eine irrige Auffassung hinsichtlich des Zweckes und der Beschaffenheit des Gothaer Vertrages zum Grunde. Es sei weder die Absicht dieses letzteren gewesen, noch aus den einzelnen Bestimmungen desselben zu entnehmen, daß durch ihn ein gewissermaßen neuer Begriff der Landesangehörigkeit oder Unterthanenschaft habe aufgestellt werden sollen, oder wirklich festgestellt worden sei. Der Gothaer Vertrag gehe vielmehr, wie so eben

zu Nr. 1. bemerklich gemacht worden sei, einfach von der thatsächlichen Voraussetzung aus, daß in jedem dabei betheiligten Staate
gewisse Vorschriften über Angehörigkeit — Unterthanenschaft — und
deren Erwerb und Verlust vorhanden seien, mithin auch der Begriff
eines derartigen Verhältnisses bestehe; einen solchen für sämmtliche
contrahirende Staaten besonders schaffen zu wollen, sei nicht in Frage
gewesen, und es entspreche daher jedenfalls nicht der Sachlage, wenn
die Regierung des Staates A. durch die unter dem 1. Juni 1853
für diesen erlassene Verordnung das Verhältniß der Landesangehörigkeit im Sinne des Gothaer Vertrages daselbst erst aufgestellt zu
haben meine.

Es könne vielmehr keinem begründeten Zweifel unterliegen, daß
im Staate A. auch schon vor Emanation der Verordnung vom 1. Juni
1853 das Verhältniß von — Unterthanen — Landes-Eingesessenen
— Inländern bestanden habe (was hierauf näher ausgeführt ist) und
es stehe hiernach fest, daß auch vor dieser Verordnung thatsächliche
und rechtliche Verhältnisse existent gewesen seien, welche geeignet waren, zum Staate A. die Eigenschaft eines — Angehörigen — Unterthans — Inländers — zu begründen.

Aus diesen Gründen sei man daher ohne Zweifel berechtigt
gewesen, bei Beurtheilung der vorliegenden Differenz davon auszugehen, daß die Regierung des Staates B. principiell jedenfalls nicht
behindert gewesen sei, gestützt auf gewisse vor Emanation der
Verordnung vom 1. Juni 1853 im Staate A. diesfalls bestandene
Grundsätze, die Erwerbung einer dasigen Angehörigkeit (Unterthanenschaft) durch St. zu behaupten und in den Bereich ihrer Beweisführung zu ziehen, vielmehr habe es in der Sache nur darauf ankommen
müssen, zu prüfen, ob diejenigen Momente, auf welche die gedachte
Regierung ihre Behauptung gegründet habe, auch wirklich in einer,
die Regierung des Staates A. in Bezug auf die vorliegende Frage
bindenden Beschaffenheit als dargethan zu betrachten seien, wobei man
übrigens den Seiten der Letzteren in Abrede gestellten Umstand, daß
in den dasigen Landen überhaupt bestimmte Grundsätze über ein Verhältniß allgemeiner Landesangehörigkeit, dessen Entstehen und Aufhören festgestellt gewesen und in der Verwaltung angewendet worden
seien, einerseits mit Rücksicht auf das bereits oben zu 2. Bemerkte,
andererseits aber aus dem Grunde füglich dahingestellt bleiben lassen
könne, weil dieser Einwand für den vorliegenden Fall wenigstens sich
von selbst habe erledigen müssen, sobald es der Regierung des Staates
B. in der That gelingen sollte, zu bescheinigen, daß der von ihr als
dem früheren Rechte des Staates A. angehörig behauptete specielle
Grundsatz wirklich dort bestanden habe und in Uebung gewesen sei.

Hierauf ist näher ausgeführt, weshalb der versuchte Beweis, daß
der Webergeselle St. die Angehörigkeit (Unterthanenschaft) im Staate
A. erworben habe, als gelungen nicht habe angesehen werden können,
und dabei ist auf folgende allgemeine Grundsätze Bezug genommen:

Es liege in dem Wesen einer jeden Beweisführung, daß die zum Zwecke derselben vorgebrachten thatsächlichen oder rechtlichen Momente im unmittelbaren, bestätigenden Zusammenhange mit dem der Bescheinigung unterliegenden factischen oder Rechtsverhältnisse stehen müssen, und sich nicht ungezwungen in sonstiger Weise erläutern und erklären lassen dürfen, wenn sie nicht für die vorliegende Beweisfrage ihre Bedeutung und ihr Gewicht verlieren sollen.

Insbesondere gelte dieser Satz in einem Falle wie der vorliegende, in welchem es sich darum handele, einer Regierung die Existenz gewisser Rechtsnormen für ihr Gebiet nachzuweisen, welche dieselben ausdrücklich in Abrede stelle und für die daher die rechtliche Vermuthung streite, hinsichtlich der heimischen Gesetze und Verfassungsverhältnisse die genaueste und zuverlässigste Kenntniß zu besitzen. — Schon nach allgemeinen Grundsätzen könnten durch die Handlungen der ehelichen Mütter Aenderungen in den Staatsangehörigkeitsverhältnissen der ehelichen Kinder nicht herbeigeführt werden. Schiedsrichterliche Entscheidung der Königl. Sächs. Regierung v. 23. Juli 1862.

IV. Das Gewerbegesetz betr.

54.

Die Erlaubnißscheine zum Sammeln von Subscribenten auf Preßerzeugnisse und zum Colportiren von solchen betr.

Wie das Ministerium des Innern aus mehreren von den Kreisdirectionen erstatteten Vorträgen zu ersehen gehabt hat, ist unter den Preßpolizeibehörden des Landes eine Meinungsverschiedenheit über die Auslegung von §. 8. Abs. 1. des Gewerbegesetzes vom 15. October 1861 und von §. 11. der Ausführungsverordnung zu letzterem hervorgetreten, und insbesondere darüber, ob es zum Colportiren von Preßerzeugnissen in Gemäßheit von §. 11. der Ausführungsverordnung zum Gewerbegesetze, wonach die Bestimmungen in §. 24. des Preßgesetzes vom 14. März 1851 ferner in Kraft bleiben sollen, auch künftig nur der bis zum 1. Januar dieses Jahres erforderlich gewesenen nach der Verordnung vom 16. April 1852 auszustellenden Erlaubnißscheine bedürfe, oder ob es, wie auch in einer Abhandlung der Zeitschrift für Verwaltungspraxis und Gesetzgebung von 1862 I. Bd. 2. Heft S. 98. Nr. 12. darzuthun versucht worden ist, zum Subscribentensammeln und Colportiren nach §. 8. 1. des Gewerbegesetzes und §. 16. der Ausführungsverordnung zu demselben einer ein für allemal auszustellenden, schriftlichen Concessionsurkunde und daneben für jeden einzelnen Fall noch der bisher üblich gewesenen Erlaubnißscheine bedürfe, oder endlich, ob der Colporteur oder Subscribentensammler in allen den Fällen, wo derselbe bisher eines Erlaubnißscheines bedurfte, künftig eine schriftliche, in Gemäßheit von §. 16. der Ausführungsverordnung zum Gewerbegeſetze auszufertigende Conceſſionsurkunde zu erwirken habe.

Wenn nun die beiden letztgedachten Auslegungen der betreffenden Stellen des Gewerbegeſetzes für die Colporteure und Subſcribentenſammler eine Erſchwerung im Vergleiche zu den bisher über ihren Gewerbsbetrieb zur Anwendung gekommenen Beſtimmungen enthalten würden, eine ſolche Erſchwerung des Gewerbebetriebes aber nicht im Sinne und in der Abſicht des Gewerbegeſetzes gelegen hat, ſo befindet das Miniſterium des Innern, daß unter dem Worte „Conceſſion der Ortsobrigkeit" in §. 8. 1. des Gewerbegeſetzes, ſoviel das Sammeln von Subſcribenten auf Preßerzeugniſſe und das Colportiren von ſolchen anlangt, auch künftighin nur die in Gemäßheit der Vorſchrift von §. 24. des Preßgeſetzes vom 14. Mai 1851, deren fernere Gültigkeit, wie ſchon oben bemerkt worden, in §. 11. der Ausführungsverordnung zum Gewerbegeſetze ausdrücklich erwähnt worden iſt, ſodann nach Maßgabe von §. 16. der Ausführungsverordnung zum Preßgeſetze vom 15. März 1851 und nach der Miniſterialverordnung vom 16. April 1852 bisher auszuſtellen geweſenen Erlaubnißſcheine zu verſtehen ſind, und daß es zu dem nurgedachten Gewerbebetriebe einer beſonderen, in Gemäßheit von §. 16. der Ausführungsverordnung zum Gewerbegeſetze vom 15. October 1861 und unter Anwendung des geſetzlichen Conceſſionsſtempels ausgefertigten Conceſſionsurkunde auch künftighin nicht bedarf.

An die Kreisdirectionen iſt daher hiermit Verordnung ergangen, ſämmtliche Preßpolizeibehörden ihres Bezirkes zur Nachachtung für vorkommende Fälle über die im Obigen gegebene Auslegung von §. 8. 1. des Gewerbegeſetzes zu verſtändigen. M. V. an ſämmtl. Ksd. v. 12. Mai 1862, und in deren Gemäßheit V. der Ksd. zu Leipz. v. 24. Juni 1862 (V. Bl. Nr. 28.), Gen. V. d. Ksd. zu Zwick. v. 23. ej. (V. Bl. Nr. 12.), Gen. V. d. Ksd. zu Bud. v. 25. ej. (Ksbl. Nr. 152.), Gen. V. d. Ksd. zu Dresd. v. 24. Juli 1862 (V. Bl. Nr. XI.).

55.

Die Ausführung landwirthſchaftlicher Baulichkeiten ohne Feuerungsanlagen durch Ungeprüfte betr.

Das Abſehen der in den letzten Zeilen des zweiten Abſatzes von §. 24. der Ausführungsverordnung zum Gewerbegeſetze in Betreff der Ausführung landwirthſchaftlicher Baulichkeiten ohne Feuerungsanlage durch Ungeprüfte enthaltenen Beſtimmung iſt allerdings dahin gerichtet, in Anſehung eben ſolcher Baulichkeiten in deren Ausführung, auch wenn es dazu in einem oder dem anderen Falle nach allgemeinen oder örtlichen Vorſchriften beſonderer baupolizeilicher Genehmigung bedürfen ſollte, die ungeprüften den geprüften Bauhandwerkern völlig gleichzuſtellen. Es verſteht ſich jedoch von ſelbſt, daß jene den rückfichtlich der Herstellung solcher Bauten bestehenden oder nach Befinden noch zu erlassenden baupolizeilichen Bestimmungen ebenso wie die geprüften Baugewerke allenthalben nachzugehen haben.

Was dagegen die fernerweit in Frage gebrachte Modalität der, derartigen ungeprüften Bauhandwerkern in gewerbspolizeilicher Hinsicht zu ertheilenden Legitimation betrifft, so erscheint die Ausstellung der in Vorschlag gebrachten Erlaubnißscheine unanwendbar, da weder das Gewerbegesetz noch die Ausführungsverordnung derartige besondere Arten der gewerbpolizeilichen Legitimirung kennt, vielmehr werden im Allgemeinen auch solche ungeprüfte Baugewerke der Bestimmung im §. 5. des Gewerbegesetzes nachzugehen und die Obrigkeiten mit Rückficht auf die sonstigen gewerblichen Verhältnisse des Antragstellers zu erwägen und darüber Entschließung zu fassen haben, ob dem Letzteren in Bezug auf den mehr oder weniger beschränkten Gewerbszweck ein Anmeldeschein in Gemäßheit §. 7. des Gesetzes auszustellen sei.   M. V. an d. Kbd. zu Zwick. v. 25. Juni 1862, den übrig. Kbdd. abschr. zugefert.

IV.

Ueber die Förmelung des Glaubenseides.

Vom Herrn Appellationsgerichts-Präsident, Ritter ꝛc. Dr. **Robert Schneider** in Dresden.

Der Glaubenseid verdankt seine Anerkennung als eine besondere Eidesform hauptsächlich der Lehre und Praxis der sächsischen
Juristen des 16., 17. und 18. Jahrhunderts.[1]) Indessen findet
sich bei ihnen keineswegs Uebereinstimmung und nur bei wenigen
Klarheit der Ansichten. Darüber war man schließlich einverstanden, daß neben dem Wahrheitseide für Fälle, in welchen der
Schwurpflichtige eine Ueberzeugung von dem Sein oder Nichtsein
der streitigen Thatsache aus eigener Wahrnehmung nicht haben
könne, eine andere Eidesform ein practisches Bedürfniß sei. Allein
über die für solche Fälle angemessene Form gingen die Ansichten
ebenso auseinander, wie über die characteristischen Unterschiede der

---

1) S. die Nachweisungen bei Renaud, Zur Lehre vom Glaubenseide, im
Archiv f. d. Civ. Praxis, Bd. 43. S. 164 ff. Zur Vervollständigung der Angaben Renaud's möge hier, wo eine dogmengeschichtliche Untersuchung nicht
beabsichtigt wird, nur bemerkt werden, daß schon die Constitutionen Churfürst
August's von 1572 zur Beseitigung der Streitfrage, ob, wenn der Schwurpflichtige vor der Eidesleistung verstorben, nunmehr auf Beweis zu erkennen,
wie der Leipziger Schöppenstuhl angenommen, oder der Erbe zum Glaubenseide
zu lassen sei, wofür sich der Wittenberger Schöppenstuhl ausgesprochen (vergl.
die in Haubold's Lehrb. des K. S. Privatrechts §. 16. Zus. 4. S. 14 der
3. Aufl. ihrem Titel nach näher bezeichneten Consultationes Constit. Sax.
Tom. I. Francof. ad M., 1599. p. 59. sq., Tom. II. Mogunt., 1600. p. 96.,
Ursell., 1601. p. 138. und in der Ausgabe von P. Friderus, Francof.
1616. p. 537 sqq.), die letztere Meinung gebilligt haben. Vgl. const. 24.
P. I.

hierbei in Betracht genommenen Formen. Manche empfahlen den Glaubenseid, Andere für Fälle, in welchen eine Thatsache abgeschworen werden sollte, den Eid des Nichtglaubens oder den des Nichtwissens, Mehrere auch den einen neben dem anderen, — aber, was noch schlimmer war, die Meisten verwechselten den Glaubenseid über das Nichtsein einer Thatsache mit dem Eide des Nichtglaubens an das Sein einer Thatsache.²) In so trüber Gestalt ging die Lehre vom Glaubenseide in die Wissenschaft des gemeinen Rechts über. Sie hat sich hier, ungeachtet vieler Anfechtungen, bis auf den heutigen Tag erhalten. Aber zu klaren Ansichten über das Wesen des Glaubenseides und über dessen Verschiedenheit von dem Eide des Nichtglaubens ist man erst in der neueren Zeit gelangt. Hervorzuheben sind die Verdienste, welche um die Aufklärung dieser Lehre unter den gemeinrechtlichen Schriftstellern Wetzell³) und durch eine dogmengeschichtliche Darstellung und klare Entwickelung des Wesens des Glaubenseides besonders Renaud⁴) sich erworben haben. Doch darf auch nicht unerwähnt bleiben, daß schon vor ihnen der Bearbeiter eines Particularrechts, Rizy,⁵) die Bedeutung des Glaubenseides im Gegensatze zu anderen Eidesformen scharf und überzeugend dargelegt und auf die in der gemeinrechtlichen Lehre herrschende Verwirrung der Begriffe hingewiesen hat.⁶)

In den neueren Arbeiten über den Glaubenseid ist auch der Formel desselben Aufmerksamkeit zugewendet, jedoch gerade dieser

---

2) Eine rühmliche Ausnahme macht Berger in s. Electa discept. for. tit. XLIX. obs. VI. (Lips. 1706) p. 550 sqq. Vgl. auch Renaud a. a. D. S. 168 f. Indessen ist die von Berger gebrauchte Bezeichnung des Glaubenseides mit iusiur. cred. affirmativum und des Eides des Nichtglaubens mit iusiur. cred. negativum nicht geeignet gewesen, die Verwechslung beider Eidesformen mit einander zu verhindern. Diese Verwechslung findet sich auffallender Weise selbst noch bei Griebner im Discurs z. Erl. d. Churf. Sächs. alt. u. erl. Pr.-Ordn., zur C. P. D. ad tit. XVIII. §. 8. (Ausg. v. Küstner, 1780) S. 192 f.

3) System d. ordentl. Civilprocesses, §. 25. S. 164 ff.

4) a. a. D. 139 ff.

5) Der Beweis durch den Haupteid im österreich. Civilprocesse (Wien, 1837) S. 127 ff. Der Ausführung Rizy's ist in der gemeinrechtlichen Litteratur nur die Beachtung zu Theil geworden, daß ihn Strippelmann (Der Gerichts-Eid. 2 Abthell. Die Eideszuschiebung. S. 60 f.) abgeschrieben hat, ohne ihn auch nur zu nennen.

Gegenstand mehr beiläufig berührt, als erschöpfend behandelt worden. Gleichwohl bedarf die Eidesformel vorzugsweise einer sorgfältigen Erwägung und Feststellung. Denn sie ist das Gewand, in welchem die von dem Richter als einflußreich für die Entscheidung des Rechtsstreits erkannte Thatsache vor die Seele des Schwurpflichtigen tritt und in welchem dieser seine Ueberzeugung von deren Wahrheit oder Unwahrheit aussprechen soll. Von der richtigen Wahl der Eidesformel hängt es daher hauptsächlich ab, ob der Schwurpflichtige den wahren Sinn des Eides zu erkennen vermöge und ob der Gegenpartei durch dessen Leistung wirklich ihr Recht werde.

Im Königreiche Sachsen beruht der Glaubenseid als eine besondere Eidesform, anwendbar bei Thatsachen, welche von dem Schwörenden selbst weder herrühren, noch wahrgenommen worden sind, auf ausdrücklichen gesetzlichen Vorschriften, deren Quelle in der nach dem Obigen unter den sächsischen Juristen der früheren Jahrhunderte herrschend gewesenen Meinung zu suchen ist.[6] Während so die im gemeinen Rechte bis auf den heutigen Tag bestrittene Zulässigkeit des Glaubenseides in Sachsen außer Zweifel gestellt ist, fehlt es doch in der sächsischen Praxis der Gegenwart noch an einer vollständigen Uebereinstimmung in der Förmelung des Glaubenseides. Dieser Mangel dürfte seinen Grund zum großen Theile darin haben, daß die frühere Unsicherheit in der Bestimmung des Begriffes des Glaubenseides und in dessen Abgrenzung von anderen Eidesformen sich vielfach fortgeerbt hat. Je mehr es aber anerkannt werden muß, daß die neuere sächsische Spruchpraxis in der Förmelung der Eide überhaupt große Fortschritte gemacht hat, um so wünschenswerther erscheint es, daß auch die Frage nach der Förmelung des Glaubenseides zum Abschlusse gebracht werde. Die folgenden Blätter sollen einen Beitrag hierzu liefern.

---

6) Const. 24. P. I. (s. Anm. 1.), P. O. tit. XVIII. §. 5., E. Pr. O. ad tit. XVIII. §. 3. 4. 6. 8. — Das sächsische Recht macht keinen Unterschied zwischen solchen fremden Thatsachen, rücksichtlich welcher der Schwurpflichtige Gründe der Ueberzeugung hat oder haben muß, oder, vorausgesetzt, daß er zur Nachforschung als besonders verpflichtet erscheint, sich noch zu verschaffen vermag, und solchen Thatsachen, bei welchen dies nicht der Fall ist, läßt vielmehr (gegen Renaub's Ansicht a. a. O. S. 184. 200. 204 ff. 209.) auch über die letzteren den Glaubenseid zu.

Durch den Eid als Beweismittel, sei er ein vom Gegner angetragener oder zurückgegebener, oder ein vom Richter auferlegter, wird das Sein oder Nichtsein einer Thatsache in rechtliche Gewißheit gesetzt. Diese Wirkung ist dem Eide, obwohl er ein dem Schwörenden zum Vortheile gereichendes Zeugniß enthält, beigelegt worden, weil der Letztere die Ueberzeugung von dem Bestehen oder Nichtbestehen der fraglichen Thatsache durch die Berufung auf Gott in einer Weise bekräftigt, welche die Wahrhaftigkeit dieses Ausspruches voraussetzen läßt. Welche Bedeutung jenes Mittel der Bekräftigung für die Erlangung rechtlicher Gewißheit hat, zeigt sich auch darin, daß die letztere durch einen Eid herbeigeführt wird, gleichviel, ob die Ueberzeugung des Schwörenden aus eigener Wahrnehmung der streitigen Thatsache hervorgegangen ist, oder aus Umständen, welche ungeachtet des Mangels solcher Wahrnehmung ihn bestimmen, die Thatsache für wahr zu halten.

Der Eid, dessen Inhalt auf Grund der eigenen Wahrnehmung des Schwörenden von ihm versichert wird, heißt der Wahrheitseid (iuramentum veritatis, de veritate), während der Eid, dessen Inhalt der Schwörende vermöge einer auf andere Weise von ihm gewonnenen Ueberzeugung bekräftigt, der Glaubenseid (iuramentum credulitatis, de credulitate) genannt wird. Diese Namen sind nicht glücklich gewählt. Hält man sich an den Wortsinn, so scheint es, als ob es sich nur bei dem Wahrheitseide, nicht auch bei dem Glaubenseide, um die Wahrheit oder die Unwahrheit der Thatsache handle, auf welche der Eid gerichtet ist. Diese Auffassung würde aber eine irrige sein. Bei beiden Eiden ist gleichmäßig die Wahrheit oder die Unwahrheit der ihren Gegenstand bildenden Thatsache in Frage, nicht blos in Beziehung auf die Wirkung der Leistung der Eide, — indem der Richter das Sein oder Nichtsein der fraglichen Thatsache für wahr halten muß, mag es durch den einen oder durch den anderen Eid beschworen worden sein, — sondern auch, worauf es hier hauptsächlich ankommt, insofern, als der Schwörende den Inhalt des einen wie des anderen Eides für wahr halten muß, wenn er ihn mit gutem Gewissen leisten will. Nur der Grund dieses Fürwahrhaltens ist verschieden. Durch den Wahrheitseid versichert der Schwörende die Wahrheit oder die Unwahrheit der streitigen Thatsache, weil er weiß, durch den Glaubenseid bekräftigt er die eine

oder die andere, weil er glaubt, daß die Thatsache geschehen oder
nicht geschehen sei. Der Gegensatz zwischen beiden Eiden würde
daher treffender durch die Bezeichnungen: Eid auf Grund des
Wissens und Eid auf Grund des Glaubens, oder, wenn man sich
mehr an die jetzigen Benennungen anschließen will, durch die Namen: Wissenseid und Glaubenseid ausgedrückt.

Ist schon die Benennung, mit welcher der Eid auf Grund
des Wissens im Gegensatze zu dem Eide auf Grund des Glaubens
bezeichnet wird, die Veranlassung zu Mißverständnissen über die
Bedeutung des Glaubenseides gewesen, so haben sich an diesen
letzteren Namen noch viel weiter greifende Irrthümer geknüpft.
Man ist nämlich auf den Gedanken gekommen, daß der Glaubenseid ein Eid sei, welcher das Glauben des Schwurpflichtigen
an eine Thatsache zum Gegenstande habe. Von diesem Standpuncte aus sind in der Regel die Angriffe gegen die Zulässigkeit
des Glaubenseides unternommen worden. Man hat gesagt, der
Glaubenseid sei unstatthaft, weil der Eid auf die zu beweisenden
Thatsachen, nicht auf das Glauben des Gegners an die Wahrheit
derselben zu richten sei. Mache der Beweisführer dieses Glauben
zum Gegenstande der Beweisführung, so wandle er das Beweisthema wesentlich um und unternehme Etwas zu beweisen, wovon
sein Anspruch gar nicht abhängig sei. Schiebe aber der Delat
den ihm angetragenen Glaubenseid zurück, so habe der Beweisführer, da der zurückgeschobene Eid auf den nämlichen Umstand,
wie der angetragene, gerichtet werden müsse, über das Glauben
des Delaten zu schwören, was auf eine offenbare Absurdität hin-
auskomme.[7] Man hätte noch mehrere solche Absurditäten ent-
decken können, wenn man den Fall der Gewissensvertretung bei
angetragenem Glaubenseide und den der Versäumung an diesem
Eide ins Auge gefaßt, oder wenn man die eigenthümlichen Erscheinungen zusammengestellt hätte, welche sich unter der Voraussetzung, daß das Glauben der Partei, welcher der Glaubenseid
angetragen oder auferlegt ist, Gegenstand dieses Eides sei, dann
ergeben müssen, wenn der Eid verneinenden Inhalts ist, also unter jener Voraussetzung ein Eid des Nichtglaubens sein würde.

---

7) Rühl, Vom Eide über Glauben, als Beweismittel im bürgerl. Pro-
zesse, in der Zeitschr. f. Civilrecht u. Proz., Bd. 4. S. 317 ff., bef. S. 320 f.
326 f.

Alle diese Angriffe gegen den Glaubenseid gehen von einer irrigen Voraussetzung aus.[8]) Gegenstand des Eides ist, wie bei jedem anderen angetragenen oder auferlegten Eide, so auch beim Glaubenseide das Sein oder das Nichtsein der zu beweisenden Thatsache, das Glauben ist bei demselben nur der Grund, auf welchem die durch den Eid ausgesprochene Ueberzeugung des Schwörenden von der Wahrheit oder der Unwahrheit dieser Thatsache beruht.[9])

Der Glaubenseid muß die zu beweisende Thatsache selbst zum Gegenstande haben, sonst hört er auf, ein Beweismittel zu sein. Durch das Beweismittel soll der Beweis hergestellt werden; zum Beweise aber werden nur Thatsachen und zwar diejenigen ausgesetzt, von deren Wahrheit oder Unwahrheit die streitigen Parteirechte abhängen. Der Eid als Beweismittel kann keinen anderen Gegenstand haben, als der Beweis, welcher durch ihn geführt werden soll.

Die Ansicht, nach welcher das Glauben des Schwurpflichtigen den Gegenstand des Glaubenseides bilden soll, findet einige Entschuldigung darin, daß es allerdings in gewissen Fällen dem Sinne nach auf das Nämliche hinauskommt, ob man den Eid

---

8) Vgl. die Ausführungen bei Rizy a. a. D. S. 129 ff. und bei Renaud a. a. D. S. 141 ff. 176 ff. 185.

9) Auf der Ansicht, daß das Glauben des Schwörenden der Gegenstand des Glaubenseides sei, beruht die von v. Groß, Ein Beitrag zur kriminalist. Beurtheilung des Glaubenseides, im Archiv des Criminalrechts, N. F., Jahrg. 1855. S. 1 ff., aufgestellte Behauptung, daß das Verbrechen des leichtsinnigen oder fahrlässigen Eides bei einem Glaubenseide nie vorkommen könne, eine Behauptung, welche übrigens auch bei der Richtigkeit jener Ansicht nicht stichhaltig sein würde. Dagegen wird die Möglichkeit eines leichtsinnigen Falscheides auch beim Glaubenseide angenommen, namentlich von Günther, Obs. de iureiurando credulitatis contra veritatem praestito, Lips. 1834., Schwarze, Bemerk. zu der Lehre vom Verbrechen des Meineides, in dieser Zeitschr., Bd. 3. S. 130 ff., im Rechtslexicon, Bd. 7. S. 184 f. und in der Allg. Gerichtszeitung, Jahrg. 1860. S. 23 ff., Held u. Siebdrat, Criminalgesetzbuch für das Königr. Sachsen, S. 268., Siebdrat, Das Strafgesetzbuch für das Königr. Sachsen, S. 181 f., Krug, Commentar zu dem Strafgesetzbuche für das Königr. Sachsen, 2. Ausg., S. 120 f. Doch finden sich bei den Vertheidigern der richtigen Ansicht nicht immer auch richtige Vorstellungen vom Wesen des Glaubenseides, insbesondere haben sich nicht alle von einer Verwechselung des Glaubenseides mit dem Eide des Nichtglaubens freigehalten.

auf die beweisende Thatsache selbst oder auf das Glauben an deren
Sein oder Nichtsein richtet. Dies tritt überall dann ein, wenn
das Glauben des Schwurpflichtigen, gleichviel, ob das Sein oder
das Nichtsein einer Thatsache in Frage ist, durch den Eid bejaht,
also beschworen wird. Denn es bedeutet offenbar Dasselbe, mag
der Schwörende durch den Eid versichern, daß, wie er glaube,
A. dem B. 100 Thaler gezahlt (beziehentlich: nicht gezahlt) habe,
oder mag er durch den Eid betheuern, daß er glaube, daß A. dem
B. 100 Thaler gezahlt (beziehentlich: nicht gezahlt) habe.

Allein man hätte sich doch durch das gleiche Ergebniß in diesen Fällen nicht zu dem Verstoße gegen die juristische Logik verlei-
ten lassen sollen, daß man das Glauben des Schwurpflichtigen
als den Gegenstand des Glaubenseides auffaßte. Gegen diese
Auffassung sprechen nicht blos alle jene Gründe, welche die Gegner des Glaubenseides in der irrigen Voraussetzung, derselbe
könne nur auf das Glauben gerichtet werden, gegen diesen Eid
selbst vorgebracht haben. Vielmehr zeugt gegen jene Auffassung
auch noch die Irrlehre, zu welcher sie in ihrer Consequenz geführt hat, die Gleichstellung des Glaubenseides über das
Nichtsein einer Thatsache mit dem Eide des Nichtglaubens an eine Thatsache.

Nachdem man einmal das Glauben des Schwurpflichtigen
als den Gegenstand des Glaubenseides anerkannt hatte, konnte
man in der Anwendung diesen Satz nicht auf solche Fälle beschränken, in welchen man das Glauben durch den Eid bejahen
ließ. Jene Ansicht führte folgerichtig dahin, daß, wie man durch
den Wahrheitseid, je nachdem es sich im einzelnen Falle um das
Sein oder das Nichtsein einer Thatsache handelt, diese Thatsache
beschwören (eidlich bejahen) oder abschwören (eidlich verneinen)
läßt, so durch den Glaubenseid nach Verschiedenheit des Falles
das Glauben an die Thatsache beschworen oder abgeschworen werden sollte. War z. B. die Thatsache, daß A. dem B. 100 Thaler
gezahlt habe, abzuschwören, so hat man den Glaubenseid statt
auf diese Thatsache (daß, wie er glaube, A. dem B. 100 Thaler
nicht gezahlt habe) vielmehr auf das Nichtglauben des Schwörenden an diese Thatsache (daß er nicht glaube, daß A. dem B.
100 Thaler gezahlt habe) gerichtet. So hat ein Fehlgriff zu dem
andern geführt.

Denn es ist ein Fehlgriff, wenn man den Glaubenseid über das Nichtsein einer Thatsache mit dem Eide des Nichtglaubens an eine Thatsache identificirt. Beide Eide sind wesentlich von einander verschieden. Wer durch den Glaubenseid eine Thatsache abschwören, also versichern will, daß, wie er glaube, diese That= sache nicht geschehen sei, muß, um jenen Eid mit gutem Gewissen leisten zu können, nicht blos den Gründen für und wider das Sein der Thatsache nachgeforscht und dieselben gegen einander abgewogen haben, sondern er muß hierbei auch zu der Ueberzeu= gung gelangt sein, daß die Thatsache nicht wahr sei, daß die für das Sein derselben etwa sprechenden Umstände in ihrer Wirkung durch die für das Nichtsein der nämlichen Thatsache geltend zu machenden Momente aufgehoben werden. Erst bei solchem Ergeb= nisse gewissenhafter Untersuchung wird er im Stande sein, zu ver= sichern, daß nach seiner Ueberzeugung die Thatsache nicht geschehen sei. Läßt aber die Prüfung der für und wider das Bestehen der Thatsache vorliegenden Umstände das Sein derselben gerade so zweifelhaft erscheinen, wie das Nichtsein, so daß man weder zu dem Glauben an das Eine, noch zu dem an das Andere gelangen kann, oder haben sogar die Gründe für das Sein das Ueberge= wicht über die für das Nichtsein der Thatsache, so kann ein ge= wissenhafter Mensch dieselbe nicht durch den Glaubenseid abschwö= ren, weil das Glauben einer Thatsache, welche nicht wahrscheinlich ist, sich nicht rechtfertigen läßt. — Wer dagegen nur das Glauben an eine Thatsache abzuschwören, also zu betheuern hat, daß er nicht glaube, daß dieselbe geschehen sei, braucht durch die Prüfung der nach beiden Seiten hin sich geltend machenden Umstände gar nicht zu der Ueberzeugung von dem Nichtsein der Thatsache geführt worden zu sein, ja es ist nicht einmal nöthig, daß ein für dieses Nichtsein sprechendes Moment vorliege, sondern es genügt, wenn er nur durch Alles, was die Annahme des Seins der Thatsache zu unterstützen vermag, und mögen es auch die stärksten Gründe der Wahrscheinlichkeit sein, nicht zu der Ueberzeugung hat gebracht werden können, daß sie geschehen sei. Denn das Nichtglauben an eine Thatsache ist zulässig, so lange sie blos wahrscheinlich ist und nur die rechtliche Gewißheit des Seins der Thatsache schließt die Möglichkeit, sie nicht zu glauben, aus. — Der Glaubenseid über das Nichtsein einer Thatsache ist also der Ausspruch der Ueberzeugung von dem Nichtsein derselben; der Eid über das Nichtglauben an eine Thatsache dagegen ist das Bekenntniß des Mangels einer Ueberzeugung von dem Sein derselben.[10])

Die Gegner des Glaubenseides haben richtig erkannt, daß der Eid des Nichtglaubens gar kein Beweismittel sei, und nur darin geirrt, daß sie diesen Eid für eine Art des Glaubenseides hielten. In ihrer Polemik muß man ihnen unbedingt beistimmen,[11]) nicht aber in deren Ergebnisse. Sie haben die Verwerflichkeit nicht des Glaubenseides, sondern des Eides des Nichtglaubens überzeugend nachgewiesen.

Die vorstehende Ausführung hatte den Zweck, auf die Gesichtspunkte hinzuweisen, von denen man bei der Förmelung des Glaubenseides auszugehen hat. Wir wenden uns nunmehr zu der Frage, welche Formel für diesen Eid die angemessenste sei.

Dem Wesen des Glaubenseides, als eines Beweismittels, durch welches die Wahrheit oder die Unwahrheit einer Thatsache auf Grund der ohne eigene Wahrnehmung erlangten Ueberzeugung des Schwörenden in rechtliche Gewißheit gesetzt werden soll, entspricht die Eidesformel nur dann, wenn sie so gefaßt wird, daß

1) die Thatsache selbst, deren Sein oder Nichtsein in Frage ist, durch den Eid zu beschwören oder abzuschwören ist. Man darf also den Eid nicht auf das Glauben des Schwörenden als Gegenstand der eidlichen Bekräftigung oder der eidlichen Ablehnung richten. Denn wäre dieß auch, wie schon bemerkt, in jenem ersteren Falle, beim Beschwören des Glaubens, ohne Nachtheil

---

10) Mit Recht hat man gesagt, der Glaubenseid gewähre mehr sittliche Garantieen, als der Eid des Nichtglaubens und der des Nichtwissens. Vgl. namentlich Wetzell a. a. O. S. 166. Anm. 43) a. E., Renaud a. a. O. S. 144 ff. Wenn gleichwohl v. Savigny, System des heut. Röm. Rechts, Bd. 7. S. 75. erklärt, der Eid über bloßes Glauben (de credulitate) sei „gewiß völlig verwerflich", der Eid des Nichtwissens aber „unbedenklich, wenn sich der Zuschiebende damit begnügen wolle, daß durch das bloße Nichtwissen des Gegners die Sache entschieden werde", so bezieht sich jenes Urtheil allem Anscheine nach nicht auf den Glaubenseid, sondern auf den Eid des Nichtglaubens, wie aus den Motiven S. 75. und aus den Bemerkungen über den Ergänzungseid und den Eidesantrag beim Beweise der unvordenklichen Zeit a. a. O. Bd. 4. S. 524 f. zu entnehmen ist.

11) Vgl. auch Rizy a. a. O. S. 134 f., Renaud a. a. O. S. 142. 178. 187. 208.

für den Sinn des Eides, so würde es doch, wie gezeigt, auch
dann gegen die Natur desselben als eines Beweismittels verstoßen
und leicht auf den Abweg führen, daß, wo es sich um die eidliche
Ablehnung einer Thatsache handelt, an die Stelle des Glaubens=
eides ein Eid des Nichtglaubens gesetzt würde.

Nichtsdestoweniger muß aber die Formel des Glaubenseides,
damit sie denselben als solchen characterisire, eine Beziehung auf
das Glauben des Schwörenden enthalten. Diesem Erfordernisse
wird sie am Angemessensten dann genügen, wenn sie

2) das Glauben des Schwörenden als den Grund,
auf welchem seine eidliche Versicherung der Wahrheit oder der
Unwahrheit der Thatsache beruht, zum Ausdruck bringt. Hier=
gegen läßt sich ein formelles Bedenken daraus nicht entnehmen,
daß eine solche Hervorhebung des Grundes der Ueberzeugung des
Schwörenden in dem Wahrheitseide nicht Statt zu finden pflegt.
Denn dies erklärt sich ganz natürlich daraus, daß bei dem letzte=
ren Eide, da er Thatsachen zum Gegenstande hat, welche von dem
Schwurpflichtigen selbst ausgegangen oder wahrgenommen worden
sind, es sich von selbst versteht, und in der Regel aus dem In=
halte des Eides ohne Weiteres hervorgeht, daß der Schwörende
auf Grund seiner Wissenschaft das Sein oder das Nichtsein jener
Thatsachen versichere. Indessen würde es, wenn schon meistens
überflüssig, doch dem Wesen des Wahrheitseides keineswegs wider=
sprechend sein, wenn man auch in ihm den Grund der Ueberzeu=
gung des Schwurpflichtigen, soweit dieser Grund nicht aus dem
sonstigen Inhalte des Eides von selbst sich ergiebt, angeben, also
z. B. schwören lassen wollte, daß, wie der Schwörende wisse, oder
wie er wahrgenommen habe, die in Frage befangene Thatsache
geschehen oder nicht geschehen sei. Bei dem Glaubenseide dagegen
ist die bestimmte Bezeichnung des Grundes, aus welchem der
Schwörende von der Wahrheit oder der Unwahrheit der zu bewei=
senden Thatsache überzeugt ist, ein unerläßliches Erforderniß, weil
in Ermangelung dieser Angabe der Eid als ein Wahrheitseid zu
leisten sein würde. — Um nun aber richtig bestimmen zu können,
was zu jenem Behufe in den Glaubenseid aufzunehmen sei, ist
der Inhalt und die Form des Zusatzes, durch welchen der Grund
der Ueberzeugung des Schwörenden ausgedrückt werden soll, ins
Auge zu fassen.

Da der Grund, aus welchem durch den Glaubenseid die dessen Gegenstand bildende Thatsache beschworen oder abgeschworen wird, das Glauben des Schwörenden an die Wahrheit oder die Unwahrheit derselben ist, so muß der Inhalt des jenen Grund enthaltenden Zusatzes zur Eidesformel nothwendig in der Versicherung dieses Glaubens bestehen. Mit einer solchen Versicherung wird aber auch, so sollte man man meinen, der Inhalt des Zusatzes erschöpft sein. Gleichwohl findet man häufig in den Formeln des Glaubenseides auch noch des Wissens des Schwörenden gedacht.[12]) Bei der Frage, ob eine solche Erweiterung des Zusatzes berechtigt sei, sind natürlich die Formeln des Eides des Nichtglaubens außer Betrachtung zu lassen, in denen man gewöhnlich den Schwörenden nicht blos, daß er die zu beweisende Thatsache nicht glaube, sondern auch, daß er sie nicht wisse, versichern läßt und so mit dem Eide des Nichtglaubens den Eid des Nichtwissens verbindet. Richten wir unsern Blick hier nur auf den Glaubenseid, so kann davon, daß der Schwörende auch sein Wissen als Grund seiner Ueberzeugung anzugeben habe, nicht die Rede sein; denn dann würde der Glaubenseid in den Wahrheitseid übergehen und eine Erwähnung des Glaubens neben dem Wissen, da dieses jenes in sich schließt, völlig müßig sein. Wohl aber kann es sich fragen, ob nicht zu verlangen sei, daß der Schwörende in Bezug auf die Thatsache, welche er auf Grund seines Glaubens beschwört oder abschwört, auch versichere, er wisse nicht, daß es sich mit derselben anders verhalte, als er glaube. Auf den ersten Blick scheint diese Frage verneint werden zu müssen. Denn das Glauben an das Sein oder das Nichtsein einer Thatsache, d. h. die Ueberzeugung, daß nach allen vorlie-

---

12) Vielleicht läßt sich dies auf die alte Praxis zurückführen, nach welcher zwischen dem Antrage des Wahrheitseides und dem des Glaubenseides so unterschieden wurde, daß man bei jenem die Sache allein in das Gewissen, bei diesem dagegen zugleich auf Wissenschaft und Wohlbewußt des Delaten stellte (P. O. tit. XVIII. §. 5., C. P. O. ad tit. XVIII. §. 8.), wobei unter Gewissen die scientia certa facti proprii, unter Wissenschaft und Wohlbewußt die probabilis notitia facti alieni verstanden wurde. Vgl. Martini, Comment. for. in Ordin. proc. iud. ad tit. XVIII. §. 5., Nicolai, Proc. iudic. Cap. X. nr. 18., Schilter, Praxis iur. rom. in foro germ. Exercit. XXIII. §. 18. Dem entsprechend förmelt z. B. Carpzov, Jurispr. for. P. I. c. 12. def. 40. den Glaubenseid so: quod iurans credat et probabiliter sciat, etc.

genden Umständen diese Thatsache für wahr oder für unwahr zu
halten sei, wird nothwendig durch die Wissenschaft des Gegentheils ausgeschlossen. Es würde ebenso unvernünftig wie unmo-
ralisch sein, wenn Jemand, obschon er wüßte, daß eine Thatsache
wahr sei, doch glauben wollte, daß sie unwahr sei. Daher scheint
es sich von selbst zu verstehen, daß Derjenige, welcher Etwas als
von ihm geglaubt versichert, nicht wissen werde, daß es sich damit
anders, als er glaubt, verhalte. Gleichwohl dürfte es, wenn auch
nicht nothwendig, doch rathsam sein, den Schwörenden bei der
Angabe des Grundes seiner Ueberzeugung neben dem Glauben an die
Wahrheit oder die Unwahrheit der in Frage befangenen Thatsache
auch noch, daß er es nicht anders wisse, als er glaube, versichern
zu lassen. Dafür spricht bei der Eigenthümlichkeit des Glaubenseides als eines Eides, durch welchen der Schwörende sein lediglich auf die Erwägung der Umstände zu stützendes subjectives
Dafürhalten offenbart, die Rücksicht darauf, daß nicht alle Parteien befähigt sind, ohne besondere Hinweisung auf die Grenzen
zwischen den Gebieten des Glaubens und des Wissens zu erkennen, daß, wo das Wissen beginnt, das Glauben aufhört, und
daß sie also Das nicht glauben können, wovon sie wissen, daß es
sich anders verhält. Die Versicherung des Glaubens an die Wahrheit oder die Unwahrheit einer Thatsache erhält unzweifelhaft eine
festere Basis, wenn sie mit der Versicherung verbunden wird, daß
man nicht wisse, es verhalte sich mit dieser Thatsache anders, als
man auf Grund des Glaubens angiebt.

Fragt man nach der Form, in welcher der Schwörende bei dem
Beschwören oder dem Abschwören einer Thatsache am angemessensten es ausdrücken könne, daß diese Betheuerung auf Grund seines
Glaubens und des Nichtwissens einer andern Bewandniß erfolge,
so stellen sich zwei Erfordernisse als in der Natur der Sache begründet dar. Einmal muß der entsprechende Zusatz zum Eide
deutlich und bestimmt lauten, und sodann muß er so gestellt sein,
daß er als Unterlage für die ganze eidliche Versicherung erscheint.
Dem ersteren Erfordernisse wird genügt, wenn der Schwörende
betheuert, daß, wie er glaube und nicht anders wisse, die
in Frage befangene Thatsache wahr oder nicht wahr sei. In
Beachtung des letzteren Erfordernisses werden die Worte: wie
er glaube und nicht anders wisse, zu Anfang der Eidesformel einzuschalten sein, indem sich hierin am Sichersten ausspricht,

daß die ganze in derselben enthaltene Betheuerung durch diesen Zusatz beherrscht werde.[13]

Mit derjenigen Förmelung des Glaubenseides, welche nach dem Vorstehenden als die angemessenste erscheint, stimmt im Wesentlichen die sächsische Praxis überein. Denn die Formel, welche in derselben wohl am häufigsten vorkommt, unterscheidet sich von der obigen nur dadurch, daß sie mehr Worte enthält und diese anders ordnet. Sie lautet dahin, daß der Schwörende zu betheuern hat: daß, wie er nicht anders wisse, auch glaube und dafürhalte, die in Rede stehende Thatsache geschehen oder nicht geschehen sei.[14] So wenig nun auch die in den Worten: glaube und dafürhalte, sich findende Tautologie und die Stellung des Glaubens, als des wesentlichen positiven Grundes der Betheuerung, hinter dem Nichtanderswissen, als dem nur aus Rücksichten der Räthlichkeit beizufügenden negativen Grunde, zu empfehlen sein möchte, so läßt sich doch für die Beibehaltung jener Formel ein langjähriger Gerichtsbrauch[15] geltend machen, gegen welchen man da nicht ankämpfen mag, wo es sich doch nur um Worte handelt. Bedenklicher sind dagegen zwei andere Formeln, welche außer der eben besprochenen in der sächsischen Praxis vorkommen. Man faßt den Glaubenseid auch so, daß man den Schwörenden versichern läßt, daß, soviel er wisse, glaube und dafürhalte, — oder so, daß man ihn schwören läßt, daß seines Wissens, Glaubens und Dafürhaltens die Thatsache, welche in Frage ist, wahr oder unwahr sei. Hier handelt es sich nicht blos um Worte, sondern um eine Ausdrucksweise, durch welche der den Grund der Ueberzeugung des Schwörenden enthaltende Zusatz einen anderen Sinn erhält, oder mindestens zweideutig wird. Die Versicherung der Wahrheit oder der Unwahrheit

---

13) In dieser Maße ist die Formel: „daß, wie er glaube und nicht anders wisse, 2c." in dem von der Commission zur Berathung des Entwurfs einer bürgerlichen Proceßordnung für das Königr. Sachsen redigirten Entwurfe (1862) §. 445. angenommen worden.

14) Dieser Formel bedient sich das Appellationsgericht zu Dresden seit dem Jahre 1854 ausschließlich. Sie findet sich auch bei Hommel, Teut. Flavius u. d. W. „Eyd" Nr. X. S. 320. der 4. Ausg., nur daß hier der Eid nicht auf die Thatsache, sondern auf das Nichtanderswissen, Glauben und Dafürhalten in Bezug auf dieselbe gerichtet ist.

15) Schon Berger l. c. not. 4. p. 552. bezeugt diese Praxis.

einer Thatsache auf Grund des Wissens gehört in das Bereich des
Wahrheitseides, nicht in das des Glaubenseides. Wer eine Thatsache nicht selbst vorgenommen oder wahrgenommen hat, kann
über deren Sein oder Nichtsein nur insofern Auskunft geben, als
er dasselbe glaubt, nicht aber eine Wissenschaft davon offenbaren,
welche er gar nicht hat. Läßt man ihn nichtsdestoweniger schwören, daß die Thatsache, soviel er wisse, oder seines Wissens wahr
oder unwahr sei, so muthet man ihm eine eidliche Betheuerung
zu, welche zu ertheilen er außer Stande ist. Nun versteht man
zwar allem Anscheine nach jene Worte: „so viel er wisse" oder
„seines Wissens", indem man sie Demjenigen, der einen Glaubenseid zu leisten hat, zum Ausdrucke des Grundes seiner Ueberzeugung in den Mund legt, so, daß er damit nicht, wie beim
Wahrheitseide, die Wahrheit oder die Unwahrheit einer Thatsache
bestätigen soll, weil er sie wisse, sondern daß er damit nur versichern soll, Das, was er von der Thatsache wisse, falls er überhaupt irgend eine Wissenschaft von ihr habe, stimme mit seinem
Glauben überein. Aber selbst zugegeben, daß eine solche Deutung jener Worte, zumal bei der Art, wie in den obigen Formeln
das Wissen und das Glauben neben einander gestellt werden,
zulässig sei und insbesondere bei dem Schwurpflichtigen vorausgesetzt werden könne, bleibt doch ein Zusatz dieses Inhalts zum
Glaubenseide im höchsten Grade bedenklich, weil er geeignet ist,
den Schwörenden irre zu führen. Denn wer eine Thatsache,
deren Sein oder Nichtsein er nicht weiß, sondern nur glaubt, doch
nach seinem Wissen oder soviel er wisse, für wahr oder unwahr
erklären soll, kann durch einen solchen Zusatz leicht zu Gewissens-
bedenken über den Sinn des Eides und darüber, was er eigentlich schwöre, gebracht, insbesondere in die irrige Meinung versetzt
werden, daß er, um den Eid mit gutem Gewissen leisten zu können, nothwendig Etwas von der Thatsache wissen müsse.[16] Es

---

16) Die österreich. allg. Gerichtsordnung enthält in §. 206. die Vorschrift: „Jener, welcher den Haupteid angenommen hat, ist nur schuldig, die
von Gegenseits beigebrachten Umstände seines Wissens und Erinnerns eidlich
zu widersprechen." Die Frage, was dieser Zusatz: „seines Wissens und Erinnerns" zu bedeuten habe, ist in der österreich. Doctrin und Praxis sehr verschieden beantwortet worden. Rizy a. a. O. S. 79 f. 137 ff., insbesondere
S. 140 f., ist der Meinung, der Schwörende gebe durch einen Eid mit jenem
Beisatze zu erkennen, daß er im Allgemeinen in der Lage gewesen sei, sich von

ist aber eine ernste Pflicht des Richters, welcher auf einen Eid erkennt, denselben so klar und unzweideutig zu fassen, daß solche Zweifel ausgeschlossen bleiben.

Andere Formeln des Glaubenseides, als die bisher besprochenen, kommen in der sächsischen Praxis fast gar nicht vor. Namentlich muß es als ein Vorzug derselben anerkannt werden, daß sie solche Fassungen des Glaubenseides, in welchen das Glauben oder — durch unstatthafte Verwechslung dieses Eides mit dem des Nichtglaubens — das Nichtglauben des Schwurpflichtigen zum Gegenstande der eidlichen Versicherung gemacht wird, fast gar nicht kennt. Es ist dies um so mehr zu loben, als der sächsische Jurist sich zu jener Verwechslung sogar durch das Gesetz veranlaßt finden konnte. Die C. P. O. ad tit. XXV. §. 4. enthält nämlich Formeln für den Diffessionseid und schreibt insbesondere für den Fall, daß der Product oder Reproduct eine fremde Urkunde abschwören will, wörtlich die Formel vor: „daß er nicht glaube, noch dafürhalte, daß der Aussteller selbige geschrieben oder unterschrieben habe" u. s. w. Hiermit ist ein reiner Eid des Nichtglaubens vorgezeichnet, welchen wir zwar, da er auf dem Gesetze beruht, in diesem Falle beibehalten müssen, dessen Anwendung in anderen Fällen eines Eides über fremde Thatsachen aber mit Recht von der Praxis vermieden worden ist und um so mehr unterbleiben muß, als jene gesetzliche Vorschrift allem Anscheine nach lediglich aus der zur Zeit ihrer Entstehung herrschenden Unklarheit über den Unterschied zwischen dem Glaubenseide und dem Eide des Nichtglaubens hervorgegangen ist.[17])

---

dem Eintritte der von dem Gegner behaupteten Ereignung zu überzeugen, und versichere zugleich, daß er deffen ungeachtet an den Eintritt derselben sich nicht erinnere und folglich davon nichts wisse. Dieses Beispiel zeigt, welcher verschiedenen Auffassungen die Formel: „seines Wissens" fähig ist.

17) Dies anzunehmen, veranlaßt nicht blos der im Eingange dieses Aufsatzes angedeutete frühere Zustand der Lehre vom Glaubenseide im Allgemeinen, sondern auch der Umstand, daß die obige Formel in dem Entwurfe Berger's, welcher (f. Anm. 2.) klare Begriffe über das Wesen des Glaubenseides und dessen Verschiedenheit vom Eide des Nichtglaubens hatte, sich nicht findet (vgl. den Abdruck dieses Entwurfes in der angef. Ausg. der Electa von 1706 p. 753 sq.), sondern erst in den nach Berger's Abgange anderweit redigirten und zum Gesetze erhobenen Entwurf aufgenommen worden ist, auf dessen Gestaltung bekanntlich Griebner, bei welchem gerade in jenem Punkte Klarheit zu vermissen ist, den größten Einfluß gehabt hat. Vgl. auch Renaud a. a. O.

Zum Schlusse dieser Ausführung ist noch ein Blick auf die Schicksale zu werfen, welche der Glaubenseid und dessen Förmelung in den neueren deutschen Particulargesetzen über den Civilproceß und in den Entwürfen zu solchen Gesetzen gehabt haben.

In der neuern Literatur hatte sich, wie schon bemerkt, eine heftige Polemik gegen den Glaubenseid entwickelt.[18]) Dieselbe wurde freilich zum großen Theile dadurch veranlaßt, daß ihre Urheber die Gegner sowohl, als die Vertheidiger des Glaubenseides, die wahre Bedeutung dieses Eides, namentlich den Unterschied zwischen demselben und dem Eide des Nichtglaubens nicht kannten. Soweit dieß nicht der Fall war, läßt sich eine Berechtigung jener Polemik nicht ganz in Abrede stellen. Denn auch der wirkliche Glaubenseid bleibt immer ein sehr bedenklicher Eid.[19]) Nicht blos der Ueberzeugung des Richters und der Gegenpartei wird dadurch, daß die Wahrheit oder die Unwahrheit einer Thatsache nur

---

S. 199. über die Förmelung des Diffessionseides bei fremden Urkunden in der älteren Praxis.

18) Gegner und Vertheidiger des Glaubenseides verzeichnet Strippelmann a. a. O. S. 73 ff. Anm. 44. u. 45., Renaud a. a. O. S. 160. f., dieser ältere, jener neuere. Zu den Vertheidigern gehören noch z. B. v. Schirach, Beitr. zur Anwend. d. R. S. 158 ff., Bickell in der Zeitschr. f. R. u. Gesetzgeb. in Kurhessen, Heft 2. S. 246 ff.; unter den Schriften gegen den Glaubenseid verdient auch das Gutachten der Leipziger Schöppen in den Consultat. Constit. Sax. Tom. II. p. 27 sqq. (Ursell., 1601) und in d. Ausg. von Friderus p. 537 ꝛc. Beachtung.

19) Zu weit geht aber v. Groß a. a. O. S. 5., wenn er von der richtigen aber von ihm verworfenen Ansicht, nach welcher beim Glaubenseide der Schwörende nicht sein Glauben und Dafürhalten, sondern die Thatsache selbst zu beschwören oder abzuschwören haben soll, sagt: „Diese Auffassung verträgt sich unseres Erachtens nicht mit der Heiligkeit des Eides und würde, wie sich ohne Uebertreibung behaupten läßt, jeden Glaubenseid zu einem leichtsinnig geschworenen Eide stempeln. Schwur bleibt Schwur; das Wesen des Eides kennt nicht verschiedene Weisen und Grade der Betheuerung, sondern nur einen verschiedenen Inhalt, verschiedene Angaben, die aber in gleicher Wahrhaftigkeit bekräftigt werden sollen." Der letzte Satz enthält eine petitio principii und wird durch den Schätzungseid, den Eid der Sachverständigen, sofort widerlegt. In dem ersten Satze scheint die Heiligkeit des Eides mit der Wirkung seines Inhalts auf die Ueberzeugung Anderer und die Unvollständigkeit dieser Ueberzeugungskraft mit dem Mangel gehöriger Ueberlegung bei dem Schwörenden verwechselt zu sein, jeden Falls steht jenen Behauptungen die langjährige Erfahrung im Königr. Sachsen entschieden entgegen.

auf Grund des Glaubens einer Partei festgestellt werden soll, eine
große Zumuthung gemacht, auch für einen gewissenhaften Schwurpflichtigen ist es eine überaus schwierige Aufgabe, über eine ihm
fremde Thatsache eine so feste Ueberzeugung zu gewinnen, daß er
deren Sein oder Nichtsein durch den Eid zu bekräftigen sich getraut. Allein wie man über ähnliche Bedenken z. B. beim
Schätzungseide sich hinweggesetzt hat, weil man ihn für unentbehrlich hielt, so hat man auch den Glaubenseid mit Rücksicht auf
das practische Bedürfniß beibehalten zu müssen geglaubt.

Dieses Bedürfniß haben denn auch die Gegner des Glaubenseides nicht übersehen können. Sie haben aber nichts desto
weniger denselben ganz oder zum Theil beseitigt und dagegen nach
Mitteln zur Ausfüllung der durch diese Beseitigung entstandenen
Lücke gesucht. Dies ist namentlich in neueren deutschen Proceßgesetzen und in Entwürfen zu solchen geschehen. Sehen wir uns
die Mittel, welche von diesen ergriffen worden sind, etwas genauer
an, um zu erfahren, ob sie jenem Zwecke zu entsprechen geeignet
sind.[20]

Diejenigen Proceßgesetze und Entwürfe zu solchen, welche den
Glaubenseid gar nicht[21] oder doch nur dann, wenn es sich um das

---

20) Die im Obigen folgende Zusammenstellung soll nur Beispiele vor-
führen und macht in keiner Hinsicht Anspruch auf Vollständigkeit, auch nicht
insofern, als die Eigenthümlichkeiten mancher Gesetze und Entwürfe in der
Behandlung der Legaleide (z. B. nach dem Entwurfe einer Proceßordn. in
bürgerl. Rechtsstreitigkeiten für das Königr. Bayern, 1862, Art 432., soll nur
der Erfüllungseid und auch dieser nur über eigene Handlungen des Beweisführers Statt finden) weiter nicht erwähnt sind.

21) Schon die Allgem. Gerichtsordn. für die Preuß. Staaten, Thl. 1.
Tit. 10. §. 312. und neuerdings z. B. die Proceß-Ordn. in bürgerl. Rechtsstreitigkeiten für das Großherzogth. Baden (1851) §. 530., der angeführte bayer.
Entwurf, Art. 411 ff., der (österreich.) Entwurf einer b. P.-O. (1862) §. 342.
(eine singuläre Ausnahme enthält §. 350.). Ein wesentlicher Unterschied zwischen
der badischen Pr.-O. und den Entwürfen für Bayern und Oesterreich findet aber
darin Statt, daß die erstere den Wahrheitseid sogar nur auf eigene Handlungen
des Delaten beschränkt (s. dagegen Renaub a. a. O. S. 181.), die letzteren
aber ihn bei allen Thatsachen zulassen, welche der Delat unmittelbar wahrgenommen hat, beziehentlich von welchen er aus eigenem Wissen Kenntniß
haben kann. Auch die württemberg. Entwürfe einer bürg. Pr.-O. (der von
Bolley, 1844, §. 1114. Bd. 1. S. 682. und der von 1848, Art. 836.) kennen
den Glaubenseid als regelmäßiges Beweismittel nicht; sie lassen ihn nur in
Folge freier Uebereinkunft der Parteien zu.

Beschwören einer Thatsache handelt,[22]) zulassen, setzen an die
Stelle jenes Eides — in der Regel freilich unter Beschränkung
der Zulässigkeit des Eides auf gewisse Kategorieen fremder Handlungen — entweder einen Eid des Nichtwissens[23]) oder einen Eid
des Nichtglaubens[24]) oder einen Eid des Nichtwissens und Nicht-

---

22) Z. B. Entwurf zu einer neuen Gerichtsordnung für die chursächs. Lande
(1803), Tit. XVII. §. 8. Nr. 14., Allgem. bürgerl. Proc.-Ordn. für das Königr.
Hannover vom 8. Nov. 1850. §. 288. (wörtlich übereinstimmend mit §. 160. der
Allgem. bürgerl. Pr.-O. für das Königr. Hannover vom 4. Dec. 1847), Entwurf einer Civilproceßordn. für das Großherzogth. Sachsen-Weimar-Eisenach
u. s. w. (1852), §. 348., Entwurf einer Proc.-Ordn. in bürgerl. Rechtsstreitigkeiten für das Großherzogth. Hessen (1856), Art. 601., Großherzogth. Oldenburg. Gesetz, betr. den bürgerl. Proceß, vom 2. Nov. 1857, Art. 174., Entwurf
einer bürgerl. Pr.-Ordn. für das Königr. Sachsen (1860), §. 716.

23) Preuß. Gerichtsordn. a. a. D. §. 312. 313. Nach dem Entwurfe einer
bürgerl. Pr.-O. für das Königr. Württemberg (1848) Art. 834. hat der Delat
über Handlungen seines Rechtsvorfahrers oder einer Person, für deren Handlungen er haftet, oder über Handlungen seines Vormundes oder Curators zu
schwören: daß ihm — nichts oder nur das von ihm Angeführte von jenen
Handlungen bekannt sei, bei Handlungen anderer Dritter, oder bei anderen
auf das streitige Rechtsverhältniß sich beziehenden Thatumständen hat er einfach
das Nichtwissen der fremden Handlungen eidlich zu bekräftigen. Ein solcher
Eid des Nichtwissens findet auch nach dem großherz. hessischen Entwurfe Art.
601. über Handlungen Dritter, mit Ausnahme theils der Rechtsvorfahrer des
Schwörenden, theils der Personen, für deren Handlungen er haftet, Statt.
Die hannover. Pr.-O. §. 288. aber und das oldenburg. Pr.-Gesetz Art. 174.
§. 1. schreiben den Eid des Nichtwissens als Regel vor, wenn eine fremde
Handlung abzuschwören ist (s. Anm. 25.). Auch der bayer. Entwurf Art. 414.
läßt den Delaten über Handlungen seines Erblassers, Rechtsvorfahrers, Pfle-
gers oder anderer Personen, für deren Handlungen er haftet, ingleichen über
Thatsachen, von welchen er als Vertreter juristischer Personen, als Verwalter
oder Geschäftsführer von Handels- und anderen Gesellschaften vermöge seiner
Dienstes- oder Geschäftsführung Kenntniß erlangt hat oder sich verschaffen
kann, schwören, daß ihm ungeachtet gewissenhafter Nachforschung von den
Handlungen oder Thatsachen nichts oder nichts Weiteres, als das von ihm
Angegebene, bekannt sei, und daß er darüber keine oder keine weitere „Behelfe"
besitze. Obwohl dieser Eid ein Eid des Nichtwissens ist, so ignoriren dieß doch
die Motive S. 590 f., indem sie sich gegen einen solchen Eid ebenso, wie gegen
den Glaubenseid erklären.

24) So die badische Pr.-O. §. 530. und der österreich. Entwurf §. 342.
dann, wenn der Eid auf Handlungen gerichtet ist, welche der Rechtsvorfahrer
des Schwörenden oder Derjenige, für dessen Handlungen er haftet, vorgenommen haben soll.

glaubens zugleich,[25]) daneben schreiben sie aber auch, soweit sie den Glaubenseid zulaffen, für diesen eine Formel vor.[26]) Nun ist aber mit jener Vertauschung des Glaubenseides mit Eiden des Nichtglaubens oder Nichtwissens nichts gewonnen; im Gegentheil liegt in derselben ein Rückschritt. Denn man vermeidet auf diese Weise zwar die Unzuträglichkeiten des Glaubenseides als eines blos auf das Glauben des Schwörenden sich gründenden Beweis= mittels. Was man aber an deffen Stelle sezt, ist insofern noch schlimmer, als es nicht einmal ein Beweismittel ist, da durch den Eid des Nichtwiffens ebenso, wie durch den des Nichtglaubens der Gegenstand des Beweises, das Sein oder Nichtsein der streit= tigen Thatsache, gar nicht betroffen wird und aus der, wenn auch eidlichen Versicherung des Gegners des Beweisführers, daß er die von diesem behauptete Thatsache nicht wiffe oder nicht glaube,

---

25) So der Entwurf für die churfächf. Lande Tit. XVII. §. 8. Nr. 14., der großherz. heffifche Entwurf Art. 601., der weimarische Entwurf §. 348. und der Entwurf für das Königr. Sachfen (1860) §. 716. beim Abschwören fremder Hand= lungen, der heffifche Entwurf jedoch nur dann, wenn diese Handlungen vom Rechtsvorfahrer des Schwörenden oder von einer Person, für deren Handlungen er haftet, vorgenommen worden sein sollen. Auch die hannover. Pr.=O. §. 288. a. E. und das olbenburg. Pr.=Gef. Art. 174. §. 2. verlangen einen Eid des Nichtwiffens und Nichtglaubens von dem Erben oder Singularfucceffor, wel= cher eine angebliche Handlung feines Erblaffers oder Rechtsvorgängers ab= schwören will.

26) Entwurf für die churfächf. Lande a. a. O.: „daß er gewiß glaube, daß — — und daß er über diese auf feinen Eid ausgefezten Punkte die erforder= liche Erkundigung einzuziehen oder in Schriften, in welchen er deshalb Nach= richt hätte vermuthen können, nachzufehen nicht vorfätzlich unterlaffen habe, daß er aber ein Mehreres, als von ihm bereits angezeigt worden sei, nicht in Erfahrung gebracht habe." — Hannover. Pr.=O. §. 288.: „daß er nach forg= fältiger Auffuchung und Prüfung der den streitigen Gegenstand betreffenden Nachrichten nicht anders wiffe und nicht anders glaube, als daß —"; — weimar. Entwurf §. 348.: „daß er ungeachtet forgfältiger Einziehung und Prüfung der den Gegenstand betreffenden Nachrichten nicht anders wiffe und glaube, als daß u. f. w."; — großherz. heff. Entwurf Art. 601.: „daß er forgfältiger Nach= forfchungen ungeachtet nicht anders glaube und wiffe, als daß u. f. w."; — olbenburg. Pr.=Gef. Art. 174. §. 1.: „daß fie (die Partei) forgfältiger Nach= forfchungen ungeachtet nicht anders wiffe, auch glaube und dafürhalte, daß —"; Entwurf für das Königr. Sachfen (1860) §. 716.: „daß er nicht anders wiffe und nicht anders glaube, als daß —"; — österreich. Entwurf §. 350. (f. oben Anm. 21.): „daß er nach forgfältiger Nachforfchung und nach feinem besten Wiffen die Urkunde für unecht halte".

auch nicht das Geringste folgt, was den Richter oder den Beweis=
führer von dem Nichtsein dieser Thatsache überzeugen könnte.[27])
Dieser wesentliche Mangel wird auch dadurch nicht ausgeglichen,
daß z. B. nach dem bayerischen Entwurfe der Delat, bevor er zum
Eide des Nichtwissens gelassen wird, zur Angabe alles dessen,
was ihm von der streitigen Thatsache bekannt ist, sowie zur An=
zeige aller weiteren auf dieselbe bezüglichen „Behelfe", welche er
besitzt, verbunden sein, und daß das Gericht, wenn eine solche
Angabe oder Anzeige erfolgt, unter Würdigung derselben in Ver=
bindung mit den übrigen in der Sache gegebenen Beweisen die
geeignete Entscheidung erlassen soll, nach Befinden weiteren Be=
weis anordnen kann.   Denn hierin liegt nur ein neuer Verstoß
gegen die Natur des Eidesantrages, indem derselbe so aus einem
Mittel zu dem einer Partei obliegenden Beweise in ein Mittel,
ihren Gegner zu Verschaffung von Beweisgründen und Beweis=
mitteln zu zwingen, übergeht.[28])   Geradezu in einen Widerspruch
mit sich selbst kommen aber diejenigen Proceßgesetze und Entwürfe
zu solchen, welche da, wo der Schwörende eine Thatsache zu

---

27) Der Eid des Nichtwissens kann ebenso, wie der des Nichtglaubens
(s. oben), nur dadurch Bedeutung für den Proceß erlangen, daß er nicht
geschworen wird, weil dann ein Geständniß des Gegners des Beweisführers
vorliegt; dagegen kann die Leistung des Eides nicht das Geringste zum Miß=
lingen des Beweises beitragen, weil auch nach derselben die vorher vorhanden
gewesene Ungewißheit die nämliche bleibt und durch den Eid nur so viel ermittelt
ist, daß der Gegner des Beweisführers von der streitigen Thatsache ebenso
wenig etwas weiß, wie der Richter.   Nur in Fällen, in welchen der Schwur=
pflichtige von der streitigen Thatsache, wenn sie wirklich geschehen wäre, noth=
wendig Etwas wissen müßte, könnte ein von ihm geleisteter Eid des
Nichtwissens eine positive Bedeutung gewinnen; in solchen Fällen findet aber
nicht dieser Eid, sondern der Wahrheitseid Statt.   Die Eide des Nichtwissens
und des Nichtglaubens sind sonach nur Mittel, den Gegner zum Geständniß zu
zwingen.   Vgl. auch Rizy a. a. O. S. 132 ff., Renaud a. a. O. S. 179.

28) So weit, wie hier der bayer. Entwurf Art. 414. 415. über die Grenzen
eines Beweismittels beim Eide des Nichtwissens hinausgegangen ist, hat nicht
einmal die preuß. Gerichtsordnung a. a. O. §. 313. zu gehen für statthaft
erachtet, obwohl diese in Folge der ihr zu Grunde liegenden Instructionsmaxime
zu einer freieren Behandlung der Beweismittel veranlaßt und berechtigt war. —
Uebrigens hat auch der Entwurf für die chursächs. Lande a. a. O. §. 2. Nr. 2. die
Einziehung von Erkundigung und sonstige Nachforschung, sowie die Anzeige
der erhaltenen Nachrichten beim Eide des Nichtglaubens und Nichtwissens, wie
beim Glaubenseide vorgeschrieben.

beschworen hat, den Glaubenseid beibehalten, für die Fälle dagegen, in welchen er eine Thatsache abzuschwören hat, an die Stelle
des Glaubenseides den Eid des Nichtwissens oder den des Nichtglaubens oder beide setzen. Dieser Widerspruch läßt sich nur
daraus erklären, daß die Verfasser solcher Gesetze und Entwürfe
in dem alten Irrthume befangen gewesen sind, daß der Glaubenseid ein Eid nicht über die Thatsache auf Grund des Glaubens an
deren Sein oder Nichtsein, sondern über das Glauben oder Nichtglauben an dieselbe sei. Eine unmittelbare Bestätigung findet
diese Erklärung da, wo geradezu der Eid des Nichtglaubens als
eine Art des Glaubenseides unter dessen Namen mitbegriffen
wird,[29]) aber auch da, wo dies nicht der Fall ist; spricht für jene
Erklärung schon die Art und Weise der Förmelung des Glaubenseides, welche in den erwähnten Gesetzen und Entwürfen vorgeschrieben wird, nämlich die Richtung desselben auf das Glauben
oder das Nichtanderswissen und Nichtandersglauben, statt auf die
Thatsachen, um welche es sich handelt, — eine Fassung des Eides, welche um so auffälliger ist, als dieselben Gesetze und Entwürfe an die Spitze ihrer Vorschriften über den Eid den Satz
stellen, daß derselbe nur über Thatsachen geschworen werden
könne.[30]) Für diese in jeder Beziehung ungenügende Behandlung
der Sache entschädigt aber auch nicht das Neue, was die in mehreren von jenen Gesetzen und Entwürfen aufgestellten Formeln
insofern enthalten, als sie von dem Schwörenden durch den Eid
zugleich versichern lassen, er habe die von ihm ausgesprochene Ueberzeugung erlangt, nachdem er die den streitigen Gegenstand betreffenden Nachrichten sorgfältig aufgesucht und geprüft gehabt habe.
Eine solche Nachforschung und Prüfung muß Derjenige, welcher den
Glaubenseid mit gutem Gewissen schwören will, alle Mal vorher-
gehen lassen, weil er außerdem von dem Sein oder dem Nichtsein der
Thatsache, welche den Gegenstand seines Eides bildet, nicht überzeugt sein kann. Auch versteht es sich von selbst, daß der Richter,
welcher den Eid abnimmt, den Schwurpflichtigen vor der Eidesleistung darauf hinweisen muß, daß er auf Grund seines Glaubens

---

29) Entwurf für die chursächs. Lande a. a. O. §. 2. Nr. 2., §. 8. Nr. 14.,
Entwurf für das Königr. Sachsen (1860) §. 716.

30) Hannover. Pr.-O. §. 282., weimar. Entwurf §. 340., oldenburg.
Pr.-Ges. Art. 173., Entwurf für das Königr. Sachsen (1860) §. 698.

nur dann das Sein oder das Nichtsein jener Thatsache versichern könne, wenn er allen für und wider sprechenden Umständen sorgfältig nachgespürt, dieselben gegen einander gehalten und abgewogen habe, dadurch aber von dem Inhalte des Eides vollständig überzeugt worden sei. Nun dient es allerdings als ein Merkmal der Erfüllung dieser Obliegenheit des Schwörenden, wenn er zugleich beeidet, daß er derselben nachgekommen sei. Indessen ist ein wesentliches Gewicht hierauf deshalb nicht zu legen, weil ein gewissenhafter Mensch dadurch nur beschwört, was sich bei ihm von selbst versteht, ein gewissenloser aber, welcher es über sich gewinnen kann, auf Grund seines Glaubens Etwas zu versichern, was er nicht glaubt oder nach den vorliegenden Umständen nicht glauben kann, sich von der Eidesleistung dadurch nicht abhalten lassen wird, daß er zugleich sich selbst ein günstiges Zeugniß über sein Verhalten auszustellen und zu beschwören hat, es sei von ihm die Aufsuchung und Prüfung der die streitige Thatsache betreffenden Nachrichten sorgfältig vorgenommen worden. Zudem liegt in der Versicherung der sorgfältigen Aufsuchung und Prüfung zugleich ein Urtheil, für dessen Richtigkeit der Eid keine Gewähr bietet und welches je nach der Gewissenhaftigkeit und Urtheilsfähigkeit des Schwörenden mit größerer oder geringerer Leichtigkeit abgegeben werden wird.[31]

Diese Betrachtung führt zu dem Ergebnisse, daß es noch nicht gelungen ist, den Glaubenseid in befriedigender Weise zu ersetzen. Es scheint, als habe man nur die Wahl, denselben so beizubehalten, wie ihn die Praxis, namentlich die sächsische, kennt, und dabei eine richtige Förmelung mehr, als bisher, sich angelegen sein zu lassen, oder den Eid über Handlungen, welche der Schwurpflichtige selbst weder vorgenommen noch sonst wahrgenommen hat, ganz auszuschließen.[32] Der Theorie der freien Beurtheilung

---

31) Renaud a. a. O. S. 145. Anm. 5) findet die Aufnahme einer derartigen Versicherung in den Glaubenseid zweckmäßig, obschon die Verpflichtung zur Nachforschung selbstverständlich sei. Practischer scheint es zu sein, wenn Rizy a. a. O. S. 137. verlangt, daß der Schwurpflichtige zur Angabe der subjectiven Gründe, auf welchen sein Fürwahrhalten beruht, angehalten werde, vorausgesetzt, daß das Gericht zugleich ermächtigt wird, ihn nicht zu dem Eide zu lassen, wenn es die angegebenen Gründe für unzureichend erachtet.

32) Dieser Ausschließung nähern sich die bab. Pr.=Ordn. §. 530. und die Entwürfe von Bayern Art. 411. und von Oesterreich §. 342. Insbesondere

des Beweises durch den Richter wird nachgerühmt, daß sie den
Eid entbehrlicher mache: sollte dieser Vorzug durch die Erfahrung
insbesondere darin, daß der Glaubenseid entbehrlicher würde, sich
bewähren, so würde schon hierin ein zu Gunsten jener Theorie
schwer ins Gewicht fallender Gewinn liegen.[33])

---

lassen die bad. Pr.-Ordn. und der österreich. Entwurf außerhalb des Gebietes
des Wahrheitseides (s. Anm. 21.) den Eidesantrag über andere Handlungen,
als die des Rechtsvorfahrers des Schwurpflichtigen und derjenigen Personen, für
deren Handlungen er haftet, nicht zu. Es würde sehr lehrreich sein, zu erfahren, welche Folgen für die Möglichkeit der processualen Geltendmachung der
Rechte diese Beschränkung des Eidesantrags in Baden gehabt habe. Vgl. übrigens auch Rizy a. a. O. S. 80. 137. ff.

33) Schon Griebner a. a. O. zu der Erl. Pr.-O. ad tit. XVIII. §. 3.
bei dem Worte „deferiret" S. 193 f. sagt: „Es ist eine üble Sache mit dem iur.
de credulitate. Ich weiß nicht anders und halte dafür, daß es geschehen oder
nicht geschehen sey. Homines enim facile credunt, quod volunt, zumal
wenn sie ein Interesse dabey haben. Es ist viel difficiler zu schwören, als de
veritate. Denn da muß ich sehen, ob ich ein probabile fundamentum habe.
Es wäre besser, man ließ es gar weg. Die ein zartes Gewissen und in utram-
que partem kein Argument haben, können dadurch freylich veriret, ja oft ohne
Baßhulden condemniret werden, man soll vielmehr passiren lassen,
was der Iudex vor probabel hält." Aber diese auf die freie Beurtheilung der Beweisführung hinweisende Ansicht ließ sich doch mit den Principien
der sächf. Proceß-Ordnungen nicht vereinigen und darum hält er Denen, welche
den Glaubenseid abschaffen wollten, an einer anderen Stelle (a. a. O. zu
tit. XVIII. §. 5. der Proc.-Ordn. S. 208.) entgegen: „Aber was soll man
denn sonst machen, wenn man keinen Beweis, keine Zeugen, keine documenta
hat!" — Vgl. übrigens Endemann, Der Eid bei freier Beweisführung, im
Archiv f. d. Civ. Praxis, Bd. 43. S. 349 ff., bes. S. 381 ff.

V.

Beiträge zu der Lehre von Veräußerung von Mündelgut.

Vom Herrn Appellationsgerichts-Präsidenten, Großcomthur ꝛc.
Dr. Beck in Leipzig.

Die Disposition der allgemeinen Vormundschaftsordnung
Cap. XVI. §. 3., nach welcher in der Regel und mit wenigen
Ausnahmen unbewegliche Güter Unmündiger außer dem Nothfalle
bei eintretenden besonderen Umständen nur unter Vorwissen und
Genehmigung der höheren Behörde veräußert werden dürfen, wurde
von dem Appellationsgerichte zu Leipzig auch auf den Fall bezogen,
wo Mündige bei dem gemeinschaftlichen Besitze concurrirten, und
ihrerseits auf Theilung, und zu dem Ende einen Verkauf aus
freier Hand an einen der Mitinteressenten oder eine fremde Person angetragen worden war, wie dieß namentlich bei Erbschafts-
regulirungen sehr häufig eintrat. Denn konnte man auch die
Provocation auf Aufhebung der Gemeinschaft in einem weiteren
Sinne unter den Begriff des Nothfalles subsumiren, so betrachtete
man doch den Verkauf aus freier Hand als Ausnahme von der
Regel, daß öffentliche Feilbietung und Licitation einen zuverläsi-
geren Maaßstab für den wahren Werth darbiete, als Taxation,
und eben deshalb das geeignetste Mittel zu Aufhebung einer Gü-
tergemeinschaft sei.
Indessen bestritt ein Aufsatz in der Zeitschrift für Rechtspflege
u. Verwaltung, Bd. IV. Heft 2. S. 164. die rechtliche Begründung dieser Ansicht mit Bezugnahme auf die von dem Appellationsgerichte zu Zwickau befolgten Grundsätze, und gab dem Königl.
Ministerium der Justiz Veranlassung, von dem Leipziger Appella-

tionsgerichte unter dem 26. August 1844. die nähere Darlegung
der Gründe seines Verfahrens zu erfordern.   Auf den ausführ=
lichen Vortrag erfolgte unter dem 20. Februar 1845. eine weitere
Ministerialverordnung.   Sie sprach sich dahin aus, daß im Falle
der Communion mit Mündigen, und zwar nicht nur dann, wenn
von den mündigen Miteigenthümern, sondern auch wenn von dem
Vormunde selbst auf Theilung provocirt werde, der Vormund=
schaftsrichter zu selbstständiger Decretsertheilung befugt sei.[1] Je=
doch wurde wörtlich Nachstehendes beigefügt:

"Wie es sich indessen von selbst versteht, daß die hierdurch
dem Unterrichter gewährte Selbstständigkeit keinesweges das
Recht und die Pflicht der Oberaufsicht Seiten der vorgesetzten
Behörden ausschließt, so kann es auch das Justizministerium
nur für wünschenswerth erkennen, daß in solchen, wie über=
haupt in allen nicht auf rechtlicher Nothwendigkeit beruhen=
den Fällen, — indem hier die Grenzbestimmung zwischen der
(factischen) Nothwendigkeit und dem bloßen Vortheile stets
schwankend seyn wird, — namentlich aber wenn eine Ver=
äußerung aus freier Hand beabsichtigt wird, — was wenig=
stens dann stets unbedenklich erscheint, wenn das Gut von
nicht ganz geringem Werthe ist, und der vorhandene Kauf=
liebhaber sich gefallen lassen will, daß das Grundstück mit
dem von ihm offerirten Preise ausgeboten werde, — bei den
Appellationsgerichten angefragt werde, und letztere werden
daher dergleichen an sie ergehende Anfragen keinesweges zu=
rück= und auf die eigene Entschließung des Unterrichters zu
verweisen, sondern sich vielmehr der Cognition über dieselben
zu unterziehen, und auch, wenn ohne solche Anfragen eine vor=
seiende Veräußerung der gedachten Art zu ihrer Kenntniß
gelangt, und ihnen Bedenken dagegen beigehen, von Ober=
aufsichtswegen das Nöthige deshalb zu verfügen haben."

Hielt demnach das Königl. Ministerium die Anzeige bevor=
stehender Veräußerungen, namentlich wenn sie aus freier Hand
erfolgen sollten, und eine desfallsige Cognition der Appellations=

---

1) Damit erschien also eine vorgängige Berichtserstattung auf den Fall
beschränkt, wo lediglich Unmündige in der Gemeinschaft standen, und auch da
nur, wenn etwa dem Richter Bedenken über das Vorhandensein des Nothfalles
beigiengen.

gerichte für wünschenswerth, und sollte die denselben vindicirte
Oberaufsicht nicht von bloßen Zufälligkeiten, zumal nach dem Weg=
falle der bis zu der neuesten Justizorganisation vorgeschriebenen
Vormundschaftstabellen, abhängen, so erschien es dem Leipziger
Appellationsgerichte nothwendig, überall das betreffende Unterge=
richt, welches zu einem Verkaufe aus freier Hand oder zu Ueber=
lassung der Antheile der Unmündigen an einem Grundstücke an
einen Miterben sein Decret ohne vorherige Anfrage gegeben hatte,
wenn dieß zufällig zu seiner Kenntniß gelangte, darauf aufmerk=
sam zu machen, wie es angemessen gewesen sein würde, das Ap=
pellationsgericht vor der Decretsertheilung von der Sachlage in
Kenntniß zu setzen.   Nur selten aber fand sich dazu eine Veran=
lassung, weit öfter wurden dem Appellationsgerichte solche Fälle
zur Entschließung unterbreitet, welche unzweifelhaft an und für
sich nicht zu dessen Cognition gehörten.[2]) Wenn von Zeit zu Zeit
auch bei Vorkommnissen der letzteren Art Stoff zu Erinnerungen
vorlag, so kam dieß desto öfter bei Anzeigen über eine beabsichtigte
Veräußerung aus freier Hand, insbesondere an die nächsten An=
gehörigen der Unmündigen, vor, indem es bald an den nöthigen
Unterlagen für die vollständige Beurtheilung des Geschäfts fehlte,
bald die Veranschlagung des Werthes in unpassender Weise erfolgt
war, die Sicherstellung der Erbtheile für die Unmündigen nicht
ausreichend erschien, Bedingungen verabredet waren, welche die
Unmündigen wesentlich in dem weiteren Verlaufe gefährden konn=
ten, und Beispiele dafür bietet auch die neueste Zeit dar.

     In Folge von Wahrnehmungen bei der Revision eines Ge=
richtsamtes erforderte das Königl. Ministerium der Justiz unter
dem 29. März 1862. anderweit Vortrag in Betreff des von dem
Appellationsgerichte eingehaltenen Verfahrens.   Nachdem dieser
Vortrag unter dem 29. April mit Bezugnahme auf die bisher
erwähnten Vorgänge erstattet worden war, erließ das Königl. Mi=
nisterium unter dem 30. Mai die nachstehende Verordnung:

     „Bei Anhörung des Vortrages, welchen das Appellations=
gericht zu Leipzig über seine Praxis bezüglich der Berichtserfor=
derung bei Veräußerung von Mündelgrundstücken unter dem

---

     2) Indessen wurden auch diese nicht zurückgewiesen, weil man annahm,
daß dem Gerichte irgend ein, wenn schon nicht ausgesprochenes, Bedenken bei=
gegangen sei.

29. vor. / 14. dies. Mon. erstattet hat, ist das Justizministerium zu der Ueberzeugung gelangt, daß es mit der bestehenden Gesetzgebung nicht in Einklang zu bringen, wenn das genannte Appellationsgericht die Anfrage vor der Decretsertheilung auch in denjenigen Fällen den Vormundschaftsbehörden zur Obliegenheit macht, in welchen das zu veräußernde Grundstück nicht einem oder mehreren Unmündigen ausschließlich, sondern mündigen und unmündigen Interessenten gemeinschaftlich zugehört.

Wie das Ministerium bereits in der Verordnung vom 20. Februar 1845., auf welche das Appellationsgericht jetzt Bezug nimmt, aus dem Wortlaute und dem Sinne der einschlagenden Bestimmungen der Vormundschaftsordnung näher dargelegt hat, ist der Vormundschaftsrichter in den erwähnten Fällen nicht nur dann, wenn der Antrag auf Veräußerung von mündigen Miteigenthümern, sondern auch, wenn er von dem Vormunde ausgeht, zur Decretsertheilung ohne vorherige Berichtserstattung befugt, während die Vorschrift Cap. XVI. §. 3. a. E. ibid., welche die Berichtserstattung festsetzt, nur auf die Veräußerung solcher Grundstücke zu beziehen ist, welche Unmündigen allein zugehören, und es liegt in der Consequenz dieser gesetzlichen Regelung der Zuständigkeit, daß der Vormundschaftsrichter in den seiner Competenz zugewiesenen Fällen selbstständig, und an die Zustimmung der Oberbehörde nicht gewiesen ist. Wenn das Justizministerium in der erwähnten Verordnung weiter es als wünschenswerth bezeichnet hat, daß in solchen Fällen unter Umständen bei den Appellationsgerichten vor der Decretsertheilung angefragt werde, so hat damit zunächst die Entschließung darüber, unter welchen Voraussetzungen eine vorherige Anfrage angemessen sei, der Vormundschaftsbehörde überlassen, nicht aber der Aufsichtsbehörde angerathen werden sollen, zu Sicherung der Möglichkeit einer Cognition jene auf die Nothwendigkeit der Berichtserstattung aufmerksam zu machen. Andererseits ist aber auch nicht zu verkennen, daß seit Erlassung der bezeichneten Verordnung die Verhältnisse sich in einer Weise geändert haben, welche die ihr zum Grunde liegende Rücksicht auf die Füglichkeit einer möglichst umfänglichen Justizaufsicht nicht mehr, wie damals, als eine überwiegende erscheinen läßt. Denn es sind nicht nur seitdem an die Stelle der Patrimonial= und Municipalgerichte, welche zu jener Zeit noch in einem großen Theile des Landes bestanden, durchgehends königliche Be=

hörden getreten, bei deren Besetzung für das Vorhandensein der zu Entschließungen der erwähnten Art erforderlichen Reife, Erfahrung und Umsicht eine größere Gewähr geschaffen werden kann, als sie unter Umständen bei der Berufung zu Verwaltung der erwähnten Gerichte möglich war, sondern es sind auch seitdem die unteren Gerichtsbehörden durch neue gesetzliche Vorschriften für verschiedene Zweige der freiwilligen, wie der streitigen Gerichtsbarkeit zu einer größeren Selbstständigkeit selbst bei den wichtigsten Entschließungen berufen worden, so daß es nicht gerechtfertigt sein würde, wenn sie — außerhalb der Devolution im Rechtsmittelwege — mit dem größeren oder geringeren Anscheine des Mißtrauens durch Erforderung von Anfragen in einer Angelegenheit controlirt werden sollten, deren Bedeutung für das pecuniäre Interesse der Unmündigen zwar keineswegs verkannt werden soll, welche aber unter Umständen durch andere, der alleinigen Cognition des Unterrichters unbestritten überlassene Vorkommnisse, — wie beispielsweise die Modalität der Anlegung größerer Capitalien, und die Frage nach der Zweckmäßigkeit der Erwerbung von Grundstücken, oder des Fortbestehens umfänglicher Handelsgeschäfte — an Wichtigkeit mindestens erreicht, wo nicht übertroffen werden.

In der Verordnung des Ministeriums vom 29. März 1862., auf welche der im Eingange gedachte Vortrag erstattet worden ist, war auch der Cognition über Veräußerung der Grundstücke solcher unmündiger Kinder Erwähnung geschehen, welche sich in väterlicher Gewalt befinden. Für diese Fälle gedenkt die Vormundschaftsordnung Cap. XXII. §. 4. der Nothwendigkeit einer Berichtserstattung überhaupt nicht, und läßt vielmehr die Entschließung über den Verkauf dem Vormundschaftsrichter ohne Unterschied, ob das Immobile dem Unmündigen allein, oder mit mündigen Interessenten gemeinschaftlich zugehört, selbst dann nach, wenn die Veräußerung nicht aus Nothwendigkeit, sondern nur aus Zweckmäßigkeitsrücksichten geschieht, und es gilt daher dasjenige, was vorstehend über die Entbehrlichkeit vorheriger Anfrage bemerkt worden ist, von diesen Fällen in noch erhöhtem Maaße.

Aus diesen Gründen hat das Justizministerium zu wünschen, daß das Appellationsgericht zu Leipzig von Verfügungen an die Vormundschaftsbehörden, welche die Nothwendigkeit berichtlicher Anfrage von der Decretsertheilung in den, in Vorstehendem erwähnten Fällen ausdrücken oder andeuten, Umgang nehme, und giebt

gleichzeitig in einer Bescheidung an das Gerichtsamt Hainichen
auf dessen Bericht vom 18./24. März d. J. diesem Gerichtsamte
zu erkennen, daß es sich in Zukunft der Verpflichtung zu solchen
Anfragen für überhoben erachten könne."

Es wird demnach fernerhin einer vorgängigen Berichtserstattung bei Veräußerung von Mündelgut nur noch dann bedürfen,
wenn entweder die Entschließung des Vormundschaftsrichters von
der einen oder anderen Seite zur Beschwerde gezogen worden ist,
oder die Veräußerung an den Vormund, resp. Angehörige desselben,
ingleichen den Vormundschaftsrichter selbst erfolgen soll,[3] oder,
dafern nur Unmündige, welche nicht unter väterlicher Gewalt
stehen, betheiligt sind, lediglich die Frage vorliegt, ob die Veräußerung vortheilhaft sei, und durch eintretende besondere Umstände
empfohlen werde, wogegen sonstige Anfragen an die alleinige
Cognition und Entschließung des Vormundschaftsrichters zurückzuweisen sein werden.

---

3) Wenn Mündige concurriren, möchte, wenigstens was den Vormund
und dessen Angehörige betrifft, die Zustimmung der höheren Behörde wohl
ebenfalls entbehrlich sein. Uebrigens ist von mehreren Richtern die Vorschrift
mit Unrecht auch auf den Fall bezogen worden, wo der Erwerb auf dem Meist-
gebote bei öffentlicher Versteigerung beruht.

VI.

Der §. 19. der Civilproceßnovelle und die Beweisung zum ewigen Gedächtniß.

Vom Herrn Professor Dr. Nissen in Leipzig.

Bei einer Gesetzgebung, welche bezweckt, aus umfassendem Gebiete einzelne Punkte und nicht in sich abgeschlossene neu zu regeln, ereignet es sich fast mit Nothwendigkeit, daß zwischen dem alten Baue und den Neuerungen Lücken oder gar Widersprüche sich bilden. Dem abzuhelfen wird alsdann eine Aufgabe der Theorie, welche, den Entwickelungsstufen der einzelnen Institute nachgehend, der Praxis den Weg der Ausgleichung anbahnt, um nicht selten sich alsbald von ihr überflügelt zu sehen.

In dieser Hinsicht bietet denn auch die sächsische Civilproceßnovelle vom 30. December 1861 zahlreiche Fragen. Wir greifen deren eine heraus, welche den bisherigen Commentatoren jenes Gesetzes entgangen ist, indem wir suchen die Lücke auszufüllen, welche der §. 19. hinsichtlich des Beweises zum ewigen Gedächtniß läßt. Bei dieser Erörterung werde ich den Gang einschlagen, daß ich zuerst die gemeinrechtliche Lehre der probatio in perpetuam rei memoriam skizzire, wie dieselbe nach dem schriftlichen Verfahren sich herausstellt, dann auf die Abweichungen eingehe, welche die in den neuesten Particulargesetzen und hoffentlich bald auch im allgemeinen deutschen Proceßgesetze anerkannte Unmittelbarkeit und Partheiöffentlichkeit nothwendig im Gefolge haben, um dann endlich das sächsische Recht an diesen beiden Maßstäben zu messen und wo möglich zu ergänzen.

§. 1.
Kanonisches Recht.

Es ist bekanntlich eine offene Frage, ob dem römischen Rechte bereits der Beweis zum ewigen Gedächtniß bekannt war. Hier auf diese Frage einzugehen und ihre Lösung in dem einen oder anderen Sinne zu versuchen, erscheint mir deshalb unthunlich, weil es sich dabei um eine so weitschichtige Entwickelung von Quellenmaterial handelt, daß dieselbe außer jedem Verhältnisse zu dem augenblicklich verfolgten Zwecke stände und daher besser eigener Ausführung vorbehalten bleibt. Ich begnüge mich, von der unbezweifelten Anerkennung auszugehen, welche das kanonische Recht dem Institute zu Theil werden läßt.

Man hielt im kanonischen Rechte starr daran fest, daß kein Proceß ohne Litiscontestation existiren könne, und in dem pedantischen Formalismus jener Zeit folgte daraus nothwendig, daß auch kein Act des eigentlichen Processes vor der stattgehabten Litiscontestation rechtsgültig vorgenommen werden konnte. Lite non contestata ne procedatur ad testium examen. — Indeß dem Leben war mit dieser genauen Aufrechterhaltung der Form ersichtlich nicht gedient; es bildeten sich daher nach mannigfachen Richtungen hin Ausnahmen. Die wichtigste derselben bestand in der gesetzlichen Ausbildung des Verfahrens sine strepitu ac figura judicii; eine minder wichtige betraf die uns vorliegende Frage: man gestattete ausnahmsweise eine richterliche Benutzung der Beweismittel auch ohne vorgängige Litiscontestation.

In der That war diese Ausnahme unumgänglich. Denn nicht blos konnte der Gegner durch seine Abwesenheit die wirkliche Einleitung des Processes unmöglich machen, wo es dann illusorisch gewesen wäre, den betreffenden Theil mit seinem Gesuche um Zeugenverhör in den ordentlichen Proceßgang zu verweisen; sondern selbst wenn der Gegner zur Stelle war, standen ihm nach derzeitigem Rechte, wenn wir vom summarischen Verfahren absehen, so mannigfache Möglichkeiten offen, die Litiscontestation hinauszuschieben, daß es für den Kläger höchst zweifelhaft wurde, ob er mit den jetzt ihm zu Gebote stehenden Beweismitteln überall noch zur Beweisführung verschreiten könne. Nehmen wir vollends den Beklagten, so stand die Eröffnung des Verfahrens regelmäßig ganz außer seiner Macht. — Man half also dem drohenden Ver-

luste der Beweismittel offenbar am einfachsten dadurch ab, daß
man ihre Benutzung auch vor eröffnetem Verfahren gestattete, ne
veritas occultetur et probationis copia fortuitis casibus sub-
trahatur, wie der Papst sagt.

So erlaubte man also dem Gerichte, zur Vernehmung von
Zeugen auch ohne Proceß auf Antrag des Betheiligten vorzugehen.
Aber die contradictorische Form jeglichen Verfahrens brachte es
mit sich, daß wo möglich der Gegner dazu geladen werden mußte.
Sollte anders die Beweisaufnahme mit voller Kraft geschehen, so
mußte ihm Gelegenheit geboten sein zur Mitwirkung, denn er
hatte ein Interesse daran, daß die Aussage nicht blos im Sinne
des Antragstellers veranlaßt, sondern die Zeugen durch seine Fragstücke möglichst auch dasjenige aussagten, was ihnen sonst hinsichtlich der einzelnen Punkte bekannt war. Und so gut wie der
eine Theil mußte natürlich auch der andere die Zeugen befragen,
ihre Kenntniß, weiter selbst als es durch Fragestücke regelmäßig
geschehen durfte, also durch eigene Artikel darlegen lassen können.
— Wurde der Gegner nun zur Production geladen, so stand ihm
jetzt das Vorbringen dieser Materialien zu, und wenn er ohne
Aufschub Gründe darlegen konnte, welche die Unzulässigkeit einzelner Zeugen ergaben, so konnte er ihre Vernehmung überall hindern. — War aber eine Ladung an ihn nicht möglich, so nahm
das Gesetz sein Interesse dadurch wahr, daß dem Antragsteller
aufgegeben wurde, binnen Jahresfrist jenem die Anzeige der zum
ewigen Gedächtniß erfolgten Beweisaufnahme zu machen oder
ordentliche Klage wider ihn zu erheben. Das letzte konnte natürlich nur auf den Fall Anwendung finden, daß der Antragsteller
zur Klagerhebung befähigt war; keineswegs aber lag darin der
Zwang gegen den Klagfähigen, binnen Jahresfrist die Klage
wirklich zu erheben. Man hat das häufig so mißverstanden, und
diese irrige Ansicht ist, hie und da freilich auf Widerspruch stoßend,
in einzelne der älteren Gesetze aufgenommen,[1]) findet sich z. B.
noch heutigen Tages im Braunschweiger Rechte. Schon J. H.
Böhmer, und ihm sich anschließend Linde in seinen Abhandlungen, hat auf die Unrichtigkeit dieser Auffassung aufmerksam gemacht, welche jedoch dessenungeachtet selbst in den neuesten Lehr-
büchern sich wieder eingenistet hat. Die Worte des Gesetzes cap.

---

1) Seyfart, Teutscher Reichs-Proceß, Cap. XIX. §. 10. Note a.

5. X. ut lite non contestata II. 6. lauten: „Sed si actor non convenerit adversarium infra annum, ex quo conveniri poterit, vel saltem receptionem hujusmodi testium non denunciaverit illi, attestationes sic receptae non valeant," — sie lassen schlechterdings kein abweichendes Verständniß zu.

Indeß man verlor dabei keineswegs den Character dieser Bestimmung als Ausnahme aus dem Auge. Um zu solcher außerordentlichen Zeugenvernehmung zu gelangen, war eine rationabilis causa nöthig; es mußte dem Gerichte Anhalt dafür gegeben werden, daß zu solcher Abweichung Grund in der wirklich vorhandenen Wahrscheinlichkeit liege, der Antragsteller werde bei längerem Aufschube seiner Zeugen verlustig gehen.

Dieselben Grundsätze wendet nun Innocenz III. analog auf die Conservirung alter Urkunden an im Cap. 4. X. de confirmatione II. 30. und hat dadurch die Streitfrage hervorgerufen, ob die Exemplificirung einer Urkunde als Beweis zum ewigen Gedächtniß aufgefaßt werden könne. Wir wollen diese Frage, die unseres Erachtens schon zur Genüge von Linde in seinen Abhandlungen erörtert ist, hier außenvor lassen und uns beschränken auf den Beweis durch Zeugen, dem sich in jener Zeit der durch Sachverständige in noch höherem Grade anschloß, als dieß im heutigen Rechte der Fall ist.

Was nun schließlich die Wirkung solcher außerordentlichen Beweisaufnahme anlangt, so ist dieselbe einfach gleich der im ordentlichen Verfahren erfolgten. Wir sehen ab von der Präclusivbestimmung für den Fall, daß die Zeugenvernehmung nur auf einseitiges Partheihandeln, ohne Ladung des Gegners erfolgt war. Dann sollte, wie gezeigt, die Möglichkeit der nachträglichen Mitwirkung dem Gegner durch besondere Anzeige gegeben werden. Sonst aber wurde die Benutzung der Zeugenaussagen beiden Theilen im künftigen Verfahren nach dem Grundsatze testes per productionem fiunt communes in gleicher Weise gestattet. Die Beweiskraft konnte durch jene Vernehmung an sich nicht geschwächt werden, da dieselbe unter gerichtlicher Autorität und in gewöhnlicher Form geschah; ihr Werth stand wie gewöhnlich zur Partheidebatte und richterlichen Entscheidung und überdieß war dem Gegner die Einwendungen gegen die Zulässigkeit der Zeugen auch jetzt noch vorzubringen gestattet, weil die ungewöhnliche Schleunigkeit des damaligen Verfahrens sie nur von der Berücksichtigung in jenem Verfahren selbst ausschließen konnte. Wir müssen jedoch zur mehreren Klarheit auf einen Punkt noch näher eingehen.

Wie nämlich stand es, wenn die früher in außerordentlicher Beweisaufnahme vernommenen Zeugen noch lebten zur Zeit des erhobenen Processes?

War ihr Verlust in der Zwischenzeit wirklich erfolgt, so trat an Stelle ihrer jetzigen Vernehmung die Urkunde über ihre frühere, wenn anders eine der Partheien diese in den Streit hineinziehen wollte. Waren sie jedoch noch am Leben, so müssen wir folgende Fälle unterscheiden:

1) Wenn die Beweisaufnahme zum ewigen Gedächtniß ohne vorgängige Ladung des Gegners erfolgt war, so stand diesem nachträgliche Befragung jener Zeugen zu; er konnte sie in diesem Falle also vor Gericht fordern und sie zur Entkräftung des jenseitigen oder Führung eines eigenen Beweises benutzen. Die Aussagen der Zeugen von jetzt und damals mußte der Richter alsdann zusammenhalten.

2) Hatte der Gegner damals bei Vernehmung der Zeugen mitgewirkt, so konnte er denselben Fragstücke zu den jenseits damals aufgestellten Beweisartikeln jetzt nicht mehr vorlegen lassen, denn jene Beweisführung bildete ein in sich geschlossenes abgethanes Ganze. Nur die Erörterung der Zulässigkeit und Glaubwürdigkeit stand ihm offen.

3) Das Gleiche mußte dann gelten, wenn der Gegner damaliger Ladung oder späterer rechtzeitiger Anzeige unerachtet keine Schritte that zur weiteren Aufklärung der Artikel. Dagegen stand ihm sicher in den beiden letzten Fällen (2. und 3.) die Production derselben Zeugen frei, wenn er durch ihre Aussagen seine Behauptungen darthun wollte, mochten diese nun das Thema eines Haupt- oder Gegenbeweises bilden.

4) Was endlich den Antragsteller anbelangt, so muß seine Lage meines Erachtens folgende gewesen sein:

Es stand ihm zu, wiederholt Artikel einzureichen, so lange die ihm gesteckte Frist der Beweisführung noch nicht verstrichen war. Er war daher auch befugt, die Zeugen aus der Beweisführung zum ewigen Gedächtniß nochmals vor Gericht zu ziehen und ihnen weitere neue Artikel vorlegen zu lassen. Denn da erst jetzt das Verfahren und dessen Fristen begannen, so konnte von Ablauf der Frist nicht die Rede sein. — Machte er von diesem

Rechte Gebrauch, so standen natürlich dem Gegner die zu diesen Artikeln passenden Fragstücke zu.

Aber der Antragsteller war nicht berechtigt, die damals schon abgehörten Zeugen von Neuem vernehmen zu lassen über diesel= ben Artikel. Allerdings stand es in der Willkühr der Partheien, ob sie von jenem Zeugenrotulus Gebrauch machen wollten; aber es läßt sich daraus keineswegs herleiten, daß sie auf ihn und seine Induction in den vorliegenden Proceß verzichten und zugleich die Zeugen wiederholtem Verhöre aussetzen konnten. In der That würde solches Verfahren den Character bloßer Chikane ge= habt haben. Denn die Zeugen waren vernommen ohne Beisein des Antragstellers über die von ihm selbst gestellten Fragen, sie waren imposito silentio entlassen, der Zeugenrotulus blieb ver= siegelt in den Händen des Gerichts, — die Parthei konnte also nicht wissen, in welcher Richtung die Aussage erfolgt war; und hätte sie es auch gewußt, so war dem einmal abgeleisteten Eide gegenüber das Ansinnen: Zeuge solle anders aussagen als gesche= hen, geradeswegs frivol. — Hatte also der Antragsteller nur jener= zu sein Thema gehörig erschöpft durch die dem Gerichte einge= reichten Artikel, so konnte er eine Veränderung, sei es zum besseren oder schlimmeren, vernünftiger Weise bei neuer Vernehmung gar nicht erwarten und daher eine solche auch nicht herbeiführen wol= len. — Hatte er aber einzelne Punkte in seiner früheren Zerle= gung des Beweissatzes übersehen, so lag nichts im Wege, diese auch jetzt noch den Zeugen vorlegen zu lassen. Außerdem stand ihm selbstredend so gut wie seinem Gegner frei, dieselben Zeugen über andere Beweisfragen jetzt zu produciren. Aber dieselben Zeugen über dieselben Punkte zum zweiten Male vernehmen zu lassen, das hätte gegen die bestimmtesten Rechtssätze verstoßen; das konnte, von Entschuldigungsgründen abgesehen, auch dann ihm nicht gestattet werden, wenn er durch Versäumung der bei einseitiger Vernehmung ihm obliegenden Anzeige sich der früheren Zeugnisse verlustig gemacht hatte.

Es könnte scheinen, als enthielte diese formalistische Strenge eine Härte gegen die Parthei, allein dem ist in Wirklichkeit nicht so. Sie hatte gar kein Interesse daran, die Zeugen jetzt von dem Richter vernehmen zu lassen, der den Proceß leitete. Denn mochte es auch der erkennende selbst sein, so fällte er doch bekanntlich seine Entscheidung nur auf Grund des actenmäßig gemachten Mate=

rials. Die Interessen der Parthei waren also in jeder Hinsicht
gewahrt, wenn sie wußte, daß die früher von den Zeugen auf die
Artikel gegebenen Antworten jetzt als ein Theil der Acten angesehen und bei der richterlichen Entscheidung gewürdigt wurden.

§. 2.
Neues Verfahren mit Unmittelbarkeit und Parthei-
öffentlichkeit.

Diese einzelnen Bestimmungen haben in dem deutschen Processe Aufnahme gefunden und sich sowohl bei den Reichsgerichten
als im sogen. gemeinen Processe erhalten, ohne daß die zwischen
beiden bestehende Differenz des Beweisurtheils von wesentlichem
Einfluß geworden wäre. Es fragt sich nun aber, wie gestalten
sie sich gegenüber dem Principe der Unmittelbarkeit und der Par-
theienöffentlichkeit, wie die neuere Doctrin und Gesetzgebung sie
aufstellt?

Nach diesem Principe muß das gesammte Material, insoweit
es bei der Urtheilsfällung in Betracht gezogen werden soll, dem
zur Entscheidung berufenen Richter unmittelbar vorgelegt werden.
Von diesem Satze aus wird die Zulassung eines Beweises zum
ewigen Gedächtniß eine nicht blos formelle Ausnahme, wie sie es
bei dem früheren actenmäßigen Verfahren war, sondern sie gewinnt eine materielle Bedeutung. Die Zulassung selbst aber ist
von so unzweifelhaftem Bedürfnisse getragen, daß es Niemandem
einfallen wird, sie streichen zu wollen. Um so mehr fragt sich,
wie ist dieselbe mit dem Grundsatze der Unmittelbarkeit in Har-
monie zu setzen?

Man könnte einen doppelten Weg gehen, je nachdem man
unsere Frage aus dem Gesichtspunkte des einen oder des anderen
der beiden Institute, mit denen sie in Verbindung steht, zu erledigen sucht.

1) Man könnte an sie hinantreten von Seite der Unmittelbarkeit und die Ausnahme einzig vom Standpunkte dieser Regel
fassend die bisherige gemeinrechtliche Beweisung zum ewigen Gedächtniß in das neuere Verfahren herübernehmen, trotz des Widerspruches der Grundsätze, auf welchen beide ruhen. Solchenfalls
könnte man in der Uebung der Ausnahme möglichst die Regel
durchscheinen lassen, indem man forderte einmal, daß die Zeugen,
so weit irgend möglich, bei demjenigen Gerichte zur Vernehmung

gebracht würden, welches künftig zur Abgabe der Entscheidung
berufen sei; dann aber, daß bei der künftigen Verhandlung die
Zeugen aufs Neue vorgeführt würden, um so weit thunlich dem
entscheidenden Richter ihre Kenntniß unmittelbar vorzulegen. Man
sähe dabei offenbar ab von der Partheiöffentlichkeit und könnte
eine Theilnahme derselben an der Zeugenvernehmung in perpetuam rei memoriam nicht gestatten, weil dem gemeinrechtlichen
metus subornationis folgend man annähme, daß die Partheien
durch die Kenntniß der Zeugenaussagen besonders befähigt würden, eine ihren Interessen dienlichere Beweisung durch nachträgliche Zeugen zu liefern.

Bei dieser Auffassung characterisirte sich das Institut als ein
Nothbehelf im äußersten Sinne des Worts, ein Ueberbleibsel, welches ohne jede innere Belebung in das neue Verfahren eingeflickt
wäre.

2) Oder man könnte die Nothwendigkeit der Partheiöffentlichkeit und ihrer Mitwirkung beim Zeugenverhöre in den Vor-
grund stellen und für jedes gesunde Resultat diese fordern. Dann
würde man die Befragung auch der in perpetuam rei memoriam
zu vernehmenden Zeugen vor den Augen der Partheien vornehmen. Freilich verletzte man alsdann den Grundsatz des gemeinen
Rechts, daß nach Eröffnung der Zeugenaussagen die Production
neuer Zeugen über dieselben Punkte unstatthaft sei, aber dieser
metus subornationis würde in der That kaum von solcher Bedeutung sein, daß vor ihm ein Grundsatz weichen müßte, den wir
als eine der wesentlichsten Garantieen für unbefangene Rechtsverfolgung bezeichnen müssen. Allerdings lag in jenen Zeiten der
Formularjurisprudenz, wo der Richter völlig passiv jeder Parthei-
behauptung gegenüber dastand und sich seine Ueberzeugung schließlich durch die Erfüllung feststehender Beweisregeln ohne wesentliche
Kritik dictiren lassen mußte, — in jenen Zeiten lag die Besorgniß
nahe, daß es einer Parthei gelingen möge, durch die außer allem
Zusammenhange stehenden Artikelfragen ihr bekannt gewordene
Beweislücken auszufüllen, vielleicht gar ohne daß der Zeuge selbst
es wollte, da ihm nur gestattet war, auf die vorgelegten Fragen
kategorisch zu antworten. Aber heute, wo an die Stelle jener
artikulirten Vernehmung fast überall schon die summarische getreten ist, und diese außerdem noch abgehalten wird unter größerer
richterlicher Mitwirkung, welche wiederum durch die Theilnahme

der Partheien ungefährlich gemacht ist, — heute ist jene Befürchtung in der That ein veralteter Standpunkt zu nennen, denn Niemand wird sich darüber täuschen, daß es jeder Parthei nach der
erstatteten Zeugenaussage eigentlich gar nicht leichter wird, ihre
Zeugen zu instruiren, als vorher, sobald man nur jene partielle
in Artikeln erfolgende Vernehmung in Wegfall bringt. Die richterliche Autorität, die Theilnahme des Gegners, das Auftreten
anderer Zeugen und vor Allem die Oeffentlichkeit des Verfahrens
würde sehr bald das Bestreben vereiteln, im Gegensatze zu den in
der probatio in perpetuam rei memoriam ermittelten Zeugnissen
späterhin mit instruirten Zeugen hervorzutreten.

Es entspricht daher diese letztere Auffassung offenbar dem
Geiste des neuen Verfahrens am meisten, und so finden wir sie
denn auch in den neuen Gesetzen. Sie wenden sämmtlich auf
den Beweis zum ewigen Gedächtniß den Grundsatz der gewöhnlichen Beweisaufnahme an. Dabei freilich gehen sie hinsichtlich
der einzelnen Bestimmungen auseinander. Bald verlangt man die
Bescheinigung der besorgten Erschwerung oder des Verlustes (Oldenburg, Entwurf für Bayern und für Sachsen), bald genügt der
bloße Antrag (Hannover). Ferner fordert man bald Nennung
eines Gegners und verweist, wie z. B. in Oldenburg, den Antrag
sonst ins Gebiet der freiwilligen Gerichtsbarkeit; bald schreibt man
für beide Fälle Normen vor, wie in Hannover und Bayern (Entwurf), bald, wie im sächsischen Entwurfe, geht man von der Nothwendigkeit, einen Gegner zu nennen, mit der Bemerkung ab, daß
durch Einseitigkeit die Glaubwürdigkeit vielleicht geschwächt werden könne. Hinsichtlich der Wirksamkeit endlich ist die früher
häufig mißverständlich aufgestellte Grenze eines Jahres gestrichen,
die Anzeige an den Gegner durch die Ladung von Seiten des Gerichts beseitigt worden.

Es fragt sich nun, wie stellt sich dieses Institut zu dem Grundsatze der Unmittelbarkeit? Sollen wir den Partheien gestatten,
auch dieselben Zeugen aufs Neue in der späteren Verhandlung
zu produciren und von ihnen die völlige Wiederholung ihrer früher
gemachten Aussage zu fordern?

Die Gesetze und Entwürfe erlauben ohne Einschränkung eine
Wiederholung der Zeugenvernehmung auf Antrag einer der Partheien, aber ohne näher zu bestimmen, wie umfassend diese Wiederholung sein soll. Danach könnte es scheinen, als ob durch den

Antrag auf Wiederholung der Beweisaufnahme die Wirkung der früheren Vernehmung völlig vernichtet werde. Das wäre meines Erachtens ein sehr unpraktisches Resultat. Man denke sich nur, daß die Zeugen inzwischen dieses oder jenes vergessen hätten, so würde der vorsorgliche Beweisführer durch den bloßen Antrag auf unmittelbare Benutzung der noch lebenden Zeugen der ganzen Beweisung verlustig gehen; in manchen Fällen würde also die Beweisführung zum ewigen Gedächtniß ins gerade Gegentheil verkehrt werden. Die Absicht der Gesetzgeber wird schwerlich dahin gegangen sein, jede Benutzung der früheren Zeugenprotocolle auszuschließen durch den genannten Antrag, aber man hätte besser gethan, das klarer auszusprechen, wie es etwa geschehen wäre, wenn man gesagt hätte „daneben kann jede Parthei die Abhörung der etwa noch lebenden Zeugen beantragen." Daß im Sinne des Gesetzes neben der späteren Aussage auch die früher abgefaßten Protocolle zur Benutzung kommen dürfen, erscheint mir nicht zweifelhaft. Wie aber steht es im Weiteren mit dieser Wiederholung?

Von Seiten des Richters treten uns keine erheblichen Bedenken entgegen. Seine Stellung gewinnt ohnehin durch Wegfall der Beweisregeln bedeutend an Schwierigkeit, und so muß er denn auch hier etwaige Collisionen nach bestem Ermessen ausgleichen, ohne daß man daraus einen Anlaß entnehmen dürfte, um dem Grundsatze der Unmittelbarkeit zuwider von der Wiederholung der Zeugenvernehmung abzusehen. — Gewichtiger wird die Frage, wenn wir die Lage in Betracht ziehen, in welche der Zeuge durch eine zweimalige Vernehmung über denselben Gegenstand geräth. Die doppelte Aussage hätte an sich nichts Besonderes, wenn nicht neben ihr der Zeugeneid stünde, dessen Ableistung bei der Beweisung zum ewigen Gedächtniß mehr noch wie sonst geboten erscheint. Ist dieser Eid nun, wie z. B. noch in Hannover, ein promissorischer, so vereinfacht sich freilich die Frage; aber die Vorzüge des assertorischen Zeugeneides erhalten mehr und mehr die Anerkennung, und es fragt sich also, wie soll der Zeuge nochmals aussagen, nachdem er seine Aussage bereits mit assertorischem Eide garantirt hat?

Die Gesetze sprechen schlechtweg von Wiederholung der Vernehmung, aber doch möchte ich nicht annehmen, daß diese Wiederholung auch auf abermalige Beeidigung sich erstrecke. Zwar

kann der Zeuge ja aus anderen Gründen und in anderen Verhältnissen trotz aller Vorsicht der Gesetzgebung in die Lage kommen, zweimal dasselbe zu beschwören, wenn z. B. in verschiedenen
Processen dieselben Thatsachen seiner Aussage unterlegt werden,
aber man wird nicht leicht geneigt sein, solche Vorschrift weiter,
als dringend nöthig, anzuwenden. Hier bei unserer Frage würde
noch aus der Analogie des Strafverfahrens ein Argument für die
unzulässige Doppelbeeidigung zu entlehnen sein. Die Vernehmung der Zeugen in Voruntersuchung und Hauptverhandlung hat
etwas Aehnliches; bei ihr soll freilich regelmäßig die Beeidigung
erst im Hauptverfahren erfolgen, aber wenn das Erscheinen des
Zeugen im Verhandlungstermine nicht zu erwarten steht aus irgend
welchen Gründen, dann soll ausnahmsweise auch in der Voruntersuchung zur Beeidigung verschritten werden. Hat der Untersuchungsrichter von dieser Ausnahmsbestimmung Gebrauch gemacht,
dann erfolgt aber in der Hauptverhandlung anstatt der Ableistung
nur eine Verweisung auf den früher geleisteten Eid. Nun könnte
man einwenden wollen, daß zwischen Voruntersuchung und Hauptverhandlung ein weit intimerer Bezug stattfinde, als zwischen dem
Beweise zum ewigen Gedächtniß und dem künftigen Processe.
Allein die neueren Gesetzgebungen denken sich, wie es scheint, die
probatio in perpetuam rei memoriam auch in gewisser Hinsicht
als ein ausnahmsweise herausgerissenes Stück des später folgenden Verfahrens. Sonst wäre nicht abzusehen, weshalb sie den
Antrag regelmäßig bei dem künftigen Proceßgerichte gestellt sehen
und nur bei besonderen Gründen das Angehen desjenigen Gerichts gestatten wollen, welches unmittelbar zuständig ist.[2]) Je
mehr man aber eine gewisse Continuität zwischen der Beweisführung zum ewigen Gedächtniß und der ihr folgenden Proceßführung
annimmt, desto mehr geräth man in den Bereich des alten gemeinrechtlichen Satzes, daß in demselben Processe der Zeuge nur
einmal zu beeidigen ist. Dieser Satz subintelligirt freilich pro-
missorische Eidesleistung, aber ungeachtet dessen: daß die neueren
Gesetzgebungen ihn nicht ausdrücklich wiederholen, muß er aus
naheliegenden Gründen auf die assertorische Beeidigung übertragen

---

2) Die Bestimmung des sächsischen Entwurfs §. 291., welche die Wahl
zwischen dem künftigen Proceßgerichte oder dem sonst zuständigen offen giebt,
erscheint praktischer.

werden, wenn auch bei dieser schon durch den gewöhnlichen Verlauf des Verfahrens die Gelegenheit ihn anzuwenden regelmäßig
fehlen wird. — Es scheint mir demnach jedenfalls die Wiederholung sich auf den Eid nicht erstrecken zu dürfen.

Selbst aber wenn wir die Bestimmungen der Proceßgesetze
dergestalt verengen, daß wir von Wiederholung hinsichtlich der
Beeidigung absehen, behält doch die Frage für Zeugen und Beweisführer etwas Mißliches. Beide werden leicht abhängig von
dem bloßen Streben des Gegners, Aufschub durch die Vernehmung der früher schon vernommenen Zeugen zu erhalten. Wir
werden meines Erachtens ein praktischeres Resultat gewinnen,
wenn wir den Grundsatz der Unmittelbarkeit nicht scharf durch-
führen, sondern die Protocolle der Beweisführung zu ewigem Gedächtniß, anstatt sie blos neben den jetzigen Aussagen zu benutzen,
als die eigentlichen Beweismittel des künftigen Verfahrens ansehen. Weshalb das nicht geschehen sollte, weshalb statt dessen
die Gesetze schlechtweg die Wiederholung des Verhörs anordnen,
sobald eine Parthei den Antrag darauf erhebt, das ist in der That
nicht abzusehen. Beruht doch hier wie dort die Vernehmung auf
ganz gleichen Grundsätzen und geht in derselben Weise vor sich,
wozu also eine Wiederholung? Gestatten doch ferner die Gesetze
selbst dem Gerichte, aus irgend welchen Zweckmäßigkeitsgründen
sich auch im gewöhnlichen Laufe des Beweisverfahrens von der
unmittelbaren Vernehmung der Zeugen durch Beauftragung eines
einzelnen Mitgliedes oder gar eines anderen Gerichts zu befreien;
geht man doch nie in dem Fordern der Unmittelbarkeit im Civilprocesse so weit, daß man in gleicher Ausdehnung wie im Strafverfahren das persönliche Erscheinen der Zeugen vor dem erkennenden Richter als unerläßlich bezeichnete. Wenn man also
anerkennt, daß die größere Aeußerlichkeit der civilprocessualischen
Fragen jene strafprocessualischen Cautelen überflüssig macht, wenn
man regelmäßig keinen Anstoß nimmt, den vor anderem Gerichte
errichteten Zeugenprotocollen Glauben zu schenken, weshalb sollen
denn die Protocolle über die zum ewigen Gedächtniß erfolgte Vernehmung nicht gleiche Kraft haben? Wenn man aber im letzteren
Falle den Partheien gestattet, durch ihren bloßen Antrag die abermalige unmittelbare Vernehmung der Zeugen herbeizuführen, weshalb soll ihnen dann im ersteren Falle nicht das Gleiche zustehen?

Der Unterschied in diesen Bestimmungen scheint denn auch

nicht so sehr dadurch hervorgerufen zu sein, daß man die Unmittelbarkeit gefordert, als vielmehr, daß man den Fall im Auge
gehabt hat, wo durch die inzwischen verflossene Zeit eine neue
Vernehmung nöthig werde.   In mancher Hinsicht würde freilich
dieser Zeitablauf die Glaubwürdigkeit jener Aussage steigern, da
dieselbe den Verhältnissen selbst zeitlich näher steht; aber es könnte
inzwischen durch den begonnenen Proceß oder durch das Ergebniß
anderer Beweismittel im Interesse aller Theile wünschenswerth
werden, die Zeugen selbst zu haben und nicht blos angewiesen zu
sein auf eine frühere Vernehmung derselben, in welcher nach Lage
der Dinge diese Punkte keine Berücksichtigung finden konnten. —
Daß in solchem Falle die Abhörung der Zeugen erfolgen kann, ist
völlig rechtsgemäß, aber aus diesem Umstande läßt sich offenbar
nicht schlußfolgern, daß die ganze Vernehmung alsdann wiederholt werden solle.   Vielmehr haben wir für diese Frage etwa
auftauchender Nova oder Widersprüche und Undeutlichkeiten eine
sehr naheliegende Analogie, die unseres Erachtens blos deshalb
nicht zur Anwendung gezogen ist, weil man dem an sich ja auch
nicht sehr bedeutenden Institute nicht die erforderliche Beachtung
geschenkt hat.   Die hannoverische Proceßordnung sagt §. 270.:

„Findet das Gericht nach beendigtem Zeugenverhöre, daß die
Zeugen nicht gesetzlicher Ordnung gemäß oder nicht vollständig vernommen seien, oder daß ihre Aussagen an Unbestimmtheit oder Zweideutigkeit leiden, oder begehren die Zeugen
selbst Ergänzung oder Berichtigung ihrer Aussagen, so kann
die wiederholte Vernehmung derselben sowohl auf Antrag der
Partheien als von Amtswegen verordnet werden.“

Dieser Paragraph, ein wenig in der Form nach dem vorliegenden Falle modificirt, wird dem unbestreitbaren Bedürfnisse genügen, die Zeugen außerhalb ihrer früheren Aussage aufs Neue
aussagen zu lassen. Weiter zu gehen ist aber durchaus kein Anlaß
da, sondern erzeugt nur Uebelstände.

§. 3.
Sächsisches Recht.

Nachdem wir nun gesehen haben, wie in neuerer Zeit durch
die Grundsätze der Partheiöffentlichkeit und Unmittelbarkeit die
Beweisführung zum ewigen Gedächtniß gemodelt ist oder noch zu
modeln wäre, wollen wir uns zu der Frage wenden, wie sich das

sächsische Recht des §. 19. der Novelle zu dem Institute verhält. Das sächsische Recht zur Zeit der alten Proceßordnung hat im Wesentlichen ganz die gemeinrechtliche Lehre, vermeidet aber in XXVII. §. 2. ausdrücklich jenen oben beregten Irrthum, indem es bestimmt:

> „Es soll aber auch ein solch Gezeugniß ad perpetuam Rei Memoriam, wann gebührlich damit verfahren, nicht allein binnen Jahresfrist, sondern auch zu jeder Zeit, wann sich der Producent dessen würde gebrauchen wollen, er sey Kläger oder Beklagter, seine Krafft und Würkung haben und behalten.“

Die erläuterte Proceßordnung hat das Institut, nachdem sie den Unterschied, der zwischen Beklagtem und Kläger bestand, aufgehoben, auf die Urkunden ausgedehnt, und so bestand denn seitdem die uns bekannte Beweisung, der wie überall so auch in Sachsen außer den genannten Mitteln auch noch Sachverständige und richterlicher Augenschein durch die Praxis zugewiesen wurden.[3]

Hinsichtlich der Frage aber, welche uns hier vorzüglich interessirt, inwiefern die Wiederholung des Verhörs statt hat, bestimmt schon die alte Proceßordnung a. a. O.:

> „Würde er .. aber ... solches Gezeugniß ganz fallen und die darinnen abgehörten Zeugen anderweit und de novo examiniren wollen, soll ihme solches in allewege frey stehen,

---

[3] Daß der Eid nicht zum Mittel der Beweisführung zu ewigem Gedächtniß gemacht worden ist, hat seinen Grund darin, daß die Stellung des Staates zur Kirche und Religion es hindert. Hätten wir die römischrechtliche Eideslehre, so läge nichts im Wege, da ihr ein provisorisch geleisteter Eid nicht fremd war. Das Interesse der Parthei kann selbstredend hier wie in anderen Fällen durch Zeitablauf gefährdet sein. Nicht zu verstehen ist es, wenn man sagt: das Recht, den Eid zu deferiren, gehe nicht verloren, und deshalb sei es unzulässig, ihn in perpetuam rei memoriam zu schwören. Das klingt gerade, als ob das Recht, Zeugen zu produciren, verloren ginge, wenn man nicht diese Zeugen in perpetuam rei memoriam abhören läßt, oder als ob ein Eid dem andern so ähnlich wäre, wie ein Ei dem andern. Wenn man dann sagt, es sei nicht anzunehmen, daß nicht auch der Eid de credulitate mit bestem Gewissen geschworen werde, so trifft das offenbar die Sache gar nicht. Was ist mir damit geholfen, wenn der Erbe meines Schuldners „mit bestem Gewissen“ de credulitate schwört und mich um mein Darlehn bringt? Aber weil wir Eide über die Streitfrage nur am Ende des Streites kennen, deshalb kann von einer Sicherung eines gefährdeten Eides zur späteren Benutzung im Laufe eines Streites nicht die Rede sein.

doch, daß .... das vorige Gezeugniß gar nicht publicirt, noch denen Partheyen Abschrifft davon zugestellet, sondern gänzlich abgethan werde."

Es steht also hiernach, im Gegensatze zum gemeinen Rechte, dem Antragsteller (denn nur von dem, als dem vorsorglichen, redet das Gesetz) frei, die Zeugen völlig aufs Neue vernehmen zu lassen, in welchem Falle denn die Urkunde über die frühere Vernehmung ganz außer Acht zu lassen, ihr Inhalt den Betreffenden unbekannt bleiben soll.

Wie stellt sich nun die Novelle hiezu?

Nachdem sie die besonderen Fragstücke ihrer formellen Existenz entkleidet und den Zeugeneid in ein juramentum assertorium verwandelt hat, sagt sie in §. 19.:

> „Die Partheien, wie ihre Bevollmächtigten und Rechtsbeistände sind befugt, der in einem Civilprocesse benannten Zeugen beizuwohnen ꝛc. ꝛc."

Daß diese Worte „in einem Civilprocesse" gänzlich überflüssig sein sollen, läßt sich um so weniger annehmen, als das Gesetz sich von vorneherein als Civilproceßnovelle selbst einführt und die früheren Bestimmungen der §§. 17. und 18., die ebenfalls schon vom Zeugenbeweise handeln, jener Specialität entbehren. Es muß also jener Ausdruck „in einem Civilprocesse" hier im eminenten Sinne gebraucht sein, und dann ergiebt sich schlechterdings aus ihm, daß die Anwendung des §. 19. und der in unzertrennlichem Zusammenhange mit ihm stehenden folgenden Paragraphen auf unsern Beweis zum ewigen Gedächtniß unzulässig ist. Denn wenn man auch hinsichtlich derjenigen Beweisführung zum ewigen Gedächtniß, welche nach anhängigem Processe vor eröffneter Beweisinstanz bei dem Proceßgerichte erhoben wird, wenn man auch hinsichtlich dieser zweifeln könnte, ob sie nicht unter die gesetzliche Rubrik falle, so ist doch unbestreitbar, daß eine bei anderem Gerichte oder gar vor angestelltem Processe beantragte nicht als „in einem Civilprocesse" stehend aufgefaßt werden kann.

Die Vorschriften über Theilnahme der Partheien ꝛc. leiden daher meines Erachtens auf die Beweisführung zum ewigen Gedächtniß keine Anwendung. Dagegen unterliegt dieselbe eben so unzweifelhaft denjenigen allgemeinen Vorschriften, welche die vorhergehenden Artikel über Einrichtung des Zeugenverhörs ohne jene

eminente Betonung des Civilproceffes geben. Das Verhör bei ihr
wird also auch von der Veränderung getroffen, welche dem Zeu=
geneide widerfahren ift; der Zeugeneid muß ein affertorifcher wer=
den auch beim Beweife zum ewigen Gedächtniß. Aber die Parthei
ihrerfeits hat ein unbeftrittenes Recht, bei der Beeidigung der
Zeugen gegenwärtig zu fein, wie läßt fich diefes Recht vereinen
mit der neuen Eidesvorfchrift? Sollen wir etwa deshalb bei der
probatio in perpetuam rei memoriam am alten promifforifchen
Eide fefthalten? — Laffen ferner §§. 17. u. 18. fich von §. 19 f.
trennen, oder fetzen nicht vielmehr die in §§. 17. u. 18. einge=
führten Beftimmungen ein Zeugenverhör voraus, deffen fumma=
rifche Qualität nur dann unbedenklich ift, fobald die Partheien
etwaigen Nachläffigkeiten oder Uebergriffen des Richters contro=
lirend gegenüberftehen können? Sollen wir alfo auch in diefer
Hinficht für den Beweis zum ewigen Gedächtniß am alten Rechte
halten? Wie endlich foll die Wiederholung des Zeugenverhörs
vor fich gehen? Sollen wir nach Analogie des Art. 282. unferer
Strafproceßordnung eine bloße Hinweifung darauf eintreten laf=
fen, daß diefe Ausfage bereits in früherer Zeit beeidigt fei und
dann eine bloße Wiederholung im mechanifchen Sinne vornehmen?
ift es nöthig, dazu den Zeugen vor Gericht erfcheinen zu laffen?
Oder ift die frühere Beweisführung fo völlig als außerhalb des
Proceffes ftehend anzufehen, daß die frühere Vernehmung und
Beeidung des Zeugen im fpäteren Proceffe völlig außer Acht zu
laffen ift, mit andern Worten: Läßt die Vorfchrift der alten Pro=
ceßordnung, welche ausging von einem promifforifchen Eide, fich
ohne Weiteres übertragen auf eine affertorifch garantirte Ausfage?

Wir ftehen hier vor lauter Fragen, denen fchwerlich eine
Löfung zu Theil werden kann auf wiffenfchaftlichem Wege. Es
fteht nun freilich wohl kaum zu erwarten, daß diefelben den Ge=
richten praktifch entgegentreten in nächfter Zeit, und fo verbleibt
denn die ungefchmälerte Ausficht, durch gefetzliche Norm gelegent=
lich der ganzen Reform des Civilproceffes auch diefe Lücken befei=
tigt zu fehen. — Möge dann nur das Inftitut in wirklich zufrie=
denftellender Weife regulirt werden. Soll das gefchehen, fo muß
es in Einklang geftellt werden mit den großen leitenden Grund=
fätzen. In dem fächfifchen Entwurfe, foweit derfelbe bis jetzt
vorliegt, ift das unferes Erachtens nicht der Fall. Denn fo fehr
auch der Fortfchritt anzuerkennen ift, welcher z. B. hinfichtlich der

Competenz der Gerichte zur Annahme solchen Antrages und ebenso
in Betreff der Beweiswirkung gegenüber andern Gesetzen in dem
Entwurfe enthalten ist, so halten wir es, abgesehen von den Bestimmungen über die Wiederholung der Beweisaufnahme, für völlig
incongruent mit dem Geiste der Fundamentalsätze des neueren
Verfahrens, wenn man die Bescheinigung der Gefährdung fordert, um die Gerichte zur Erfüllung des Antrages zu bestimmen.
Hannover hat darin nach unserm Ermessen ganz das Richtige getroffen; die Gerichte werden offenbar unzulässiger Forderung sich
ohnehin schon erwehren und gegen Täuschungen wird die Oeffentlichkeit die beste Wehr sein.   In Sachsen aber die Bescheinigung
zu fordern, ist um so weniger begründet, als sie doch zum größten
Theile bisher nicht existirt hat und also erst eingeführt werden
müßte.   Die erläuterte Proceßordnung hat, die alte in dieser Hinsicht ändernd, die Beweisführung zum ewigen Gedächtniß nur
dann an Bescheinigung geknüpft, wenn sie im Laufe des Processes
oder überhaupt durch Urkunden erfolgen soll, also in den minder
wichtigen und seltneren Fällen.   Man gebe also die Zulässigkeit
des Antrages völlig frei und gestatte an Stelle der beliebten Wiederholung eine Ergänzung, dann wird jedes Interesse gewahrt
sein und das Institut übereinstimmender Einfügung in das Ganze
fähig werden.

Die Justiz angehende Präjudizien.

56.

Die Vorschrift in §. 5. des Anhanges der Erl. Proc.-Ordn. wegen Unschädlichkeit der Nichtausdrückung der causa debendi specialis in Schuldurkunden leidet auch im Ordinarprocesse Anwendung.

„Daß in der Urkunde selbst die causa debendi specialis, auf welcher die anerkannte Forderung W—s beruht, nicht angegeben ist, erscheint einflußlos, da die Vorschrift des Anhanges der Erl. Proc.-Ordn. §. 5., daß jeder Vertrag verpflichte und mithin auch aus Urkunden, in welchen die causa debendi specialis nicht exprimirt worden sei, geklagt werden könne, nach der richtigen und vom Oberappellationsgerichte seit längerer Zeit befolgten Ansicht auch auf den Ordinarproceß Anwendung leidet."

cfr. v. Langenn u. Kori, Erörterungen pract. Rechtsfr. Thl. 3. p. 184.

(Urthel des O.-A.-G. in Sachen Ablerin ÷ Ledderhus, vom 2. Jan. 1862. — Ger.-Amt Dresden.)

57.

Zur Frage über die Anwendbarkeit der Rechtsregel: dies interpellat pro homine.

„Die Rechtsregel dies interpellat pro homine leidet auf die Fälle keine Anwendung, in welchen die Zahlungszeit von dem Eintritte eines Ereignisses abhängt, von welchem es zwar gewiß ist, daß es eintreten müsse, es jedoch ungewiß bleibt, wann es eintreten werde.

cfr. Zeitschrift für Rechtspfl. u. Verw. N. F. Bd. 14. p. 264.

Wochenblatt für merkw. Rechtsf. v. J. 1857. p. 58. und
v. J. 1859. p. 61.

Da nun Beklagter in der Urkunde Bl. — versprochen hat, die
geklagten 950 Thlr. ohne alle Kündigung sofort zu zahlen, wenn
ihm seine vom Stadtgerichte D. in Beschlag genommenen Capitale
nach Höhe von zwei Dritttheilen freigegeben worden sein würden, so
bedurfte es von der Zeit an, wo jene Freigebung erfolgt ist, zu Begründung eines Anspruchs auf Verzugszinsen einer Aufforderung
Seiten der Klägerin an den Beklagten, Zahlung zu leisten. Da sich
die Klägerin auf eine Interpellation nicht bezogen hat, so haben Verzugszinsen erst von erhobener Klage an zugebilligt werden können."

(Urthel des O.-A.-G. in Sachen verw. Adler ÷ Lebberhus,
v. 2. Jan. 1862. — Ger.-Amt. Dresden.)

58.

Zur Frage von der Unzulässigkeit einer Klage auf Vertragserfüllung oder Gewährung einer Leistung bei Unmöglichkeit derselben ohne freiwillige Mitwirkung dritter
Personen.

„Zwischen den Partheien ist, nachdem ein Theil des Petiti Bl. —
Erledigung gefunden, nur noch die Frage streitig, ob Kläger, beziehendlich in der gewählten Proceßart, die vom Beklagten nach Bl. —
versprochene Löschung der Bl. — auf dem Folium Nr. — für F.
für Johanne Christiane verw. H. eingetragenen Lasten an Jahrgeld
und Naturalauszug zu erzwingen in der Lage sei.

Während nun die erste Instanz Bl. — insoweit die Klage in
der angebrachten Maße unter Verurtheilung Klägers zu Erstattung
der Kosten abgewiesen hat, hat die zweite Instanz Bl. — in beiderlei
Hinsicht Beklagten condemnirt, und es liegt hiergegen das Rechtsmittel
des Beklagten vor.

Ganz abgesehen davon nun, daß die Bl. — bezogene gesetzliche
Bestimmung — Erl. Proc.-Ordn. ad Tit. XXXIX. §. 2. — nach
§. 40. des Executionsgesetzes vom 28. Febr. 1838 aufgehoben ist,
hat das Oberappellationsgericht an dem Satze, daß eine Klage auf
Erfüllung eines Vertrages oder auf eine Leistung, wenn auch der
Beklagte an sich rechtlich dazu gehalten sein würde, dann nicht zuzulassen sei, wenn den besondern Umständen nach klar vorliegt, daß dem
Beklagten diese Erfüllung oder Leistung ohne freiwillige Mitwirkung
dritter Personen unmöglich sei, vielmehr solchenfalls nur der Anspruch
auf das id quod interest statthaft erscheine, festzuhalten. Die vorige
Instanz scheint nun auch an sich nicht diesen Satz zu bekämpfen, verneint aber dessen Anwendbarkeit auf den vorliegenden Fall, indem sie
als Voraussetzung der Liquidität der Unmöglichkeit in dem vorent-
wickelten Sinne, daß die Weigerung des Dritten feststehe oder den

Nachweis, daß aus andern Gründen dessen Consens nicht zu beschaffen sei, erfordert, und diese Nachweise vermißt.

Allein durch diese Restrictionen würde der obbemerkte Satz in seinem Wesen erschüttert, indem das Erfordern eines Nachweises, zumal in dieser doppelten Richtung, dem Beklagten einen Beweis injungiren würde, der in den meisten Fällen zu den Unmöglichkeiten gehören müßte.

Vielmehr hat man bei Beurtheilung der Unmöglichkeit in dem obgedachten Sinne die Natur der betreffenden Leistung in's Auge zu fassen und zu prüfen, ob die Gesetze dem Schuldner Mittel an die Hand geben, den Consens des Dritten, beziehenblich im Processwege, zu erzwingen.

Wie dieß nun bei versprochener Wegräumung gewöhnlicher Hypotheken, worauf Kläger Bl. — Bezug zu nehmen scheint, in der Regel der Fall sein wird, indem der Schuldner, abgesehen von besonderen Fällen, Löschung der Hypothek durch Tilgung der Schuld erzwingen kann, so findet doch bei Grundschulden der vorliegenden Art, wie die erste Instanz Bl. — richtig bemerkt hat, insofern ein anderes Verhältniß statt, als die betreffende Jahrgeld- und Auszugsberechtigte wider ihren Willen ihr dingliches Recht ganz aufzugeben, oder auch nur theilweise

vgl. Siegmann, Grund- und Hypothekenrecht, S. 316. no. 5.

zur Abschreibung bringen zu lassen, im rechtlichen Sinne nicht gezwungen werden kann und somit, da eine Geneigtheit zu einem freiwilligen Verzichte ebensowenig als das Vorhandensein der Bl. — gedachten Eventualitäten zu vermuthen steht, allerdings den Umständen nach klar vorliegt, daß die geforderte Löschung ohne freiwillige Mitwirkung der verw. H. unmöglich ist."

(Urthel des O.-A.-G. in Sachen Fischer ÷ Gütte, v. 2. Jan. 1862. — Ger.-Amt Grimma.)

59.

Zur Lehre von der actio aquae pluviae arcendae.

„Auch das Oberappellationsgericht befolgt, in Anwendung klarer Bestimmungen des römischen Rechts, die Ansicht, daß in Ansehung fließender Privatgewässer, wenn dieselben, sei es nun in künstlich angelegten Canälen oder wenigstens in einem bestimmten, durch die Kunst oder durch die Gewalt des Wassers nach und nach gebildeten Graben oder Wasserbett zwischen den Grundstücken fremder Besitzer hindurchgeflossen und von den letzteren benutzt worden sind, die einmal bestehende Einrichtung des Wasserlaufs eine Rechtsnorm bilde, vermöge deren keiner der betheiligten Interessenten an dem einmal bestehenden status quo zum Nachtheile aller Uebrigen oder Einzelner etwas ändern darf.

Annalen des Oberappellationsgerichts, Thl. 2. S. 322.
Zeitschrift f. Rechtspfl. u. Verw. N. F. Thl. XII. S. 474.
Thl. 13. S. 249 f. S. 470. Thl. XIV. S. 354 f.
Wochenblatt f. merkw. Rechtsf. Jahrg. 1846. S. 13.
Jahrg. 1849. S. 150 f.

Ist vielmehr der einmal vorhandene factische Zustand des Wasserlaufs in der Regel und bis zum Beweise des Gegentheils auch als
der rechtlich normale zu betrachten, so gilt dieses zunächst und ganz
besonders von dem natürlichen Ab- und Zuflusse des Regenwasser
und der durch dieses gebildeten und beziehenlich angeschwellten
Strömungen, wie solcher durch die Ortslage bedingt wird, daher bekanntlich solchenfalls dem tiefer liegenden Eigenthümer eines Wasser-
laufes der obere Eigenthümer durch gänzlichen Verbrauch oder durch
eigenmächtige Ableitung das Wasser ebensowenig entziehen darf, wie
andererseits der untere Grundstückseigenthümer befugt ist, eine Vorkehrung zu treffen, um das Wasser, was eigentlich naturgemäß sein
Grundstück treffen müßte, der Ortslage zuwider auf ein oberhalb lie-
gendes Grundstück zurückzudrängen.

Die Gesetze nämlich betrachten bekanntlich hierunter die durch
den natürlichen Wasserlauf bedingten Beschränkungen des Eigenthümers sehr bezeichnend nach Analogie einer natürlichen Servitut und
verlangen daher, daß jeder Grundstücksbesitzer bis zum Nachweise eines
entgegenstehenden Befugnisses sich demgemäß bezeige,

L. 1. §. 13. §. 23. Dig. de aqua et aquae pluv. arc. (39,3.)
L. 2. pr. §. 1. eod.
vgl. Kori über das Wasserrecht im Archive für die civil.
Praxis Bd. 18. S. 43 f.

auch selbst dann, wenn aus dem Dulden des natürlichen Zustandes
ihm selbst ein wirklicher Schaden erwachsen sollte. Wenigstens ist
der durch letzteren betroffene Eigenthümer zu einer Abwehr desselben
in der Regel nur dann und insoweit für befugt zu erachten, als nicht
etwa eine zum Schaden Dritter gereichende Abänderung des Wasserlaufs damit verbunden ist.

L. 1. §. 11. extr. eod.

Anlangend nun den gegenwärtigen Fall, so liegt eine Befürchtung der zuletzt erwähnten Art für den Kläger seiner Versicherung
zufolge insofern wirklich vor, als er nach Bl. — behauptet, daß durch
die Schuld des Beklagten und der Mitbeklagten bewirkt werde, daß
der Bach unter Nr. 92. bei Regengüssen das in den Bächen unter
Nr. 93. und 94. herabkommende und sonst im Bache sich sammelnde
Wasser aufzunehmen und theils im Bachbette, theils über die an dasselbe anstoßenden Grundstücke des Beklagten und der Mitbeklagten
unter den Nummern 53. und 45. sowie 52. und 46., über welche
das Regenwasser vordem bei Regengüssen abgelaufen, fortzulei-
ten nicht im Stande sei: was zur Folge habe, daß das bei Regengüssen im Bache Nr. 92. entstehende Stauwasser in den Bach

Nr. 94. zurücktrete und die Ufer des letzteren, insonderheit aber die ihm, dem Kläger, gehörige Wiese unter Nr. 8. überschwemme und auf derselben beträchtlichen Schaden anrichte. Wie hiernach, da, wie gedacht, zunächst überall nur von den bei Regengüssen durch das durch solche angeschwellte Bachwasser dem Kläger drohenden Schäden in der Klage die Rede ist, die Grundsätze der actio aquae pluviae arcendae recht eigentlich auf den vorliegenden Fall anzuwenden sind,

L. 1. pr. §. 1. §. 15. u. §. 16. Dig. eod.

selbst wenn man, im Gegensatze zu den Rechtslehrern, welche, wie z. B.

Schneider, über die Erfordernisse der actio aquae pluviae arcendae in der Zeitschrift für Civilrecht und Proceß Bd. 5. S. 334. und

Gesterding, Beiträge zum Wasserrechte im Archive für civil. Praxis, Bd. 3. S. 75.

die actio aquae pluviae arcendae ganz im Allgemeinen auf alle fließende Wässer, also auch auf das flumen perenne der Bäche oder Flüsse beziehen, solche, wie dieses unter anderen von

Funke, Beiträge zum Wasserrechte im vorg. Archive Bd. 12. S. 437 f.

geschieht, nur auf das eigentliche Regenwasser und die durch solches gebildeten Strömungen beschränken wollte, so unterliegt es auch keinem Zweifel, daß Beklagter und Mitbeklagte in ihrem Selbstschutze gegen das durch Regengüsse angeschwellte Bachwasser zu weit gegangen sind, wenn es wahr ist, was Kläger behauptet, daß sie in neuerer Zeit — in den Jahren 1849—1851 nämlich — auf ihren an dem linken Ufer des Bachs belegenen Grundstücken 53. u. 45. zur Abwehr der Wasserfluthen, welche naturgemäß ihre Grundstücke treffen müßten, Schutzdämme aufgeworfen und hierdurch dem Bachwasser zum Nachtheile des Klägers die vorher angegebene veränderte Richtung gegeben haben.

L. 1. §. 1. §. 2. u. §. 23.; L. 23. §. 2. Dig. eod.
Kori a. a. O. S. 45. not. 25. S. 52. not. 51."

(Urthel des O.-A.-G. in Sachen Kleeberg ÷ Kleeberg und Schurigin, vom 7. Januar 1862. — Ger.-Amt Mügeln.)

60.

Wenn das verpachtete Grundstück auf Antrag eines Gläubigers des Verpachters subhastirt und dadurch die Erfüllung des Pachtvertrages vereitelt wird, so ist dieß an sich als eine vom Verpachter verschuldete und denselben zum Schadenersatz verpflichtende Nichterfüllung des Vertrages anzusehen.

„Kläger haben Bl. — unter Bezugnahme auf den Inhalt ihrer ausführlichen Deductionsschrift Bl. — gegen die übereinstimmende Ansicht der vorigen Instanzen, daß die erhobene Schädenklage schlüs-

ftg nicht begründet sei, hauptsächlich darauf sich berufen, daß einerseits die Nichterfüllung der der Beklagten obliegenden Verpflichtung
aus dem Bl. — beigebrachten Pachtcontracte liquid sei und daraus
die Verbindlichkeit der Beklagten zu Entschädigung der Kläger für
das ihnen entzogene uti frui licere von selbst folge, andererseits
als Gegenstand dieser Entschädigungspflicht derjenige Vermögensverlust angesehen werden müsse, welchen sie, die Kläger, dadurch erlitten,
daß sie das Pachtgrundstück für die Dauer der bis zum 30. Juni
1884 bedungenen Pachtzeit nicht unter den ursprünglichen Vertrags-
bedingungen als Pächter, sondern unter ungünstigeren Verhältnissen
als Eigenthümer benutzen müßten. Im Zusammenhange damit stehen
die Bl. — von den Klägern ausgeführten allgemeinen Grundsätze
über die Begründung von Schädenansprüchen und die Vertheilung
der dießfallsigen Beweislast.

Nun ist zwar, soviel den ersten Theil der vorgedachten Argumentation, die aus der Nichterfüllung des Vertrags folgende Entschä-
digungsverbindlichkeit, anlangt, der Satz, daß jede Nichterfüllung des
Vertrags bis zum Nachweise des Gegentheils als eine verschuldete,
den betreffenden Contrahenten zum Ersatz des vollen interesse verpflichtende anzusehen sei, in dieser Allgemeinheit für richtig nicht anzuerkennen. Die von voriger Instanz Bl. — angezogenen Gesetzstellen
(vgl. besonders l. 7. l. 8. l.24. §. 4. in fin. l. 33. Dig. loc. cond.)
beschränken die Verbindlichkeit zu Gewährung des id quod interest
bezüglich der locatio conductio auf die Fälle, in welchen die Entziehung des uti frui licere vom Locator (dominus) selbst oder von
einem extraneus, quem dominus prohibere potuit, erfolgt, während
sie die von anderer Seite ausgehende, vom Locator nicht abzuwendende
Vertragsstörung (ab eo, quem propter vim majorem aut poten-
tiam ejus prohibere non potest), z. B. die Confiscation des ver-
pachteten fundus, seine Entziehung durch die Staatsgewalt, nur als
Grund des Pachtzinserlasses gelten lassen, und es folgt daraus von
selbst, daß die Beurtheilung der Verschuldung sowohl als die Vertheilung der bezüglichen Beweislast immer nur nach der Beschaffenheit
des concreten Falles, mit Berücksichtigung des speciellen Anlasses der
Vertragsvereitelung stattfinden und danach die Anforderung an die
Begründung des Schädenanspruches, beziehendlich die Beweislast verschieden sich gestalten kann. Inzwischen mag dem Kläger zugegeben
werden, daß in dem vorliegenden Falle, in welchem das Pachtgrundstück von einem Gläubiger der Beklagten zur Subhastation gebracht
und dadurch die Aushaltung des zwischen der Beklagten und den
Klägern bestehenden Pachtverhältnisses vereitelt worden ist, eine solche
Störung des letzteren, welche Beklagte abzuwenden außer Stande gewesen sei, nicht vorauszusetzen, vielmehr, ganz abgesehen davon,
ob in Klagabschnitt 72—94. ein dießfallsiger dolus in schlüssiger und
für den Eidesantrag genügender Weise behauptet sei, davon auszugehen ist, daß Beklagte durch richtige Zinsenzahlung und jedenfalls

durch Befriedigung des betreffenden Gläubigers die Versteigerung abzuwenden vermocht habe, so lange sie nicht darzuthun vermag, daß
und aus welchem eine Verschuldung von ihrer Seite ausschließenden
Grunde sie hierzu außer Stande gewesen sei. Die zweite Instanz hat
auch die Schlüssigkeit der Klage nicht ausschließlich aus dem Grunde,
weil sie des Nachweises einer schuldbaren Vertragsstörung Seiten des
Beklagten ermangle, sondern zugleich aus anderen, die Darlegung des
Schadens selbst betreffenden Gründen abgewiesen, und insoweit ist ihr
im Hauptwerke beizutreten gewesen 2c. 2c.''
(Urthel des O.-A.-G. in Sachen Lenk 2c. ÷ verehelichte Möckel,
v. 9. Januar 1862. — Ger.-Amt Treuen.)

61.

Die Regel: pater est, quem nuptiae demonstrant, ist
nicht anwendbar, wenn die Ehe zu einer Zeit geschlossen
worden, wo das während der Ehe geborene Kind bereits
concipirt gewesen sein muß. Auch legitimatio per subsequens matrimonium kann solchenfalls nicht ohne Hinzutritt besonderer Gründe (z. B. Anerkennung) angenommen werden. — Wenn jedoch der nachherige Ehemann
intra tempus conceptionis ebenfalls mit der Mutter des
Kindes concumbirt hat, mithin als constuprator sich darstellt, ist der als außerehelicher Vater in Anspruch genommene Dritte nur in einen Beitrag zu den Alimenten zu
verurtheilen.

„Beklagter kommt zu Begründung seines Antrages auf gänzliche
Zurückweisung der Klage wiederholt auf den Satz zurück: pater est,
quem nuptiae demonstrant, allein mit Unrecht. Dieser Satz ist in
einem Falle, wie der vorliegende, wo das Kind der Mitklägerin, um
dessen Alimentation es sich handelt, so ganz kurze Zeit nach Eingang
der Ehe mit dem Kläger (am 12. Tage nach der Trauung) zur Welt
gekommen ist, daß es ohne allen Zweifel lange vorher, und also im
ledigen Stande, von der Mitklägerin concipirt gewesen sein muß, gar
nicht anwendbar. Das Oberappellationsgericht hat dieß in der bereits Bl. — von der vorigen Instanz angezogenen Entscheidung
    Zeitschrift für Rechtspflege u. Verwaltung, N. F. Bd. XV.
    S. 53 f.
so ausführlich nachgewiesen und bei dieser Gelegenheit zugleich den
Einwand einer in dem Falle, wo der nachherige Ehemann der Mutter
des Kindes intra tempus conceptionis mit derselben ebenfalls fleisch-
lichen Umgang gepflogen, ohne Weiteres anzunehmenden legitimatio
per subsequens matrimonium so gründlich widerlegt, daß es keiner
wiederholten Erörterung diesfalls bedarf. Nur soviel mag noch
bemerkt werden, daß das Oberappellationsgericht auch noch mehrfach
in andern zur Oeffentlichkeit durch den Druck gelangten Entscheidungen

dieselbe Ansicht, welche von der vorigen Instanz in gegenwärtiger
Rechtssache befolgt worden, ausgesprochen hat,

> zu vergl. Zeitschrift f. Rechtspfl. u. Verw. N. F. Bd. XVIII.
> S. 251. (Nr. 68. am Schlusse),

und daß auch die in den

> Annalen des Oberappellationsgerichts, 3. Bd. 10. Heft
> S. 473 f. Nr. 51.

sowie in der ebenbemerkten

> Zeitschrift, N. F. Bd. XXI. 3. Heft, S. 273. Nr. 113.

veröffentlichte Entscheidung hiermit nichtsweniger als im Widerspruche
steht, indem man in jenem, dem vorliegenden insofern ähnlichen Falle,
als die Geburt des Kindes ebenfalls schon in den ersten sechs Mo=
naten nach Eingang der Ehe stattgefunden hatte, zu einem dem
Rechtssatze pater est, quem nuptiae demonstrant entsprechenden
Resultate lediglich um deswillen gelangte, weil man eine Anerken=
nung des Kindes durch den späteren Ehemann der Mutter desselben
anzunehmen Grund hatte und es sich lediglich von dem status des
Kindes als eines ehelichen gegenüber den Verwandten des Ehemannes
der Mutter desselben handelte.

Von einem derartigen Anerkenntnisse der Paternität Seiten des
Klägers ist aber im gegenwärtigen Falle nicht die Rede. Denn dar=
aus, daß Kläger die Mitklägerin zu einer Zeit geheirathet hat, wo er
über deren Schwangerschaft nicht in Zweifel sein konnte, läßt sich,
selbst wenn man damit die Thatsache in Verbindung bringt, daß Beide
zugeständlich bereits zu Anfange Februars 1860 und also zu einer
Zeit, welche in die gesetzlich angenommene Conceptionsperiode noch
hineinfällt, den Beischlaf mit einander ausgeübt, ein Anerkenntniß der
Paternität mit Sicherheit noch keineswegs folgern, und selbst von
einer aus diesen Umständen etwa hervorgehenden factischen Vermuthung
kann nicht die Rede sein, da Mitklägerin das nach der Verehelichung
mit Klägern am 5. August 1860 von ihr geborene Kind auf den
Namen des Beklagten in das Kirchenbuch hat eintragen lassen, was
zweifelsohne nicht würde geschehen sein, wenn dasselbe von Klägern
als sein Kind anerkannt worden wäre.

Beklagter, welcher durch das vorige Erkenntniß in Folge seines
Zugeständnisses, mit der Klägerin im November 1859 den Beischlaf
ausgeübt zu haben, ohnehin nur zu einem auf die Hälfte bemessenen
Beitrage zu den Alimenten für das am 5. August 1860 von der
Mitklägerin geborene Kind, sowie zu den Geburts= und Tauf=, even=
tuell Begräbnißkosten verurtheilt worden, hat daher jedenfalls keinen
Grund, sich beschwert zu erachten, und es hat auf die von ihm einge=
wendete Appellation nur bestätigend erkannt werden können."

(Urthel des O.=A.=G. in Sachen Morgenstern u. Morgensternin
÷ Günther, vom 9. Januar 1862. — Ger.=Amt Zöblitz.)

62.

Das auf den Fall des Verkaufes an einen Fremden eingeräumte Vorkaufsrecht kann im Zweifel nicht ausgeübt
werden, wenn der Verpflichtete an seine zweite Ehegattin
verkauft. *)

„Nach dem angezogenen §. 4. des Kaufes Bl. — beruht das in
Anspruch genommene Vorkaufsrecht rc. auf einem Vertrage zwischen
den damaligen Kaufscontrahenten. Dabei ist die Berechtigung, dieses vertragsmäßige Vorkaufsrecht auszuüben, auf den Fall beschränkt
worden, daß der Käufer jemals diese Nahrung an einen Fremden
verkaufen wollte. Vorkaufsberechtigungen dieser und ähnlicher Art
unterliegen, weil sie eine Dispositionsbeschränkung enthalten, im
Zweifel einer restrictiven Interpretation; im vorliegenden Falle aber
folgt es schon aus der Natur der Sache und den Worten der Stipulation, daß der Begriff eines Fremden nicht blos im Verhältnisse zu
dem Vorkaufsberechtigten, sondern zunächst im Verhältnisse zu dem
Vorkaufspflichtigen, der an eine dritte Person verkaufen will, festgestellt werden muß. Es würde schon bei dem nahen Affinitätsverhält-
nisse zwischen Stiefkindern und Stiefältern bedenklich fallen, die Stief-
mutter für eine den Stiefkindern fremde Person auszugeben, noch
weniger kann der zweiten Ehegattin des Verkäufers diesem gegenüber
die Eigenschaft einer fremden Person beigelegt werden. Will man
daher auch zugeben, daß dem Vorbehalte des Vorkaufs der Gedanke
zu Grunde gelegen habe, das Grundstück einem der Familienglieder
des Verkäufers zu erhalten, so ergiebt sich doch weder aus dem Inhalte des dieserhalb im §. 4. abgeschlossenen Vertrages selbst, noch
aus actenkundigen Nebenumständen ein zureichendes Argument für
die Annahme, daß man den Ausdruck „ein Fremder" lediglich im
Gegensatze zu den damals vorhandenen Kindern des Verkäufers gebraucht habe, vielmehr ist derselbe im Zweifel dem Begriffe der Familie des Verkäufers entgegenzustellen, zu der auch die zweite Ehegattin und die mit derselben erzeugten Kinder gehören."

(Urthel des O.-A.-G. in Sachen Simmank u. Gen. ÷ Simmank, v. 9. Jan. 1862. — Ger.-Amt Budissin.)

63.

Der Verkäufer kann seine Verpflichtung zur Kaufserfül-
lung nicht deshalb von sich ablehnen, weil hypothekarische Gläubiger ihre Genehmigung der Dismembration
des verkauften Trennstücks verweigern, wenn er den Ge-
sammtcomplex seines Grundstücks erst nach dem Verkaufe des
Trennstückes mit den betreffenden Hypotheken belastet hat.

„Beklagter hatte die in Rede stehende Schmiede mit Realgerechtigkeit an den Kläger zu einer Zeit verkauft, wo der Abtrennung

---

*) Wochenbl. f. m. R. Jahrg. 1862. S. 375 f.

dieses Pertinenzstückes seines Rittergutes kein Hinderniß entgegenstand.

Die Kaufcontrahenten haben darauf den schriftlich abgeschlossenen
Vertrag bei Gericht eingereicht, Kläger hat auch dabei nach Bl. —
am 26. Februar 1854 seinen Eintrag in's Grund- und Hypothekenbuch beantragt. Nicht minder haben beide Theile, wie aus dem gerichtlichen Protocolle vom 10. Juni 1858 Bl. — hervorgeht, bereits
am 24. März 1858 das erforderliche Dismembrationsanbringen bei
Gericht gestellt. Hat nun Beklagter bald darauf, im Mai 1858 und
später zu einer Zeit, wo er wissen mußte, daß die beantragte Dismembration noch nicht erfolgt war, verschiedene Hypotheken auf seinen
Rittergutscomplex aufgenommen, ohne die Gläubiger von der bereits
erfolgten Veräußerung jenes Pertinenzstückes in Kenntniß zu setzen
und sie wegen der von ihnen zu ertheilenden Dismembrationsgenehmigung zu vinculiren, so trägt Beklagter offenbar ganz allein die
Schuld, daß ihm gegenwärtig durch die vom Kläger verlangte Verschaffung des Civilbesitzes an den von diesem zum Theile schon bezahlten Grundstücke Schwierigkeiten und Unzuträglichkeiten erwachsen.

Eine Unmöglichkeit im rechtlichen Sinne, das Verlangen Klägers
zu erfüllen, liegt zweifellos dermalen nicht vor, da nicht nur die in
Rede stehenden Gläubiger noch in der Executionsinstanz ihre Genehmigung zu jener Abtrennung geben können, sondern Beklagter auch
durch Befriedigung seiner Gläubiger, mag dieß nun aus eigenen Mitteln oder mittelst Beschaffung anderer Darlehne geschehen, den etwaigen
Widerspruch seiner jetzigen Gläubiger beseitigen kann.

Es ist daher nicht abzusehen, aus welchem Grunde noch vor Beginn des Executionsverfahrens dasselbe für unausführbar angesehen
werden sollte."

(Urthel des O.-A.-G. in Sachen Fuchs ÷ Graichen, vom
9. Jan. 1862. — Ger.-Amt Leipzig.)

64.

**Concurrenz der actio revocatoria auf Grund §. 15. des
geschärften Bankerottirmandats vom 20. December 1766
und der actio Pauliana. — Verschiedenheit beider Rechtsmittel.**

„Wie in den Gründen des Beweisinterlocutes in allen drei Instanzen deutlich auseinandergesetzt worden, konnte das Klagvorbringen
aus einem doppelten Gesichtspunkte aufgefaßt werden, einmal als
actio Pauliana und dann als actio revocatoria auf Grund der Bestimmung §. 15. des geschärften Bankerottirmandats.

Ebenso ist in jenen Gründen bemerklich gemacht, daß, da Beklagte zugegeben hat, von ihrem nachher in Concurs verfallenen Ehemanne dessen Grundstücke erkauft zu haben, es eines Beweises der
Klage aus dem Gesichtspuncte einer actio revocatoria nicht bedürfe,

daß dem Kläger ein solcher Beweis vielmehr nur soweit aufzuerlegen sein würde, als er die Klage als actio Pauliana zu verfolgen gedächte, weil von der Beklagten weder der insolvente Zustand des Verkäufers zur Zeit des Kaufsabschlusses, noch die conscientia fraudis beider Contrahenten eingeräumt worden. Es ist ferner namentlich in den Gründen des Erkenntnisses dritter Instanz darauf hingedeutet, daß Kläger ein Interesse an der Behandlung seiner Klage als einer actio Pauliana insofern habe, als bei der actio revocatoria der Beklagten das Recht auf Rückforderung des von ihr wirklich gewährten Kaufpreises unbedingt, bei der actio Pauliana, selbst nach der für die Beklagte günstigsten Rechtsansicht nur in soweit zu beanspruchen haben würde, als der gewährte Kaufpreis noch vorhanden wäre."

(Urthel des O.-A.-G. im Röthig'schen Creditwesen, v. 10. Jan. 1862. — Ger.-Amt Ebersbach.)

65.

Die bloße Annahme von Geldern Seiten des Ehemannes von der Ehefrau unter dem Namen von Darlehnen und mit dem Versprechen der Rückzahlung begründet noch nicht die Gewißheit eines rücksichtlich dieses Theiles des eheweiblichen Vermögens abgeschlossenen Receptitienvertrages. — Letzterer kann auch während der Ehe in Betreff des bereits vorhandenen Vermögens der Ehefrau gültig abgeschlossen werden.

„Mit den beiden vorigen Instanzen stimmt man darin überein, daß aus der bloßen Annahme von Geldern Seiten des Beklagten von seiner Ehefrau unter dem Namen von Darlehnen und aus dem Versprechen der Rückzahlung der Abschluß eines Receptitienvertrags oder ein Verzicht des Beklagten auf seine ehemännlichen Rechte an diesem Theile des eheweiblichen Vermögens nicht zu erblicken ist. Denn wenn auch nicht bezweifelt werden mag, daß ein Receptitienvertrag durch stillschweigende Einwilligung des Ehemannes zu Stande kommen kann, so müssen doch die Handlungen, aus welchen ein tacitus consensus gefolgert werden soll, die Absicht des Ehemannes, sich der Verwaltung und des Nießbrauches des Vermögens seiner Ehefrau zu deren Gunsten fortdauernd zu begeben, deutlich und unzweideutig erkennen lassen.

cfr. Gottschalk, disc. for. tom. I. c. II. pag. 75. ed. 2. Diese Voraussetzungen liegen im gegenwärtigen Falle nicht vor, weil die Gelder auf gewisse Zeit als unzinsbare Darlehne gegeben worden sind, mithin Beklagter durch Annahme der Darlehne das Recht der freien Verfügung und Nutznießung derselben nicht verloren hat. Ebensowenig gewährt der Klägerin das vom Beklagten abgelegte Rückzahlungsversprechen einen Vortheil, weil dem Beklagten, solange nicht nachgewiesen worden ist, daß die dargeliehenen Gelder zum Receptitienvermögen der Klägerin gehören, freisteht, nach erfolgter Auflösung des Darlehnsvertrags vermöge der ihm zustehenden ehemännlichen Rechte von der Klägerin zu verlangen, daß sie ihm anderweit die Gelder zur Verwaltung und Benutzung überlasse. Gleichwohl ist der Klaggrund ausreichend in rechtliche Gewißheit gesetzt, weil Beklagter nicht nur den Empfang des Darlehns von 300 Thlrn., sondern auch überdieß bei pct. lit. cont. 195. die Ausstellung und Vollziehung der Klagbeilage A. Bl. — eingeräumt hat. Denn in der nurgedachten, am 7. Mai 1856 abgefaßten und von den Partheien am 10. Mai 1856 gerichtlich anerkannten Urkunde hat Beklagter nicht blos bekannt, daß zufolge eines mit der Klägerin vor Eingehung der Ehe mit derselben abgeschlossenen Vertrags das gesammte sowohl damalige als spätere Vermögen der Klägerin für Receptitiengut, an welchem ihr die alleinige Disposition, Verwaltung und Nutznießung zustehe, erklärt worden sei, sondern auch Bl. — nochmals erklärt, daß das gesammte jetzige und künftige Vermögen seiner Ehefrau Receptitieneigenschaft habe und auch künftig haben und behalten solle, und daß er daher dasselbe seiner Ehefrau zur freien Verwaltung und Nutznießung überlasse und dieserhalb allen ihm sonst als Ehemann zuständigen Rechten und Befugnissen für jetzt und für die Zukunft entsage. Von der von voriger Instanz Bl. — bejahten Frage, ob das in der Urkunde Bl. — enthaltene Bekenntniß des Beklagten, daß schon vor Eingehung der Ehe ein Receptitienvertrag zu Stande gekommen sei, zur Herstellung des vollen Beweises für die Wahrheit dieser Thatsache ausreiche, kann abgesehen werden, da Inhalts derselben Urkunde zwar nach Eingehung der Ehe, jedoch vor der Zeit, zu welcher die Abrechnung über die erhaltenen Darlehne und das Rückzahlungsversprechen erfolgt ist, die Partheien ein Abkommen dahin abgeschlossen haben, daß die Klägerin berechtigt sein soll, ihr Vermögen als Receptitiengut zu verwalten und zu nutzen. Denn insoweit enthält die Klagbeilage A. einen rechtsgültigen Dispositionsact, indem Receptitienverträge nach der von

> **Gottschalk** l. c. p. 62 f.

vertheidigten, vom Oberappellationsgerichte beim Rechtsprechen befolgten Ansicht

> cfr. **Wochenbl.** für merkw. Rechtsf., Jahrgang 1845.
> S. 64. Jahrg. 1849. S. 46 f.

während der Ehe selbst in Betreff des zur Zeit des Contractabschlusses bereits vorhandenen eheweiblichen Vermögens mit rechtlichem Erfolge eingegangen werden können, da dergleichen Verträge, in welchen der Ehemann lediglich auf die ihm als solchem gesetzlich zustehenden Befugnisse am Vermögen seiner Ehefrau verzichtet, nicht als eine unter Eheleuten verbotene Schenkung aufgefaßt werden können."

(Urthel des O.-A.-G. in Sachen verehel. Kellermann ÷ Kellermann, v. 16. Jan. 1862. — Ger.-Amt Dresden.)

66.

Zur Lehre vom Nachforderungsrechte bei melior fortuna des gewesenen Gemeinschuldners. — Beurtheilung des Anspruchs auf Vertrags- und Verzugszinsen hierbei.

„Kläger, welcher aus dem zu des Beklagten Vermögen im Jahre 1856 ausgebrochenen Concurse auf die von ihm in letzterem angemeldete und locirte Forderung von 185 Thlrn. 1 Gr. irgendeine Befriedigung nicht erlangt hat, macht gegenwärtig sein Forderungsrecht unter Beziehung auf den Umstand geltend, daß Beklagter Miterbe seiner inmittelst verstorbenen Ehefrau geworden und dadurch zu besserem Vermögen gelangt sei, indem nach der von dem Beklagten selbst herausgegebenen Nachlaßspecification das diesem als Pflichttheil gebührende Viertheil des auf 1326 Thlr. 26 Ngr. 5 Pf. berechneten reinen Nachlaßbestandes das Libellat nicht unerheblich übersteige. Obschon die libellirte Forderung an sich von dem Beklagten Bl. — eingeräumt worden ist, hat die erste Instanz die Klage in der angebrachten Maße abgewiesen, weil aus den von beiden Partheien angezogenen Nachlaßacten erhelle, daß eines Theils der Nachlaßbestand selbst durch neu hervorgetretene Passiven sich mindere, andererseits das Erbtheil des Beklagten durch die in Gemäßheit des eheweiblichen Testaments darauf abzurechnenden Posten an zusammen 305 Thlr. cum annexis absorbirt werde. Die zweite Instanz hat diese Entscheidung bestätigt, weil die Voraussetzung des durch das beneficium competentiae beschränkten Nachforderungsrechts, die Verbesserung der Vermögensumstände des Schuldners, keineswegs vorliege, nicht der bloße Erbanfall, sondern erst die wirkliche Erhebung des Erbtheils als solche gelten könne, unter den aus den vorbezeichneten Nachlaßacten sich ergebenden Umständen aber nicht zu übersehen sei, was Beklagter an verfügbaren Mitteln, resp. Hülfsobjecten in die Hand bekommen werde, mithin es an den zu Beurtheilung der Vermögenslage des Beklagten in Beziehung auf das ihm zustehende beneficium competentiae erforderlichen Unterlagen gebreche. In jetziger Instanz ist man zu einer reformatorischen Entscheidung aus nachstehenden Gründen gelangt:

Weder im römischen noch im sächsischen Rechte ist die Ausübung des Nachforderungsrechtes durch einen strengen genauen Nachweis der melior fortuna des Gemeinschuldners bedingt. Die einschlagenden Gesetzstellen des römischen Rechtes (§. 46. I. de action. l. 4. 6. 7. D. de cess. bonor. l. 1. C. qui bon. ced. poss. l. 3. C. de bon. auct. jud. possid., cfr. Gottschalk sel. disc. tom. III. cap. XIII. p. 212 sq.) gehen davon aus, daß zwar die cessio bonorum den insolventen Schuldner von seiner Verbindlichkeit gegen den Gläubiger, der nicht volle Befriedigung erlangt hat, keineswegs befreie, daß jedoch die Ausübung des dem Letzteren zustehenden Forderungsrechtes aus Rücksichten der Billigkeit und Humanität theils

nur unter Belaffung der dem Schuldner nöthigen Subfiftenzmittel
(in quantum facere potest), theils blos infoweit, als derfelbe nach
der cessio bonorum anderweit Vermögen erworben habe, zuzulaffen
fei, darüber aber, ob diefe Bedingungen des Nachforderungsrechtes
nach Lage der Sache als vorhanden anzufehen, eintretenden Falles
das richterliche Ermeffen zu entfcheiden und dabei insbefondere zu be-
rückfichtigen habe, ob der fragliche Vermögenszuwachs zureichende
Befriedigungsmittel darbiete und nicht vielmehr blos den unentbehr-
lichen Lebensbedarf des Schuldners zu decken geeignet fei. Ein förmliches Partheiverfahren hierüber, auf deffen Grund der Richter die
ihm überlaffene aestimatio bewirken folle, ift in jenen Gefetzen weder
vorgeschrieben noch vorausgefetzt, es kommt nur darauf an, daß der
Gläubiger durch gehörige Darlegung des neuen Erwerbes den Richter
beftimme, das anderweite Einschreiten gegen den Schuldner zu geftat-
ten. Ebenso verlangt das Particularrecht im gefchärften Bankerot-
tirmandate vom 20. December 1766. §. 17. im Falle eines Nachzah-
lungsanspruchs keinen ftringenten Nachweis, daß der Gemeinschuldner
nach getroffenem und erfülltem Accorde (beendigtem Concurse) zu
befferem Vermögen gelangt fei, fondern nur „glaubhafte Anzeige die-
ferhalb" bei deffen Obrigkeit. Auch hier ift die Entfcheidung dem
Ermeffen des Richters ohne vorgängiges Partheiverfahren und fogar
mit der Ermächtigung überlaffen, den Schuldner ohne Weiteres mit
dem juramento manifestationis zu belegen.

In dem gegenwärtigen Falle hat nun zwar Kläger fein Nachforderungsrecht, von dem Wege bloßer Imploration abfehend, (Gottschalk l. l. p. 219 sq.) durch förmliche Klaganftellung geltend gemacht, indeffen kann einleuchtender Weife der Umftand, daß dem
Beklagten hierdurch Gelegenheit gegeben worden ift, auch feinerfeits
Momente beizubringen, welche auf die richterliche Cognition über die
behauptete Vermögensverbefferung Einfluß äußern können, die gefetzlichen Anforderungen an die Begründung des geltend gemachten An-
fpruchs nicht fteigern oder erfchweren. Der Aufforderung einer glaubhaf-
ten Anzeige der eingetretenen Vermögensverbefferung entfpricht aber das
oben erwähnte, durch die Beilageacten in Liquidität gefetzte Klagvorbringen zur Genüge; unter Zugrundelegung der von dem Beklagten
felbft herausgegebenen und von feinen Miterben für richtig anerkannten Nachlaßfpecification hat Beklagter vermöge gefetzlichen Erb- und
Pflichttheilsrechts eine Summe zu beanfpruchen, die als neuer, zu
Klägers Befriedigung ausreichender Vermögenszuwachs zu betrachten
ift. Richtig ift zwar, daß, wie in der vorliegenden Klage unerwähnt
geblieben ift, in dem Bl. — der Beilageacten erfichtlichen Teftamente
die Ehefrau des Beklagten dem Letzteren auf fein Erbtheil die Summe
von zufammen 350 Thlrn., zu deren Bezahlung fie bei verfchiedenen
Gelegenheiten im alleinigen Intereffe des Ehemannes fich verbindlich
gemacht haben will, in Anrechnung gebracht hat. Ganz abgefehen
jedoch von der Frage, ob im vorliegenden Falle die proceffualifchen

Grundfäße über prozeßhinderliche Einreden und die Nothwendigkeit ihrer replicatorischen Elision auf die dem richterlichen Ermeffen unterliegenden materiellen Voraussetzungen des Nachforderungsrechtes Anwendung leiden, kann eine Einrede der vorgedachten Art aus jenem Thatumstande nicht abgeleitet werden.

Schon in den Beilageacten Bl. — hat Kläger bei der Nachlaßregulirung zu Geltendmachung dieses Rechtes die betreffende Testamentsdisposition als thatsächlich unbegründet und rechtlich unwirksam bestritten, auch beshalb eine Sicherungsmaßregel auszubringen gesucht. Ob seine Einwendungen gegen die betreffende Disposition unbegründet und schlechthin unerheblich seien, läßt sich zur Zeit mit Sicherheit nicht übersehen. Das Erbrecht des Beklagten ist in den Gesetzen begründet, nicht von der Willkühr der Testircrin abhängig und es wird daher erst bei näherer Prüfung des einschlagenden Sachverhältnisses zu beurtheilen sein, ob und inwieweit der der Intention Klägers an sich zur Seite stehende gesetzliche Erbanspruch des Beklagten durch die Bestimmung des eheweiblichen Testamentes mit Recht aufgehoben sei oder, wie Kläger behauptet, eine in fraudem creditorum unternommene Erbentziehung vorliege. Daß Beklagter selbst dieselbe zur Zeit nicht angefochten hat, ist von diesem Gesichtspunkte aus einflußlos, und wenn auch, wie Bl. — richtig bemerkt wird, die dießfallsige Anfechtung des Testamentes mit practischem Erfolge nicht gegen den Beklagten allein, sondern gegen dessen Miterben durchzuführen ist, so ist dieß doch kein Grund, dem Kläger die Füglichkeit zu Sicherung seines Rechtes auf Befriedigung aus dem Erbanspruche des Beklagten im Wege der Hülfsvollstreckung wider diesen zu entziehen, eine Sicherung, die er, wie Bl. — mit Recht bemerkt wird, durch andere Sicherungsmaßregeln gleich schnell und wirksam zu erlangen nicht vermag. Zuzugeben ist der zweiten Instanz die Möglichkeit, daß Kläger mit der beabsichtigten Anfechtung des fraglichen Testaments nicht durchbringe und somit ein erfolgloser Proceß eingeleitet werde. Allein so sehr die umsichtige Erwägung dieser Möglichkeit dem Kläger auch von jetziger Instanz in seinem eigenen Interesse empfohlen sein mag, so trägt man doch Bedenken, sie gegen seine entschieden ausgesprochene Intention (vergl. Bl. —) Amtswegen zur Geltung zu bringen, zumal da es sich um Beschränkung einer an sich wohlbegründeten von dem Beklagten gar nicht bestrittenen Forderung handelt, bei welcher nicht über das gesetzlich vorgeschriebene oder durch die Natur der Sache unbedingt gebotene Maß hinauszugehen ist. Im bloßen Interesse des Beklagten aber und insbesondere mit Rücksicht auf das ihm zuständige beneficium competentiae erscheint eine Hemmung des libellirten Antrags nicht geboten. Als eine schon an sich zu seinem Lebensbedarfe bestimmte und unentbehrliche Zuwendung ist das streitige Erbtheil weder dem Inhalte des Testaments gemäß zu betrachten, noch von dem Beklagten selbst betrachtet worden. Letzterer hat vielmehr Bl. — sich begnügt, sein fortbauerndes Unvermögen zu Klägers Befriedigung zu behaupten, ohne über seine jetzigen Nahrungs- und Erwerbsverhältnisse irgend etwas Näheres anzugeben. Will man daher auch hierin die genügende Berufung auf die Rechtswohlthat der Competenz erblicken, so folgt doch daraus noch nicht, daß dieselbe auch in Bezug auf das fragliche Erbtheil anzuwenden sei, das ihm, die Befolgung der testamentarischen Verfügung vorausgesetzt, reelle Subsistenzmittel gar nicht gewähren würde. Anders würde sich die Sache gestalten, wenn Kläger auf Grund des gegenwärtigen Judicats seine Befriedigung aus einem andern Vermögenstheile des Beklagten, als aus dem oft erwähnten Erbtheile suchen sollte. Denn eine sonstige, beziehendlich allgemeine Verbesserung der Vermögenslage des Letzteren, als die aus dem fraglichen Erbanfalle resultirende, hat Kläger zur Zeit nirgends behauptet, und es versteht sich daher von selbst, daß, insofern seine etwaigen Hülfsanträge über diesen Gegenstand der zeitherigen Erörterung hinausgehen sollten, dann eine anderweite selbstständige Erörterung der melior fortuna des Schuldners einzutreten haben würde, in Ansehung deren dem richterlichen Ermessen durch die gegenwärtige Entscheidung in keiner Weise vorgegriffen werden soll.

Die vorstehenden Erwägungen haben zu der erkannten theilweisen Abänderung der vorigen Entscheidungen geführt, bei welcher die an sich in dem Zwecke des Rechtsstreites liegende bloße Anerkennung der Berechtigung des Klägers, sein Nachforderungsrecht an dem Beklagten auszuüben, in der Bl. — gebotenen Form eines auf Zahlung des Libellats gerichteten condemnatoria um so unbedenklicher auszusprechen war, als außer den Hauptstämmen gegenwärtig auch Nebenforderungen an versprochenen und Verzugszinsen in Frage sind.

Die unbedingte Verurtheilung Beklagtens in die libellirten Capitalforderungen von 75 Thlrn. und 110 Thlrn. rechtfertigt sich durch das unumwundene Zugeständniß Bl. —, durch welches die im Locationsbescheide von Klägern noch erforderte eidliche Bestärkung von selbst sich erledigt. Auch das in der Klage behauptete Versprechen vierprocentiger Verzinsung etc. ist indirect eingeräumt etc. Dagegen waren die mitgebotenen Verzugszinsen nur insoweit, als sie von Zeit erhobener Klage an erwachsen sind, Klägern zuzubilligen etc.

Nach der Bestimmung des geschärften Bankerottirmandats §. 17. ist der Gemeinschuldner dasjenige, was die Gläubiger beim gerichtlichen Accorde remittirt haben, bei nachmaliger Verbesserung seiner Vermögensumstände nur „sonder einiges Interesse" nachzuzahlen schuldig, und Gleiches soll in dem Falle stattfinden, wenn der Concurs wirklich ausgebrochen und nach dessen Beendigung der debitor ad meliorem fortunam gelangt ist. Daß somit der Anspruch auf fernere Vertragszinsen nicht ausgeschlossen werden sollen, folgt aus der Betrachtung des Zweckes und Wesens der cessio bonorum, die nach klarer gesetzlicher Bestimmung (l. 7. D. de cess. bonor. l. 1. C. qu. bon. ced. poss.) die Verbindlichkeit zu vollständiger

Befriedigung des Gläubigers, mithin auch zu Tilgung der einen Bestandtheil des vertragsmäßigen Obligationsnexus bildenden Zinsen
keinesweges aufhebt, sondern nur aufschiebt. Hieran hat die particu-
larrechtliche Vorschrift mit ausdrücklichen Worten nichts geändert und
die ausgehobene Beschränkung kann daher nur auf das interesse
morae bezogen werden, in Bezug auf welches dem debitor die Erwägung zur Seite steht, daß ihm von der Zeit an, wo seine Unfähigkeit zu Befriedigung seiner Gläubiger vollständig nachgewiesen ist, bis
zu der Besserung seiner Vermögensumstände billiger Weise nicht eine
mora zur Last gelegt werden kann. (Gottschalk l. l. p. 218.
Wochenbl. f. merkw. Rechtsf. Jahrg. VIII. S. 264.) Die Frage,
ob Klägern nicht wenigstens Verzugszinsen bis zur Rechtskraft des Lo-
cations- oder Distributionserkenntnisses zuzusprechen seien, erledigt
sich hier dadurch, daß Verzugszinsen überhaupt weder beim Concurse
gefordert oder zugesprochen, noch in dem vorliegenden Klaganführen
speciell begründet worden sind. Es bleibt demnach als Anfangspunkt
der mora nur die Zeit der Klagerhebung übrig.''
    (Urthel des O.-A.-G. in Sachen Demmlers ÷ Demmler, vom
17. Jan. 1862. — Ger.-Amt Reichenbach.)

67.

**Welche Wirkung ist einem außergerichtlichen Bekennt-
nisse der Ehefrau, bei dem betreffenden Rechtsgeschäfte mit
Zustimmung ihres Ehemannes gehandelt zu haben, beizulegen?**

„Die Annahme der vorigen Instanz, daß der Inhalt der Urkunde VIII. insofern, als darnach die Beklagte bekannt hat, die in
Rede stehenden Rechtsgeschäfte mit Bewilligung ihres Ehemannes abgeschlossen zu haben, einen ausreichenden Beweis dafür liefern, daß
die Beklagte bei diesen Geschäften mit ehemännlicher Zustimmung gehandelt habe, beruht zufolge Bl. — auf der Ansicht, daß Bekenntnisse
einer Ehefrau, insoweit sie factischer Natur seien und also nur den
Beweis von früher bereits durch irgend welche Thatsachen zur Existenz
gelangten Verbindlichkeiten begründen, ihr, der Ehefrau, gegenüber,
auch ohne Beitritt des Ehemannes Geltung haben, und es wird hierbei auf zwei in der Zeitschrift für Rechtspflege und Verwaltung N. F.
Bd. 16. S. 341. Bd. 17. S. 276. abgedruckte Erkenntnisse des
Oberappellationsgerichts Bezug genommen. Allein die letzteren betreffen einen von dem vorliegenden ganz verschiedenen Fall, sie sprechen
sich in consequenter Durchführung des von dem Oberappellationsgerichte angenommenen Rechtssatzes, daß, um die Folgen der Contumaz
über eine verklagte Ehefrau verhängen zu können, es nicht nöthig sei,
daß der letzteren in der an sie gerichteten Ladung aufgegeben worden,
mit ihrem Ehemanne zu erscheinen, nur über die rechtliche Wirksamkeit eines von einer Ehefrau auf die wider sie erhobene Klage

ohne Concurrenz des Ehemannes vor dem Proceßgerichte rücksichtlich der in der Klage aufgestellten Behauptungen abgelegten Bekennt-
nisses, beziehendlich eines von ihr bewirkten Anerkenntnisses der der
Klage zu Grunde gelegten Urkunden aus, und berühren somii nur
solche Zugeständnisse und Erklärungen einer Ehefrau, welche von dieser unter dem Einflusse eines wider sie anhängigen Rechtsstreites
gethan worden und mit Rücksicht hierauf .nach allgemeinen processualischen Grundsätzen zu. beurtheilen sind. Der Inhalt der Urkunde VIII. hingegen begreift nur ein von der Beklagten ohne ehemännlichen Beitritt abgelegtes außergerichtliches Bekenntniß, als
solches aber ist es, wenn überhaupt von Belang, doch in keinem Falle
höher anzuschlagen, wie jedes andere außergerichtliche Geständniß, dergleichen bekanntlich keinen selbstständigen Klaggrund bildet und daher
bei einer Klage, welche auf förmlichen Beweis gestellt worden, bei
Führung des letzteren als ein denselben unterstützendes, nach Befinden
erhebliches Moment benutzt, dagegen einer auf Eidesantrag gestützten
Klage gegenüber Beachtung für sich nicht in Anspruch nehmen kann.

Hiernach konnte bei Beurtheilung der klagbar gemachten Ansprüche nur der übrige Inhalt der Klage in Betracht kommen und
hierbei war vornehmlich zu prüfen, ob dasjenige, was von der ersten
Instanz an dem die ehemännliche Consensertheilung betreffenden, von
der Beklagten unter Annahme des darüber angetragenen Eides ver-
neinten Klaganführen ausgestellt worden, begründet sei ꝛc."

(Urthel des O.-A.-G. in Sachen Jentzsch ÷ Herklotzin, vom
21. Jan. 1862. — Ger.-Amt Oschatz.)

68.

Urkunden, woraus der geklagte Anspruch nicht direct, sondern nur folgerungsweise begründet werden kann, eignen
sich nicht für den Executivproceß. — Der Eheproceß
kann noch nicht als beendet angesehen werden, so lange
eine angeordnete Trennung von Tisch und Bett noch nicht
wieder aufgehoben ist.

„Insofern die vorige Instanz die Bl. — erhobene Klage in ihrer
Eigenschaft als Executivklage unstatthaft erachtet hat, ist derselben
beizustimmen gewesen. Der von Klägerm eingeschlagene Weg des
Executivprocesses mußte, wenn man auch zugeben will, daß die Klage
nicht als Reconvention aufgefaßt werden kann, allerdings als ein
völlig verfehlter angesehen werden, weil der Inhalt der Urkunde
sub 2., auf welcher die Klage hauptsächlich beruht, zu dem Petito
des Klägers gar nicht in directer Beziehung steht.

Denn hat auch Beklagte in §. 6. der gedachten, übrigens ausreichend von ihr sowohl factisch als ausdrücklich anerkannten Urkunde
vom 14. März 1860 erklärt, daß sie mit Rücksicht auf den nach
§. 2. der nämlichen Urkunde ihr zugestandenen Zinsengenuß eines ihr

von Klägerm als künftiges Erbtheil ausgesetzten und bereits zu Händen eines gemeinschaftlich erwählten Depositars ausgezahlten Capitales von 5000 Thlrn. Nominalwerth in Königl. Sächs. vierprocentigen Staatsschuldenscheinen auf das Recht, während der Dauer des Ehescheidungsprocesses von Klägerm Alimente zu fordern, verzichte, liegt ferner auch liquid vor, daß Beklagte diese Zinsen bezogen hat, und mag ebensowenig bezweifelt werden, daß der Eheproceß zur Zeit der Klagerhebung noch nicht als beendet angesehen werden konnte, indem die Trennung von Tisch und Bett noch nicht wieder aufgehoben war (in welcher Hinsicht man der Bl. — von der ersten Instanz aufgestellten, auch von der vorigen Instanz Bl. — gebilligten Ansicht beitritt), so würde man doch zu einer Verurtheilung der Beklagten, wie Kläger sie beantragt hat, immer nur folgerungsweise gelangen können, indem man folgendermaßen argumentirte: weil Beklagte auf Alimente während des Eheprocesses gegen den ihr verwilligten Zinsengenuß verzichtet hat, so war und ist sie nicht berechtigt, dergleichen von Klägerm zu verlangen, vielmehr die dennoch im Executionswege herbeigetriebenen dem Kläger als ein indebite solutum zu restituiren verbunden. So wenig nun auch gegen eine derartige Argumentation an sich, wenn Ordinarproceß vorläge und Beklagte in diesem durch geeignete Einreden sich zu schützen nicht vermocht hätte, ein erhebliches Bedenken vorwalten könnte, so wenig kann dieselbe doch im Executivprocesse eine ausreichende Grundlage für die Verurtheilung der Beklagten bilden, da sich mancherlei Gründe denken lassen, aus welchen Beklagte ungeachtet ihrer Verzichtserklärung dennoch berechtigt wurde, sowohl die im Eheprocesse ihr zugebilligten Alimente zu fordern, als auch jene ihr von Klägerm gewährten Zinsen zu behalten, Beklagte aber diese Gründe, sofern sie nicht etwa sofort urkundlich liquid gemacht werden konnten, im Executivprocesse mit Erfolg geltend zu machen behindert und somit auch vorzubringen processualisch nicht verpflichtet gewesen ist. Hiergegen läßt sich auch nicht einwenden, daß schließlich jeder auch noch so klaren Urkunde gegenüber, und also im Executivprocesse stets, die Denkbarkeit besonderer factischer Gründe übrig bleibe, welche den Beklagten von der verbrieften Leistung liberiren könnten und für diesen Fall eben dem Beklagten das Recht zur Anstellung der Widerklage offen stehe. Denn es ist ein Unterschied zu machen zwischen Urkunden, welche die geforderte Leistung direct zusichern, und zwischen solchen, aus denen man nur folgerungsweise und unter Hinzunahme anderer, außerhalb des Urkundeninhalts liegender Factoren — was etwas ganz anderes ist, als Interpretation der Urkunde — zur Annahme einer Verbindlichkeit zu der geklagten Leistung gelangen kann. Nur auf Grund von Urkunden der ersteren Art lassen die Gesetze, indem sie den sogenannten Executivproceß eingeführt haben, die, wenn auch stets nur provisorische, Verurtheilung des Beklagten zu, wenn derselbe nicht durch ebenfalls sofort urkundlich liquide Einreden sich

schützen kann, wogegen Urkunden der letzteren Kategorie als sogenannte
documenta guarentigiata überhaupt nicht angesehen und zu Anstellung des Executivprocesses nicht benutzt werden können."

(Urthel des O.-A.-G. in Sachen Kersten ÷ Kerstin, vom
23. Jan. 1862. — Ger.-Amt Dresden.)

69.

**Zur Lehre von dem Beweise durch Sachverständige. — Zahl
derselben und Verfahren bei Meinungsverschiedenheiten.**

„Es ist bekannt, daß die Lehre von dem Beweise durch Sachverständige im Ordinarprocesse durch die sächsische Proceßgesetzgebung
so gut wie gar nicht ausgebildet worden ist. Insbesondere enthält
die Erl. Proc.-Ordn. ad Tit. XXVIII. §. 2. 3. nur spärliche Andeutungen, welche sich überdieß blos auf einige von den Fällen, wo
der Richter die Sachverständigen als Gehülfen und zur Vervollständigung des richterlichen Urtheils zuziehen soll, aber nicht auf einen
Beweis durch Sachverständige beziehen und keine Auskunft darüber
geben, wie bei der Aufnahme dieses Beweises, namentlich in Bezug
auf die Zahl der zu befragenden Sachverständigen und bei Meinungsverschiedenheiten zwischen mehreren Sachverständigen, verfahren werden soll. In Bezug auf die Zahl der Sachverständigen, deren Ausspruch erforderlich ist, um dem erkennenden Richter über die nachzu-
weisende Behauptung eine hinreichende Ueberzeuguug zu verschaffen,
läßt sich aus den Vorschriften des gemeinen Rechtes keine sichere Regel abstrahiren, denn während an verschiedenen Stellen und in Bezug
auf die in diesem besprochenen Fälle, z. B.

l. 1. pr. D. de inspiciendo ventre etc. 25, 4.
c. 2. C. de jure fisci, 10, 1.
cap. 14. X. de probationibus, 2, 19.
cap. 6. X. de frigidis etc. 4, 15.
cap. 18. X. de homicidio etc. 5, 12.

von einer Mehrheit, z. B. l. 1. pr. D. 25, 4. von drei Sachverständigen die Rede ist, wird an andern Stellen in ähnlichen Fällen
hinwiederum nur von der Zuziehung eines solchen gesprochen,

l. 1. §. 25. D. de ventre in possessionem mittendo etc.
37, 9.
l. 5. §. 25. D. de agnoscendis et alendis liberis etc.
25, 3.
c. 3. C. finium regund. 3, 39.
cap. 9. X. de praescript. 2, 26.

Die meisten Schriftsteller des gemeinen Processes gehen bei der
Darstellung der Lehre vom Beweise durch Sachverständige von der
Vorstellung aus, daß in der Regel mehrere Sachverständige, mindestens
zwei zu benennen seien,

Martin, Lehrbuch des deutschen gemeinen bürgerlichen Processes, §. 218.

Schneider, vom Beweise, §. 176 f. §. 564 f.

Gönner, Handbuch 2c. Thl. II. cap. XXXV. no. XVIII.
S. 427 f.

Bayer, Vorträge, S. 479.

v. Globig, Theorie der Wahrscheinlichkeit II. S. 206.

Puchta in der Zeitschrift für Civilrecht und Proceß III.
S. 54 f.

Seeger, das Verfahren mit Sachverständigen, §. 56 f.
§. 61. S. 60 f. 67 f.

wogegen sie die Frage, wie bei der Wahl und bei Meinungsverschiedenheiten zwischen mehreren Sachverständigen zu verfahren sei, sehr
verschieden beantworten. In Ansehung der sogenannten sachverständigen Zeugen, welche nur dazu dienen sollen, ihre Wahrnehmungen
über vergangene Thatsachen oder Umstände mitzutheilen, läßt sich eine
Analogie des Zeugenbeweises rechtfertigen und deshalb die übereinstimmende Aussage von mindestens zwei sachverständigen Zeugen für
den vollständigen Beweis der betreffenden Thatsache erheischen, wie
dieß auch in der sächsischen Praxis gewöhnlich geschieht; dagegen hat
sich in der letzteren bei dem von dem Beweise durch sachverständige
Zeugen wesentlich verschiedenen Beweise durch urtheilende Sachverständige der auch von dem Oberappellationsgerichte als Regel gebilligte Grundsatz gebildet, daß mindestens drei Sachverständige, von
denen der eine vom Producenten, der andere vom Gegner zu benennen und der Dritte vom Richter zu wählen, zuzuziehen seien. Dem
letzteren kann dabei in solchen Fällen, wo es sich nicht blos um Preis-
ermittelung handelt und bei Verschiedenheit der Angaben eine Durch-
schnittsberechnung möglich ist, die Eigenschaft eines Obmannes beigelegt werden, dessen es aber nicht bedarf, wenn die Partheien mehrere
Sachverständige benannt und diese übereinstimmende Urtheile abgegeben haben. Indessen läßt sich unter Umständen auch der Ausspruch
eines gehörig qualificirten, namentlich eines in öffentlicher Pflicht
stehenden Sachverständigen als ausreichend betrachten;

Nov. 9. cap. 3.
Bayer a. a. O. S. 479.
v. Globig a. a. O. S. 207.

und namentlich kann auch nach der in der sächsischen Praxis als Regel
befolgten Ernennung von drei Sachverständigen der Beweis nicht
ohne Weiteres schon deshalb für verfehlt erachtet werden, wenn etwa
nicht von sämmtlichen Sachverständigen ein bestimmter und erschöpfender Ausspruch zu erlangen gewesen ist, oder wenn etwa der Gegner
von seinem Rechte, ebenfalls einen Sachverständigen zu gestellen, absichtlich keinen Gebrauch gemacht hat; denn wollte man in diesen
Fällen den Beweis für verfehlt erklären, so würde man damit dem
Producten die Füglichkeit gewähren, die Führung eines Beweises

17*

durch Kunst- und Sachverständige durch willkührliche Weigerung, einen Sachverständigen zu benennen, oder durch die Wahl einer unbrauchbaren Persönlichkeit gänzlich auszuschließen oder zur Ungebühr in die Länge zu ziehen.

Im vorliegenden Processe hatte zwar der Kläger einen Sachverständigen erwählt, er hat aber dessen Befragung über die betreffenden Beweisartikel und dessen Zuziehung zur Localbesichtigung Bl. — wiederholt abgelehnt, in der irrigen Meinung, daß der Beweis schon in der Anlage verfehlt sei. In der bezüglichen Erklärung des Klägers kann lediglich ein Verzicht desselben auf das Recht, seinerseits einen Sachverständigen zu stellen, gefunden werden und die Folge davon ist nicht diese, daß der Beweis schon deshalb, weil nicht drei Sachverständige befragt worden sind, für mißlungen zu erachten wäre, sondern daß nunmehr die Ergebnisse der Beweisführung nach den Aussprüchen bemessen werden müssen, welche von den beiden übrigen Sachverständigen erlangt worden sind. Ständen diese in hauptsächlichen Punkten in directem Widerspruche zu einander, so würde man allerdings den Beweis für mißlungen zu erachten haben, denn nach der richtigeren, in der Natur der Sache selbst begründeten Ansicht kann der erkennende Richter nicht darüber entscheiden, welches der beiden divergirenden Gutachten nach den Grundsätzen und Regeln der Kunst oder Wissenschaft das richtiger begründete sei, ohne sich eine Fachkenntniß und zwar in höherem Grade zuzuschreiben, die ihm nicht beiwohnt. Ist aber das Gutachten des einen nur unbestimmter und minder erschöpfend, als das Gutachten des andern Sachverständigen, so daß der Ausspruch des letzteren in dem des ersteren keine Widerlegung, sondern im Gegentheile eine Unterstützung findet, so erscheint es nach den oben entwickelten Ansichten unbedenklich, das vollständige und bestimmte Gutachten dieses Einen als maßgebend zu betrachten, wenn dasselbe nicht solche Gegenstände betrifft, deren Beurtheilung ihre besondern Schwierigkeiten auch für den befähigtsten Sachverständigen haben muß 2c."

(Urthel des O.-A.-G. in Sachen Leonhard ÷ Müller, vom 30. Jan. 1862. — Ger.-Amt Meißen.

70.

Zur Lehre vom Lebensversicherungsvertrage. — Im Zweifel hat der Cessionar einer Lebensversicherungspolice die Versicherungsprämie zu zahlen.

„Die Annahme der Kläger Bl. —, daß die Person, welche bei einer Lebensversicherungsgesellschaft ein auf ihren Todesfall zahlbar werdendes Capital assecurire, von vorn herein die Absicht haben müsse, die statutenmäßigen Einzahlungen zu leisten, ist theils in dieser Allgemeinheit, theils als Basis der aus diesem Satze gezogenen Folgerungen nicht stichhaltig.

Lebensversicherungen werden theils auf Lebenszeit, theils auf einen kürzeren Zeitabschnitt abgeschlossen. Fast ausnahmelos aber wohl ist hierbei, daß der Versicherungsvertrag erst mit der ersten Prämienzahlung in Kraft tritt.

Damit ist das Recht des Versicherten auf die Zahlung der Versicherungssumme begründet, dafern er innerhalb der durch die erste Prämienzahlung gedeckten Frist stirbt. Jene doppelte Modalität der Versicherung ist daher für die erste Zeit in ihren Wirkungen gleich, in der That aber darin verschieden, daß der Versicherte durch die Versicherung auf Lebenszeit das Recht erhält, die Frist für die Möglichkeit des Eintritts der Bedingung auf Grund des ursprünglichen Vertrags zu verlängern und dadurch sogar den dies incertus an (nämlich innerhalb der baar prämiirten Frist) et quando, welcher bekanntlich einer Bedingung gleichsteht, zu einem dies certus an, wenn auch incertus quando machen kann, welches Recht mit einem höheren Betrage der Prämien bezahlt werden muß.

In dieser Maße ist auch die Bl. — f. in Abschrift ersichtliche Police ausgestellt, indem die Zusage der Zahlung der Versicherungssumme Bl. — zunächst nur auf drei Monate für den Fall, daß Beklagter innerhalb solcher versterben sollte, insoweit im Uebrigen unbedingt, ertheilt und das Recht auf Extension dieser Frist, so zu sagen in der Form eines pacti de assecurando unter der Voraussetzung, daß Beklagter ferner regelmäßig Prämien bezahlt, angeschlossen ist.

Man kann also nicht sagen, daß derjenige, welcher auf Lebenszeit versichert, die Absicht haben müsse, lebenslänglich regelmäßig die Prämien zu zahlen, sondern er belegt thatsächlich nur die Absicht, sein Leben auf die durch die erste Prämienzahlung gesicherte Frist zu versichern und sich die Möglichkeit, lediglich nach seiner Willkühr den Versicherungsvertrag von Zeit zu Zeit zu erneuern, zu erwerben, eine Möglichkeit, die für den Versicherten, je nach seiner jeweiligen subjectiven Auffassung über die Dauer seines Lebens, keinen oder wenigstens einen dem Betrage der ferneren Prämienzahlung nicht entsprechenden Werth haben kann.

Man kann aber auch nicht sagen, daß er bei der Versicherung die Absicht haben müsse, die Prämienzahlungen selbst zu leisten, da, wie dieß auch Bl. — ausdrücklich bemerkt, die gleiche Wirkung erreicht wird, wenn nicht er, sondern ein Dritter die Prämie zahlt, was, so weit er überhaupt bei der Versicherung interessirt — und nicht etwa die Versicherung Sache der Speculation eines Dritten ist — Gegenstand eines Separatvertrages mit einem Dritten sein kann.

Hat nun also jede Police im Zweifel einen — wenn auch ungewissen — Werth, und wächst dieser Werth mit den Jahren, in welchen sie in Kraft geblieben, so liegt auf der Hand, daß die Cession einer Police oder des aus ihr entfließenden eventuellen Forderungsrechtes zur Sicherstellung, zumal wenn solche bereits, wie hier, zur Zeit der Cession eine Reihe von Jahren gesteuert war, an sich im

Zweifel eine solche Sicherstellung gewährt, dafern nur der Cessionar dafür sorgt, daß die Prämien richtig fortgezahlt werden.

Will aber der Cessionar solchen Falles das Recht erlangen, vom Cedenten diese Fortsteuerung zu fordern, so muß er sich dieses Recht durch einen sogenannten Vertrag mit demselben sichern, und es läßt sich daher auch die Prämienzahlung Seiten des Cessionars nicht ohne Weiteres als eine negotiorum gestio für den Cedenten auffassen, weil mit der Cession der Police das bedingte Forderungsrecht auf den Cessionar übergeht, und daher dessen Erhaltung negotium des Letzteren, nicht aber direct des Ersteren ist.

Kläger suchen nun zwar Bl. — mit Rücksicht auf die Specialität des concreten Falles verschiedene Gesichtspunkte geltend zu machen, welche für diesen die Benutzung jener Auffassung, die sie selbst Bl.— durch die von ihnen unterstrichenen Worte im Allgemeinen als richtig anerkennen, als ausgeschlossen erscheinen lassen sollen. Allein es erscheint dieß nicht beachtlich. Denn wie das Bl. — sub 3. Gesagte als unzutreffend charakterisirt ist, so gilt im Uebrigen Folgendes:

Wenn dieselben darauf hinweisen, daß die ihren Erblassern ertheilte Cession nicht die ganze Versicherungssumme umfasse, vielmehr ein Theil derselben dem Beklagten, resp. dessen Erben verbleibe und daß sie also durch die Fortsteuerung nicht bloß ihr, sondern auch Beklagtens Interesse (suum et rei negotium) förderten, so kann hierin etwas Wahres liegen. Ob dies aber der Fall, kann sich erst bei dem Ableben des Beklagten zeigen, weil, zumal nach der Stipulation mit Adv. R., deren in beiden Cessionen ausdrücklich gedacht ist, im Zweifel von dem Reinertrage der Versicherung, wenn es zu Auszahlung der Versicherungssumme kommt, nicht allein die darauf prioritätisch angewiesenen Prämien, welche Adv. R. berichtigt, sondern auch die, welche Kläger abgeführt, in Abzug kommen. Denn das kann Letzterem eintretenden Falles zugegeben werden, daß in diesen — nach den dermalen actenkundigen Vorgängen ihnen ebensowenig als dem Beklagten rechtlich obliegenden — Zahlungen eine eventuelle negotiorum gestio für Beklagten liegt. Wie jedoch hierunter zu wenig Klarheit in Betreff des factischen Materials vorliegt, um deshalb Etwas im Voraus auszusprechen, so liegt eben auf der Hand, daß diese eventuelle negotiorum gestio erst mit dem Eintritte des einen Factors jenes eventus, nämlich des Todes des Beklagten, während des Laufes der Versicherung klar werden kann. Es läßt sich also gegenwärtig auch nicht dem eventuellen Petitum Bl. — auf partielle Condemnatoria deferiren; vielmehr ist insoweit das Suchen mindestens noch zur Zeit und in der angebrachten Maße unschlüssig."

(Urthel des O.-A.-G. in Sachen Ruppels Erben ÷ Blochmannin und Cons., v. 31. Januar 1862. — G.-A. Dresden.)

71.

Der Gebrauch der accessorischen Abhäsion ist, innerhalb
ihrer Grenzen, nicht dadurch ausgeschlossen, daß der Ab=
härent ein selbstständiges Rechtsmittel eingewendet hat. —
Deren Concurrenz mit dem außerordentlichen Rechtsmittel
der restitutio in integrum.*)

Die vorige Instanz hat die Abhäsion Beklagtens für unstatthaft
erachtet, weil das Befugniß des Appellaten, den Beschwerden des
Gegentheils zu abhäriren, mit dem Rechte zu Einwendung eines eige=
nen selbstständigen Rechtsmittels nur electiv, nicht cumulativ concurrire,
dieser Grundsatz aber hier eintrete, da Beklagter wegen der von ihm
Bl. — eingewendeten, jedoch versäumten Berufung Bl. — um Wieder=
einsetzung in den vorigen Stand gebeten habe. Das Königl. Ober=
appellationsgericht vermag jedoch dieser Ansicht aus folgenden Grün=
den nicht beizupflichten.

Die Lehre vom beneficium adhaesionis oder dem Befugnisse des
Appellaten, Beschwerden gegen das vom Appellanten angefochtene
Urthel vorzubringen und dadurch eine ihm vortheilhafte Abänderung
desselben zu bewirken, sowie die hiermit in Verbindung stehende
Doctrin über die Gemeinschaft der Rechtsmittel beruht bekanntlich auf
der l. 39. C. de appell. 7. 62., einer Constitution Justinian's vom
Jahre 530., Inhalts deren dem Appellaten gestattet ist, sobald sein
Gegner das Rechtsmittel der Berufung einwendet, auch seinerseits Be=
schwerden geltend zu machen und deren Abhülfe zu verlangen. Die
Zulässigkeit der nurgedachten, sog. accessorischen Abhäsion ist in
Sachsen durch die const. 19. P. I. vom Jahre 1572 mit den Wor=
ten: „daß die Leuterungen nicht weniger als die Appellationen von
beiden Theilen gemein sein sollen," sowie durch die Alte Proceßord=
nung tit. 35. §. 2. und 3. anerkannt und in dem letzteren Gesetze
insofern beschränkt worden, daß die Abhäsion sich nur auf die vom
Appellanten angefochtenen Punkte erstrecken darf, da die Abhäsion sich
auf die durch das Rechtsmittel des Gegners bewirkte Suspension der
Rechtskraft gründet, letztere aber rücksichtlich aller derjenigen Punkte
des Urthels, gegen welche der Gegner sein Rechtsmittel nicht gerichtet
hat, eingetreten ist. Von mehreren Rechtslehrern ist die Behauptung
aufgestellt worden, daß das Recht, accessorisch zu abhäriren, mit der
Einwendung eines selbstständigen Rechtsmittels nicht cumulativ, sondern
nur electiv concurrire, indem sie aus diesem Grundsatze folgern, daß
die Einwendung eines eigenen Rechtsmittels (die sog. Principal=
abhäsion) das Befugniß, dem Rechtsmittel des Gegners zu abhäriren,
ausschließe, mithin derjenige Appellat, welcher die von ihm einge=
wendete Berufung desert werden lasse, nicht nachträglich der Appella=
tion des Gegners sich anschließen dürfe.

cfr. Biener, syst. proc. ed nov. §. 178.

---

*) Wochenbl. f. m. R. Jahrg. 1862. S. 329 f.

Pfotenhauer, doctr. proc. §. 742.

Grolman, das gerichtliche Verfahren in bürgerl. Rechtsstreitigkeiten §. 211. not. 4.

Offenbar fällt demjenigen, welcher wegen derselben Beschwerdepunkte eine selbstständige Appellation einwendet und gleichzeitig der
Appellation des Gegners abhärirt, ein überflüssiges Beginnen zur
Last, welches vom Richter wenigstens dann nicht geduldet werden
kann, wenn dasselbe zu einer Vermehrung des Schriftenwechsels zwischen den Partheien und zu einer Häufung der Kosten Veranlassung
giebt. Im Allgemeinen aber ist die Cumulation der Principalabhäsion
mit der accessorischen in den Gesetzen nicht verboten, da die Absicht
bei Gestattung der accessorischen Abhäsion zufolge der Eingangsworte
der l. 39. C. de appell. dahin gegangen ist, den streitenden Theilen
eine größere Fürsorge zuzuwenden, als sie selbst bei eigner Aufmerksamkeit (forsitan ipsi vigilantes) sich verschaffen könnten. Es ist
daher demjenigen, welcher intra decendium gegen einzelne Punkte
des Erkenntnisses appellirt hat, unverwehrt, der Berufung des Gegners in denjenigen Urthelspunkten sich anzuschließen, welche von
letzterem angefochten, von ihm, dem Appellaten, aber bei Einwendung
seines eigenen Rechtsmittels nicht berührt worden sind. Auch ist
nirgends in den Gesetzen das Befugniß zur accessorischen Abhäsion
von dem negativen Erfordernisse, daß der Abhärent nicht selbst appellirt
habe, abhängig gemacht worden.

cfr. Linde, im Archive für civ. Praxis, Band 14. S. 180 f.
und in der Lehre von den Rechtsmitteln, Gießen 1831.
Band I. §. 129 f. S. 448 f.
Schwarze in der Zeitschrift für Rechtspflege und Verwaltung,
N. F. Band 3. S. 207.

Ebensowenig liegt in der Wahl der selbstständigen Appellation
ein Verzicht auf die accessorische Abhäsion, da der Appellat bei Einwendung seines an das decendium gebundenen Rechtsmittels in der
Regel nicht wissen kann, ob sein Gegner ebenfalls appellirt habe, oder
noch appelliren werde, vielmehr sein Befugniß zu adhäriren erst mit
dem Augenblicke, wo er von dem Rechtsmittel des Gegners durch das
Processgericht in Kenntniß gesetzt wird, entsteht und nunmehr erst von
ihm in Erwägung gezogen werden kann, ob es für ihn vortheilhaft
sei, von dem beneficio adhaesionis Gebrauch zu machen. Nicht
minder unvereinbar mit den Bestimmungen des gemeinen Processrechtes
ist die Ansicht, daß diejenige Parthei, welche ein Rechtsmittel nach der
geordneten Zeit einwendet, oder eine rechtzeitig eingelegte Appellation
desert werden läßt, des Befugnisses, der Berufung des Gegners
accessorisch zu abhäriren, verlustig gehe, da derjenige, welcher sich an
Einwendung oder Fortsetzung eines Rechtsmittels versäumt, demjenigen gleichsteht, welcher überhaupt von Einlegung eines Rechtsmittels innerhalb der zehntägigen Frist abgesehen hat, das beneficium
adhaesionis aber zufolge der angezogenen l. 39. C. de appell. recht

eigentlich für den Fall eingeführt ist, daß der Appellat nicht selbstständig remedirt, also jedenfalls die Appellationsfatalien versäumt hat, woraus von selbst folgt, daß die Versäumung der Fatalien bei der Principal-adhäsion und die daran geknüpften Folgen in Betreff der geltend ge-machten accessorischen Adhäsion nicht wirken. Wenigstens fehlt jede gesetzliche Bestimmung, durch welche als eine Contumazstrafe bei einem Versäumnisse an den Fatalien des selbstständigen Rechtsmittels des Adhärenten der Verlust des beneficii adhaesionis angedroht wor-den ist.

cfr. Linde, im Archive für civ. Praxis, Band 19. S. 492 f.
und in der Lehre von den Rechtsmitteln, Gießen 1840.
Band II. §. 202. S. 255 f.

Als hauptsächlicher Vertheidiger der von voriger Instanz aufge-stellten Ansicht, daß das Befugniß des Appellaten, den Beschwerden des Gegentheils zu adhäriren, mit dem Rechte zu Einwendung eines eigenen selbstständigen Rechtsmittels nur electiv, nicht cumulativ con-currire, ist Biener anzusehen, auf welchen sich bei Wiederholung der-selben Ansicht Grolman a. a. O. sowie der Bl. — angezogene Osterloh, ordentl. bürgerl. Proceß §. 322. berufen. Nun sagt allerdings, Biener syst. proc. §. 178. At enim si utraque pars eodem usa fuit remedio, neutra alteri adhaerere potest, quippe electio datur, non cumulatio, ex quo patet, eum, qui remedium suum deseruit, eidem renunciavit, alterius remedio adhaerere non posse. Zu Rechtfertigung dieser Meinung hat sich jedoch Biener nicht auf eine gesetzliche Vorschrift, sondern lediglich auf zwei ältere sächsische Rechtslehrer

Rivinus, Enunc. jur. tit. XXXV. m. 14.
Berger, Electa discept. tit. 35. observ. 8. et Supplem.
P. I. p. 336.

bezogen. Nun behauptet aber Rivinus a. a. O. nur soviel, daß diejenige Parthei, welche eine von ihr eingelegte Leuterung oder Appel-lation desert werden läßt, dem vom Gegner eingewendeten Rechtsmittel in dem zur Prosecution oder Justification angesetzten Termine nicht adhäriren könne, weil er den einmal eingeschlagenen Weg fortsetzen müsse und nicht mehr wechseln könne, nachdem aus seiner Desertion der Gegenparthei Rechte verwachsen seien. Es hat daher Rivinus die Ansicht, daß die Prinzipaladhäsion mit der accessorischen nur electiv concurrire, nicht aufgestellt, sondern demjenigen, welcher eine selbstständige Appellation eingewendet hat, das beneficium adhaesionis lediglich für den Fall abgesprochen, wenn er sich an den für Fort-stellung seiner Appellation geordneten Fristen versäumt hat. Nicht minder setzt Berger a. a. O. den Fall voraus, daß eine Appellation eingelegt, dieselbe aber später dadurch, daß der Remedirende die fatalia impetrandi apostolos vel introducendae vel justificandae appellationis versäumt, desert worden, indem der gedachte Rechtslehrer die Frage aufwirft, ob der Appellant den durch das Desertwerden der

Appellation entstandenen Nachtheil durch eine Abhäsion an die gemeinschaftliche Appellationsbeschwerde des Gegners wieder beseitigen könne. Nun verneint zwar Berger die gedachte Frage, unter Beziehung darauf, daß eine Principalappellation mit der accessorischen Abhäsion dergestalt electiv concurrire, daß, sobald die eine gewählt sei, die andere in Wegfall komme, indem außerdem der Gegenparthei das durch die Desertion der Appellation bereits erworbene Recht auf einem Umwege durch die Abhäsion entzogen werde. Es ist jedoch hierbei nicht zu übersehen, daß Berger der Parthei, welche ein selbstständiges Rechtsmittel eingewendet hat, das Wahlrecht zwischen diesem und der accessorischen Abhäsion nur für den Fall abspricht, daß sie sich an den Fatalien für Fortsetzung ihrer eigenen Appellation versäumt hat. Nicht minder wendet Biener den angeblichen Grundsatz, daß die Einwendung einer selbstständigen Appellation mit dem Befugnisse, accessorisch zu abhäriren, nicht cumulativ, sondern electiv concurrire, nur für zwei Fälle, nämlich wenn der Appellat auf seine Rechtsmittel verzichtet hat, oder dasselbe desert geworden ist, an, wie auch Pfotenhauer l. c. die gedachte Rechtsregel nur für den Fall der Desertion des selbstständigen Rechtsmittels erwähnt, andere Rechtslehrer aber,

cfr. Schaumburg, princ. prax. jur. lib. I. Sect. II. c.
§. 16. p. 344.

den Verlust des beneficii adhaesionis bei eingetretener Desertion der gebrauchten Berufung lediglich als Strafe der Contumaz ansehen, ohne sich hierbei auf die Annahme, daß eine Cumulation der Principalabhäsion mit der accessorischen überhaupt nicht gestattet sei, zu stützen. Uebrigens sprechen Biener und die übrigen genannten Rechtslehrer von einer Parthei, welche die eingewendete Appellation nicht fortstellt (qui remedium suum deseruit) und an den deshalb vorgeschriebenen Fatalien sich versäumt hat,

cfr. L. 6. C. quomodo et quando jud. 7. 43. Nov. 49.
c. 1.

Von den letzteren Fatalien ist die zu Einwendung eines Rechtsmittels vorgeschriebene zehntägige Frist (fatale interponendae appellationis) genau zu unterscheiden, weshalb die Erl. Proceß-Ordnung ad Tit. 35. §. 8. die Appellationen, welche Appellant desert werden läßt, von den an sich inadmissiblen getrennt aufgeführt, indem zufolge des damals genau beobachteten Sprachgebrauchs die erst nach Ablauf des Decendii eingewendeten Appellationen zu den inadmissibeln (unzulässigen und unstatthaften) Rechtsmitteln gerechnet, unter deserten Appellationen aber solche verstanden wurden, bei denen die späteren Appellationsfatalien versäumt worden waren, z. B. wenn der Appellant den Bericht nicht abgelöst, das Rechtsmittel im Justificationstermine nicht justificirt hatte.

cfr. Griebner's Discurs ad Tit. 35. §. 18. sub voce:
Abgeschaffet pag. 306. ed. Kustneri.

Da in Sachsen durch das Gesetz vom 13. März 1822, Ab-

änderungen in der Gerichtsverfassung und dem Proceßverfahren betreffend, alle früheren Appellationsfatalien mit alleiniger Ausnahme
des fatale interponendae appellationis aufgehoben worden sind, so
hat die Ansicht, daß eine Parthei, welche ein eingewendetes selbstständiges Rechtsmittel desert werden lasse, vom beneficio adhaesionis
nicht Gebrauch machen dürfe, ihre practische Geltung verloren, indem
die Frage, ob eine analoge Anwendung auf andere Versäumnisse, z. B.
wenn der Appellant bei der Einwendung keinen Beschwerdegrund angeführt, oder die An- und Ausführung weiterer Beschwerdegründe in
der Appellationsschedul sich vorzubehalten unterlassen hat, stattfinde,
gegenwärtig nicht zur Entscheidung vorliegt.

Aus diesen Gründen hat das Königl. Oberappellationsgericht in
Uebereinstimmung mit der bereits früher beim Rechtssprechen befolgten
Ansicht

cfr. Zeitschrift für Rechtspflege und Verwaltung, N. F. Band 1.
S. 358.

in dem Umstande, daß Beklagter erst nach Ablauf des Decendii eine
selbstständige Appellation eingenommen hat, einen Grund, die von Beklagtem gebrauchte accessorische Adhäsion für unzulässig zu halten,
nicht erblicken können. Auch ist die letztere rechtzeitig, d. i. innerhalb
der zum Verfahren auf das gegnerische Rechtsmittel bestimmten Frist
angebracht worden,

cfr. Zeitschrift für Rechtspflege und Verwaltung, N. F.
Band 11. S. 472.

und hängt deren Statthaftigkeit von dem gleichen Wortlaute, nicht
aber von der gleichen Tendenz der Beschwerden ab.

cfr. Zeitschrift für Rechtspflege und Verwaltung, N. F.
Band 10. S. 274., Band 15. S. 363., Band 18. S. 281.

Wollte man aber selbst die Ansicht, daß die Einwendung einer
selbstständigen Appellation mit der accessorischen Adhäsion nicht cumulirt werden dürfe, für richtig halten, so würde Man doch Bedenken
tragen, diesen Grundsatz auf den vorliegenden Fall, wo die Adhäsion
nicht mit einem ordentlichen, sondern mit einem außerordentlichen
Rechtsmittel, der Wiedereinsetzung in den vorigen Stand gegen das
Versäumniß rechtzeitiger Einwendung der Berufung concurrirt, anzuwenden. Denn mit Rücksicht darauf, daß dem Beklagten die Rechtswohlthat der Restitution nicht für seine Person zusteht, sondern von
ihm vermöge der sogenannten Generalclausel in Anspruch genommen
wird, kann die Frage, ob dem Restitutionsgesuche stattzugeben sei, erst
dann entstehen, wenn das gebrauchte ordentliche Rechtsmittel — die
Adhäsion — formell für unstatthaft erachtet werden sollte, indem die
letztere denselben Zweck, wie die früher verspätet eingereichte Appellation verfolgt. Nun kann aber für den Fall, daß die gebrauchte
Appellation und Adhäsion wegen Mangels an den Fatalien oder
Formalien für unzulässig erachtet werden sollte, mit den gedachten
Rechtsmitteln eventuell die Restitution dergestalt verbunden werden,

daß man ein ordentliches Rechtsmittel und eventuell die restitutio
contra lapsum fatalium et contra rem judicatam häuft. Eine
solche eventuelle Cumulation der Restitution mit einem andern ordentlichen Rechtsmittel ist nicht für unstatthaft zu achten.

     cfr. Gensler, im Archiv für civ. Praxis, Band 4. S. 143 f.
     Linde, in der Gießener Zeitschrift für Civilrecht und Proceß
         Band 11. S. 324. und in der Lehre von den Rechtsmitteln
         Band 2. S. 811."

    (Urthel des O.-A.-G. in Sachen der Stadtgemeinde Roßwein ÷
Winkler, v. 30. Januar 1862. — G.-A. Roßwein.)

72.

Die Vertheilung der Geschäfte unter einzelnen, speciell bestimmten Abtheilungen einer Gerichtsbehörde hebt die
Einheit des Gerichts selbst nicht auf. Daher ist der Sachwalter, der seine Vollmacht bei einer Abtheilung des Gerichts bereits eingereicht hat, auch rücksichtlich der bei einer
andern Abtheilung des Gerichts zu verhandelnden Angelegenheiten, sofern nur die Vollmacht auf diese sich mit
       bezieht, für legitimirt zu erachten.

    „Schon im Klagüberreichungsschreiben Bl. — hat sich der Sach-
walter der Kläger seiner Proceßlegitimation halber auf die Grundacten der Abtheilung des Königl. Stadtgerichtsamts für N.-Dr. zu
Fol. — „worin sich seine Vollmacht befinde" bezogen und wenn Bl. —
zu den gegenwärtigen Procesacten unter der Bezeichnung einer „Abschrift aus den Grundacten Fol. —" vidimirte Copie einer von den
Klägern unter dem 27. November 1860., mithin vor Einreichung der
am 5. März 1861. präsentirten Klage, auf deren Concipienten, den
Sachwalter der Kläger, gestellten Vollmacht gebracht worden ist, so
läßt sich nicht wohl bezweifeln, daß die Bezugnahme des genannten
Sachwalters auf die Existenz und die bei der gerichtsamtlichen Abtheilung für N.-Dr. erfolgte Einreichung seiner Legitimationsurkunde
hierdurch actenmäßige Bestätigung gefunden hat. Die vorgedachte
Vollmacht ist in Ansehung des Gegenstandes, auf welchen sie gerichtet
ist und des Umfanges der dadurch eingeräumten Berechtigungen so
bestimmt und umfassend, daß dadurch der erwählte Bevollmächtigte
für den jetzigen Proceß auch rücksichtlich der sogenannten actus mandati specialissimi unstreitig zur Genüge legitimirt wird. Hebt nun
aber die Vertheilung der vorkommenden Geschäfte unter einzelne,
speciell bestimmte Abtheilungen des Gerichtsamtes im Bezirksgerichte
Dr. die Einheit des Gerichts selbst, wie Bl. — richtig bemerkt wird,
nach Außen hin nicht dergestalt auf, daß jede Abtheilung als eine
für sich bestehende, den übrigen völlig fremde Gerichtsbehörde
angesehen werden dürfte, so kann man auch nicht sagen, daß der zu
der Verhandlung des Streitobjects bei der Abtheilung für streitige
Rechtssachen ebensowohl als bei der Abtheilung für freiwillige Ge-

richtsbarkeit genügend legitimirte Sachwalter der Ersteren gegenüber für nicht legitimirt lediglich aus dem Grunde zu achten sei, weil er seine Legitimationsurkunde zunächst der Letzteren übergeben und bei jener nur auf die bereits erbrachte Legitimation sich bezogen hat. Dem genannten Sachwalter steht vielmehr der Grundsatz legitimatio fit judici in Beziehung auf das gesammte Gericht zur Seite und die Entnahme einer Abschrift von der zu anderen Acten gebrachten Legitimationsurkunde zu den gegenwärtigen Acten ist nur eine zu Vervollständigung der Letzteren erforderliche Maßregel, deren Veranstaltung in Folge der Bezugnahme Bl. — um so gewisser dem Gerichte oblag, als sie von der Parthei oder deren Sachwalter selbst nicht füglich bewirkt werden konnte. Daß das Proceßgericht das Transsumt nicht bereits zum Güte- und Rechtstermine, sondern erst vor der Bescheidsabfassung zu den Acten gebracht hat, bleibt daher einflußlos."

(Urthel des O.-A.-G. in Sachen Höhme 2c. ÷ Große, vom 31. Januar 1862. — G.-A. Dresden.)

73.
Zur Lehre von der Auslegung der Verträge.

„Bei der Auslegung von Verträgen gilt als Regel, daß zunächst der Wortlaut der von den Contrahenten getroffenen Bestimmungen geprüft und als maßgebend betrachtet werden muß, sobald derselbe schon an und für sich allein einen klaren und erschöpfenden Ausdruck des Willens enthält. Ist dies nicht der Fall, so müssen die Verhältnisse, unter denen der Vertrag abgeschlossen worden ist, und der erklärte oder voraussetzliche Grund und Zweck des letzteren zu Hülfe genommen werden, um daraus die wahren Absichten und den eigentlichen Vertragswillen der Parteien in Bezug auf einzelne Puncte zu erforschen, und bleiben auch dann noch Zweifel zurück, so gilt die Regel, daß im Zweifel das geringere Maß der Verpflichtung als das von den Parteien beabsichtigte anzunehmen ist;

l. 9. 34. 56. D. de R. J. 50, 17.

Insbesondere ist eine in diesem Sinne restrictive Interpretation an ihrer Stelle, wenn eine Verzichtleistung auf bestehende Rechte in Frage ist, welche bekanntlich nie präsumirt wird, sondern entweder bestimmt und ausdrücklich erklärt, oder durch concludente Handlungen zu erkennen gegeben werden muß."

(Urthel des O.-A.-G. in Sachen Schiffner ÷ Tischerin, vom 6. Februar 1862. — G.-A. Zittau.)

74.
Vom pacto de ineunda emtione venditione. — Die Klagbarkeit desselben setzt eine genügende Bestimmtheit des Objectes voraus.

„Das Oberappellationsgericht vermag der von voriger Instanz in Betreff der vorgeschützten Ausflucht genommenen Auffassung nicht beizutreten, hat vielmehr solche conform mit der ersten für unerheblich zu befinden.

Diese Ausflucht geht dahin, daß der Klägerin Werkführer, als er Beklagten veranlaßt, den zu einem Baue erforderlichen Kalk insgesammt von dem Werke der Klägerin zu entnehmen, diesem — einem Sattlermeister — Namens der Letzteren versprochen, einen Kutschwagen von ihm zu erkaufen und den dafür zu vereinbarenden Kaufpreis von dem für den Kalk sich abrechnen zu lassen.

Die erste Instanz findet nun, abgesehen von einem processualen, jedenfalls erledigten Grunde, sowohl dahingestellt, ob ein so allgemeines Versprechen einen klagbaren Anspruch hervorbringen könne, dieses Verlangen deshalb unbeachtlich, weil aus Beklagtens Darstellung nicht mit Sicherheit zu ersehen, daß durch die betreffende Aeußerung des Werkführers Klägerin obligirt werden sollen, als Gegenleistung des Beklagten einen Kutschwagen von diesem zu kaufen und die beiderseitigen Ansprüche aufrechnen zu lassen, jene Darstellung vielmehr darauf, daß der Erkauf des Wagens und die solchenfalls eintretende Ausgleichung der Kaufpreise nur in Aussicht gestellt sei, hinführe.

Die zweite Instanz dagegen befindet, letzteres verneinend, in der Exception eine ausdrückliche Verabredung über wechselseitige Compensation der resp. Kaufpreise quoad summam concurrentem.

Man kann nun diesen Differenzpunkt vor der Hand dahingestellt sein lassen, weil man das von der Klägerin Geschäftsführer angeblich abgegebene Versprechen dem Objecte nach zu unbestimmt findet, um darauf ein Vertragsverhältniß zu basiren.

Letzteres müßte, abgesehen von dem pactum de compensando, als ein pactum de ineunda emtione venditione aufgefaßt werden.

Ganz abgesehen davon nun, daß wenigstens nach römischem Rechte ein solches pactum de contrahendo, auch wenn dabei das Vertragsobject fixirt ist, wie die in dießfalls gewöhnlich angezogenen L. 68. D. de V. O. (45, 1.) in Betreff der Darlehnssumme für beide Fälle, den der stipulatio certa und incerta, offenbar vorausgesetzt ist, nur eine Klage auf das id quod interest begründen, also im vorliegenden Falle der Nachweis dieses Interesses behufs der Compensation erforderlich gewesen sein würde, so folgt theils aus den Quellen, theils aus der Natur der Sache, daß ein Vertrag, um gültig zu sein, Bestimmtheit des Gegenstandes erheische.

Schweppe, röm. Priv. Recht Bd. III. §. 414. ad 3.
Arndts, Pandecten §. 203.
v. Savigny, Obligationenrecht Bd. I. §. 38. S. 386.

Kann nun die Unbestimmtheit verschiedene Grade haben, und namentlich bei einigen derselben durch Annahme eines Compromisses auf das arbitrium boni viri, auf Sachverständiger Ermessen, Ortsüblichkeit u. s. w. der im strengen Sinne unbestimmte Vertrag in einen bestimmten verwandelt erscheinen, so werden doch schon im römischen Rechte verschiedene Fälle der Unbestimmtheit als solche bezeichnet, welche die Ungültigkeit des betreffenden Rechtsgeschäftes mit sich führen,

L. 94. 95. 115. pr. de V. O. (45, 1.)

L. 9. §. 4., L. 69. §. 4. de jure dot. (23, 3.)

L. 71. pr. de leg. 1. (30.)

und man wird daher in Fällen derartiger Unbestimmtheit allerdings, wie die erste Instanz gethan, annehmen dürfen, daß auf der einen Seite ebenso der Ernst der Verpflichtung für den Schuldner, wie auf der andern eine für den Gläubiger begründete Erwartung fehle.

v. Savigny, a. a. O.

Dies auch im vorliegenden Falle anzunehmen, erscheint aber dem Oberappellationsgerichte unbedenklich, weil nach der Stipulation zunächst soviel klar ist, daß dem Beklagten nicht etwa zugesichert worden, daß der ganze Kaufpreis für den Kalk mit dem eines annoch auszuwählenden oder sonst zu bestimmenden Kutschwagens compensirt werden solle, daß vielmehr dieses durch Compensation zu deckende Quantum in suspenso gelassen worden sei.

Wäre Ersteres der Fall, so ließe sich vielleicht eine Bestimmung der Obligation in der Maße denken, daß Klägerin vom Beklagten einen Kutschwagen zu kaufen habe, welcher ex boni viri arbitrio einen Werth gleich dem ganzen Kaufpreise für den Kalk repräsentire, obschon auch hier mannigfache Bedenken zu beseitigen sein würden. Man würde also vielleicht diesen Vertragsfall ähnlich dem beurtheilen können, wo Jemand dem Andern ein nach Maß und Preis bestimmtes Quantum Waaren mit der Vereinbarung liefert, daß er für den betreffenden Preis Waare aus des Käufers Geschäft — im Zweifel zu geschäftsüblichem Preise — entnehmen solle. In einem Falle solcher Art wird eigentlich ein pactum de permutando abgeschlossen und die Preisbestimmung Seitens des Käufers dient nur dazu, die Obligatio wenigstens insoweit zu einer bestimmten zu erheben, daß sich darnach das Object der Gegenleistung mit einiger Sicherheit bestimmen lasse. Ja selbst eine Verabredung, daß die von einem Theile zu liefernde Waare durch Entnahme von Waare oder Arbeit des Andern gedeckt werden solle, kann unter Zuhülfenahme der Geschäftsüblichkeit dadurch zu einer bestimmten Obligation führen, daß das Factum der Lieferung und der Annahme ein Quantum fixirt, welches dem Richter die Erkennbarkeit des Objects, um welches es sich handelt, ermöglicht.

Allein in einem Falle der vorliegenden Art ließe sich doch höchstens der Vertrag in der Maße interpretiren, daß, wenn Beklagter den ganzen ihm erforderlichen Kalk um den geschäftsüblichen Preis bei Klägerin entnehmen würde, diese bei ihm irgend Etwas, wodurch ihrem Bedürfnisse nach einem Kutschwagen entsprochen würde, um einen angemessenen Preis erkaufen solle, was bei dem Mangel jeden Anhaltens für dieses Bedürfniß, die Zeit-, Vermögens- und Geschäftsverhältnisse, wonach es zu bemessen u. s. w., offenbar so unbestimmt ist, daß man eben die Ernstlichkeit der Absicht der Parteien, hierdurch ein Vertragsverhältniß wegen Erkaufung einer Kutsche zu begründen, um so gewisser bezweifeln muß, als Beklagter hinsichtlich des zu entnehmenden Kalkquanti nicht vinculirt war und daher auch nach dieser Richtung von Haus aus völlige Unbestimmtheit vorlag.

Wollte man aber selbst, mit Zuhülfenahme aller erdenkbaren Möglichkeiten, eine Art Bestimmtheit der diesfallsigen Obligation rechtlich zu construiren für möglich halten, so liegt doch klar zu Tage, daß eben die Nothwendigkeit, eine Reihe von Möglichkeiten in conputum zu bringen, schon unter dem Gesichtspunkte der Unklarheit der Absicht der Parteien den Anspruch auf Rechtshülfe völlig ausschließt."

(Urthel des O.=A.=G. in Sachen Steuerin ÷ Lippert, vom 6. Februar 1862. — G.=A. Döbeln.)

75.

Das Stillschweigen des Verkäufers auf des Käufers Weigerung, die erkaufte Waare zu behalten, ist, selbst wenn mit letzterer die Zurückstellung der Waare verbunden worden, nicht als Einwilligung in Wiederaufhebung des abgeschlossenen Kaufes anzusehen.

„Abgesehen zunächst von der Eigenthümlichkeit kaufmännischen Geschäftsverkehrs kann darüber kein Zweifel obwalten, daß ein derartiger Versuch des Käufers,[*] auch wenn er durch Zurückstellung des Kaufobjectes in unzweideutiger Weise sich manifestirt hat, den Verkäufer zu irgend einer, seinen Widerspruch gegen Käufers Verlangen bekundenden Aeußerung oder Handlung nicht nöthigt, weil sein bloßes Stillschweigen nicht als Ausdruck der Einwilligung gelten darf, so lange nicht eine Verbindlichkeit zu positiver Erklärung existirt und das mögliche Interesse Käufers an dieser Erklärung für sich allein kein Rechtsgrund ist, dem Verkäufer diese Verpflichtung aufzuerlegen. Die zweite Instanz setzt auch hierbei ein wesentliches Gewicht darauf, daß beide Theile dem Handelsstande angehören und daß das Bedürfniß des diesfallsigen geschäftlichen Verkehrs auf Seiten des Empfängers von Waaren die Verpflichtung begründe, den Absender darüber, ob er mit dessen durch die Uebersendung verfolgten Intentionen einverstanden sei oder nicht, nicht in Ungewißheit zu lassen. Soll jedoch auch das Zweckmäßige und Wünschenswerthe eines solchen Verfahrens nicht bestritten werden, so reicht doch diese Erwägung allein nicht aus, einen vom positiven Rechte abweichenden Grundsatz als bindende Norm in dieser Allgemeinheit zu rechtfertigen und von dem Bl. —

---

[*] Der Käufer hatte die streitigen Waaren zuerst brieflich dem Verkäufer zur Disposition zu stellen erklärt, und nachdem Verhandlungen über Wiederaufhebung des Handels erfolglos geblieben, demselben eigenmächtig die Waaren zurückgesendet.

angezogenen, in der Praxis anerkannten Grundsatze, daß die wider-
spruchlose Annahme der mit Preisnote übersendeten Waare als Einwilligung in den vom Absender proponirten Kaufsabschluß anzusehen
sei, sowie daß der Empfänger unbestellter oder fehlerhafter Waare
über die Annahme ohne Verzug sich erklären müsse, darf ein Schluß
auf einen Fall der vorliegenden Art nicht gezogen werden. Jener
Grundsatz beruht auf unbestrittenen Handelsusancen, die sich allmäh-
lig auch in foro Geltung verschafft haben, während im vorliegenden
Falle die Anerkennung einer Zwangspflicht zur Pünktlichkeit, beziehendlich Zuvorkommenheit oder Gefälligkeit im Geschäftsverkehre in Frage
ist, für welche ein gleich allgemeiner Brauch oder eine unzweifelhafte
Handelsusance zur Zeit nicht existirt, mindestens in foro nicht hervorgetreten ist, auch eine gleiche innere Berechtigung, wie in den oben
erwähnten Fällen, schwerlich behauptet werden kann. Käufe über
unbestellt zugesendete Waare, Differenzen der Interessenten über die
Beschaffenheit des Kaufsobjectes kommen bekanntlich im Handelsverkehre so häufig vor und hängen mit den Bl. — hervorgehobenen, auf
dessen Entwickelung und Verbreitung einwirkenden Umständen so unmittelbar zusammen, daß die Bildung bestimmter Normen über das
hierunter einzuhaltende Verfahren aus der Ueberzeugung des Handelsstandes von dem, was als Bedürfniß eines gedeihlichen und ordnungsmäßigen Verkehrs erscheint, ebenso erklärlich als gerechtfertigt sich darstellt. Daß aber ein gleiches Bedürfniß sich auch für
solche Geschäftsmanipulationen fühlbar gemacht habe, durch welche der
Käufer ohne allen rechtlichen Grund ein abgeschlossenes Geschäft rück-
gängig zu machen beflissen ist, steht um so gewisser zu bezweifeln, als
derartige Vorkommnisse nicht zu dem gewöhnlichen, ordnungsmäßigen
Verkehre gerechnet werden können, und die Erstreckung dessen, was
die Betheiligten für diesen als Norm angenommen haben, auf außer-
gewöhnliche ordnungswidrige Fälle schon deshalb bedenklich fallen
muß, weil sie in der Allgemeinheit und Unbeschränktheit, welche aus
den Bl. — entwickelten Sätzen folgen würde — es braucht hierbei
nur an die Denkbarkeit der rein willkührlichen Stornirung eines vor
Jahren abgeschlossenen Handels erinnert zu werden — unstreitig zu
unnöthigen Belästigungen der Verkäufer führen müßte und auf eine
ungerechtfertigte Begünstigung von Geschäftsoperationen hinauskommen
würde, die vom juristischen Standpunkte aus als widerrechtliche solche
sicher nicht verdienen. So lange daher nicht die Existenz einer un-
zweifelhaften gewohnheitsrechtlichen Norm des Handelsstandes für
Fälle der vorliegenden Art nachgewiesen ist — und diesen Nachweis
hat Beklagter nicht einmal versucht — ist nach der Ansicht der jetzigen
Instanz eine Abweichung von allgemeinen Grundsätzen des bestehenden
Rechts nicht zu billigen und wenn Beklagter die streitigen Waaren
an Klägern zurückgesendet hat, ohne sich dessen Einverständnisses mit
der beabsichtigten Auflösung des Geschäftes versichert zu haben, so
hat er dieß auf seine Gefahr gethan, von welcher er nicht durch eine

solche Unterlassung Klägers befreit werden darf, welcher eine Verbindlichkeit zu positiver Thätigkeit nicht gegenübersteht. Daß Kläger in der vorliegenden Klage die Rückgabe einer der drei fraglichen Posten Cigarren zu genehmigen erklärt hat, ändert an dieser Lage der Sache um deswillen nichts, weil die theilweise Genehmigung bei der Trennbarkeit der einzelnen Posten weder an sich unthunlich erscheint, noch von dem Beklagten als unzulässig bezeichnet wird, in jedem Falle aber nicht über die ausdrückliche Erklärung und deren unzweideutige Intention hinaus auf die ganzen übrigen Posten erstreckt werden darf."

(Urthel des O.=A.=G. in Sachen Röse ÷ Schnabel, v. 6. Febr. 1862. — Ger.=Amt Chemnitz.)

76.

Zur Lehre vom foro continentiae causarum.

„Wenn schon die von mehreren Proceßrechtslehrern aufgestellte Regel, daß jeder materielle Zusammenhang mehrerer Rechtssachen einen gemeinschaftlichen Gerichtsstand für dieselben begründe und eine gleichzeitige Verhandlung erheische,

Martin, Lehrbuch des Processes, §. 28. u. 50. Ausg. 7.

in dieser Allgemeinheit in den Gesetzen nicht ausgesprochen ist,

Annalen des Königl. O.=A.=G. Bd. 2. S. 504.*)

so geht doch aus den Worten der l. 10. Cod. de jud. (3, 1.): „Nulli prorsus audientia praebeatur, qui causae continentiam dividit, et id, quod in uno eodemque judicio poterat terminari, apud diversos judices voluerit ventilare" unverkennbar die Absicht des Gesetzgebers hervor, daß mehrere aus einem und demselben Rechtsverhältnisse originirende Streitsachen, von welchen die eine in die andere dergestalt eingreift, daß das Ende der einen der Anfang der anderen ist und folglich die eine von der andern nicht füglich getrennt werden kann, nicht an verschiedene Gerichte gewiesen und abgesondert verhandelt werden sollen.

Glück, Erl. der Pand. Bd. XI. §. 752. S. 312. Note 68."

(Urthel des O.=A.=G. in Sachen Lehmann ÷ Schulzin, vom 7. Febr. 1862. — Ger.=Amt Königstein.)

77.

Ueber die Proceßformen, in welchen Wechselsachen vor dem Handelsgerichte zu Leipzig verhandelt werden können.

„Die vorige Instanz hat nach Bl. — in Uebereinstimmung mit der vom Königl. Oberappellationsgerichte befolgten Ansicht angenommen, daß die den Wechselproceß betreffenden Bestimmungen des Ge-

---

*) S. diese Zeitschrift N. F. Bd. XX. S. 420 f. Num. 223.

jeßes vom 7. Juni 1849 auch auf die vor dem Handelsgerichte zu Leipzig verhandelten Wechselsachen anzuwenden seien,

cfr. Annalen des Königl. Oberappellationsgerichts Bd. III. S. 39 f.,*) verbunden mit S. 16. unter IV.

und deshalb in vorliegendem Rechtsstreite, in welchem die Befolgung des §. 39. des angezogenen Gesetzes aus den Acten nicht erhellt, das zither eingehaltene Verfahren außer Wirksamkeit gesetzt und angeordnet, daß Beklagter auf Ansuchen Klägers nach Maßgabe des §. 35. des Gesetzes vom 7. Juni 1849 anderweit zu einem Verhörstermine vorgeladen und sodann weiter in Gemäßheit der Vorschriften des gedachten Gesetzes verfahren werde.

Beklagter hat Bl. — gegen diese Entscheidung geltend zu machen gesucht, daß nicht der durch das angezogene Gesetz geregelte Wechselproceß im engeren Sinne, sondern der gewöhnliche Executivproceß mit einem Klaggesuche auf Zahlung bei Wechselhaft gegen den Beklagten eingeleitet worden sei. Dieser Ansicht steht jedoch Folgendes entgegen:

In Art. 13. der Handelsgerichtsordnung vom Jahre 1682 ist neben dem durch das gedachte Gesetz eingeführten summarischen Verfahren der Executivproceß als eine besondere für die vor dem Handelsgerichte Leipzig zu verhandelnden Rechtssachen geeignete Proceßart durch die in dem gedachten Artikel aufgenommene Bestimmung anerkannt worden, daß, sobald der Kläger keine richtige Verschreibung oder Schuldanerkenntniß vor sich habe, sondern genöthigt sei, die geklagte Forderung durch Zeugen beizubringen oder Beklagtem den Eid darüber anzutragen, nicht executive, sondern nur summariter (nach Maßgabe der Handelsgerichtsordnung) verfahren werden solle. Ob außer dem Handelsgerichts- oder Executivproceß in Art. 11. u. 13. der Handelsgerichtsordnung vom Jahre 1682 der Wechselproceß, wie

Hänsel, der Handelsgerichtsproceß, §. 18. S. 151.

annimmt, als eine besondere in den vor dem Handelsgerichte anhängigen Wechselsachen zulässige Proceßart anerkannt worden sei, kann dahingestellt bleiben, da zufolge eines unbestrittenen Gerichtsbrauchs schon vor dem Gesetze vom 7. Juni 1849 der Wechselproceß unter Beobachtung der für letztern durch §. 12 f. des Anhangs der Erl. Proc.-Ordn. festgesetzten Proceßnormen vor dem Handelsgerichte zur Anwendung gelangt ist, so daß es von der Willkühr des Klägers abhing, ob er seine Ansprüche aus einem Wechsel gegen den Beklagten in den Formen des gewöhnlichen Handelsgerichts- oder des Executivoder des Wechselprocesses verfolgen wollte.

Hänsel l. c. und nota 12—25. pag. 159 f.

Wenn nun dieses Wahlrecht dem Kläger durch die neuere Gesetzgebung nicht entzogen ist, so kann im vorliegenden Falle, in welchem der Beklagte ohne vorgängige Realcitation im ersten Termine durch

---

*) S. diese Zeitschrift N. F. Bd. XX. S. 425 f. Num. 226.

einen Bevollmächtigten erschienen ist, Zweifel darüber, welche Proceßgattung vom Kläger gewählt worden sei, um so mehr entstehen, als
vor dem Leipziger Handelsgerichte das Verfahren bei dem Executivprocesse von demjenigen nicht wesentlich verschieden ist, welches in
dem ersten Stadium des ordentlichen Handelsgerichtsprocesses stattfindet, indem der Kläger, welcher den Executivproceß anstellt, nicht behindert ist, von der durch das Erl. Rescript vom 16. April 1720 gestatteten schriftlichen Ladung mit Ueberschickung einer Abschrift der Klage
und unter Androhung eines Präjudizes für die unterlassene Recognition der der Klage zu Grunde gelegten Urkunden abzusehen und die
mündliche Vorladung ohne Uebermittelung einer Klagabschrift und
ohne Androhung eines Präjudizes nach Maßgabe des Art. 5. der
Handelsgerichtsordnung zu beantragen,

  cfr. Hänsel, Handelsgerichtsproceß, §. 18. Note q. S. 151.
   u. 156.

und dem mündlich geladenen Beklagten nach Art. 13. der Handelsgerichtsordnung obliegt, in dem Termine, nachdem Kläger seine Klage
vorgebracht, ohne vorhergehende comminatoria bei Strafe des Eingeständnisses zu antworten und über die wider ihn producirten Urkunden sub poena recogniti sich zu erklären. Dennoch lassen nach der
Ansicht des Königl. Oberappellationsgerichts folgende Thatsachen
deutlich erkennen, daß sowohl das Handelsgericht als auch die Partheien von der Meinung ausgegangen sind, daß vom Kläger der
eigentliche Wechselproceß gegen den Beklagten eingeleitet worden sei.
Denn Inhalts des Protocolls Bl. — hat Beklagter beim Beginne
des Termins die Bl. — ersichtliche Wechselklage unter Production
der derselben zu Grunde gelegten Urkunden unter A. B. C. D. F.
und G. und unter Bezugnahme auf die Retourrechnung unter E.
wiederholt. Wollte man selbst annehmen, daß die Bezeichnung der
Klage als einer Wechselklage vom Protocollanten ausgegangen sei, so
ist dennoch wichtig, daß Kläger dieser Bezeichnung nicht nur nicht
widersprochen, sondern auch in der der Klage Bl. — beigelegten Ko-
stenberechnung selbst den Ausdruck „Wechselklage" gebraucht und die
Klage unter Berücksichtigung der Vorschriften des Gesetzes vom 7. Juni
1849 angestellt, insbesondere mit derselben nach §. 33. des letzteren
Gesetzes eine vollständige Berechnung seiner Ansprüche verbunden hat.
Hierbei kann darauf, daß Kläger zufolge der gerichtlichen Versicherung Bl. — wegen der geklagten Wechselschuld nicht Realcitation,
sondern mündliche Vorladung des Beklagten beantragt hat, etwas
nicht ankommen, da Beklagter im anberaumten Termine außen geblieben ist, mithin die erste Ladung einen Erfolg nicht gehabt hat, ferner
beide Partheien nach Bl. — in einer spätern Handelsgerichtssitzung
ohne Ladung, mithin in Folge eines Compromisses, durch Sachwalter
erschienen sind und Kläger im letzten Termine seine Wechselklage
wiederholt und fortgestellt hat. Ebensowenig kann aus dem Umstande,
daß das Proceßgericht die in §. 39. des Gesetzes vom 7. Juni 1849

vorgeschriebene Bedeutung unterlassen hat, gefolgert werden, daß das Gericht die vom Kläger gewählte Proceßart für den Executiv- und nicht für den Wechselproceß gehalten habe, da diese Annahme mit der vom Gerichte selbst bewirkten Bezeichnung der eingereichten Klage als eine Wechselklage nicht zu vereinigen sein würde. Hierzu kommt, daß bei einer Concurrenz verschiedener Proceßarten, in welcher ein geklagter Anspruch zu verfolgen ist, dem Kläger obliegt, sofort bei Ueberreichung der Klage zu erklären, welches der verschiedenen zulässigen Verfahren eingeschlagen werden solle.

Sollten nun im vorliegenden Falle die Zweifel, ob Kläger den Wechselproceß gewählt habe, nicht völlig beseitigt sein, so würde wenigstens dem Kläger kein Recht zustehen, das Wahlrecht in der Appellationsinstanz in der Absicht auszuüben, dem Beklagten einen Einwand, welchen er gegen das eingeleitete Verfahren auf Grund des Gesetzes vom 7. Juni 1849 geltend gemacht hat, zu entziehen, indem zu Gunsten des Beklagten anzunehmen ist, daß Kläger den eigentlichen Wechselproceß, in welchem Beklagter nicht, wie bei mündlichen Vorladungen im Handelsgerichts- und in dem vor dem Handelsgerichte anhängigen Executivprocesse, ohne vorgängige Commination seiner Einreden verlustig geht, gewählt hat.

Uebrigens steht dem Kläger frei, falls er künftig seine Ansprüche im Wechselprocesse zu verfolgen nicht gemeint sein sollte, unter Ueberreichung einer neuen Klage den ordentlichen Handelsgerichts- oder Executivproceß gegen den Beklagten einzuleiten."

(Urthel des O.-A.-G. in Sachen Schwabe ÷ Schüttel, vom 13. Febr. 1862. — Handelsgericht Leipzig.)

78.

Zur Lehre vom Kaufvertrage. — Ausnahme von der Regel, daß die unterlassene sofortige Prüfung der Beschaffenheit der Waare und deren Dispositionsstellung den Verlust der Einwendungen gegen die Qualität derselben zur Folge hat.

„Die gegen die Schlüssigkeit der vorliegenden Klage von dem Beklagten Bl. — unter I. und IV. erhobenen Ausstellungen sind bereits in den beiden vorigen Instanzen mit Recht für unerheblich erachtet worden, und es ist den Gründen für diese Ansicht nur noch beizufügen, daß, wenn der Mitkläger J. M. F. von den in der Klage beschriebenen sechs Fässern nur drei ihrem Inhalte nach bei dem Kaufsabschlusse oder bei der Uebergabe untersucht, in Ansehung der übrigen drei aber von dieser Untersuchung abgesehen haben sollte, in dem Unterlassen der letzteren kein thatsächlicher Verzicht auf die gegen die Empfangbarkeit ihres Inhaltes zu erhebende Ausstellung gefunden werden könnte, da der Käufer berechtigt war, vorauszusetzen, daß die ihm als gleichartig verkaufte Waare (Secunda Bukarester Schweinsborsten) in allen sechs Fässern von der nämlichen Beschaffenheit vor-

handen sei, und das Vertrauen, welches der Käufer dem Verkäufer
gegenüber bezeigt hat, dem Letzteren nicht dazu dienen durfte, berech=
tigte Ausstellungen gegen die Beschaffenheit der nicht sofort geprüften,
in der Verpackung gekauften Waaren zurückzuweisen.

Anlangend ferner die unter III. vorgeschützte Ausflucht der Ver=
jährung, so würde selbige nur dann in Betracht gekommen sein, wenn
man die vorliegende Klage lediglich aus dem Gesichtspunkte einer
ädilischen actio redhibitoria aufzufassen gehabt hätte. Diese Rechts=
mittel, und somit auch die über die kurze Verjährung derselben gel=
tenden Vorschriften des römischen Rechtes finden bei solchen Käufen,
welche über eine Species, und namentlich über eine marktgängige
Waare abgeschlossen sind, aber nicht bei den sogenannten Lieferungs=
käufen statt, deren Object in einer von den Contrahenten nur der
Gattung nach bezeichneten, als Species erst noch von dem Verkäufer
zu beschaffenden Sache besteht. Nun würde man zwar dem Beklagten
darin beistimmen können, daß der in Frage stehende Kauf nach der
eigenen Darstellung der Kläger insofern kein Lieferungskauf in diesem
Sinne, sondern ein Kauf über Species und selbst über marktgängige
Waare gewesen sei, als die verkauften sechs Fässer mit Schweinsbor=
sten bereits am Platze vorhanden und noch am Tage des Kaufsab=
schlusses gegen Bezahlung des Preises an die Käufer übergeben wor=
den sind. Allein es ist nicht richtig, wenn der Beklagte meint, daß
die von der vorigen Instanz Bl. — sub b. c. entwickelten Ansichten
auf der Vorstellung, daß ein Lieferungskauf abgeschlossen sei, beruh=
ten oder beruhen müßten, wenigstens geht daraus, daß man den vor=
liegenden Fall dem gleichgestellt hat, wo anstatt des bestellten genus
ein der Gattung nach verschiedener Gegenstand geliefert worden ist,
noch nicht hervor, daß man den in der Klage beschriebenen Kauf für
einen Lieferungskauf angesehen habe. Der hauptsächliche und richtige
Grund, weshalb weder die von dem Beklagten vermißte rechtzeitige
Dispositionsstellung für nothwendig, noch die Anwendung der über
die Verjährung der ädilischen Rechtsmittel geltenden Grundsätze für
anwendbar gefunden worden sind, liegt vielmehr darin, daß es sich
nach den zum Beweise ausgesetzten Angaben der Kläger über den
eigentlichen Inhalt der streitigen drei Fässer nicht blos um eine con=
tractwidrige oder fehlerhafte Beschaffenheit der behandelten Waare,
sondern um die Ablieferung einer, ihrer Gattung nach ganz anderen
als der vom Käufer begehrten Sache, mithin um theilweise Nicht=
erfüllung des Kaufcontractes handelt. Hierbei ist es nun wenigstens
im gegenwärtigen Falle ohne Einfluß, ob die Waare der Gattung
nach bestellt, oder ob sie in einer, als Bukarester Schweinsborsten
prädicirten Species bereits vorhanden war, da es den Klägern, wie
schon bemerkt worden ist, nicht zum Vorwurfe gereicht, wenn diesel=
ben die in einer zum Weiterverkauf in größeren Quantitäten geeigne=
ten Verpackung befindlichen Waaren nicht sofort einer durchgängigen
genauen Prüfung unterworfen und sich überzeugt haben, ob die

sämmtlichen sechs Fässer die bedungenen Waaren auch wirklich enthielten. Die Grundsätze, welche nach einem im Handelsverkehre unter
Kaufleuten anerkannten Gewohnheitsrechte in Bezug auf die rechtzeitige Prüfung und Dispositionsstellung bestellter oder unbestellt
empfangener Waaren gelten,

> Annalen des O.-A.-Ger. Bd. II. S. 151.
> Zeitschr. für Rechtspfl. u. Verw. N. F. Bd. XIX. S. 367.

sind in der Regel nur bei dem sogen. Lieferungskaufe anzuwenden,
es kommt also insoweit den Klägern der Umstand gerade zu statten,
daß der in ihrer Klage beschriebene Kauf mit Rücksicht zumal auf die
Aeußerungen des Beklagten Bl. — über die theilweise vorgenommene
Prüfung, als ein Kauf einer oder mehrerer Species zu betrachten ist.
Die Ueberlieferung einer der Gattung nach anderen als der vom
Käufer begehrten und behandelten Waare, oder die Uebergabe eines
als Waare gar nicht benutzbaren Stoffes anstatt des eigentlichen Kauf-
objects, begründet aber bei dem über die Species abgeschlossenen
Kaufe, ebenso wie bei dem Lieferungskaufe nicht sowohl die wegen
Mangels und Fehlerhaftigkeit des Kaufobjectes durch das ädilische
Edict für den Käufer eingeführten Rechtsmittel, sondern die der gewöhnlichen Verjährung unterworfene actio emti, welche der Käufer
auf directe Vertragserfüllung, oder nach Befinden Gewährung des
id quod interest gegen den Verkäufer anzustellen berechtigt ist. Ist
es auch gedenkbar, daß in einem solchen Falle der Käufer durch eine
verspätete Aufforderung des Verkäufers zur Zurücknahme der empfangenen Sache und zur gehörigen Contractserfüllung sich einem Schä-
denanspruche des Verkäufers aussetzen kann, so ist doch dieser Anspruch
ein an sich selbstständiger, und das Recht des Käufers, mittelst der
actio emti auf Contractserfüllung zu klagen, hängt nicht, wie die
Zurückgabe einer blos mangelhaft befundenen Waare beim Lieferungskaufe, von einer rechtzeitigen Prüfung der gekauften Sache oder einer
Dispositionsstellung ab. Denn der Verkäufer, welcher dem Käufer
eine andere, als die behandelte Sache zusendet oder .giebt, handelt
jedenfalls contractwidrig, und wenn ihm selbst bei dieser contractwidrigen Handlungsweise kein dolus beizumessen wäre, so hat er doch
mindestens die ihm obliegende Sorgfalt vernachlässigt und darf nicht
daraus, daß der Käufer eine sofortige Untersuchung unterlassen und
im Vertrauen auf eine contractgemäße Erfüllung die ihm zugesendete
oder übergebene Sache an sich genommen hat, einen Vortheil ziehen
wollen. Nun geht zwar, wie bereits angedeutet und auch in voriger
Instanz ausdrücklich bemerkt worden, die actio emti zunächst auf Erfüllung des Kaufes durch Lieferung der bedungenen Waare in angemessener Beschaffenheit; allein auch die actio emti kann, wenn schon
nicht unmittelbar auf Redhibition angestellt werden, so doch in ihrem
Gefolge zu einer Auflösung des Handels führen, wenn nämlich die
Erfüllung für den Käufer unnütz geworden ist und das Interesse des
Käufers nur noch dadurch gewahrt werden kann, daß der Kauf rück-

gängig gemacht wird. Die Restitution des bereits bezahlten Kaufpreises ist aber in diesem Falle zugleich als das billigste, dem Käufer
zukommende id quod interest zu betrachten.

l. 11. §. 3. D. de act. emt. vend. 19. 1.

v. Vangerow, Lehrbuch der Pandecten, §. 609. Th. III.
S. 325.

Unterholzner, Lehre des römischen Rechts von den Schuldverhältnissen, §. 467. Th. II. S. 271.

Brinz, Pandecten, §. 113. Thl. 1. S. 495.

Im vorliegenden Falle ließ sich nicht annehmen, daß eine nachträgliche directe Vertragserfüllung bei einer dem Preiswechsel unterworfenen Waare nach Ablauf eines Zeitraumes von ziemlich zwei
Jahren den Klägern von Nutzen sein werde, es läßt sich aber aus
demselben Grunde auch nicht voraussetzen, daß diese nachträgliche Erfüllung für den Beklagten irgendwie vortheilhafter, als die Heraus-
zahlung des Kaufpreises sein würde. Der Beklagte hat sich auch zu
einer Nachlieferung nicht erboten, und selbst in seiner gegenwärtigen
Deduction nicht einmal behauptet, daß er dieselbe der Restitution des
Kaufpreises vorziehe.

Unter solchen Umständen konnte zunächst nur noch die Frage
entstehen, ob der nicht auf den Eid gestellte Theil der Klage in der
That das Anführen enthalte, daß die fraglichen drei Fässer nicht mit
Borsten, wie sie die Kläger erkauft, sondern mit einer andern, als
Waare im Handel nicht zu benutzenden Substanz gefüllt gewesen seien.
Und diese Frage hat man mit der vorigen Instanz unbedenklich bejahen
müssen. Das Beweisthema selbst ist dabei Bl. — den Klägern in
einer für die Beklagten nicht beschwerenden Weise gestellt worden, und
es wird daher vor Allem zu erwarten sein, ob die Kläger in ihrem
Beweise auszuführen im Stande seien, daß der Inhalt der fraglichen
drei Fässer der Gattung nach in etwas Anderem, als der ihnen con-
tractgemäß zu liefernden Waare bestanden habe, was übrigens auch
dann noch der Fall sein könnte, wenn in diesen Fässern zwar ein verhältnißmäßig kleiner Theil Borsten sich befunden hätte, übrigens aber
eine mit diesem Namen nicht oder nicht mehr zu bezeichnende Substanz darin enthalten gewesen wäre. Sollten aber die Kläger diesen
Beweis nicht führen, sondern nur soviel darthun, daß der Inhalt der
gedachten drei Fässer zwar im Wesentlichen in Borsten, jedoch in
mangelhafter und nicht empfangbarer Qualität bestanden habe, so
würde immer noch der in der Klage eventuell angeführte dolus in
Betracht zu ziehen sein. ꝛc."

(Urthel des O.-A.-Ger. in Sachen Fränkel u. Cons. ÷ Heskia,
vom 18. Februar 1862. — Handelsgericht Leipzig.)

·79.·

Ueber das Verfahren auf Interventionsanbringen im Exe-cutionsverfahren. (§. 55. des Executionsgesetzes vom 28. Febr. 1838.)*)

„Es ist allerdings richtig und der auch von dem Oberappellations-gerichte zeither befolgten Ansicht entsprechend, daß ein Interventions-anbringen im Sinne §. 55. des Executionsgesetzes vom 28. Februar 1838, mittelst dessen die dem Schuldner abgepfändeten Gegenstände von dem Intervenienten in Anspruch genommen werden, in Hinsicht auf das Erforderniß specieller thatsächlicher Begründung weniger streng zu beurtheilen ist, als eine im Ordinarprocesse zu verhandelnde Klage, vielmehr ähnliche Rücksichten dabei zu nehmen sind, wie bei den im ordentlichen Processe vorgeschützten Ausflüchten.

(Zu vgl. Zeitschrift für Rechtspflege und Verwaltung, N. F. Bd. XIII. S. 267. Nr. 83. Bd. XVI. S. 178. Nr. 134. Bd. XXI. S. 87 f.
Annalen des Oberappellationsgerichts, Bd. 2. S. 374. Nr. 54. Bd. 3. S. 460. Nr. 42.)

Nach diesem Gesichtspunkte ist der vorigen Instanz insofern bei-zupflichten, als von derselben das Bl. — enthaltene Vorbringen der Intervenientin nicht, wie in erster Instanz geschehen und wie Kläger jetzt anderweit beantragen, für unbedingt unschlüssig und in Folge dessen Intervenientin ihres Anspruches auf die Bl. — dem Beklagten, ihrem Ehemanne, abgepfändeten Gegenstände verlustig erklärt wer-den. Denn wenn auch zuzugeben ist, daß weder in dem von der Intervenientin an die Spitze ihrer Reclamation gestellten Anführen: es sei die Hülfe in die in ihrem Holzspielwaarengeschäfte vorgefunde-nen Holzspielwaarenvorräthe vollstreckt worden, noch in der zur Er-läuterung hinzugefügten und von der ersten Instanz als richtig be-zeichneten Bemerkung, daß ihr unter dem 23. Juni 1855 zu Errich-tung eines Holzspielwaarengeschäftes unter der Firma W. Kl. in S. gerichtliche Concession ertheilt worden, oder in ihren übrigen, über-haupt nur auf unwesentliche Nebendinge sich beziehenden Anführungen ein ausreichendes Anhalten dafür sich findet, auf welche Weise sie das Eigenthum speciell an den in Frage befangenen, bei der Hülfsvoll-streckung Bl. — in der Wohnung des Beklagten, und daher prä-sumtiv in dessen Besitze vorgefundenen Holzspielwaaren erworben habe, so enthält ihr Vorbringen doch immerhin die bestimmte Behauptung, daß ihr an den abgepfändeten Gegenständen das Eigenthumsrecht zustehe, und dieß genügt nach obigen Grundsätzen zu Aufrechterhal-tung der Intervention ganz ebenso, wie es im Ordinarprocesse inso-weit, um ein Interlocut auf Beweis zu veranlassen, als Exception zu beachten sein würde.

---

*) Wochenbl. f. m. R. Jahrg. 1862. S. 209 f.

(Zu vergl. Annalen des Oberappellationsgerichts, 2. Bd. S. 508.)

Dagegen hat man mit der weiteren Argumentation der vorigen Instanz, daß Kläger, weil dieselben in dem vom Proceßgerichte Bl. — auf das Interventionsanbringen anberaumten Güte- und Rechtstermine in Person oder durch einen Bevollmächtigten sich nicht angemeldet haben, in contumaciam des Anführens der Intervenientin für geständig und überführt zu erachten, und in Folge dessen die reclamirten Pfandstücke der Intervenientin ohne Weiteres freizugeben seien, sich nicht einzuverstehen vermocht.

Dieser Ausspruch widerstreitet zunächst dem Grundsatze der Rechtsgleichheit der Partheien, weil auf der einen Seite zu Gunsten der Intervenientin von den strengen Anforderungen, welche an ihr Vorbringen, sobald man es als förmliche Klage betrachten wollte, hinsichtlich der schlüssigen Begründung zu stellen gewesen sein würden, abgesehen, auf der anderen Seite aber zum Nachtheile der Interventen dieses Vorbringen seiner mangelhaften speciellen Begründung ungeachtet doch wieder einer auch im Ordinarprocesse als schlüssig allenthalben aufrecht zu erhaltenden Klage gleichgestellt wird, anderergestalt nach bekannten Grundsätzen die Nachtheile der Contumaz nicht eintreten könnten, und schon dieß muß Bedenken gegen seine Richtigkeit erregen. Es beruht aber auch derselbe insofern, als dabei vorausgesetzt ist, daß das Verfahren des Proceßgerichts, die Eingabe der Intervenientin Bl. — als eine förmliche Klage zu behandeln, indem man darauf, wie auf eine solche unter Beobachtung der im Ordinarprocesse vorgeschriebenen sächs. Frist Güte- und Rechtstermin anberaumt und die Kläger, als Gegner der Intervenientin, zum persönlichen Erscheinen darin, sowie zur Einlassung und Antwort bei Strafe des Eingeständnisses und der Ueberführung vorgeladen hat, ganz sach- und ordnungsgemäß gewesen, auf einer Basis, welche das Oberappellationsgericht nicht als richtig anzuerkennen vermag.

Mag auch ein Verfahren auf ein Interventionsanbringen, wie das vorbemerkte, nicht unter allen Umständen für ausgeschlossen erachtet werden, so erscheint es doch jedenfalls nur dann am Orte, wenn der Intervenient selbst sein Vorbringen als eine eigentliche Klage formulirt und charakterisirt, daher namentlich von dem Interventen Einlassung und Antwort darauf verlangt und entweder über das Thatsächliche seines Anführens sich des Eidesantrages bedient oder ausdrücklich erklärt hat, daß er von diesem Beweismittel absehen und sich anderer bedienen wolle. Denn ist Alles dieß nicht der Fall, und liegt blos eine einfache Reclamation der Pfandstücke unter Bezugnahme auf irgend einen Rechtstitel im Allgemeinen vor, so leiden nach der Ansicht des Oberappellationsgerichts

(zu vgl. die vorbemerkten Präjudizien in der Zeitschrift für Rechtspfl. u. Verw. und in den Annalen des O.-A.-G.)

die Grundsätze des Ordinarprocesses bis dahin, wo die Sache durch ein Interlocut auf Beweis in denselben hinübergeleitet wird, auf das Interventionsverfahren noch keine Anwendung, daher auch der Intervenient gar nicht nöthig hat, bei der Anmeldung seiner Reclamation sich darüber, ob er den Beweis durch Eidesantrag oder auf andere Weise sichern wolle, zu erklären, ohne — wie bei einer im Ordinarprocesse angestellten Klage der Fall sein würde — den Verlust des ersteren Beweismittels fürchten zu müssen. Das geeignete Verfahren, welches der Proceßrichter auf ein solches, nicht als eigentliche Klage formulirte und sich characterisirende Interventionsanbringen einzuschlagen und in §. 55. des Executionsgesetzes durch die Worte: „die Betheiligten nach Vorschrift der Proceßgesetze über das Vorbringen des Intervenienten zu hören," für vorgezeichnet zu erachten hat, kann daher nur darin bestehen, daß unter Anberaumung eines Inrotulationstermins den Partheien ein wechselseitiges schriftliches Verfahren zu verstatten ist.

Im vorliegenden Falle handelt es sich unstreitig nur von einer einfachen Eigenthumsreclamation. Die Intervenientin ging in ihrer Eingabe Bl. — von der — allerdings unrichtigen — Ansicht aus, daß schon der durch das abschriftlich von ihr beigefügte obrigkeitliche Attest Bl. — sich ergebende, vom Gerichte im Bescheide Bl. — auch als richtig bestätigte Umstand, daß sie im Jahre 1855 Concession zu Errichtung eines Holzspielwaarengeschäftes erlangt habe, für den Nachweis ihres Eigenthumes an den abgepfändeten Gegenständen vollständig ausreiche; sie machte es in Folge dessen dem Gerichte zum Vorwurfe, durch sein Verfahren sie widerrechtlich - in ihrem Eigenthumsrechte beeinträchtigt zu haben, und es habe somit ihr Vorbringen eigentlich nur die Gestalt und Tendenz einer Beschwerde gegen das Gericht, deren sofortige Abhülfe durch Rückgabe der Pfandstücke sie erwarten zu können glaubte. Die Kläger betrachteten Intervenientin dabei gar nicht als die ihr gegenüberstehenden Gegner, daher sie auch von diesen nicht einmal im Allgemeinen eine Erklärung, geschweige denn eine förmliche Einlassung und Antwort auf ihr Anbringen verlangte. Ebensowenig hat sie darüber, wie sie für den Fall einer ihrer Intention nicht entsprechenden Auffassung ihrer aus der erlangten Concession zu Errichtung eines Holzspielwaarengeschäftes abgeleiteten Folgerung, das behauptete Eigenthum an den abgepfändeten Sachen sonst darthun könne, sich erklärt. Bei dieser Lage der Sache war das Proceßgericht ohne Zweifel nicht veranlaßt und befugt, das Interventionsanbringen gleich einer förmlichen Klage zu behandeln und wie auf eine solche darauf auszufertigen; was in seinen Consequenzen zunächst für die Intervenientin selbst den Nachtheil herbeizuführen geeignet war, daß ihr — wie auch in voriger Instanz angenommen worden zu sein scheint, indem man das Anbringen Bl. — als ein von Haus aus auf Beweis gestelltes bezeichnet hat — der Gebrauch des Eidesantrages für den Fall eines ihr etwa aufzulegenden Beweises nicht zu gestatten, und daß, wenn die oben hervorgehobene auffallende Rechtsimparität vermieden werden sollte, an das Interventionsanbringen eben so strenge Anforderungen hinsichtlich der Schlüssigkeit, wie bei jeder anderen im Ordinarprocesse angestellten Klage zu stellen waren, mithin Intervenientin, da nach §. 55. des Executionsgesetzes die Abweisung eines unschlüssigen Interventionsanbringens blos in der angebrachten Maße ausgeschlossen ist, für den Fall, daß ihr Vorbringen diesen Anforderungen nicht genügend erachtet wurde, der Gefahr des gänzlichen Verlustes ihres Anspruchs ausgesetzt erschien, sondern es hatte das Gericht das oben angedeutete communicatorische Verfahren einzuschlagen, wodurch die Füglichkeit gegeben war, die Schlüssigkeit des Vorbringens minder streng und analog den im Ordinarprocesse vorgebrachten Exceptionen zu beurtheilen, daher auch ein thatsächlich weniger specielles Anbringen zum Beweise auszusetzen und für diesen unter Voraussetzung geeigneter Fassung der betreffenden Beweissätze den Eidesantrag als Beweismittel vorzubehalten.

In Betracht alles dessen hat man sich auf die Appellation der Kläger zwar nicht zu der beantragten Wiederherstellung des Bescheides 1ster Instanz, allein doch zu einer reformatorischen Entscheidung dahin, daß der Intervenientin der Beweis ihres Eigenthums an den Pfandstücken aufzuerlegen, veranlaßt gefunden. Denn ist einerseits das Interventionsanbringen nicht als unschlüssig zu verwerfen, sondern dazu, um ein Interlocut auf Beweis ertheilen zu können, geeignet zu erachten gewesen, und haben andererseits Kläger, weil das Proceßgericht ungehörigerweise eine peremtorische Ladung auf das Interventionsanbringen erlassen hatte, nicht den ihnen angedrohten comtumaciellen Nachtheilen unterliegen können, so blieb in Hinsicht auf die von Klägern Bl. — in dem anberaumten Termine zu den Acten überreichte negative und widersprechende Erklärung auf das Vorbringen der Intervenientin allerdings nur übrig, auf den Beweis des letzteren unter Vorbehalt des Eidesantrags zu interloquiren, wobei sich übrigens von selbst versteht, daß Intervenientin im Beweise auf die nähere factische Begründung ihrer Behauptung und, Falls sie des Eidesantrages sich bedienen will, auf eine gehörig specielle und stringente Fassung der desfallsigen Beweisartikel Bedacht zu nehmen haben wird."

(Urthel des O.-A.-G. in Sachen Müller u. Sterzel ÷ Kluge, Beklagte, und Klugin als Intervenientin, v. 18. Febr. 1862. — Ger.-Amt Seyda.)

80.

Ueber das Verhältniß des Lotterieuntercollecteurs gegenüber dem Hauptcollecteur. — Der Untercollecteur hat kein Recht auf Ueberlassung eines Gewinnes, welcher auf ein ihm zum Vertriebe übereinkünftlich vom Hauptcollecteur zu überlassen gewesenes Loos gefallen, wenn ihm das

letztere nicht vor der Gewinnziehung bereits ausgehändigt
gewesen.*)

„Daß, während den Spielern gegenüber die Collecteurs als Man-
datare oder Institoren der Lotteriedirection sich darstellen, die Geschäftsverbindung der Hauptcollecteure und Untercollecteure unter
sich gleich der der ersteren zur Lotteriedirection ihrem rechtlichen Wesen
nach unter den Begriff des sogenannten Trödelvertrages — wenn
schon mit einigen, durch die über das Lotteriewesen bestehenden speciellen Anordnungen gebotenen Modificationen, worunter namentlich
zu rechnen, daß die Collecteure den Preis der Loose nicht willkührlich
erhöhen dürfen, sondern sich mit den im Gewinnfalle ihnen bedungenen Vortheilen begnügen und überhaupt den für ihren Gewerbsbetrieb
von der Administrativbehörde für erforderlich erachteten Maßregeln
unterwerfen müssen — zu subsumiren sei, ist bereits von den vorigen
Instanzen mit Recht bemerkt worden. Denn der Collecteur empfängt
von der Lotteriedirection, oder, wenn er ein Untercollecteur ist, von
einem Hauptcollecteur eine größere oder geringere Anzahl von Lot-
terieloosen zum weiteren Absatze an das die Betheiligung am Spiele
suchende Publikum, und kann die Loose, welche er nicht unterzubringen vermag, unter gewissen besonders festgesetzten Bedingungen an
die Lotteriedirection, bezüglich den Hauptcollecteur, zurückgeben. Die
Loose auf seine Gefahr gegen die Verpflichtung zur Erlegung des
Einsatzes zu behalten — wodurch er Spieler wird — ist er nur verbunden, wenn er jene Bedingungen vernachlässigt. Es sind also die
wesentlichen Voraussetzungen des ästimatorischen Contracts, welche
eben darin bestehen, daß Jemandem eine bewegliche Sache — hier das
Loos als Träger der eventuellen Berechtigung zur Gewinnerhebung —
zum Verkaufe unter der Bedingung übergeben wird, entweder den
bestimmten Preis dafür einzuliefern, oder die Sache selbst zurückzugeben, vorhanden.
 l. 1. D. de aestimat. XIX. 3.
 Glück, Pandectencommentar, Bb. 18. §. 1065. S. 61 f.
 Schweppe, das Röm. Privatrecht in seiner heutigen Anwendung, 3. Bb. §. 505.
 Curtius, Handbuch, 3. Thl. §. 1528.
Erwägt man nun aber, daß der Trödelvertrag, im römischen
Rechtssysteme den unbenannten Realcontracten beizählend, erst durch
die Uebergabe der unter Bestimmung eines gewissen Preises zu ver-
kaufenden Sache an den Trödler zur Perfection gelangt,
 l. 1. pr. D. de aestimat. „cum res aestimata vendendo datur.“
 Glück, l. c. S. 66 f.
 Schweppe, l. c.
 Curtius, l. c. und §. 1531.
wie denn auch, wenigstens nach der von dem Oberappellationsgerichte

---

*) Wochenbl. f. m. R. Jahrg. 1862. S. 337 f.

für richtiger gehaltenen und zeither befolgten Ansicht, selbst nach
erfolgter Uebergabe der Sache an den Tröbler das Eigenthum an derselben immer noch bei dem Geber so lange verbleibt, bis der Tröbler
die Sache entweder verkauft, oder unter Erlegung (bezüglich erlangter
Creditirung) des Kaufpreises selbst behalten zu wollen erklärt hat,

  Zeitschrift für Rechtspfl. u. Verw. N. F. Bd. XX. S. 22.
   Nr. 8.
  Annalen des O.-A. Ger. Bd. II. S. 313. Nr. 73.
  Glück, l. c. S. 67 f.
  Schweppe, l. c.
  Curtius, l. l. §. 1529.

so ergiebt sich schon hiernach die Unhaltbarkeit der Bl. — erhobenen
Klage,*) da Kläger nach seinem eigenen Anführen den Besitz der
Loose nicht erlangt hat, Beklagte vielmehr ihm dieselben nicht übergeben haben, also der beabsichtigte Tröbelcontract in der That gar
nicht zum Abschlusse gediehen ist.

  Wollte man übrigens auf das Rechtsverhältniß zwischen Haupt-
und Untercollecteur die Grundsätze des ästimatorischen Contractes
nicht für anwendbar erachten, sondern dasselbe — was allein übrig
bliebe — aus dem Gesichtspunkte eines reinen Vollmachtsvertrages,
mit welchem der Tröbelcontract überhaupt manches gemein hat, betrachten, so würde man nur um so mehr zu gleichem Resultate gelangen, weil bekanntlich der Mandatscontract jederzeit einseitig widerruflich
ist und namentlich für den Mandatar, als welcher sich hier der Untercollecteur darstellen würde, niemals ein Recht auf Ausführung des
Auftrages, sondern lediglich auf Schadloshaltung wegen etwa bereits
vor dem Widerrufe gehabter Auslagen oder getroffener Vorkehrungen
zur Ausführung des Mandates begründet, der Widerruf des Mandanten im vorliegenden Falle aber jedenfalls in der vom Kläger angeführten Verweigerung der Aushändigung der Loose zu finden sein
würde.

  Zwar könnte, wenn man an der Anwendung der Grundsätze
des ästimatorischen Contractes auf das gegenwärtige Sachverhältniß
festhält, die Frage aufgeworfen werden — und dieß scheint dem Kläger vorzuschweben, wenn er zur Aufrechterhaltung seines Anspruches
auf den Grundsatz der heutigen Klagbarkeit aller in den Gesetzen nicht
verbotenen Verträge Bezug nimmt — ob nicht die oben bemerkte, in
der Klage angeführte Vereinbarung zwischen Klägern und den Beklagten, wonach Letztere die betreffenden Loose zu Klägers Verfügung

---

  *) Diese Klage war auf Gewährung des Gewinnes gerichtet, welcher auf
ein Loos gefallen, das nach dem Anführen Klägers die Beklagten, Inhaber
einer Hauptcollection, ihm als Untercollecteur nebst mehreren anderen Loosen
zum Vertriebe zu überlassen sich anheischig gemacht, aber vor der Ziehung, weil
die Umschreibung des Erlaubnißscheines Klägers Seiten der Lotteriedirection,
obwohl derselben kein Hinderniß entgegengestanden, doch von ihm noch nicht beigebracht gewesen, noch nicht ausgehändigt gehabt hatten.

zu halten sich anheischig gemacht, auch wenn es sich hierbei gedachter-
maßen nur davon handelte, daß Klägerm die Loose zum Vertriebe oder
Weiterverkaufe an Spiellustige überlassen werden sollten, als ein den
Abschluß des ästimatorischen Contracts einleitender oder vorbereitender
Vertrag zu behandeln und aus diesem Gesichtspunkte demselben, obwohl der letztere Contract selbst nachmals durch Uebergabe der Loose
nicht zur Perfection gekommen, Wirkung beizulegen sei, ähnlich wie
bei anderen Realcontracten, z. B. dem mutuo, commodato, das Uebereinkommen über deren Abschluß — pactum de mutuo dando, de
commodando —, sobald es an sich bestimmt genug ist, allerdings
verbindliche Wirkung äußert. Abgesehen jedoch von den nicht uner-
heblichen Bedenken, welche sich gerade bei dem ästimatorischen Contracte seiner Beschaffenheit nach gegen die Annahme ergeben, daß dem
vorausgegangenen pacto de ineundo contractu aestimatorio die
Wirkung eines Klagrechtes auf Erfüllung, insbesondere auf Seiten
des Tröblers, beizulegen, — zumal wenn man den bereits oben bemerkten Grundsatz, daß bei diesem Contracte das Eigenthum der
Sache selbst durch deren Uebergabe auf den Tröbler nicht übergeht,
im Auge behält und sich vergegenwärtigt, daß die durch den gedachten
Vertrag für den Empfänger der Sache entstehende Füglichkeit, letztere
gegen Bezahlung des bestimmten Preises selbst zu behalten, wenn
davon Gebrauch gemacht wird, nur als eine zufällige Folge auftritt,
nicht aber als von Anfang an von den Contrahenten beabsichtigt
betrachtet werden kann, da außerdem das Geschäft von Haus aus die
Natur eines Kaufes angenommen hätte — würde aber auch selbst die
bejahende Beantwortung der obigen Frage dem Kläger zum Zwecke
der Aufrechterhaltung der Klage nicht zu Statten kommen. Denn
von der Erfüllung des bemerkten Versprechens konnte unter allen
Umständen zur Zeit der Klagerhebung nicht mehr die Rede sein, nachdem die Ziehung der Lotterie, für welche Beklagte dem Kläger die
betreffenden Loose zur Verfügung haben halten wollen, schon damals
beendet war und somit der Gegenstand des Vertrages zu existiren
aufgehört hatte. Klägers Anspruch konnte sich daher allfällig nur
auf eine Entschädigungsforderung wegen der Nichterfüllung der behaupteten Zusage der Beklagten beschränken, die aber keinesweges,
wie Kläger der Meinung zu sein scheint, sich mit dem Anspruche auf
den Gewinn, welcher auf das eine der betreffenden Loose gefallen,
identificiren läßt. Diesen Gewinn würde Kläger nur dann beanspruchen können, wenn er mit den Beklagten ein auf die Uebertragung
des Eigenthums an dem betreffenden Loose gerichtetes Uebereinkommen
getroffen hätte. Ein solches hat aber nicht stattgefunden, vielmehr
ist, wie schon mehrfach erwähnt, nach Klägers eigenem Anführen nur
ein Vertrag zum Vertriebe der betreffenden Loose, zum Weiterverkaufe derselben an spiellustige Personen, als beabsichtigt anzunehmen,
wodurch an sich das Eigenthum der Loose auf den Kläger nicht übergegangen sein würde. Der durch Nichterfüllung dieses — bemerkter-

maßen als Tröblercontract zu beurtheilenden Vertrages dem Kläger verursachte Schaden könnte daher folgerichtig nur eben auf die Vermögenseinbuße beschränkt gedacht werden, welche er dadurch erlitten, daß er die betreffenden Loose nicht hat an dritte Personen absetzen können, was als ein ganz anderes, voraussetzlich und zunächst wenigstens nur die als Untercollecteur ihm zukommenden Emolumente von den abgesetzten Loosen und bezüglich von den darauf ausgefallenen Gewinngeldern umfassendes Object sich darstellt, worauf Kläger seinen Anspruch gar nicht gerichtet hat. Die bloße Möglichkeit dagegen, daß Kläger, wenn er rechtzeitig die betreffenden Loose übergeben erhalten hätte, das darunter befindliche Gewinnloos noch nicht an einen Spieler abgesetzt gehabt haben und dadurch zufällig in die Lage gekommen sein könnte, sich selbst als Spieler dieses Looses zu geriren und durch dessen Besitz zur Erhebung des darauf gefallenen Gewinnes sich zu legitimiren, kann ohne Zweifel keinen rechtlichen Grund abgeben, die Nichterlangung dieses Gewinnes als einen durch die Nichterfüllung des auf die bloße Vertreibung der Loose gerichteten Vertrags ihm zugezogenen Vermögensnachtheil anzusehen."

(Urthel des O.-A.-G. in Sachen Häusche ÷ Glien ꝛc., vom 27. Februar 1862. — G.-A. Zittau.)

Berichtigungen.

In der S. 173 ff. des zweiten Heftes abgedruckten Verordnung sind folgende Druckfehler zu verbessern:

S. 175 Z. 17 v. u. ist am Schlusse der Zeile das Komma zu streichen.

S. 176 Z. 17 v. o. ist statt „aber so" zu lesen „eben so". Auch hat in dem auf den 3 ersten Zeilen von S. 175 enthaltenen Satze die Concinnität durch Correcturen im Manuscripte gelitten. Er sollte ursprünglich heißen: „allein sie werden dadurch noch nicht zum Kaufmanne, ja ihr Geschäft wird dadurch nicht einmal zum Handelsgeschäfte".

S. 169 letzte Zeile ist statt „1862" zu lesen „1861".

S. 173 Z. 14. von unten ist statt „1862" zu lesen „1861".

VII.

Die Beseitigung des Eides im bürgerlichen Processe.

Vom Herrn Oberappellationsrath, Geheimenrath, Ritter ꝛc.
Dr. Gustav Marschner in Dresden.

Ueberall in Deutschland regt sich auf das lebhafteste das
Belangen nach einer durchgreifenden Verbesserung des Verfahrens
in bürgerlichen Rechtsstreitigkeiten. Die Ueberzeugung, daß demselben die Principe der Mündlichkeit, Oeffentlichkeit und freien
Beweistheorie zur Grundlage dienen müssen, gewinnt zwar immer
mehr Raum, doch wird die wahre Bedeutung und nothwendige
Tragweite derselben noch lange nicht allgemein genug erkannt.
Viele betrachten die Mündlichkeit nur wie eine Art des Verfahrens vom Munde aus in die Feder, ohne zu ahnen, daß dieselbe,
indem sie den unmittelbaren Verkehr der Parteien sowohl unter
sich, als auch mit dem Richter, Auge in Auge, zur Folge hat, zumal in Verbindung mit zweckmäßiger Ausübung des Fragerechtes
durch die Parteien und durch den Richter, das wirksamste Mittel
zur Erforschung der Wahrheit ist. Viele erblicken in der Oeffentlichkeit nur eine Concession an modern liberale Ideen, welche po-
litischer Weise nicht wohl vorenthalten werden kann, lassen dagegen
außer Acht, daß die Rechtspflege nur erst dann allgemeines, volles
Vertrauen gewinnen kann, wenn sie aus dem mysteriösen Dunkel,
in welchem sie gleichsam wie eine geheime Kunst betrieben wurde,
in das helle Tageslicht hervortritt, für jeden mit gesunden Sinnen
Begabten, faßlich und verständlich wird und in Folge dessen sich

die Erkenntniß verbreitet, daß der Sieg im Proceſſe nicht durch
Lügen und argliſtige Ränke, ſondern am ſicherſten, auch ſchnellſten
durch wahrheitsgetreuen Vortrag des Sachſtandes und ein gerades,
ehrliches Verhalten erlangt wird.   Ungeachtet gefühlt wird, daß
die legale Beweistheorie aufgegeben werden muß, fällt es doch
Vielen außerordentlich ſchwer, die freie Beweistheorie in unbe-
ſchränkter Conſequenz anzunehmen.   Sie halten an gewiſſen Sätzen
des alten Syſtems feſt, obſchon ſie bei unbefangener Prüfung
finden müßten, daß der Formalismus in ihnen auf die äußerſte
Spitze getrieben war.   Zu dieſen Sätzen gehört insbeſondere auch
die Annahme der Nothwendigkeit und Zweckmäßigkeit des Eides
im bürgerlichen Proceſſe.   Sie wird mit ſo großer, jeden Angriff
mit einer gewiſſen Indignation zurückweiſenden Zähigkeit vertheidigt, daß man vielleicht ſchon zufrieden ſein kann, wenn die Geſetzgebung einer verſtändigen Praxis die Möglichkeit eröffnet, den
Gebrauch der Eide zu vermindern.   Dieß hat unter anderen die
franzöſiſche Geſetzgebung gethan.   Dieſelbe gab den Parteieneid,
den von einer Partei angetragenen, wie den vom Richter auferlegten, nicht auf, machte ihn aber durch die ſonſt zur Erforſchung
der Wahrheit gebotenen Mittel in der Maaſe entbehrlich, daß er
nur in höchſt ſeltenen Fällen zur Anwendung kommt, und, wenn
er ganz beſeitigt wäre, kaum vermißt werden würde.   Nach Zink,
über Ermittelung des Sachverhaltes im franzöſiſchen Civilproceſſe
S. 550. finden ſich in fünfzehn Jahrgängen der Gazette des tri-
bunaux, welche jährlich ein bis zweitauſend der intereſſanteſten
Civilrechtsfälle mittheilt, kaum zehn oder zwölf, in denen auf einen
Eid erkannt worden iſt.   Zwar ferner beſteht in Frankreich geſetz-
lich auch noch der Eid der Zeugen und Sachverſtändigen.   Allein
der Beweis durch Zeugen iſt in vielen Streitſachen ausgeſchloſſen
und wird auch in ſolchen, in welchen er es nicht iſt, nicht leicht
gebraucht, weil gewöhnlich ſchon die erſte Verhandlung ausreicht,
die Sache genügend aufzuklären.   Noch ſeltener ſind Eide der
Sachverſtändigen.   Den Parteien iſt es unverwehrt, Zeugniſſe
derſelben zu jeder Zeit bei der mündlichen Verhandlung vorzulegen.   Es hängt jedoch vom Ermeſſen des Gerichtes ab, ob es
die eidliche Abhörung von Sachverſtändigen, deren Ausſpruch
übrigens niemals für daſſelbe bindend iſt, verſtatten will oder
nicht.   Meiſtentheils findet es in Urkunden, insbeſondere in den
unbeſchworenen Gutachten und in den Umſtänden des Falles An-

haltpunkte genug, um die Erhebung eines beeideten Gutachtens für entbehrlich anzusehen.

Nach der legalen Beweistheorie war der von der Gegenpartei widersprochenen Behauptung einer Partei kein Glaube beizumessen. Sollte nun nicht bisweilen der Fall eintreten, daß ein Rechtsstreit unentschieden blieb, so schien ein Mittel nöthig, durch welches der Richter bei gänzlichem Mangel des Beweises oder bei Unvollständigkeit desselben zur Anerkennung des Rechtes genöthigt werden konnte. Als geeignet hierzu betrachtete man den Eid, indem man annahm, die Partei werde eher von einem ungerechten Streite abgehen, als ihr Seelenheil verscherzen. Ebensowenig wie den Parteien mochte man den Zeugen und Sachverständigen auf ihr einfaches Wort glauben. Man verlangte auch von ihnen den Eid als Unterpfand für die Wahrheit ihrer Aussage.

Im christlichen Eide wird Gott als Zeuge der Wahrheit in dem Glauben angerufen, daß er die wissentliche Verletzung derselben strafen werde. Der practische Werth des gerichtlichen Eides beruht demnach auf der Voraussetzung dieses Glaubens.

Auch bei nichtchristlichen Völkern sind Eide gebräuchlich. Schon in der älteren Kirche hielt man es, offenbar dabei mehr vom politischen als religiösen Gesichtspunkte ausgehend, nicht für sündlich oder unziemlich, von Heiden Eide abzunehmen. Dem zu Folge ließ man in den christlichen Staaten nicht blos Juden, sondern auch Mahomedaner zum Eide und wird consequenter Weise zu demselben überhaupt Jeden lassen müssen, welcher eine von ihm abgegebene Versicherung als heilig betrachtet.

Die Kirche hat den leichtsinnigen Gebrauch des Eides entschieden als einen Misbrauch der Anrufung des höchsten Wesens gemißbilligt, zwar gestattet, dann zu schwören, wenn es eine dringende Rothwendigkeit erfordere, dagegen für sündlich erklärt, den Eid eines geringfügigen Gegenstandes wegen zu leisten, oder gar einen Andern mit der Kenntniß, daß derselbe nicht der Wahrheit gemäß schwören könne, zu einer Eidesleistung zu veranlassen. Augustinus sagt in dieser letzteren Beziehung. (c. V. c. XXII. 9. V.) Ille, qui hominem provocat ad jurationem et scit, eum falsum esse juraturum, vincit homicidam, quia homicida corpus occisurus est, ille animam, immo duas animas, et ejus, quem jurare provocavit, et suam. Scis, verum esse, quod dicis et falsum esse, quod ille dicit, et jurare compellis? Ecce

19*

jurat, ecce pejerat, ecce perit! Tu, quid invenisti? immo et tu periisti, qui de illius morte te satiare voluisti.“ Ueberhaupt warnte die Kirche vor dem Gebrauche des Eides, weil er zu leicht in einen Misbrauch ausarte.

Haben die Juriſten dieſe Warnung beherzigt, den Eid in echt chriſtlichem Sinne nur gebraucht, wenn er zur Ermittelung der Wahrheit nothwendig und dazu auch geeignet war? — Man ſollte dieß eigentlich vorausſetzen, wenn man ſich daran erinnert, wie ſie vor der Abnahme des Eides amtsgemäß an deſſen Heilig-keit ernſtlich und beweglich zu mahnen haben. Wie ganz anders jedoch ſtellt ſich die Sache dar, wenn man vorurtheilsfrei unter-ſucht, wie ſeither mit dem Eide im bürgerlichen Proceſſe gebahrt wurde.

Der Eid ſoll zur Bekräftigung einer Ausſage dadurch dienen, daß er den Schwörenden ſowohl an die Pflicht, die Wahrheit zu ſagen, als auch an die Strafen erinnert, welche nach den religiö-ſen Glaubensſätzen den Meineidigen treffen. Der Eid war ein wirkſames Mittel zur Erzwingung der Wahrhaftigkeit, ſo lange man bei dem, welcher ihn leiſtete, den Glauben an ein allwiſſen-des, das Böſe unnachſichtig ſtrafendes höchſtes Weſen mit Sicher-heit vorausſetzen konnte. Dieß war früher bei Chriſten im All-gemeinen gewiß der Fall. Die Vorausſetzung, unter welcher allein der Eid für den Proceß von Werth ſein kann, iſt jetzt nur noch in viel minderem Grade gerechtfertigt. Religiöſer Indiffe-rentismus hat, wie kaum beſtritten werden wird, ſehr weit um ſich gegriffen. Ferner haben, ſeitdem Kenntniß des Weltalls und der Natur auch in die niederen Schichten der bürgerlichen Geſellſchaft eingedrungen iſt, die Schrecken der Hölle ihre Macht verloren. Man iſt auch davon abgekommen, der Gottheit menſchliche Leiden-ſchaften, Zorn und Rachſucht, beizulegen und anzunehmen, daß, wie der Vater das Kind, ſo auch ſie den Menſchen unmittelbar überwache und bei jeder böſen That mit einer menſchlich gedachten Strafe züchtige. Ja die Lehrer der Religion haben vielleicht ſelbſt nicht wenig dazu beigetragen, die Wirkſamkeit des Eides zu ſchwächen. Wenn ſie Gott als ein allgütiges, allbarmherziges Weſen ſchildern, wenn ſie dem, welcher ſeine Sünde aufrichtig bereut und den ernſten Vorſatz hat, ſich zu beſſern, die Vergebung ſeiner Sünden in Ausſicht ſtellen, ſo bleibt dem Böſen, baferu er überhaupt noch Religion beſitzt, allemal die geſicherte Hoffnung, mit dem Himmel Frieden ſchließen zu können.

Der Eid hat nur Bedeutung durch den zu demselben erforderlichen Glauben. Ohne ihn wird er zu einer leeren Förmlichkeit. Deshalb wäre es eigentlich nöthig und ganz rationell, daß das Gericht sich vor Abnahme eines Eides über das Vorhandensein dieses Glaubens vergewisserte. Wirklich enthalten einige neuere Processgesetzgebungen darauf bezügliche Vorschriften. Meistentheils jedoch, so auch in Sachsen, wird nicht darnach gefragt, ob der Schwurpflichtige von dem religiösen Sinne beseelt ist, welcher allein befähigen kann, einen wahrhaft christlichen Eid zu leisten. Wer getauft ist, wird für einen glaubensvollen Christen angesehen, gleichviel ob er sich zur Kirche hält oder nicht. Zwar fragt der Richter den Schwurpflichtigen zuweilen, ob er die Bedeutung eines Eides kenne, äußert sich auch wohl, wenn derselbe zu den gebildeteren Ständen gehört, dahin, daß bei ihm die Kenntniß der Bedeutung des Eides vorauszusetzen sei. Natürlich jedoch wird er nicht mit der für ihn beschämenden Erklärung hervortreten, daß er die Bedeutung des Eides nicht kenne, oder gar, daß er an dessen verpflichtende Kraft nicht glaube.

Nur in einer Beziehung nimmt es das gemeine deutsche und auch das sächsische Processrecht mit dem Erfordernisse der subjectiven Eidesfähigkeit sehr streng, und man kann wohl hinzusetzen, in ganz unpractischer, unzweckmäßiger Weise streng. Nach Art. 226. des sächsischen Strafgesetzbuches tritt bei jeder Verurtheilung wegen Meineides, oder Versuchs desselben, oder Anstiftung zu demselben, mit Ausnahme jedoch der in den Art. 223. 230. u. 231. erwähnten Fälle, als gesetzliche Folge für den Verurtheilten Unfähigkeit zum eidlichen Zeugnisse ein, was in dem Straferkenntnisse auszudrücken ist. In den Regierungsmotiven war bemerkt worden: „Man darf von dieser Bestimmung mit Grund einen günstigen moralischen Eindruck, sowohl auf den Verurtheilten selbst, als auf das Publikum, erwarten, der gewiß zu der wünschenswerthen Verminderung der Meineide nicht weniger beitragen wird, als die Strafe selbst." Ungesucht bieten sich hiergegen mehrfache Bedenken dar. Die Annahme, daß die Entziehung der Fähigkeit zu einem eidlichen Zeugnisse im Stande sein werde, einen günstigen moralischen Eindruck auf den Meineidigen und auf das Publikum zu machen, würde offenbar nur dann begründet sein können, wenn in der Eidesfähigkeit ein besonderer Vortheil oder eine besondere Ehre erblickt würde. Keines von Beiden ist der Fall, vielmehr lehrt die tägliche Erfahrung, daß sich nicht leicht Jemand zur Zeugnißablegung herandrängt, im Gegentheile Jedermann sich ihr lieber zu entziehen sucht. Denkbar übrigens ist es, daß der wegen Meineides Bestrafte der einzige für eine Begebenheit vorhandene Zeuge ist, daß die Furcht vor einer Strafe, deren Schwere er empfunden und sein seitheriges rechtschaffenes Leben die sicherste Bürgschaft dafür leisten, daß er gewissenhaft aussagen werde. Wen trifft hier die Strafe? Nicht den Meineidigen, sondern den Dritten, welchem das Beweismittel entzogen wird. Außerdem kann nicht unberührt bleiben, daß, wenn man von der Strafe des Meineides einen günstigen moralischen Eindruck erwartet, diesen gewiß nur die Freiheitsbeschränkung, keineswegs dagegen die vermeintliche Verschärfung derselben durch Entziehung der eidlichen Zeugenfähigkeit hervorbringt, da unter Hunderten, welche sich von Leistung eines Meineides durch die Furcht vor der Strafe abschrecken lassen, sich kaum Einer finden wird, welcher dieselbe auch darum unterläßt, um nicht die eidliche Zeugenfähigkeit zu verlieren.

Festhaltend an der Bestimmung des canonischen Rechtes, hat man den Meineidigen seither auch für unfähig zur Leistung eines Parteieneides betrachtet. Diesen Satz in eine neue Proceßgesetzgebung hinüberzunehmen, dazu fehlt es durchaus an einem nur einiger Maßen genügenden Grunde. Daraus, daß eine Person einmal einen Meineid geleistet hat, folgt sicherlich nicht, daß sie jedesmal, wo sie Gelegenheit zum Schwören erhält, wiederum falsch schwören werde, vielmehr hat man, dafern die Meineidsstrafe nicht für etwas ganz Wirkungs- und daher Nutzloses angesehen werden soll, vorauszusetzen, daß der Meineidige, wenn er auch nicht gebessert worden, sich doch dieselbe werde zur Warnung dienen lassen. Zwar giebt es allerdings Verbrechen, welche einer Person zur Gewohnheit werden können. Zu diesen Gewohnheitsverbrechen aber gehört der Meineid nicht. Der Umstand, daß Jemand einen Meineid schwor, kann daher nur dazu bestimmen, ihn vor der Zulassung zu einem Eide eindringlicher zu verwarnen und, wenn Wahl zwischen einem Erfüllungs- und einem Reinigungseide ist, der Gegenpartei den Eid zu geben, keineswegs dagegen die Folge haben, daß der Meineidige für schlechterdings eidesunfähig erklärt wird. Wenigstens müßte, wer Letzteres für rationell erklären wollte, consequent sein und auch

anderen Verbrechern, welche bei der strafbaren That offenbar gott-
vergessen waren, die Eidesfähigkeit entziehen, insbesondere denen,
welche sich über Gott oder Religionslehren verhöhnende oder ver-
ächtliche Aeußerungen erlaubt, oder Amtspflichten, zu deren ge-
treuer Erfüllung sie sich mittelst Eides anheischig gemacht hatten,
vorsätzlich verletzt haben.

Wenn das gemeine deutsche Proceßrecht und auch die sächsische
Praxis dem Meineidigen den Eidesantrag entzogen, so ließen sie ihn
dadurch für Fälle, in welchen ihm kein anderes Beweismittel zu Gebote
stand, ohne Rechtsschutz. Dieß ließ sich durchaus nicht, am wenigsten durch besondere Rücksichten auf den Gegner rechtfertigen;
denn dieser konnte durch den Eidesantrag nicht in Verlegenheit
gebracht worden, da er, wenn er gerechte Sache hatte, nur den
Eid anzunehmen oder sich zur Gewissensvertretung zu erbieten
brauchte. Hätte er aber vorgezogen, den Eid zurückzugeben und
der Wahrheitstreue seines Gegners Vertrauen zu schenken, so
würde der Staat keinen Anlaß gehabt haben, zu widersprechen.

Indem man den Eidesantrag an einen Meineidigen verbot,
nahm man dem, welcher einen nur durch ihn erweisbar zu machenden
Anspruch hatte, die Möglichkeit der Rechtsverfolgung. Man mußte
natürlich einsehen, daß dieß nicht statthaft sei und daher auf ein
Auskunftsmittel denken. Dieß wurde denn auch gefunden. Man
meinte nämlich, der Kläger müsse in einem solchen Falle den Beweis versuchen, der Richter werde, auch wenn nur einige Wahrscheinlichkeit erzielt werde, geneigt sein, einen Erfüllungseid zu geben. Allein wie ist dieß mit dem Grundsatze vereinbar, daß
Allen Anspruch auf gleichen Rechtsschutz zusteht, und soll der Richter vielleicht auch dann auf einen Erfüllungseid sprechen, wenn
gar nichts erwiesen ist? Geschähe dieß, so bliebe der Meineidige;
geschähe dieß nicht, so bliebe der Kläger rechtlos. In so heillose
Rechtsverwirrung geräth man, wenn man an einem Satze deshalb
festhalten zu dürfen glaubt, weil er seither gegolten hat und dabei
gänzlich ignorirt, daß sich die Unzweckmäßigkeit desselben in seinen
Consequenzen klar zu Tage legt. Vermöchte man nicht, sich vom
canonischen Rechte loszumachen, dann wäre es wenigstens angemessen, den Meineidigen wie eine Person zu behandeln, welcher,
gleich einem Geisteskranken, ein Vormund zu bestellen ist. Von
dieser Ansicht ging man in einigen neueren Gesetzgebungen aus.
Ihnen gebührt jedenfalls die Anerkennung, daß sie bemüht waren,

einen an sich unrichtigen Satz in seinen Folgen möglichst unschädlich zu machen.

Eine gewiß sehr gewagte Fiction war es, wenn man von
Jedem, welcher dem Namen nach Christ war, ohne Weiteres voraussetzte, er werde den Eid in dem Sinne und in der Gefühls-
stimmung leisten, wodurch allein derselbe seine wahre Bedeutung
erhalten kann. In einer noch bedenklicheren Lage befand man sich
bei dem Eide eines Nichtchristen. Eben deshalb hielt man, wenn
ein Jude schwören sollte, zur Verhütung eines falschen Eides allerhand Vorsichtsmaßregeln für nöthig. Was Dr. Frankel, die Eidesleistung der Juden, S. 87. über den in Sachsen durch Befehl
vom 11. März 1800 geordneten Judeneid äußerte, ist in mehr-
facher Beziehung sehr bemerkenswerth. „Reservationen, sagt er,
sind nicht Gegenstand der sinnlichen Anschauung, sondern Auswege, die der Geist mit List ersinnt, und wer will den Ausflüchten nachspüren, die er aufzufinden weiß, wer kann sie aus allen
Schlupfwinkeln verdrängen. Darum muß auch hier auf die Idee
zurückgegangen und der Schwörende dahin gebracht werden, daß
er in dem Augenblicke, wo er den Eid ablegt, die Gottheit, in
deren Namen die Obrigkeit den Eid abnimmt, vor Augen habe
und der Gottheit gleichsam schwöre. So gewinnt der Eid eine
höhere Bedeutung, die desto heiliger bewahrt werden muß, als
man sonst den Eid ganz aus der Rechtslehre verbannen, oder ihn
wenigstens nie als religiösen Act betrachten dürfte. Der Eid
werde göttlich gemacht, und je mehr es durch Entfernung mensch-
licher Zuthat dahin gebracht werden kann, daß mit der Eidesleistung der Gedanke sich verbinde, nicht vor Menschen, sondern
vor Gott werde die Betheuerung abgelegt, desto heiliger wird der
Eid, desto mehr wird er an Zuverlässigkeit gewinnen. Wie erfüllt
der sogenannte Judeneid diese Aufgabe? Ist es bei ihm abgesehen
auf Erhebung des Gefühls? Erinnert er, der durch und durch mit
Menschenhaß und Entwürdigung gefärbt ist, an Wahrheit, an
Heiligkeit? Läßt er den Richter als Vertreter der Gottheit erscheinen
und mahnt daran, daß vor dem, der Herz und Nieren prüft und
der der Urquell der Wahrheit und Heiligkeit ist, geschworen werde?
Er zeigt nur den feindlichen, mistrauischen Richter, der trotz der
menschlichen Begrenztheit in das Innere eindringen will und dieses
mit gehässigem Blicke und auf solche Art thut, daß der Schwörende
sich erinnere, er schwöre vor Menschen, denn der Gottheit ist solcher

Eid unwürdig. Welchen Werth nun ein solcher Eid habe, läßt sich leicht berechnen. Weder bei dem Gewissenhaften, noch bei dem minder Gewissenhaften kann er zur Erörterung der Wahrheit beitragen. Er zeigt sich vielmehr als Bundesgenosse der Lüge, als Mittel des Triumphs der Unwahrheit. Bei dem minder Gewissenhaften kann der sogenannte Judeneid nur Spott erregen. Das unwürdige Spiel, das mit dem Eid getrieben wird, dient nur dazu, bei ihm den Wunsch zu erwecken, das Raffinement des Religionshasses und der Verhöhnung durch größeres Raffinement zu übertreffen. Es wird ihm nur zu deutlich gezeigt, daß man den Eid als Menschliches betrachte, und er hält gern an dieser Ansicht fest, um sich mit seinem Gewissen auszusöhnen, um den Vorwand zu finden, das ihm angethane Unrecht mit gleichem Unrechte zu vergelten. Und der Gewissenhafte? Er scheut sich, solchen Eid, auch zur Wahrheit, abzulegen. Er fühlt seinen Werth als Mensch und er kann sich der Würde, die der Persönlichkeit des Menschen zukommt, nicht begeben, denn welche Kränkung des Ehrgefühls, welche Verletzung zeigt nicht der Judeneid? Es ist eine Brandmarkung, die der Ehrliebende nur mit dem höchsten Widerwillen ertragen kann, dem er selbst mit Verlust eines Theils seines Rechts zu entgehen sucht.‟

Das Gesetz vom 30. Mai 1840, das bei Eidesleistungen der Juden zu beobachtende Verfahren betreffend, hat, was Mistrauen gegen die Juden verrieth und dazu dienen sollte, dieselben zu schrecken, zum größten Theil beseitigt, auch für die Eidesformel eine würdigere Fassung gewählt, übrigens einen zweifachen Eid eingeführt, einen feierlichen und einen minder feierlichen. Bei dem letzteren fällt die Zuziehung eines Rabbiners, sowie zwei jüdischer Mannspersonen als Zeugen und die Anwendung des Chummesch oder der Thora weg. Die Zuziehung des Rabbiners und der Zeugen, sowie die Anwendung des Chummesch oder der Thora sind Ceremonieen, welche der Handlung eine erhöhte Feierlichkeit geben sollen, zum Wesen des Eides aber nicht gehören, wie das Gesetz selbst dadurch anerkennt, daß es dieselben bei dem minder feierlichen Eide nicht für nöthig hält. Sie stellen sich demnach als eine Verschärfung des Eides dar, ungefähr in ähnlicher Weise wie die Zuziehung eines Geistlichen bei der Eidesleistung eines Christen in Fällen, wo ein Meineid befürchtet wird. Sie verrathen ein Mistrauen gegen den Schwurpflichtigen, welches ihn nicht leicht zu einer wahrhaft innigen Erhebung seines Gemüths zu dem höchsten Wesen kommen läßt, vielmehr ihn leicht in eine der Leistung eines wahrheitsgetreuen Eides ungünstige Stimmung versetzt. Dasselbe läßt sich von den durch das Gesetz vorgeschriebenen Vermahnungen annehmen. Der Richter soll den Juden darauf aufmerksam machen, daß der Eid nicht Menschen, sondern Gott selbst geschworen werde, daß dabei nicht in Betracht komme, wegen welches Gegenstands der Eid geschworen werde, noch wer der Gegner des Schwörenden sei, und daß der Schwörende den Eid nicht nach seinen etwaigen anderen Gedanken, sondern nach dem Sinne der Obrigkeit leisten müsse. Hieran hat sich eine religiöse Ansprache des Rabbiners zu schließen, welcher die folgende Stelle des Talmud zu Grunde zu legen ist: „Wisse, die ganze Welt ist erschüttert worden, als der Gott unserer Väter auf dem Berge Sinai die Worte hat hören lassen: Du sollst den Namen des Ewigen, Deines Gottes, nicht bei einer Unwahrheit mißbrauchen. Wenn jeder andere Verbrecher durch Buße und Sinnesänderung von der Strafe Gottes sich befreien kann, so kann doch der Meineidige durch die stärkste Buße ohne hinlänglichen Ersatz keine Vergebung hoffen, denn es heißt ausdrücklich, der Ewige, Dein Gott, wird denjenigen nicht ungestraft lassen, der seinen Namen bei einer Unwahrheit mißbraucht. Bei einem jeden anderen Verbrechen trifft die Strafe nur den Sünder und den Mitschuldigen oder die dem Uebel hätten steuern können. Bei einem Meineide aber leidet die ganze Familie des Verbrechers, ja das ganze Land, in welchem er wohnt, empfindet die daraus folgende Strafe. Bei einem jeden anderen Verbrechen wird dem Verbrecher öfter durch die Langmuth des barmherzigen Gottes eine Zeit lang nachgesehen, auf einen Meineid aber folgt die Strafe unverzüglich und alsofort, denn so heißt es in dem Propheten Zach. Kap. 5. Vers 4.: Ich will den Fluch hervorbringen, spricht der Herr Zebaoth, daß er soll kommen über das Haus des Diebes und über das Haus derer, die meinen Namen fälschlich schwören und er soll bleiben in ihrem Hause und soll es verzehren sammt seinem Holz und Steinen."

Welchen Apparat von Ceremonieen, Vermahnungen und von Bedrohungen, welche, wie die tägliche Erfahrung lehrt, nicht in Erfüllung gehen, indem die Häuser der Meineidigen stehen bleiben, ohne daß der Fluch des Höchsten sie sofort aufzehrt, hielt die Geseßgebung für nöthig, um sich möglichst der Zuverlässigkeit des jüdischen Eides zu versichern, und doch wird es nach dem, was Dr. Frankel hierüber äußert, immer sehr zweifelhaft bleiben, ob der Zweck durch diese Mittel erreicht wird. Vielmehr läßt sich mit Grund annehmen, daß der Judeneid nicht an Zuverlässigkeit verloren, sondern sogar gewonnen haben würde, wenn man alles politische Beiwerk, welches, anstatt das religiöse Gefühl zu beleben, nur geeignet ist, dasselbe zu verletzen oder doch herabzustimmen, entfernt gehalten hätte. Von dieser Betrachtung wurde die Staatsregierung in Preußen geleitet, als sie im Jahre 1861 dem Abgeordnetenhause einen, nachmals von dessen Commission für das Justizwesen einstimmig zur Annahme empfohlenen Entwurf eines Gesetzes, die Eide der Juden betreffend, vorlegte, welcher alle von den allgemeinen Gesetzen abweichende Vorschriften über die Eide der Juden aufhob und dem entsprechend die Eingangsformel in der Maaße: „Ich schwöre bei Gott dem Allmächtigen und Allwissenden", die Schlußformel aber dahin bestimmte: „So wahr mir Gott helfe."

Die Bedenken, welche unverkennbar die Gesetzgebung im Falle eines Judeneides hegte, müssen nothwendig noch mehr verstärkt hervortreten, wenn ein Eid von einem anderen Nichtchristen als einem Juden zu leisten ist. Eine Proceßgesetzgebung, welche den Eid im Wesentlichen so, wie ihn die legale Beweistheorie kannte, beibehalten zu müssen glaubt, wird natürlich den Satz aufstellen, daß Personen, welche sich weder zur christlichen noch zur mosaischen Religion bekennen, den Eid, oder wenn nach den Grundsätzen ihrer Religion statt desselben eine gewisse Betheuerung abzugeben ist, diese letztere in der durch ihre Religion gebotenen Förmelung zu leisten haben. Allein selten wird der Richter in den hier gedachten Fällen zur Klarheit darüber kommen können, ob der Schwurpflichtige von dem eigentlichen Wesen des Eides einen klaren Begriff hat, und ob er sich durch denselben den Christen gegenüber für gebunden erachtet, ferner darüber, in welcher Förmelung und unter welchen Gebräuchen er zu leisten ist. Die letzteren können möglicher Weise von der Art sein, daß sie die Handlung in eine Art Komödie verwandeln. Ja es ist denkbar, daß der Richter den Eid nicht abnehmen kann, weil derselbe unter einem Gebrauche geschehen müßte, welchen er kaum dulden dürfte, wie z. B. die Opferung eines Thieres. Der Nichtchrist aber,

welcher vor einem christlichen Richter nach den Gebräuchen seiner
Religion schwören soll, wird dieß kaum mit dem Gefühle thun,
welches geeignet wäre, die Wahrhaftigkeit seines Eides zu ver-
bürgen. Denn gerade dann, wenn er in dem Eide eine religiöse
Handlung von hoher Bedeutung erblickt, wird ihm die Vornahme
derselben vor Personen anderen religiösen Glaubens höchst peinlich
sein. Er wird vielleicht den Eid als Profanation seiner Religion
für einen Frevel halten und, um sich desselben nicht schuldig zu
machen, lieber nicht schwören, oder auch einen Eid, in welchem
er einen ungerechten Zwang erblickt, nicht als bindend betrachten.
Wird ihm nun gleich zu Gemüthe geführt, daß er nur im Sinne
des Gerichts, nicht nach seiner vielleicht davon abweichenden willkührlichen Anschauung zu schwören hat, so bleibt doch immer
höchst problematisch, ob eine solche Vorstellung wirklich für ihn
bestimmend gewesen ist. Was übrigens soll geschehen, wenn der
Heide keinen Begriff von der Heiligkeit eines Eides hat, oder
wenn er eine religiöse Versicherung nur unter Gebräuchen abgeben
kann, welche der christliche Richter nicht gestatten darf? Will man
hier vielleicht ebenso verfahren, wie man es in dem Falle der
Eidesunfähigkeit wegen Meineides für statthaft ansah? —

Durch den Parteieneid soll eine Person gezwungen werden,
ihre Kenntniß von Handlungen und Wahrnehmungen im Hinblick
auf die Lehren der Religion und im innigen Gefühle ihrer Abhängigkeit vom höchsten Wesen gewissenhaft zu offenbaren. Ein
Parteieneid kann daher eigentlich nur von einer natürlichen Person geschworen werden, da nur bei einer solchen eine durch eigene
sinnliche Wahrnehmung erlangte Kenntniß und ein religiöses Gewissen denkbar sind. Die Jurisprudenz schuf juristische Personen.
Es mußte ihr nun auch möglich werden, denselben eigenes Wissen
und ein religiöses Gewissen anzudichten und damit subjective
Eidesfähigkeit beizulegen. Hatte die juristische Person, welche ein
Verein natürlicher Personen oder auch eine Vermögensmasse sein
konnte, ständige Vertreter, so fingirte man, daß in ihnen das
Wissen und Gewissen der juristischen Person ruhe. Hatte sie
keine ständigen Vertreter, so mußten Personen bestimmt werden,
welche für Träger ihres Wissens und Gewissens zu gelten hatten.
Wem die Wahl derselben zustehen sollte, ob der schwurpflichtigen
Partei, oder der Gegenpartei, war nicht gleichgültig, denn die
erstere konnte Personen wählen, welche den Eid wahrheitswidrig

schworen, die letztere dagegen Personen, welche einen Eid, den sie der Wahrheit gemäß schwören konnten, arglistiger Weise verweigerten. Welcher Partei nun immer das Wahlrecht beigelegt werden mochte, allemal konnte die andere Partei gerechten Grund zu Ausstellungen haben. So befand man sich denn in einem sehr mißlichen Dilemma. Gewöhnlich wird eine juristische Person, für welche eine Vertretung nach außen geordnet ist, durch mehrere Vorsteher vertreten. Man glaubte nun dem analog für Personenvereine mit juristischer Persönlichkeit, welche keine ständigen Vertreter hatten, zur Eidesleistung mehrere Schwurmänner wählen zu müssen. Jede vielköpfige Vertretung aber konnte leicht schwer zu lösende Verlegenheiten zur Folge haben. Die natürliche Person hat nur ein Wissen, nur ein Gewissen. Hiernach ist ihr Verhältniß bei dem Schwören sehr einfach und glatt. Sie schwört, oder schwört nicht. Bei juristischen Personen wird das Verhältniß verwickelt und bedenklich. In den verschiedenen Schwurmännern kann sich ein verschiedenes Wissen, ein verschiedenes Gewissen offenbaren. Wer nun besitzt das wahre Wissen, das wahre Gewissen? — Indessen, nachdem die Jurisprudenz einmal den juristischen Personen Eidesfähigkeit beigelegt hatte, mußte sie nothwendig auch dafür sorgen, sich aus den dadurch bereiteten Schwierigkeiten herauszuhelfen. Sie hat dieß nun freilich zu thun gewußt, allein die Mittel und Wege dazu haben niemals allgemein befriedigt, und fragt man, ob durch sie dem materiellen oder nur dem formellen Rechte gedient wurde, so ist bei einer unbefangenen Prüfung entschieden das Letztere zu bejahen.

Wie für juristische Personen, so ließ die legale Beweistheorie unter gewissen Voraussetzungen auch für natürliche Personen einen Anderen zum Schwören zu, für eine natürliche Person, welche subjective Eidesfähigkeit besaß, einen Bevollmächtigten, für eine natürliche Person, welcher dieselbe mangelte, ihren gesetzlichen Vertreter.

Daß in dem Momente, wo der Auftrag zur Leistung eines Eides gegeben wird, das innige religiöse Gefühl vorwalte, welches nach Ansicht der Kirche durch die feierliche Handlung der Eidesleistung erzeugt wird, läßt sich kaum annehmen. Nun kann zwar der Beauftragte ohne Verletzung der Heiligkeit des Eides nur schwören, wenn er an die Wahrheit des durch denselben zu bekräftigenden glaubt. Allein es ist möglich, daß ein ziemlich sorg-

loses Glauben Statt findet, oder daß ein leichtsinniger Bevollmächtigter gefunden wird. Der Eid eines Bevollmächtigten hat daher
keinesfalls denselben inneren Werth, wie der Eid des Schwurpflichtigen selbst. Wenn die Jurisprudenz ihn dem letzteren gleich-
stellte, so war dieß eine Fiction auf Kosten des materiellen Rechts,
welche sich nur aus politischen Rücksichten rechtfertigen ließ. Diese
aber hätten weiter führen sollen. Es kommen nämlich hier hauptsächlich die Eide souveräner Fürsten in Betracht. Von diesen
darf man wohl voraussetzen, daß sie auch ohne Eid die Wahrheit
sagen werden. Dieß mußte eigentlich dazu bestimmen, sich mit
einer Versicherung bei fürstlichem Worte zu begnügen und den
monströsen Eid durch einen Bevollmächtigten aufzugeben.

Da die legale Beweistheorie den Parteieneid als Universal-
mittel zur Feststellung der Wahrheit in allen und besonders den
Fällen betrachtete, in welchen es an jedem anderen Beweismittel
fehlte, so glaubte sie, denselben auch solchen natürlichen Personen
zugänglich machen zu müssen, welchen die Eidesfähigkeit abging,
und ließ deshalb für dieselben ihre gesetzlichen Vertreter zu. Weil
diese nicht in ihren eigenen Angelegenheiten Erklärungen abgaben
und beschworen, wären sie eigentlich als Zeugen zu betrachten
gewesen, und zwar als verdächtige, oft sogar sehr verdächtige und
selbst unzulässige, wie der Vater für das Kind oder der Groß-
vater als Vormund seines Enkels. Gleichwohl schaffte der Eid des
Vertreters, selbst wenn er nicht eigene Handlungen und Wahrnehmungen, sondern nur, was er glaubte, beschwor, volle rechtliche
Gewißheit. Der Schwur durch einen Vertreter stellt sich hiernach
als eine ziemlich gewagte Erfindung der legalen Beweistheorie dar.

Wollte die Jurisprudenz den Eid wirklich als religiöse Handlung im echt christlichen Sinne benutzen, so hätte sie ihn auf die
Fälle beschränken müssen, in welchen er zur Ermittelung der Wahrheit zweckmäßig und auch nothwendig war. Wenn die Wahrheit
nicht in anderer Weise an den Tag zu bringen war, würde er als
äußerstes Mittel zur Feststellung derselben nicht verwerflich gewesen
sein. Allein in gedankenloser Bequemlichkeit hat man ihn weit
über die Grenzen eines wahren Bedürfnisses hinaus zur Anwendung gelangen lassen. Man gestattete ihn über Thatsachen, welche
vernünftiger Weise nicht bezweifelt werden konnten, oder für welche
voller Beweis durch Urkunden oder Zeugen zu schaffen war, über
Zustände und Verhältnisse, welche sich jeden Augenblick durch rich-

terlichen Augenschein constatiren ließen, auch gar oft über blos
Gedachtes, blos sich Eingebildetes. Ob nämlich das vielfache, häufig
sehr unbestimmte, eben deshalb leicht einer unrichtigen Auffassung
ausgesetzte Hin⸗ und Herreden zuletzt wirklich zu einer klar be⸗
wußten Einwilligung der Parteien in ein Rechtsgeschäft zusam⸗
mengetroffen ist, läßt sich ohne genaue Angabe der Erklärungen,
durch welche es zu Stande gekommen sein soll, nicht beurtheilen.
Gleichwohl kam nicht selten ein Eid über die ganz allgemeine Be⸗
hauptung eines Vertragsabschlusses vor. Noch häufiger und
schlimmer war der Misbrauch, welcher mit dem Eide bei den
Glaubenseiden getrieben wurde. Da der Parteieneid den Zweck hat,
die Existenz gewisser, für Entscheidung eines Streites erheblichen
Thatsachen in rechtliche Gewißheit zu setzen, so kann die sich auf
dieselben beziehende Versicherung einer Partei, abgesehen von dem
Falle des Schiedseides, nur eigentlich dann beachtlich sein, wenn
sie sich auf eigene Handlungen oder eigene Wahrnehmungen, nicht
dagegen, wenn sie sich auf ein bloses Glauben oder Nichtglauben
gründet. Daß auf ein solches nichts ankommen kann, erkannte
man rücksichtlich der Zeugen an. Was diese nach Hörensagen,
nach blosem Glauben und Dafürhalten aussagten, wurde in der
Regel als durchaus unbeachtlich betrachtet. Ganz anders behan⸗
delte man das Glauben oder Nichtglauben einer Partei. Von
derselben beschworen, hatte es die magische Kraft, etwas blos Ver⸗
muthetes zur vollen Gewißheit zu erheben. Ob die Partei zurei⸗
chende Gründe gehabt hatte, etwas zu glauben oder nicht zu
glauben, darnach wurde, zumal bei dem Schiedseide, wenig ge⸗
fragt. Einige neuere Proceßgesetzgebungen erkannten das Be⸗
denkliche eines Glaubenseides und suchten es dadurch zu mindern,
daß sie in denselben die Versicherung des Schwörenden aufnah⸗
men, daß er sorgfältige Nachforschungen angestellt habe und sein
Glauben oder Nichtglauben sich auf das Ergebniß derselben
gründe. Allein darnach zu fragen, welche Mittel zur Erforschung
der Wahrheit benutzt worden waren, hielt man als vermeintlich
zu inquisitorisch für unzulässig und oft auch für zu weitläufig und
unbequem. So blieb denn diese jedenfalls sehr sachgemäße Ver⸗
schärfung des Glaubenseides häufig ohne wesentlichen Nutzen.

Der Parteieneid ist entweder ein von einer Partei angetra⸗
gener (Schiedseid, Vergleichseid), oder ein vom Richter aufer⸗
legter Eid (nothwendiger Eid).

Der Schiedseid trug einiger Maßen den Charakter eines christlichen Eides noch so lange an sich, als Derjenige, welcher dem Anderen den Eid zuschob, auf dessen Verlangen den Gefährdeeid zu leisten hatte. Dieser ist in Sachsen durch das Gesetz vom 19. Februar 1838. abgeschafft worden, um den so häufigen Skandal offenbar widereinander laufender Eide zu verhüten. Damit aber kam freilich zugleich die ernste Mahnung in Wegfall, sich des frevelhaften, gewissenlosen Gebrauches des Eidesantrages zu enthalten. Daß mit dem Schiedseide auf die leichtsinnigste Weise umgegangen wird, davon kann man sich täglich überzeugen. Wie oft begegnet man der Erklärung, daß der Kürze wegen der Eid angetragen werde, wie oft wird in geringfügigen Sachen zu einem Eidesantrage veranlaßt, nur um dieselben schnell zum Ende zu bringen, wie oft wird um die nichtswürdigste Kleinigkeit geschworen, wie oft sieht man beide Parteien sich zu Eiden erbieten und drängen, von denen, wenn sie beide geschworen würden, der eine nothwendig falsch sein müßte.

Wenn ein Beweis nicht insoweit gelungen war, daß er, den Vorschriften der legalen Beweistheorie gemäß, für voll geführt angesehen werden konnte, so lag ein Zustand der Rechtsungewißheit vor, den man auf kürzeste Weise beseitigen zu müssen glaubte. Man erfand als Mittel hierzu den vom Richter auferlegten Eid. Es mußte der Erfüllungseid einen halben oder mehr als halben Beweis zum vollen Beweise erheben, einen halben oder weniger als halben Beweis vernichten. Dieser große Erfolg wurde erzielt durch das Zeugniß einer Partei in eigener Sache. Etwas neues Thatsächliches, was auf die Ueberzeugung des Richters wirken könnte, wird durch den nothwendigen Eid nicht erlangt. Der Erfüllungseid versichert, daß das, was der Beweis als wahrscheinlich dargestellt hat, wahr sei. Er ist insofern weniger bedenklich, als er sich an etwas Thatsächliches anschließt, dasselbe bekräftigt. Dieß thut der Reinigungseid nicht. Sein Zweck ist, etwas Thatsächliches, was wahrscheinlich ist, zu vernichten. Welche Bedeutung kann der nothwendige Eid für die Ueberzeugung des Richters haben? Nach den Grundsätzen der legalen Beweistheorie durfte er der Aussage eines Zeugen in einer Sache, bei welcher derselbe interessirt war, keinen Glauben schenken. Im geraden Widerspruche damit soll er dem Eide einer Partei, für dessen Leistung der Gewinn des Processes als Prämie ausgesetzt ist, vollen Glauben schenken. Wie steht es hier mit der Consequenz! Innerlich wird der Richter auf die Leistung des nothwendigen Eides keinen Werth legen, vielmehr denselben als eine bloße Prozeßförmlichkeit zu betrachten haben, da er weiß, daß von hundert zuerkannten nothwendigen Eiden kaum einer ungeschworen bleibt. Die Partei pflegt in der Zuerkennung eines Eides die richterliche Ermächtigung zur Leistung desselben zu erblicken und sich durch diese Ermächtigung gegen den Verdacht eines Meineides vollständig gesichert zu halten. Noch bedeutungsloser stellt sich der nothwendige Eid in dem Falle dar, wenn er blos nach Glauben oder Nichtglauben zu leisten ist. Die Partei gründet bei dem Erfüllungseide ihr Glauben auf das, was nach den Akten ihr Recht als wahrscheinlich darstellt, bei dem Reinigungseide ihr Nichtglauben darauf, daß die Gegenpartei in den Akten nur geringe Momente der Wahrscheinlichkeit aufzubringen vermocht hat. Das französische Proceßrecht kennt den Reinigungseid nicht, wohl aber den Erfüllungseid. Allein die französische Praxis sieht auch diesen, fast allgemein, für entbehrlich an. Auf dem Wege zu einer gleichen Erkenntniß befindet man sich in Deutschland. Das neue Eidsverfahren nimmt nur zwei entscheidende Folgen eines unternommenen Beweises an, das Gelingen oder Mißlingen desselben. Auch im bürgerlichen Processe kann man, sobald man einmal davon ausgeht, daß der Richter in der Regel endgültig zu entscheiden habe und man in Folge dessen eine Beweispflicht annimmt, den Zustand einer blosen Wahrscheinlichkeit als indifferent betrachten. Wer, um eine günstige Entscheidung zu erlangen, sein Recht beweisen muß, kann, wenn er den Beweis nicht vollständig führt, das Recht nicht zugesprochen bekommen, weil der Staat nicht ein blos wahrscheinliches, sondern nur ein in rechtlicher Gewißheit beruhendes Recht definitiv anzuerkennen und zu schützen hat.

Außer dem Erfüllungs= und dem Reinigungseide spielten noch eine Menge anderer vom Richter den Parteien auferlegter Eide, der Schätzungseid, Offenbarungseid (Specificationseid), Editionseid, Diffessionseid, Manifestationseid und, vorzüglich früher, die Gefährdeeide eine große Rolle im Processe. Es wird nicht ohne Interesse sein, zu fragen, welchen Werth sie für Ermittelung der materiellen Wahrheit hatten.

Der Schätzungseid ist ein Glaubenseid. Wenn er sich, wie dieß meistentheils der Fall ist, auf entgangenen Gewinn erstreckt, so findet ein Werthsanschlag statt für etwas, was nicht existirt. Es kommen dabei Thatsachen und Folgen in Betracht, welche bald mehr, bald weniger wahrscheinlicher Weise hätten eintreten können, aber nicht eingetreten sind. Wer daher einen Schätzungseid leistet, beschwört, daß, wie er glaube, unter gewissen von ihm angenommenen Voraussetzungen gewisse Ereignisse eingetreten sein und diese sodann für ihn gewisse vortheilhafte Erfolge gehabt haben würden, welche er zugleich zu Gelde anschlägt. Wenn der Schwörende seinen Anschlag nicht näher zu begründen und die Prämissen zu demselben nicht als wahrscheinlich darzulegen hätte, würde der Richter einem rein formellen Beweismittel gegenüberstehen. Man hat dieß eingesehen und sich namentlich auch sagen müssen, daß der Schätzungseid mit den Grundsätzen der Gerechtigkeit dann unvereinbar sein würde, wenn der Beschädigte aus Eigennutz, Rachsucht, oder auch vielleicht nur, weil seine Phantasie zu lebhaft operirt, höchst unwahrscheinliche Erfolge voraussetzt und deshalb den Schaden überschätzt. Um derartigen Ausschreitungen vorzubeugen, wurde dem Richter das Ermäßigungsrecht gegeben. Wenn derselbe ausspricht, bis zu welchem Betrage er einen Schätzungseid für zulässig erachtet, so setzt er den Schadenersatz als Sachverständiger fest. Die Ueberzeugung des Richters wird durch den Eid des Beschädigten nicht bestärkt, weil derselbe nur beschwört, was der Richter für sachgemäß gehalten hat und dieser sein unbefangenes Urtheil jedenfalls höher stellen muß, als die Ansicht der ihren Vortheil verfolgenden, selten ganz leidenschaftslosen Partei. Der Richter kann aber auch kaum im Zweifel darüber sein, daß der Schwurpflichtige einen Eid, zu dem er sich erboten, schwören werde. Der Eid ist daher für den Richter ein müßiger Act, der nicht einmal dazu dienen kann, die Gegenpartei von der Richtigkeit des an sie erhobenen Anspruchs zu überzeugen. Sie wird jedenfalls selbst den verursachten Schaden veranschlagen, und, wenn der beschworene Betrag ihre eigene Schätzung übersteigt, gewiß eher die letztere, als den ersteren für richtig halten.

Der Offenbarungseid beruht insoweit auf einem ganz vernünftigen Grunde, als er zur Feststellung der Richtigkeit eines Vermögensverzeichnisses in einem Falle diente, wo es an einem anderen Mittel dazu fehlte. Auch der Editionseid hatte insoweit einen guten Grund, als meistentheils nur durch die Erklärung dessen, von welchem die Vorlegung einer Urkunde gefordert wurde,

Gewißheit darüber erlangt werden konnte, ob er sie besaß oder nicht. Ebenso ließ sich, wenn der Diffessionseid nur bei einer angeblich von dem Diffitirenden selbst, oder auf dessen Auftrag, oder mit dessen Genehmigung ausgestellten Urkunde verstattet wurde, geltend machen, daß durch ihn die Wahrheit auf dem kürzesten Wege gesucht werde. Immer jedoch blieb die Frage, ob gerade ein Eid nothwendig und zweckmäßig war, oder ob nicht eine andere Versicherung genügen konnte.

Unzweckmäßig war der Manifestationseid, mittels welchen der Schuldner zu versichern hatte, daß er außer dem, was sich bei dem Vollstreckungsacte bei ihm vorgefunden, an Vermögen etwas nicht besitze. Es ist in der That zu viel verlangt, wenn der Schwurpflichtige sich jedes ihm gehörigen Gegenstandes, der, wenn er gleich höchst unbedeutend ist, doch möglicher Weise immer noch einen Werth hat, erinnern soll. Ja es könnte vielleicht sogar lächerlich werden, wenn er Gegenstände von einem Pfennigwerthe angäbe. Andererseits freilich kann, wenn es auf einen Eid ankommt, nicht dem Schwurpflichtigen anheim gestellt bleiben, wie er den Sinn desselben deuten will, und doch läßt sich ein gewisses Ermessen des Schwurpflichtigen über den Begriff des Vermögens nicht ganz ausschließen. So entstehen Schwierigkeiten, welche sich nicht anders als durch Beseitigung des Manifestationseides selbst heben lassen.

Der allgemeine Gefährdeeid, wie ihn das justinianeische und canonische Recht angeordnet hatte, ist in Sachsen nicht gerichtsbräuchlich geworden. Wohl aber hatten die Alte Proc.-Ordn. Tit. XXXIII., die Dec. 70 vom Jahre 1661 und die Erl. Proc.-Ordn. zu Tit. XXXIII. §. 1 den Gerichten eingeschärft, nach Ermessen den Parteien wie den Advocaten einen Gefährdeeid abzufordern, so oft sie wahrnehmen würden, daß dieselben gefährdevoll handeln wollten. Außerdem gab es gewisse Fälle, in welchen ein Gefährdeeid auferlegt werden .mußte. Wer den Gefährdeeid schwor, hatte durch denselben zu versichern, daß er gerechte Sache zu haben glaube und die Proceßhandlung, wegen deren ihm der Eid abgefordert wurde, nicht aus Gefährde, sondern aus wahrer Rechtsnothdurft vornehme. Der Gefährdeeid enthielt also, genau genommen, die Behauptung einer Rechtsansicht. Nun aber lehrt die tägliche Erfahrung, wie oft die Menschen in ihren Rechtsstreitigkeiten, irregeführt durch Eigensinn, Rechthaberei, Haß oder

Geiz, sich selbst täuschen und etwas für Recht halten, was es nicht
ist. Gar oft entstellen sie die Wahrheit auch vorsätzlich. Der
Gefährdeeid könnte daher für den Richter wenig Werth haben.
Derselbe durchschaute sehr leicht, ob eine Proceßhandlung aus
Chicane unternommen wurde. Fand er dieß, so überzeugte ihn
der Gefährdeeid nicht vom Gegentheile. Hieraus erklärt sich, weßhalb der Gefährdeeid für Fälle, in welchen dessen Auferlegung
dem richterlichen Ermessen anheimgestellt war, so gut wie ganz
außer Gebrauch gekommen ist. Für mehrere Fälle, in welchen er
nach gesetzlicher Vorschrift hatte eintreten müssen, ist er aufgehoben
worden, weil man sich überzeugte, daß er nur zu oft nicht als ein
mit strenger Gewissenhaftigkeit vorzunehmender religiöser Act, sondern nur wie eine Proceßförmlichkeit behandelt wurde.

Massenhaft waren im gemeinen Deutschen und auch im Sächsischen Processe die Eide der Zeugen und Sachverständigen. Weil
sie so häufig vorkamen, und gewiß auch, weil man sich sagen
mochte, daß bei ihnen die Versuchung zu einem vorsätzlichen
Meineide weniger nahe liege, wie bei einem Parteieneide, wurden
sie bisweilen mit so großer Eilfertigkeit und so wenig Feierlichkeit
abgenommen, daß sie den Eindruck, den sie eigentlich auf den
Schwörenden machen sollten, gewiß oft nicht machten. Eben weil
man dieß fühlte und vielleicht auch, weil man erkannte, daß eine
mehr geschäftsmäßige als feierliche Abnahme des Verpflichtungs-
eides gewisser Maaßen durch die Verhältnisse bedingt war, hat
man zum Theil für nöthig gehalten, sich noch in anderer Weise
als durch Anregung des religiösen Gefühls der Wahrhaftigkeit des
Abzuhörenden zu versichern. So erfolgt nach Art. 194. der
Genfer Proceßordnung die Verpflichtung der Zeugen und Sachverständigen durch die Ansprache des Richters: Vous promettez
sur votre honneur et votre conscience, et vous jurez devant
Dieu, de dire toute la vérité et rien que la vérité, worauf der
zu Verpflichtende erklärt: Je le jure.

Unpassend war es, wenn die Vereidung der Zeugen nicht
nach, sondern vor der Abhörung stattfand, indem dadurch so
Mancher unvorsätzlich in einen Meineid verfiel. Dieß wurde in
Sachsen nicht verkannt, denn Art. 224. des Strafgesetzbuchs bestimmte: „Das Verbrechen des Meineids ist für versucht zu achten,
sobald der Schwörende das Aussprechen der Eidesworte begonnen
hat, für vollendet, wenn er die Betheuerungsformel ausgesprochen

hat. Ist jedoch die Eidesleistung der wahrheitswidrigen Aussage
vorausgegangen, so ist der Meineid mit dem Schlusse der Abhörung,
wobei die wahrheitswidrige Aussage geschehen, für vollendet zu
achten. Wegen versuchten Meineids findet in diesem Falle ein
Strafverfahren nicht statt." Auch bemerkte Dr. Krug im Commentar zum Strafgesetzbuche bei dem eben angezogenen Artikel
Note 2.: „Bei der vorherigen Vereidung waren besondere crimi-
nalpolitische Rücksichten zu nehmen. Man kann hier den Meineid nicht eher als mit dem Schlusse der Abhörung für vollendet
achten, und muß von einer strafrechtlichen Verfolgung des Versuchs
ganz absehen, da man sonst Zeugen, Sachverständige u. s. w. abhalten würde, eine mit untergelaufene unwahre Angabe auf geeigneten Vorhalt noch zu berichtigen." Allein, wurde auch eine
Strafe des versuchten Meineids in diesem Falle nicht ausgesprochen, war es doch, die Sache vom religiösen Standpunkte betrachtet, immer nicht zu billigen, einen Zeugen oder Sachverständigen
der ziemlich nahen Gefahr einer Versündigung auszusetzen. Die
weltliche Macht konnte ihn freilich mit der Strafe verschonen und
that dieß auch. Für einen gewissenhaften Menschen aber behielt
die Sünde immer ihren Stachel. In eine solche verfiel selbst der
gewissenhafteste Zeuge nur zu leicht, wenn er vor der Abhörung
vereidet wurde. In dem Augenblicke, wo seine Befragung begann,
stand das Sachverhältniß, worauf sich dieselbe bezog, nicht immer
vollständig und in allen erheblichen Einzelheiten vor seiner Erinnerung. Er sprach sich über Umstände, welche ihm nicht als
gewiß vorschwebten, nur mit Rückhalt aus. Zwar wurde im
Laufe der Abhörung die Erinnerung an manchen Vorgang neu be-
lebt, was ihn eigentlich hätte bestimmen sollen, seine frühere Aussage zu beschränken, zu erweitern oder sonst zu berichtigen. Oft
jedoch unterließ er, dieß zu thun, oder that es wenigstens nicht
mit gerader, unumwundener Offenheit. Denn war ihm jener
Artikel des Strafgesetzbuchs nicht gründlich erklärt und auseinandergesetzt worden, was wohl selten geschah; so lag ihm die Befürchtung sehr nahe, daß ihn jedes Abweichen von einer früheren
Angabe eines vorsätzlichen, oder doch leichtsinnigen Meineids
verdächtig mache. Vergegenwärtigte er sich auch vielleicht, daß
ihm wegen einer solchen Abänderung keine Strafe bevorstehe, so
fühlte er doch immer, daß ihn mit Grund der Vorwurf treffe, eine
dem geschworenen Eid zuwiderlaufende Aussage erstattet zu haben.

Berichtigte er dieselbe, so konnte er in eine neue Sünde verfallen, indem es ihm vielleicht erst in Folge späterer, weiterer Vorhalte klar wurde, daß er sich bei seiner Berichtigung nicht vollständig, nicht ganz sachgemäß ausgesprochen hatte. Der Eid bewirkte also keineswegs, was er bewirken sollte, nicht Zuverlässigkeit der Zeugenaussagen. Nun hat zwar die Sächsische Civilproceßnovelle vom 30. December 1861 bestimmt, daß die Vereidung der Zeugen künftig nicht mehr vor, sondern nach der Abhörung stattfinden soll, auch sonst Manches geändert, was bei der letzteren unzweckmäßig war. Immer jedoch bleibt das Bedenken, daß der Eid, auch wenn er von den Zeugen erst nach der Abhörung geleistet wird, mit den Lehren der christlichen Religion sehr oft im Widerspruche steht. Geht man nämlich davon aus, daß der Eid den Zeugen zu einer wahrheitsgemäßen Aussage nöthigen soll, so könnte man denselben nur eigentlich in Fällen zulassen, wo er diesen Erfolg haben kann, nicht dagegen bei Zeugen, welche die legale Beweistheorie wegen des Verhältnisses, in welchem sie zu dem Streitgegenstande oder zu den Parteien stehen, im Voraus und ohne Rücksicht darauf, ob sich ihre Aussagen später als vollkommen glaubhaft darstellen, für verdächtig ansieht. Hält man nun Personen zu einem Eide an, von denen man mit Wahrscheinlichkeit voraussetzen zu dürfen glaubt, daß sie nicht gewissenhaft aussagen werden und denen man eben deßhalb, auch nach dem Schwure, nur sehr beschränkt Vertrauen schenkt, so ist dieß ein unchristlicher Gebrauch des Eides. Nach dem Gesetze nimmt man an, daß die Zeugen trotz ihrer eidlichen Verpflichtung nicht die reine Wahrheit aussagen werden und steht doch nicht an, sie zu dem hiernach sündhaften Eide zu nöthigen!

Der Eid des Sachverständigen sollte Gewißheit darüber schaffen, daß derselbe den ernsten Willen gehabt habe, seinen Ausspruch nach sorgfältiger Erwägung der Verhältnisse seiner Ueberzeugung gemäß abzugeben. Allein die Art und Weise, wie die Sachverständigen erwählt wurden, mußte nothwendig so starke Zweifel an dem guten Willen, die Wahrheit zu sagen, erregen, daß der Eid in Wirklichkeit wenig oder gar keine Bürgschaft für die Richtigkeit des Gutachtens darbot. Bellot im Commentar zur Genfer Proceßordnung sagt S. 195. ganz treffend: „Le mode, qui était suivi pour la nomination des experts dans l'ancienne pratique genevoise et française, et qui l'est encore chez nos

voisins, était essentiellement vicieux. Chaque partie choisis-
sait un expert, dont elle était sûre, et chaque expert embrassait
aveuglément les intérêts de celle, à laquelle il devait la nomination. Ces deux experts se réunissaient, moins pour s'éclairer,
que pour constater l'opposition de leur avis." In gleicher
Weise spricht sich Strippelmann, die Sachverständigen im gerichtlichen und außergerichtlichen Verfahren §. 44. aus. Er sagt in
Betreff von Schätzungen: „Bemerkenswerth ist die in so vielen
Fällen sich zeigende Verwirrung der sittlichen Vorstellungen, welche
bei der Vornahme des Geschäfts aller Orten zu Tage tritt. Anstatt
die Verhältnisse, wie sie vorgelegt werden, ohne alle Rücksicht auf
die Personen, auf welche sie sich beziehen, und den Zweck, der bei
der Taxation verfolgt wird, zu beurtheilen, und darnach die letztere
vorzunehmen, pflegen vielmehr jene Rücksichten nicht selten von
entschiedenem Einflusse zu sein und das unbefangene, wahrhaftige
Urtheil des Schätzers zu trüben, auf falsche Wege zu leiten und
also die Bedeutung dieses für das öffentliche Wohl und den Verkehr mit Immobilien so hochwichtigen Geschäfts auf das empfind-
lichste zu beeinträchtigen und zu schwächen." Aehnliche Klagen sind
überall laut geworden, wo jede Partei ihren Sachverständigen
stellt und natürlich ganz nach ihrem Interesse auswählt. Ein
Abweichen desselben von der Wahrheit war um so leichter möglich,
je schwieriger, selbst wenn dasselbe für den Blick des unbefangenen
Beurtheilers klar vorlag, der juristische Beweis einer vorsätzlichen
Verletzung des Eides war.

Aus Vorigem dürfte sich zur Genüge ergeben, daß der Eid
der Zeugen und Sachverständigen ein sehr unzureichendes, trüg-
liches Mittel zur Ergründung der materiellen Wahrheit war.

Steht im Volke der Glaube an die vom Gesetze supponirte
Kraft des Eides fest? — Der Umstand, daß von Zeugen und
Sachverständigen so oft widereinanderlaufende Aussagen beschworen und daß beschworene Zeugenaussagen so oft durch Partelen-
eide entkräftet wurden, mußte nothwendig diesen Glauben tief
erschüttern. Uebrigens wurden die meisten Processe durch einen
Eid entschieden und selten wird er geschworen worden sein, ohne
daß die Gegenpartei glaubte, den Proceß durch einen falschen Eid
verloren zu haben. Zu der Vermuthung, daß so mancher Parteieneid
gewissenlos geschworen worden sei, konnte man sich allerdings auch
wohl berechtigt finden, wenn man wahrnahm, mit welchem Eifer

sich oft beide Parteien zu dem Eide über dieselbe Thatsache dräng-
ten, die eine, um ihre Wahrheit, die andere, um ihre Unwahrheit
zu beschwören.   Der Richter, gebunden durch die Vorschriften der
legalen Beweistheorie, konnte nur zu leicht in die Lage kommen,
den Eid einer Partei zuzusprechen, welche ihn nicht mit gutem
Gewissen zu leisten vermochte.   War aber einmal auf ihn erkannt,
so blieb er nicht leicht ungeschworen.   Der Spruch auf ihn wurde
nur zu oft als Ertheilung des unbedingten Rechts zur Leistung
betrachtet.   Wer wissentlich falsch schwor, hielt sich, zumal bei der
Heimlichkeit des Verfahrens, um so mehr gegen eine ungünstige
Beurtheilung gesichert, als er ja nur beschwor, was er nach Ansicht des Gerichts der Aktenlage zu Folge beschwören konnte.
Ueberhaupt ließ sich strenge Gewissenhaftigkeit nicht erwarten.
Leugnen, Zurückhalten und listiges Hinterziehen der Wahrheit galt,
wofern es nur nicht gewisse sehr weit gezogene Grenzen über-
schritt, ziemlich allgemein für ein erlaubtes Rechtsmittel, und wird
noch immer von Rechtsgelehrten, obwohl freilich im geraden Widerspruche mit klaren Gesetzvorschriften, auf das Lebhafteste in Schutz
genommen.   Wenn nun aber eine Partei sich sagen durfte, daß
Moralität und Redlichkeit eine dem bürgerlichen Processe ganz
fremde Sache sei, dann konnte es ihr am Ende freilich auch scheinen, als ob eine Lüge, welche unter ausdrücklicher Anrufung Gottes
geschah, nicht viel sündlicher sei, wie jede andere Lüge im Processe,
da diese ja doch immer auch vor Gott und wider Gottes Verbot
stattfindet.   Hatte sich übrigens eine Partei während eines vielleicht jahrelangen Proceßbetriebes in die Lüge so eingeredet und
eingelebt, daß sie oft selbst nicht mehr das Wahre von dem Un-
wahren klar zu unterscheiden vermochte, so ließ sich kaum erwarten,
daß sie in dem Momente, wo sie endlich zu der eifrig begehrten
Eidesleistung gelangt war, in sich gehen und auf einmal ihr
Lügensystem aufgeben werde.   Sie wird, im Processe moralisch
verwildert, nicht mehr ehrlich sein können oder auch nicht mehr
ehrlich sein wollen, weil das Bekennen der Wahrheit Vermögens-
verluste und Schande zur Folge haben würde.   Indessen will
man nicht gerade behaupten, daß die falschen Eide immer zur Erlangung eines unrechtlichen Vortheils geschworen wurden.   Ebenso
häufig kamen sie vielleicht bei einer gerechten Sache vor, wo sie
auf Zweifelhaftes, auf Halbwahres, oder mit Mentalreservationen
geleistet wurden, oder wo die Partei ihr Gewissen durch den Trost

beschwichtigte, daß es Gott nicht als Sünde betrachten werde, wenn sie einen Eid nur nothgedrungen schwöre, um dadurch ihr Recht zu wahren.

Glaubt die Rechtspflege an die religiöse Allmacht des Eides? — Dieß darf wohl verneint werden, denn man betrachtete Zeugen, deren Glaubwürdigkeit wegen ihres Verhältnisses zu dem Streitgegenstande oder zu den Parteien zweifelhaft erscheinen konnte, nach ihrer Vereidung als verdächtig, man hielt es für statthaft, beschworene Zeugenaussagen durch Parteieneide entkräften zu lassen, man hob Gefährdeeide in Fällen, für welche sie gesetzlich vorgeschrieben waren, als nicht ihren Zweck erfüllend, auf, man ließ Gefährdeeide in den Fällen, in welchen deren Auferlegung dem richterlichen Ermessen anheimgestellt gewesen war, ihrer Unzuverlässigkeit wegen so gut wie ganz außer Gebrauch kommen, man machte, hauptsächlich um Meineide zu verhüten, den Gerichten zur Pflicht, zur Abnahme eines Parteieneides erst nach erfolgloser Gütepflegung zu verschreiten, man fand es nöthig, die Wirksamkeit des Eides durch politische Mittel zu verstärken.

Die sächsische Gesetzgebung nahm gleich anderen Gesetzgebungen an, daß das religiöse Gefühl nicht immer lebendig genug sein werde, um zur Wahrhaftigkeit zu bestimmen und belegte eben deßhalb den Meineid mit Strafe. Die Regierungsmotiven zu Kap. VIII. des Strafgesetzbuchs: „Von Verletzung der Ehrerbietung gegen die Religion und anderen verwandten Verbrechen" äußerten sich dahin: „Den Hauptgegenstand dieses Kapitels bildet der Meineid. Bei der hohen Wichtigkeit, welche die Heilighaltung des Eides theils an sich, im Interesse der Religiosität und Sittlichkeit, theils im Interesse der Rechtspflege und Staatsverwaltung, für welche der Eid das letzte Mittel ist, thatsächliches Recht vom thatsächlichen Unrechte zu unterscheiden, beigelegt werden muß, erschien es als ein dringendes Bedürfniß, für eine ernstere Bestrafung dieses Verbrechens zu sorgen, das leider auch in den letzten Jahrzehnten keineswegs seltener geworden ist. Das Gesetz behandelt den Meineid der Stellung nach, welchen die Bestimmungen im Systeme einnehmen, als Verletzung der Ehrerbietung gegen die Religion, in Wirklichkeit aber nur als Verbrechen gegen den Staat, indem es Art. 228. die Versicherung an Eides Statt der wirklichen Anrufung Gottes ganz gleich stellt." Bei Erwägung der Motiven drängt sich nothwendig der Gedanke auf, daß die angedrohten

Strafen zwar von einer unsittlichen und unreligiösen Handlung abhalten können, kaum aber geeignet sind, das religiöse Gefühl zu wecken oder zu beleben. Der Eid wirkt nur auf einen religiös gesinnten Menschen, bestimmt nur diesen durch das innige Gefühl seiner Abhängigkeit vom allerhöchsten Wesen zur gewissenhaften Offenbarung der Wahrheit. Der religiös gesinnte Mensch aber sagt, zumal in ernsten Dingen, die Wahrheit, auch wenn er nicht zu schwören hat. Auf den gottlosen Menschen dagegen äußert der Eid als religiöser Act keinen bestimmenden Einfluß. Der Eid, von ihm gefordert, ist ein zur Wahrheitserforschung durchaus untaugliches Mittel. Auf ihn wirkt nur die dem Eide zur Seite stehende Androhung der weltlichen Strafe. Es würde daher viel sachgemäßer und insbesondere auch den Lehren der christlichen Religion viel mehr entsprechend gewesen sein, wenn man in einen rein weltlichen Handel, wie der bürgerliche Proceß ist, nicht den religiösen Act des Eides eingemischt, sondern nur die nach einer feierlichen Angelobung, die Wahrheit zu sagen, vor Gericht gethane wahrheitswidrige Aussage mit Strafe bedroht hätte. Näher betrachtet, wollte auch das Strafgesetzbuch nur eine mittels des falschen Eides unternommene Verletzung des Rechtes und der bürgerlichen Ordnung, keineswegs dagegen eine Versündigung gegen Gottes Gebot ahnden. Dieß ergiebt sich daraus, daß sich die Strafe nach dem Grade der verursachten Rechtsverletzung abstuft, und nur einen vor einer öffentlichen Behörde geschwornen, nicht auch einen anderen falschen Eid trifft. Es scheint übrigens nicht genugsam beachtet worden zu sein, was in dem Eide als religiösem Acte liegt. Zink, über die Ermittelung des Sachverhalts im französischen Civilprocesse, sagt S. 539.: „Es ist bekannt, daß unser Privat- und Proceßrecht einem Schuldner nicht erlaubt, sich freiwillig und außerhalb der besonderen Form des Wechsels zur Versicherung einer Schuld dem Personalarreste zu unterwerfen. Jede Abrede oder Ausbedingung dieser Art wäre nichtig, weil man die Freiheit der Person für ein zu edles Gut hält, um sich so leicht als Pfand verschreiben oder in den Schuldverkehr ziehen zu lassen. In Ansehung der heiligsten Geheimnisse unserer Religion besteht eine ähnliche Scheu nicht. Wer in seinem Eidschwure Gott zum Zeugen der Wahrheit und zum Rächer des Meineides anruft, der unterwirft sich für den Fall, wenn er dennoch die Unwahrheit vorbringen sollte, der ewigen Verdammniß, dem Verluste eines

anderen unsterblichen Lebens und seiner ganzen Seligkeit. Denkt
noch ein Richter an diese schauderhafte Folge, die er hervor-
ruft?" —

Daß die Meineide sich nicht vermindern, ist fast überall
wahrzunehmen gewesen. Man hat darum, namentlich auch in
Sachsen, den Gerichten anbefohlen, möglichst dafür zu sorgen,
daß der Schwurpflichtige vor Leistung des Eides in die der
Wichtigkeit und Heiligkeit desselben entsprechende Gemüthsstim-
mung versetzt, auch alles fern gehalten werde, was der Feierlichkeit der Handlung Eintrag thun könnte. Alle dergleichen Anordnungen haben ihren Zweck nur ziemlich unvollkommen erfüllt. Ein
inniges, religiöses Gefühl läßt sich nicht beleben, wenn es überhaupt nicht vorhanden ist, am wenigsten in der kurzen Zeit, welche
die Geschäftsordnung zur Expedirung der Eidesleistung bietet. Oft
ist auch der noch jugendliche Richter gar nicht im Stande, durch
eine religiöse Ansprache einen entscheidenden Eindruck zu machen.
Selbst wenn er die geistige Begabung dazu besitzt, treten doch bisweilen äußere Verhältnisse hindernd entgegen. Seine Vermahnung
bewegt sich dann auf den gewöhnlichen Gemeinplätzen und bleibt
um so mehr erfolglos, als, wer wissentlich einen ungerechten Proceß geführt hat, zu dem Schwörungstermine mit dem festen Vor-
satze zu erscheinen pflegt, gegen alle Vorstellungen tapfer Stand
zu halten, was ihm um so leichter wird, als er jedem ihm bedenklichen Angriffe die Rechtskraft des Erkenntnisses als schützendes
Schild entgegenhalten kann. Wie würde auf den Eid erkannt
worden sein, wenn das Gericht ihn nicht für zulässig erachtet
hätte? Was können die jetzt vom Richter vorgebrachten Bedenken
für inneren Gehalt haben, da sie vom Gerichte schon früher er-
wogen und nicht für gewichtig genug erachtet worden sind, den
Eid vorzuenthalten? — So argumentirt die Partei, welche durch
Leistung eines Eides den Proceß gewinnen will.

Von der Ueberzeugung ausgehend, daß die Vermahnung des
Richters nicht ausreiche, Wahrhaftigkeit des Eides zu sichern, hat
man bei den neueren legislativen Arbeiten noch an verschiedene
Mittel zur Verschärfung desselben gedacht. So z. B. ist das Zeugniß des Geistlichen darüber verlangt worden, daß der Schwurpflichtige die Bedeutung eines Eides kenne und von dem Bewußt-
sein der Heiligkeit desselben durchdrungen sei. Man hat vorge-
schlagen, jeder Eidesleistung einen Geistlichen beiwohnen zu lassen,

welcher insbesondere auch dabei ein den Verhältniſſen angemeſſe-
nes Gebet zu ſprechen habe, ferner, daß die Eidesleiſtungen in
beſonders dazu eingerichteten Zimmern, in welchen auf einem
ſchwarz bekleideten Tiſche ein Crucifir aufgeſtellt ſei und die heilige
Schrift liege, vor dem ſchwarz bekleideten Gerichtsperſonal ſtatt-
finden ſollen. Aehnliche Feierlichkeiten waren durch die allgemeine
Preußiſche Gerichtsordnung vorgeſchrieben. Elvers bemerkt S. 17.
der Schrift „die Nothſtände des Preußiſchen Eidesrechts" hierüber
Folgendes: „Mit ihrem ſchwarzen Geräthe und ihrer regelmäßigen,
oft ſogar mit dem Todtenkopfe illuſtrirten Inſchrift: Gedenke des
Todes! machen die Schwurzimmer mehr einen phantaſtiſchen Eindruck, als daß ſie das Bewußtſein von der göttlichen Nähe, wie
es die Kirche weckt und pflegt, hervorrufen, und das Crucifir,
welches ſich in den Schwurzimmern vorfindet und auf den Zu-
ſammenhang mit dem Chriſtenthume hinweiſt, vermag allein den
gottesdienſtlichen und kirchlichen Charakter der Feierlichkeit nicht
zu wahren. Ja, die ſchwarzen Vorhänge, welche manchen Orts
ſogar noch während der Eidesleiſtung verſchloſſen werden, um
Dämmerlicht hervorzubringen, und der ganze fremdartige Aufputz
mögen manches Herz erſt recht verhärten, weil es die Abſicht dieſes
Angriffs leicht durchſchaut und dadurch verſtimmt und erbittert
wird. Auf jeden Fall aber wirkt die Fremdartigkeit des Zimmers
nur zerſtreuend auf den Schwurpflichtigen, der es zum erſten Male
betritt, und iſt es dem Richter eben gelungen, denſelben zu einer
Vertiefung in die bevorſtehende Handlung durch lange Vorhalte
und durch Eingehen auf das ganze Sachverhältniß zu nöthigen,
ſo geht durch das Durchwandern der Gerichtslocalien und durch
den Eintritt in das Schwurzimmer die Sammlung verloren und
der Act kann zu einem gedankenloſen Hinſprechen werden."

Wenn man überall, wo noch Parteieneide beſtehen, es für
nöthig erachtete, die Wirkſamkeit derſelben durch allerhand äußere
politiſche Mittel zu heben, und wenn man überdies den Gerichten
anbefahl, die Leiſtung von Eiden möglichſt durch Vermittelung
von Vergleichen abzuwenden, ſo beweiſt dies, wie wenig Vertrauen man in die religiöſe Kraft des Eides ſetzen zu dürfen
glaubte.

Eigentlich hätte man ſich wohl überzeugen müſſen, daß das
ſeitherige Eidesrecht, durch und durch Formalismus, mit einer
freien Beweistheorie unvereinbar ſei. Allein auch da, wo man

sich der letzteren zuwendet, ist man doch meistentheils noch zu ge=
neigt, den Eid beizubehalten, ungeachtet der Umstand, daß er
anderwärts bereits entbehrlich gefunden worden ist, und in allen
neueren Proceßgesetzgebungen sich das Streben veroffenbart, den
Gebrauch desselben möglichst zu beschränken, wohl zu ernsten Be=
denken gegen die Nothwendigkeit und Angemessenheit des Eides
veranlassen konnte.

Der englische Proceß kennt weder den Schiedseid, noch den
nothwendigen Eid. Die Schwerfälligkeit und Unbehülflichkeit des
englischen Processes hat neuerlich mehrfach Anträge auf Ver=
besserung desselben hervorgerufen. In dessen Folge erschien unter
dem 26. August 1846 das Gesetz, die Erleichterung des Bezugs
kleiner, d. h. nicht über 20 Pfund betragender Schuldforderungen.
Unverkennbar hatte demselben das auf dem europäischen Festlande
durch vielfache Gesetze geordnete Verfahren in geringfügigen Streit=
sachen zum Vorbilde gedient. Sehr nahe nun hätte es gelegen,
den dort zur Beschleunigung und Vereinfachung der Processe so
beliebten Eid aufzunehmen. Dieß jedoch ist nicht geschehen, viel=
mehr glaubte man, auch ohne ihn in allen Fällen zu einer Ent=
scheidung gelangen zu können.

Während der letzten 40 Jahre ist die Proceßgesetzgebung in
den verschiedenen Cantons der Schweiz außerordentlich rührig
gewesen. Jede neue Proceßgesetzgebung hatte dort den Vortheil,
in der Nähe gemachte Erfahrungen benutzen zu können. Die
schweizerischen Proceßgesetzgebungen verdienen daher die Beach=
tung des denkenden Juristen in viel höherem Grade, als sie die=
selbe seither gefunden zu haben scheinen. Der Entwurf zu einer
Civilproceßordnung für den Canton Appenzell=Außerrhoden vom
6. September 1859 zeichnet sich dadurch aus, daß er unter den
Beweismitteln den Eid nicht aufgenommen hat, sondern Art. 39.
bestimmt: „Als Beweismittel sind aufgestellt: a) die Urkunden,
b) die Zeugen, c) Augenschein und Sachverständige. Beweise,
welche durch bloße Anzeigen (Indicien) geführt werden, würdigt
der Richter nach freiem Ermessen.“ Eine eidliche Verpflichtung
der Sachverständigen oder der Zeugen hält der Entwurf nicht für
nöthig. Rücksichtlich der letzteren verordnet der Entwurf Art. 55.:
„Die Zeugen sollen unmittelbar vor ihrem Einvernehmen auf die
Wichtigkeit ihrer Aussagen nachdrücklich aufmerksam gemacht wer=
den.“ Diese Ermahnung erhält Bedeutung durch §. 69. des Ent=

wurfs zum Strafgeſetzbuche, nach welchem „die falſche Angabe vor
Amt mit Geldbuße oder Gefängniß bis auf drei Monate, mit oder
ohne Geldbuße, zu beſtrafen iſt, inſofern kein Schaden entſtanden
iſt, oder die That nicht ſonſt in ein noch ſchwereres Verbrechen
übergeht.“

Die franzöſiſche Proceßgeſetzgebung hat den Parteieneid nicht
aufgegeben, ſondern dem Herkömmlichen, Gewohnten Conceſſionen
machen zu müſſen geglaubt. Sie erkennt nach Art. 1357. des
Code civil zwei Gattungen des gerichtlichen Eides an, den Eid,
welchen Einer der ſtreitenden Theile dem Andern zur Entſcheidung
der Sache zuſchiebt (den Schiedseid), und den Eid, welchen der
Richter dem Einen oder dem Andern der ſtreitenden Theile Amtshalber auflegt (den Notheid). Nach Art. 1539. hat der Eid nur
über eigene Handlungen deſſen ſtatt, dem er zugeſchoben wird,
und nach §. 1362. kann der Eid nicht zurückgeſchoben werden,
wenn die Thatſache, welche er betrifft, nicht beiden Theilen ge-
meinſchaftlich, ſondern allein deſſen iſt, dem der Eid zugeſchoben
wird. Zufolge des §. 1366. kann der Richter Einem der ſtreitenden Theile einen Eid auflegen, entweder zur Entſcheidung der
Hauptſache oder zur Beſtimmung der Summe der Verurtheilung.
Dazu, daß der Richter Amtshalber über Klagen oder Einreden
den Eid auflegen kann, wird beſage des §. 1367. erfordert, daß
die Klage oder die Einrede nicht ſchon voll bewieſen und daß ſie
nicht ganz beweislos ſei. Außer dieſen Fällen muß der Richter
unbedingt und ſchlechthin entweder dem Kläger ſeine Forderung
zuerkennen oder ihn damit abweiſen. Art. 1369. endlich beſtimmt:
„Der Richter kann dem Kläger den Eid über den Werth der an-
geſprochenen Sache nicht anders auflegen, als wenn dieſer Werth
auf andere Art nicht erhoben werden kann. Selbſt in dieſem
Falle muß der Richter die Summe beſtimmen, bis zu deren Belaufe dem Kläger auf ſeinen Eid geglaubt werden ſoll.“ Durch
dieſe Vorſchriften iſt im Eidesrechte ſehr weſentlich gebeſſert worden.
Die Art. 1358. und 1362. ſchließen den Glaubenseid aus. Das
franzöſiſche Proceßrecht kennt auch nicht das Kunſtſtück des Eides
einer juriſtiſchen Perſon oder eines durch Vertreter oder Bevollmächtigte geleiſteten Eides. Die Gerichtspraxis iſt übrigens in
ihrem Streben nach materieller Wahrheit dahin gelangt, daß ſie
auch in Fällen, in welchen ein Eid an ſich zuläſſig wäre, denſelben doch nur äußerſt ſelten für nothwendig hält. Der fran-

zöſiſche Proceß bemüht ſich, die Streitſache ſchon durch die erſte
Verhandlung zur vollen Klarheit und dem zu Folge zur Endent-
ſcheidung zu bringen. Er weiß dieß Ziel ſo glücklich zu erreichen,
daß, wie der ſchon mehrfach angezogene Zink bezeugt, nur etwa in
der dreißigſten Sache ein Beweiserkenntniß nöthig wird und zwar
dieß nicht blos dadurch, daß der Beweis durch Urkunden mit der
Verhandlung verbunden wird, ſondern ganz vorzüglich dadurch,
daß der Begriff der Notorietät ſehr erweitert iſt, daß ferner der
Richter ſich, ſo oft er ſich die erforderliche Kenntniß und Erfahrung
zutraut, als Sachverſtändigen betrachten darf, daß er endlich rückſichtlich der Beweisgründe nicht in ſeinem freien Ermeſſen beſchränkt
iſt und dieſes insbeſondere nicht bei Beurtheilung der mündlichen
Parteivorträge durch unpraktiſche Vorſchriften gebunden gehalten
wird. Nur der ſtrengen formalen Beweistheorie kann der Satz
angehören, daß eine Behauptung, welcher von der Gegenpartei
widerſprochen worden iſt, keinen Glauben verdiene. Für den
franzöſiſchen Richter exiſtirt er nicht. Dieſer hängt nicht ſclaviſch
an dem Wortlaute der Vorträge der Parteien, betrachtet ſie nicht
getrennt, ſondern faßt ſie in ihrem ganzen, ſich gegenſeitig er-
gänzenden und unterſtützenden Zuſammenhange auf, nimmt, was
ſich hiernach als wahr darſtellt, dafür an, wenn es gleich von
der Gegenpartei beſtritten wird, läßt die offenbare Lüge unbeachtet
und weiſt jede für dieſelbe angebotene Beweisführung unerbittlich
zurück. Bei der freieren Stellung des Richters hat der Partei-
vortrag nothwendig einen von dem Parteivortrage im deutſchen
ſchriftlichen Verfahren verſchiedenen Charakter. Der franzöſiſche
Sachwalter muß ſich bei ſeinem mündlichen Vortrage angelegen
ſein laſſen, eine klare, innerlich glaubwürdige, ſich an die etwa
vorliegenden Urkunden und an die als gewiß anzuſehenden Umſtände anſchließende Darſtellung des Sachverhalts zu geben. Er
führt auch Nebenumſtände an, wenn ſie geeignet ſind, über die
Sachlage ein helleres Licht zu verbreiten und unterläßt nicht leicht,
die Parteien nach ihren perſönlichen Verhältniſſen zu charakteri-
ſiren, wenn daraus für deren Glaubwürdigkeit oder Unglaub-
würdigkeit eine Vermuthung entſtehen kann. Leugnet eine Partei
oder beſtreitet ſie, was ſich nicht leugnen oder beſtreiten läßt, macht
ſie Winkelzüge, um die Wahrheit zu hinterziehen oder zu ver-
dunkeln, ſucht ſie über Behauptungen des Gegners, welche ſie,
wenn ſie unwahr wären, nicht unbeantwortet und unbeleuchtet

laffen würde, mit ängstlicher Rückhaltung hinwegzuschlüpfen, oder beantwortet sie dieselben ungenügend, so muß natürlich in demselben Grade, in welchem ihre Glaubwürdigkeit sinkt, die Glaubwürdigkeit des Gegners steigen.   Der Richter im bürgerlichen Processe kann daher, zumal wenn er der Sache durch das Fragerecht auf den Grund zu gehen versteht, die Wahrheit auch ohne Eid ebenso gut ermitteln, wie der Richter im Strafverfahren. Wenn sich aber eine Partei auf die Evidenz des Sachverhalts, auf Notorietät, auf die Sachverständigkeit und den durchdringenden Blick eines nicht blos in der Rechtsschule gebildeten, sondern auch mit den Verhältnissen des Lebens und des Verkehrs vertrauten Richters verlassen kann, so wird sie nicht leicht für gerathen halten, das Schicksal des Processes von dem Eide und der zweifelhaften Ehrlichkeit des Gegners abhängen zu lassen, sondern sich Mühe geben, den Richter zu überzeugen.   Darauf ist denn auch das Streben der Parteien im französischen Processe gerichtet, und so kommt es, daß ein Parteieneid in demselben zu den fast unerhörten Dingen zu rechnen ist.

Auch alle anderen als die vorerwähnten neueren Proceßgesetzgebungen haben an dem alten processualischen Eidesrechte wesentlich, die einen mehr, die anderen weniger geändert.   Einige gaben den Schiedseid auf und ließen nur einen nothwendigen Eid, und zwar zum Theil nur einen Erfüllungseid zu.   Einige schlossen Parteieneide in geringfügigen Streitsachen aus und schrieben statt derselben eine feierliche Versicherung vor, machten auch wohl den Gerichten zur Pflicht, möglichst dahin zu wirken, daß die Parteien in Streitsachen, in welchen an sich ein Eid statthaft ist, an dessen Stelle vergleichsweise eine feierliche Versicherung treten lassen. Einige Gesetzgebungen suchten den Parteieneid dadurch zu heben, daß die schwurpflichtige Partei über die Thatsachen, welche sie beschwören sollte, wie ein Zeuge abgehört und erst hierauf nach Befinden zum Eide gelassen wurde, was zur Folge hatte, daß gewissenlose Eide seltener vorkamen.   Mehrfach auch beschränkten die neueren Proceßgesetzgebungen die eidliche Verpflichtung der Zeugen und Sachverständigen auf größere Streitsachen.

Der Entwurf einer bürgerlichen Proceßordnung für das Königreich Bayern ist zwar besage der Motiven S. 588. der Meinung, „es könne über die Schattenseiten, welche der gerichtliche Eid an sich darbiete, über die Unzulänglichkeit desselben als

Mittel zur Herstellung objectiver Wahrheit und zur Verwirklichung
des materiellen Rechts, über die mit der Vervielfältigung der Eide
tief eingreifenden Nachtheile für die Sittlichkeit und den Rechts=
zustand und über die hierdurch bedingte dringende Nothwendigkeit,
den Eid auf das strengste Bedürfniß zu beschränken und denselben
so viel als möglich auf feste, sichere Grundlagen zurückzuführen,
nach langjährigen trüben Erfahrungen, in unbefangener Würdi=
gung der jetzigen gesellschaftlichen Zustände kein ernster Zweifel
mehr bestehen," hält aber den Eid doch nicht für ganz entbehrlich
und stellt sich eben deshalb nur zur Aufgabe, das rein Subjective
bei demselben möglichst zu beseitigen, übrigens den Eid blos dann
zuzulassen, wenn er zur Förderung der Wahrheit und des mate=
riellen Rechts dienlich und auch nothwendig erscheine.   Dem ent=
sprechend hat nach Art. 411. die Eideszuschiebung statt 1) über
die eigenen Handlungen desjenigen, welchem der Eid zugeschoben
wird, 2) über Thatsachen, welche er unmittelbar wahrgenommen
hat, 3) über Handlungen seines Erblassers, Rechtsvorfahrers, Vor=
munds, Pflegers oder anderer Personen, für deren Handlungen er
haftet, 4) über Handlungen und Thatsachen, von welchen die
Vertreter juristischer Personen, die Verwalter oder Geschäftsführer
von Handels= und anderen Gesellschaften vermöge ihrer Dienstes=
oder Geschäftsführung Kenntniß erlangt haben oder sich verschaffen
können." Der Eid über Glauben oder Nichtglauben oder Ueber=
zeugung ist, besage des Art. 411., nur in den durch die Gesetze
bezeichneten besonderen Fällen statthaft, namentlich zu Folge des
Art. 366. in dem Falle, wo derjenige, von welchem die Vorlegung
einer Urkunde verlangt wird, versichert, nicht zu wissen, wo sie sich
befinde, zu Folge des §. 433. in dem Falle, wo Jemand die
Größe eines ihm zugefügten Schadens mittelst Schätzungseides
angiebt, und in den Fällen des Art. 414. Besage desselben besteht
in den im Art. 411. Ziffer 3. und 4. bezeichneten Fällen für den=
jenigen, welchem der Eid zugeschoben wird, die Verpflichtung zur
genauen und vollständigen Angabe alles dessen, was ihm über die
betreffenden Handlungen und Thatsachen bekannt ist, und er ist
überdieß verbunden, in dieser Hinsicht alle ihm zu Gebote stehen=
den Mittel zur Erforschung der Wahrheit anzuwenden.   Der Eid
ist von dem Schwurpflichtigen dahin zu leisten, daß ihm, unge=
achtet gewissenhafter Nachforschung von den Handlungen und
Thatsachen, welche Gegenstand der Eideszuschiebung sind, nichts

oder nichts Weiteres als das von ihm Angegebene bekannt ſei und
daß er darüber keine, oder keine weitere Behelfe beſitze." Aus
Art. 411. ergiebt ſich, daß der Eidesantrag über innere Willens=
acte nicht zuläſſig iſt. Es bedarf deſſen nicht, weil Art. 447. ganz
ſachgemäß beſtimmt, daß innere Willensacte, über welche eine un=
mittelbare Beweisführung aus ſinnlicher Wahrnehmung nicht ge=
ſchehen kann, wie bei Betrug, Irrthum, Argliſt, durch Vermuthun=
gen voll bewieſen werden können. Der Art. 416. ſchließt den
Eidesantrag insbeſondere auch über Thatſachen aus, welche durch
Augenſchein oder Sachverſtändige außer Zweifel geſetzt werden
können. Als Motheid kennt der bayriſche Entwurf nur den Erfül=
lungs=, nicht auch den Reinigungseid. Der Art. 432. beſtimmt:
„Iſt der Beweis über eine Thatſache nicht vollſtändig geliefert,
aber der Vollſtändigkeit nahe gebracht, ſo kann dem Beweisführer
zur Vervollſtändigung des Beweiſes der Erfüllungseid auferlegt
werden, wenn eigene Handlungen des Beweisführers in Frage
ſtehen und das Gericht unter Berückſichtigung aller Umſtände und
Verhältniſſe der Sache und der Perſönlichkeit des Beweisführers
den Eid als geeignetes Mittel zur vollſtändigen Herſtellung der
Wahrheit erachtet." Von Bedeutung iſt hierbei, daß nach Art.
447. auch auf den Grund gemeiner Vermuthungen ein vollſtän=
diger Beweis angenommen werden kann, und zwar unbeſchränkt,
ſofern es ſich um einen inneren Willensact handelt, außerdem
aber nur in Fällen, in welchen das Geſetz den Zeugenbeweis zu=
läßt. In den Motiven S. 593. findet ſich die Bemerkung, in
Frankreich werde von gewichtigen Stimmen die Zweckmäßigkeit
ſelbſt des Erfüllungseids lebhaft beſtritten, und Thatſache ſei es,
daß in allen Ländern des franzöſiſchen Proceſſes davon nur in
ſeltenen Fällen Gebrauch gemacht werde. Der Grund liege theils
in der dem Richter bezüglich der factiſchen Beurtheilung einge=
räumten größeren Freiheit, theils in dem Mistrauen gegen den
Eid. Dieſer letzte Geſichtspunkt müſſe jedenfalls genügen, um die
Vorſchriften des Entwurfs über den Erfüllungseid zu recht=
fertigen.

Aus dem vorſtehend Beſprochenen dürfte ſich ergeben, daß
der Formalismus im Beweisverfahren durch den gerichtlichen Eid
auf die äußerſte Spitze getrieben wurde, daß die Rechtsgelehrten,
ungeachtet ſie die Heiligkeit des Eides ſtets auf der Zunge führten
und den Schwurpflichtigen eindringlich vorhalten mußten, doch

selbst den Eid nicht in einer seiner hohen Bedeutung würdigen, den Lehren der christlichen Religion entsprechenden Weise zur Anwendung brachten, daß der Eid nur geringes Vertrauen im Volke genießt und auch der Staat nicht an die Allmacht desselben glaubt. Der Eid kann daher nicht als ein universelles, untrügliches Mittel zur Feststellung der materiellen Wahrheit betrachtet werden. Dieß erkennend, haben alle neueren Gesetzgebungen mehr oder weniger das Bedürfniß gefühlt, das Eidesrecht zu reformiren. Wenn man sich fast überall mit halben Maßregeln begnügte, so lag der Grund hierzu bald in dem bequemen Hängenbleiben an dem einmal Gewohnten, bald, obwohl seltener, in der Befürchtung, daß die Zeit, wo mit gründlich bessernden Vorschlägen durchgedrungen werden könne, noch nicht erschienen sei.   Sobald man sich aber einmal davon überzeugt haben wird, daß, wie im Strafverfahren, ebenso im bürgerlichen Processe nach materieller Wahrheit zu streben sei, kann auch nicht die Erkenntniß ausbleiben, daß es nicht blos unbedenklich, sondern selbst nothwendig ist, den Eid aufzugeben.   Derselbe hat nur Macht über den, bei welchem die zu ihm vorauszusetzende religiöse Ueberzeugung vorhanden ist. Eine wahrheitsgemäße Versicherung aber muß von Allen, gleichviel welches religiösen Glaubens und ob sie überhaupt eines solchen sind, erzwungen werden können. Es bedarf also eines allgemein anwendbaren Zwangsmittels, und dieses ist eine feierliche Versicherung, welcher, wenn sie wahrheitswidrig geschieht, eine sachgemäße Strafe folgt. Jeder überhaupt zurechnungsfähige Mensch wird, gleichviel ob er eine Religion hat oder nicht, es recht wohl verstehen, wenn ihm eröffnet wird, daß er, sofern er sich nicht wahrheitsgemäß ausspreche, die ihm bekannt zu machende, im Gesetze bestimmte Strafe zu erwarten habe, sich auch durch die Bedrohung derselben von der Unwahrheit abhalten lasse, wenn die Furcht vor der Strafe mächtiger, als der Anreiz zur Unwahrheit ist. Der Staat getraut sich, den Anreiz zu den schwersten Verbrechen, zu Mord, Raub, Brandstiftung, Hochverrath mit der Androhung weltlicher Strafe bändigen zu können. Sollte er wirklich nur gegen eine Lüge vor Gericht so ohnmächtig sein, daß er, ohne das Strafamt des Himmels zur Hülfe zu nehmen, eine wahrheitsgemäße Aussage nicht erlangen könnte? — Indessen, selbst einmal angenommen, nicht aber zugestanden, der Staat wäre so machtlos, dann würde es, die Sache vom religiösen Stand punkte aus betrachtet, doch immer nicht zu billigen sein, wenn er, um einen Streit zum formalen Schluße zu bringen, eine Partei in die Versuchung zu einer schweren Sünde versetzt, ihr die Gelegenheit bietet, eines vielleicht unbedeutenden Vortheils wegen ihr ewiges Seelenheil zu verscherzen.

Der Eid wurde im seitherigen Processe benutzt, theils als Mittel zur Sicherung gegen ein gefährdevolles Verfahren einer Partei im Processe, theils als Mittel, in fremder oder in eigener Sache zur Offenbarung der Wahrheit zu nöthigen.

Der Gefährdeeid, welcher früher eine so große Rolle spielen sollte, ist aus den neueren Gesetzgebungen verschwunden. Er wird überflüssig, wenn dem Verfahren, wie in allen rationellen Processgesetzgebungen geschehen, das Princip der Ehrlichkeit zu Grunde gelegt, demnach vorsätzliches Zurückhalten und Entstellen der Wahrheit unnachsichtig als Proceßordnungswidrigkeit bestraft wird, wenn Mündlichkeit und Oeffentlichkeit der Verhandlung zum mächtigen Antriebe wird, sich ehrenhaft zu zeigen und Chicanen zu meiden, wenn offenbar geflissentliches Hinterziehen der Wahrheit bei dem künftig sich in Beurtheilung der Sache freier bewegenden Richter nothwendig die Vermuthung veranlassen muß, daß durch Lüge das Unrecht verdeckt werden soll und diese Vermuthung bei jeder richterlichen Entscheidung zum Nachtheile der böswilligen Partei schwer in's Gewicht fällt, wenn dem Richter das Fragerecht und ein zweckmäßig geordnetes Bescheinigungsverfahren die Füglichkeit gewährt, sich von der gehörigen thatsächlichen Begründung eines Antrags überzeugen zu können, wenn endlich überhaupt der Proceß einen so raschen Verlauf nimmt, daß der Vortheil, welcher durch einen Verschleif zu erlangen ist, mit dem Nachtheile, welchen er in der Regel zur Folge hat, Verurtheilung in Kostenerstattung und Ordnungsstrafen, zu theuer erkauft wäre.

In Sachsen hat man, wie vielfach auch schon auswärts, eingesehen, daß es nicht nothwendig eines Eides bedarf, um eine Bürgschaft für die Wahrheitstreue der Aussage eines Zeugen oder Sachverständigen zu erhalten, vielmehr dazu auch eine minder feierliche Verpflichtungsform genügt. Nach §. 27. und §. 29. des Gesetzes vom 16. Mai 1839., sowie nach §. 1. der bürgerl. Proceßnovelle vom 30. December 1861. werden Zeugen und Sachverständige in ganz geringen Streitsachen nicht mittelst Eides, sondern mittelst Handschlags an Eidesstatt verpflichtet. Dieser

letztere hat zwar dieselben gesetzlichen Wirkungen und Folgen wie
ein Eid, ist aber darum kein Eid, weil er nicht unter der Anrufung der Gottheit abgegeben wird.   Die Wahrheitswidrigkeit gegen
die Versicherung mittelst Handschlags ist zwar eine Versündigung
gegen Gottes Gebot, die Wahrheit zu sagen, aber nicht eine Versündigung durch Meineid, und hat nicht die religiösen Folgen einer
solchen.   Daß auch in allen großen Streitsachen der Eid der
Zeugen und Sachverständigen entbehrt und durch eine andere
Verpflichtungsform mit derselben Wirksamkeit ersetzt werden kann,
ist nicht blos vielfach außerhalb Sachsen, sondern gewissermaßen
auch bereits in Sachsen anerkannt worden.   Hier bestimmt Art.
228. des Strafgesetzbuchs, „daß die Bekräftigungsformeln solcher
christlicher Religionsparteien, bei welchen nach ihrem Glaubensbe-
kenntnisse und nach den Gesetzen eine gewisse Bekräftigung statt des
Eides gilt, dem wirklichen Eide gleich geachtet werden soll.“ Gewisse Religionsgesellschaften halten es für Sünde, einen Eid zu
leisten.   Wenn sie statt desselben eine gewisse andere Versicherung,
so z. B. die Mennoniten eine Versicherung bei Mannenwahrheit
zulassen, so ist dieß kein Eid.   Die Sächsische Gesetzgebung befindet sich demnach schon auf dem rechten Wege, und es kommt
nur darauf an, ihn consequent zu verfolgen, daher die wahrheitswidrige Aussage nur mit einer weltlichen Strafe zu bedrohen und
auf dieselbe nicht weiter zugleich die Strafe des Himmels herab-
zurufen.   Sollte man aber vielleicht fürchten, daß die im Art. 229.
des Strafgesetzbuchs für wahrheitswidrige Aussagen angedrohte
Strafe nicht genug Abschreckungskraft habe, so würde dieß nur
dahin führen können, die Strafe zu erhöhen.

Wenn man die Zeugen zu einer wahrheitsgemäßen Aussage
nicht blos durch Verweisung auf Art. 229. des Strafgesetzbuchs
ermahnen, sondern denselben überdieß eröffnen wollte, daß nach
Befinden die eidliche Bestärkung ihrer Aussage werde verlangt
werden, so würde sich dieß nur aus einer gewissen Vorliebe für
das Alte, Hergebrachte erklären, kaum aber rechtfertigen lassen.
Der Staat, welcher vorsorglich die Auferlegung eines Eides in
Aussicht stellen wollte, spräche damit aus, daß er selbst nicht an
die Wirksamkeit seiner Strafandrohung glaubt.   Ein solches Bekenntniß wäre nicht politisch.   Der Staat kann zudem nicht wohl
voraussetzen, daß, wer moralisch so tief gesunken ist, daß er sich
nicht scheut, ernster Mahnung ungeachtet, den Art. 229. des Straf-

gesetzbuchs zu verletzen, religiösen Sinn genug besitzen werde, um
sich vor einem Meineide zu scheuen. Wollte man aber vielleicht
den Eid auferlegen, um die Lüge, wenn eine solche stattgefunden,
härter bestrafen zu können, so würde der Eid zu einem seinem
Wesen ganz fremden Zwecke benutzt. Keinesfalls übrigens könnte,
wie schon mehrmals zu bemerken war, gebilligt werden, wenn man
den, welchem man die Hinterziehung der Wahrheit zutraut, der
Versuchung eines Meineids aussetzt. Diese Versuchung ist ihm
gerade im hier fraglichen Falle sehr nahe gelegt. Er soll sich durch
den Eid von dem Verdachte einer wahrheitswidrigen Aussage
reinigen und wird sich nur zu geneigt fühlen, ihn zu schwören, um
seine Ehre zu retten, und überdieß oft auch, um nicht in die für
die wahrheitswidrige Aussage angedrohte Strafe zu verfallen.
Denn sind mehrere Zeugen über dieselben Punkte abzuhören, so
hätte das Gericht den Beschluß darüber, ob es dem Einen oder
dem Anderen die eidliche Bestärkung abfordern will, in der Regel
erst zu fassen, nachdem alle Zeugen abgehört sind, mithin, nachdem
das Protocoll über die Abhörung geschlossen und dem zu Folge
die Strafe der wahrheitswidrigen Aussage verwirkt ist.

Daß die eidliche Verpflichtung der Sachverständigen nur zu
häufig nicht im Stande war, zu einem gewissenhaften Gutachten zu
bestimmen, ist eine bekannte Sache. Um so angemessener erscheint
es, an deren Stelle die Verweisung auf eine Strafbestimmung für
den Fall eines vorsätzlich oder fahrlässiger Weise abgegebenen unrichtigen Gutachtens zu setzen. Gewiß werden sich die Sachverständigen mit größerer Gewissenhaftigkeit aussprechen, wenn sie
nicht mehr in der seitherigen, höchst zweckwidrigen Weise, sondern
entweder von den Parteien gemeinschaftlich, oder vom Gerichte
gewählt, wenn sie angehalten werden, ihre Aussprüche gründlich
und erschöpfend abzugeben, auch gehörig zu rechtfertigen, und wenn
sie sich durch die Oeffentlichkeit des Verfahrens mehr der allgemeinen Kritik ausgesetzt sehen. Schon das Ehrgefühl wird künftig
ein so mächtiger Beweggrund zu einer sorgfältigen Prüfung und
zu einem gewissenhaften Ausspruche sein, daß man selbst die Verweisung auf die Strafbestimmung leicht wird für überflüssig halten können, zumal, wenn man nach Aufgabe der legalen Beweistheorie dahin gelangt, daß das sachverständige Gutachten der
unbeschränkten Prüfung des Richters unterliegt und dieser sich

durch dasselbe nur insoweit bestimmen zu lassen braucht, als er es
richtig findet.

Es entstehen eine Menge Rechtsverhältnisse, ohne daß dabei
an den künftigen Beweis gedacht wird oder gedacht werden kann.
Das Recht würde schutzlos bleiben, wenn es im Mangel von
Beweismitteln nicht ein Surrogat für dieselben gäbe. Ein solches
Surrogat war der Schiedseid. Vermöge desselben wurde, wenn
Derjenige, welchem der Eid angetragen worden war, sich nicht zur
Gewissensvertretung erbot, die Entscheidung der Sache von dem
eidlichen Zeugnisse der einen oder der anderen Partei abhängig
gemacht. Das Zeugniß in der eigenen Sache wird auch künftig
nicht ganz entbehrlich sein, doch ist es angemessen, daß es nicht
mittels Eides, sondern mittels einer unbeeideten Versicherung bekräftigt wird. Das Zeugniß einer Partei in ihrer Streitsache
muß den überhaupt an jedes Zeugniß zu machenden Anforderungen
insofern entsprechen, als es auch bei ihm auf ein bestimmtes Wissen ankommt, nicht dagegen ein bloses Glauben genügt. So
werthlos wie im Allgemeinen die Versicherung eines Zeugen, daß
er etwas glaube oder nicht glaube, ist die gleiche Versicherung einer
für sich als Zeuge auftretenden Partei. Nur dann also kann das
Zeugniß einer Partei für die Entscheidung erheblich werden, wenn
sie erklärt, daß sie etwas gethan oder nicht gethan, unmittelbar
wahrgenommen oder nicht wahrgenommen habe, oder dafern sie
nur glaubt, daß etwas geschehen oder nicht geschehen sei, die Umstände angiebt, aus welchen sich auf die Wahrheit oder Unwahrheit der streitigen Thatsache schließen läßt. Demnach muß, wenn
eine Partei für sich ein Zeugniß nicht nach Wissen, sondern nur
nach Glauben ablegt, ihre thatsächliche Behauptung dem Wesen
und Zwecke nach ein künstlicher Gegenbeweis oder Beweis sein,
welcher die Eigenthümlichkeit hat, daß zu Folge der Uebereinkunft
der Parteien die Aussage einer für sich zeugenden Partei volle
rechtliche Gewißheit schafft. Wenn die Partei, welche die streitige
Thatsache nicht aus ihrem eigenen Handeln, oder ihrer eigenen
Wahrnehmung kennt, sondern nur vermuthet, nicht Umstände an-
zeigt und versichert, welche sie zu einem vernünftigen Vermuthen
berechtigen konnten, so ist ihr Glauben etwas für Ermittelung der
materiellen Wahrheit durchaus Indifferentes, daher nicht zu berücksichtigen. Neuere Gesetzgebungen haben dieß mehrfach erkannt
und begnügen sich deshalb nicht mit der nackten Versicherung des

Glaubens, sondern verlangen, daß nach den Gründen desselben gefragt werde. Dieß kann sodann dahin führen, daß die Partei nicht zu der angebotenen Versicherung oder doch nicht zu der Versicherung in der angebotenen Maße zu laffen ist.

Wenn das Zeugniß einer Partei als Nothhülfe in Fällen mangelnder Beweismittel betrachtet werden muß, so folgt daraus, daß es auch den gesetzlichen Vertretern und wider die gesetzlichen Vertreter natürlicher wie juristischer Personen zuzugestehen ist. Dieß wird unbedenklich erscheinen, sobald man nur dem unmotivirten Glauben oder Nichtglauben die Beweiskraft versagt. Uebrigens wird man sich, sobald man mehr in den Geist und in das Wesen der freien Beweistheorie eingedrungen ist, nothwendig überzeugen, daß natürliche, unter eine gesetzliche Vertretung gestellte Personen dann, wenn ihre eignen Handlungen in Frage kommen, nicht in der Weise, wie seither geschehen, von der Verhandlung ihrer Streitsachen ausgeschloffen werden können, denn dürfen gleich die Erklärungen, welche sie dabei abgeben, nicht als Dispositions-acte betrachtet werden, so sind sie doch unter Umständen ganz vorzüglich geeignet, die Sache aufzuklären. Hat die juristische Person ständige Vertreter, so legt sie das Zeugniß durch diese ab. Außerdem sind Personen zu bestimmen, von denen dieß zu geschehen hat. Welcher der Parteien die Wahl derselben zustehen soll, ist, wie schon oben bemerkt worden, nicht gleichgültig, da sich ihre Interessen schroff gegenüberstehen. Während die eine Partei Personen wählen wird, von denen sie sich überzeugt hält, daß sie das gewünschte Zeugniß abgeben, zieht die andere Partei Personen vor, von denen sie hofft oder schon weiß, daß sie dasselbe nicht abgeben. Der natürliche Ausweg ist hier, daß das Gericht, welches nach Befinden vorher die Parteien hört, das Zeugniß von denen fordert, welchen sie die beste Kenntniß des streitigen Rechtsverhältnisses zutrauen kann. Stimmen die Vertreter in ihren Aussagen nicht überein, dann giebt nicht gerade die Mehrzahl den Ausschlag, sondern es hat der Richter den Umständen nach zu ermessen, was für wahr oder nicht wahr anzusehen sei. Dabei mag nicht unerwähnt bleiben, daß es mit den Grundsätzen der freien Beweistheorie vollkommen vereinbar ist, wenn die Mitglieder einer juristischen Person sowohl für als gegen dieselbe als Zeugen zugelassen werden. Ist dieß gesetzlich anerkannt, so wird nicht leicht mehr der Fall vorkommen, daß die Entscheidung der Sache von dem Zeugnisse der Vertreter der juristischen Person abhängig gemacht wird.

Es läßt sich nicht verkennen, daß das Zeugniß der Partei ein für Feststellung der materiellen Wahrheit immer ziemlich zweifelhaftes Mittel bleibt. Glücklicher Weise jedoch muß sich der Gebrauch desselben außerordentlich vermindern, sobald das Proceßverfahren zweckentsprechender gestaltet wird.

Es kam nämlich seither der Eidesantrag häufig vor bei rein aus der Luft gegriffenen Ansprüchen, weil, so lange der Richter verpflichtet war, jeden Proceß möglichst durch Vergleich zu heben, jede Leistung eines Parteieneides möglichst durch einen Vergleich abzuwenden, der unberechtigte Kläger sich stets der Hoffnung hingeben konnte, im Verfolge der Gütepflegung der Gegenpartei etwas abzupressen. Mit dem Wegfalle des Gütepflegungszwanges werden die Processe verschwinden, welche lediglich in jener Hoffnung einen Stützpunkt hatten.

Wurde früher eine wirksame Aufforderung des Schuldners zur Erfüllung seiner Verbindlichkeit nöthig, so gab es dazu kein anderes geeignetes Mittel, als die Einleitung des Processes. Da man eine ernstliche Bestreitung nicht befürchtete, so wurde nach der beliebten Redeweise der Kürze halber der Eid angetragen. Anlaß zu dergleichen Processen mit ihren leichtsinnigen Eidesanträgen ist viel weniger vorhanden, wenn das Mahnverfahren, zumal minder beschränkt wie jetzt, eine zweckmäßigere Hülfe darbietet.

Auch in Fällen, in welchen es an Beweismitteln nicht fehlte, wurde doch häufig der Eid angetragen, weil man sich entweder vor der langen Dauer oder vor der Kostspieligkeit eines durch Beweis und Gegenbeweis laufenden Processes, oder auch vor Beiden, fürchtete. Diese Gründe werden, sobald das Beweisverfahren rationell geordnet ist und Kostenvergleichung nur noch äußerst selten eintritt, nicht mehr zu Berufungen auf das eigene Zeugniß der Partei veranlassen.

Wer den Ausgang eines Processes von dem Zeugnisse der Gegenpartei abhängig macht, begiebt sich allemal in Gefahr. Sie mindert sich, wenn verstattet wird, nur eventuell, d. h. nur für den Fall des gänzlichen Mißlingens des Beweises auf das Zeugniß der Gegenpartei zu prooviren. Die Partei wird dann bemüht sein, ohne jene Nothhülfe zu ihrem Ziele zu gelangen. Wenn die Proceßgesetzgebung das Prinzip der Ehrlichkeit für den Pro-

ceß anerkennt und dieſelbe in Folge der Oeffentlichkeit nothwendig
zur Wahrheit wird, wenn Mündlichkeit des Proceſſes in ihrer wahren
Bedeutung aufgefaßt, und gehörig durchgeführt, wenn das Fragerecht
von Seiten des Richters wie der Parteien zweckmäßig gehandhabt
wird, wenn die Aufnahme der Beweismittel in gründlicher, erſchöpfen-
der Weiſe geſchieht, wenn der Richter, ſo oft er es zu ſeiner beſſeren
Information für nöthig hält, den Streitgegenſtand in Augenſchein
nehmen, wenn er das, was kein Vernünftiger bezweifelt, als gewiß anſehen, wenn er ſich in Verhältniſſen des täglichen Lebens
und in ſolchen Verhältniſſen des Verkehrs, welche keinem gebildeten Manne unbekannt ſein können, als Sachverſtändigen betrachten darf, dann wird ſich nur höchſt ſelten das Bedürfniß heraus-
ſtellen, auf das vorſorglich vorbehaltene Zeugniß der einen oder
der andern Partei zurückzugreifen.

Die legale Beweistheorie wollte Willkühr des Richters bei
dem Erkenntniſſe über die Wahrheit oder Unwahrheit ſtreitiger
Thatſachen dadurch unmöglich machen, daß ſie ihn bei Beurtheilung derſelben an feſte Regeln band, genau beſtimmte, welches
Maß der Beweiskraft den verſchiedenen Beweismitteln im Einzelnen zukomme und wie viel Beweiskraft der einzelnen Beweismittel zuſammentreffen müſſe, um vollen Beweis herzuſtellen. Da
die legale Beweistheorie ſo manche Quelle, aus welcher Wahrheit
geſchöpft werden konnte, unbenutzt ließ, ſo manches zur Erforſchung
der Wahrheit dienliche Mittel nicht zweckmäßig benutzte und eine
Würdigung der gewonnenen Beweisgründe nach freier Logik nicht
verſtattete, konnte es nicht fehlen, daß der Beweis oft unvollſtän-
dig blieb. Die hieraus ſich ergebende Rechtsungewißheit ſchien
ein Uebelſtand, den man möglichſt ſchnell beſeitigen zu müſſen
glaubte. Die legale Beweistheorie ſah einen Eid als ein hierzu
geeignetes Mittel an. Ein nicht ganz mislungener Beweis ſollte
entweder durch den Erfüllungseid zu einem vollen Beweiſe erhoben
oder durch den Reinigungseid vernichtet werden. Bei der Frage
nach dem Werthe eines ſolchen Eides hat man ſich vor allen
Dingen daran zu erinnern, daß zwiſchen dem Schiedseide und
dem nothwendigen Eide ein weſentlicher Unterſchied ſtattfand.
Es wurde zwar der erſtere formell wie ein Beweismittel behandelt,
war aber in Wirklichkeit ein ſolches nicht. Bei dem Gebrauche
des Schiedseides wurde der Ausgang des Rechtsſtreites durch
Uebereinkunft der Parteien von Leiſtung eines Eides abhängig

gemacht, ohne Rücksicht darauf, ob der Richter durch denselben
überzeugt wurde oder nicht. Derselbe hatte, unbekümmert darum,
ob er die streitigen Thatsachen für wahr halten konnte oder nicht,
ohne Weiteres auf das zu erkennen, was beschworen oder abge=
schworen wurde. Der nothwendige Eid dagegen war um des=
willen als ein Beweismittel zu betrachten, weil er den Zweck hatte,
den Richter von der Wahrheit einer Thatsache zu überzeugen.

Prüft man nun unbefangen und ohne Voreingenommenheit
für das gewohnte Alte, wiefern ein Erfüllungseid wirklich geeig=
net sein konnte, eine unvollständige Ueberzeugung des Richters zu
einer vollständigen zu erheben, so müssen sich nothwendig sehr ge=
wichtige Bedenken aufdrängen.

Wer den Erfüllungseid schwor, wurde als Zeuge in eigener
Sache zugelassen. Allein nicht genug damit, war ihm überdieß
für den Fall, daß er günstig für sich aussagte, der Gewinn des
Processes als Belohnung zugesichert. Ein solcher Eid konnte für
den denkenden Richter unmöglich eine besonders überzeugende
Kraft haben. War ihm der Schwörende als ehrlich bekannt, so
glaubte er ihm deshalb. War er ihm als unehrlich bekannt, oder
war er ihm dem Character nach gar nicht, weder von einer guten
noch von einer schlechten Seite, bekannt, so mußte ihm der Erfül=
lungseid als ein durchaus zweifelhaftes Bekräftigungsmittel erschei=
nen. Die Leistung des Erfüllungseides war zudem ein überflüf=
siger Act, weil sich mit Gewißheit voraussetzen ließ, daß er nicht
ungeschworen bleiben werde. Wer ein Erkenntniß erlangt hatte,
welches seine Behauptungen insoweit für bewiesen ansah, daß es
ihm den Erfüllungseid zusprechen zu müssen glaubte, trug schwer=
lich Bedenken, denselben zu leisten, zumal da er, wenn er dieß
nicht that, nicht blos den Proceß verlor, sondern sich überdieß als
unredlichen Menschen darstellte. Für die Ueberzeugung des Rich=
ters war hiernach die Leistung des Erfüllungseides gleichgültig,
weil er, wie eben bemerkt worden, in der Regel auf ihn nur er=
kannte, wenn er voraussetzte, daß er werde geschworen werden.
Hatte er dagegen seiner inneren Ueberzeugung zuwider auf ihn
nur darum, weil es die gesetzlichen Vorschriften verlangten, oder
auch in einem Falle gesprochen, wo er es als zweifelhaft betrach=
tete, ob der Erfüllungseid werde wahrheitsgemäß geschworen wer=
den können, so vermochte er in ihm gewiß nur eine formelle Er=
gänzung des Beweises zu erblicken. Blos die Nichtleistung hatte

für Ermittelung der materiellen Wahrheit Bedeutung. Wenn man aber eine Unmasse für die Ueberzeugung des Richters ganz unerheblicher, dabei stets eine mächtige Verlockung zur Sünde enthaltender Eide in der Erwartung schwören ließ, daß sich unter hundert Schwurpflichtigen vielleicht Einer finden werde, welcher den Eid verweigere, so war dieß kaum eine zweckmäßige Proceßinstitution. Die französische Proceßgesetzgebung, welche vielfach dem einmal Herkömmlichen Concessionen zu machen genöthigt war, hat zwar den Erfüllungseid nicht aufgehoben. Allein der französische Richter glaubt, bei gehöriger Durchführung der freien Beweistheorie eines solchen Nothmittels nicht leicht zu bedürfen und macht, da es stets bedenklich ist, von demselben nur sehr sparsamen Gebrauch. Uebrigens wird in Frankreich die Zahl der Rechtsgelehrten, welche die Zweckmäßigkeit eines Erfüllungseides bestreiten und der Meinung sind, daß derselbe, unter allen Umständen höchst trüglich und unzuverlässig, nicht als geeignet betrachtet werden könne, einen Beweis zu vervollständigen, immer größer. Nach dem eben Besprochenen hat man jedenfalls noch weiter wie das französische Proceßrecht zu gehen, den Erfüllungseid ganz zu beseitigen und an dessen Stelle, wenn ja einmal eine Ergänzung des Beweises nöthig erscheinen sollte, eine feierliche Versicherung zu setzen. Man wird jedoch bei einer gehörigen Durchführung der freien Beweistheorie hoffentlich bald zu der Ueberzeugung gelangen, daß es nur in höchst seltenen Fällen einer solchen feierlichen Versicherung bedarf. Auch wird eine verständige, nach materieller Wahrheit strebende Praxis von selbst darauf kommen, daß die Versicherung des Glaubens oder Nichtglaubens für den Beweis der materiellen Wahrheit ganz einflußlos ist, Bedeutung aber für denselben dadurch gewinnen kann, daß Umstände angeführt werden, welche zu einem vernünftigen Glauben oder Nichtglauben berechtigen.

Die körperliche Tortur ist im Strafverfahren längst aufgehoben worden. Neuerlich wurde aus demselben auch die geistige Tortur des Reinigungseides entfernt. Man fand denselben bedenklich, weil man fürchtete, daß er leicht geschworen werden möchte, um der Strafe zu entgehen. Allein läßt sich durch einen Reinigungseid ein großer Vermögensverlust abwenden, dann kann die Verlockung zu einem falschen Eide viel größer sein, als sie es in dem Falle war, wo bei der Nichtleistung eine unbedeutende

Strafe bevorstand. Der Reinigungseid hatte daher für den Rich=
ter durchaus nicht eine voll überzeugende Kraft. Er erkannte
übrigens auf denselben nur, wenn er dem Acteninhalte nach ge=
schworen werden konnte. Die Leistung desselben aber war sobann ein
bedeutungsloser Zusatz zu seiner Ueberzeugung von dem Sachstande.
Der französische Proceß, welchem in dieser Beziehung der Bayersche
Entwurf gefolgt ist, hat den Reinigungseid aufgegeben. Dieß kann
nur für zweckmäßig angesehen werden. Auch ist der Reinigungseid
da, wo der französische Proceß gilt, noch nicht vermißt worden.

Gleich dem Erfüllungseide wird auch der Schätzungseid von
der freien Beweistheorie verworfen werden müssen. Derselbe
würde ohne das Ermäßigungsrecht des Richters recht eigentlich
als ein Beweissurrogat zu betrachten sein. Anders gestaltet sich
die Sache, wenn der Richter den Betrag zu bestimmen hat, bis
zu welchem der Eid zugelassen werden soll. Hier hat er die Be=
stimmung, den Richter von der Richtigkeit des geforderten Scha=
denersatzbetrages zu überzeugen. Ist er dazu wirklich nöthig? —
Bei vorurtheilsfreier Betrachtung der Sache wird man dieß wohl
zu verneinen haben. Wenn der Richter ausspricht, daß der
Schätzungseid bis zu einem gewissen Betrage geschworen werden
barf, so erkennt er die Statthaftigkeit des Anspruchs auf so hoch an.
Eine rationelle Proceßgesetzgebung muß dem Richter die Be=
fugniß ertheilen, sich durch eigene sinnliche Wahrnehmung, durch
Befragung der Parteien, Berathung mit Sachverständigen und
Erkundigungseinziehung eine möglichst bestimmte, klare Ansicht
darüber zu verschaffen, wie viel ein Beschädigter beanspruchen
kann. Die auf eine gewissenhafte Prüfung der Sachverhältnisse
gegründete Schätzung des Richters wird mit Recht die Vermu=
thung der Richtigkeit für sich haben, und es läßt sich, wenn er
dem Beschädigten nur so viel, als derselbe verlangt, oder, was
meistentheils der Fall, sogar weniger zuerkennt, kaum voraussetzen,
daß der Eid nicht werde geschworen werden. Die Leistung dessel=
ben ist daher eine bloße Förmlichkeit.

Als Beweis für die Richtigkeit dieser Behauptung kann wohl der
Umstand dienen, daß kaum einmal ein Schätzungseid ungeschworen
geblieben ist. In Frankreich besteht zwar der Schätzungseid noch nach
dem Gesetze, aber in Wirklichkeit ohne praktische Bedeutung. Nach
Art. 1369. des Code civil kann der Richter dem Kläger den Eid
über den Werth der angesprochenen Sache nicht anders auflegen,

als wenn dieser Werth auf andere Art nicht erhoben werden kann. Selbst in diesem Falle jedoch muß der Richter die Summe bestimmen, bis zu deren Belaufe dem Kläger auf seinen Eid geglaubt werden soll. Der französische Richter jedoch darf sich als Sachverständigen betrachten und, wenn er seine Sachkunde nicht für ausreichend hält, dieselbe beliebig durch Zurathziehung Sachverständiger ergänzen. In seinem praktischen Sinne erkennt er, daß seine gewissenhafte, unbefangene Schätzung der Wahrheit in der Regel näher kommen muß, als die Schätzung einer allemal mehr oder weniger durch Leidenschaft aufgeregten Partei, und so entschließt er sich nur in äußerst seltenen Fällen zur Auferlegung eines Schätzungseides. Nimmt man aber vielleicht an, daß es Fälle geben könnte, in welchen die richterliche Schätzung für sich allein nicht ausreiche, sondern einer Ergänzung bedürfe, so würde nach dem, was oben über Glaubenseide im Allgemeinen und den Schätzungseid im Besonderen bemerkt worden, ein Eid ganz unpassend, eine feierliche Versicherung dagegen vollkommen ausreichend und daher sachgemäßer sein.

Eine feierliche Versicherung wird an die Stelle auch aller andern seither im Processe gewöhnlich gewesenen Nebeneide zu treten haben, soweit es überhaupt für dieselben im künftigen Processe eines Ersatzes bedarf. Man bemerkt in dieser Beziehung, daß in Fällen, in welchen zur Begründung eines Antrags auf eine richterliche Entschließung eine Bescheinigung erforderlich war, seither oft ein Eid verlangt wurde, welcher meistentheils zugleich den Zweck hatte, den Verdacht der Gefährde abzuwenden. Wenn jedoch künftig das Prinzip der Ehrlichkeit für den Proceß gesetzlich anerkannt und in demselben durch die zweckentsprechenden Vorschriften zur Wahrheit gemacht wird, wenn ferner dem Richter bei Anträgen, deren thatsächliche Begründung ihm zweifelhaft vorkommt, das Fragerecht zusteht, dann wird selten der Fall eintreten, wo als Ersatz für den seitherigen Bescheinigungseid eine feierliche Versicherung der Partei für nöthig gehalten werden kann. Der Perhorrescenzeid muß verschwinden, wenn das Ablehnungsverfahren sachgemäß geordnet wird, dem zu Folge, wer den Richter als behindert oder verdächtig ablehnen will, den Behinderungs- oder Ablehnungsgrund nachzuweisen hat. In den Processgesetzgebungen, auch den neueren, findet sich noch vielfach der Manifestationseid vorgeschrieben. Insbesondere bestimmt auch das

ſächſiſche Executionsgeſeß §. 47., daß, wenn ſich bei einer Hülfs-
handlung nicht ſoviel vorgefunden, daß daraus der Gläubiger
vollſtändig befriedigt werden kann, und der Verdacht entſtehe, daß
der Schuldner das Seinige auf die Seite gebracht und in der
Abſicht, die Auspfänduug zu vereiteln, verborgen habe, demſelben
auf Antrag ſeines Gegners ein Manifeſtationseid des Inhaltes
aufzulegen ſei, daß er außer dem, was ſich bei ihm vorgefunden,
an beweglichen und unbeweglichen Gütern und Außenſtänden
nichts im Vermögen habe, was zur Befriedigung des Gläubigers
verwendet werden könne. Damit ſteht im Zuſammenhange der Art.
310. des Strafgeſetzbuchs, nach welchem derjenige, welcher bei einer
ihm drohenden Hülfsvollſtreckung Beſtandtheile ſeines Vermögens
veräußert oder bei Seite ſchafft, um die Befriedigung des Gläubigers
zu vereiteln, mit den Strafen des einfachen Betruges zu belegen
iſt. Dieſer Manifeſtationseid ſtellt ſich als höchſt bedenklich dar,
einmal, weil er ganz die Natur eines Reinigungseides hat, und
dann, weil er nicht auf Thatſachen, ſondern auf ein bloßes Nichtglauben an Entbehrlichkeit und Verwendbarkeit gewiſſer Sachen
zur Befriedigung des Gläubigers gerichtet iſt. Er erſcheint zudem
auch unnöthig, weil, wenn Verdacht eines Zuwiderhandelns gegen
Art. 310. des Strafgeſetzbuches vorliegt, das Strafverfahren eingeleitet werden müßte und es unpaſſend wäre, demſelben durch
Abnahme des Manifeſtationseides in gewiſſer Maße zu präjudiciren. Gefragt könnte hiernach nur werden, ob der Manifeſtationseid inſoweit zu billigen ſei, als er den Beklagten nöthigen ſoll,
ſolche nicht bei ihm vorgefundene, aber auch nicht gerade zur Vereitelung der Vollſtreckung bei Seite geſchaffte Gegenſtände anzuzeigen. Allein auch dieß iſt, die Sache praktiſch aufgefaßt, zu
verneinen, weil ein Eid und ſchon eine feierliche Verſicherung den
Beklagten nur zu leicht in die höchſt peinliche Lage der Wahl
zwiſchen der Erfüllung der ſtreng rechtlichen Verbindlichkeit an
ſeinen Gläubiger und der Erfüllung der ſeinem Gefühle näher
liegenden Verpflichtungen gegen ſeine Familie verſetzt. Der Manifeſtationseid oder eine an deſſen Stelle tretende Verſicherung iſt
daher ein höchſt unſicheres und zugleich ein höchſt bedenkliches
Mittel zur Erforſchung der Wahrheit, von welchem eben darum
abgeſehen werden muß. Es wird auch deſſelben kaum bedürfen,
wenn der Gläubiger ſein Intereſſe gehörig wahrnimmt und die
Vorſchriften des Strafgeſetzbuches in Obacht genommen werden.

Zu dem Specificationseide kam es gewöhnlich erst, nachdem die Richtigkeit eines Verzeichniffes in einem weitläufigen Defectur- verfahren erörtert worden war. Der Richter legte den Speci- ficationseid auf, weil die defectirende Partei ein Recht darauf hatte, daher nicht felten auch in Fällen, wo das Sachbedürfniß ihn eigentlich nicht erforderte. Eine verbefferte Proceßgesetzgebung wird dem richterlichen Ermeffen zu überlaffen haben, ob im ein- zelnen Falle eine feierliche Versicherung der Richtigkeit des Ver- zeichniffes abzuverlangen sei. Die Nothwendigkeit einer solchen wird nicht zu oft eintreten, wenn der Sachverhalt durch die münd- liche Verhandlung beffer aufgeklärt wird, als dieß durch die schrift- liche Verhandlung möglich ist. Ein Gleiches gilt von der an die Stelle des Editionseides zu setzenden Versicherung des Nichtbe- sitzes einer Urkunde. Ein Diffessionseid läßt sich, so lange man überhaupt den Eid im Proceffe für unentbehrlich hält, nur rück- sichtlich solcher Urkunden rechtfertigen, welche nach der Behaup- tung des Beweisführers von dem Beweisgegner, oder deffen Rechtsvorgänger, oder im Namen des einen oder des anderen auf deffen Auftrag, oder mit deffen Genehmigung ausgestellt wor- den sind, nicht auch rücksichtlich Urkunden Dritter. Der Beweis- gegner muß wiffen, ob eine Urkunde von ihm selbst, oder ob sie mit seinem Willen für ihn von einem Anderen vollzogen worden ist. Der Regel nach wird er auch im Stande sein, Auskunft darüber zu geben, ob eine angeblich von seinem Rechtsvorgänger ausgestellte Urkunde wirklich von diesem herrührt. Dagegen ist es, die Sache rationell aufgefaßt, nicht zu billigen, wenn man den Diffessionseid auch bei Urkunden Dritter fordern zu können glaubt. Ob eine Urkunde von dem angegebenen Dritten wirklich ausgestellt sei, davon hat der Beweisgegner oft keine Kenntniß. Oft wird es ihm auch unmöglich sein, sich dieselbe durch Erkun- digungseinziehungen zu verschaffen, zumal in der kurzen Zeit, welche das Proceßrecht ihm dazu verstattet. Er wird sich daher nur zu leicht einreden, daß er nicht an die Echtheit der Urkunde glaube und den Diffessionseid schwören. Es wird hiernach die künftig an die Stelle des Diffessionseides zu setzende Versicherung auf die angeblich von dem Beweisgegner und deffen Rechtsvor- gänger oder in deren Namen ausgestellten Urkunden zu beschränken sein. Dagegen muß bei Urkunden Dritter die Erklärung des Be- weisgegners, daß er dieselben nicht anerkenne, die Folge haben, daß von dem Beweisführer der Echtheitsbeweis zu unternehmen iſt. Wenn die Beſorgniß geäußert werden ſollte, daß die Annahme . dieſes Satzes leicht zur Verſchleppung der Proceſſe führen könne, ſo iſt darauf hinzuweiſen, daß ein ſolcher Uebelſtand in den Ländern, wo er gilt und dem mündlichen, öffentlichen Verfahren das Princip der Ehrlichkeit zu Grunde liegt, nicht wahrzunehmen iſt.

Die Justiz angehende Präjudizien.

81.

Von der Absonderung der einzelnen, aus einer größeren Menge gleichartiger Sachen erkauften Stücke.

„Wenn auch dem Verkäufer einer gewissen Anzahl aus einer größern Menge zu entnehmender gleichartiger Gegenstände auf Grund der Bestimmungen des Römischen Rechts

L. 60. D. de contrah. emt. 18, 1.

L. 54. §. 1. D. de act. emt. vend. 19, 1.

das Befugniß nicht zugesprochen werden kann, allein zu bestimmen, welche Stücke aus der Mehrzahl er als die verkauften betrachte, weil in beiden Gesetzesstellen nur der Fall behandelt erscheint, in welchem der Käufer einer gewissen Anzahl davon, daß diese aus einer größern Menge auszuscheiden sei, keine Kenntniß gehabt hat, so gebricht es doch auch auf der andern Seite an jedem Anhalte dafür, daß ausschließlich dem Abkäufer das Wahlrecht zustehe. Im Zweifelsfalle gilt es vielmehr als Regel, daß die Aussonderung der als Kaufsobject zu betrachtenden Stücke von beiden Theilen gemeinschaftlich zu erfolgen habe. Wenn aber angenommen werden will, daß, bevor eine solche Aussonderung geschehe, der Kauf nicht dergestalt zur Perfection gediehen sei, daß den Contrahenten ein Klagrecht auf Erfüllung zustehe, so beruht dieß, wie u. A. von

Siebenhaar, „Noch ein Wort über die Beweislast 2c." in der Zeitschr. f. Rechtspfl. u. Verw. N. F. Bd. 10. S. 14f.

Glück, Erl. der Pand. Thl. 16. S. 15. Thl. 17. S. 171.

Treitschke, der Kaufcontract, §. 19. S. 28. §. 83. S. 190.

Annalen des D.-A.-G., Bd. IV. S. 109 f.

nachgewiesen worden, auf einer irrigen Auffassung der in dieser Beziehung angezogenen römischen Gesetzesstellen, in denen von der Perfection des Kaufs nur in dem Sinne die Rede ist, als von derselben der Uebergang der Gefahr auf den Käufer abhängig ist, wie denn ganz unzweifelhaft dem Verkäufer das Recht zusteht, auf die Aussonderung der als Kaufsobject zu betrachtenden Stücke klagbar zu werden,

Treitschke, a. a. O. §. 61. S. 138.

L. 1. §. 3. 4. L. 4. §. 2. D. de per. et comm. rei vend. (18, 6.)

und es läßt sich weder auf Gesetze noch auf die Natur der Sache oder selbst Rücksichten der Zweckmäßigkeit die Behauptung gründen, daß eine solche Klage nur präparatorisch und getrennt von der Hauptklage auf Contractserfüllung angestellt werden müsse.

Es würde also durch den in der Klage erwähnten Kaufsabschluß Kläger das Recht erworben haben, zu verlangen, daß der Beklagte von den in der Klage erwähnten 80,000 Stück Ziegelsteinen über die bereits entnommenen 25,000 noch weiter 35,000 Stück zu dem bedungenen Preise von 9 Thlr. für das Tausend entnehme und demzufolge die Aussonderung der 35,000 Stück von den annoch verbliebenen 55,000 mit ihm bewirke. Daß dieß letztere deshalb nicht geschehen könne, weil die 55,000 Stück in der Gesammtheit nicht mehr vorhanden seien, ist vom Kläger nicht zugegeben worden. Allein es gehört auch die Frage nach der Möglichkeit der Contractserfüllung Seiten Klägers — sobald nicht etwa die Unmöglichkeit in Liquidität beruht — in das Executionsverfahren, wie sich aus der Bestimmung des Executionsgesetzes vom 28 Febr. 1838. §. 4. deutlich ergiebt, wonach nicht allein die Verurtheilung einer Parthei von einer Gegenleistung bedingt werden kann, die gleichzeitig eintreten soll (z. B. Bezahlung des Kaufgeldes für die abzuliefernde Sache), sondern auch jedem Interessenten, mithin auch den zu Zahlung des Kaufgeldes verurtheilten, freistehen soll, aus dem Erkenntnisse Execution zu suchen. Für die Schlüssigkeit der Klage, die zunächst in Betracht kommt, reicht es jedenfalls hin, daß Kläger sich zur Vertragserfüllung seiner Seits, also zur Gewährung der noch nicht entnommenen 35,000 Stück von dem Reste der in der Klage erwähnten 80,000 Stück erboten hat.

Man könnte unter diesen Umständen die Frage auf sich beruhen lassen, ob der Kläger in ausreichender Weise den für ihn aus dem Vertragsabschlusse sich ergebenden Gegenleistungsverbindlichkeiten genügen würde, wenn er über den Rest der ursprünglich vorhandenen 80,000 Stück in einer Weise bereits anderweit verfügt hätte, daß nur noch die bisher vom Beklagten nicht entnommene Quantität von 35,000 Stück zu seiner Verfügung vorhanden und also eine Aussonderung nicht mehr gedenkbar wäre. Die Entscheidung hierüber kann je nach Umständen verschieden ausfallen. Beklagter hat nach Inhalt der Klage von einer Quantität Ziegel, „harter und weicher unter einander, wie sie aus dem Brande gekommen", eine gewisse Anzahl gekauft, ohne behaupten zu können, daß er eine bestimmte Gattung, harte oder weiche allein, oder vorzugsweise von einer oder der andern Beschaffenheit auszuwählen sich bedungen habe. Vermag er nun

nicht zu behaupten, daß durch Verminderung der Gesammtzahl auf die eben von ihm erkaufte Stückzahl das Verhältniß der Anzahl der harten zu den weichen Steinen in dem verbliebenen Restbestande ein ihm ungünstigeres geworden sei, als das der Gesammtzahl gewesen, so hat er überhaupt gar kein Interesse daran, daß noch eine größere, als die von ihm erkaufte Anzahl von der ursprünglichen Quantität vorhanden ist, und also auch kein Recht, das Vorhandensein der vollen ursprünglichen Quantität zu fordern. Es versteht sich von selbst, daß ihm dabei das Recht, die Annahme gänzlich untauglicher Steine, das ihm aber auch beim vollständigen Vorhandensein der vollen ursprüng= lichen Quantität zugestanden, zu verweigern unverloren ist. Wenn er aber schon an sich durch Kauf eines Theils der Gesammtmenge kein Recht erlangt, den Verkäufer an der Verfügung über den Rest zu verhindern, so geht er auch selbst des Befugnisses, bei Absonderung seiner erkauften Quantität mitzuwirken, verloren, wenn durch seine Weigerung der Entnahme der erkauften Anzahl die Füglichkeit ge= meinschaftlicher Absonderung dieser letzteren ausgeschlossen wird."
(Urthel des O.=A.=G. in Sachen Naake ÷ Viehweger, vom 13. Febr. 1862. — Ger.=Amt Stollberg.)

82.

Daß die Zeugen vor ihrer Abhörung im Processe dem Be= weisführer oder dessen Sachwalter auf Befragen ihre Wissenschaft von den betreffenden Thatsachen mitgetheilt haben, beeinträchtigt ihre Glaubwürdigkeit nicht.

„Die Beklagte hat die Glaubwürdigkeit der beiden Beweiszeugen Bl. — bestritten, weil sie den Sachwalter der Kläger von der Sache informirt hätten. Nach der Aussage beider Zeugen Bl. — läßt sich nicht annehmen, daß etwas Anderes geschehen sei, als eine in geeig= neter Weise von dem gedachten Sachwalter ausgegangene Befragung derselben über ihre Wissenschaft von den zu beweisenden Thatsachen, und eine hierauf von den Zeugen diesem Sachwalter ertheilte Aus= kunft. Eine solche Befragung ist an sich zulässig, da ohne dieselbe die beweispflichtige Parthei und deren Rechtsbeistand in den meisten Fäl= len gar nicht im Stande sein würden, einen Beweis durch Zeugen mit Aussicht auf Erfolg zu unternehmen, und sie kann auch sonst keinen Verdacht gegen die Glaubwürdigkeit des Zeugen selbst begrün= den, weil die Voraussetzung, daß ein Zeuge, welcher um seine Kennt= niß der Sache von der beweispflichtigen Parthei vorläufig befragt worden ist, bei seiner Abhörung eine wahrheits= und eideswidrige Aussage erstatten möchte, aller logischen und juristischen Begründung entbehrt.
Annalen des Königl. Oberappellationsger., Bd. I. S. 454.
Zeitschrift f. Rechtspfl. u. Verw. Bd. XV. S. 454."
(Urthel des O.=A.=G. in Schwarzens Creditwesen, v. 13. Febr. 1862. — Ger.=Amt Oschatz.)

83.

Ueber die Voraussetzungen des Eintritts der Pönalbestimmung in §. 17. ad Tit. XXXIX. der Erl. Proc.-Ordn., den
Verlust des Erstehungsrechtes und des angezahlten Zehn-
tels betreffend.

„Zwar würde man aus dem Bl. — angeregten Gesichtspunkte
einen absoluten Ausschluß der Pönalbestimmungen der Erl. Proc.-Ordn.
ad Tit. XXXIX. §. 17. herzuleiten nicht gemeint sein, indem derjenige, welcher nach nothwendiger Versteigerung eines Grundstücks
mit Genehmigung des Subhastationsrichters in das Erstehungsrecht
eines Dritten eintritt, als Ersteher im Sinne des §. 17. zu gelten hat.
Dieß schließt jedoch nicht aus, daß in seiner Person den Erfordernissen genügt sein müsse, welche das Gesetz als Voraussetzung des
Eintritts der Pönalbestimmung des §. 17. cit. statuirt.

Dazu gehört es aber, daß der Ersteher von dem ersten Abjudi-
cationstermine, wie solcher in §. 16. cit. vorgesehen, legal in Kenntniß gesetzt sein müsse, bevor die peremtorische Anberaumung eines
zweiten Termines in Gemäßheit des §. 17. cit. erfolgen könne.

Wenn schon nämlich über die Modalität, wie es mit solchen
Terminen zu halten, verschiedene Meinungen obgewaltet haben,

vgl. Griebner, Discurs ad h. l. s. v. Ueberfluß. 2. Ausg.
S. 346. und not. 64 a.

so befolgt doch das Oberappellationsgericht die bereits vom vormaligen
Appellationsgerichte ausgesprochene Meinung, daß es der Anberaumung dieser Termine und insbesondere nach vergeblichem Verfluß des
ersten, eines zweiten in der §. 17. cit. vorgezeichneten Maße bedürfe,
wenn der Verlust des Erstehungsrechtes und des angezahlten Zehn-
tels wegen Nichtberichtigung des Viertheils erfolgen solle.

vgl. Zeitschrift f. Rechtspfl. u. Verw. Bd. III. S. 343.
Wochenblatt für merkw. Rechtsf. 1853. S. 56. jcto. 54.
x. ꝛc.

Könnte man daher auch den Gründen voriger Instanz Bl. —
im Allgemeinen beipflichten, ist man ferner auch mit dieser darüber
einverstanden, daß der erste Termin nicht in Betracht kommen könne,
und der zweite als erster zu gelten habe, so theilt man doch, wie bereits oben gedacht, die Bl. — ausgesprochene Meinung, daß die drei-
wöchentliche Nachfrist von selbst und ohne daß es einer besonderen
Einräumung derselben und überhaupt einer ausdrücklichen dießfallsigen
gerichtlichen Ladung bedarf, laufe, nicht, und es vermag auch die
Meinung des Herausgebers von Curtius, Handbuch, Thl. 10.
3. Auflage, welche er in der Bl. — angeführten Note **) zu §. 1384 a
mit Beziehung auf Gottschalk, Disc. II. pag. 375. ausgesprochen,
hierunter um so weniger ein Gewicht zu äußern, als die von Letzterem
angezogene Gesetzesvorlage Gesetzeskraft nicht erlangt hat; die Frage
aber, welche von ihm behandelt und mit Beispielen aus der Spruch-

praxis des vormaligen Appellationsgerichts erläutert ist, eine ganz andere als die hier in Rede stehende, nämlich die ist: ob der säumige Ersteher außer dem Verluste des Zehntheils auch noch das Interesse zu tragen habe?

(Gottschalk, l. c. pag. 357.)

Auch vermag nicht etwa aus dem Mandate vom 14. Juni 1826. (Gesetzsammlung S. 170.) verbis: „oder in den nach gedachter Gesetzstelle statthafter dreiwöchentlicher Frist zu leistenden Zahlungen" Etwas Anderes gefolgert zu werden, da hierbei offenbar nicht bestimmt werden sollen, wie jene Frist zu firiren.

Man hat daher lediglich bei der oben dargelegten Meinung, wonach es der besonderen Anberaumung des zweiten Adjudicationstermins bedarf, die auch die des Gerichts gewesen zu sein scheint, als sie mit der Vorladung Bl. — verfuhr, und welche auch von anderen Gerichten befolgt wird,

vgl. z. B. Wochenblatt 1853 S. 226.

zu beharren und demgemäß reformatorisch auf legale Anberaumung anderweiten Adjudicationstermins zu sprechen gehabt."

(Urthel des O.-A.-G. in Sachen des Curat. bon. in Voigt's Crebitwesen ÷ Voigtin, v. 20. Februar 1862. — Ger.-Amt Frauenstein.)

84.

Die Bestimmung der l. 2. 4. Cod. de litigios. in Betreff der Unzulässigkeit der Cession klagbar gemachter Forderungen ist heutzutage nicht mehr als anwendbar zu betrachten. — Zur Lehre von der Litispendenz.

„Das von der ersten Instanz als durchgreifend betrachtete, von der zweiten dagegen unentschieden gelassene Bedenken gegen die Gültigkeit der Abtretung eines klagbar gewordenen Anspruches auf Grund der Bestimmungen der L. 2. 4. Cod. de litigios. (8, 37) ist nach der Meinung des O.-A.-G. unbegründet. Daß die Anwendung der angezogenen Gesetzesstelle in Deutschland niemals eine allgemeine gewesen, bestätigen außer den im vorigen Erkenntnisse allegirten Schriftstellern noch u. A.

Mühlenbruch, Cession des Forderungsrechtes S. 388.
Puchta, in Weiske's Rechtslexicon Thl. II. S. 646.

In der Erwähnung des Verbotes der Cession klagbar gewordener Forderungen in der Bl. — citirten Stelle der Motiven zum Entwurfe des bürgerlichen Gesetzbuches kann ebenfalls ein Anerkenntniß der Anwendbarkeit des Satzes für die bisherige Praxis um so gewisser nicht gefunden werden, als an derselben Stelle die künftige Nichtanwendbarkeit noch anderer, ganz unzweifelhaft schon durch die bisherige

Rechtsübung außer Wirksamkeit gesetzter Rechtsmeinungen ausgesprochen ist, ohne Zweifel nur in der Absicht, den Bereich des controversen Rechtes zu beschränken.

Abgesehen aber davon, daß in den gegenwärtigen Verkehrsverhältnissen durchaus keine Veranlassung zur Anwendung einer ursprünglich jedenfalls von demselben Gesichtspuncte, wie das Verbot der cessio ad potentiorem ausgehenden,

vergl. Puchta a. a. O.

die Vermögensdisposition beschränkenden Bestimmung liegt, ist für gewisse Fälle das Gegentheil durch die Gesetzgebung sogar sanctionirt, wie z. B. für die Fälle, in denen klagbar gemachte Rechte als Accessorien von Eigenthumsgegenständen auf andere Personen übertragen werden müssen, bei Singularsuccessionen, besondere Vorschriften über zu beachtende processualische Formen im XVII. Titel der Erl. Proz.-Ordbg. von der Reassumtion des Prozesses bestehen, so daß kein erhebliches Bedenken entgegensteht, das gedachte römischrechtliche Verbot als ein antiquirtes zu betrachten.

Das zweite, auf die nämlichen factischen Unterlagen sich gründende und für die Entscheidung zweiter Instanz maßgebend gewordene Bedenken, daß die Frage über die Existenz des von W. und Z. an die Beklagten cedirten Forderungsrechtes bereits anderweit Gegenstand rechtlicher Entscheidung sei, konnte nach der Ansicht des O.-A.-G. ebenfalls nicht dahin führen, das exceptivische Vorbringen der Beklagten unbeachtet zu lassen. Es liegt gegenwärtig der Fall vor, in welchem ein Theil eines Anspruches, der agendo verfolgt wird, zugleich compensando geltend gemacht werden soll; für einen solchen Fall nimmt aber schon das Römische Recht die exceptio litis pendentis nicht an, sondern gestattet die Fortstellung beider Rechtsstreite.

L. 8. D. de compensat. (16, 2.)

Hasse, im Archiv für die Civilpraxis Bd. 7. S. 169.

Krug, die Lehre von der Compensation §. 94. S. 250 fg.

An sich erscheint es also unbedenklich, den Compensationsanspruch Beklagter zu berücksichtigen, wenn gleich derselbe Gegenstand des Klaganspruches in einem andern Rechtsstreite ist.

Allein da der Cedent dem Cessionar nicht ein besseres Recht abtreten kann, als er selber hat, so versteht es sich von selbst, daß auch die Wirkung derjenigen Ausflüchte nicht außer Betracht bleiben kann, welche Klägers Cedent den Cedenten Beklagter in dem gegen ihn von diesen letzteren erhobenen Processe entgegengestellt hat."

(Urthel des O.-A.-G. in Sachen Langguth ÷ Popp, rc. v. 20. Febr. 1862. — Ger.-Amt Chemnitz.)

85.

Es bedarf nicht der besondern Bezugnahme auf Angemessenheit oder Geschäftsüblichkeit der Preise Seiten des Verkäufers, um in dem Falle, wo die Partheien zwar über die kaufsweise Uebergabe der Waaren einverstanden sind, aber sich nicht besonders über den Kaufpreis geeinigt haben, zur Preisbestimmung mittelst Begutachtung von Sachverständigen oder durch eibliche Bestärkung der Geschäftsüblichkeit der geforderten Preise Seiten des Verkäufers zu gelangen.

„Nach der vom K. O.-A.-G. beim Rechtsprechen constant befolgten Ansicht

> cfr. Annalen des K. O.-A.-G. Band I. S. 333 fl. Band III. S. 509 fl.
>
> Zeitschrift für Rechtspflege und Verwaltung, N. F. Band XVIII. S. 254 fl.

muß in den im kaufmännischen und im gewöhnlichen Verkehre häufig vorkommenden Fällen, wo die Partheien über die kaufsweise Uebergabe einer Waare einverstanden sind, ohne daß eine Vereinigung über den zu gewährenden Kaufpreis zu Stande gekommen ist, von der Voraussetzung ausgegangen werden, daß die Partheien stillschweigend übereingekommen sind, es solle die Festsetzung des Kaufpreises arbitrio boni viri erfolgen. Dieses arbitrium boni viri ist zunächst und dafern ein anderer Weg nicht ausdrücklich vereinbart worden ist, der Mitcontrahent auszuüben befugt, es tritt jedoch, dafern der diesfallsige Ausspruch als unbillig angefochten wird, das richterliche Ermessen dergestalt ein, daß die Entscheidung über die Höhe des Preises von der Begutachtung Sachverständiger, oder von einem dem Kläger nachzulassenden Bestärkungseibe abhängig gemacht wird. Da nun im vorliegenden Falle Beklagter sich auf eine vertragsmäßige Feststellung des Kaufpreises oder auf eine Vereinigung über die Art und Weise, wie derselbe zu normiren sei, nicht bezogen, auch Beklagter die Waaren seinem Geständnisse zufolge in seinen Nutzen verwendet hat und mithin letztere einer Abschätzung durch Sachverständige nicht unterworfen werden können, so erscheint die Entscheidung erster Instanz Blt. —, nach welcher dem Kläger ein Bestärkungseid dahin, daß die angesetzten Preise diejenigen seien, welche zur Zeit der Lieferung der fraglichen Waaren in seinem Geschäfte üblich und von ihm, dem Kläger, seinen andern Kunden berechnet worden seien, auferlegt worden ist, der Sachlage völlig entsprechend.

Die vorige Instanz hat dagegen Bl. — angeführt, daß derjenige, welcher auf Bezahlung gewisser Preise aus Kauf- oder andern onerosen Rechtsgeschäften klage, zu der eiblichen Bestärkung dieser Preise in der im Erkenntnisse erster Instanz auferlegten Maße nur dann gelassen werden könne, wenn von ihm selbst auf die Angemessenheit und Geschäftsüblichkeit derselben ausdrücklich Bezug genommen worden sei, weil außerdem dem Beklagten die Gelegenheit, mit seinen etwaigen Einwendungen gegen die Behauptung des Klägers aufzukommen, und eine mindere Feststellung des Schuldbetrages zu erwirken abgeschnitten sei. Dieser Ansicht vermag jedoch das K. O.-A.-G. nicht beizupflichten. Denn mit Rücksicht darauf, daß, Inhalts der oberwähnten Geständnisse, und der vom Beklagten Bl. — beigebrachten Urkunden die Garne aus Klägers Spinnerei käuflich entnommen worden sind, bedarf es nicht noch einer besonderen Motivirung der Billigkeit oder Angemessenheit der Preise, da Kläger, insofern er die von ihm bestimmten Preise fordert, ausreichend zu erkennen gegeben hat, daß die angesetzten Preise dem abitrio boni viri entsprechend, mithin solche seien, wie sie zur Zeit der Lieferung der Waaren in seiner Spinnerei üblich gewesen, und von ihm auch andern Kunden berechnet worden seien.

Das K. O.-A.-G. hat daher in Fällen der vorliegenden Art, in welchen Waaren ohne vorgängige Preisbestimmung von einem Kaufmann oder Fabrikanten entnommen worden, selbst dann, wenn der Kläger ausdrücklich auf Orts- und Kundenüblichkeit der Preise in der Klage Bezug nimmt, wiederholt dieses Klaganführen nicht als Theil des Klaggrundes angesehen, und mithin weder auf den hierunter angetragenen und angenommenen Eid, noch auf Beweis der Orts- und Kundenüblichkeit der Ansätze erkannt, vielmehr dem Kläger, falls nicht ein aus den Acten zu ersehendes Bedenken vorliegt, oder die Begutachtung der Preise durch Sachverständige angemessen erscheint, ohne Weiteres ein Assertorium in Betreff der behaupteten Orts- und Kundenüblichkeit nachgelassen. Auch werden durch dieses Verfahren dem Beklagten die etwaigen Ausstellungen gegen die Höhe der angesetzten Preise nicht entzogen, da Beklagtem obliegt, schon im ersten Verfahren seine Einwendungen gegen denjenigen Theil der Klage, welcher sich auf die geforderten Preise bezieht, vorzubringen. Insbesondere hatte Kläger in der vorliegenden Klage Bl. — ausdrücklich bemerkt, daß die in der Klagbeilage O. verzeichneten Preise von ihm, dem Kläger, bestimmt worden seien. Es war daher Beklagter, wenn er die Höhe der Ansätze bestreiten wollte, verbunden, seine Einwendungen gegen dieselben anzuzeigen, mithin sich darauf zu beziehen, daß entweder von ihm billigere Preise bedungen worden seien, oder daß Kläger das arbitrium boni viri in einer ihn verletzenden Weise ausgeübt habe. Hierbei hatte Beklagter gleichzeitig darauf Bezug zu nehmen, bei welchen Waarenposten die Preise zu hoch angesetzt worden seien, und soweit er auf das Gutachten Sachverständiger zu provociren gemeint, anzuführen, aus welchen Gründen jetzt noch die erkauften Garne der Begutachtung Sachverständiger unterworfen werden können."

(Urthel des O.-A.-G. in Sachen Höffer ÷ Bieber, v. 20. Febr. 1862. — Ger.-Amt Geyer.)

86.

Zur Frage von der Geltung mündlicher Verabredungen neben der über den Vertrag aufgesetzten und vollzogenen Urkunde.

„Die Frage anlangend, inwiefern von einem der Contrahenten, welche in Betreff des Vertrags eine Urkunde vollzogen haben, auf daneben bestehende mündliche Verabredungen Bezug genommen werden könne, ist zunächst der Fall auszuscheiden, wo die Pariscenten zu einer Zeit, zu welcher der Vertrag noch nicht zum definitiven Abschlusse gediehen war, schriftliche Aufzeichnung in der Maße vereinbart haben, daß sie ohne solche nicht an den Vertrag gebunden sein wollten.

Dieser Fall

vgl. Annalen des Oberappellationsgerichts Band III. S. 138.*) liegt unbestrittener Maßen hier nicht vor.

Alle andern Fälle, wo die Urkunde nur unter dem Gesichtspunkte eines Beweismittels erscheint, lassen sich wieder insofern sondern, als auf mündliche Veredungen vor, bei oder nach Unterzeichnung der Vertragsurkunde Bezug genommen wird.

Während nun auf die letzten beiden dieser drei Phasen hier nicht einzugehen ist, weil solche nach den Partheivorträgen nicht indicirt sind, handelt es sich im vorliegenden Falle um die erste, indem Kläger mit der Behauptung hervortritt, daß neben den Stipulationen, die später in der Urkunde Bl. — Ausdruck gefunden, noch die getroffen worden, daß das vom Kläger dem Beklagten überlassene Einschußcapital, abgesehen von der schriftlich garantirten Dividende, jenem von diesem regelmäßig mit 4 Procent verzinst werden solle; wonach sich diese Dividende als eine sogenannte Superdividende characterisirt.

In solchen Fällen ist nun zuvörderst zu untersuchen, ob die betreffende mündliche Veredung neben den urkundlich verlautbarten Vertragsclauseln bestehen könne oder letztere ganz oder theilweise alterire. Eine solche Möglichkeit kann nun formell oder materiell ausgeschlossen erscheinen, formell, wenn die Urkunde deutlich an die Hand giebt, daß neben ihrem Tenor in Betreff des fraglichen Vertragsverhältnisses andere Stipulationen, wenn sie selbst vereinbart gewesen, nicht Geltung behalten sollen, materiell, wenn die mündliche Verabredung mit einer schriftlich beurkundeten in unauflöslichen Widerspruch treten würde.

Weder das Eine noch das Andere ist hier der Fall; Ersteres nicht, da sich weder der Vertrag als ein abgeschlossenes Ganzes im Eingange oder am Schlusse oder sonst zu erkennen giebt, noch auch die Schlußclauseln in §. 9 Bl. —, welche ohnehin jeder Zeit mit Vorsicht zu berücksichtigen sind, da sie häufig mehr auf Gewohnheit als auf wohlerwogener Absicht beruhen, eine solche Annahme nothwendig mit sich führen, vielmehr ungezwungen auch die Auslegung zulassen, daß

---

*) S. diese Zeitschr. N. F. Bd. XXI. S. 68. Num. 7.

solche sich eben nur auf die Vertragsberedungen beziehen, welche in der Urkunde Ausdruck gefunden haben.

Allein auch ein materieller Widerstreit läßt sich nicht absehen, da, wie Beklagter selbst nicht verkennt, der betreffende Separationsvertrag so oder so abgeschlossen werden konnte, und die Ausbedingung einer laufenden festen Verzinsung neben einer in minimo garantirten Superdividende eines angebrachten, offenbar den Partheien bereits als sehr lukrativ bekannten Geschäfts unter den vorwaltenden Umständen weder etwas Gesetzwidriges noch etwas Unnatürliches enthält." 2c.

(Urthel des O.-A.-G. in Sachen Heydenreich ÷ Hösel, vom 20. Febr. 1862. — Ger.-Amt Chemnitz.)

87.

Ueber den Anspruch dessen, welcher einem Andern au porteur lautende Werthspapiere commodatweise zur Verpfändung überlassen hat. — Einfluß des zum Vermögen des Commodatars nach stattgefundener Verpfändung ausgebrochenen Concurses und des Umstandes, wenn bei der durch den Gütervertreter stattgefundenen Wiedereinlösung eine Vertauschung der Nummern der verpfändeten Papiere geschehen ist.

„Wenn es wahr ist, was Klägerin in der Klage behauptet hat, daß der Gemeinschuldner Sch. vor Ausbruch des Concurses zu seinem Vermögen unter andern auch die Bl. —, den Nummern nach bezeichneten fünf Stück Magdeburg-Halberstädter Eisenbahnactien mit Coupons auf die dort angegebene Zeit leihweise, lediglich zu dem Ende, um selbige zum Behufe der Beschaffung nöthiger Geldmittel bei einer Creditanstalt zu verpfänden, von der Klägerin sich erbeten und übergeben erhalten hat, so kann daran, daß Klägerin durch Hingabe jener Werthpapiere ihr Eigenthum zu Gunsten des Gemeinschuldners nicht aufgegeben hat, ein Zweifel um so weniger obwalten, als au porteur lautende Creditpapiere der hier fraglichen Art im Verkehre nicht ohne Weiteres und nach allen Seiten hin den vertretbaren Sachen gleichzustellen sind, vielmehr bei der Frage, ob solche Papiere in einem einzelnen gegebenen Falle als genus zu behandeln sind, oder ob sie die Eigenschaft einer species behaupten, es lediglich auf die Natur des Geschäftes ankommt, dessen Gegenstand sie bilden,

vergl. Zeitschrift für Rechtspflege und Verwaltung, N. F. Bd. XIV. S. 161 flg. Bd. XIX. S. 340 flg. Annalen des O.-A.-G. Bd. 2. S. 156. Bd. 4. S. 89.

nun aber im vorliegenden Falle schon aus dem Wesen des Commodats die Qualität der fraglichen Papiere als species von selbst folgt, indem, wenn es hierunter nur auf Rückgabe nach Stückzahl und Gattung abgesehen gewesen wäre, die Contrahenten voraussetzlich eine andere Vertragsform, z. B. die des Darlehnsvertrages, gewählt haben würden.

(vgl. die angezogenen Annalen Bd. 3. S. 89. Bd. 4. S. 90.[*])
Sch. war hiernach — die Wahrheit des Anführens vorausgesetzt —
schon vermöge der Natur des Rechtsgeschäftes die geliehenen Actien in
denselben Nummern und Stücken — da nöthig nach vorgängiger
Wiedereinlösung — an die Klägerin zurückzugeben gehalten, selbst
wenn er solches nicht, wessen es eigentlich gar nicht erst bedurfte, der
Klägerin nach deren ferneren Behauptung in der Klage noch überdem
ausdrücklich versprochen hätte.

Fragt es sich nun weiter, welchen Einfluß der nach angeblich erfolgter Verpfändung der Papiere bei der Leipziger Bank ausge-
brochene Concurs zu Sch. Vermögen auf das Rechtsverhältniß der
Klägerin gegenüber geäußert, so ist hierüber Folgendes zu bemerken:
Es könnte vielleicht vor allen Dingen in Frage kommen, ob nicht
dann, wenn, wie hier, dem späteren Gemeinschuldner eine species zur
Verpfändung für dessen Schuld überlassen war, der Eigenthümer der
species nachmals den Concurs nöthigen könne, die verpfändete Sache
selbst einzulösen und frei von dem Pfandnexus zurückzugeben. In der
That fehlt es auch nicht an Rechtslehrern, welche dieses behaupten,
vgl. Hommel, Rhaps. Vol. VI. obs. DCCXXII, p. 83.
Reinhard, Ordnung der Gläubiger im Concurse §. 42. unter 1. verb. mit §. 44. unter 2.
und es ließe sich für diese Meinung, abgesehen von den dort angegebenen Gründen, in Fällen der gerade hier vorliegenden Art vielleicht
noch die besondere Erwägung geltend machen, daß, da öffentliche, auf
den Inhaber· gestellte Creditpapiere nach dem Gesetze vom 8. Juni
1846 dem dritten redlichen Besitzer gegenüber der Vindication nicht
unterliegen, es überhaupt sehr fraglich ist, ob und wieweit der Eigenthümer als solcher mittelst einer dinglichen Klage die Herausgabe der
Papiere von dem Pfandinhaber selbst gegen Gewährung des Pfand-
schillings würde erzwingen können.

Dieß jedoch dahingestellt, so wird soviel wenigstens niemand bestreiten, daß zumal bei Nichtvindicabilität des Pfandobjectes der Concurs sich nicht würde entbrechen können, dem Eigenthümer der verpfändeten Papiere, wenn dieser es verlangt, und zu Gewährung der
Pfandsumme bereit ist, durch Cession der ihm zuständigen actio
pignoratitia directa zu seinem Eigenthume zu verhelfen. Nun sind
aber nach der Behauptung der Klägerin die zur Zeit der Concurseröffnung in Natur bei der Leipziger Bank annoch verpfändet gewesenen Actien seitdem durch die Vermittelung des Kaufmanns Kl. in
Leipzig von dem Beklagten, dem Concursvertreter, selbst eingelöst
worden und je gewisser der Letztere bei dieser Einlösung, wenn er
solche nicht im Anerkenntnisse eigener Verpflichtung bewirkt hat, was
er Bl. — bestreitet, nur die negotia der Klägerin gerirt haben kann
— ein dritter Fall ist hier nicht gut denkbar — um so zweifelloser ist

---

[*]) S. diese Zeitschr. N. F. Bd. XXI. S. 460 f. Num. 205.

auch der Concurs als solcher, zumal Klägerin nach ihrer ausdrücklichen Erklärung Bl. — bereit ist, die auf die Einlösung verwendete
Summe sammt Spesen dem Concurse zu restituiren, nicht befugt, die
zum Depositum gelangten Papiere — die er anderenfalls ohne allen
und jeden Rechtsgrund (sine causa) behalten würde — der Klägerin
vorzuenthalten, man müßte denn annehmen, es stehe der Klägerin ihr
in der Klage enthaltenes Anführen entgegen, daß der obengenannte
Mandatar des Beklagten es unterlassen habe, bei der Leipziger Bank
dieselben Actien, welche der Gemeinschuldner geliehen und an diese
verpfändet worden, sich zurückgeben zu lassen, mithin, anstatt der Bl. —
verzeichneten, fünf andere Actiennummern von gleicher Gattung zum
Concursdepositum gelangt seien.

Dem ersten Erkenntnisse liegt auch ·wirklich diese Meinung zu
Grunde und wesentlich darum erfolgte nach Bl. — die Klagabweisung.
Indessen bereits in voriger Instanz hat diese Auffassung Mißbilligung
erfahren und aus den Motiven Bl. — ergiebt sich, daß und warum
die Verfasser des Erkenntnisses von den hier angeregten Bedenken,
wenn sie nicht aus einem anderen, später noch zu erwähnenden Grunde
zur Abweisung gelangt wären, abgesehen haben würden. Der desfalls geltend gemachte Gesichtspunkt ist auch nach dem Dafürhalten
des D.-A.-G. ein ganz richtiger.

Die dem Gemeinschuldner leihweise übergebenen Actien waren,
die Wahrheit der Behauptungen der Klägerin vorausgesetzt, beim
Ausbruche des Concurses, als species betrachtet, noch vorhanden.
Sie bildeten sonach thatsächlich einen — wiewohl dem Eigenthums-
anspruche der Klägerin unterliegenden — Theil der Concursmasse,
nur daß sie nicht unmittelbar bei dieser sich befanden, sondern vermöge ihrer Verpfändung in der Innehabung eines Dritten, der
Leipziger Bank. Der Concursvertreter also, nicht aber der Gemeinschuldner, war nach Ausbruch des Concurses zur Wiedereinlösung
derselben befugt, und wie ersterer, wenn er einmal dem Einlösungs-
geschäfte durch Vermittelung des mehrgenannten Kl., sei es nun als
der Klägerin negotiorum gestor, sei es aus irgend welchem anderen
Grunde sich unterzog, selbstverständlich auch für die ·richtige Ausführung des Geschäftes einzustehen hat, so hat die von ihm repräsentirte
Concursmasse es zu vertreten, wenn zum Schaden der Klägerin andere
als die verpfändeten Nummern zum Depositum gekommen sind, mag
nun, wie Klägerin annimmt, Beklagter aber bei den Einlassungs-
punkten — Bl. — bestreitet, der Mandatar des Beklagten die richtigen
Nummern bei der Bank zu reclamiren unterlassen, oder es mit der
Statt gehabten Verwechselung eine andere Bewandniß haben. Hiernach handelt es sich dermalen auf Seiten der Klägerin augenscheinlich
um einen Anspruch an die Masse als solche, und wenn auch Klägerin
insofern augenscheinlich im Irrthume sich befindet, als sie nach der
Klage zur Vindication der im Deposito befindlichen Actien sich befugt erachtet, so erscheint es dem·D.-A.-G. doch andrerseits unbe-

denklich, dem auf Herausgabe jener Creditpapiere gerichteten Verlangen
der Klägerin ohne Weiteres aus dem Gesichtspunkte des Schadenersatzes zu deferiren. Denn je gewisser Klägerin dann, wenn die dem
Gemeinschuldner geliehenen Actiennummern statt derjenigen Stücke,
welche im Depositum sich befinden, von dem Mandatar des Beklagten
zum Depositum eingereicht worden wären, in dem Falle der Vindication sich befunden haben würde, um so zweifelloser ist ihr dieser Vortheil nur durch die hierunter Statt gehabte Vertauschung der Papiere
entgangen. Anlangend aber den Schaden, welchen dieselbe hierdurch
erleidet, so kommt nach dieser Richtung hin die im gewissen Sinne ver-
tretbare Eigenschaft solcher Werthpapiere, um die es sich hier handelt,
wesentlich in Betracht, und nach Maßgabe dieser erscheint es gerechtfertigt, wenn man die vorhandenen als ein entsprechendes Ent-
schädigungsäquivalent (tantundem) für die der Klägerin verloren
gegangenen Papiere, dafern der Concursvertreter solche nicht wieder
herbeizuschaffen vermag, betrachtet, wenigstens bis zum Nachweise des
Gegentheiles, in welcher Beziehung jedoch von Beklagtem auch neuerlich Bl. — etwas Thatsächliches nicht vorgebracht worden ist, während
das von demselben Bl. — angeregte processualische Bedenken durch
die Erwägung seine Erledigung findet, daß der Richter bei der Beurtheilung und Entscheidung eines Streitfalles an die rechtliche Auffassung der Partheien nicht gebunden ist, und es in dem vorliegenden
Falle der Umänderung des Klagpetiti ex officio im Sinne §. 2 ad
Tit. V. der Erl. Proc.-Ordn. nicht einmal bedurfte. Beklagtens Berufung erscheint daher auch nach dieser Seite hin, sowie sonst unerheblich" 2c. 2c.

(Urthel des O.-A.-G. in Sachen Eßlerin ÷ Curat. bon. ⸬
Schröer's Creditwesen, v. 25. Februar 1862. — Ger.-Amt Meißen.)

88.

Ueber die Bedingungen der Statthaftigkeit der Klage de in rem verso utilis.

„Gleichwie, schon von der objectiven Seite betrachtet, nicht jeder
Vortheil, welcher Jemandem ohne Gegenleistung aus dem Vermögen
eines Andern zugegangen ist, als eine Bereicherung in dem Sinne,
welcher bei der versio in rem in Betracht kommt, angesehen werden
kann, vielmehr lediglich eine wirkliche, reelle (dauernde) Vermögens-
verbesserung hierunter verstanden wird,

L. 10. §. 4. D. de in rem verso (15, 3.)

„In rem autem versum videtur, prout aliquid versum est:
proinde, si pars versa est, de parte erit actio."

L. 6. eod.

„Versum autem sic accipimus, ut duret versum."

Vergl. auch §. 4. Inst. quod cum eo etc. (4, 7.)

so giebt auch selbst die Existenz einer derartigen Bereicherung noch nicht so ohne Weiteres in jedem Falle demjenigen, dessen Vermögen eine entsprechende Verminderung erlitten hat, ein Recht, gegen den Empfänger auf Entschädigung zu klagen, lediglich auf den Grundsatz der natürlichen Billigkeit hin, daß niemand mit des Andern Schaden sich bereichern soll. Im Gegentheile kann von einer versio in rem andrergestalt nicht die Rede sein, als wenn ein Fall vorliegt, wo der, um dessen Bereicherung es sich handelt, aus einem zwischen dritten Personen abgeschlossenen Vertrage zum Schaden des einen dieser Contrahenten einen Vermögensvortheil bezogen hat. Mit andern Worten gesagt, die versio in rem hat überall nur eine außer dem Falle eines zwischen den Betheiligten bestehenden Vertragsverhältnisses eingetretene Vermögensbereicherung auf den Grund eines fremden Vertrags zum Gegenstande. Denn die actio de in rem verso, bekanntlich zunächst nur gegen den paterfamilias zuständig, wenn dieser aus den Contracten seines Sohnes oder Sclaven Nutzen gezogen hatte,

§. 4. Inst. quod cum eo etc.
L. 1. L. 3. §. 5. und 7. L. 5. §. ult. L. 7. pr. §. 1, 2, 4; L. 10. §. 2, 7, 10. Dig. de in rem verso.

setzt zu ihrem Begriffe nicht nur die Existenz eines zwischen dem Sohne und beziehendlich Sclaven und einem Dritten abgeschlossenen Vertrags voraus, sondern sie erfordert auch, daß dieser Vertrag direct zu Nutzen des paterfamilias und in der Absicht, um Letzteren damit zu verbinden, abgeschlossen worden sein müsse, unter welchen Voraussetzungen die Klage als actio de in rem verso utilis nach dem Zeugnisse der Quellen

L. 7. §. 1. Cod. quod cum eo etc. (4, 26.)

auch schon nach römischem Rechte ausgedehnt worden ist auf solche Fälle, wenn zu Jemandes Nutzen mit Personen contrahirt worden ist, welche nicht in dessen Gewalt stehen, wie z. B. mit dem Vormunde, Bevollmächtigten, negotiorum gestor, mithin der Regel nach überall da, wo ein Bevollmächtigter die actio mandati, oder ein auftragsloser Geschäftsführer die actio negotiorum gestorum anstellen kann.

L. 3. §. 2. D. de in rem verso.
L. 21. eod.
Glück, Erläut. der Pandecten, Th. XIV. §. 914, 915, S. 400 fg. verb. mit §. 917, S. 416 fg.

Nur dann also, um es kurz zu wiederholen, wenn durch die Handlung desjenigen, welcher als Stellvertreter eines Anderen bei einem Vertrage aufgetreten, dem Vertretenen aus dem Vermögen des Dritten ein dauernder Vortheil zugekommen ist, haftet derselbe soweit, als solcher reicht, ex versione aus dem Vertrage des Stellvertreters. Mag man nun dieses Verhältniß auf den Begriff einer Stellvertretung in der gewöhnlichen Bedeutung des Wortes restringiren,

Sintenis, das practische gemeine Civilrecht, Th. II. §. 102, S. 376 fg. u. 86.
Unterholzner, von den Schuldverhältnissen, Bd. I. S. 422 fg.

oder der Meinung sein, daß, sobald Jemand nur aus dem Geschäfte
eines Andern mit einem Dritten, also auch, wenn ganz zufällig, einen
Vortheil gezogen, demjenigen, welchem dadurch etwas entgangen ist,
die actio de in rem verso utilis wider den Bereicherten zustehe (eine
Meinung, welche bei Theoretikern wie bei Praktikern sehr verbreitet
ist und für welche unter andern

Curtius, im Handbuche §. 1198 not. a.

Kind, quaest. for. tom. III. c. 21. pag. 90.

angezogen werden können), in jedem Falle ist nurgedachte Klage ihrer
nur subsidiärischen Natur nach dann und insoweit ausgeschlossen, als
es sich um eine Bereicherung Jemandes zum Nachtheile eines Dritten
aus einem von ihm selbst abgeschlossenen Vertrage handelt, indem
solchenfalls, wie von selbst einleuchtet, ganz andere, je nach der Natur
des Vertrages verschiedene Grundsätze anzuwenden sind, welche den
Gesichtspunkt einer unbilligen Vermögensbereicherung nach Befinden
ganz ausschließen können." ꝛc.

(Urthel des O.-A.-G. in Sachen Schubert ÷ Reichenbach, vom
27. Februar 1862. — Just.-Amt Hinterglauchau.)

Die Verwaltung angehende Präjudizien und Bestimmungen.

I. Das Behörden- und das Competenzverhältniß betr.

89.

Eine Veränderung der Friedensrichterbezirke im Gerichtsamtsbezirke Sayda betr.

Nachdem Seine Königliche Majestät für die durch den Wegzug des frühern Besitzers des Stadtgutes „Schönhayda" bei Sayda, Louis Rechenberger, zur Erledigung gekommene Stelle eines Friedensrichters im Gerichtsamtsbezirke Sayda den Hrn. Erbgerichtsbeisitzer Carl Hugo Schramm zu Pfaffroda zu ernennen geruht haben, hiernächst auch letzterer in Gemäßheit des Gesetzes vom 11. August 1855 und dessen Ausführungsverordnung vom 24. Juli 1857 für dieses Friedensrichteramt verpflichtet und eingewiesen worden, ferner eine veränderte Eintheilung des ersten und zweiten Friedensrichterbezirks für das Gerichtsamt Sayda dahin stattgefunden, daß von dem zweiten Bezirke die Ortschaften Pfaffroda, Schönfeld und Dittmannsdorf abgetrennt und dem ersten Bezirke zugewiesen, von letzterem dagegen der Ort Zethau entnommen und dem zweiten Bezirke zugeschlagen worden ist, so ist solches auf Grund von §. 12. der Ausführungsverordnung zum Ges. v. 11. August 1855 bekannt gemacht worden   Bek. d. Ksb. zu Dresb. v. 13. Sept. 1862. (V. Bl. Nr. XIII.)

90.

Die Abordnung geprüfter Rechtscandidaten zur Aushülfe betr.

Das Justiz-Ministerium findet Sich in Folge wahrgenommener, irrthümlicher Ansichten veranlaßt, es hierdurch zur allgemeinen Kenntniß der Betheiligten zu bringen, daß bei der zuweilen nöthig werdenden Abordnung von bereits geprüften Rechtscandidaten zur Aushülfe bei den Actuariatsarbeiten eines Gerichts, gegen Bewilligung einer Remuneration, nur auf solche Rücksicht genommen werden kann, welche sich zu diesem Behufe dem Justiz-Ministerium ausdrücklich zur Disposition gestellt haben. Die betreffenden Eingaben sind entweder an das Gericht, bei welchem dem Rechtscandidaten der Acceß bewilligt ist, zur Einberichtung an das Justiz-Ministerium oder unmittelbar an Letzteres zu richten und wird übrigens bei denjenigen Rechtscandidaten, welche sich in dieser Weise dem Justiz-Ministerium zur Disposition gestellt haben, vorausgesetzt, daß sie später als Actuare angestellt zu werden wünschen, wogegen andere, wenn auch bei einem Königlichen Untergerichte als Accessisten beschäftigte Rechtscandidaten eine Berücksichtigung bei Besetzung von Actuariatsstellen nur dann erwarten können, wenn sie ausdrücklich um eine solche Anstellung nachgesucht haben. Bek. des Min. d. Justiz vom 19. September 1862. (Leipz. Zeit. Nr. 226.)

91.

Zur Beurtheilung der Competenz in Innungsstreitigkeiten betreffend.

In dem folgenden Falle, auf welchen sich die S. 198 ff. des 1. Bandes der Zeitschrift für Verwaltungs-Praxis und Gesetzgebung ersichtliche Abhandlung bezieht, hat das Min. des Inn. die in dieser vertheidigte Ansicht, daß diese Sache im Administrativjustizwege zu entscheiden gewesen sei, nicht getheilt, sondern collegialisch constituirt entschieden, daß sie im reinen Verwaltungswege zu erledigen sei.

Nach den Specialartikeln der Fleischerinnung zu S. hat der Geselle, welcher das Meisterrecht gewinnen will, gewisse Viehstücke abzuschätzen, sobann in der Werkstatt des Obermeisters, durch welchen die Innung dieselben auch einkaufen läßt, zu schlachten, und in der Regel gegen Erlegung des von der Innung verlegten, durch Quittung zu bescheinigenden Einkaufspreises anzunehmen, oder falls derselbe gegen den Einkaufspreis Ausstellungen macht und eine Vereinigung nicht zu Stande kommt, den von der Innungsobrigkeit bestimmten Taxwerth zu bezahlen. Ueber die gehörige Beobachtung dieser statutarischen Bestimmungen war zwischen der Innung und dem Gesellen W. in sofern Streit entstanden, als jene durch ihren Obermeister von letzterem, welcher sich der Ablegung des Meisterprobestücks unterzogen hatte, Ersatz des nach Abzug einer von ihm bestellten Caution in Rest verbliebenen Taxwerthes gefordert hatte, während W. sich dessen vorzugsweise um deswillen geweigert hatte, weil ihm der Einkaufspreis nicht ordnungsmäßig nachgewiesen und außerdem ein Theil der geschlachteten Thiere vorenthalten worden sei. Die Forderung war zunächst im Rechtswege geltend gemacht worden;

das Appellationsgericht hatte aber in einem Communicate an die betr. Kreisb. ausgesprochen, daß, wenn die Competenz der Justiz- und Verwaltungsbehörden sich zufolge des im Gesetze vom 28. Jan. 1835 herrschenden Prinzips mit der nach §. 11. durch die Berufung auf besondere Privatrechtstitel bedingten Modification nach dem Gegenstande, woüber Streit sei, bestimme und falls dieser einem Verhältnisse des öffentlichen Rechtes angehöre, die dadurch, sowie durch die specielle Vorschrift in §. 25. des Competenzgesetzes begründete Zuständigkeit der Verwaltungsbehörde nicht geändert werde, daß der zu verfolgende Anspruch unter die Begriffsmerkmale einer civilrechtlichen Klage gebracht werden könne, die vorliegende Irrung als eine Verwaltungsstreitigkeit sich darstelle, da der geklagte Anspruch im Wesentlichen auf dem Inhalte der für die Mitglieder der Innung als statutarische Satzung verbindlichen Specialartikel beruhe, nur nach deren Maßgabe bezüglich seiner Statthaftigkeit sich beurtheilen lasse und nach dem vorbemerkten Grundsatze einen außerhalb des Gebietes der Gewerbesachen fallenden Character auch insoweit nicht annehme, als er dem Gesichtspunkte der Zurückforderung eines Verlags oder einer Nutzverwendung zu unterstellen sein würde, wie denn auch namentlich darauf, daß der Kläger auf ein Einverständniß des Beklagten mit dem von den betheiligten Innungsmitgliedern eingehaltenen Verfahren sich bezogen habe, ein besonderes Gewicht deshalb nicht zu legen sein dürfte, weil jenes Einverständniß immerhin nur etwaige Mängel in der Beobachtung der einschlagenden Vorschriften der Innungsartikel beseitigen, jedenfalls aber noch nicht einem Anerkenntnisse der geklagten Forderung selbst gleichgestellt werden könnte, welches als ein selbstständiger civilrechtlicher Klaggrund zu benutzen wäre.

Die Entscheidung des Minist. des Innern, daß die Differenz im reinen Verwaltungswege zu erledigen sei, beruht auf folgenden Gründen:

Der fragliche Anspruch gehört zu denjenigen, die innern Verhältnisse der Innung berührenden, innungsdisciplinellen Angelegenheiten, deren Erledigung nach Maßgabe der betreffenden Innungsartikel und sonstigen, das Innungswesen betreffenden gesetzlichen Vorschriften von der Innungsobrigkeit Amtswegen zu controliren ist, und in denen etwaige Beschwerden, sei es der Innung oder desjenigen, der sich um das Meisterrecht bewirbt, im reinen Verwaltungswege zur Lösung und Entscheidung zu bringen sind, da ein Partheienverhältniß im Sinne §. 1. des Gesetzes v. 30. Jun. 1835 nicht stattfindet. Ob dergleichen Irrungen noch zur Zeit des Verfahrens bei Gewinnung des Meisterrechts und wenn das letztere wirklich ertheilt worden ist, eintreten, oder erst später und ohne daß die Einwerbung wirklich zum Meisterspruche gelangt ist, zum Vorschein kommen, ist in Ansehung der Zuständigkeit der reinen Verwaltungsbehörde in der Sache ohne Einfluß. M. Entsch. an d. Ksb. zu Zwick. v. 17. Oct. 1862.

23 *

92.

Die Competenz in Vereinsangelegenheiten betr.

Als von einem Mitgliede eines Spar- und Hülfsvereins dagegen Protest eingelegt worden war, daß dem Beschlusse der Generalversammlung, einen Ball auf Kosten der Vereinscasse abzuhalten, Folge gegeben werde, hat das Ministerium des Innern Folgendes ausgesprochen: Es unterliege zwar keinem Zweifel, daß die Abhaltung von Bällen nicht innerhalb der statutarischen Zwecke des Vereins liege. Auch erscheine es im höchsten Grade zweifelhaft, ob die Generalversammlung über die Vereinscasse anders als zu den im Statute angenommenen Zwecken zu verfügen befugt sein könne, und die Vorsteher sich durch einen solchen Beschluß zu andern Ausgaben aus der Casse, als §. 1. des Statuts bezeichne, ermächtigt halten dürften, oder vielmehr bei derartigen Dispositionen sich persönlichen Vertretungen aussetzten. Allein andrerseits müsse, nachdem die Verordn., die Grabegesellschaften betr. v. 29. Aug. 1832, durch die Verordn. v. 8. Juni 1849 aufgehoben worden, die §. 5. vorgeschriebene obrigkeitliche Aufsicht auch hinsichtlich der während der Geltung dieser Verordnung begründeten Grabegesellschaften für erledigt erachtet werden. Auch lasse sich aus dem Umstande, daß die Statuten des Spar- und Hülfsvereins von der Kreisdirection bestätigt worden seien, nicht ohne Weiteres folgern, es habe die Handhabung dieser Statuten im Allgemeinen der Aufsicht der Verwaltungsbehörden unterstellt werden sollen. Unter Bezugnahme auf diese Gründe hat das Min. d. Inn. Bedenken getragen, im Verwaltungswege gegen jenen Beschluß einzuschreiten. R. V. an d. Ksb. zu Zwick. v. 3. Jan. 1862.

II. Das Paß- und das Armenwesen betr.

93.

Pässe nach der Türkei betr.

Die kais. türkische Botschaft zu Wien hat kürzlich bekannt gemacht, daß, zufolge neuerer Anordnungen, Jeder, der sich nach der Türkei begiebt, gehalten sei, seinen Paß durch eine ottomanische Gesandtschaft oder ein ottomanisches Consulat im Auslande visiren zu lassen, und daß Reisende ohne solches Visa in die türkischen Staaten nicht zugelassen, vielmehr sofort aus denselben zurückgeschickt werden sollen. Es wird sich sonach empfehlen, Personen, welche einen Reisepaß nach der Türkei sich ausstellen lassen, auf jene Bestimmung aufmerksam zu machen. Gendarmerie-Blatt Nr. 25. v. 24. September 1862.

94.

Die Errichtung von Armenhausordnungen betr.

Die Kreisdirection zu Dresden hat in dieser Beziehung Folgendes verordnet:

Das in neuerer Zeit unter den Gemeinden rege gewordene lebendigere Interesse für gute Armenversorgung und alle dahin einschlagenden armenpolizeilichen Einrichtungen hat auch in dem hiesigen Regierungsbezirke hier und da den Wunsch nach größeren Associationen zu Errichtung von „Bezirksarbeitshäusern", wie dergleichen in Strehla, Rochlitz und Taucha bestehen, hervorgerufen, beziehendlich dieserhalb bereits zu vorbereitenden Schritten geführt.

So sehr nun auch die Königliche Kreisdirection diesen Bestrebungen volle Gerechtigkeit und, wo sich ein Bedürfniß hierunter zeigt, auch ein Erfolg davon versprechen läßt, alle erforderliche Unterstützung angedeihen zu lassen bereit ist, so läßt sich doch nicht verkennen, daß der Errichtung solcher Bezirksarbeitshäuser durch größere Associationen sich oft in der Verschiedenartigkeit der Verhältnisse der Gemeinden sowie in der Aufbringung der hierzu erforderlichen bedeutenderen Geldmittel nicht so leicht und schnell zu hebende Schwierigkeiten entgegenstellen werden, während die den gesetzlichen Vorschriften sowie dem praktischen Bedürfnisse entsprechende Regelung der Armenpolizei in jedem Orte in der Hand jeder Gemeinde und Obrigkeit liegt. Es wäre daher um so mehr zu beklagen, wenn die Letztere als das Näherliegende und leichter Erreichbare über das Streben nach größeren Associationen verabsäumt werden sollte, als dergleichen Bezirksarbeitshäuser auch nur da sich bewähren und ihre nachhelfende wohlthätige Wirkung äußern werden, wo die Armenpolizei der einzelnen Gemeinden bereits gehörig gehandhabt wird, namentlich Zucht und Ordnung in den Armenhäusern jeden Orts gesichert ist.

Mehrfache Wahrnehmungen haben nun aber ergeben, daß die Verwaltung und Benutzung der Gemeinde-Armenhäuser, insbesondere aber die Handhabung der Disciplin in denselben, nicht immer eine befriedigende und zweckentsprechende ist, und daß hierdurch die Armenversorgungslast der Gemeinden eher gesteigert, als gemindert, die im Armenhause Untergebrachten darin oftmals sittlich schlechter, als besser werden. Das öffentliche Interesse sowohl, als das eigene wohlverstandene Interesse der einzelnen Heimaths- und Armenversorgungsgemeinden erfordert es daher, daß den Armenhäusern und der Ordnung darin überall eine besondere und sorgfältigere Aufmerksamkeit zugewendet werde, als hin und wieder zeither der Fall gewesen ist.

Nach den Vorschriften der Heimaths- und Armengesetzgebung sollen die Armenhäuser zunächst und hauptsächlich denjenigen subsidiär von den Gemeinden zu versorgenden Personen das nothdürftige Unterkommen gewähren, welche weder durch eigene Anstrengung ein

Obdach sich verschaffen, noch von ihren privatrechtlich dazu verpflichteten Angehörigen erhalten können.

Allein so wenig diese Personen unbedingt zu den unterstützungsbedürftigen oder arbeitsunfähigen und verdienstlosen zählen müssen, eben so wenig kann eine solche Unterbringung im Armenhause in allen Fällen unentgeltlich verlangt werden; vielmehr wird es der Armenhausverwaltung obliegen, alle diejenigen im Armenhause untergebrachten Personen, welche entweder die Mittel dazu besitzen, oder durch, da nöthig, ihnen verschaffte Arbeit sich erwerben können, eventuell unter consequenter und strenger Anwendung geeigneter und zulässiger Zwangs-, resp. Besserungsmittel, zur Bezahlung eines, mit Genehmigung der Obrigkeit von der Armenhausverwaltung festzusetzenden Entgeltes (Miethzinses) für die Mitbenutzung des Armenhauses anzuhalten.

Demnächst ist es, wenn die Armenhäuser nicht ihren Zweck gänzlich verfehlen sollen, unerläßlich, daß junge, zum Dienen geeignete Individuen rechtzeitig hierzu angehalten und aus den Armenhäusern entfernt, alle darin auf kürzere oder längere Zeit untergebrachten Personen aber unter eine streng zu handhabende gute Hausdisciplin gestellt werden. Es muß deshalb ihr Lebenswandel streng überwacht, es müssen die sittlich herabgekommenen Subjecte von den besseren Bewohnern des Armenhauses, namentlich wenn bei denselben sich Kinder befinden sollten, hinsichtlich des Wohnungsraumes möglichst getrennt und ebenso die unverheiratheten Personen nach Geschlechtern streng gesondert untergebracht werden.

Besonders wichtig erscheint es ferner, mit Strenge darauf hinzuwirken und darüber zu wachen, daß Ordnung und Reinlichkeit im ganzen Armenhause herrsche; und werden die hierunter sich entgegenstellenden Schwierigkeiten nur durch die größte Consequenz gegen widerspenstige Armenhausbewohner sich beseitigen lassen.

Aus dem Zustande und der Beschaffenheit der Gemeindearmenhäuser wird man mit Recht auf eine gute oder minder gute Ordnung der ganzen Armenverwaltung sicher zurückschließen können, während die Gemeinden und Armenhausverwaltungen es sich selbst beizumessen haben werden, wenn in Folge von Nachsicht und lässiger Aufsicht im Armenhause das Laster und die Sittenlosigkeit immer mehr zu Tage tritt und das Verbrechen seine Pflanzstätte findet, wenn überhaupt das Armenhaus, trotz der für dasselbe unausgesetzt zu bringenden Opfer der Gemeinde, kaum noch seinem ursprünglich wohlthätigen Zwecke entspricht und zu einer Last wird.

Nun mag zwar der gute Wille auf Seiten der einzelnen Armenhausverwaltungen überall nicht bezweifelt werden. Vielmehr wird, wenn an vielen Orten wesentliche Mängel der gedachten Administrationen und in Folge dessen immer noch hin und wieder ein Bedenken

erregendes Treiben im Armenhause wahrnehmbar wird, dieß zumeist
in den fehlenden ausreichenden Anleitungen und Instructionen der
Administratoren und in dem unterbleibenden rechtzeitigen und kräfti-
gen Einschreiten gegen die sittlich verkommenen, arbeitsscheuen und
liederlichen Armenhausbewohner zu suchen sein.

Die Königliche Kreisdirection befindet daher für nothwendig, daß
überall, soweit dieß nicht schon geschehen ist, von den mit der Leitung
des Armenwesens im Heimaths- und Armenversorgungsbezirke betrauten Obrigkeiten unter Vernehmung mit den nach §. 6. des Gesetzes
vom 11. August 1855 hierzu ganz besonders mit berufenen Friedens-
richtern und unter Berathung mit den gesetzlichen Heimathsgemeinde-
vertretern und Armenvereinen oder Armendeputationen die Administration der Armenhäuser und die strenge Ueberwachung ihrer Bewohner, sowie insbesondere die Handhabung der Hausdisciplin in
selbigen allenthalben unter Feststellung geeigneter Strafbestimmungen
eingehend und zweckentsprechend geregelt, zu diesem Zwecke aber für
jedes Armenhaus eine Armenhausordnung entworfen und mit
Genehmigung der Regierungsbehörde eingeführt und überhaupt diesem
Zweige der Armenverwaltung Seiten der Obrigkeit selbst fortwährend
die größte Aufmerksamkeit zugewendet werde.

In dergleichen Armenhausordnungen werden aber unter besonderen Abschnitten namentlich zu behandeln sein: die ganze Einrichtung
des Armenhauses, die Bedingungen der Aufnahme, ganz besonders
aber die Pflichten seiner Bewohner, die eventuell gegen selbige anzu-
wendenden und nach einer gewissen Gradation festzusetzenden Dis-
ciplinarstrafen und gesetzlichen Correctionsmittel, die specielle und
fortwährende Beaufsichtigung des Armenhauses und seiner Bewohner,
es sei nun durch Annahme eines besonderen Armenhausaufsehers oder
durch Beauftragung eines der zuverlässigeren Armenhausbewohner,
die bauliche und sonstige besondere Verwaltung des ersteren, u. s. w.

An die Gerichtsämter und die Stadträthe des Dresdner Regierungsbezirks ergeht deshalb hiermit Verordnung, da, wo bereits Armenhausordnungen bestehen, solche mit Beachtung ihrer zu ermittelnden zeitherigen Ausführung und dabei gemachten Erfahrungen
sorgfältigst zu revidiren und den Erfolg anher anzuzeigen; wo aber
noch keine solchen Ordnungen vorhanden sind, zu deren unverzüglicher,
in der obangedeuteten Maße zu bewirkender, nach Befinden in den
hauptsächlichsten Punkten für alle Armenhäuser der Landgemeinden
eines und desselben Gerichtsamtsbezirks übereinstimmender Abfassung
zu verschreiten und sodann mittels Berichts, unter Beifügung der
betreffenden Acten und sonstigen Unterlagen, zur Prüfung und soweit
nöthigen Genehmigung anher einzureichen. Gen. V. v. 8. Juli 1862.
(V. Bl. Nr. XI.)

95.

**Die Beiziehung exemter Grundstücke zu den Armen-
caffenanlagen betr.**

Die in §. 72. der Landgemeindeordn. unter 2. ausgesprochene
Befreiung der geistlichen Grundstücke von Gemeindeleistungen kann,
wenn es sich um die Aufbringung von Bedürfnissen der politischen
Gemeinde handelt, nicht weiter ausgedehnt werden, als dieß bezüglich
der Aufbringung von Parochialleistungen in §. 4. des Gef. v. 21. März
1843 vorgeschrieben ist, womit auch dasjenige nicht in Widerspruch
steht, was über die Auslegung der gleichlautenden Vorschrift im
§. 104. unter 4. der allg. Städteordn. in der Bd. XIX. dieser Zeitschrift S. 549. abgedruckten Entscheidung des Min. des Cultus 2c.
entwickelt worden ist, und wenn man auch dahin gestellt sein lassen
will, ob und inwieweit überhaupt die Anwendbarkeit der vorgedachten
Bestimmung der Landgemeindeordn. auf die Erhebung von Armen-
caffenanlagen, in Ermangelung einer dießfallsigen ausdrücklichen Disposition in der Armenordnung, aus der im Eingange von §. 20. der
letztern enthaltenen Vorschrift gefolgert werden will, so enthält doch
die, die Herbeiziehung von exemten Grundstücken zu den Armenanlagen
betreffende Bestimmung in diesem §. 20. von einer etwaigen Befreiung der einen oder der andern Kategorie derartiger Grundstücke
nichts und könnte die analoge Anwendung der Bestimmung im §. 72.
unter 2. der Landgemeindeordn. auf die Erhebung der Armencaffen-
anlagen jedenfalls nur dann eintreten, wenn die betr. Grundstücke
zum Gemeindebezirke des betreffenden Orts gehörten. M. V. an k.
Ksd. zu Zwick. v. 19. April 1862.

96.

**Die Armuthszeugnisse für die Freikur in Elster
betreffend.**

Das Ministerium des Innern hat, unter Bezugnahme darauf,
daß es den Anschein gewonnen habe, als ob bei Ausstellung dieser
Zeugnisse nicht immer und allenthalben mit erforderlicher Genauigkeit
und namentlich ohne eigne eingehende Erörterung der Verhältnisse der
Bewerber um solche Zeugnisse Seitens der ausstellenden Behörden ver-
fahren werde, die betreffenden Behörden auf die ihnen in der beregten
Beziehung obliegende Verpflichtung besonders aufmerksam gemacht.
Bek. v. 16. Oct. 1862. (Leipz. Zeit. Nr. 258.)

III. Die Beurlaubung der Correctionärs und der Sträflinge betr.

97.

Die Beurlaubung der Correctionärs betreffend. (Verordn. des Min. des Inn. an die Kreisdirectionen v. 1. Aug. 1862.)

Mit Genehmigung Sr. Majestät des Königs ist von dem Ministerium des Innern beschlossen worden, bei den Landescorrectionsanstalten für Männer und Frauen, einschließlich der Selecten, vom 1. October laufenden Jahres an versuchsweise ein Beurlaubungssystem in Anwendung zu bringen.

Nach diesem Systeme sollen von gedachtem Zeitpunkte ab in der Regel alle auf unbestimmte Zeit in die Landescorrectionsanstalten eingelieferte Männer und Frauen, mit Einschluß der Selectaner, insofern sie nicht direct aus der Anstalt mit Vertrauenszeugniß entlassen werden können, oder als Ausländer außer Landes zu weisen sind, vor ihrer definitiven Entlassung beurlaubt und während ihrer Urlaubszeit außerhalb der Anstalt, womöglich in der Nähe derselben, von der Anstaltsdirection in einer den verfolgten Besserungszweck thunlichst befördernden Weise untergebracht werden. Die Beurlaubung der vorgedachten Classe von Correctionärs wird daher künftig regelmäßig eine Uebergangsstufe von der Detention zur völligen Entlassung bilden.

Bei den auf bestimmte Zeit (zur Strafe) eingelieferten Correctionärs wird dagegen das Beurlaubungssystem bis auf Weiteres nur ausnahmsweise und zwar bei solchen dieser Kategorie angehörigen Correctionärs beiderlei Geschlechts eintreten, gegen welche wegen schlechter, beziehendlich ungeeigneter Führung während ihrer Detention in der Anstalt entweder nachträglich auf Bericht der Anstaltsdirection fortgesetzte Detention auf unbestimmte Zeit oder mindestens Beurlaubung anstatt gänzlicher Entlassung nach Ablauf der Strafzeit von der betreffenden Kreisdirection verfügt oder rücksichtlich welcher im Hinblick auf ihre Führung und ein ausgemitteltes geeignetes Unterkommen von der Anstaltsdirection auf Beurlaubung vor Ablauf der Strafzeit angetragen wird.

Unter Bezugnahme auf die hierüber unter dem heutigen Tage an die Directionen der betreffenden Correctionsanstalten ergehende, abschriftlich beiliegende Verordnung, welche, soweit nöthig, zur Erläuterung und Vervollständigung der gegenwärtigen Verordnung zu dienen hat, wird den Kreisdirectionen über die zu treffende neue Einrichtung noch Folgendes zur eignen Nachachtung, beziehendlich Ertheilung entsprechender Weisung an die Amtshauptmannschaften und die Sicherheitspolizeibehörden ihrer resp. Verwaltungsbezirke eröffnet:

1.

Die Beschlußnahme darüber, ob ein Correctionär, auf den nach Obigem im Allgemeinen das Beurlaubungssystem Anwendung leidet, zu beurlauben oder noch länger in der Anstalt zu detiniren sei, steht derjenigen Kreisdirection zu, welche die Einlieferung des betreffenden Correctionärs verfügt hat, und an welche daher Behufs dessen von der Anstaltsdirection Bericht zu erstatten ist.

Von derselben Kreisdirection hat auch die Entschließung wegen der gänzlichen Entlassung des beurlaubten Correctionärs im Falle befriedigenden Verhaltens desselben während der Beurlaubung, sowie die Feststellung des Zeitpunktes für die fernere Berichtserstattung im Falle der Wiedereinziehung des Correctionärs, dessen Führung während der Beurlaubung nicht entsprechend gewesen ist, zu erfolgen.

2.

Die Beurlaubung des Correctionärs hat in der Regel erst nach Ablauf der zur Berichtserstattung festgesetzten Frist einzutreten. Ausnahmsweise kann jedoch von der Anstaltsdirection auch schon vor diesem Zeitpunkte auf Beurlaubung angetragen werden, wenn hierzu geeignete Gründe im Hinblicke auf die Führung des Correctionärs und auf ein für denselben ausgemitteltes Unterkommen vorhanden sind.

Unter ähnlichen Umständen darf, wie bereits oben bemerkt worden, ausnahmsweise von der Anstaltsdirection auch auf die Beurlaubung von auf bestimmte Zeit eingelieferten Correctionären vor Ablauf der Strafzeit angetragen werden.

3.

Da es nicht in dem Wesen und dem Zwecke des Beurlaubungssystems liegt, daß die zeitherige Dauer der Freiheitsbeschränkung unbedingt verlängert wird, so wird künftig nicht nur von den Kreisdirectionen in der Regel nicht eine längere, als einjährige Frist zur Berichtserstattung vorzuschreiben sein, sondern es wird auch von den Anstaltsdirectionen und den Hausgeistlichen nur dann, wenn die Beurlaubung im Interesse des Correctionszweckes noch bedenklich erscheint, die Verlängerung der Detention beantragt werden.

4.

Die Beurlaubung erfolgt in der Regel auf Ein Jahr.

Hat der Beurlaubte während dieses Zeitraumes sich befriedigend geführt, so tritt sodann dessen gänzliche Entlassung auf Beschluß der betreffenden Kreisdirection (vgl. oben unter 1.) ein.

Dagegen kann bei nicht befriedigender Führung, insofern nicht solche die Wiedereinziehung des Beurlaubten zur Folge hat, von der vorgedachten Behörde die Beurlaubung von Jahr zu Jahr oder auf kürzere Perioden bis zum Eintritte der definitiven Entlassung verlängert werden.

Auch im Falle der erfolgten Wiedereinziehung eines beurlaubt gewesenen Correctionärs hat dessen anderweite Beurlaubung einzutreten, ehe dessen gänzliche Entlassung verfügt werden kann.

5.

Rücksichtlich der Wahl des Urlaubsortes greifen, insbesondere auch, was die hierauf bezügliche Cognition der Polizeibehörde des von der Anstaltsdirection im Interesse des Correctionärs für geeignet befundenen und gewählten Urlaubsortes anlangt, die in der Verordnung vom 13. Juni vorigen Jahres, die Verhältnisse der entlassenen Sträflinge u. s. w. betreffend (vgl. Bd. XXII. S. 53 ff. dieser Zeitschr.) unter I. getroffenen Bestimmungen Platz.

In der Regel und wenn nicht ein Ausnahmefall von der in dem vierten Absatze §. 7. der an die Anstaltsdirectionen ergehenden Verordnung angegebenen Art vorliegt, ist die Sicherheitspolizeibehörde des Urlaubsortes auch dann über ihr Einverständniß mit der Wahl des Urlaubsortes zu befragen, wenn der letztere zugleich der Heimathsort des betreffenden Correctionärs ist.

6.

Die beurlaubten Correctionärs werden gleich den definitiv Entlassenen nach ihrer Individualität und ihrem Verhalten während der Detention in eine der beiden, durch die Verordnung vom 13. Juni vorigen Jahres bestimmten Aufsichtsclassen eingestellt.

Die Entschließung hierüber sowie über die etwaige Versetzung der beurlaubten Correctionärs aus der einen in die andere Aufsichtsclasse steht jedoch lediglich der betreffenden Anstaltsdirection zu.

Ebenso findet bei den beurlaubten Correctionärs die Eintragung in die, für die aus Straf- und Correctionsanstalten Entlassenen bestehenden Verzeichnisse oder die Führung besonderer Vigilanzbücher nicht statt.

Wie jedoch im Uebrigen und insoweit nicht sonst in gegenwärtiger Verordnung etwas Anderes angeordnet wird, die in den Verordnungen vom 13. Juni und 13. November vorigen Jahres in Betreff der Beaufsichtigung der Entlassenen ertheilten Anordnungen (vgl. wegen letzterer Bd. XXII. S. 59 ff. dieser Zeitschr.) auch auf die beurlaubten Correctionärs analoge Anwendung zu leiden haben, so sind auch die Anstaltsdirectionen (vgl. §. 8. der an dieselben ergehenden Verordnung) angewiesen worden, die erfolgte Beurlaubung eines Correctionärs, unter Erwähnung der Aufsichtsclasse, außer der Sicherheitspolizeibehörde des Urlaubsortes, auch der betreffenden Bezirksamtshauptmannschaft mitzutheilen, ingleichen denselben Behörden von der spätern Versetzung des beurlaubten Correctionärs in eine andere Aufsichtsclasse Nachricht zu geben.

7.

Die beurlaubten Correctionärs haben sich bei ihrem Eintreffen am Urlaubsorte unter Vorzeigen ihres Urlaubspasses bei der Sicherheitspolizeibehörde des Urlaubsortes persönlich anzumelden und derselben gleichzeitig ihr Unterkommen anzuzeigen.

Jede bleibende Veränderung des Urlaubsortes oder des Unterkommens bedarf der Genehmigung der Polizeibehörde, und zwar, wenn damit zugleich ein Wechsel des Sicherheitspolizeibezirkes verbunden ist, derjenigen Sicherheitspolizeibehörde, in deren Bezirke der neue Urlaubsort liegt. In letzterem Falle hat sich der beurlaubte Correctionär

nach erlangter vorgedachter Genehmigung vor seinem Weggange bei
der Sicherheitspolizeibehörde seines zeitherigen Urlaubsortes abzumelden.

Die Sicherheitspolizeibehörden haben einen Wechsel in dem Urlaubsorte oder dem Unterkommen eines beurlaubten Correctionärs erst
nach erlangtem, auf kürzestem Wege einzuholendem Einverständnisse der
Anstaltsdirection zu gestatten.

Im Falle des Wegganges des beurlaubten Correctionärs nach
einem andern Polizeibezirke hat die Sicherheitspolizeibehörde des zeitherigen Urlaubsortes den Urlaubspaß auf den neuen Urlaubsort zu
erstrecken und die Frist festzustellen, binnen welcher der Beurlaubte bei
der Sicherheitspolizeibehörde des neuen Urlaubsortes sich in der oben
gedachten Weise anzumelden hat, ingleichen dieser Behörde hiervon
Nachricht zu ertheilen, wie denn auch eine jede Veränderung in dem
Aufenthaltsorte eines beurlaubten Correctionärs von den hierbei
betheiligten Polizeibehörden der Bezirksamtshauptmannschaft anzuzeigen ist.

Den von dem beurlaubten Correctionär nach §. 10. der Verhaltungsvorschriften fünf Wochen vor Ablauf der Urlaubszeit bei der
Sicherheitspolizeibehörde des Urlaubsortes einzureichenden Urlaubspaß
hat letztere hierauf alsbald und jedenfalls so zeitig, daß der Paß spätestens am 28. Tage vor Ablauf der Urlaubszeit bei der Anstaltsdirection eingeht, an diese einzusenden, dem beurlaubten Correctionär
aber eine Empfangsbescheinigung auszustellen, welche ihm nunmehr
als Legitimation zu dienen hat.

8.

Wie Seiten der Polizeibehörden der Veränderung des Urlaubsortes der beurlaubten Correctionärs in der Regel und wenn nicht
etwaige besondere Bedenken vorliegen, nicht entgegenzutreten ist, so
können denselben auch in geeigneten Fällen und unter Beobachtung
der nöthigen Vorsicht mit Genehmigung der Anstaltsdirection und der
Kreisdirection, in deren Bezirk der Urlaubsort liegt, und wenn es sich
nur um 1—3 Tage handelt, ohne die Genehmigung der Letzteren
Legitimationen zu Reisen im Inlande von der Sicherheitspolizeibehörde des jeweiligen Urlaubsortes, selbstverständlich unter gehöriger
Berücksichtigung der Urlaubszeit und der vorgeschriebenen Einsendung
des Urlaubspasses am 28. Tage vor Ablauf der Urlaubszeit, ausgestellt werden.

Dieß leidet auch auf den Fall Anwendung, wenn es sich um
Reisen eines beurlaubten Correctionärs als Gewerbsgehülfe oder zur
Betreibung eines Gewerbes im Umherziehen handelt.

Rücksichtlich der vorgedachten 1—3tägigen Reisen ist die das
betreffende Individuum legitimirende Bemerkung von der Polizeibehörde auf den Urlaubspaß zu bringen.

Im Uebrigen vergl. §. 10. der Verordnung an die Anstaltsdirectionen.

9.

Wenn der Beurlaubte den mit dem Urlaubspasse ihm ertheilten Vorschriften nicht nachkommt, oder wenn aus sonstigen Gründen dessen Wiedereinziehung nöthig erscheint, so hat die Polizeibehörde des Urlaubsortes von den bezüglichen Vorkommnissen der Anstaltsdirection, beziehendlich unter Actenmittheilung sofort Nachricht zu ertheilen und nach Befinden die Wiedereinziehung ausdrücklich zu beantragen.

Ohne Vernehmung mit der Anstaltsdirection und deren Einverständniß darf die Polizeibehörde die Wiedereinlieferung eines beurlaubten Correctionärs nicht bewerkstelligen, sie hat sich vielmehr in dringenden Fällen auf dessen Verhaftung zu beschränken.

Im Falle der Meinungsverschiedenheit zwischen der Polizeibehörde und der Anstaltsdirection wegen der Wiedereinziehung eines Beurlaubten ist demjenigen nachzugehen, was hierüber in §. 11. unter d. der Verordnung an die Anstaltsdirectionen bestimmt worden ist.

Gegen die von der Anstaltsdirection beschlossene Wiedereinziehung eines Beurlaubten ist, als gegen eine Disciplinarverfügung gerichtet, weder ein Rechtsmittel, noch eine Berufung auf Begnadigung statthaft.

Wegen der Ausführung des Transportes, der Ausstattung des Transportaten, sowie wegen sonstiger zu beobachtender Erfordernisse ist wie bei der Einlieferung von Correctionärs zu verfahren, jedoch werden die etwa aufzuwenden gewesenen Ausstattungskosten auf erfolgte Berechnung der betreffenden Polizeibehörde durch die Anstaltsdirection restituirt werden.

Insbesondere sind die auf die Wiedereinziehung und deren Veranlassung bezüglichen Acten und der mit Cassationsbemerkung zu versehende Urlaubspaß mit einzusenden.

Vergl. übrigens §. 14. unter c. der Verordnung an die Anstaltsdirectionen.

10.

Dafern sich wegen der etwaigen eigenmächtigen Entfernung eines Beurlaubten von seinem Urlaubsorte die steckbriefliche Verfolgung desselben nöthig macht, so hat solche von der Polizeibehörde des Urlaubsortes, nach Befinden nach vorheriger Vernehmung mit der Anstaltsdirection, zu erfolgen.

Sind beurlaubte Correctionärs wegen eines Vergehens oder Verbrechens zu verhaften oder steckbrieflich zu verfolgen, so ist hiermit sowie in Betreff der Strafverbüßung nach den bestehenden allgemeinen gesetzlichen Vorschriften zu verfahren.

Demnach hat insbesondere im Falle eines von der Polizeibehörde zu ahndenden Vergehens die polizeiliche Untersuchung und Bestrafung sofort und beziehendlich noch vor der Wiedereinziehung des Beurlaubten zu erfolgen.

Im Uebrigen ist sowohl im Falle der eigenmächtigen Entfernung, als auch in dem der Verübung eines Vergehens oder Verbrechens Seiten eines beurlaubten Correctionärs die Anstaltsdirection von dem

Vorgange sofort, beziehendlich Behufs der Entschließung wegen der Wiedereinziehnng desselben zu benachrichtigen.

Dagegen erscheint die Einleitung des Ausweisungsverfahrens wider einen Beurlaubten in Gemäßheit von §. 16 ff. des Heimaths- gesetzes vom 26. November 1834, wie sich unter den obwaltenden Umständen von selbst versteht, nicht statthaft.

Vergl. im Uebrigen §. 19. der mehrangezogenen Verordnung.

11.

Hat der beurlaubte Correctionär während seiner Urlaubszeit sich dergestalt geführt, daß er nach deren Ablauf definitiv entlassen werden kann, so bedarf es solchenfalls in der Regel dessen fernerer polizei- licher Beaufsichtigung nicht, es ist ihm vielmehr von der Anstalts- direction, insofern nicht in einzelnen Fällen besondere Bedenken ent- gegenstehen, ein Vertrauenszeugniß auszustellen.

Hiernach allenthalben haben die Kreisdirectionen das Nöthige an die Amtshauptmannschaften und die Sicherheitspolizeibehörden ihrer resp. Bezirke zu verfügen, und folgt zu diesem Behufe die erforderliche Anzahl gedruckter Abschriften der gegenwärtigen Verordnung sammt Beilagen bei.

98.

Auszug aus der Verordnung des Minist. d. Innern an die Directionen der Correctionsanstalten zu Hohnstein und Waldheim vom 1. Aug. 1862.

§. 2. Die Beurlaubung ist sonach eine versuchsweise, aber be- schränkte und widerrufliche Freilassung und bezweckt, einerseits den Detinirten durch eine Mittelstufe beschränkter und jederzeit widerruf- licher Freiheit vor dem Uebergange aus dem Detentionszwange in die völlige Freiheit Gelegenheit zur Befestigung des aus der Detention gezogenen moralischen Gewinnes zu geben, andrerseits den Behörden die Möglichkeit zu gewähren, über den Nachhalt der Detentionserfolge am Einzelnen Wahrnehmungen zu machen, welche die Entschließung über die gänzliche Entlassung mit mehr Sicherheit und Erfolg fassen lassen, als bei dem unmittelbaren Uebergange aus dem Zwange in volle Freiheit.

§. 7. Die Ausmittelung des soweit immer möglich außerhalb des Heimathsorts und zwar nicht zu entfernt von der Anstalt zu wäh- lenden Urlaubsunterkommens liegt der Anstaltsdirection, beziehendlich unter Vernehmung mit den betreffenden Polizeibehörden, ob.

Die Anstaltsdirection hat ihrerseits vor der Beurlaubung das in der Verordnung an die Anstaltsdirectionen vom 13. Juni 1861 vor- geschriebene Verfahren, soweit es im einzelnen Falle Anwendung leiden kann, zu beobachten; es ist jedoch hierbei dem Correctionär gegenüber das Ermessen der Anstaltsdirection ohne Weiteres maß- gebend.

Meiſtentheils wird die Anſtaltsdirection die Ausmittelung eines geeigneten Unterkommens als Vorbedingung des Antrags auf Beurlaubung zu betrachten haben.

Nur in ſolchen Fällen, wo bei Alten, Gebrechlichen, Arbeitsunfähigen eine Unterbringung außerhalb des Heimathsortes unausführbar, gleichwohl auch eine fernere Detention nicht zu beantragen iſt, wird die Beurlaubung ohne vorherige Feſtſtellung des ſpeciellen Unterkommens im Heimathsorte beantragt, die Ausmittelung eines ſolchen vielmehr der geſetzlichen Verpflichtung des Heimathsbezirks überlaſſen werden mögen; ſolchenfalls wird der Kreisdirection zum Behufe demgemäßer Anweiſung der heimathlichen Behörde das etwa erforderliche Detail gutachtlich anheimzuſtellen ſein.

§. 8. a) Dem Beurlaubten wird von der Anſtaltsdirection behufs ſeiner Legitimation ein Urlaubspaß nach dem beiliegenden Schema, auf den ihm geſtatteten Aufenthaltsort und auf die Dauer des verwilligten Urlaubes lautend, ausgeſtellt.

b) Bei deſſen Aushändigung ſind dem Beurlaubten die demſelben beigefügten Verhaltungsvorſchriften zu erläutern und ihm ausdrücklich Eröffnung zu machen, daß er unfehlbar ſich der Wiedereinziehung in die Strafanſtalt ausſetzt, dafern er die ertheilten Vorſchriften nicht pünktlichſt und ſorgſamſt innehält.

c) Der Heimathſchein iſt bei den Anſtaltsacten zurückzubehalten, da der Beurlaubte auch zum Aufenthalte in ſeinem Heimathsorte der Genehmigung der dortigen Sicherheitspolizeibehörde bedarf und jederzeit auch vom Heimathsorte durch Wiedereinziehung in die Strafanſtalt entfernt werden kann.

d) Dem Beurlaubten iſt auf dem Paſſe unter allen Umſtänden gebundene Reiſeroute nach ſeinem Aufenthaltsorte vorzuſchreiben. Es hindert dieß jedoch nicht, dieſelbe in beſonderen Fällen dergeſtalt feſtzuſtellen, daß der Beurlaubte bei dringlichen oder nach ſeinen Verhältniſſen für gerechtfertigt und unbedenklich zu achtenden Anläſſen (z. B. Vermögensordnung, kurze Familienbeſuche 2c.) einen angemeſſenen Umweg nach ſeinem Urlaubaufenthalte nehmen darf.

e) Von der Beurlaubung iſt der Sicherheitspolizeibehörde des Urlaubsortes durch gleichzeitige Ueberſendung eines als ungültige Abſchrift zu bezeichnenden Duplicats des Urlaubspaſſes Nachricht zu ertheilen.

f) Gleichzeitig iſt auch der Amtshauptmannſchaft des Urlaubsortes von der Beurlaubung nach beiliegendem Schema Kenntniß zur Benachrichtigung der Gendarmerie zu geben.

§. 10. c) Wenn der Beurlaubte ein Gewerbe im Umherziehen betreiben, oder als Gewerbsgehülfe reiſen will (welches Beides jedoch nur im Inlande zuläſſig iſt), ſo iſt von ihm vor Allem das Einverſtändniß der Anſtaltsdirection zu erbitten und Behufs der Berichterſtattung an die Kreisdirection der Polizeibehörde ſeines Urlaubsortes nachzuweiſen.

Versagt die Anstaltsdirection ihre Genehmigung, so hat der Beurlaubte sich ohne Weiteres und unbedingt dem zu unterwerfen.

§. 11. a) Wenn die Anstaltsdirection, sei es durch die Polizeibehörde des Urlaubsortes, sei es auf anderem Wege, Kenntniß erlangt, daß die Aufführung des Beurlaubten den über ihn gehegten Erwartungen und den Voraussetzungen der Beurlaubung nicht entspreche, so hat sie nach den Umständen zu erwägen, ob sie demselben zunächst nur durch die Polizeibehörde, oder auch unmittelbar, eine Verwarnung zugehen lassen oder dessen sofortige Wiedereinziehung in die Anstalt in's Werk setzen will.

Hierbei ist in beiden Fällen selbstverständlich mit vorzugsweiser Beschleunigung zu verfahren.

b) Die Wiedereinziehung ist in jedem Falle durch Requisition der Polizeibehörde des letzten Urlaubsortes zur Ausführung zu bringen.

c) Ueber die erfolgte Wiedereinziehung ist motivirter Bericht an die Kreisdirection zu erstatten, welche die Beurlaubung beschlossen hatte, und gleichzeitig auf Feststellung des Zeitpunktes anderweiter gutachtlicher Berichterstattung (unbeschadet früherer Berichterstattung nach §. 4.) anzutragen.

d) Sollte die Polizeibehörde des Urlaubsortes die Wiedereinziehung des Beurlaubten ausdrücklich beantragen, die Anstaltsdirection dagegen zur Zeit eine solche Maßregel noch nicht für nöthig erachten, die Polizeibehörde aber nach dießfallsiger motivirter Mittheilung Seiten der Anstaltsdirection auf ihrem Antrage beharren zu müssen glauben, so ist der von der Polizeibehörde motivirt zu wiederholende Antrag auf Einziehung von der Anstaltsdirection schleunigst an die unter c) gedachte Kreisdirection einzuberichten.

e) In welchen Fällen, außer dem §. 12. b) gedachten, zum Behufe der Wiedereinziehung des Beurlaubten bei der betreffenden Sicherheitspolizeibehörde die steckbriefliche Verfolgung desselben zu beantragen sei, bleibt dem Ermessen der Anstaltsdirection überlassen.

§. 12. a) Dafern der Urlaubspaß eines Beurlaubten am 28. Tage (4 Wochen) vor gänzlichem Ablauf des Urlaubs (den letzten Urlaubstag mit eingerechnet) bei der Anstaltsdirection nicht eingegangen ist, so hat die Anstaltsdirection den Antrag auf unverzügliche Wiedereinlieferung des Beurlaubten an die Polizeibehörde des Urlaubsortes zu richten für den Fall, daß der Beurlaubte nicht etwa der ihm obliegenden Abgabe des Urlaubspasses an die Polizeibehörde nachgekommen und das rechtzeitige Eintreffen des Passes bei der Anstaltsdirection ohne sein Verschulden unterblieben sein sollte (vgl. übrigens die Bestimmung unter c).

b) Bei dieser Vernehmung mit der Polizeibehörde des Urlaubsortes hat die Anstaltsdirection gleichzeitig für den Fall, daß der Beurlaubte sich eigenmächtig vom Urlaubsorte entfernt haben sollte, dessen steckbriefliche Verfolgung zu beantragen.

c) Von der Ausführung einer bereits eingeleiteten Wiedereinziehung kann in unbedenklichen Fällen im Einverständnisse der Anstaltsdirection und der Polizeibehörde des Aufenthaltsortes wieder abgesehen werden.

§. 13. a) Die an die Anstaltsdirection gelangenden Urlaubspässe hat die Anstaltsdirection mit gutachtlichem Berichte an diejenige Kreisdirection, welche die Beurlaubung angeordnet hat, dergestalt rechtzeitig mittelst gutachtlichen Berichts einzusenden, daß die Entschließung über die definitive Entlassung oder längere Beurlaubung oder Wiedereinziehung des Beurlaubten vor Ablauf des Urlaubspasses kund gegeben werden könne.

b) Erfolgt eine Urlaubsverlängerung, so hat die Anstaltsdirection den Urlaubspaß mit entsprechendem Nachtrage zu versehen und von der erfolgten Urlaubsverlängerung die Sicherheitspolizeibehörde und die Amtshauptmannschaft des neuen Urlaubsortes in Kenntniß zu setzen (vgl. §. 8, e und f).

§. 14. a) Sobald der wieder eingezogene Beurlaubte in der Correctionsanstalt eintrifft, hat die Anstaltsdirection denselben über den Grund seiner Wiedereinziehung zweckentsprechend zu verständigen und die nur für ausgesetzt zu achtende Correctionshaft ferner fortzustellen bis zu dem von der Kreisdirection festgestellten oder ausnahmsweise bis zu dem nach §. 4. angemessen erscheinenden Zeitpunkte.

b) Einer besonderen disciplinellen Bestrafung wegen verwirkten Urlaubs ist der Wiedereingezogene nur in dem Falle zu unterwerfen, wenn er durch eigenmächtige Entfernung vom Urlaubsorte die steckbriefliche Verfolgung nöthig gemacht hat.

c) Die von der requirirten Polizeibehörde bei der Einlieferung des Wiedereingezogenen etwa aufzuwenden gewesenen Ausstattungskosten sind derselben auf Berechnung durch die Anstaltsdirection aus der Hauscasse zurückzuerstatten unter Vorbehalt des Wiederersatzes aus dem Spargelde des Detinirten.

§. 18. a) Da (nach Punkt 6 der beiliegenden Verordnung an die Kreisdirectionen) die Bestimmung der Polizeiaufsichtsclasse, welcher der Beurlaubte zuzutheilen ist, ebenso wie eine etwaige Versetzung aus einer Classe in die andere lediglich der Anstaltsdirection zusteht, so hat diese ihre dießfallsigen, mit sorgfältiger Berücksichtigung der Individualität des Beurlaubten zu bemessenden Entschließungen gleichzeitig mit der Beurlaubung (vgl. §. 8) und bei erfolgender Classenversetzung in angemessener motivirter Form, sowohl der Sicherheitspolizeibehörde als auch der Amtshauptmannschaft des Urlaubsortes mitzutheilen.

b) Sollte nach der Individualität eines Beurlaubten die Anstaltsdirection für nöthig befinden, daß demselben außer den durch die Polizeiaufsicht und das Urlaubsverhältniß überhaupt auferlegten Beschränkungen noch weitere dergleichen specieller Art (z. B. Verbot des Umgangs mit gewissen Personen, der Correspondenz mit solchen, des Besuchs gewisser Orte und dergleichen) vorzuschreiben seien, so ist derselben in dem Urlaubspasse specielle Erwähnung zu thun.

§. 19. Dafern der Beurlaubte während des Urlaubs eine anderweite Freiheitsstrafe oder Correctionshaft verwirkt (worüber der Anstaltsdirection durch die competente Behörde Nachricht zugeht) so sind folgende Fälle zu unterscheiden:

a. Wenn die Freiheitsstrafe, einschließlich strafweiser Correctionshaft, auf bestimmte Zeit in einer Landes-Straf- oder Correctionsanstalt zu bestehen ist, so hat dieß ohne Weiteres die Aufhebung des Urlaubs und daher die Nothwendigkeit der Fortstellung der nur ausgesetzten Correctionshaft zur Folge, und zwar dergestalt, daß (nach Analogie der über die Reihenfolge zusammentreffender Freiheitsstrafen im Art. 423. der Strafprozeßordnung und über das Zusammentreffen unbestimmter Correctionshaft mit Freiheitsstrafen im §. 83. der Verordnung, die Ausführung der Strafprozeßordnung rc. betreffend, vom 3. Juli 1856 enthaltenen Vorschriften) Zucht- und Arbeitshausstrafe jederzeit vor, dagegen Landesgefängnißstrafe nach der Fortsetzung der unterbrochenen Correctionshaft zur Verbüßung gelangt.

Solchenfalls hat die Anstaltsdirection,

aa. wenn die inzwischen verwirkte Haft erst nach der Entlassung aus der Correctionshaft zu vollstrecken ist, an die Polizeibehörde den Antrag auf Wiedereinlieferung des Beurlaubten zu stellen,

bb. wenn aber die inmittelst verwirkte anderweitige Haft zunächst vollstreckt werden muß, sofort an die Direction der betreffenden Landesanstalt den Antrag auf künftige Zuschiebung des Beurlaubtgewesenen zu richten.

b. Bei geringeren Freiheitsstrafen hingegen, welche jedenfalls sofort zur Vollstreckung gelangen, ist über die Wiedereinziehung des Beurlaubten besondere Entschließung Seiten der Anstaltsdirection nach §. 11. zu fassen und zur Ausführung zu bringen.

§. 20. Nach erfolgter definitiver Entlassung ist die Abschreibung vom Personalbestande zu bewirken, ferner Dimissionsschein nach dem anliegenden Schema auszufertigen und nebst dem (nur im Falle besonderen Bedenkens vorzuenthaltenden) Vertrauenszeugnisse, dem Heimathscheine und beziehendlich dem innebehaltenen Theile des Spargeldguthabens an die Sicherheitspolizeibehörde des derzeitigen Aufenthaltsortes zur Aushändigung an den Entlassenen abzusenden. Dagegen kommen die sonst vorgeschriebenen Notificatorien insoweit in Wegfall, als dieselben nicht auch bei den mit Vertrauenszeugniß entlassenen Detinirten zu ertheilen sind.

Die weggelassenen Bestimmungen entsprechen im Wesentlichen den bezüglichen der Verordnung an die Kreisdirectionen.

99.

Auszug aus den dem Urlaubspasse beigefügten Verhaltungsvorschriften.

§. 1. Der Beurlaubte steht auch während der Beurlaubun fortwährend unter der Disciplinargewalt der Anstaltsdirection und außerdem unter Aufsicht der Sicherheitspolizeibehörde seines Aufenthaltsortes.

§. 2. Der Beurlaubte hat stets eingedenk zu sein, daß es lediglich von seiner Aufführung abhängen wird, ob ihm gänzliche Entlassung zu Theil werden kann, oder seine Wiedereinlieferung in die Correctionsanstalt erfolgen muß.

Der letzteren hat er sich insbesondere dann zu gewärtigen, wenn er

a. arbeitsscheu ist, oder bettelt, oder vagirt,

b. mit übelberüchtigten Personen Umgang pflegt,

c. an öffentlichen Orten in trunkenem Zustande betroffen wird, oder sonst

d. durch sein Betragen Anlaß zu öffentlichem Aergerniß giebt,

e. wenn er bestimmten Lebenserwerb nicht nachzuweisen vermag,

f. wenn er eigenmächtig sich von dem ihm angewiesenen Aufenthaltsorte entfernt, oder

g. wenn er eine der im Nachstehenden vorgeschriebenen Anmeldungen unterläßt.

§. 5. bezieht sich auf die für den Fall, daß der Beurlaubte seinen Urlaubsort bleibend verändern will, erforderliche Aufenthaltserlaubniß der Sicherheitspolizeibehörde des Ortes, an welchen er sich zu wenden gedenkt, es enthält im übrigen den Zusatz: Vorstehende Vorschriften gelten auch für den Fall, daß der Beurlaubte sich an seinen Heimathsort zu wenden beabsichtigt.

§. 7. Ueberhaupt ist der Beurlaubte darauf aufmerksam zu machen, daß der Urlaubspaß ihn nur für seinen Aufenthalt am Urlaubsorte legitimirt und daß er auch jeden Schein eigenmächtiger Entfernung vom Urlaubsorte sorgsam zu vermeiden hat, um sich nicht steckbrieflicher Verfolgung auszusetzen.

Es liegt daher in seinem Interesse, auch Entfernungen kürzerer Dauer der Sicherheitspolizeibehörde seines Urlaubsortes vorher zu melden und sich hierüber Bescheinigung auf den Urlaubspaß bringen zu lassen.

Bringen es besondere Gewerbs- oder Familienverhältnisse mit sich, daß er sich öfterer zeitweilig vom Urlaubsorte entfernen muß, so kann er auf sein Ansuchen im Voraus Seiten der Sicherheitspolizeibehörde durch einen allgemeinen Eintrag auf seinem Urlaubspasse hierzu legitimirt werden.

§. 8. Der Beurlaubte, der durch eigenmächtige Entfernung vom

24*

Urlaubsorte die steckbriefliche Verfolgung veranlaßt, hat bei seiner Wiedereinlieferung in die Correctionsanstalt disciplinelle Bestrafung zu erwarten.

§. 9. Den Urlaubspaß hat der Beurlaubte jederzeit bei sich zu führen.

Die weggelassenen Vorschriften sind den bezüglichen Bestimmungen in der Verordnung an die Kreisdirectionen entsprechend.

100.

Die Beurlaubung von in Strafanstalten Detinirten betr. (Verordn. des Min. des Inn. an die Kreisdirectionen vom 5. Aug. 1862.)

Seine Majestät der König wollen im Hinblick auf die Erfahrungen, welche in England mit einer daselbst getroffenen, die Besserung der Sträflinge bezweckenden ähnlichen Einrichtung gemacht worden sind, versuchsweise in einzelnen, hierzu geeigneten Fällen geschehen lassen, daß eine zur Arbeits- oder Zuchthausstrafe verurtheilte Person, nachdem sie einen Theil ihrer Strafe in der Anstalt verbüßt, und durch ihr Verhalten Hoffnung auf eine nachhaltige Besserung erweckt hat, vor Beendigung ihrer Strafzeit auf eine zu bestimmende Zeit im Gnadenwege aus der Strafanstalt beurlaubt und ihr gestattet werde, außerhalb derselben einen rechtlichen Erwerb zu suchen, um durch ihre Aufführung den Beweis zu liefern, daß man in der Hoffnung auf eingetretene Besserung sich nicht getäuscht habe.

Von dem Verhalten des Beurlaubten wird es abhängen, ob und nach welcher Zeitfrist demselben eine definitive Begnadigung zu Theil werden oder dessen Wiedereinziehung zur weiteren und völligen Verbüßung der ihm zuerkannt gewesenen Strafe, und zwar ohne Einrechnung der Urlaubszeit in die letztere, erfolgen wird.

Wie nun demgemäß sowohl von dem Justizministerium, vorbehältlich der Ertheilung besonderer Vorschriften für den einzelnen Fall, als auch von dem Ministerium des Innern an die Anstaltsdirectionen zu Waldheim, Zwickau und Hubertusburg besage der abschriftlichen Beifugen Verfügung ergeht, so wird auch den Kreisdirectionen zur eigenen Nachachtung und Anordnung des Erforderlichen an die Amtshauptmannschaften und Sicherheitspolizeibehörden ihrer Bezirke, beziehenblich im Anschluß an die Verordnungen vom 13. Juni und 13. November vorigen Jahres, die Beaufsichtigung der aus Straf- oder Correctionsanstalten Entlassenen betreffend, (vgl. Bd. 22. S. 53. u. 59 f. dieser Zeitschr.) noch Folgendes eröffnet:

A.

Die mittels der Verordnungen vom 13. Juni und 13. November vorigen Jahres in Betreff der aus Straf- und Correctionsanstalten Entlassenen und deren polizeilichen Beaufsichtigung getroffenen Bestimmungen und aufgestellten Grundsätze leiden, insoweit nicht in

Nachstehendem Modificationen enthalten sind, auch auf die beurlaubten Sträflinge Anwendung. Insbesondere gilt dieß auch von demjenigen, was in der Verordnung vom 13. Juni vorigen Jahres unter I. hinsichtlich des von dem Entlassenen zu nehmenden Aufenthaltsortes im Interesse einer Seits der Entlassenen und anderer Seits der öffentlichen Sicherheit bestimmt worden ist, es muß jedoch die Sicherheitspolizeibehörde des Urlaubsortes, wenn derselbe nicht der Heimathsort des Sträflings ist, um ihre Genehmigung befragt werden.

B.

Das über die Competenz der Amtshauptmannschaften bezüglich der Beaufsichtigung der Entlassenen Geltende ergreift zwar bei den aus Strafanstalten Beurlaubten nicht Platz, es stehen vielmehr diese letzteren lediglich unter der Aufsicht der betreffenden Sicherheitspolizeibehörden. Dessenungeachtet wird jedoch die betreffende Bezirksamtshauptmannschaft durch die Direction der Strafanstalt von der Beurlaubung eines Sträflings Behufs der Instruirung der Gendarmerie, welche bei der speciellen Beaufsichtigung der Beurlaubten Assistenz zu leisten hat, jedesmal in Kenntniß gesetzt werden.

C.

Da nach Obigem nur solche Individuen, welche durch ihr Verhalten in der Anstalt Hoffnung auf eine nachhaltige Besserung erweckt haben, aus der Strafanstalt beurlaubt werden sollen, so sind alle aus Strafanstalten Beurlaubte als der ersten Aufsichtsclasse angehörig zu betrachten.

Es bedarf daher der speciellen Einstellung derselben in diese Classe und des in dieser Beziehung in Betreff der Entlassenen in der Verordnung vom 13. November vorigen Jahres unter 3. vorgezeichneten Verfahrens bei den Beurlaubten nicht, wie denn auch das in nurgedachter Verordnung unter 3. h. und i. über die Versetzung der Entlassenen aus der einen in die andere Aufsichtsclasse Festgesetzte bei den Beurlaubten nicht in Anwendung zu kommen hat.

D.

Ebensowenig sind die beurlaubten Sträflinge in die über die Entlassenen bei den mit deren specieller Beaufsichtigung betrauten Behörden zu haltenden Verzeichnisse einzutragen oder über dieselben besondere Vigilanzbücher zu führen.

E.

Die aus Strafanstalten Beurlaubten haben sowohl bei ihrem Eintreffen am Urlaubsorte unter Vorzeigen ihres Urlaubspasses bei der Sicherheitspolizeibehörde des Urlaubsortes sich persönlich anzumelden und derselben ihr Unterkommen anzuzeigen (vgl. §. 3. der Verhaltungsvorschriften), als auch von derselben, bei eintretendem Wechsel ihres Arbeits- oder Dienstherrn, das von Letzterem über ihr Betragen auf dem Urlaubspasse auszustellende Zeugniß sich bestätigen zu lassen (vgl. §. 4. der Verhaltungsvorschriften).

Will der Beurlaubte seinen Urlaubsort innerhalb desselben Polizeibezirks bleibend verändern, so hat er hierzu die Genehmigung der vorgedachten Polizeibehörde sich zu erbitten.

Ist dagegen mit dem Wechsel des Aufenthaltsortes zugleich ein Wechsel des Polizeibezirks verbunden, so hat der Beurlaubte zunächst die Erlaubniß der Sicherheitspolizeibehörde des beabsichtigten neuen Aufenthaltsortes selbst oder nach Befinden, durch Vermittelung der Polizeibehörde seines zeitherigen Aufenthaltsortes, auszuwirken, nach Erlangung dieser Erlaubniß aber und zwar im ersteren Falle unter deren Vorzeigen, bei der Polizeibehörde seines zeitherigen Aufenthalts= ortes sich persönlich abzumelden. Hierbei ist von dieser Behörde der Urlaubspaß auf den neuen Aufenthaltsort zu erstrecken und die Frist festzustellen, binnen welcher der Beurlaubte bei der Sicherheitspolizei= behörde seines neuen Aufenthaltsortes sich in derselben Weise, wie dieß für das erste Eintreffen aus der Anstalt nach Obigem vorge= schrieben ist, sich anzumelden hat (vgl. §. 5. der Verhaltungsvor= schriften, wo zugleich bestimmt ist, daß der Beurlaubte sich auch die Vermittelung der Anstaltsdirection oder der Polizeibehörde des Auf= enthaltsortes wegen Erlangung zur Veränderung des Aufenthaltsorts erbitten könne.)

Von dem eingetretenen Wechsel des bisherigen Aufenthaltsortes ist sofort, nach dessen Erfolg, durch die Polizeibehörde des letztern die betreffende Anstaltsdirection in Kenntniß zu setzen, und in den Fällen, wo der Beurlaubte mit dem Aufenthaltswechsel in den Bezirk einer andern Amtshauptmannschaft eintritt, auch dieser letztern hiervon Nachricht zu geben.

Wenigstens fünf Wochen vor Ablauf des Urlaubspasses hat der Beurlaubte den letzteren an die Polizeibehörde seines dermaligen letzten Aufenthaltsortes zur Uebersendung an die Anstaltsdirection gegen eine Empfangsbescheinigung, welche nunmehr demselben als Legitimation zu dienen hat, persönlich abzugeben (vgl. §. 9. der Verhaltungsvor= schriften).

Dem entsprechend ist nun von der Sicherheitspolizeibehörde das Erforderliche zu besorgen, namentlich die vorgedachte Uebersendung des Urlaubspasses an die Anstaltsdirection dergestalt zu beschleunigen, daß derselbe spätestens am 28. Tage vor seinem Ablauf bei der An= staltsdirection eingeht.

F.

Im Uebrigen haben die Polizeibehörden dem Umzuge eines Be= urlaubten nach einem andern Orte in der Regel und dafern nicht etwaige besondere Bedenken dagegen vorliegen, nicht entgegen zu treten.

Auch können den beurlaubten Sträflingen in geeigneten Fällen mit Genehmigung der Kreisdirection, in deren Bezirk der Urlaubsort gelegen ist, an welchem der Beurlaubte sich aufhält, die erforderlichen Legitimationen zu Reisen von der Polizeibehörde ihres jeweiligen Auf= enthaltsortes ausgestellt werden; diese Legitimationen sind jedoch aus=

drücklich auf das Reisen im Inlande zu beschränken, mit alleiniger Ausnahme solcher Fälle, wo die betreffende Kreisdirection, in Ansehung von Gewerbsgehülfen, es im Hinblick auf die Verhältnisse derselben zu ihren Principalen für angemessen und statthaft erachtet, dergleichen Gewerbsgehülfen die Erlaubniß auch zu Reisen in das Ausland, namentlich zum Besuche der Märkte in den ausländischen Grenzdistricten zu ertheilen.

Die nurgedachte Polizeibehörde ist jedoch ermächtigt, zu Reisen von nur 1—3 Tagen die Erlaubniß, welche aber immer nur auf das Inland zu beschränken ist, selbst zu bewilligen, und ist solchenfalls von derselben der Urlaubspaß mit der nöthigen, den Beurlaubten legitimirenden Bemerkung zu versehen.

Vorstehendes leidet auch auf den Fall Anwendung, wenn ein beurlaubter Sträfling eine Reiselegitimation, um zu seiner Ausbildung nach und nach an verschiedenen Orten als Gehülfe zu arbeiten oder um ein Gewerbe im Umherziehen zu betreiben, zu erlangen wünscht.

Im Uebrigen ist bei der Ertheilung von Reiselegitimationen an beurlaubte Sträflinge mit großer Vorsicht zu Werke zu gehen und in der Regel die Reiselegitimation auf einen gewissen Ort und zu einem bestimmten Zwecke, sowie auf eine, hiermit im Verhältnisse stehende und selbstverständlich die Dauer der Beurlaubung mit Rücksicht auf die Vorschrift in §. 9. der Verhaltungsvorschriften innehaltende gewisse Zeit zu beschränken.

G.

Wenn der Beurlaubte den mittels des Urlaubspasses ihm ertheilten Vorschriften nicht nachkommt, oder wenn aus sonstigen Gründen dessen Wiedereinziehung in die Strafanstalt sich nöthig macht, so hat die Polizeibehörde des Urlaubsortes über das bezügliche Vorkommniß sofort unter Beifügung der betreffenden Acten an das Justizministerium Bericht zu erstatten und nach Befinden die Wiedereinziehung ausdrücklich zu beantragen.

Ohne ausdrückliche Anordnung des Justizministeriums einen Beurlaubten aus irgend welchem Grunde in die Strafanstalt wieder einzuliefern, steht der Polizeibehörde nicht zu; vielmehr hat sie sich in dringenden Fällen nur auf dessen Verhaftung zu beschränken.

Gegen die von dem Justizministerium beschlossene und durch die Polizeibehörde auszuführende Wiedereinziehung eines Beurlaubten ist weder ein Rechtsmittel, noch eine Berufung auf Begnadigung statthaft.

Wegen der Ausführung des Transports, der Ausstattung des Transportaten, sowie wegen sonstiger zu beobachtender Erfordernisse ist wie bei der Einlieferung von erwachsenen Correctionären zu verfahren.

Insbesondere sind die auf die Wiedereinziehung und deren Veranlassung bezüglichen Acten und der mit Cassationsbemerkung zu versehende Urlaubspaß mit einzusenden.

Unvermeidlicher Aufwand für die Ausstattung wird der Polizeibehörde auf Antrag und Berechnung Seiten der Anstaltsdirection
wiedererstattet.

H.

Dafern sich wegen der etwaigen eigenmächtigen Entfernung eines
beurlaubten Sträflings von dem ihm bei seiner Beurlaubung angewiesenen oder dem später ihm gestatteten Aufenthaltsorte die steckbriefliche Verfolgung desselben nöthig macht, so hat solche Seiten der,
nach den bestehenden allgemeinen gesetzlichen Vorschriften, hierzu competenten Polizeibehörde zu erfolgen.

Nicht minder ist, dafern beurlaubte Sträflinge wegen eines Vergehens oder Verbrechens zu verhaften oder steckbrieflich zu verfolgen
sind, nach den bestehenden allgemeinen Vorschriften zu verfahren.

Im Falle eines von der Polizeibehörde zu ahndenden Vergehens
hat die polizeiliche Untersuchung und Bestrafung, insoweit nicht letztere in der Einlieferung in eine Correctionsanstalt besteht, sofort und
noch vor der nach Befinden zu verhängenden Wiedereinziehung des
beurlaubten Sträflings zu erfolgen.

Im Uebrigen ist sowohl im Falle der eigenmächtigen Entfernung,
als auch in dem der Verübung eines erheblichen Polizeivergehens
oder eines Criminalverbrechens Seiten eines beurlaubten Sträflings
durch die betreffende Polizeibehörde, und zwar in soweit letzteres zu
ihrer Kenntniß kommt, das Justizministerium von dem Vorgange, beziehendlich Behufs der Entschließung wegen der Wiedereinziehung
desselben, sofort zu benachrichtigen. Auch hat die Polizeibehörde der
betreffenden Anstaltsdirection von jeder polizeilichen Bestrafung eines
beurlaubten Sträflings Kenntniß zu geben.

I.

Die Einleitung des Ausweisungsverfahrens wider einen Beurlaubten in Gemäßheit von §. 16 f. des Heimathsgesetzes vom 26. November 1834 ist in der Regel nicht statthaft und nur in dem Falle,
wenn die von der Polizeibehörde beantragte Zurückversetzung eines
Beurlaubten in die Strafanstalt vom Justizministerium nicht verfügt
worden ist (vergl. sub G.), kann mit der Ausweisung des beurlaubten Sträflings, dafern sehr erhebliche Gründe dazu vorliegen, verfahren werden.

K.

Hat der beurlaubte Sträfling während seiner Urlaubszeit sich so
betragen, daß ihm nach Ablauf derselben eine definitive Begnadigung
zu Theil wird, so ist derselbe, nach Erlangung der letztern, in der
Regel irgend welcher weiteren polizeilichen Beaufsichtigung nicht zu
unterwerfen, wie ihm denn auch solchenfalls von der Anstaltsdirection,
sofern nicht besondere Bedenken entgegenstehen, ein Vertrauenszeugniß ausgestellt werden wird.

Im Uebrigen spricht das Ministerium des Innern noch die Erwartung aus, daß die Polizeibehörden, so viel an ihnen liegt, nicht

unterlassen werden, was zu Erreichung der von Sr. Majestät dem Könige bei der Einführung des fraglichen Beurlaubungswesens gehegten Absichten beitragen kann.

Hiernach haben nun die Kreisdirectionen an die Amtshauptmannschaften und die Sicherheitspolizeibehörden das Nöthige zu verfügen und liegt zu diesem Behufe die erforderliche Anzahl von gedruckten Abschriften der gegenwärtigen Verordnung bei.

101.

Auszug aus der Verordnung des Min. des Inn. an die Anstaltsdirectionen zu Waldheim, Zwickau, Hubertusburg vom 5. Aug. 1862.

§. 1. Da der Zweck der Beurlaubung und deren Erfolg im engsten Zusammenhange mit der Wahl eines nach den gegebenen Verhältnissen zu Begründung eines rechtlichen Erwerbes geeigneten Aufenthaltsortes steht, so werden die Anstaltsdirectionen, soweit ihnen eine diesfällsige Concurrenz im einzelnen Falle zufallen wird, diesem Gegenstande vorzugsweise Sorgfalt zu widmen haben.

Insbesondere wird dann, wenn die Beurlaubung auf Anregung des Detinirten selbst Seiten der Anstaltsdirection in Antrag gebracht wird, die Erwägung der Frage, ob und wo der Detinirte einen angemessenen Urlaubsaufenthalt werde finden können, recht eigentlich als präjudiciell für das Gutachten der Anstaltsdirection anzusehen und zu behandeln sein.

Dagegen ist die Befragung des Detinirten über seine diesfällsigen Wünsche in dem Falle, wenn die Beurlaubung Seiten der Anstaltsdirection nach §. 56. unter 5. der Hausordnung in Antrag gebracht wird, jedenfalls auszusetzen, bis auf den Antrag eine eventuell gewährende Entschließung erfolgt ist.

§. 2. Gesuche um gnadenweise Beurlaubung sind nach §. 85. der Hausordnung als Gnadengesuche überhaupt zu behandeln, nur mit dem Unterschiede, daß sie auch dann, wenn sie sonach als erstes Begnadigungsgesuch anzusehen sind, von der Anstaltsdirection unmittelbar an das Justizministerium einzuberichten sind.

§. 3. Dieser Paragraph ist gleichlautend mit dem oben S. 367. ersichtlichen auf die beurlaubten Correctionäre bezüglichen §. 8., nur daß bei Punkt c. der daselbst angegebene Grund nicht beigefügt ist.

§. 4. Es bleibt dem Ermessen der Anstaltsdirection überlassen, nach Umständen im Interesse des Beurlaubten demselben nur einen angemessenen Theil des Spargeldguthabens sofort auszuhändigen, das Uebrige aber bis auf Weiteres und längstens bis zur gänzlichen Entlassung innezubehalten.

§. 7. a. Dafern der Urlaubspaß eines Beurlaubten am 28. Tage (4 Wochen) vor gänzlichem Ablauf des Urlaubs (den letzten

Urlaubstag mit eingerechnet) bei der Anstaltsdirection nicht eingegangen ist, so hat die Anstaltsdirection die Einsendung des Urlaubspasses in Erinnerung zu bringen und gleichzeitig bei der Polizeibehörde des Urlaubsortes für den Fall, daß der Beurlaubte sich eigenmächtig vom Urlaubsorte entfernt haben sollte, dessen steckbriefliche Verfolgung zu beantragen.

b. Ferner ist (sofern nicht durch Eintreffen des Beurlaubten in die Anstalt früherer Anlaß dazu geboten ist) längstens an dem letzten Tage des Urlaubs die Sachlage dem Justizministerium anzuzeigen.

§. 8. Die an die Anstaltsdirection gelangenden Urlaubspässe (vgl. Punkt E. der Verordnung an die Kreisdirectionen) hat die Anstaltsdirection mit gutachtlichem Bericht an das Justizministerium unverzüglich einzusenden.

§. 9. Erfolgt eine Urlaubsverlängerung, so hat die Anstaltsdirection den Urlaubspaß mit entsprechendem Nachtrage zu versehen, und, bei dessen Uebersendung zur Abgabe an den Beurlaubten, die Sicherheitspolizeibehörde, sowie gleichzeitig die Amtshauptmannschaft des Urlaubsortes von der erfolgten Urlaubsverlängerung in Kenntniß zu setzen (vgl. §. 3. e. f.).

§. 10. a. Sobald der wiedereingelieferte Beurlaubte in der Strafanstalt eintrifft, hat die Anstaltsdirection denselben über den Grund der Wiedereinziehung zweckentsprechend zu verständigen und die nur für ausgesetzt zu achtende Vollstreckung der noch unverbüßten Strafzeit zur Ausführung zu bringen.

b. Die von der requirirten Polizeibehörde bei der Einlieferung des Wiedereingezogenen etwa aufzuwenden gewesenen Ausstattungskosten sind derselben auf Berechnung, durch die Anstaltsdirection aus der Hauscasse zurückzuerstatten unter Vorbehalt des Wiederersatzes aus dem Spargelde des Detinirten.

§. 12. Nach erfolgter definitiver Begnadigung ist die Abschreibung vom Personalbestande zu bewirken, ferner ein Dimissionsschein nach dem anliegenden Schema auszufertigen und nebst dem (nur im Falle besondern Bedenkens vorzuenthaltenden) Vertrauenszeugnisse dem Heimathscheine und beziehendlich dem innebehaltenen Theile des Spargeldguthabens an die Sicherheitspolizeibehörde des derzeitigen Aufenthaltsortes zur Aushändigung an den Entlassenen abzusenden. Dagegen kommen die sonst vorgeschriebenen Notificatorien insoweit in Wegfall, als dieselben nicht auch bei den mit Vertrauenszeugniß entlassenen Detinirten zu ertheilen sind.

Die weggelassenen Bestimmungen entsprechen im Wesentlichen denen der Verordnung an die Kreisdirectionen.

102.
Die dem Urlaubspasse beigefügten Verhaltungsvor-
schriften

entsprechen im Wesentlichen denen, welche den Urlaubspässen der Correctionäre beigefügt sind. (Vgl. oben S. 366.). Jedoch ist im §. 1.
nicht gedacht, daß die Beurlaubten fortwährend unter der Disciplinargewalt der Anstaltsbirection stehen; auch enthalten sie den §. 8. nicht.

103.
Den Verkauf der Hostien betr.

Durch Vernehmung des Cultus-Ministerii mit dem Ministerium
des Innern ist im Jahre 1842 wegen des Bezuges der zum kirchlichen
Gebrauche bestimmten Hostien, zu Abstellung wahrzunehmen gewesener
Uebelstände, die Einrichtung getroffen worden, daß nach den deshalb
ergangenen Verordnungen der beiden Ministerien vom 23. April 1842
einerseits die Fertigung sowie der Verkauf von dergleichen Hostien,
unter gleichzeitig erfolgtem Verbote des Hausirens mit solchen, von
der ausdrücklichen Autorisation der Kreisdirectionen, und bez. der
Gesammtcanzlei zu Glauchau abhängig gemacht, und andrerseits die
Geistlichen und Kirchendiener angewiesen worden sind, den Bedarf an
Hostien nur von solchen zur Fertigung und zum Vertriebe von Hostien
von einer der genannten Behörden ausdrücklich autorisirten Individuen
zu entnehmen, und, daß Letzteres geschehen, durch die zur Kirchrech-
nung zu bringenden Quittungen nachzuweisen. Zu dem Ende hatten
die genannten Behörden die Namen der betreffenden Hostienbäcker und
Verkäufer den Ephoren und, soviel die Oberlausitz anlangt, den Geistlichen und Kirchendienern unmittelbar von Zeit zu Zeit bekannt zu
machen und demnächst sich auch gegenseitig von jeder in ihrem Bezirke
neu ertheilten Autorisation zur Hostienbäckerei zum Behufe ebenmäßiger
Verfügung in Kenntniß zu setzen.

Da diese Bestimmungen bezüglich der bei der Behörde nachzu-
suchenden Autorisation der betreffenden Hostienbäcker und Verkäufer,
deren Ertheilung wiederum von befriedigenden Nachrichten über die
Persönlichkeit dieser Fabrikanten und Händler abhängig zu machen
gewesen, mit der gegenwärtigen Gewerbsverfassung nicht weiter vereinbar und durch die allgemeine Vorschrift in §. 126. des Gewerbegesetzes vom 15. October 1861 für aufgehoben zu achten sind, gleichwohl eine entsprechende Regelung dieses Gegenstandes vom kirchlich-
religiösen Standpunkte aus, um mögliche Profanationen zu verhüten,
auch für die Zukunft dringend wünschenswerth erschien, so hat das
Cultus-Ministerium die nach der Verordnung vom 23. April 1842
den Ephoren, Geistlichen und Kirchendienern ertheilte Anweisung

nunmehr dahin abgeändert, daß dieselben rücksichtlich der Erkaufung
der benöthigten Hostien fernerhin an die Genehmigung der vorgesetzten
Kreisdirection, bez. des Gesammt-Consistorii zu Glauchau gebunden
sein sollen, dergestalt, daß dieselben den dießfallsigen Bedarf nur von
solchen Fabrikanten und Händlern zu entnehmen haben, welche ihnen
von der Consistorialbehörde ausdrücklich als zuverlässige und solche
Persönlichkeiten bezeichnet worden sind, welchen beziehendlich rücksichtlich der Fabrikationsweise und der sonst hierbei in Betracht kommenden Verhältnisse und Umstände das nöthige Vertrauen geschenkt
werden kann.

Hierbei ist noch, beziehendlich im Einverständnisse mit dem Minist.
des Innern bemerklich gemacht worden, daß es im Uebrigen bei der
schon zeither bestandenen Anordnung sein Bewenden behält, wonach
der wirkliche Erkauf der Hostien bei den vorgeschriebenen Bezugs-
quellen durch die zu den Kirchenrechnungen zu bringenden Quittungen
überall nachzuweisen ist und daß das bisherige Verbot des Haus-
handels mit Hostien durch die neue Gewerbsverfassung in keiner
Weise alterirt, dasselbe vielmehr auch nach Erlaß des Gewerbegesetzes
als noch fortwährend in Gültigkeit bestehend anzusehen ist.

(Vdg. des Cult.-Min. an sämmtliche Kreisd. und an das Ges.
Conf. z. Gl., v. 4. October 1862.)   F.

104.

Die Registraturen über Verhandlungen bezüglich des Aufgebots und der Trauung betr.

Das Cult.-Minist. hat ein von der Hauptpredigerconferenz zu L.
angebrachtes Gesuch, daß den Geistlichen für die in der Verordnung,
die Ausstellung amtlicher Zeugnisse der Geistlichen betr. v. 21. Febr.
1843 §. 3. sub a, aa, bb, vorgeschriebenen Registraturen über Verhandlungen bezüglich des Aufgebots und der Trauung und der Eheverlöbnisse
von den Betreffenden eine Gebühr von — „10 Ngr." — zu fordern
nachgelassen werden möge, aus folgenden Gründen zurückgewiesen:

„Diese Niederschriften seien als Officialarbeiten anzusehen, denn
wie schon aus dem Eingange besagter Verordnung sich ergebe, sei die
darin getroffene Anordnung nur zu dem Zwecke, um den von den
Geistlichen über ihre amtlichen Handlungen und die dabei vorgekommenen Thatsachen etwa künftig auszustellenden Zeugnissen die volle
Glaubwürdigkeit der Zeugnisse öffentlicher Behörden zu sichern, ertheilt
worden. Hieraus folge aber von selbst, daß die gedachten Niederschriften nicht sowohl im Interesse der dabei betheiligten Privatpersonen, als vielmehr in dem der Geistlichen selbst, welche sich, was
früher auch mehrfach vorgekommen und die nächste Veranlassung zu
der gedachten Verordnung gewesen sei, ohne derartige Unterlagen ihrer
Zeugnisse nicht wohl würden entbrechen können, über die in letzteren

enthaltenen Thatsachen sich annoch einer eidlichen Abhörung unter Umständen zu unterwerfen, sowie überhaupt im Interesse der kirchlichen Ordnung zu erfolgen hätten und deshalb die Absorderung einer besonderen Vergütung für selbige, neben den für die fraglichen kirchlichen Handlungen, über welche dieselben erfolgen, überhaupt zu entrichtenden Gebühren für unzulässig erachtet werden müsse."

(Vbg. des Cult.-Min. an die Kb. zu Vbß. v. 14. October 1862, den übrigen Kbb. und dem Gef. Conf. zu Gl. in Abschrift mitgetheilt.)	F.

105.

Wirkung der Exmatriculation eines Studirenden in Folge eines Strafbescheides.

Das Cultusministerium hat beschlossen, daß diejenigen Studirenden, welche zur Strafe exmatriculirt und nicht später anderweit immatriculirt worden sind, zum Examen nicht zugelassen werden sollen, wenn sie nicht zuvor dazu die Genehmigung des Ministeriums erlangt haben.

(Vbg. des Cult.-Minist. an das Univers.-Gericht zu Leipzig und Notification an sämmtliche Prüfungsbehörden daselbst vom 6. Sept. 1862.)	F.

106.

Die Zulassung von Ausländern zur Maturitätsprüfung betreffend.

Zu Herstellung eines gleichmäßigen Verfahrens bei der Zulassung solcher Ausländer zur Maturitätsprüfung, welche ihre Ausbildung nicht auf dem betreffenden Gymnasium selbst erlangt haben, ist Folgendes verordnet worden:

Da nach §. 11. des Mandats vom 4. Juli 1829 die Vorbereitung junger Leute zur Universität betr. die Beibringung eines Maturitätszeugnisses von Ausländern zum Behufe ihrer Inscription bei der Universität Leipzig ausdrücklich nur in dem Falle vorgeschrieben ist, wenn dergleichen Ausländer von einer inländischen Schule auf die Universität kommen, so hat es bei dieser Vorschrift auch ferner zu bewenden, dergestalt, daß dergleichen Ausländer der Maturitätsprüfung unbedingt und in gleicher Weise sich zu unterwerfen haben, wie dieß bei den zur Universität abgehenden inländischen Schülern vorgeschrieben ist.

Außerdem ist zwar bei Ausländern, welche keine inländische Schule besucht, oder doch in der letzten Zeit ihrer Vorbereitung auf einer solchen sich nicht befunden haben, die Beibringung eines Maturitätszeugnisses von einem hierländischen Gymnasio zu ihrer Inscription bei der Landesuniversität bisher überhaupt nicht gefordert

worden. Es mögen jedoch auch solche Ausländer, dafern sie ein
Maturitätszeugniß bei einem hierländischen Gymnasio zu erlangen
wünschen, auf erfolgende Anmeldung bei den Rectoren der Gelehrten-
schulen zur Maturitätsprüfung zugelassen werden. Wie aber denselben
solchenfalls die Bestehung dieser Prüfung einerseits nur unter der
Voraussetzung zu gestatten ist, daß sie sich über ihre erlangte ausreichende Vorbildung, sowie über ihr bisheriges sittliches Verhalten
durch glaubhafte Zeugnisse auszuweisen vermögen, so sind auch andrerseits bei der Prüfung solcher junger Leute rücksichtlich der Beurtheilung ihrer Reise, sowie der Ertheilung eines Reisezeugnisses ganz
dieselben Anforderungen, wie bei zu prüfenden Inländern zu stellen
und überhaupt die für letztere bestehenden Vorschriften und Anordnungen ohne Ausnahme zur Anwendung zu bringen.

(Vdg. des Cult.-Min. an sämmtliche Gymnasialcommissionen v.
15. Sept. 1862.)   F.

107.
Die Wahlfähigkeitsprüfungen der Predigtamtscandidaten betreffend.

Nach der Verordnung v. 24. Mai 1833, soll auch zu Stellen
nicht Königlichen Patronats kein im Inlande geborener Candidat
präsentirt werden, welcher nicht sowohl die Prüfung bei der hierzu
geordneten Commission zu Leipzig, als auch wenigstens zwei Jahre
später die Wahlfähigkeitsprüfung bei dem Cultus-Ministerium (jetzt
bei dem evangelischen Landesconsistorium) gehörig bestanden hat.

Auf eine Anfrage des Stadtraths zu P., ob es bei der gedachten Bestimmung bezüglich der zweijährigen Frist unbedingt sein
Bewenden habe, oder ob in einzelnen Fällen, namentlich dann, wenn
an dieser Frist nur noch einige Monate fehlten, auf Ansuchen Dispensation ertheilt werde? ist nun derselbe beschieden worden, daß das
Cultusministerium von der in Rede stehenden Bestimmung zu dispensiren überhaupt Anstand nehme.

(Vdg. des Cult.-Minist. an den Stadtrath zu P. v. 30. Sept.
1862.)   F

108.
Der Kostenverlust wegen unterlassener Liquidirung ist schon in den Interlocuten auszusprechen.

Die Kreisdirection zu Zw. hatte in einer an die Kircheninsp.
zu R. erlassenen Verordnung das Gerichtsamt zu Eh. der von demselben in der wider den Pf. P. in R. anhängig gewesenen Discipli-
naruntersuchung liquidirten Gebühren, mit Rücksicht auf die Vorschrift des Mandats vom 25. Juni 1825, für verlustig erklärt, weil
sie nicht rechtzeitig und vor Abgang der verschiedenen in dieser Ange-

legenheit erstatteten Berichte, bei denen die Inspection vorerst lediglich
die erwachsenen Verläge liquidirt hatte, zu den Acten verzeichnet
worden seien.   Gegen diese Verordnung hatte, nach einer Actenbe-
merkung, das Gerichtsamt sich vorbehalten, Recurs einzuwenden, weil
in keiner der früheren Verordnungen der Kreisdirection, obschon bei
deren Erlassung Grund vorgelägen hätte, die Kosten wegen unterblie-
benen Liquidirens in Wegfall zu bringen, des Kostenverlustes Erwähnung geschehen sei.
     Zwar ist hierauf Seiten des Justizministeriums das Gerichtsamt
beschieden worden, wie es den bestehenden gesetzlichen Vorschriften
gegenüber zu Einwendung eines Recurses nicht berechtigt, auch
von einer Beschwerdeführung wegen des gedachten Kostenverlustes
abzusehen sei, doch ist, in Veranlassung dieses Falles, aus dem Cultusministerium an die Consistorialbehörden Anweisung ergangen, hin-
künftig auch bei Ertheilung von Interlocuten in kostenpflichtigen
Sachen betreffenden Falls den Kostenverlust sofort auszusprechen, damit die Gerichtsbehörden nicht inducirt werden, die Ansetzung der
Kosten zu verschieben und solchergestalt eines größeren Kostenbetrages
verlustig zu gehen, als sie eingebüßt haben würden, wenn sofort in
der ersten Verordnung der Kostenverlust ausgesprochen worden wäre.
     (Vdg. des Cult.-Minist. an sämmtliche Kbb. und an das Gef
Conf. zu Gl. v. 5. August 1862.)   F.

109.
Die Habilitation bei der medicinischen Facultät betr.

     Nach §. 1 des Regulativs der medicinischen Facultät zu Leipzig
v. 30. Sept. 1843, die Habilitation der Privatdocenten bei letzterer
betreffend, mußte bisher jeder, der das Recht zu Haltung medicinischer
Vorlesungen auf der Universität Leipzig erhalten wollte, die Magisterwürde bei der philosophischen Facultät der Universität Leipzig erlangt
haben, ohne daß ihm damit das Recht verliehen wurde, philosophische
Vorlesungen zu halten.
     Nachdem seither das Cultusministerium von dieser Bestimmung
wiederholt dispensirt hatte, ist neuerlich die Frage wegen deren fernerer
Beibehaltung in Erwägung gekommen und, in Betracht, daß in Folge
neuerer Einrichtungen ohnehin drei Professoren der Philosophie an
dem examen pro Baccalaureatu in der medicinischen Facultät Theil
nehmen, dieselben Professoren aber von der philosophischen Facultät
mit der Prüfung beauftragt zu werden pflegten, wenn Doctoren der
Medicin die Magisterwürde zu erlangen wünschten, auch den Privatdocenten in der theologischen und juristischen Facultät eine gleiche
Verbindlichkeit nicht auferlegt ist, auf erforderte gutachtliche Aeußerung
Seiten der betheiligten Facultäten und des academischen Senats, beschlossen worden, jene Verpflichtung der Privatdocenten der Medicin

zu Erlangung der Magisterwürde bei der philosophischen Facultät in Wegfall zu bringen.

(Vdg. des Cult.-Minist. an den academ. Senat zu Leipzig vom 27. August 1862.)   F.

Berichtigungen.

Die Bd. XXXIII. S. 82 fg. unter Nr. 21. abgedruckte Verordnung des Cult.-Min. ist nicht, wie S. 83 irrthümlich angegeben worden, an die Kreisdirection zu Leipzig, sondern an die Kreisdirection zu Dresden ergangen.

Als Datum des im 1. Hefte dieses Bandes S. 42 f. unter Nr. 3. mitgetheilten Präjudizes (R.— ÷ Sperling) ist S. 44. irrig der 25. Februar 1862 angegeben. Statt dessen muß es heißen: 7. März 1862.

VIII.

Grundzüge der Militair=Justizverfassung und des Verfahrens bei Militairgerichten im Königreiche Sachsen.

Nach einer älteren Abhandlung des Auditeur von Larisch neu bearbeitet vom Herrn Auditeur **Girardet** in Großenhain.

Vorwort.

Durch das kürzlich publicirte Gesetz, die Militairgerichtsver=saffung betreff. vom 23. April 1862 und die Militairstrafproceß=ordnung von demselben Tage ist der Ueberblick über die in Betreff der Militairgerichtsbarkeit und des Verfahrens bei Militairgerichten geltenden Bestimmungen zwar wesentlich erleichtert worden, doch dürfte es nichtsbestoweniger namentlich für diejenigen, welche sich nicht berufswegen speciell mit der Militairjustiz zu beschäftigen haben, von einigem practischen Werthe sein, in der nachstehenden Umarbeitung eines vor 17 Jahren in gegenwärtiger Zeitschrift (N. F. Bd. V. unter Nr. VII.) veröffentlichten Aufsatzes eine kurze, systematische Zusammenstellung der über die Militairjustiz=verfassung, das Verfahren bei den Kriegsgerichten und über die sonst dahin einschlagenden Verhältnisse gegenwärtig bestehenden gesetzlichen Vorschriften zur Hand zu haben und, was insbesondere das militairische Strafverfahren betrifft, — die Abweichungen des=selben von dem allgemeinen Strafprocesse ohne zeitraubende Ver=gleichung der beiden umfänglichen Proceßgesetze schnell und sicher auffinden zu können. —

In Bezug auf die Modalität meiner Bearbeitung erlaube ich mir noch zu bemerken, daß ich die ursprüngliche Disposition, soweit dieß möglich war, beibehalten habe. Der Text dagegen ist fast durchgängig neu und ebenfalls, wie in der Larisch'schen Abhand=lung, am geeigneten Orte mit dem Wortlaute der darunter citirten Gesetzesstellen übereinstimmend.

Großenhain im November 1862.

Auditeur **Girardet.**

Inhaltsverzeichniß.

Abſchn. V. Von einigen beſonderen Beſtimmungen in Beziehung auf Strafrechtsſachen.

§. 39. Von geringen Urlaubsvergehen der Unterofficiere und Soldaten. — §. 40. Von Uebertragung gewiſſer Unterſuchungen gegen Militairperſonen an Civilgerichte. — Von der Unterſuchungshaft bei Civilgerichten und der Vollſtreckung civilgerichtlich erkannter Strafen. — §. 42. Von den Vorſchriften in Betreff der Kriegsreſerviſten insbeſondere. — §. 43. Von der Abgabe angeſchuldigter Militairgerichtsbefohlener an die Civilgerichte.

Abſchn. VI. Von der Competenz der Kriegsgerichte in Bezug auf Verwaltungsſachen und dem Verfahren darin.

§. 44. Von der Competenz in reinen Adminiſtrativſachen der Militairperſonen und dem Inſtanzenzug darin. — §. 45. Von Verwaltungsſtreitigkeiten der Militairperſonen. — §. 46. Von Poſtſtraſſachen. — §. 47. Von Zoll= und Steuerſtraſſachen. — §. 48. Von Polizeiſtraſſachen und dem Verfahren darin. — §. 49. Ueber die Competenzverhältniſſe in Bezug auf die Aufhebung von Leichnamen insbeſondere. — §. 50. Von dem Feſtungskriegsgerichte, als Polizeibehörde.

Abſchn. VII. Von der Competenz und dem Verfahren der Kriegsgerichte in bürgerlichen Rechtsſachen.

-§. 51. Von der Competenz der Kriegsgerichte in ſolchen Sachen. — §. 52. Vom Verfahren und dem Inſtanzenzuge darin. — §. 53. Von Auftragsertheilungen und Competenzſtreitigkeiten. — §. 54. Von Beſchwerden gegen das Verfahren. — §. 55. Von den bei Kriegsgerichten vorzunehmenden Handlungen der freiwilligen Gerichtsbarkeit. — §. 56. Von der Hülfsvollſtreckung und freiwilligen Abtretungen. — §. 57. Von Wechſelſachen und dem Schuldarreſt.

Abſchn. VIII. Von den Beſchränkungen der Militairgerichtsbarkeit in Bezug auf bürgerliche Rechtsſachen.

§. 58. A. Competenzverhältniſſe bei Rechtsſtreiten über Grundbeſitz. — §. 59. B. Von Concurſen der Militairperſonen. — §. 60. C. Von Nachlaßſachen. — §. 61. D. Von Vormundſchaftsſachen. — §. 62. E. Von Verlöbniß= u. Eheſachen. — §. 63. Vom Feſtungskriegsgerichte insbeſondere.

Abſchn. IX. Von dem Sportelweſen.

§. 64. Von der Sportelverwaltung. — §. 65. Von den Sporteltaren. — §. 66. Von den Aſſeſſur= u. Profoß=Gebühren. — §. 67. Vom Liquidiren der unteren Kriegsgerichte. — §. 68. Vom Liquidiren der Civilgerichte in Rechtsſachen der Militairperſonen. — §. 69. Vom Sportuliren der Oberbehörden in vor Kriegsgerichten anhängigen Rechtsſachen. — §. 70. Von der Einbringung der Koſten. — §. 71. Von Koſtenerlaßgeſuchen.

Theil II. Von der Militair-Justiz im Felde.

§. 72. Vom Militairgerichtsstande. — §. 73. Von der Verwaltung der Militairjustiz im Felde und dem Feldoberkriegsgerichte. — §. 74. Vom Verfahren in Straffachen. — §. 75. Vom Standrechte. — §. 76. Vom Martial-gesetze. — §. 77. Vom standgerichtlichen Verfahren außerhalb des Kriegsfalles. — §. 78. Von bürgerlichen Rechtssachen.

Erklärung der Abkürzungen.

Ordon. d. h. Ordonanz vom 19. Juli 1828. G. S. p. 70.

Ges. sub A. d. h. Gesetz über die Competenzverhältnisse zwischen Justiz- u. Verwaltungsbehörden vom 28. Januar 1835. G. S. p. 55.

Ges. sub B. d. h. Gesetz über die höheren Justizbehörden und den Instanzenzug bei Justizsachen betreff. von demselben Tage. G. S. p. 62.

Ges. sub. C. d. h. Gesetz über privilegirte Gerichtsstände und einige damit zusammenhängende Gegenstände, von demf. Tage. G. S. p. 75.

Ges. sub. D. d. h. Gesetz über das Verfahren in Administrativjustizsachen vom 30. Januar 1835. G. S. p. 88.

Allg. St. G. d. h. Allgemeines Strafgesetzbuch vom 11. August 1855.

Allg. St. P. O. d. h. Strafproceßordnung vom 11. Aug. 1855.

A. V. vom 31. Juli 1856. d. h. Ausführungsverordnung zur Strafproceßordnung und dem Strafgesetzbuche.

M. St. G. d. h. Militair-Strafgesetzbuch vom 11. August 1855.

M. St. P. O. d. h. Militairstrafproceßordnung vom 23. April 1862. G. u. V. Bl. p. 89.

M. G. V. G. d. h. Gesetz die Militair-Gerichts-Verfassung betreff. vom 23. April 1862. G. u. V. Bl. p. 68.

A. V. vom 2. Juni 1862. d. h. Verordnung zu Ausführung des Gesetzes, die Militairgerichtsverfassung betreff. und der Militairstraf-Proceßordnung. G. u. V. Bl. p. 221.

Kgs. M. V. d. h. Kriegsministerial-Verordnung.

O. G. V. d. h. Oberkriegsgerichts-General-Verordnung.

O. Sp. V. d. h. Oberkriegsgerichts-Special-Verordnung.

Dienst-Reglem. d.h. Dienst-Reglement für die Königl. Sächs. Armee v. J. 1833.

Wirthsch.-Reglem. d. h. Wirthschafts-Reglement für die Königl. Sächs. Armee vom J. 1853.

Theil I.
Von der Militairjustiz im Frieden.

Abschn. I. Vom Militairgerichtsstande.

§. 1. Vom Begriff des Milit.-Gerichtsstandes.

Der Militairgerichtsstand begreift die Verbindlichkeit, vor den Militairgerichten Recht zu leiden, und ist im Interesse des Militairdienstes und in Rücksicht auf die eigenthümlichen Verhältnisse des Militairstandes eingeführt. Ihm kann, als einem exemten, freiwillig nicht entsagt werden und sind die bei einem Civilgerichte verhandelten Rechtssachen der Militairgerichtsbefohlenen an sich ungültig.

§§. 19. 20. Militair-Gerichts-Verfassungs-Gesetz vom 23. April 1862.

§. 2. Von den Personen, welche den Militairgerichtsstand anzuerkennen haben.

Die Militairgerichtsbarkeit erstreckt sich (den §. 12. gedachten Fall der Festung Königstein ausgenommen) nur auf Personen, nicht auch auf Grundstücke. —

Den Militairgerichtsstand haben anzuerkennen:

A. alle Militairpersonen der Königlich Sächs. Armee.
Als solche sind anzusehen:

a. alle als Angehörige der activen Armee in den Bestands-listen der Truppen aufgeführten, oder doch auf die Kriegs-artikel verpflichtete Personen, einschließlich der in Warte-geld oder à la suite versetzten, sowie der zeitweilig für nicht militairische Zwecke verwendeten und der Deserteurs;

b. diejenigen bei den Militairbehörden, der Adjutantur des Königs und der Königlichen Prinzen, sowie bei den für militairische Zwecke bestehenden Anstalten angestellten Per-sonen, welche entweder vor ihrer bezüglichen Anstellung die Eigenschaft als Militairpersonen, nach der Bestimmung unter a. gehabt, und dieselbe nicht wieder verloren haben, oder welche behufs der fraglichen Anstellung vorschrifts-gemäß auf die Kriegsartikel verpflichtet worden sind;

c. die Kriegsreservisten und zwar:

α. unbeschränkt, so lange sie, während die Armee auf

ben Kriegsfuß geſetzt iſt, zum activen Dienſte einberufen
ſind; wogegen ſie

β. außerhalb des unter α. erwähnten Falles nur in
Strafrechtsſachen wegen Militairverbrechen
unter der Militairgerichtsbarkeit, hinſichtlich aller übrigen
Rechtsſachen aber unter Civilgerichtsbarkeit ſtehen.

B. von anderen Perſonen

a. die Zöglinge des Cadettencorps und der Artillerieſchule;

b. alle auf der Feſtung Königſtein oder innerhalb ihres Gebietes ſich weſentlich aufhaltende Perſonen;

c. diejenigen Civilperſonen, welche, ohne zu den unter b. Genannten zu gehören, innerhalb des Feſtungsgebietes eines
nach den Beſtimmungen der allgemeinen Strafproceßgeſetze
bem Gerichtsſtande der begangenen That zu unterſtellenden
Verbrechens ſich ſchuldig machen, mit Beſchränkung auf
den jedesmal vorliegenden Unterſuchungsfall; cf. §. 12.
unter B. 2.

d. die bei den Militairanſtalten angeſtellten Civilperſonen,
jedoch nur in Angelegenheiten oder wegen Verbrechen, die
ſich auf ihren Dienſt beziehen.

§§. 21. 22. 25. M. G. V. G.

Ausgenommen von dem Militairgerichtsſtande ſind die in der
Königl. Sächſ. Armee eine Dienſtſtellung bekleidenden Königlichen
Prinzen, welche demſelben nur im Felde in gewiſſer Weiſe unter-
worfen ſind; cf. §. 76..

§. 24. M. G. V. G.

Ueber Civilperſonen ſteht den Militairgerichten mit Ausnahme
der oben sub B. bezeichneten Perſonen keine Gerichtsbarkeit zu;
jedoch ſind die einmal anhängigen Rechtsſachen bei ihnen fortzu-
ſtellen und zu beendigen; auch kann Militairgerichten in Rechtsſachen, welche Civilperſonen betreffen, kein Auftrag ertheilt werden.

§§. 19. 31. M. G. V. G.

Ueber die durch Militairgerichte vorzunehmenden Handlungen
der freiwilligen Gerichtsbarkeit in Anſehung von Civilperſonen,
ſowie über den Fall, wenn Militair- und Civilperſonen gemein-
ſchaftlich Verbrechen begehen oder belangt werden; cf. §§. 55.
40. 53.

Wegen der Wieder- und Provocationsklagen gelten jedoch die
allgemeinen Grundſätze und haben daher in dieſen Sachen, ſowie

in Nebenpuncten in Proceſſen auch Civilperſonen vor den Militairgerichten Recht zu leiden.

§. 1. Abſchn. II. Kgsg. Reglem.

§. 9. Geſ. sub C.

Diejenigen Perſonen, welche unter Beibehaltung der militairiſchen Eigenſchaft in Civil- oder Hofanſtellung ſtehen, haben
den Militairgerichtsſtand nur in Bezug auf Militairverbrechen
anzuerkennen.

§. 34. M. G. V. G.

Dieſe Beſtimmung findet auch auf den Vorſtand des Kriegs-
miniſteriums Anwendung, inſofern derſelbe nicht bei der auf den
Kriegsfuß geſetzten Armee und im Auslande ſich befindet.

l. l. Abſ. 2.

§. 3. Vom Beginne des Militairgerichtsſtandes.

Der Zeitpunkt, von welchem an die in §. 2. benannten Perſonen dem Militairgerichtsſtande unterworfen ſind, iſt

1. in Betreff der bei einer gewöhnlichen Recrutirung zum
active Militairdienſte ausgehobenen Militairpflichtigen der
1. Januar des auf ihre Aushebung nächſtfolgenden Jahres; [1]

2. bei etwaigen außerordentlichen Recrutirungen, ſowie hinſichtlich der zu anderer Zeit zum Militairdienſte angenommenen
Perſonen, der Tag, unter welchem dieſelben in den Beſtandsliſten der Truppe, welcher ſie zugetheilt worden ſind, aufgenommen werden; [2]

3. bei den übrigen in Frage kommenden Perſonen der Zeitpunct
ihrer Anſtellung oder des wirklichen Eintritts in das den
militairiſchen Gerichtsſtand begründende Verhältniß. [3]

§. 29. M. G. V. G.

---

[1] Die ausgehobenen Recruten werden während der Zeit vom 1. Januar
des auf ihre Aushebung nächſtfolgenden Jahres bis zu ihrer wirklichen Einſtel-
lung zum Dienſte als beurlaubt in den Liſten geführt und gelten rückſichtlich ihrer
die in §§. 4. 39. 43. behandelten Vorſchriften.

§. 3. des Geſ. über Erfüll. d. Militairpflicht vom 1. Sept. 1858.
G. u. V. Bl. p. 184.

[2] Die noch nicht oder nicht vorſchriftsmäßig erfolgte Ablegung des Sol-
dateneides giebt bei den Verbrechen der Militairperſonen einen Milderungs-
grund nicht ab, ſofern der Verbrecher nur in die Beſtandsliſten eingetragen
worden iſt.

§. 62. M. St. G.

[3] Alſo z. B. bei den Auditeuren oder den bei Militairinſtituten angeſtell-

Nur Processe und Untersuchungen, welche schon zuvor, ehe der Inculpat oder Beklagte in Kriegsdienste getreten war, ihren Anfang genommen haben, werden bei der betreffenden Civilbehörde fortgestellt und beendigt.

§. 31. M. G. V. G.

§. 9. A. V. vom 6. Juli 1856.

§. 4. Vom Umfange der Militairgerichtsbarkeit.

1. Rücksichtlich des Ortes.

Militairpersonen bleiben dem Militairgerichtsstande unterworfen, wo sie sich auch, gleichviel ob dienstlich oder außerdienstlich, aufhalten mögen.

§. 8. M. St. G.

Es wird die Militairgerichtsbarkeit in der Regel an jedem Orte, unbeschadet der anderen Gerichten zustehenden Jurisdictionen ausgeübt. — Die Militairgerichte dürfen daher in fremden Gerichtsbezirken z. E. Leichname aufheben (cf. §. 49.), Testamente von ihren Gerichtsuntergebenen auf- und annehmen (cf. §. 55.); ferner auch — jedoch unter Berechtigung des bezüglichen Gerichts — an jedem Orte des Landes Beaugenscheinigungen vornehmen,

§. 148. M. St. P. O.

und auch außerhalb der unter Militairverwaltung stehenden Gebäude in den Wohnungen oder sonstigen Räumlichkeiten von Militairgerichtsbefohlenen Aussuchungen, Beschlagnahmen oder Durchsuchungen von Papieren expediren. —

§. 178. M. St. P. O.

2. Rücksichtlich des Gegenstandes.

Der Militairgerichtsstand umfaßt sowohl die aus dem Militairdienstverhältnisse, als auch die aus dem Civil- und Strafrechte herrührenden Angelegenheiten der Militairpersonen, soweit nicht die Gesetze selbst Ausnahmen feststellen.

§. 19. M. G. V. G.

Wegen der Ausnahmen in Strafsachen vergl. Abschn. V. §§. 39 b/m. 43., in bürgerlichen Rechtssachen Abschn. VIII §§. 58 b/m. 63., in Verwaltungssachen Abschn. VI. §§. 44 ff.

---

ten Civilpersonen die Verpflichtung für die fragliche Anstellung; sowie bei den auf dem Gebiete der Festung Königstein sich aufhaltenden Civilpersonen das Betreten des Festungsgebietes.

Zeugenabhörungen können in dem Falle, wenn die als Zeuge abzuhörende Militairperson beurlaubt ist, in Civil- und Straffachen, vor dem Civilrichter unmittelbar vorgenommen werden und haben sich die Beurlaubten (Officiere, Unterofficiere, Soldaten) auf Verlangen des Civilgerichts dazu zu gestellen, dafern nicht das zuständige Militairgericht gleich nahe ist, und ihre Gestellung sie nicht am rechtzeitigen Eintreffen bei der Truppe hindern würde.[4]

In allen übrigen Fällen sind wegen Zeugenabhörungen der Militairpersonen die competenten Kriegsgerichte zu requiriren, bei welchen auch etwa erforderliche Gestellungen von Militairpersonen vor ein Civilgericht zu beantragen sind.

Solchen Anträgen ist in der Regel Statt zu geben, soweit nicht dienstliche Rücksichten entgegenstehen. —

§. 35. M. G. V. G.

§. 56. d. Ausf. V. zur St. P. O. vom 31. Juli 1856.

§. 5. Vom Aufhören des Militairgerichtsstandes.

Der Militairgerichtsstand hört auf

1. hinsichtlich der der activen Armee, sowie der Kriegsreserve[5] angehörenden Personen, ingleichen hinsichtlich der in Wartegeld oder à la suite Versetzten, mit dem Ausscheiden aus dem Militairverhältnisse durch Verabschiedung, Cassation, Entlassung, Entfernung oder Ausstoßung aus dem Soldatenstande;

2. hinsichtlich aller übrigen Personen, mit dem Austritte aus dem Dienst- oder dem Aufhören derjenigen Verhältnisse, wodurch der Militairgerichtsstand begründet worden war. —

§. 30. M. G. V. G.

Nur solche Rechtssachen, welche beim Aufhören des Militair-

---

4) Militairpersonen, welche zum Behufe einer gerichtlichen Verhandlung vor einer Gerichtsbehörde erscheinen, haben bei ihrem Eintreten in die Gerichtsstube die Kopfbedeckung abzunehmen und solche während der Handlung in der Hand zu behalten. — Das Seitengewehr ist nur bei Eidesleistungen abzulegen. §. 13. Ausführ. V. vom 2. Juni 1862.

5) Die Kriegsreservisten scheiden also nunmehr auch erst durch die förmliche Verabschiedung ꝛc., d. h. mit Aushändigung des Abschiedes oder Entlaßscheins, und nicht mehr, wie bisher, nach Maßgabe der Oberkriegsgerichtsverordnung vom 10. Februar 1855 mit dem Termine des Ablaufs der Reservepflicht eo ipso, aus dem Militairverbande aus.

dienstverhältnisses bei einem Militairgerichte anhängig waren, sind bei demselben fortzustellen und zu beendigen.

§. 31. ibidem.

Die Untersuchung und Aburtheilung von Verbrechen, welche von Militairpersonen während ihrer Dienstzeit begangen worden, jedoch erst nach ihrer Entlassung aus dem Militairdienste zur Anzeige gelangen, gehört vor die Civilstrafgerichte, und zwar auch dann, wenn es sich um Militairverbrechen handelt oder die Wiederaufnahme einer während der Militairdienstzeit bei dem Kriegsgerichte anhängig gewesenen Untersuchung in Frage kommt.

Bei der Aburtheilung von Militairverbrechen sind solchenfalls die Militairgesetze in Anwendung zu bringen, dergestalt jedoch, daß nicht auf die gesetzlich angedrohten Militair-, sondern auf gemeine Strafen, unter Beobachtung des im §. 64. des Militairstrafgesetzbuchs angegebenen Geltungsverhältnisses, zu erkennen ist.[6])

§. 33. M. G. B. G.

§. 9. d. Ausf. V. z. St. P. O. vom 31. Juli 1856.

Abschn. II. Von den Militairgerichten und deren Competenz.

§. 6. Von der Verwaltung der Militairjustiz.

Die Militairjustiz wird durch ständige Untergerichte (Kriegsgerichte) und in gewissen Strafrechtssachen durch nichtständige, aus dazu besonders commandirten und vereideten Militairpersonen zusammengesetzte Spruchkriegsgerichte ausgeübt.

§§. 1. 10. M. G. B. G.

§. 7. Von den Ressort-Verhältnissen der Militairgerichte.

Als Oberbehörden für die unteren Militairgerichtsbehörden bestehen im Frieden

1. das Oberkriegsgericht,
2. das Appellationsgericht zu Dresden,
3. das Oberappellationsgericht,
4. die Ministerien des Krieges und der Justiz.

§. 11. M. G. B. G.

ad 1. In Betreff der Zusammensetzung und des Wirkungskreises des Oberkriegsgerichts cf. §§. 8. 9.

ad 2. u. 3. Das Appellationsgericht zu Dresden und das

---

6) Wegen der Verjährung von Militairverbrechen vergl. §. 73. M. St. G.

Oberappellationsgericht bilden bezüglich der bei den Kriegsgerichten anhängigen bürgerlichen Rechtssachen die zweite und dritte
Instanz. —

Bei ihnen sind auch solche Beschwerden anzubringen, die einzelne, noch nicht beendigte Civilrechtssachen betreffen.

§. 16. M. G. V. G.

ad 4. Den Kriegsgerichten und dem Oberkriegsgerichte ist
als Anstellungs- und Dienst-, sowie im Allgemeinen als Aufsichts-
Behörde, das Kriegsministerium vorgesetzt.

Dasselbe bildet auch die höhere Instanz in allen Polizei-
und Verwaltungssachen und sind ihm in Betreff dieser Sachen die
Kriegsgerichte unmittelbar unterstellt; cf. §. 44.

Bezüglich der Strafrechtssachen stehen dem Kriegsministerium,
soweit es sich um Militairverbrechen handelt, alle nach den allgemeinen Bestimmungen dem Justizministerium zugewiesenen Befugnisse ausschließlich zu. In Hinsicht auf gemeine Verbrechen, sowie
auf die bürgerlichen Rechtssachen ressortiren die Militairgerichte
vom Justizministerium; dasselbe hat aber in geeigneten und
namentlich in solchen Fällen, wo das militairdienstliche Interesse,
ingleichen wo die Abstellung wahrgenommener oder beschwerend
angezeigter Geschäftsunregelmäßigkeiten in Frage kommt, mit dem
Kriegsministerium sich zu vernehmen.[7]

§. 17. M. G. V. G.

§. 8.   Von dem Oberkriegsgerichte.

Das Oberkriegsgericht hat seinen Sitz in Dresden und besteht aus dem General-Auditeur als Director, einem Oberkriegsgerichtsrathe, sowie nächstdem noch

1. einigen, theils als ordentliche, theils als außerordentliche Mitglieder abgeordneten Räthen des Oberappellationsgerichts und

2. zwei auf Zeit commandirten, dienstleistenden Stabsofficieren,
insgesammt in Richtereigenschaft, nebst dem erforderlichen Canzleipersonal.

---

7) Die hier erwähnte Vernehmung mit dem Kriegsministerium will das
Justizministerium mit Rücksicht auf das dabei in Frage kommende militairdienstliche Interesse insbesondere auch dann eintreten lassen, wenn es bei gemeinen
Verbrechen sich um Begnadigungsgesuche von Personen des Officierstandes
handelt.

§. 9. A. V. v. 2. Juni 1862.

Der General-Auditeur, der Oberkriegsgerichtsrath und das Canzleipersonal sind auf den Militairetat fest angestellt.[8])

Die zu außerordentlichen Mitgliedern bestellten Räthe des Oberappellationsgerichts sind theils für die Fälle, wo nach den Vorschriften der Militairstrafproceßordnung in voller Versammlung zu entscheiden ist, theils zu der in Behinderungsfällen nöthigen Vertretung der als ordentliche Mitglieder bestellten Räthe bestimmt.

Die Stabsofficiere werden bei ihrem erstmaligen Eintritte in das Oberkriegsgericht mit einem dazu besonders vorgeschriebenen Richtereide belegt.

Die Vorträge werden durch die rechtskundigen Mitglieder abgehalten, welchen auch die Abfassung der Erkenntnisse und anderer wichtigerer Arbeiten obliegt.

Wenn eine Vertretung des Generalauditeurs nöthig wird, so gehen die Directorial-Befugnisse desselben auf den Dienstältesten der rechtskundigen Mitglieder über. —

§. 12. u. 13. M. G. B. G.

Das Oberkriegsgericht beschließt, soweit eine collegiale Berathung erforderlich ist, in Strafrechtssachen über Rechtsmittel gegen untergerichtliche Erkenntnisse und Entschließungen in Versammlung von fünf, und soweit eine Berathung und Entscheidung in voller Versammlung ausdrücklich vorgeschrieben ist, in Versammlungen von sieben, außerdem dagegen in Versammlungen von drei bis vier Richtern. —

Unter der Zahl von 5 und 7 Richtern sind allezeit zwei Stabsofficiere mit begriffen, wogegen die Versammlungen von 3 oder 4 Richtern nur aus rechtskundigen Mitgliedern zu bestehen haben.   §. 15. ibidem.   Vergl. jedoch die Ausnahme in §. 37.

§. 9. Vom Wirkungskreise des Oberkriegsgerichts.

Das Oberkriegsgericht ist:

1. Dienstbehörde für das ihm beigeordnete Canzlei-, sowie für das ständige untergerichtliche Personal,
2. Aufsichtsbehörde über die unteren Kriegsgerichte, und
3. entscheidende Behörde in militairgerichtlichen Strafsachen, nach den näheren Bestimmungen der Militairstrafproceßordnung.

---

8) Der General-Auditeur wird vom Könige ernannt und ist nicht Militairperson.   §. 2. A. B. v. 2. April 1835.

Nächstdem kommt demselben ferner

4. die Vortragserstattung an die vorgesetzten Ministerien und, nach Befinden, Begutachtung sowohl in einzelnen Strafrechtssachen der Militairpersonen, als auch über Gegenstände der Militairgerichtspflege im Allgemeinen und

5. das Befugniß zu, verwirkte gemeine Strafen in Militairstrafen zu verwandeln, insofern die letzteren die Gränzen des den unteren Kriegsgerichten zustehenden Strafverwandlungsrechts überschreiten und die Verwandlung überhaupt gesetzlich zulässig ist.

§. 14. M. G. V. G.

§. 10. Von den unteren ständigen Kriegsgerichten.

Als untere Kriegsgerichte bestehen

A. die Kriegsgerichte einzelner Truppenabtheilungen und Militairinstitute, welche ihre eigenen Commandos haben; cf. §. 11.

B. das Kriegsgericht der Festung Königstein; cf. §. 12.

C. das Stabskriegsgericht. — cf. §. 13.

§. 1. M. G. V. G.

§. 11. Von den Kriegsgerichten einzelner Truppen-Abtheilungen und Militairinstitute und deren Competenz.

Eigne Kriegsgerichte haben:

a. jede Infanterie-Brigade,

die Leib- (4.) Brigade; Stabsquartier Bautzen; Garnisonen: Bautzen (15. und 16. Bataillon) und Dresden 13. und 14. Bataillon);

die 1. Brigade Kronprinz (1. b/m. 4. Bataillon); Stabsquartier Dresden; Garnison Dresden;

die 2. Brigade vac. Prinz Maximilian; Stabsquartier Chemnitz; Garnisonen: Chemnitz (5. und 6. Bataillon), Marienberg (7.) und Schneeberg (8. Bataillon);

die 3. Brigade Prinz Georg; Stabsquartier Dresden; Garnisonen: Dresden (9. 10. und 11. Bataillon), Wurzen (12. Bataillon);

die Jäger-Brigade; Stabsquartier Leipzig; Garnisonen: Leipzig (1. 2. und 4. Bataillon), Dresden (3. Bataillon); [9]

---

[9] Die Gerichtsbarkeit über das in Dresden garnisonirende 3. Jägerbataillon ist vermöge ständig ertheilten Auftrags §. 3. Abs. 2. M. G. V. G.

b. jedes Reiter-Regiment,

das Garde- (4.) Reiter-Regiment; Stabsquartier Dresden; Garnisonen: Dresden (1. 3. und 5. Schwadron) und Pirna (2. und 4. Schwadron);

das I. Reiter-Regiment Kronprinz; Stabsquartier Großenhain; Garnisonen: Großenhain (1. 4. u. 5. Schwadron), Riesa (3.) und Roßwein (2. Schwadron);

das II. Reiter-Regiment; Stabsquartier Grimma; Garnisonen: Grimma (3. und 5. Schwadron), Rochlitz (1. und 2. Schwadron) und Lausigk (4. Schwadron);

das III. Reiter-Regiment; Stabsquartier Borna; Garnisonen: Borna (1. und 4. Schwadron); Pegau (3. und 5. Schwadron) und Geithayn (2. Schwadron). —

c. Das Artillerie-Corps; Stabsquartier Dresden. — Fuß-artillerie-Regiment, Garnison: Dresden; Reitende Artillerie-Brigade; Garnison: Radeberg;

Pionier- und Pontonier-Abtheilung; Garnison: Dresden; das Hauptzeughaus zu Dresden;

die Commissariats-Traincompagnie; Garnison: Dresden.—

d. Die Cadetten- und Artillerieschule zu Dresden.

Bei den sub c. und d. benannten Kriegsgerichten sind der-malen besondere Auditeure nicht angestellt, sondern es wird bei diesen Gerichten die Gerichtsbarkeit durch

den beim Stabskriegsgerichte angestellten Auditeur mitverwaltet.

Diese Verwaltung geschieht jedoch rücksichtlich jeder dieser Parteien unter Concurrenz ihres Commandanten, so daß für jede derselben ein abgesondertes Kriegsgericht fortbesteht; cf. §. 15.

Der Sitz der einzelnen Regiments- und Brigade-Gerichte befindet sich jederzeit im Stabsquartiere, dem es auch auf Märschen, in Cantonnements, Lager ꝛc. zu folgen hat.

Die Competenz der Kriegsgerichte einzelner Truppen-Abthei-lungen und Militair-Institute erstreckt sich auf alle in den Listen der Truppen oder des Militair-Institutes aufgeführten Militair-

---

bis auf Weiteres dem Kriegsgerichte der III. Infanterie-Brigade in Dresden zugewiesen, dagegen das in Wurzen garnisonirende 12. Bataillon der III. In-fanterie-Brigade der Jurisdiction des Jäger-Brigade-Kriegsgerichts zu Leipzig unterstellt worden.

personen (auch die nicht streitenden) mit alleiniger Ausnahme der
Commandanten und der Auditeure.

§. 2. M. G. V. G.

Es haben sonach bei diesen Kriegsgerichten Recht zu leiden
z. B. alle bei der betreffenden Truppe angestellten Stabs- und
Oberofficiere, Unterofficiere und Soldaten, das ärztliche Personal,[10]
Fouriere, Büchsenmacher, Schmiede u. a. m.

Nur diejenigen Militair-Personen, welche zur Dienstleistung
auf die Festung Königstein commandirt sind, oder daselbst Strafe
verbüßen (cf. §. 12.), sind auf die Dauer ihres dortigen Aufenthaltes dem Festungskriegsgerichte unterworfen.

§§. 1. 2. 22. sub 2. M. G. V. G.

Mit der Versetzung einer Militairperson von einer Truppe
zur anderen wechselt auch deren Gerichtsstand. — Die einmal
anhängigen Rechtssachen sind jedoch bei demjenigen Kriegsgerichte,
bei welchem sie anhängig wurden, fortzustellen und zu beendigen.
— Dieser Wechsel des Gerichtsstandes tritt mit der Aufführung
in den Listen derjenigen Partei ein, zu welcher die Versetzung
erfolgte. —

§. 12. Vom Festungs-Kriegsgerichte und dessen Competenz.

Das Festungskriegsgericht hat die Gerichtsbarkeit über die
Festung und das zu derselben gehörige Gebiet, sowie über alle auf
der Festung sich wesentlich aufhaltende Personen mit Ausnahme
des Commandanten und des Auditeurs.

§. 2. sub 5. junct. §. 22. M. G. V. G.

Das Festungskriegsgericht ist

A. Militairgericht.

Alle Militairpersonen, welche auf der Festung stationirt, oder
zur Dienstleistung commandirt sind, oder daselbst Strafe verbüßen,
sind auf die Dauer ihres Aufenthaltes — eines wesentlichen —
der Gerichtsbarkeit des Festungskriegsgerichts in allen sie betreffenden Rechtsangelegenheiten, wie jedem anderen Kriegsgerichte

---

10) Die durch General-Verordnung vom 19. November 1851 eingeführte
Unterstellung sämmtlicher Mitglieder des Sanitäts-Corps unter die Competenz
des Stabskriegsgerichts ist durch General-Verordnung vom 9. September 1856
dahin modificirt worden, daß die Kriegsgerichte der Truppenabtheilungen, bei
welchen die Aerzte zur Dienstleistung commandirt stehen, rücksichtlich der Gerichtsbarkeit über dieselben als mit beständigem Auftrage versehen betrachtet
werden sollen. —

untergeben.[11]) — Ausgenommen davon sind selbstverständlich der Commandant und der Auditeur. —

Die bei dem Festungskriegsgerichte einmal anhängig gewordenen Rechtssachen sind auch des veränderten Aufenthaltes der betreffenden Militairpersonen unerachtet daselbst fortzustellen und zu beendigen; die nach Beendigung des betreffenden Aufenthaltes anhängig werdenden gehören vor das Kriegsgericht der betreffenden Truppenabtheilung.

O. Sp. B. vom 6. März 1844.

Die bei Militairinstituten der Festung Königstein angestellten Civilpersonen stehen in Angelegenheiten oder wegen Verbrechen, die sich auf ihren Dienst beziehen, nicht unter dem §. 13. bezeichneten Gerichte, sondern ebenfalls unter dem Festungs-Kriegsgerichte.

§§. 2. 22. M. G. B. G.

Das Festungskriegsgericht ist

B. Localgericht,

und übt als solches die Gerichtsbarkeit über das Festungsgebiet und über alle auf demselben befindlichen Personen aus, so weit dieselben nämlich

1. auf der Festung Königstein oder innerhalb ihres Gebietes sich wesentlich aufhalten, oder

2. Civilpersonen sind, welche, ohne zu den sub 1. Genannten zu gehören, innerhalb des Festungs-Gebietes eines nach den Bestimmungen der allgemeinen Strafproceßgesetze dem Gerichtsstande der begangenen That zu unterstellenden Verbrechens (Allgem. St. P. O. in Art. 48 ff.) sich schuldig machen, mit Beschränkung auf den jedesmal vorliegenden Untersuchungsfall.

§. 2. sub 5. jnct. §. 22. sub 2. u. 3. M. G. B. G.

Ebenso erstreckt sich die Competenz auch auf die Theilnehmer an einem der Strafjurisdiction des Festungsgerichts als Localgericht unterliegenden Verbrechens.

Entsch. d. O. K. Gs. in Untersuchungssachen contra Scheinert und Cons. v. J. 1854.

---

11) Bei Militairpersonen gehört also zur Begründung der festungsgerichtlichen Competenz auch rücksichtlich der auf Festungsgebiet begangenen Verbrechen der wesentliche Aufenthalt, wogegen in letztgedachter Beziehung bei Civilpersonen unter den weiter unten sub B. erwähnten Beschränkungen jeder, auch der vorübergehende Aufenthalt genügt.

O. Sp. B. vom 6. März 1844.   §. 22. M. G. B. G.

In der Eigenschaft als Localgericht ist das Festungs-Kriegs-gericht u. a. auch zur Arretur eines auf Festungsgebiet betroffenen Wechselschuldners vom Civilstande auf Antrag des Gläubigers competent, und leidet sonach §. 25. des Ges. sub C. auf dasselbe Anwendung.

Wenn eine der Gerichtsbarkeit der Festung Königstein unter-gebene Militairperson in dem §. 43. erwähnten Falle ein zum ferneren Militairdienste unwürdig machendes Verbrechen auf Festungsgebiet begeht, so ist das Festungsgericht in der Eigen-schaft als Localgericht zur Fortstellung der Untersuchung competent.

Bekanntm. des Just. Minist. vom 29. Dec. 1856.

§. 41. jnct. §. 22. M. G. B. G.

§. 13. **C. Vom Stabskriegsgerichte und dessen Competenz.**

Das Stabskriegsgericht, welches zu gleicher Zeit das Gou-vernementskriegsgericht bildet, hat seinen beständigen Sitz in Dresden. — Für den seit 1855 mit Stabsofficiersrang bekleideten Stabsauditeur, welchem ein Actuar beigegeben ist, wird durch das Oberkriegsgericht ein anderer, in Dresden garnisonirender Auditeur im Voraus als Stellvertreter für Krankheit und sonstige legale Behinderungsfälle bestimmt und es hat dieser letztere das Richter-amt, namentlich auch in denjenigen Rechtssachen zu verwalten, welche gegen den Stabsauditeur selbst, oder auch gegen den Gou-verneur zu Dresden oder gegen den Commandanten beziehenlich des Artilleriecorps, des Cadettencorps oder der Artillerieschule etwa anhängig werden.

§. 1. sub 6. und §. 6. M. G. B. G.

Bei dem Stabskriegsgerichte, als solchem, haben ihren Ge-richtsstand

A. von Militairpersonen:

    a. alle solche, welche unter keinem der §§. 11. u. 12. benannten Kriegsgerichte stehen, als:

        α. der Vorstand des Kriegsministeriums (jedoch nur in Bezug auf Militairverbrechen), die Generalität, die beim Kriegsministerio, der Adjutantur des Königl. Hauses, den Commandostäben, dem Generalstabe, dem Militair-gouvernement der Residenz, der Casernen- und Medi-cinal-Direction, dem Garnisonhospitale zu Dresden, der Militairstrafanstalt und anderen Militair-Instituten an-gestellten Militairpersonen;

β. die auf Wartegeld und à la suite der Armee stehenden Militairpersonen;

γ. diejenigen Militairpersonen, welche, ohne dieser ihrer Eigenschaft enthoben zu sein, in Civil- oder Hofanstellung stehen, in Bezug auf Militairverbrechen;

δ. die Infanterie-Brigade, Regiments- und diejenigen Commandanten, welchen eigne Kriegsgerichte zugeordnet sind, sowie sämmtliche Auditeurs.

        §§. 2. sub 6. 21. 34. M. G. V. G.

        Wegen der regimentirenden Stabs-Officiere vergl. §. 11.

b. die Sträflinge der Militairstrafanstalt zu Dresden.   §. 2. ad 6. M. G. V. G.

B. von Civilpersonen:

alle diejenigen, welche bei Militairinstituten angestellt sind in Angelegenheiten oder wegen Verbrechen, die sich auf ihren Dienst beziehen; jedoch mit Ausnahme der bei Militair-Instituten der Festung Königstein (cf. §. 12.) angestellten Civilpersonen.

        §. 2. sub 6. jnct. §. 22. sub 4. u. 2. M. G. V. G.

Abschn. III. Von der Einrichtung der ständigen unteren Kriegsgerichte.

§. 14. Vom Auditeur und dessen dienstlicher Stellung.

Für jedes Kriegsgericht, soweit nicht eine Vereinigung mehrerer stattfindet, ist ein nach eingeholter Königlicher Genehmigung mit Officiersrang angestellter Auditeur, unter Beigebung des erforderlichen Expeditionspersonals, bestellt.

        §. 4. M. G. V. G.

Die Prüfung für die Verleihung einer Auditeur-Stelle findet im Wesentlichen nach Maßgabe der Vorschriften in §§. 13. 14. der Verordnung, die Prüfungen für die juristische Praxis und das Richteramt betreff. vom 16. November 1859 (G. und V. Bl. von demselben Jahre S. 342 fg.) Statt; es sind jedoch die im §. 13. unter 2. erwähnten Criminalacten von dem Oberkriegsgerichte auszuwählen, auch die von dem Candidaten gefertigten Arbeiten, und zwar sowohl die aus den unter 2. (Acten über eine Criminal-Untersuchung), als auch die aus den unter 1. (Acten über einen Civilproceß) und 3. (Acten über einen Gegenstand aus der freiwilligen Gerichtsbarkeit) gedachten Acten einzureichen, von letzterer aber die Arbeiten unter 1. und 3. nach Befinden nach deren vorgängiger Durchsicht alsbald an das Justizministerium behufs der Prüfung durch die nach §. 1. der bezogenen Verordnung bestellte Commission abzugeben. —

Die aus den Criminal-Acten gefertigte Probeschrift unterliegt zuvörderst der collegialischen Prüfung des Oberkriegsgerichts, nach dessen Erfolg sie von demselben mit seinem Erachten über den Befund an das Kriegsministerium und von da durch das Justizministerium an die Prüfungscommission gelangt. —

Diese Commission, an welcher bei militairrichterlichen Prüfungen jederzeit ein Mitglied des Oberkriegsgerichts mit Stimmrecht Theil zu nehmen hat, entscheidet sodann über sämmtliche Arbeiten und über das Resultat der mündlichen Prüfung.

Verordnung vom 29. Mai 1860. G. u. V. Bl. p. 86.

Die Ernennung eines Auditeurs erfolgt auf Vortrag des Kriegsministeriums im Einverständnisse mit dem Justizministerium durch den König, und sodann die Verpflichtung vor dem Oberkriegsgerichte mittelst des gewöhnlichen Richtereides auf die Landesverfassung.

Die Auditeure genießen den durch das Dienstreglement — §. 63. — nach Maßgabe ihres größeren oder geringeren Wirkungskreises bestimmten Rang[12]) und bekommen den ihnen nach der Größe der ihrer gerichtlichen Besorgung überlassenen Truppenabtheilung ausgesetzten Gehalt,[13]) nämlich:

der Auditeur I. Classe 800 Thlr.,
der Auditeur II. Classe 550 Thlr.,
der Auditeur III. Classe 400 Thlr.,

sowie das ihrem Range angemessene Quartiergeld und Vergütung für Expeditionsaufwand.

---

12) Der Stabsauditeur hat den Rang eines Majors, der Auditeur I. Classe eines Hauptmanns, II. Classe eines Oberleutnants, III. Classe eines Leutnants.

13) Die den Auditeuren durch §. 56. des 2. Theils der Ordonnanz vom 19. Juli 1828 nachgelaffene Betreibung der advocatorischen Praxis ist durch §. 2. Nr. 5. der Advocatenordnung f. d. Königr. Sachsen vom 3. Juni 1859 aufgehoben und dafür jedem Auditeursgehalt der Betrag von 200 Thlr. zugelegt worden, so daß die Gehalte in Zukunft sich auf 1000 Thlr., 750 Thlr. u. 600 Thlr. bemessen werden. — Die Aufgabe der juristischen Praxis Seitens der bereits angestellten Auditeure erfolgte nach Gewährung der gedachten Gehaltszulage freiwillig und allseitig.

Für einen zeitweilig, durch Krankheit, Urlaub oder sonst an der Amtsführung behinderten Auditeur wird durch das Oberkriegsgericht ein Stellvertreter bestellt. Wenn dabei die Wahl auf eine dem Kriegsgerichtspersonale nicht angehörige Person gerichtet werden müßte, so ist dieselbe zu einstweiliger Verwaltung des Militairrichteramtes in Eidespflicht zu nehmen.

§. 5. M. G. V. G.

Die Verpflichtung erfolgt nach Maßgabe der Verordnung vom 2. Nov. 1837 mit der Eidesformel sub B.

§. 15. Von dem Verhältnisse des Auditeurs zum Commandanten.

Der Auditeur ist für die Gesetzlichkeit der untergerichtlichen Beschlüsse, soweit sie von dem ständigen Kriegsgerichte ausgehen, allein verantwortlich und deßhalb in amtlicher Beziehung von dem für die Person ihm dienstlich vorgesetzten Commandanten und von den Commandobehörden überhaupt unabhängig.

Es ist jedoch der Commandant, aus Rücksicht auf das Interesse des Dienstes, von dem Gange der kriegsgerichtlichen Geschäfte in Kenntniß zu erhalten und sind ihm auch die an Militairpersonen gerichteten, beziehendlich dergleichen Personen betreffenden Verfügungen und Erkenntnisse, soweit nicht etwas anderes in den Gesetzen bestimmt ist, nach Maßgabe der hierüber bestehenden Dienstvorschriften, zur Mitvollziehung vorzulegen, ohne daß jedoch hierdurch an der alleinigen Verantwortlichkeit des Auditeurs etwas geändert würde.

Ueber die besondere Mitwirkung des Commandanten in Strafrechtssachen cf. §. 23.

§. 8. M. G. V. G.

Da der Commandant durch seine Mitvollziehung, welche in gleicher Linie[14] mit der Unterschrift des Auditeurs zu erfolgen hat, in keiner Weise für die Legalität der von dem Kriegsgerichte

---

14) Die Unterschrift des Commandanten kommt zur Linken der Unterschrift des Auditeurs, mit derselben in gleicher Höhe und zwar so zu stehen, daß ein etwa erforderliches Siegel, bez. Stempel sich in der Mitte zwischen beiden Namen befindet, also:

Königl. Kriegsgericht der N. N. Brigade

N. N.   L. S.   N. N.
Oberster.   Auditeur.

D. G. V. vom 1. Oct. 1845.

erlaſſenen Verfügung verantwortlich wird, ſoŋdern . durch ſeine Unterſchrift nur die Kenntnißnahme von der Sache beurkundet, ſo kann er dieſelbe nicht verweigern.

§. 8. 10. Cap. VII. Dienſtreglem.

Meinungsverſchiedenheiten ſind mittelſt gemeinſchaftlichen Berichts dem Oberkriegsgerichte, beziehenblich durch daſſelbe dem Kriegsminiſterium vorzulegen.

Bei Abweſenheit, Krankheit oder in ſonſtigen Behinderungsfällen des Commandanten iſt die Mitvollziehung durch den deſſen Stelle vertretenden Officier zu bewirken, mit Ausnahme der Verfügungen und Erkenntniſſe der gegen den leşteren ſelbſt etwa anhängigen Sachen, welchenfalls die alleinige Unterſchrift des Auditeurs ausreicht.

Ebenſo ſind Verfügungen und Erkenntniſſe von dem Auditeur allein zu vollziehen, welche den Gouverneur zu Dresden ſelbſt betreffen.   §. 4. A. V. vom 2. Juni 1862.

§. 16. Vom Gerichtslocale.

Die Gerichtsſtube befindet ſich, ſoweit kein eignes Expeditionslocal, wie bei allen in Dresden garniſonirenden Kriegsgerichten, vorhanden iſt, in dem jedesmaligen Quartiere des Auditeurs, welcher auch das Archiv und die Gerichtsdepoſiten zu verwahren und zu beaufſichtigen hat.

§. 11. Cap. VII. Dienſtreglem.
Depoſ.-Regulativ für die unteren Kriegsgerichte vom 21. Februar 1844.

§. 17. Von den Militair-Gefängniſſen.

Die Militairgefängniſſe werden in den Garniſonorten durch die Wirthſchafts-Chefs für unmittelbare Rechnung der Kriegscaſſe verſchafft. Der Aufwand für die Geräthſchaften in den Arreſtlocalen an Garniſonorten, wo ſich Kriegsgerichte befinden, iſt von leşteren aus dem Gerichtskoſtenfond (cf. §. 64.) zu entnehmen. —

In der Reſidenz Dresden, in welcher beſondere Militairarreſthäuſer beſtehen, wird derſelbe durch das Militair-Gouvernement unter Mitwirkung der Caſernenadminiſtration beſtritten.

§. 631 ff. Cap. IV. Abſchn. 8. des Wirthſchafts-Reglem. v. 1853.
§. 53. des Geſ. vom 7. December 1837.

§. 18. Von den Gerichtsbeisitzern.

Die kriegsgerichtlichen Beisitzer, welche von dem gewöhnlichen Schöppeneide befreit sind, müssen sowohl im Allgemeinen, als auch in Beziehung auf die jedesmal vorliegende, einzelne Rechtssache die Eigenschaften vollgültiger Zeugen, insbesondere ein Alter von 18 Jahren haben. — Um über die Verhandlungen selbst nöthigenfalls ein eidliches Zeugniß ablegen zu können, müssen sie denselben die erforderliche Aufmerksamkeit widmen, die verhandelten Dinge, sofern und so lange sie nicht öffentlich bekannt werden dürfen, verschwiegen halten, auch dem Auditeur allen etwa nöthigen Beistand leisten, jedoch einer Einmischung in den Gang der gerichtlichen Handlungen selbst sich enthalten. Vor der Expedition, zu welcher sie zugezogen werden, sind sie auf die ihnen obliegenden Pflichten der Unparteilichkeit, Verschwiegenheit und Aufmerksamkeit auf die Verhandlung zu verweisen, und ist darüber, wie solches geschehen, Nachricht zu den Acten zu bringen. Die in ihrer Gegenwart aufzunehmenden und ihnen vorzulesenden Protocolle haben sie mit ihrem vollständigen Namen unter Beifügung der Charge zu unterschreiben. —

§. 9. M. G. B. O.

§. 12. 13. Cap. VII. Dienst-Reglem.

§. 5. Ausf. V. vom 2. Juni 1862.

Was nun die Zahl und den Grad der zu gerichtlichen Verhandlungen zuzuziehenden Beisitzer betrifft, so bedarf es

A. in Civil- und Verwaltungssachen

zu allen Handlungen, sowohl der streitigen wie der freiwilligen Gerichtsbarkeit, desgleichen in Verwaltungssachen — jedoch mit Ausnahme der in §. 6. ad Tit. II. d. Erl. Proc. O. erwähnten Verhandlungen als: Rügen- und Klaganbringen, Relations-Registraturen, Angaben und Verfahren der Parteien, Production der Documente u. dergl. — wenigstens zweier Beisitzer,[15] welche

_____

15) Bei Zeugenabhörungen in Civilsachen gehören zur vollständigen Besetzung der Gerichtsbank bei Civilgerichten der Richter, der Actuar und die Gerichtspersonen, weßhalb auch bei den Kriegsgerichten die Gerichtsbank durch 3 Beisitzer zu besetzen sein dürfte.

Bei Aufnahme von Recognitionsregistraturen soll es nach §. 4. des Mandats vom 27. September 1819 Ges. S. p. 121. bei Civilgerichten der Anwesenheit nur eines Beisitzers bedürfen und sind demgemäß auch bei Kriegsgerichten in Gegenwart nur eines Beisitzers aufgenommene Recognitionsregistraturen jederzeit als legal angesehen worden. — Beim Stabskriegsgerichte, wo neben dem Stabsauditeur noch ein Actuar angestellt ist, dürften in Civilsachen in der Regel bei den einen Officier betreffenden Acten aus zwei Officieren, bei Verhandlungen mit einem Unterofficier oder Soldaten aus einem Officier und einem Unterofficier bestehen sollen. Doch soll bei Handlungen der freiwilligen Gerichtsbarkeit die Verwendung von Unterofficieren als Gerichtsbeisitzern auch dann nicht ausgeschlossen sein, wenn die Verhandlung eine Person vom Officiersstande oder Range betrifft.

§. 8. Abschn. I. Kriegsgerichts-Reglement v. 1789.

§. 12. Cap. VII. Dienstreglem.

§. 5. Ausf. V. vom 2. Juni 1862.

B. In Strafsachen

haben die ständigen Kriegsgerichte — mit Ausnahme der beiden weiter unten erwähnten Fälle — zu allen bei ihnen unmittelbar vorzunehmenden, für die künftige Entscheidung einflußreichen Untersuchungshandlungen zwei Beisitzer zuzuziehen, unter denen sich stets wenigstens ein Officier befinden muß.

Zu Verhandlungen, die eine Person vom Officiersstande oder Range betreffen, sind in der Regel nur Officiere zu commandiren, von denen wo möglich einer dem Angeschuldigten im Range oder doch im Dienstalter vorgehen soll.

§. 9. M. G. V. O.

§. 19. M. St. P. O.

Durch die Nichtbefolgung dieser Vorschrift wird jedoch Nichtigkeit der bezüglichen Handlung nur in den Fällen begründet, in denen ihre Beiziehung ausdrücklich vorgeschrieben ist.

§. 18. Abs. 2. ibidem.

Bei der Vollstreckung einer Todesstrafe haben drei Gerichtsbeisitzer gegenwärtig zu sein.

§. 385. ibidem.

§. 19. Von den Gerichtsärzten.

Als Gerichtsärzte (cf. die allgem. Instruction der Gerichtsärzte vom 30. Juli 1836. I. §. 10 f. G. S. p. 184.) können nur diejenigen Militairärzte fungiren, welche nach den betreffenden gesetzlichen Bestimmungen (cf. Mandat vom 30. Januar 1819. und vom

---

die vom Actuar im Beisein des Stabsauditeurs aufgenommenen und von dem letzteren mitunterschriebenen Protocolle vollen Glauben haben und es bleßfalls der Zuziehung von Gerichtsbeisitzern nicht bedürfen.

30. Sept. 1823. §. 27., sowie vom 1. Juni 1824. §. 11.) als Aerzte I. Classe anzusehen sind, mithin nur die Oberärzte I. und II. Classe (Regiments-, Brigade-, Garnison-Stabs-Aerzte, Bataillons-Oberärzte). — Dieselben haben sich in der Regel den gerichtsärztlichen Untersuchungen und Begutachtungen zu unterziehen und sich nach der oberwähnten Instruction für die Bezirksärzte, soweit selbige auf sie Anwendung leidet, zu richten.

Wird neben dem Gerichtsarzte noch die Zuziehung eines Gerichtswundarztes — wie namentlich bei Sectionen — erforderlich oder kommen in Abwesenheit oder Behinderung eines eigentlichen Gerichtsarztes minder wichtige, bez. blos chirurgische Untersuchungen vor, so sind selbige, sowie die vorerwähnten gerichtswundärztlichen Functionen durch einen Oberarzt III. Classe (Bataillonsarzt) und nur in dessen Ermangelung durch einen dergl. Arzt IV. Classe (Assistenzarzt) oder einen dazu vorzugsweise geeigneten Unterarzt zu vollziehen. Im Nothfalle kann auch ein bereits in Pflicht stehender Civilgerichtsarzt requirirt werden.

§. 247 ff. des Reglem. für den Medicinal-Dienst v. J. 1841.

D. G. V. vom 6. Juli 1850.

§. 51. Ausf. V. vom 2. Juni 1862.

§. 20. Vom Depositenwesen der unteren Kriegsgerichte.

Die Verwaltung der kriegsgerichtlichen Depositen, sowie die Sorge für deren sichere Aufbewahrung liegt, unter Aufsicht des Oberkriegsgerichts, den Auditeuren, und was das Stabskriegsgericht anlangt, neben dem Stabs-Auditeur zugleich dem die Function eines Codepositars versehenden Actuar ob.

Bei der Verwaltung der Depositen haben sich die Kriegsgerichte nach den dießfalls bestehenden allgemeinen gesetzlichen Vorschriften (cf. General-V. v. 1. Nov. 1814. Gouv. Bl. f. Sachsen v. J. 1814. S. 617. das Depositenwesen bei den königl. Justizämtern betreff.) und insbesondere nach dem Regulative, das Depositenwesen bei den unteren Kriegsgerichten betreff. vom 21. Februar 1844 zu richten.

Hiernach werden, um möglichen Verlusten vorzubeugen, von den kriegsgerichtlichen Depositen beim Kriegszahlamte aufbewahrt: Staatspapiere und Documente ohne Unterschied, baare Gelder, Cassenbillets, Sparcassenbücher und Kostbarkeiten, welche bei einem

Depositum ihrem Betrage und beziehendlich ungefähren Werthe nach die Summe von 50 Thalern erreichen und bei denen nicht mit Gewißheit vorauszusehen ist, daß sie binnen 4 Wochen, von Zeit der Deposition an gerechnet, wieder zur Verausgabung und Ausantwortung gelangen.

Durch diese Aufbewahrung beim Kriegszahlamte wird jedoch die eigentliche Depositen-Verwaltung seiten der Kriegsgerichte in keiner Weise beschränkt; sie haben daher das Interesse der Deponenten allenthalben wahrzunehmen, namentlich auch die Zinsen der Staatspapiere (deren Talons und Coupons der Einlieferung nicht unterliegen) zu erheben 2c.

Abschn. IV. Vom militairgerichtlichen Strafverfahren.

§. 21. Von den Behörden, die beim militairgerichtlichen Strafverfahren mitzuwirken haben und ihren Competenzverhältnissen.

Nach den Bestimmungen der Militairstrafproceßordnung sind I. zur Handhabung der gerichtlichen Polizei

a. zunächst die unteren Commandostellen, d. h. die Compagnie-, Schwadrons- und Batterie-Commandos und die ihnen gleichgestellten Commandobehörden, beziehendlich unter Aufsicht und Leitung des Commandanten und nach dem Verlangen des Kriegsgerichts berufen.

§§. 59. b/m. 62. M. St. P. O.

Unbeschadet der Mitwirkung dieser Behörden stehen auch

b. den Civilpolizei- und Gerichtsbehörden, sowie den Staatsanwälten, diejenigen gerichtspolizeilichen Maßnahmen in Bezug auf Verbrechen der Militairpersonen zu, zu welchen sie im Interesse der öffentlichen Sicherheit, Ruhe und Ordnung in Fällen, welche ein augenblickliches thätiges Einschreiten der Behörde erfordern, befugt und verpflichtet sind.

§§. 63. b/m. 65. ibidem.

II. Zur Untersuchungsführung sind lediglich die ständigen Kriegsgerichte,[16)]

§. 47. M. St. P. O.

---

16) Ueber die in einzelnen Fällen eintretende Competenz der Civilgerichte cf. §§. 39. 40. 43.

III. zur Endentscheidung in erster Instanz theils die ständigen Kriegsgerichte, theils die in §. 6. erwähnten Spruchkriegsgerichte,

IV. zur Entscheidung in zweiter und letzter Instanz lediglich das in §. 8. gedachte Oberkriegsgericht berufen.

§. 76. M. St. P. O.

Außerdem ist den Commandanten, d. h. den jeweiligen Befehlshabern einer mit einem eigenen ständigen Kriegsgerichte versehenen Armeeabtheilung eine einigermaßen dem staatsanwaltschaftlichen Berufe entsprechende Mitwirkung eingeräumt, über welche das Nähere in §. 23. erwähnt ist.

Was nun

zu **III.** das Competenzverhältniß zwischen den ständigen Kriegsgerichten und den Spruchkriegsgerichten anlangt, so ist dasselbe durch §§. 48 ff. der M. St. P. O. in der Weise normirt worden, daß die Gränze zwischen der einzelrichterlichen und bezirksgerichtlichen Competenz im Allgemeinen auch zur Richtschnur bei Abgränzung der Entscheidungscompetenz zwischen den vorgedachten Militairgerichten gedient hat.

Die angezogenen §§. der Militairstrafproceßordnung reproduciren daher auch im Wesentlichen die Bestimmungen der allgemeinen Strafproceßordnung in Art. 44 ff., weisen namentlich die nach Art. 44. vor den Einzelrichter gehörigen Verbrechen der Zuständigkeit des ständigen Kriegsgerichts zu und enthalten an militairstrafproceßrechtlichen Eigenthümlichkeiten nur Folgendes:

a. Das specielle Verzeichniß derjenigen Militairverbrechen, welche der Competenz der ständigen Kriegsgerichte unterliegen;

§. 48. II. M. St. P. O.

b. Die Bestimmung, daß die Zuständigkeit des ständigen Kriegsgerichts auch dann nicht ausgeschlossen wird, wenn unter mehreren Eigenthumsverbrechen im Betrage von nicht mehr als 10 Thalern sich auch militairische Eigenthumsverbrechen befinden; unter ausdrücklicher Hinweisung auf dießfallsige Anwendung von Art. 299. b. Allg. St. Gbchs.

§. 49. Abs. 2. M. S. P. O.

c. Die Erwähnung derjenigen allgemeinen militairischen Straferhöhungsgründe, welche die sonstige Competenz des ständigen Kriegsgerichts nicht ausschließen, nämlich: §. 48. M. St. G. Anstiftung durch Obere; §. 50. Verbrechen im Complott;

§. 57. Verbrechen im Dienſte; §. 60. Verbrechen in der Nähe des Feindes;

§. 49. Abſ. 3. M. St. P. O.

d. Begründung der ſpruchkriegsgerichtlichen Competenz durch Vorhandenſein der an vorgedachter Stelle nicht erwähnten Straferhöhungsgründe: §. 58. M. St. G. Verbrechen auf Poſten; §. 59. Zulaſſung von Verbrechen auf Poſten;

§§. 49. Abſ. 3. 50. M. St. P. O.

e. Verweiſung aller Unterſuchungen gegen Perſonen vom Officiersſtande oder Range vor die Spruch-kriegsgerichte.

§. 50. Abſ. 2. M. St. P. O.

f. Verweiſung mehrerer verſchiedenen Kriegsgerichten untergebener Theilnehmer an einem Verbrechen vor dasjenige Kriegs-gericht, welches entweder rückſichtlich des Urhebers, beziehend-lich des Anſtifters competent iſt, oder als perſönliche Gerichts-behörde eines der Urheber dem Orte der That zunächſt ſeinen Sitz hat.

§. 52. M. St. P. O.

§. 22. Von Competenzſtreitigkeiten und Auftragsertheilungen.

Competenzſtreitigkeiten der Kriegsgerichte unterein-ander entſcheidet das Oberkriegsgericht.

§. 55. M. St. P. O.

Competenzſtreitigkeiten der Civilgerichte mit Kriegsge-richten ſind von den letzteren an das Oberkriegsgericht einzu-berichten. Stimmt dieſes der Anſicht des Kriegsgerichts nicht bei, ſo iſt das letztere abfällig zu beſcheiden; entgegengeſetzten Falls aber iſt die Differenz, je nachdem die Unterſuchung ein gemeines oder Militairverbrechen betrifft, vom Oberkriegsgerichte dem Juſtiz- oder Kriegsminiſterium vorzutragen.

§§. 14. 17. M. G. V. G.

Auftragsertheilungen in militairgerichtlichen Strafſachen ſtehen, ſoweit es ſich nur um Militairgerichte handelt, dem Ober-kriegsgerichte zu. Daſſelbe kann

a. auf Antrag des Gerichts, des Commandanten, des Pri-vatanklägers, des Angeſchuldigten oder aus eigner Bewegung eine Unterſuchung an ein vermöge der Dienſtſtellung des Angeſchul-digten an ſich nicht competentes Kriegsgericht verweiſen;

b. es kann auf gleichen Antrag, sowie aus eigner Bewegung aus Gründen der Zweckmäßigkeit Untersuchungen, die von verschiedenen Kriegsgerichten geführt worden sind, behufs der Aburtheilung einem dieser Kriegsgerichte, sowie Untersuchungen, und zwar in jedem Stande derselben, rücksichtlich einzelner Verbrechen, sowie einzelner Theilnehmer oder Begünstiger verschiedenen Kriegsgerichten zuweisen; es kann endlich

c. auf Antrag des Untersuchungsgerichts mit Zustimmung des Commandanten ein zur Entscheidungszuständigkeit des ständigen Kriegsgerichts an sich nicht gehöriges Verbrechen, an dasselbe dann verweisen, wenn nach den Umständen nicht zu erwarten ist, daß der Angeschuldigte im Falle seiner Verurtheilung mit einer höheren Strafe, als mit einer im Gerichtsgefängnisse zu verbüßenden Gefängniß- oder einer einfachen oder geschärften Arreststrafe oder einer Geldstrafe zu belegen sein werde. —

§§. 56. 57. M. St. P. O.

Wegen Uebertragung von Untersuchungen gegen Militairpersonen an Civilgerichte, welche nur im Einverständnisse des Justiz- und Kriegsministeriums erfolgen kann, cf. §. 40.

§. 37. M. G. V. G.

§. 23. Von der Stellung und den Befugnissen des Commandanten im militairgerichtlichen Strafverfahren.

Der Commandant hat innerhalb seines Dienstbereichs den Beruf, darüber zu wachen, daß Niemand der durch eine strafbare Handlung verwirkten Ahndung entgehe, zugleich aber auch darauf bedacht zu sein, daß Niemand schuldlos verfolgt und der Schuldige mit keiner schwereren, als der in den Gesetzen bestimmten Strafe belegt werde.

Es kann derselbe daher gegen gerichtliche Erkenntnisse und Entschließungen, sowohl zum Nachtheile als zu Gunsten des Angeschuldigten, gewisse, gesetzlich bestimmte Rechtsmittel einwenden.

§. 4. M. St. P. O.

Diese Rechtsmittel sind:

A. der Revisionsantrag und

B. die Beschwerde.

A. Der Revisionsantrag, bei welchem es der Aufstellung besonderer Beschwerdepunkte nicht bedarf (§.70. M.St.P.O.), ist nur in den ausdrücklich bestimmten Fällen zulässig, und zwar

1. gegen den Beschluß des ständigen Kriegsgerichts auf Einleitung oder Ablehnung der Untersuchung;

§. 94. M. St. P. O.

2. gegen den Beschluß auf Einstellung vor dem Actenschlusse;

§§. 107. 336. ibidem.

3. gegen den Beschluß auf Einstellung oder Fortstellung, bez. vor dem ständigen Kriegsgerichte, oder Verweisung zur Schlußverhandlung nach dem Actenschlusse;

§§. 206. 212. ibid.

4. gegen Erkenntnisse der Spruchkriegsgerichte aus Nichtigkeitsgründen;

§. 316. ibid.

5. gegen Erkenntnisse der ständigen Kriegsgerichte, ebenfalls aus Nichtigkeitsgründen, aber auch wegen Entscheidung der Schuldfrage, des Kostenpunktes und wegen der Strafbemessung;

§. 348. ibid.

6. gegen Erkenntnisse der ständigen Kriegsgerichte über Anträge auf Wiederaufnahme des Strafverfahrens;

§. 357. ibid.

7. gegen Haftentlassung eines freigesprochenen Angeschuldigten;

§. 377. ibid.

8. gegen Nachtragserkenntnisse der ständigen Kriegsgerichte, jedoch nur wegen Nichtigkeiten, welche nicht die einzelnen Erkenntnisse und die ihnen vorausgehenden Verfahren betreffen;

§. 384. ibid.

9. gegen Erkenntnisse der Spruchkriegsgerichte über einen aus der Strafhaft Entwichenen wegen Verletzung wesentlicher Formen.

§§. 68. 393. ibid.

Der Revisionsantrag ist mit Ausnahme des unter Nr. 7. erwähnten Falles, — wo er binnen Tagesfrist von Bekanntmachung des Erkenntnisses an eingewendet werden muß, — an eine dreitägige Frist gebunden, ist bei dem Untersuchungsgerichte anzubringen, und hat aufschiebende Wirkung.

§. 69. M. St. P. O.

B. Die Beschwerde kann von dem Commandanten nur gegen

solche Entscheidungen eingewendet werden, gegen welche der Revisionsantrag nicht nachgelassen ist. — Sie ist also als Rechtsmittel gegen Erkenntnisse unbedingt ausgeschlossen.

§§. 67. 68. M. St. P. O.

Die Beschwerde hat (mit Ausnahme des weiter unten erwähnten speciellen Falls) keine aufschiebende Wirkung und und ist an keine Frist gebunden.

§. 69. ibidem.

Sie ist bei dem Untersuchungsgerichte oder bei dem Oberkriegsgerichte unmittelbar anzubringen.

§. 80. ibidem.

Die Entscheidung darüber steht ebenfalls dem Oberkriegsgerichte zu.   §. 79. ibidem.

Als besonderer Fall der Beschwerde ist durch die M. St. P. O. der Widerspruch des Commandanten gegen eine von dem Untersuchungsgerichte beschlossene Entlassung des Verhafteten,[17]) Rücknahme öffentlicher Vorladungen und Steckbriefe, sowie Aufhebung von Beschlagnahmen hervorgehoben. —

Derselbe hat bis zur Entscheidung des Oberkriegsgerichts aufschiebende Wirkung und ist an eine eintägige Frist gebunden. —

Nach Ablauf dieser von Vorlegung des Beschlusses an laufenden Frist wird die Zustimmung des Commandanten zu der beschlossenen Maßregel präsumirt.

§. 110. 336. M. St. P. O.

Zu dem Berufe des Commandanten gehört es ferner, die auf Straffälle bezügliche Geschäftsführung der ihm untergeordneten Commandostellen zu überwachen, die von diesen erstatteten Meldungen über wahrgenommene oder verlautbarte rechtswidrige Handlungen, ebenso wie die dießfallsigen Mittheilungen anderer Militair- oder Civilbehörden anzunehmen und die auf solche Weise an ihn gelangenden Nachrichten, nach vorgängiger Prüfung, in-

---

17) Bei der Haftentlassung ist die Zustimmung des Commandanten auch in Betreff der Art derselben, nicht minder bei Entlassung gegen Sicherheitsleistung in Betreff der Feststellung der Sicherheit, bei Entlassung auf Handgelöbniß hinsichtlich der Wahl des Aufenthaltsortes einzuholen.

§. 110. ibidem.
§. 45. Ausf. V. v. 2. Juni 1862.

soweit sie nicht auf dem Disciplinarwege zur Erledigung zu bringen sind, an das Kriegsgericht zur Entschließung zu überweisen.

Weiter liegt es in seinem Wirkungskreise, über Anträge des
Angeschuldigten oder anderer bei dem Strafverfahren betheiligter
Personen, sowie über gerichtliche Entschließungen, wenn die einen
oder die anderen nach gesetzlicher Vorschrift ihm vorzulegen sind,
seine Erklärung abzugeben.

§. 4. M. St. P. O.

Die letzterwähnten speciellen, gesetzlichen Vorschriften finden
sich für die weiteren unter A. noch nicht berührten Fälle in:

§§. 57. 73. 108. 127. 218. 224. 239. 358. M. St. P. O.

Auch die allgemeine Bestimmung über die Mitvollziehung
kriegsgerichtlicher Verfügungen und Erkenntnisse, soweit sie Militairpersonen betreffen oder an solche gerichtet sind,

vergl. §. 8. M. G. V. G.

kommt im Militairstrafverfahren zur Anwendung.

§§. 12. 112. 191. 225. 336. 340. 341. M. St. P. O.

Ausgenommen davon sind lediglich die von einem Spruchkriegsgerichte ausgehenden Erkenntnisse, welche nur von den bei der
Abfassung betheiligt gewesenen Richtern zu vollziehen sind.

§. 8. Abs. 2. M. G. V. G.

§. 11. M. St. P. O.

Den gerichtlichen Verhandlungen darf der Commandant persönlich nicht beiwohnen und ebensowenig sein Dienstansehen über
die Richter dazu geltend machen, eine Entscheidung nach seiner
Ansicht herbeizuführen.

Für Behinderungsfälle des Commandanten tritt ein Stabsofficier der betreffenden Truppenabtheilung an dessen Stelle,
insofern nicht von der vorgesetzten Dienstbehörde der Commandant
einer andern Truppenabtheilung oder ein anderer Stabsofficier
als Stellvertreter bestellt wird. Der Eine, wie der Andere, müssen,
so weit dies ausführbar ist, am Orte des Gerichts anwesend, in
Cantonnirungen, auf Märschen ꝛc. wenigstens in der Nähe be-
findlich sein.   §. 5. M. St. P. O.

Der Commandant ist bezüglich seiner Mitwirkung bei dem
militairgerichtlichen Strafverfahren von den Gerichten unabhängig.

Etwaige Beschwerden der letzteren gegen den ersteren sind,
beziehendlich durch das Oberkriegsgericht, dem Kriegsministerium
zur Entscheidung anzuzeigen.

Dagegen steht dem Commandanten, wenn sich derselbe über das Gericht zu beklagen hat, frei, auf dem vorgeschriebenen Dienstwege seine dießfallsige Beschwerde anzubringen.

§. 6. ibidem.

Von Nichtmilitairpersonen kann in Beziehung auf die Mitwirkung des Commandanten beim militairgerichtlichen Strafverfahren Beschwerde bei dem Kriegsministerium erhoben werden.

§. 88. ibidem.

Bei dem Verfahren wegen derjenigen Verbrechen, welche nach den Vorschriften des allgemeinen Strafgesetzbuchs nur auf Antrag des Verletzten zu bestrafen sind (cf. §. 34.), findet die Mitwirkung des Commandanten in derselben Weise wie bei den von amtswegen zu untersuchenden Verbrechen statt.

§. 20. ibidem.

Dagegen findet bei Privatanklagsachen (cf. §. 35.) eine Mitwirkung des Commandanten nicht statt. Jedoch ist derselbe auch in diesen Fällen von der Anklage und deren endlichem Erfolge in Kenntniß zu setzen.

§. 21. Abs. 2. ibidem.

Der Commandant wird zu Mitwirkung in einem militairgerichtlichen Untersuchungsfalle unfähig, wenn er durch das Verbrechen selbst verletzt, oder Angehöriger des Angeschuldigten oder des Verletzten ist, oder wenn er außerhalb seiner Dienstverrichtungen Zeuge der in Frage stehenden strafbaren That gewesen und als solcher abgehört worden, oder in früherer Instanz als Richter oder als Vertheidiger thätig gewesen ist.[18]

§§. 40. 39. ibidem.

Der Commandant ist unter solchen Verhältnissen verpflichtet, der Mitwirkung bei der Untersuchung, wobei seine Unfähigkeit eintritt, sich zu enthalten und dieselbe seinem Stellvertreter (s. o.) zu überlassen. §. 41. Abs. III. ibidem.

Die von einem unfähigen Commandanten vorgenommenen Handlungen sind von der Zeit an, wo demselben die seine Unfähigkeit begründende Thatsache bekannt wurde, nichtig.

Die früher von ihm vorgenommenen Handlungen verbleiben jedenfalls in Kraft. Auch soll die Nichtigkeit nicht auf solche,

---

18) Dieser Fall kann z. B. vorkommen, wenn der Stabsofficier einer Truppenabtheilung wirklicher oder auch nur interimistischer Commandant derselben wird.

wenngleich spätere Handlungen sich erstrecken, welche im Eilfalle
vorgenommen worden sind.

§. 42. ibidem.

Eine Ablehnung des Commandanten findet niemals statt.

§. 46. ibidem.

Der Commandant und die bei der gerichtlichen Polizei mitwirkenden Militairdienstbehörden können zur Ab- und Erstattung
von Kosten nicht verurtheilt werden; dieselben sind vielmehr in
allen Fällen gerichtswegen zu übertragen.

§. 366. M. St. P. O.

§. 24. Vom Verfahren des ständigen Kriegsgerichts von der
Untersuchungseinleitung bis zum Actenschlusse.

Das Untersuchungsverfahren vor den ständigen Kriegsgerichten, welches für beide Verspruchskategorieen (vergl. §. 21.)
mit sehr geringen Modificationen (f. d. Actenschluß und q. Zeugen-
vereidung) dasselbe ist und für die zur Zuständigkeit des Spruchkriegsgerichts gehörigen Fälle nicht, wie die Voruntersuchung des
Civil-Strafprocesses nur den Zweck hat, das Verweisungserkennt-
niß und die Hauptverhandlung vorzubereiten, sondern den That-
bestand des in Frage stehenden Verbrechens in der Regel bis zur
Spruchreife erschöpfend feststellen soll, ist hinsichtlich seiner wesentlichen Bestandtheile durch die Militairstrafproceßordnung nach denjenigen Vorschriften normirt worden, welche in der allgemeinen
Strafproceßordnung für die Voruntersuchung und das Verfahren
vor dem Einzelrichter ertheilt sind.

Die einschlagenden §§. der Militairstrafproceßordnung, welche
in der 1. Abtheilung ihres besonderen Theils unter folgenden
Capiteln:

1. Capitel. Von dem Untersuchungsverfahren bis zum Actenschlusse im Allgemeinen; §. 89. b/m. §. 109.

2. Capitel. Von der Gestellung des Angeschuldigten; §. 110.
b/m. §. 137.

3. Capitel. Von der Vernehmung des Angeschuldigten; §. 138.
b/m. 147.

4. Capitel. Von der Beaugenscheinigung und den Sachverständigen; §. 148. b/m. §. 159. Vorschriften für
besondere Fälle; §. 169. b/m. §. 170.

5. Capitel. Von der Durchsuchung und Beschlagnahme; §. 171.
b/m. §. 186.

6. Capitel. Von den Zeugen; §. 187. b/m. §. 205.

enthalten sind, stimmen daher mit geringen durch die eigenthümlichen Verhältnisse der militairischen Gerichtsbarkeit bedingten Abweichungen zum Theil wörtlich mit den entsprechenden Artikeln der
allgemeinen Strafproceßordnung 114. b/m. 252. überein, so daß
für den Zweck der gegenwärtigen Abhandlung nur eine oberfläch-
liche Erwähnung der vorgedachten Abweichungen von dem gemeinen
Rechte geboten erscheint. Dieselben beschränken sich auf folgende
Punkte:

a. Einleitung der Untersuchung.

Der von dem ständigen Kriegsgerichte zu fassende Beschluß
darüber, ob und gegen wen die Untersuchung einzuleiten sei, ist
nicht nur dem Angeschuldigten, bez. dem Antragsteller, sondern
auch dem Commandanten bekannt zu machen.

§§. 89. 93. M. St. P. O.

Gegen den Beschluß auf Einleitung oder Ablehnung der Untersuchung steht dem Angeschuldigten, beziehentlich dem Privatankläger
die Berufung, dem Commandanten der Revisionsantrag, dem Verletzten die Beschwerde zu. (cf. §§. 23. 29.)

§§. 94. 20. 22. ibidem.

b. Untersuchungsrichter.

Das Amt des Untersuchungsrichters versieht der Auditeur oder
irgend ein anderer zum Richteramte befähigter und bei den Militairgerichten angestellter Beamter.

§. 95. M. St. P. O.

Rücksichtlich der Unfähigkeit zu Ausübung des Richteramtes
gelten die Grundsätze des allgemeinen Strafprocesses.

§§. 39. 41. 42. M. St. P. O.

Art. 65. 66. 68. 69. b. Allgem. St. P. O.

c. Einstellung der Untersuchung.

Ehe das Untersuchungsgericht einen von ihm gefaßten Einstellungsbeschluß dem Angeschuldigten eröffnet, ist bei den von
amtswegen zu untersuchenden Verbrechen zuvörderst noch der Commandant, dagegen, wenn ein auf Antrag strafbares Verbrechen in
Frage steht, der Antragsteller mit seiner Erklärung zu hören.

§. 105. M. St. P. O.

Gegen den Beschluß auf Einstellung steht dem Commandanten
der Revisionsantrag, dem Privatankläger die Berufung zu.

§§. 107. 22. Abs. III. M. St. P. O.

d. Actenſchluß.

Der Actenſchluß iſt in den zur ſpruchkriegsgerichtlichen Zu-
ſtändigkeit gehörigen Fällen auch dem Commandanten bekannt zu
machen (cf. §. 23.), wogegen in den zur ausſchließlichen Zuſtändig-
keit der ſtändigen Kriegsgerichte gehörigen Unterſuchungen dieß
nicht erforderlich iſt.   §§. 108. 338. M. St. P. O.

e. Geſtellung des Angeſchuldigten.

Außer den gemeinrechtlichen Mitteln zur Geſtellung ſteht den
Militairgerichten noch ſpeciell die dienſtliche Befehligung zu.
§§. 110. 111. 112. M. St. P. O.

f. Verhaftung des Angeſchuldigten.

Die Verhaftung des Angeſchuldigten hat nicht nur in den
Fällen, wo ſie nach der allgemeinen Strafproceßordnung geboten
oder geſtattet iſt, ſondern auch dann einzutreten, wenn dieſelbe
ſonſt durch das Intereſſe des Militairdienſtes und der Disciplin
dringend geboten erſcheint.

§. 126. M. St. P. O.

Die Entſchließung über die Verhaftung hat das Unterſuchungsgericht zu faſſen.

Daſſelbe hat von der Verhaftung dem Commandanten, und
wenn dieſelbe gegen eine Perſon vom Officiersſtande oder Range
verfügt worden, auch dem Kriegsminiſterium Anzeige zu erſtatten.

§. 127. ibidem.

g. Entlaſſung aus der Unterſuchungshaft.

Zu der Entlaſſung eines Angeſchuldigten aus der Unterſuchungshaft iſt die Zuſtimmung des Commandanten erforderlich;
cf. hierüber §. 23; sub B.

Die Entlaſſung auf Handgelöbniß erfolgt ganz in derſelben
Weiſe wie nach der Allgem. St P. O. — Die Entſcheidung über
die Beſtrafung des Handgelöbnißbruchs wird durch das zur Aburtheilung des Hauptverbrechens zuſtändige Gericht ertheilt. —
Findet eine ſolche Aburtheilung nicht ſtatt oder iſt ſie bereits erfolgt, ſo wird die Entſcheidung über den Handgelöbniß-
bruch mittelſt beſonderen Erkenntniſſes durch das Unterſuchungsgericht ertheilt.   §. 132. M. St. P. O.

h. Sicheres Geleit.

Das ſichere Geleit wird in kriegsgerichtlichen Unterſuchungen
von dem Kriegsminiſterium ertheilt.

§. 124. ibidem.

i. Gerichtsärzte.

Bei einer Leichenschau sind als Gerichtsarzt und Gerichts-
wundarzt in der Regel nur Militairärzte zuzuziehen; cf. §. 19.

Sollte jedoch die Zuziehung solcher Aerzte mit besonderem
Aufenthalte verbunden sein oder sonst bedenklich erscheinen, so können auch Civilgerichtsärzte und bez. Civilgerichtswundärzte oder
andere öffentliche und zur Praxis berechtigte Aerzte und Wund-
ärzte die Leichenschau und Leichenöffnung vornehmen.

§. 164. ibidem.

k. Herausgabe von Schriften.

Wird durch ein Militairgericht von einem Beamten oder einer
Behörde die Herausgabe von amtlichen Acten oder Urkunden ver-
langt, so hat, wenn der Beamte ein Militairbeamter, oder die
Behörde eine Militairbehörde ist, die etwa erforderliche Anzeige
an das Kriegsministerium, außerdem aber wie nach der Allgem.
St. P. O. an das Justizministerium zu erfolgen.

§. 177. M. St. P. O.

l. Aussuchung, Beschlagnahme, Durchsuchung.

Zu selbsteigner Vornahme einer Aussuchung, Beschlagnahme
oder Durchsuchung von Papieren sind die Kriegsgerichte nur in
Gebäuden, welche unter Militairverwaltung stehen oder in den
Wohnungen und sonstigen Räumlichkeiten von Militairgerichtsbefohlenen befugt; unter dieser Voraussetzung kann die Vornahme
in minder wichtigen Fällen auch einer bei Gericht in Pflicht
stehenden Person übertragen werden.

In allen anderen Fällen sind zu Vornahme der vorgedachten Untersuchungshandlungen die Civilpolizeibe-
hörden anzugehen; es kann jedoch der Untersuchungsrichter
verlangen, zu derselben mit beigezogen zu werden, wenn sich hiervon Vortheil für die Untersuchung erwarten läßt.

§. 178. M. St. P. O.

m. Beschlagnahme von Briefen.

Die Eröffnung in Beschlag genommener Briefe, Packete 2c.
erfolgt durch das Untersuchungsgericht nur dann ohne Weiteres,
wenn der Absender resp. Empfänger zustimmt oder Gefahr im
Verzuge ist, sonst aber erst nach eingeholter Genehmigung
des Oberkriegsgerichts.

§. 185. ibidem.

n. Zeugengebühren.

Personen, welche dem Militairstande angehören, erhalten die tarmäßige Zeugengebühr nur dann, wenn dieselben zur Zeit ihrer Abhörung sich auf Urlaub befinden.

§. 187. Abs. II. III. M. St. P. O.

o. Zeugen vom Civilstande.

Wenn sich in einer militairgerichtlichen Untersuchung die Abhörung von Zeugen aus dem Civilstande erforderlich macht, so ist in der Regel das Gericht des Zeugen um dessen Abhörung anzugehen. Das Militairgericht kann aber auch, wenn das Interesse der Untersuchung es erfordert oder keine besondere Belästigung des Zeugen damit verbunden ist, denselben zur Abhörung vor dem Untersuchungsgerichte unter Benachrichtigung des persönlichen Gerichts vorladen.

§§. 192. 193. M. St. P. O.

Das Untersuchungsgericht kann ferner, wenn dringende Vermuthung entsteht, daß der Zeuge seiner Verpflichtung zur Zeugnißablegung sich entziehen werde, sowie in andern dringenden Fällen bei dessen Gericht sofort die Vorführung beantragen, auch in dem ersteren Falle, so lange es der Zweck der Untersuchung erfordert, den Zeugen in Sicherheitshaft nehmen lassen.

Bei unbegründeter Weigerung eines Zeugen vom Civilstande, das verlangte Zeugniß abzulegen, kann das Untersuchungsgericht denselben durch Geldbuße bis zu 50 Thalern und bei fortgesetzter Weigerung, oder auch selbst sofort durch Gefängnißzwang bis zu 6 Wochen zur Erfüllung seiner Pflicht durch den Richter seines Wohnorts anhalten lassen.

§. 194. M. St. P. O.

p. Zeugen vom Militairstande.

Gegen Militairpersonen tritt wegen Außenbleibens auf Vorladungen zur Zeugnißablegung, sowie wegen Zeugnißverweigerung disciplinarische Ahndung ein, soweit nicht eine über die disciplinelle Strafbefugniß hinausgehende Strafe verwirkt ist.

§. 195. M. St. P. O.

Ist ein dem Militairstande angehöriger Zeuge dem Angeschuldigten gegenüber als Militairoberer anzusehen, so genügt es, dafern die Aussage eine in dem Berufe des Zeugen gemachte Wahrnehmung betrifft, wenn derselbe unter ausdrücklichem Vorhalt der Bestimmungen in §. 167. Schlußs. d. M. St. G. Bs. auf seine Dienstpflicht verwiesen wird.

§. 201. ibidem.

q. Vereidung der Zeugen.

Die Vereidung der Zeugen erfolgt nach erstatteter Aussage mittelst der im Anhange zur M. St. P. O. unter Nr. III. ersichtlichen Formel, welche auf die vorausgegangenen sowohl als auch auf etwaige nachfolgende Befragungen gerichtet und mit dem im Anhange zur Allgem. St. P. O. unter Nr. I. für die Voruntersuchung vorgeschriebenen Zeugeneide identisch ist.

§. 201. M. St. P. O.

In den zur ausschließlichen Zuständigkeit des ständigen Kriegsgerichts gehörigen Untersuchungen können mit Zustimmung des Angeschuldigten die Zeugen und auch die Sachverständigen statt durch Eidesabnahme mittelst Handschlags an Eidesstatt verpflichtet werden.   §. 337. M. St. P. O.

Bei unbegründeter Verweigerung des Zeugeneides findet das wie o. unter o. zum Schlusse erwähnte Verfahren statt.

§. 203. Abs. III. M. St. P. O.

§. 25. Vom weiteren Verfahren des ständigen Kriegsgerichts nach dem Actenschlusse.

a. in den zur ausschließlichen Zuständigkeit der ständigen Kriegsgerichte gehörigen Untersuchungen.

Nach Bekanntmachung des Actenschlusses an den Angeschuldigten und der dabei vorgeschriebenen Schlußbefragung ist wegen der etwa eintretenden Vertheidigung (cf. §. 28.) das Erforderliche zu veranstalten und sodann mit Abfassung und Eröffnung des Erkenntnisses zu verfahren, wobei die weiter unten in §. 27. e. behandelten Vorschriften rücksichtlich der von den Spruchkriegsgerichten ertheilten Erkenntnisse gleichfalls in Anwendung zu bringen sind.   §. 338. 339. M. St. P. O.

b. in den zur Competenz der Spruchkriegsgerichte gehörigen Straffällen.

Das Untersuchungsgericht hat nach erfolgtem Actenschlusse einen motivirten Beschluß darüber zu den Acten zu bringen, ob die Untersuchung fortzustellen oder einzustellen sei.

§§. 206. b/m. 209. M. St. P. O.

Gegen den Fort- oder Einstellungsbeschluß, welcher dem Angeschuldigten, sowie dem Commandanten, bez. dem Privatankläger

bekannt zu machen ist, steht dem Angeschuldigten das Rechtsmittel der Berufung, dem Commandanten der Revisionsantrag zu.

Ueber diese Rechtsmittel entscheidet das Oberkriegsgericht.

§§. 211. 212. 215. 216. ibidem.

Nachdem der Verweisungsbeschluß rechtskräftig geworden, hat
in Ausführung desselben das Untersuchungsgericht darüber Beschluß
zu fassen, ob und in wie weit die persönliche Gestellung des Verletzten, oder von Zeugen und Sachverständigen für die überzeugende Aufklärung des Sachverhalts als nothwendig anzusehen ist.[19]   §. 220. M. St. P. O.

Ueber die zur Schlußverhandlung vorzuladenden Zeugen u. a.
Personen, sowie über die sonst vorzulegenden Beweismittel ist ein
Verzeichniß anzufertigen, zu den Acten zu bringen und dem
Angeschuldigten sowohl, als rücksichtlich der von einem Privat-
ankläger verfolgten Verbrechen diesem letzteren vorzulegen.

§§. 221. 223. M. St. P. O.

Ueber Anträge des Angeschuldigten auf Vorladung noch anderer Personen und Vorlegung noch anderer Beweismittel, als das
Untersuchungsgericht beschlossen hat, entscheidet das letztere und
über Einwendungen dagegen das Spruchkriegsgericht.

§. 222. ibidem.

Nach Erledigung vorgedachter Geschäfte ist im Einvernehmen
mit dem Commandanten der Tag für die Schlußverhandlung zu
bestimmen,

§. 224. ibidem.

und mit der Vorladung, resp. dienstlichen Befehligung des Angeschuldigten, der Zeugen 2c. nach den betreffenden gesetzlichen Bestimmungen

§§. 225. b/m. 228. ibidem.

zu verfahren.

---

19) Aus dem, was in §. 24. über den Zweck des Untersuchungsverfahrens
vor dem ständigen Kriegsgerichte gesagt worden ist, geht zur Genüge hervor,
daß in der Regel bei der Schlußverhandlung directe Beweisaufnahme nicht
stattzufinden hat, und daß die bießfallsigen Bestimmungen nur eventuell für
solche Fälle gegeben worden sind, wo nach dem Ermessen des Gerichts oder auf
Antrag des Angeschuldigten eine theilweise Wiederholung oder Vervollständigung der Beweisaufnahme vorzunehmen, oder z. B. die Frage über die Vereidung eines in der Untersuchung unvereidet gebliebenen Zeugen zu entscheiden ist.   §. 220. Abs. II. M. St. P. O.

Iſt der Angeſchuldigte flüchtig und ſein Aufenthalt ſonſt unbekannt, ſo iſt er zu der Schlußverhandlung öffentlich durch die
Leipziger Zeitung und hierüber nach Befinden noch in einem anderen öffentlichen Blatte vorzuladen.

§. 230. ibidem.

§. 26. Von den Spruchkriegsgerichten und deren Zuſammenſetzung.

Die zur erſtinſtanzlichen Entſcheidung in gewiſſen militairgerichtlichen Straffällen (cf. §. 21.) durch die Militairſtrafproceßordnung eingeführten Spruchkriegsgerichte ſind zuſammengeſetzt
aus Militairperſonen verſchiedener Grade, welche für jeden einzelnen Fall beſonders commandirt und zur Ausübung des Richteramtes beſonders vereidet werden.

Ihre Zahl muß ſieben betragen; ſie müſſen das 21. Alters-
jahr erfüllt haben und dürfen weder durch das zur Entſcheidung
vorliegende Verbrechen verletzt, noch Angehörige des Angeſchuldigten oder des Verletzten ſein.

Die Wahl der Chargen richtet ſich nach dem Range des Angeſchuldigten und wenn deren mehrere zur Aburtheilung gelangen
ſollen, desjenigen, welcher unter ihnen im Grade oder Range
höher ſteht.

Die Beſetzung des Spruchkriegsgerichts erfolgt nach vor-
gängigem Einvernehmen mit dem Auditeur durch den Commandanten.

Das Verzeichniß der Gerichtsmitglieder iſt vor dem Zuſam-
mentritt des Gerichts dem Angeſchuldigten mit der Aufforderung
bekannt zu machen, etwaige Einwendungen dagegen ungeſäumt
vorzubringen.

Ueber ſolche Einwendungen, welche nur aus den zur Ausübung des Richteramtes überhaupt unfähig machenden Gründen
(vergl. §. 39 ff. §. 43 ff. d. M. St. P. O.) ſtatthaft ſind, entſcheidet
das Unterſuchungsgericht und bei deſſen abfälliger Beſcheidung auf
dießfallſigen Antrag das Spruchkriegsgericht.

Der im Dienſtalter oder Range höchſtſtehende der ſieben
Richter, — welcher in der Regel ein Stabsofficier ſein ſoll —
führt bei der Verhandlung den Vorſitz und übt die gerichtspolizeilichen Befugniſſe aus.

Außer den commandirten ſieben Militairrichtern hat an jeder

Verhandlung ein Auditeur — in der Regel derjenige, der die Untersuchung geführt hat — Theil zu nehmen. Demselben liegt die Leitung der Verhandlung in allen materiellen Beziehungen, die Aufnahme des Protocolls und die Abfassung des Erkenntnisses ob. Ein Stimmrecht steht ihm aber nicht zu.

§§. 16. 17.; 220. b/m. 239. 244. M. St. P. O.

§. 27. Vom Verfahren bei der Schlußverhandlung.

a. Constituirung des Spruchkriegsgerichts und Vereidung der Richter.

Die commandirten Richter haben sich, ebenso wie der Auditeur, in voller Waffenkleidung zur bestimmten Stunde in dem Gerichtslocale einzufinden.

Nach Eintritt der etwa vorgeladenen Zeugen und Sachverständigen und Vorführung des — in der Regel ungefesselten — Angeschuldigten erklärt der Vorsitzende die Sitzung für eröffnet. Die Zeugen und Sachverständigen werden hierauf einstweilen wieder entlassen, die Richter aber, einschließlich des Vorsitzenden, nach vorheriger Erledigung etwaiger Einwendungen gegen die Gerichtsmitglieder, im Beisein des Angeschuldigten durch den Auditeur vereidet.

Die Vereidung erfolgt mittelst der im Anhange der Strafprozeßordnung unter I. enthaltenen Eidesformel.

§§. 240. b/m. 243. M. St. P. O.

b. Beweisaufnahme.

Die Beweisaufnahme erfolgt durch den Auditeur. Sie beginnt nach Anermahnung des Angeschuldigten zur Aufmerksamkeit und zu wahrhafter Aussage, sowie nach Mittheilung der actenmäßigen Erhebungen über seine persönlichen Verhältnisse und früheren Bestrafungen mit der Verlesung des Verweisungsbeschlusses, und kann je nach der Beschaffenheit der bereits von dem ständigen Kriegsgerichte gewonnenen Untersuchungsresultate entweder in bloßer Vorlesung der früher erhobenen Vernehmungs- und Abhörungsprotocolle, sowie etwaiger Gutachten, Urkunden ꝛc., oder aber in wirklicher Vernehmung des Angeschuldigten, Abhörung und Vereidung der Zeugen und Sachverständigen, Beaugenscheinigung, Vornahme von Besichtigungen ꝛc. bestehen.

Im ersteren Falle ist der Angeschuldigte in geeigneten Absätzen zur Erklärung über das Anerkenntniß seiner früheren Aus-

sagen aufzufordern, und ebenso nach Vorlesung jeder Zeugenaussage zu befragen, ob er darauf etwas zu bemerken habe.

§. 246. b/m. §. 260. M. St. P. O.

c. Schlußvortrag und Vertheidigung.

Nach Beendigung der Beweisaufnahme hat der Auditeur eine
gedrängte, unparteiische Zusammenstellung der nunmehrigen Ge-
sammtergebnisse der Untersuchung vorzutragen und das oder die
Verbrechen zu bezeichnen, über welche rechtlich zu erkennen sein
werde, zunächst dasjenige vorzulesen oder vorlesen zu lassen, was
für den Zweck der Vertheidigung zu den Acten gegeben worden ist,
und den Angeschuldigten zu veranlassen, selbst noch etwaige zur
Vertheidigung ihm dienlich erscheinende Umstände geltend zu
machen.[20]

Ist dieß geschehen oder abgelehnt worden, so ist der Angeschuldigte vom Auditeur zu fragen, ob er sonst noch eine Bemerkung zu machen habe, darauf die Verhandlung vom Vorsitzenden für geschlossen zu erklären, das Protocoll vorzulesen und
die Entfernung des Angeschuldigten sowie der übrigen Anwesenden
außer den Mitgliedern des Gerichts aus dem Sitzungszimmer zu
verfügen.   §. 262. M. St. P. O.

d. Berathung und Beschlußfassung über das Enderkenntniß.

Die Leitung der Berathung liegt dem Auditeur ob; er hat
dabei die von den Richtern oder von ihm selbst für nöthig erachteten Aufschlüsse zu geben und zuvörderst — da nöthig durch Abstimmung — die Frage über die Spruchreise der Untersuchung
zur Entscheidung zu bringen.

§§. 263. b/m. 265. M. St. P. O.

Wird die Spruchreise verneint, so erfolgt entweder die Rückgabe der Acten an das Untersuchungsgericht oder ausnahmsweise
eine Wiederaufnahme der Verhandlung.

§§. 265. 270. M. St. P. O.

In anderen Fällen außer bei mangelnder Spruchreise findet
eine Rückverweisung an das Untersuchungsgericht nicht statt.

Das Spruchkriegsgericht hat sich vielmehr der sofortigen Aburtheilung auch dann zu unterziehen, wenn seine Auffassung des
vorliegenden Verbrechens aus subjectiven oder objectiven Grün-

---

20) Dem Vertheidiger ist gestattet, etwaige Erinnerungen und Anträge
schriftlich einzureichen, welche vorzulesen sind; cf. §. 23.

den von der strafrechtlichen Auffassung im Verweisungsbeschlusse abweicht. §§. 267. 268. M. St. P. O.

Ist über die Spruchreife bejahend entschieden worden, so erfolgt durch Abstimmung über eine Reihe von dem Auditeur an die Richter gestellter Fragen, welche so eingerichtet sein müssen, daß auf dieselben nur mit „Ja" oder „Nein" zu antworten ist, die Entscheidung über die Schuldfrage und im Verneinungsfalle derselben über die Art und Weise der Freisprechung.

An gesetzliche Beweisregeln sind die Richter bei der Entscheidung über die Schuldfrage nicht gebunden, sie haben vielmehr nur ihrer durch die vorliegenden Beweise gewonnenen Ueberzeugung zu folgen. §§. 271. b/m. 274. u. §. 10. M. St. P. O.

Hat das Gericht die Schuldfrage bejaht, so giebt der Auditeur ein motivirtes Gutachten über die auszuwerfende Strafe und veranlaßt die Abstimmung darüber.

Ergiebt sich hierbei die für alle Abstimmungen vorgeschriebene Majorität von 4 Stimmen nicht von selbst und ist eine solche auch bei nochmaliger Abstimmung zu erlangen, so wird die dem Angeschuldigten ungünstigste Stimme der nächst günstigeren zugezählt und damit so lange fortgefahren, bis die erforderliche Stimmenmehrheit vorhanden ist.

Alle Abstimmungen erfolgen vom untersten Dienstgrade aufwärts, so daß der Vorsitzende zuletzt stimmt. Dem Auditeur steht, wie bereits erwähnt, ein Stimmrecht nicht zu.

§§. 275. 276. 277. 264. 236. M. St. P. O.

e. Abfassung des Erkenntnisses, dessen Verkündigung, Ausfertigung und Bekanntmachung an den Commandanten.

Nach dem Hauptergebnisse der Abstimmung ist von dem Auditeur das Erkenntniß nebst kurzen Entscheidungsgründen abzufassen, den Richtern zur Genehmigung vorzulegen und nach erfolgter Genehmigung in wiedereröffneter Sitzung dem Angeschuldigten, sowie den sonst Betheiligten zu verkündigen.

§§. 279. 283. M. St. P. O.

Die Bekanntmachung der Entscheidungsgründe kann in besonders umfänglichen Sachen nachträglich in einer anderweiten, jedoch nicht über 8 Tage hinauszuschiebenden Sitzung, bei welcher die Anwesenheit von 4 Richtern genügt, vorgenommen werden.

§. 283. Abs. III. ibidem.

Nach erfolgter Verkündigung des Erkenntnisses ist dasselbe

nebst Entscheidungsgründen in besonderer urkundlicher Ausfertigung, unter Unterschrift von sämmtlichen Richtern, zu den Acten
zu nehmen und sodann unverweilt unter genauer Angabe der Zeit
dem Commandanten in Kraft der Bekanntmachung vorzulegen.

§§. 284. 285. ibidem.

f. Protocollführung.

Ueber jede Schlußverhandlung ist ein Protocoll aufzunehmen.
Dasselbe zerfällt in zwei Abtheilungen, nämlich das Sitzungs-
und das Verspruchsprotocoll. Das erstere wird den Acten
einverleibt, das letztere gehört nicht in die Acten, wird aber ebenfalls aufbewahrt und bei eingewendeten Rechtsmitteln dem Oberkriegsgerichte mit eingesendet.

§§. 236. 286. 287. M. St. P. O.
§§. 5. 7. M. G. V. G.

g. Gerichtspolizei.

Die Aufrechterhaltung der Ruhe und Ordnung im Sitzungszimmer liegt dem Vorsitzenden ob. Gegen diejenigen, welche bei
einer gerichtlichen Verhandlung ein ungebührliches Verhalten sich
zu Schulden kommen lassen, kann von dem Gerichte, beziehendlich
von dem Untersuchungsrichter eine Strafe bis zu zwei Wochen
Gefängniß oder Arrest verfügt werden.

§. 116. ibidem.

h. Oeffentlichkeit der Verhandlungen.

Die Oeffentlichkeit der Schlußverhandlungen vor den Spruchkriegsgerichten und der Verhandlungstermine vor dem Oberkriegsgerichte ist eine beschränkte, indem außer den Vorständen und
Räthen des Justiz- und Kriegsministeriums, sowie des Oberkriegsgerichts nur Militairpersonen, und zwar diesen in der
Regel auch nur bei Verhandlungen über gemeine Verbrechen
der Zutritt gestattet ist.

Bei Verhandlungen über Militairverbrechen ist die Zulassung unbetheiligter Militairpersonen in das Ermessen des Commandanten, beziehendlich des Oberkriegsgerichts gestellt.

Uebrigens kann auch bei Verhandlungen über gemeine Verbrechen der Zutritt unbetheiligter Militairpersonen ausgeschlossen
werden, wenn nach dem Ermessen des Commandanten oder des
Gerichts, beziehendlich was die Verhandlungstermine vor dem
Oberkriegsgerichte betrifft, nach dem Ermessen des letzteren, Rück-

ſichten auf die Disciplin, oder auf die öffentliche Ordnung oder
die Sittlichkeit, oder ſonſt das Intereſſe des Staates die Anweſen-
heit dritter Perſonen nicht räthlich erſcheinen laſſen.

§. 8. M. St. P. O.

§. 28. Von der Vertheidigung.

Vertheidigung durch einen beſonders beſtellten oder gewählten
Vertheidiger findet beim militairgerichtlichen Strafverfahren in
beſchränkterer Maße als im allgemeinen Strafproceſſe ſtatt.

Vor Allem iſt hierbei zu unterſcheiden, ob das vorliegende
Verbrechen

a. ein reines Militairverbrechen, d. h. lediglich nach den
Strafbeſtimmungen des Militairſtrafgeſetzbuchs ſtrafbar,
oder

b. ein gemeines Verbrechen, d. h. lediglich nach den
Strafbeſtimmungen des allgemeinen Strafgeſetzbuchs
zu beurtheilen, oder

c. ob es ein ſogen. gemiſchtes Verbrechen iſt, d. h. ein
ſolches iſt, welches

α. entweder nach beſonderer Vorſchrift des Militairſtrafgeſetzbuchs — wie nach §. 185. — der Strafe des allgemeinen
Strafgeſetzbuchs als der härteren unterliegt, oder

β. zunächſt und an ſich zwar nach den Beſtimmungen des
allgemeinen Strafgeſetzbuchs zu beurtheilen, jedoch wegen
Hinzutritts militairgeſetzlicher Straferhöhungs- oder Er-
ſchwerungsgründe — wie nach §. 58. des M. St. G. Bs.
Verbrechen auf Poſten — mit einer erhöhten Strafe zu
belegen iſt.

Von der hiernach ſich ergebenden Verſchiedenheit der zur Beſtrafung vorliegenden Verbrechen hängt nun nach den Beſtimmungen der Militairſtrafproceßordnung ſowohl die Perſönlichkeit des auftretenden Vertheidigers, als auch die Feſtſtellung der
Gränzen hinſichtlich der Zuläſſigkeit und Nothwendigkeit
der Vertheidigung ab.

Die Perſönlichkeit des auftretenden Vertheidigers anlangend, ſo kann bei den sub a. erwähnten reinen Militairverbrechen die Vertheidigung des Angeſchuldigten nur durch
eine Militairperſon und zwar vom Officiersſtande oder Range
geführt werden, wogegen rückſichtlich der sub b. und c. gedachten

gemeinen und gemischten Verbrechen die Vertheidigung durch
einen Rechtsanwalt gestattet ist.[21])

§§. 26—28. M. St. P. O.

Rücksichtlich dieser letztgedachten Kategorie ist das Recht des
Angeschuldigten, sich eines Vertheidigers zu bedienen, von der
Höhe der angedrohten Strafe unabhängig, in Betreff der Vertheidigung wegen eines reinen Militairverbrechens jedoch dahin
begränzt, daß dieselbe nur dann nachgelassen ist, wenn das zur
Bestrafung vorliegende Verbrechen durch die Strafgesetze im Höchstbetrage mit einer Freiheitsstrafe in der Dauer von mindestens
10 Jahren bedroht wird.

§§. 26. 30. M. St. P. O.

Nothwendig (im Sinne Art. 38. d. Allg. St. P.O.) ist
die Vertheidigung, wenn ein mit Todes- oder lebenslänglicher
Zuchthausstrafe bedrohtes Militairverbrechen, oder ein gemeines,
bez. gemischtes Verbrechen vorliegt, welches durch die Strafgesetze
im Höchstbetrage mit mindestens 4jähriger Arbeitshausstrafe, oder
mit Zuchthaus- oder mit Todesstrafe bedroht ist.[22])

Die Nothwendigkeit der Vertheidigung wird jedoch dadurch,
daß nur wegen eines allgemeinen Straferhöhungsgrundes auf
eine der zuletzt erwähnten Strafen erkannt werden kann, nicht
begründet; andrerseits fällt dieselbe aber auch deßhalb nicht weg,
weil wegen eines vorhandenen oder behaupteten Strafmilderungs-
oder Strafausschließungsgrundes in dem vorliegenden Falle auf
eine niedrigere Strafe herabgegangen werden kann. —

§§. 29. 30. M. St. P. O.

In zweiter Instanz ist die Vertheidigung nothwendig,
wenn der Angeschuldigte zu Todes- oder lebenslänglicher Zuchthausstrafe verurtheilt worden war und zwar dergestalt, daß ihm
da nöthig ein Vertheidiger durch das Untersuchungsgericht beizu-
ordnen ist. —

Auch kann in diesem Falle die Vertheidigung einem Rechts-
anwalte selbst dann übertragen werden, wenn es ein reines Militairverbrechen war.

---

21) Vergl. in Bezug hierauf den Abschnitt von der Militairgerichtsbarkeit
im Felde.

22) Diese Strafen müssen in der gedachten Höhe durch die gemeinrechtlichen Strafbestimmungen angedroht sein; militairrechtliche Erhöhungs- und
Erschwerungsgründe kommen selbstverständlich dabei nicht in Betracht,

Der Angeschuldigte kann die Beiordnung eines Vertheidigers aber auch dann schon verlangen, wenn er wegen eines gemeinen oder gemischten Verbrechens in dem Erkenntnisse erster Instanz zu einer mindestens vierjährigen Arbeitshaus- oder zu einer Zuchthausstrafe verurtheilt worden ist.

§. 317. M. St. P. O.

Die Wahl des Vertheidigers steht zunächst dem Angeschuldigten selbst zu; wenn derselbe aber binnen Tagesfrist von der dießfälligen Aufforderung an keinen solchen benennt und die Vertheidigung eine nothwendige ist, so hat bei Militairverbrechen der Commandant im Einvernehmen mit dem Auditeur, bei gemeinen und gemischten Verbrechen das Untersuchungsgericht den Vertheidiger zu erwählen.

Die amtliche Beiordnung erlischt, sobald der Angeschuldigte selbst noch nachträglich einen Vertheidiger wählt.

§§. 29. 30. 31. M. St. P. O.

Die Führung der Vertheidigung geschieht durch schriftliche Eingabe an das Untersuchungsgericht, oder durch mündliche Erklärung zu Protocoll.

Persönliches Erscheinen des Vertheidigers in der Schlußverhandlung ist gestattet. Er darf dabei Einwendungen gegen die Eidesfähigkeit der zu vereidenden Zeugen erheben, durch den Auditeur Fragen an die Zeugen richten lassen und gegen den Schlußvortrag des Auditeurs etwaige Erinnerungen und Anträge schriftlich einreichen, welche wie das sonst zum Zwecke der Vertheidigung zu den Acten Gegebene von dem Auditeur vorgelesen werden. — Mündliche Ausführungen vor dem Spruchkriegsgerichte sind dem Vertheidiger nicht gestattet.

Nur bei den oberkriegsgerichtlichen Verhandlungsterminen über eine Berufung darf dem Vertheidiger das Wort zur Ausführung seiner Anträge ertheilt werden.

§§. 34. 252. 256. 262. 320. 323. M. St. P. O.

Der Vertheidiger hat vom Actenschlusse, bez. von Bekanntmachung des Verweisungsbeschlusses an das Recht, die Acten an Gerichtsstelle einzusehen; eine Mittheilung derselben in die Wohnung des Vertheidigers findet in der Regel nicht statt.

§. 35. M. St. P. O.

Zu den schriftlichen Eingaben des Vertheidigers, sowie zu den Erklärungen zu Protocoll ist demselben eine angemessene Frist einzuräumen, welche jedoch in umfänglichen Sachen nicht über 14 Tage, in anderen Sachen nicht über 8 Tage erstreckt werden darf.

Säumnisse des Vertheidigers, sowie Verletzungen der dem Gerichte schuldigen Achtung, werden, wenn der Vertheidiger ein Rechtsanwalt ist, auf Antrag des Auditeurs, mittelst Erkenntnisses, oder, wenn es zu einem solchen nicht kommt, mittelst besonderen motivirten Beschlusses mit einer Geldbuße bis zu 150 Thlrn., an Militairpersonen nach Maßgabe der Militairgesetze wegen Ungehorsams, bez. Achtungsverletzung bestraft.

Gegen diese Entscheidung steht dem Vertheidiger die Berufung zu.   §. 34. M. St. P. O.

Vertheidigungskosten kommen nur bei Vertheidigungen durch einen Rechtsanwalt in Ansatz. — Sie sind von den Defendenden (bez. deren Vätern, vergl. Decis. 36. vom J. 1746) auch in den Fällen zu tragen, wo ihnen sonst Kostenfreiheit zusteht, es sei denn, daß im Erkenntnisse die Uebertragung aus der Staatscasse ausgesprochen worden sei.

Es sollen aber die Kosten der Vertheidigung insoweit aus der Staatscasse verlagsweise bestritten werden, als die Vertheidigung eine nothwendige ist und, soviel die bei der Einwendung und Ausführung eines Rechtsmittels gegen ein Erkenntniß aufgewendeten Vertheidigungskosten anlangt, dafern in demselben mindestens auf Zuchthaus- oder vierjährige Arbeitshausstrafe erkannt, auch das Rechtsmittel nicht allein gegen den Kostenpunct gerichtet worden war.

Die näheren Bestimmungen hierüber, sowie die Ausnahmen von der Regel enthält

§. 365. M. St. P. O.

Die Feststellung der nach der Tarordnung für militairische Strafsachen vom 2. Juni 1862 (G. u. B. Bl. p. 244 ff.) zu liquidirenden Vertheidigungskosten erfolgt durch das Untersuchungsgericht. Einwendungen dagegen sind durch das Oberkriegsgericht zu erledigen.

§. 376. ibidem.

§. 29. Von den Rechtsmitteln gegen das Verfahren.

Als Rechtsmittel gegen das Verfahren bestehen a. die Berufung, b. der Revisionsantrag und c. die Beschwerde.

ad a. Die Berufung steht dem Angeschuldigten und dem

Privatankläger²³) (vergl §. 35.) zu, und ist nur in den ausdrücklich bestimmten Fällen §§. 94. 107. 211. 372. M. St. P. O.
zulässig.   §§. 67. 68. M. St. P. O.

Die Entscheidung über dieselbe erfolgt durch das Oberkriegsgericht.   §. 76. ibidem.

ad b. Wegen des Revisionsantrags vergl. §. 23. sub A.

ad c. Die Beschwerde kann nicht blos von dem Angeschuldigten, dem Commandanten (vergl. §. 23.), dem Verletzten (vergl.
§. 34.) und dem Privatankläger (vergl. §. 35.), sondern auch von
den Zeugen, von denen, welche Sicherheit geleistet haben und überhaupt von jedem bei der Untersuchung oder einzelnen Handlungen
des Gerichts Betheiligten eingewendet werden. —

Sie ist nicht zulässig gegen Erkenntnisse und gegen solche
Entscheidungen, gegen welche Berufung und Revisionsantrag
erhoben werden kann; ebensowenig gegen Entscheidungen, welche
durch die Strafproceßgesetzgebung ausdrücklich in das Ermessen
des Entscheidenden gestellt sind.

§§. 67. 68. 78. M. St. P. O.

Die Beschwerde ist entweder bei dem Untersuchungsgerichte
oder bei dem Oberkriegsgerichte anzubringen; sie hat keine aufschiebende Wirkung und wird ebenfalls von dem Oberkriegsgerichte
entschieden.   §§. 78. 79. 80. ibidem.

An dem Rechte der Beschwerdeführung bei den Justizaufsichts-
behörden ist durch die vorstehend erwähnten Bestimmungen nichts
geändert worden. — Es kann aber auf eine derartige Beschwerde,
wenn sie nicht als ein zulässiges Rechtsmittel anzusehen und daher,
soweit nöthig, bei dem Oberkriegsgerichte zur Entscheidung zu
bringen ist, eine richterliche Entscheidung nicht abgeändert und in
eine solche nicht eingegriffen werden.

§. 88. M. St. P. O.

§. 30. Ueber die innere Einrichtung der Erkenntnisse.

Die militairstrafrechtlichen Bestimmungen über die innere
Einrichtung der Erkenntnisse schließen sich vollkommen an dasjenige an, was hierüber in der allgemeinen Straf- und Strafproceßgesetzgebung angeordnet ist.

Das Milit. St. Ges. Buch verweist in §. 70. hinsichtlich der

23) Ueber die Berufung als Rechtsmittel des Vertheidigers cf. §. 23.

Concurrenz mehrerer Verbrechen in einer oder in verschiedenen Handlungen auf Art. 77. 78. 80. 81. des Allg. St. G. Bs.; Art. 82. b/m. 85., den Rückfall betreff., gelten ebenfalls als Ergänzung des Milit. St. G. Bs. und die Bestimmungen in Art. 302. b/m. 304. der Allgem. St. Proc. Ordnung, die Klagfreisprechung, beschränkte Klagfreisprechung, Straffreisprechung und die Erfordernisse eines verurtheilenden Erkenntnisses betreff. sind in §§. 274. und 279. der M. St. P. O. vollständig wiedergegeben. —

§. 31. Von den Rechtsmitteln gegen kriegsgerichtliche Straferkenntnisse und der Entscheidung darüber.

I. Von der Berufung.

Der Angeschuldigte [24]) kann die Erkenntnisse der Spruchkriegsgerichte sowohl, als der ständigen Kriegsgerichte mit der Berufung anfechten wegen der Entscheidung über die Schuldfrage in allen ihren Richtungen, wegen der Strafabmessung, wegen des Kostenpunctes und endlich aus Nichtigkeitsgründen. —
§. 315. M. St. P. O.

Der Aufstellung besonderer Beschwerdepuncte bedarf es jedoch nicht.   §. 70. ibidem.

Die Berufung ist an eine dreitägige Frist, von Bekanntmachung der beschwerlichen Entscheidung (bez. der Entscheidungsgründe) an gerechnet, gebunden. — Die Frist geht am dritten Tage nach dem Tage der Bekanntmachung Abends 6 Uhr zu Ende. —   §§. 69. 18. ibidem.

Irrthümliche Bezeichnung des Rechtsmittels oder irrthümliche Anbringung bei einer anderen Gerichtsbehörde, als der dazu bestimmten, ist unschädlich.

§. 71. ibidem.

II. Vom Revisionsantrage.

Das lediglich dem Commandanten (cf. §. 23.) zustehende und ebenfalls an eine dreitägige Frist gebundene Rechtsmittel des Revisionsantrages ist gegen spruchkriegsgerichtliche Erkenntnisse nur aus Nichtigkeitsgründen, gegen Erkenntnisse des ständigen Kriegsgerichts aber auch wegen Entscheidung über die Schuldfrage, wegen der Strafabmessung, sowie des Kostenpunctes halber zulässig

---

24) Wegen der Berufung des Privatanklägers cf. §. 35.

und kann in letzteren Beziehungen ebensowohl zu Gunsten,[25]) als zum Nachtheile des Angeschuldigten eingewendet werden.

§§. 316. 318. M. St. P. O.

Ueber die Berufung sowohl, als den Revisionsantrag ent-scheidet in zweiter und letzter Instanz das Oberkriegsgericht.

§. 76. M. St. P. O.

Die Vorbereitung dieser Entscheidung durch einen Verhand-lungstermin ist facultativ und auf die Entscheidungen über Be-rufungen beschränkt.   §§. 319. b/m. 323. 350. ibidem.

In Bezug auf die Richtung der zweitinstanzlichen Entschei-dungen sind folgende Hauptgrundsätze zu erwähnen:

a. Auf die Berufung kann das erstgerichtliche Erkenntniß niemals zum Nachtheile des Angeschuldigten abgeändert werden.

§§. 324. 348. M. St. P. O.

b. Wenn dieselbe nicht blos gegen den Kostenpassus gerichtet war, ist sie als gegen den ganzen Inhalt der Entscheidung, soweit sie den Remedenten betrifft, gerichtet zu betrachten.   Das O. K. G. hat daher nicht nur die Schuld- und Rechtsfrage, sowie die Strafabmessung, sondern auch die Beweisfrage[26]) seiner Prüfung zu unterwerfen, und darnach eventuell das Erkenntniß zu Gunsten des Angeschuldigten abzuändern.

§§. 70. Abs. II. 324. M. St. P. O.

c. Auf Berufung wegen unrichtiger Gesetzanwen-dung ist die Beweisaufnahme oder das Ergebniß derselben einer Prüfung nicht zu unterwerfen.

§. 327. M. St. P. O.

d. Wahrgenommene Nichtigkeiten sind von amtswegen zu berücksichtigen und zwar zu Gunsten des Angeschuldigten auch dann, wenn keine Berufung, sondern nur Revisionsantrag, gleichviel, nach welcher Richtung, vorliegt.

§. 70. Abs. II. und III. M. St. P. O.

e. Auf Revisionsantrag zu Gunsten des Angeschuldigten kann nicht in durius reformirt werden.

§§. 327. Abs. II. 348. Abs. III.

─────────

25) Ein zu Gunsten des Angeschuldigten eingewendeter Revisionsantrag kann nur mit dessen Zustimmung zurückgenommen werden.

§. 83. M. St. P. O.

26) Das O. App. Ger. ist nach Art. 347. b. Allgem. St. P. O. an die that-sächlichen Feststellungen der erstgerichtlichen Erkenntnisse gebunden.

f. Leidet das Verfahren oder Erkenntniß an einer unheil-
baren Nichtigkeit (vergl. §. 315. B. 1. §. 316. 1. M. St. P. D.),
so ist, sei es auf Antrag oder von amtswegen, die Aufhebung des
Verfahrens oder Erkenntnisses auszusprechen und die Untersuchung
zur nochmaligen Entscheidung, bez. Verhandlung an das Gericht
zurückzuweisen, welches das frühere Erkenntniß ertheilt hat. —
　　　　　§. 328. M. St. P. D.

Statt der Zurückweisung kann auch Verweisung an ein anderes Gericht verfügt werden.　　　§. 329. ibidem.

g. Ein völlig unbegründeter Antrag auf Abänderung der
vorigen Entscheidung aus Nichtigkeitsgründen kann von dem O.
K. G. an dem Sachwalter, welcher ihn gestellt hat, mit einer Geldbuße bis zu 25 Thlr. geahndet werden.

　　　　　§. 70. ibidem.

Endlich ist noch derjenigen Erkenntnisse zu gedenken, in
welchen auf Todes- oder lebenslängliche Zuchthausstrafe erkannt
worden ist. — Diese sind auch ohne Berufung Seitens des Verurtheilten nach Ablauf der unter I. erwähnten 3tägigen Frist von
amtswegen dem O. K. G. vorzulegen, welches sodann das Erkenntniß nach allen Richtungen zu prüfen und demgemäß das
Nöthige zu erkennen hat.

　　　　　§. 334. M. St. P. D.

§. 32. Von Begnadigungsgesuchen.

Auf Gesuche um Abolition, Erlaß, Minderung, Verwandlung und übergesetzliche Aussetzung erkannter Strafen ist in Untersuchungen wegen gemeiner Verbrechen von dem Untersuchungsgerichte an das Justizministerium, in Untersuchungen wegen Militairverbrechen an das Kriegsministerium Bericht zu erstatten.[27]

　　　　　§. 76. d. Ausf. V. vom 2. Juni 1862.

Waren sowohl Militair- als gemeine Verbrechen Gegenstand
der Untersuchung, so ist das Gnadengesuch an das Kriegsministerium einzuberichten.

　　　　　§. 76. unter 2. ibidem.

Ueber die Beschaffenheit eines solchen Berichts sind in

　　　　　§. 76. d. A. V. vom 2. Juni 1862 S. 237.
specielle Bestimmungen getroffen. —

―――――――――

27) Im Falle einer erkannten Todesstrafe vergl. wegen der Berichterstattung das w. u. Erwähnte.

Die Berichte wegen Begnadigungsgesuche bei erkannten Todesstrafen gehen an das Oberkriegsgericht.

§. 387. M. St. P. O.

Liegt ein Gnadengesuch gleichzeitig mit einem Rechtsmittel zur Berichtserstattung vor, so ist zuvörderst das letztere zur Erledigung zu bringen.

§. 75. M. St. P. O.

Den Spruchkriegsgerichten steht das Recht zu, in Fällen, wo es solches für angemessen erachtet, sich dafür zu verwenden, daß ein Erlaß oder eine Ermäßigung der erkannten Strafe bei dem Könige beantragt werden möge. — Die Berichtserstattung auf diesen Beschluß, der dem Angeschuldigten nicht bekannt zu machen, erfolgt durch das Untersuchungsgericht, jedoch erst dann, wenn ein Rechtsmittel nicht mehr zulässig ist, und zwar, wenn auf Todesstrafe erkannt worden ist, an das Oberkriegsgericht, in allen anderen Fällen an das Kriegsministerium.

§. 312. ibidem.

Auch das Oberkriegsgericht darf in denselben Fällen militairische Verbrechen der Gnade des Königs empfehlen, in welchen dieß nach §. 38. des Ges. sub B. dem Oberappellationsgerichte gestattet ist.   §. 6. Ausf. V. vom 2. Juni 1862.

§. 83. Von der Vollstreckung der Erkenntnisse und den Nachtragserkenntnissen.

a. Von der Vollstreckung freisprechender Erkenntnisse.

Ein freisprechendes Erkenntniß ist von dem Gerichte durch Entlassung des Losgesprochenen in Vollzug zu setzen, sofern nicht der Commandant binnen Tagesfrist, von Bekanntmachung des Erkenntnisses an gerechnet, der Haftentlassung unter Einwendung des Revisionsantrages gegen dasselbe widerspricht (vergl. §. 23.).

§. 377. M. St. P. O.

b. Von der Vollstreckung verurtheilender Erkenntnisse.

Die Vollstreckung eines Strafurtheils erfolgt, wenn kein Rechtsmittel eingewendet oder ein solches nicht mehr zulässig ist, auf die von amtswegen zu ertheilende Anordnung des Untersuchungsgerichts.[28] —

28) Wegen Vollstreckung der Todesstrafe vergl.
    §§. 387. b/m. 389. M. St. P. O.
    §§. 90. 91. A. V. vom 2. Juni 1862.

Jede Vollstreckung ist actenkundig zu machen.

Auf Verlangen des Verurtheilten kann auch vor eingetretener Rechtskraft vom Gerichte die Vollstreckung der Strafe verfügt werden.
§. 378. ibidem.

Ein Erkenntniß, in welchem ein Abwesender rechtskräftig verurtheilt worden, ist soweit möglich zu vollziehen.
§. 379. ibidem.

c. Von Nachtragserkenntnissen.

Die Bestimmung in Art. 421 ff. der allgem. Strafproceßordnung über die Ertheilung von Nachtragserkenntnissen ist für analoge Fälle auch in der Militairstrafproceßordnung reproducirt worden.   §§. 383. b/m. 385. M. St. P. O.

§. 34.   Vom Antrage des Verletzten auf Bestrafung und dessen Vertretung.

Bei denjenigen Verbrechen, deren Bestrafung nach den Bestimmungen in Theil I. Cap. VIII. des allgem. Strafgesetzbuchs von dem Antrage des Verletzten abhängig ist, und die nicht unter die Bestimmungen über die Privatanklage fallen (vergl. §. 35.), ist dieser Antrag bei dem zuständigen Kriegsgerichte zu stellen, beziehendlich, wenn der Antrag bei einem Staatsanwalte, einem incompetenten Gerichte oder einer Polizeiperson gestellt war, an dasselbe abzugeben. —   §. 20. M. St. P. O.

Die Entschließung über das auf einen solchen Strafantrag einzuleitende Verfahren steht dem Kriegsgerichte zu.

Gegen abfällige Entschließungen kann der Verletzte Beschwerde bei dem Oberkriegsgerichte, und in dritter Instanz bei dem Justizministerium führen.

Die Mitwirkung des Commandanten findet in derselben Weise, wie bei den von amtswegen zu untersuchenden Verbrechen statt.[29])
§. 20. M. St. P. O.

Dagegen ist eine besondere Vertretung des Verletzten während der Untersuchung, sowie dessen persönliche Anwesenheit bei der Schlußverhandlung ausgeschlossen. — Nur, wenn bei einem gemeinen Verbrechen die Wiederaufnahme des Strafverfahrens in Frage kommt, ist es dem Verletzten gestattet, zur Wahrnehmung seiner Rechte sich durch einen Rechtsanwalt vertreten zu lassen. —
§. 38. M. St. P. O.

---

29) Analog den Bestimmungen der Allgemeinen Strafproceßordnung über die Mitwirkung des Staatsanwalts in Art. 30.

§. 35. Von der Privatanklage und den Befugnissen des
Privatanklägers.

Privatanklage findet gegen Militairgerichtsbefohlene in den=
selben Fällen Statt, in welchen sie nach den Bestimmungen der
allgemeinen Strafproceßordnung Art. 31. eintritt.

§. 21. M. St. P. O.

Ueber das Anbringen der Anklage gelten dieselben Vor=
schriften, welche im vorigen Paragraphen erwähnt sind.

Die Mitwirkung des Commandanten ist bei Privatanklag=
sachen ausgeschlossen; er ist nur von der Anklage und dem end=
lichen Erfolge in Kenntniß zu setzen.

§. 21. ibidem.

Mit den im Nachfolgenden erwähnten Ausnahmen stehen
dem Privatankläger nach eröffneter Untersuchung dieselben Rechte
und Befugnisse zu, welche das Gesetz dem Commandanten (cf.
§. 23.) beigelegt hat.

Insbesondere ist in denjenigen Fällen, in welchen das vor=
herige Gehör des Commandanten vorgeschrieben ist, auch der
Privatankläger rücksichtlich des von ihm verfolgten Verbrechens
mit seinen Anträgen und Ausführungen zu hören, und in den
Fällen, in welchen das Gesetz eine Bekanntmachung oder sonstige
Verfügung an den Commandanten zur Wahrnehmung eines Be=
fugnisses vorschreibt, eine solche auch an den Privatankläger zu
erlassen. —

Das Rechtsmittel, dessen sich der Privatankläger in den Fäl=
len zu bedienen hat, wo dem Commandanten der Revisionsan=
trag zusteht, ist die Berufung, und hat dann letztere dieselbe
Wirkung, welche dem - ersteren beigelegt ist. — Auch kann er in
gleicher Maße, wie der Commandant, Anträge auf Wiederauf=
nahme cf. §. 38. einer eingestellten oder durch Endenkenntniß
entschiedenen Untersuchung stellen.

Die obengedachten Ausnahmen von der als Regel aufge=
stellten Gleichberechtigung des Commandanten und Privatanklägers
sind folgende:

1. der Privatankläger kann kein Rechtsmittel zu Gunsten des
Angeschuldigten einwenden;

2. er kann der Haftentlassung des Angeschuldigten nicht wider=
sprechen;

3. die Bestimmungen über die Unfähigkeit des Commandanten

und ihre Folgen leiden selbstverständlich auf den Privatankläger keine Anwendung;

4. zur Verweisung eines an sich nicht zur Zuständigkeit des
ständigen Kriegsgerichts gehörigen Straffalles vor ein solches
bedarf es der Zustimmung des Privatanklägers nicht;

5. die Entschließung einer Haftentlassung ist dem Privatankläger nicht anzuzeigen;

6. zur Zurücknahme öffentlicher Vorladungen, erlassener Steckbriefe und verfügter Beschlagnahmen bedarf es der Einwilligung des Privatanklägers nicht; ebensowenig ist bei Haftent-
lassungen gegen Sicherheit in Betreff der Feststellung der
Sicherheit seine Zustimmung erforderlich;

7. auch die Verhaftung des Angeschuldigten braucht dem Privatankläger nicht angezeigt zu werden;

8. er hat bei Bestimmung des Tages der Schlußverhandlung
keine Stimme;

9. er kann der Haftentlassung eines losgesprochenen Angeschuldigten nicht widersprechen.

§§. 22. 40 ff. 57. 62. 110. 127. 224. 377. M. St. P. O.

Der Schlußverhandlung kann der Privatankläger dagegen
insoweit beiwohnen, als sie sich auf das von ihm verfolgte Verbrechen bezieht.

§. 314. M. St. P. O.

Die Erkenntnisse und sonstigen Entscheidungen, welche auf
die Privatanklage Bezug haben, sind dem Privatankläger bekannt
zu machen und ist die Frist zur Einwendung von Rechtsmitteln
für ihn von dieser Bekanntmachung an zu rechnen.

§. 22. Abs. V. ibidem.

§. 36. Von dem Verfahren bei angezeigten Beleidigungen oder Verläumbungen.

In der Regel ist bei Untersuchung und Aburtheilung solcher
Beleidigungen und Verläumbungen, welche lediglich nach den Bestimmungen des allgemeinen Strafgesetzbuchs zu beurtheilen sind,
dasjenige Verfahren anzuwenden, welches im zweiten Capitel der
III. Abtheilung des besonderen Theils (§§. 335—339.) der Militairstrafproceßordnung für die zur ausschließlichen Zuständigkeit
der ständigen Kriegsgerichte gehörigen Untersuchungsfälle vorgeschrieben ist.

Doch kann der Richter auch in den hierher gehörigen Fällen

analog dem in Art. 371 ff. der allgemeinen Strafproceßordnung geordneten summarischen Verfahren, entweder eine Strafver- fügung oder eine Vorladung zur Vernehmung sub praeju- dicio confessi erlassen.

§§. 340. 341 ff. M. St. P. O.

Nächstdem steht dem Gerichte auch noch frei, vor weiteren Erörterungen in einem Termine, welcher mit dem Vernehmungs- termine verbunden werden kann, einen Sühneversuch mit den Parteien zu veranstalten.

§. 344. ibidem.

Hinsichlich der Beweisaufnahme und der Entscheidung auf einen Reinigungs- oder Bestärkungseid gelten die gemeinrechtlichen Grundsätze, welche in §. 345 ff. der M. St. P. O. wiedergegeben sind. —

In Betreff der Fälle, wo Personen vom Officiersstande oder Range als Angeklagte in Frage kommen, ist zu erwähnen, daß die nach §. 50. d. M. St. P. O. für alle Untersuchungen gegen solche Person geordnete Entscheidungs-Competenz der Spruch- kriegsgerichte auch bei Untersuchungen wegen angezeigter Belei- digungen oder Verläumbungen Platz greift, daß aber dann, wenn die eigentliche Untersuchung durch die vorgedachten summarischen Verfahrungsweisen ausgeschlossen wird, die ständigen Kriegs- gerichte nicht nur zur Bestimmung der Strafe in der Strafver- fügung, sondern auch zur Erkenntnißabfassung beim Außenbleiben im Termine — §. 342. M. St. P. O. — competent sind. —

§. 37. Vom Anschlusse des Beschädigten an das Strafverfahren.

Die militairstrafproceßrechtlichen Bestimmungen über den An- schluß des Beschädigten an das Strafverfahren [30])

§§. 395. b/m. 410. M. St. P. O.

entsprechen mit den durch die Eigenthümlichkeiten des militairischen Strafverfahrens bedingten Modificationen fast durchgängig, zum Theil wortgetreu, den Vorschriften der allgemeinen Strafproceß- ordnung in Art. 434. b/m. 450.

Von den gedachten Modificationen ist die wesentlichste, daß in den der Entscheidung durch die Spruchkriegsgerichte unterlie- genden Straffällen die Entscheidung über den Antrag des Beschä-

---

30) Hierher gehört auch die Verfolgung des Anspruchs auf Schmerzensgeld. Verordnung vom 1. Aug. 1856. G. u. V. Bl. p. 183 ff.

bigten nicht von dem Spruchkriegsgerichte, sondern von dem bei der Schlußverhandlung betheiligten Auditeur im Namen des ständigen Kriegsgerichts durch besonderes, entweder gleichzeitig mit dem Haupterkenntnisse oder binnen der nächsten 3 Tage abzufassendes und bekannt zu machendes Erkenntniß ertheilt wird.

§. 399. M. St. P. O.

Bei den zur Zuständigkeit der ständigen Kriegsgerichte gehörigen Fällen erfolgt die Entscheidung dagegen zugleich mit in dem Erkenntnisse über das angezeigte Verbrechen.

§. 399. ibidem.

Die Anwesenheit des Beschädigten bei der Schlußverhandlung ist in das Ermessen des Gerichts gestellt.

§. 398. M. St. P. O.

Ueber die gegen eine Entscheidung auf Antrag des Beschädigten zulässige Berufung des Verurtheilten entscheidet in 2. und eventuell bei nach den Civilproceßgesetzen appellabeln Summen auch in 3. Instanz das Oberkriegsgericht und zwar als zweite Instanz in einer Versammlung von 3, als dritte Instanz in einer Versammlung von 5 rechtskundigen Richtern.

§§. 403. 404. M. St. P. O.

§. 38.   Von der Wiederaufnahme des Strafverfahrens.

Aus denselben Gründen, wie solches nach Art. 386 ff. der Allgem. St. P. O. zulässig ist, kann auch in Untersuchungssachen gegen Militairpersonen eine Wiederaufnahme des Strafverfahrens stattfinden, und zwar entweder

a. zum Nachtheile des Angeschuldigten auf Antrag des Commandanten, oder auf eigne Entschließung des ständigen Kriegsgerichts,

§. 351. M. St. P. O.

oder b. zu Gunsten des Angeschuldigten, auf seinen eignen Antrag, der Antrag seiner Erben oder endlich in Folge besonderer Anordnung des Königs.

§§. 352. 353. ibidem.

Ueber die Zulässigkeit einer beantragten, oder bei dem Untersuchungsgerichte in Erwägung gekommenen Wiederaufnahme entscheidet,

1. wenn die frühere Untersuchung eingestellt worden war, das Untersuchungsgericht mittelst Erkenntnisses;

2. wenn die frühere Untersuchung durch Enderkenntniß entschieden worden war, das Oberkriegsgericht ebenfalls
mittelst Erkenntnisses.

Vor der Entscheidung sind in allen Fällen der Angeschuldigte,
und sofern die Untersuchung nicht auf Antrag eines Privatanklägers eingeleitet worden war, der Commandant mit ihren Anträgen
und Ausführungen zu hören.

§§. 357. 358. ibidem.

Gegen die unter 1. gedachte Entscheidung des Untersuchungsgerichts findet Berufung, bez. Revisionsantrag statt.

§. 357. Abs. II. ibidem.

Ist die oben unter b. erwähnte besondere Anordnung des
Königs nur auf Einholung einer nochmaligen Entscheidung gerichtet gewesen, so ist dieselbe vom Oberkriegsgerichte und zwar,
wenn von diesem selbst die frühere Entscheidung ertheilt worden
war, in voller Versammlung (cf. §. 16.) zu ertheilen.

§. 352. Abs. III. ibidem.

Kommt die Wiederaufnahme einer vor dem Eintritte in den
Militairgerichtsverband bei einem Civilgerichte anhängig gewesenen
und beendigten Untersuchung in Frage, nachdem der Angeschuldigte
in den Militairverband eingetreten ist, so ist sowohl zur Entscheidung über die Wiederaufnahme, als auch in der Hauptsache die
Zuständigkeit des Kriegsgerichts begründet.

§. 32. M. G. V. O.

(Schluß folgt im nächsten Hefte.)

Die Justiz angehende Präjudizien.

110.

Zur Lehre von der actio de pauperie und der actio leg. Aquiliae. — Mittelst letzterer kann Schmerzengeld gefordert werden. —*)

„Unter den Partheien steht fest, daß Beklagter am 27. August 1860 seine Kühheerde und mit ihr einen Zuchtochsen unter Aufsicht eines Kühjungen auf seine Felder treiben lassen, daß sich der Ochse von seiner Heerde getrennt, und während er ohne Aufsicht umhergeirrt, auf die Klägerin, die in Ausübung ihrer Dienstpflichten mit einem Schubkarren voll Klee auf der Straße gegangen, zugekommen ist. Diese hat sich zwar zunächst durch Ueberspringen des Straßengrabens gegen einen Angriff Seiten des Ochsen gesichert, dieselbe ist aber, nachdem der Ochse von dem auf ihrem Schubkarren befindlichen Klee zu fressen begonnen, auch den Schubkarren umzuwerfen sich bemüht, wieder auf die Straße zurückgekehrt und hat den Ochsen zu vertreiben gesucht. Hier aber ist der Ochse auf sie zugesprungen, hat sie mit den Hörnern an der Brust gefaßt, eine Strecke weit fortgeschleppt und endlich auf einen Steinhaufen und in den Straßengraben geworfen und die Klägerin dabei mehrfach verletzt, in Folgen dessen dieselbe ihren Dienst hat verlassen und sich einer ärztlichen Behandlung unterwerfen müssen. Den Ochsen hat der Beklagte bald darauf verkauft. Fordert nun gegenwärtig Klägerin von Beklagtem nicht nur den Ersatz des ihr während ihrer Krankheit entzogenen Dienstlohnes, sondern auch den Ersatz der von ihr für ihre Wiederherstellung und Verpflegung während der ärztlichen Behandlung aufgelaufenen Kosten, nicht minder den Ersatz eines, ihrer Behauptung nach, von dem Ochsen zerrissenen Kleidungsstückes, so erscheint die Verpflichtung Be-

---

*) Wochenbl. f. m. R. Jahrg. 1862 S. 394 fgg.

flagtens hierzu nach den über die actio de pauperie bestehenden Rechtsgrundsätzen allerdings begründet.

Die zweite Instanz stimmt gleich der ersten hiermit im Hauptwerke überein, allein sie ist der Ansicht, daß Klägerin dieses Anspruchs aus dem Grunde verlustig gegangen sei, weil sie nicht die gehörige Vorsicht angewendet habe, um dem Schaden zu entgehen, indem sie sich, nachdem sie vor einem Angriffe Seiten des Ochsen durch das Ueberspringen des Straßengrabens bereits gesichert gewesen, durch das Zurückspringen und durch das versuchte Vertreiben des Ochsen von dem mit Klee beladenen Schubkarren von Neuem in Gefahr begeben habe und nunmehr erst von dem Thiere verletzt worden sei.

Die vorige Instanz folgert daraus, daß Klägerin dabei die erforderlich gewesene gewöhnliche Vorsicht unbeachtet gelassen und nicht bedacht habe, daß die Erhaltung des Klees mit der Gefahr für ihre Gesundheit, ja ihr Leben in keinem Verhältnisse stehe, und daß sie ihrer Dienstherrschaft habe überlassen können, den Ersatz des durch den Ochsen verursachten Schadens gegen den Beklagten auf dem Rechtswege zu verfolgen, und daß sie daher die Schuld an ihrer Verletzung selbst trage.

Das O.-A.-G. ist jedoch hiermit nicht einverstanden, denn der Schubkarren sowohl als der Klee war Eigenthum des Dienstherrn der Klägerin, ihr zur Benutzung, beziehendlich zum Transport anvertraut, und Klägerin war eben so berechtigt als verpflichtet, das ihr Anvertraute nach ihren Kräften gegen Beeinträchtigungen und Beschädigungen zu schützen. Versuchte sie daher, den Ochsen von dem Fressen des Klees und dem Umwerfen des Schubkarrens abzuhalten und ihn zu diesem Zwecke zu verjagen, so war sie in ihrem vollen Rechte, ja sie hätte sich, wenn sie dem Gebahren des Thieres, dem Verwüsten des Futters und der Beschädigung des Schubkarrens ruhig zugesehen hätte, leicht möglicher Weise dem Vorwurfe der Dienstvernachlässigung oder gar Schädenansprüchen aussetzen können, weil solchenfalls wohl kaum anzunehmen gewesen sein würde, daß der Ochse, der wieder zu fressen begonnen hatte, sich noch im Zustande der Aufregung befunden habe und einem Vertreibungsversuche einen ernstlichen Widerstand entgegengestellt haben werde. Keinen Falls war es eine nothwendige Folge der Handlung der Klägerin, daß der Ochse auf sie eindringen und sie in der geschehenen Weise verletzen mußte, und das um so weniger, als der Ochse sich auf freiem Felde befand, auf dem er voraussetzlich bereits gefressen hatte, Klägerin daher auch nicht fürchten durfte, daß das Thier etwa aus Hunger seinem Wegtreiben von dem Klee der Klägerin sich widersetzen werde.

Der fernere Anspruch der Klägerin auf Schmerzensgeld wird zwar nicht aus dem Gesichtspunkte der actio de pauperie gerechtfertigt, wohl aber insofern, als die vorliegende Klage auch die Erfordernisse der Aquilischen Klage enthält, indem sie zugleich eine Verschuldung des Beklagten an der Verletzung der Klägerin nachweist.

Dieß geschieht offenbar insofern, als Beklagtens Ochse, wie Beklagter zur Genüge zugestanden hat, bereits vorher zweimal auf Menschen eingedrungen war, Beklagter daher dessen Neigung zur Wildheit kannte, gleichwohl aber anordnete oder doch zuließ, daß derselbe ohne Weiteres mit der übrigen Heerde durch eine Person ausgetrieben wurde, ein Kühjunge aber, der zugleich die Aufsicht über die ganze Heerde zu führen hatte, begreiflicher Weise nicht im Stande war, diesen in keiner Weise an dem freien Gebrauche seiner Kräfte behinderten Stier an seinem Entlaufen von der Heerde zu hindern.

Aus allen diesen Gründen erscheint daher das Zurückgehen auf die Entscheidung erster Instanz vollständig begründet".

(Urthel des O.-A.-G. in Sachen Langin ÷ Förster, vom 27. Februar 1862. — Ger.-Amt Zittau.)

111.

Die Ehefrau ist berechtigt, auch wegen der eingebrachten res non fungibiles den Eintrag einer Hypothek an den Immobilien des Ehemannes zu verlangen, und ist zu diesem Behufe der tempore illationis gestandene Werth der ersteren maßgebend.

„Die Frage, ob der Ehefrau der gesetzliche Rechtstitel auf Erwerbung einer Hypothek wegen ihres beweglichen Ein- und Zubringens auch in Ansehung der unvertretbaren Sachen zustehe, ist nach der klaren Bestimmung des §. 38. (des Hyp.-Ges.) ohne Zweifel zu bejahen, denn zu dem beweglichen Vermögen einer Person gehören alle unter den Begriff der beweglichen Sachen fallende Gegenstände, insbesondere also auch körperliche Gegenstände dieser Art, welche den res non fungibiles beizuzählen sind. Ob darin, daß auch wegen dieser der gesetzliche Rechtstitel auf Hypothekenerwerbung stattfinden soll, eine besondere Prägravation des Ehemannes zu finden sei, kann, wie die vorige Instanz bemerkt, eigentlich dahin gestellt bleiben, da das Gesetz keinen Unterschied gemacht hat, und der Richter nicht berechtigt ist, Unterscheidungen in ein Gesetz hineinzutragen, welche dasselbe nicht getroffen hat. Nur soviel möge hier erwähnt werden, daß der Grund, weshalb der gedachte Rechtstitel auf alle beweglichen Vermögensobjecte erstreckt worden ist, nicht allzufern liegt. Denn die auf Grund des gesetzlichen Rechtstitels nach einer gewissen Haftsumme eingetragene Hypothek der Ehefrau fällt, wenn sie auch das Hypothekengesetz nicht ausdrücklich so nennt, doch der Sache nach unter die Kategorie der hypothekarischen Cautionen, insofern sie dazu bestimmt ist, der Ehefrau nach einer gewissen mit Pfandrecht versehenen Summe ihre Sicherstellung wegen künftiger Restitutionsansprüche zu gewähren, von denen sich bei der Eintragung selbst in der Regel noch nicht zum Voraus bemessen läßt, wenn und nach welchem Geldbetrage sie eintreten werden. Einer solchen Sicherstellung bedarf aber die Ehefrau auch wegen der nicht vertretbaren Sachen, wenn sie dieselben dem Ehemanne inferirt hat, weil der letztere kraft seines ehemännlichen Administrations- und Nutznießungsrechts auch die unvertretbaren, zum eheweiblichen Vermögen gehörigen Gegenstände in Besitz und Gewahrsam nehmen und demzufolge mindestens factisch über die Substanz derselben disponiren kann. Es liegt also die Möglichkeit nahe, daß die Restitution solcher Gegenstände in specie infolge einer von dem Ehemanne zu vertretenden Verfügung oder infolge einer Verschuldung desselben nicht zu erlangen ist. Wollte man hierbei die Ehefrau blos auf das Recht der Vindication der veräußerten Sachen verweisen, so würde man ihr, abgesehen noch von den Fällen, in welchen eine Vindication gar nicht statthaft ist, nur ein sehr mißliches Auskunftsmittel, aber gar keine Sicherheit wegen ihres Anspruchs auf Restitution oder Ersatz von Gegenständen geben, welche sie gleichwohl ihrem Ehemanne zur Verwaltung und Nutznießung überlassen muß.

Was endlich die Bl. — berührte, von den beiden vorigen Instanzen nicht speciell beantwortete Frage betrifft, auf welchen Zeitpunkt bei der Ermittelung des Werthes der angeblich inferirten Mobilien Rücksicht zu nehmen sei, so hat sich das Oberappellationsgericht nicht bewogen gefunden, die von dem Kläger beanspruchte Erläuterung des Beweisthema's zu verfügen. Man ist nämlich der Meinung, daß zum Behufe der Eintragung einer Hypothek nach §. 38. 1. des Hypothekengesetzes nicht sowohl der Werth, welchen die inferirten Gegenstände zur Zeit des Antrags auf Eintragung oder der letzteren selbst gehabt, sondern der Illationswerth als maßgebend zu betrachten sei. Es folgt dieß — abgesehen von der größeren Schwierigkeit, welche der Beweis des zuerst gedachten Werthes in vielen Fällen haben würde — schon daraus, daß der Ehefrau von dem Augenblicke an, wo sie dem Ehemanne bewegliches Vermögen inferirt, der Rechtstitel auf Eintrag desselben auf die Immobilien zusteht, und aus der schon erwähnten Cautionseigenschaft dieser Pfandrechte.

Es liegt nämlich schon in dem Wesen einer Caution, daß die Cautionssumme dem Betrage der künftigen Ansprüche nicht immer genau entsprechen kann, also ein billiges Quantum, welches nur den höchsten Betrag dieser Ansprüche nicht übersteigen mag, angenommen werden muß. So ist auch bei dem Eintrage der Cautionssumme noch nicht zu übersehen, wie sich künftig einmal bei der Restitution des eheweiblichen Vermögens die Restitutionsansprüche der Ehefrau gestalten werden; der Illationswerth als Haftsumme rechtfertigt sich aber bei dieser Hypothekenbestellung auch in Ansehung der unvertretbaren Sachen schon dadurch, daß eine Verminderung des Werthes nicht ohne Weiteres vorausgesetzt werden kann. Uebrigens ist eine Werthsermittelung, welche nur Behufs der Aufrechterhaltung des Hypothekeneintrags erfolgt, nicht maßgebend für die künftige Restitutionspflicht und daneben steht es dem Ehemanne immerhin frei, eine etwa eingetretene Werthsverminderung der fraglichen Effecten nachzuweisen und auf Grund derselben theilweise Löschung- zu beanspruchen."

(Urthel des O.=A.=G. in Sachen Fehrmann ÷ Fehrmannin, vom 4. März 1862. — Ger.=Amt Gottleuba.

112.

Zur Lehre vom constitutum possessorium. — Das Bekenntniß der erfolgten Uebergabe und Besitzergreifung schließt die gleichzeitige Behauptung eines eingegangenen constit. possess. rücksichtlich der nämlichen Objecte aus.

„Auch nach der Ansicht der gegenwärtigen Instanz vermag der Bl. — in beglaubigter Abschrift befindliche Kaufcontract, auf welchen sich die Intervenientin zu Unterstützung des von ihr in Ansehung der Bl. — mit Beschlag belegten Effecten erhobenen Eigenthumsanspruchs bezogen hat, die Stelle eines schlüssigen Vorbringens nicht zu ersetzen, weniger einen Beweis dafür zu liefern, daß die Intervenientin an jenen Sachen wirklich ein Eigenthumsrecht erlangt habe. Die in dem angezogenen Kaufcontracte enthaltene Erklärung der Intervenientin, daß sie die erkauften und in dem Verzeichnisse unter ☉ angegebenen Effecten von dem Verkäufer übergeben und überlassen erhalten und Eigenthum daran ergriffen habe, kann, wie bereits Bl. — gezeigt worden ist, Dritten gegenüber nur als ein beweisunkräftiges, unbeschworenes Zeugniß aufgefaßt werden, sie leidet aber auch noch insofern an einem Widerspruche, als sie eine bei dem Kaufsabschlusse- thatsächlich erfolgte Uebergabe und Uebernahme der Kaufsgegenstände erwähnt, eine solche aber bei dieser Gelegenheit nicht füglich stattgefunden haben kann, da nach Bl. — der fragliche Kauf als ein zwischen Abwesenden zu Stande gekommenes Rechtsgeschäft erscheint und auch nur dafür von der Intervenientin selbst zufolge Bl. — ausgegeben wird. Es fehlt somit sogar an der schlüssigen Behauptung, daß eine Besitzergreifungshandlung wirklich erfolgt sei. Aber auch von einem constitutum possessorium kann in dem vorliegenden Falle nicht die Rede sein. Zwar soll nach §. 4. jenes Kaufcontractes die Käuferin gegen dem Verkäufer erklärt haben, daß sie ihm die erkauften Gegenstände zum einstweiligen Gebrauche überlasse, allein daß dadurch der zur Erlangung des Eigenthums erforderliche Act der Uebergabe habe ersetzt, daß damit ein Besitzerwerb durch den Verkäufer in Stellvertretung des Käufers habe erzielt werden sollen — als worin das characteristische Merkmal eines constitutum possessorium besteht —

l. 18. pr. Dig. de adquir. poss. (41, 2.)
l. 77. Dig de rei vind. (6, 1.)
v. Savigny, das Recht des Besitzes, §. 27.
Sintenis, Civilrecht, Bd. 1. §. 44 in fine.

läßt sich deshalb nicht annehmen, weil nach §. 3. des mehrerwähnten Kaufcontractes die Intervenientin jener Erklärung das Bekenntniß

vorausgeschickt hat, daß sie die Kaufsobjecte von dem Verkäufer übergeben erhalten und daran Besitz und Eigenthum ergriffen habe. Es
soll also nach diesem Bekenntnisse ein einem constitutum possessorium
geradezu entgegenstehendes wirkliches Ueber- und Zurückgeben stattgefunden haben. Nun meint zwar die Intervenientin Bl. —, es könne
das nurgedachte Bekenntniß, wenn es nicht als Beweis für die wirklich erfolgte Uebergabe der Kaufsobjecte gelten solle, auch nicht füglich
als der Annahme entgegenstehend betrachtet werden, daß von den
Kaufsinteressenten ein constitutum possessorium eingegangen worden
sei. Allein diese Ansicht ist offenbar unrichtig. Denn wenn schon
jenes Bekenntniß in der zuvor erwähnten Richtung Dritten gegenüber
etwas zu beweisen nicht vermag, so giebt doch die in demselben liegende Versicherung eines durch körperliche Handlung erfolgten Be-
sitzerwerbes immerhin ein Anhalten dafür ab, daß die Absicht der
Contrahenten nicht auf Eingehung eines ein constitutum possessorium
begründenden Vertrages gerichtet gewesen sei und umfaßt somit ein
Moment, welches die Intervenientin insofern, als es sich dabei um
eine von ihr selbst beigebrachte Urkunde handelt, auch gegen sich gelten
lassen muß."

(Urthel des O.-A.-G. in Sachen Pflugbeil u. Cons. ÷ Fischerin,
Intervenientin, vom 6. März 1862. — Ger.-Amt Döbeln.)

113.

Ist die in §. 33. des Gewerbegesetzes vom 15. Oct. 1861 der
Bestimmung in §. 30. desselben Gesetzes wegen Beschränkung
der civilrichterlichen Cognition beigelegte rückwirkende
Kraft auf Fälle auszudehnen, wo es sich von bereits vor dem
Gesetze errichteten gewerblichen Wasserbenutzungs-
vorrichtungen handelt, wodurch fremdes Eigenthum
belästigt oder in seiner Nutzbarkeit beeinträchtigt wird?

„Was die Hauptsache anlangt, so hat mit Hinsicht auf das mit
dem 1. Januar des laufenden Jahres in Kraft getretene Gewerbegesetz
vom 15. October 1861 die Frage entstehen müssen, ob die richterliche
Behörde fernerweit zur Entscheidung der vorliegenden Differenz zuständig erscheine, oder ob nicht vielmehr deren Schlichtung der Verwaltungsbehörde zu überlassen sei? Es wird nämlich in §. 33. des Gesetzes als Ausnahme von dem §. 92. der Ausführungsverordnung
aufgestellten allgemeinen Satze, daß das Gesetz keine rückwirkende
Kraft habe, den Bestimmungen im 30. Paragraphen in Hinsicht auf
bereits bestehende gewerbliche Anlagen einer gewissen Gattung rückwirkende Kraft gegeben, nach §. 30. aber ist die Competenz der Gerichte dahin beschränkt, daß, wenn eine Anlage nach Beobachtung des
gesetzlichen Verfahrens von der zuständigen Verwaltungsbehörde genehmigt und unter Beobachtung der dabei gestellten Bedingungen
ausgeführt ist, von den Gerichten wegen Belästigung oder beein-

trächtigter Nutzbarkeit fremden Eigenthums nicht mehr auf Aenderung oder Beseitigung der Anlage, sondern nur auf Entschädigung erkannt werden kann. Ferner ist §. 31., welcher nach §. 35. Abs. 2. bei Wasseranlagen analog zur Anwendung gebracht werden soll, vorgeschrieben, daß derjenige, welcher ohne Genehmigung eine Anlage der §. 22. gedachten Art, denen jedoch §. 35. insoweit Vorrichtungen zu Benutzungen von Wasserkräften — also auch Wassermühlen — gleichgestellt sind, ausgeführt, oder bei der Ausführung den ihm bei der Genehmigung gestellten Bedingungen zu Ausführung der Anlage nicht nachkommt, die zu Beseitigung der Gefahren und Nachtheile nothwendigen Veränderungen auszuführen, beziehenblich die Anlage auf Anordnung der Behörde, worunter nach §. 101. 24 und 25. die Ortsobrigkeit oder nach §. 34. der Ausführungsverordnung die Verwaltungsbehörde erster Instanz verstanden werden muß, oder den Antrag des Verletzten wieder zu beseitigen hat.

Da nun in Hinsicht auf Privatrechtstitel die richterliche Competenz durch §. 31. der Ausführungsverordnung insoweit gewahrt ist, als wegen wirklicher Privatrechtstitel — wozu jedoch nach der ausdrücklichen Bestimmung sub 1. diejenigen Einsprüche nicht gerechnet werden sollen, welche nur auf dem allgemeinen privatrechtlichen Satze beruhen, daß sich Niemand eine Anlage gefallen zu lassen braucht, welche ihm Rauch u. s. w. zuführt — jederzeit auch ferner auf Beseitigung der Anlage erkannt werden kann, so konnte allerdings die Frage entstehen, ob im vorliegenden Falle, wenn man der in den Gründen des Erkenntnisses zweiter Instanz ausgesprochenen Ansicht, daß mindestens zwischen dem Kläger und dem Beklagten mit Hinsicht auf die Zuziehung der beiderseitigen Besitzvorfahren zu den der Concessionsertheilung zum Mühlenbau vorausgehenden Verhandlungen vor der Verwaltungsbehörde ein Vertragsverhältniß anzunehmen sein würde, nicht beitreten könnte, durch den Umstand, daß die Ansprüche des Klägers und der Mitkläger sich auf den allgemeinen Rechtssatz gründen, daß kein Adjacent eines fließenden Wassers eigenmächtig den Wasserlauf in einer Weise stören darf, daß andern Adjacenten ein Nachtheil daraus entsteht, die Zuständigkeit der Justizbehörde ausgeschlossen erscheine. Man hat jedoch die Competenz der richterlichen Behörde durch die Vorschriften des Gewerbegesetzes und der dazu gehörigen Ausführungsverordnung nicht für ausgeschlossen erachten können, denn einestheils setzt die in dem nurgedachten §. 31. der letztern enthaltene Vorschrift voraus, daß ein die Präclusion der civilrechtlichen Ansprüche gegen Errichtung oder Veränderung einer schädlichen oder lästigen Gewerbsanlage bezweckendes Verfahren nach §. 26. des Gewerbegesetzes der zur Beschwerde gezogenen Errichtung oder Abänderung vorausgegangen sei, was hier, wo die zur Beschwerde gezogenen Anlagen weit vor Erlaß des Gewerbegesetzes zurückliegen, gar nicht in Frage kommen kann, anderseits ist zwar wohl den Bestimmungen in §. 31., wonach die Verbindlichkeit des eigenmächtig

Anlegenden oder Abändernden ausgesprochen wird, unter Concurrenz der Verwaltungsbehörde die eigenmächtige Anlage oder Abänderung zu beseitigen, Anwendbarkeit für Anlagen zur Wasserbenutzung, also auch für Mühl- und Wehrbauten, beigelegt, allein es ist nicht zugleich die Gültigkeit des nach §. 33. mit rückwirkender Kraft versehenen §. 30., durch welchen die Cognition der richterlichen Behörden ausgeschlossen wird, insoweit es sich um Belästigung oder beeinträchtigte Nutzbarkeit fremden Eigenthums durch eine mit Genehmigung der Verwaltungsbehörde errichteten Anlage handelt, für gewerbliche Wasserbenutzungvorrichtungen ausgesprochen.

Obwohl also künftig je nach dem Ausfalle gegenwärtigen Processes bei Aufhebung der jetzt zur Beschwerde gezogenen Zustandes und Herstellung eines andern die Concurrenz der Verwaltungsbehörde einzutreten haben wird, so fand man sich doch gegenwärtig an rechtlicher Entscheidung des Streites nicht behindert."

(Urthel des O.-A.-G. in Sachen Lehmann ÷ Lehmann und Thieme ꝛc. vom 7. März 1862. — Ger.-Amt Radeberg.)

114.

Der Nebenvertrag, durch welchen dem Pfandgläubiger das Recht eingeräumt wird, das Pfand vom Verfalle des Darlehns ab jederzeit zu veräußern, überhebt den Pfandgläubiger der Nothwendigkeit, dem Schuldner die Veräußerung des Pfandes vorher anzuzeigen.

„Die Ansicht, daß der dem Pfandvertrage beigefügte Nebenvertrag, durch welchen dem Gläubiger das Recht, das Pfand zu verkaufen, eingeräumt wird, die Wirkung habe, daß es einer Denunciation zum Zwecke des vorzunehmenden Verkaufs nicht weiter bedürfe, ist in der Praxis sehr verbreitet, indem sie nicht nur von

Gottschalk, disc. for. tom. II. c. 21. pag. 221. ed. II.

Curtius, Handbuch des Civilrechts, §. 1089.

und den daselbst angezogenen älteren sächsischen, sondern von vielen neueren Rechtslehrern des gemeinen Rechts, insbesondere von

Mühlenbruch, Lehrbuch der Pandecten, §. 321.

und von

Thibaut, System des Pandectenrechts, §. 344 ed. IX.

vertheidigt wird. Diese Ansicht ist sowohl in älterer Zeit,

cf. die in J. H. Berger's disp. de jure distrahendi pignoris, I. Cap. IV. §. 2. not. c. genannten Autoritäten,

als auch neuerlich

cf. Sintenis, Handb. des gemeinen Pfandrechts §. 54. S. 512, und §. 57. S. 538.

vielfach bestritten worden. Auch lassen sich gegen die Richtigkeit der zuerst gedachten Meinung Zweifel aufstellen, da dieselbe in den Gesetzen nicht ausdrücklich ausgesprochen ist, die Gründe, aus welchen nach älterem römischen Rechte dem Pfandgläubiger das Befugniß, das

Pfand zu verkaufen, durch eine besondere Convention: ut liceat cre-
ditori pignus vendere, si pecunia non solvatur, gesichert zu werden
pflegte, im neueren Rechte, wo dieses Befugniß dem Gläubiger schon
an sich zusteht und der Veräußerungsvertrag überflüssig ist, wegge-
fallen sind,

> cf. Dernburg, das Pfandrecht, Leipzig 1860. Bd. I. §. 8.
> S. 85 f.
> Lang, im Archive für civil. Praxis, Bd. 28. S. 353 f.

und aus der gedachten Verabredung die stillschweigende Absicht der
Partheien, daß der Gläubiger ohne weitere Anzeige an den Pfand-
geber sofort, nachdem die Schuld fällig geworden und keine Zahlung
erfolgt ist, zur Veräußerung des Pfandes schreiten dürfe, wie von

> Schilling, Lehrbuch für Institutionen und Geschichte des
> römischen Privatrechts, Thl. 2. §. 217. S. 723.

angenommen wird, nicht mit der erforderlichen Sicherheit sich erkennen
lassen dürfte. Wenn der oft erwähnte Nebenvertrag bei Verpfändung
von Creditpapieren häufig vorzukommen pflegt, so kann von der
Rechtsfrage, ob durch die Verabredung: der Gläubiger dürfe die verpfändeten Papiere verkaufen, die gesetzliche Wartezeit des Gläubigers
abgeändert,

> cf. Thöl, Handelsrecht §. 111.

oder der Gläubiger von der Anzeige des vorhabenden Verkaufs an
den Pfandschuldner unter dessen Einladung, dem Verkaufe beizuwohnen,
um sein Interesse dabei wahren zu können, entbunden werde,

> cf. Bender, Verkehr mit Staatspapieren, §. 102. S. 481 f.
> ed. 2.

im vorliegenden Rechtsfalle abgesehen werden, da Inhalts der Dar-
lehnsbedingungen §. 2. nicht ein einfaches pactum ut vendere liceat
abgeschlossen, vielmehr von dem wiederbeklagten Pfandgläubiger das
Recht, das Unterpfand von dem Verfalltage des Darlehns ab jeder
Zeit verkaufen zu lassen, ausdrücklich sich vorbehalten worden ist, indem man mit der vorigen Instanz darin übereinstimmt, daß in diesem
von dem Wiederkläger durch Annahme des Darlehns und Bestellung
der Pfänder genehmigten Vorbehalte die Willensmeinung der Partheien, daß der Wiederbeklagte nach eingetretener Zahlbarkeit der
schuldigen Capitale die dafür bestellten Creditpapiere, ohne vorgängige
Anzeige an den Wiederkläger, veräußern dürfe, zu finden ist. Behufs
des Nachweises, daß der gedachte Nebenvertrag die angegebene Wirkung habe und völlig zulässig sei, bezieht man sich auf die Rationen
voriger Instanz, indem man bemerkt, daß das Abkommen, daß der
Gläubiger nach eingetretenem Verfalle jederzeit die Pfänder verkaufen
dürfe, nicht wesentlich von dem Vertrage, in welchem dem Gläubiger
das Recht eingeräumt wird, bei nicht erfolgter Bezahlung der Schuld
das Unterpfand sogleich zu verkaufen, verschieden ist, letztere Verabredung aber im Zweifel einen Verzicht auf die Denunciation des be-
vorstehenden Pfandverkaufs enthält.

cf. Glück, Commentar ꝛc. Thl. 19. S. 384.

Thöl, a. a. O. §. 111."

(Urthel des O.-A.-G. in Wiederklagsachen B. ÷ Weimarische Bank, Polte u. Cons., vom 13. März 1862. — Ger.-Amt Dresden.)

115.

Das dem Gläubiger am Pfande zustehende Retentionsrecht wegen anderer, blos chirographarischer, Forderungen berechtigt denselben noch nicht zu dessen Veräußerung Behufs Deckung der letzteren. — Darf der Gläubiger, welchem mehrere Pfandstücke wegen seiner Forderung verhaftet sind, nach dermalen geltendem Rechte sämmtliche Pfandstücke veräußern, auch wenn schon ein Theil derselben zur Deckung der Pfandschuld hinreichen würde?

„Wiederkläger leitet einen Schädenanspruch aus dem Umstande ab, daß die Weimarische Bank die sämmtlichen für die Darlehne Nr. 1075. u. 1150. bestellten Pfänder verkauft hat, obwohl sie schon durch die Veräußerung eines Theiles derselben vollständige Befriedigung wegen der fraglichen Darlehne erlangt haben würde. Dem ersten Anscheine nach kann diese durch die Bl. — in den Originalien ersichtlichen Abrechnungen sub K. u. L., Inhalts deren sich beim Verkaufe der verpfändeten Creditpapiere ein Ueberschuß von 1103 Thlrn. für den Wiederkläger ergeben hat, in Gewißheit gesetzte Thatsache höchst auffällig erscheinen ꝛc. Denn die Weimarische Bank ist nach Bl. — zu dem Verkaufe der sämmtlichen für die Darlehne Nr. 1075. und 1150 verpfändeten, zu deren Deckung mehr als ausreichenden Creditpapiere vorzüglich deshalb geschritten, weil ihr Wiederkläger noch ein drittes Darlehn im Betrage von 6000 Thlrn. unter Nummer 1102. schuldete, für welches unter andern 6200 Thlr. Kurhessische Leihhaus- und Commerzbankbillets verpfändet worden waren, diese Papiere aber eine ungenügende Sicherheit boten ꝛc. Die Bank verlangte deshalb Inhalts der Klagbeilagen H. u. I. Rückzahlung des Darlehns sub Nr. 1102. oder Bestellung eines andern Unterpfandes in curshabenden Papieren, ohne in der letzteren Zuschrift vom 28. Mai 1859 der jetzt fraglichen Darlehne sub Nr. 1075. u. 1150. zu erwähnen. Erst nachdem Wiederkläger dem rücksichtlich des Depositi Nr. 1102 gestellten Verlangen nicht genügt hatte, verkaufte die Bank die Pfänder sub Nr. 1075. und 1150., um sich aus deren Erlöse zugleich wegen der Schuld unter Nr. 1102. theilweise Befriedigung zu verschaffen. Daß hierbei die Wiederbeklagten von einer irrigen Ansicht ausgegangen sind, indem das dem Pfandgläubiger gesetzlich zustehende Retentionsrecht mit einem Veräußerungsbefugniß nicht verbunden ist, ist bereits in erster Instanz Bl. — nachgewiesen worden.

Dessenungeachtet ist das Oberappellationsgericht der Ansicht der vorigen Instanz, daß das Klaganführen ausreichende Thatsachen, aus

welchen sich eine ben Wiederbeklagten bei dem Verkaufe der sämmtlichen Pfandstücke zur Last fallende Verschuldung ersehen lasse, nicht
enthalte, aus folgenden Gründen beigetreten.

Das römische Recht enthält keine specielle Vorschrift, wie sie
z. B. im neuesten sächs. Entwurfe eines bürgerlichen Gesetzbuchs
§. 391. aufgenommen ist, nach welcher der Pfandgläubiger, welchem
mehrere Sachen für dieselbe Forderung verpfändet sind, verlangen
kann, daß mit dem Verkaufe einzelner Sachen nur nach und nach bis
zur vollständigen Befriedigung des Gläubigers vorgeschritten werde,
dafern nicht sofort zu übersehen ist, daß der Verkauf der einzelnen
Sachen dazu nicht genüge. Vielmehr beschränkt sich das gemeine
Recht auf die allgemeinen Grundsätze, einerseits, daß das an mehreren
Sachen bestellte Pfandrecht so lange besteht, bis die ganze Schuld, zu
deren Sicherstellung die Pfänder dienen, getilgt ist, und daß es völlig
von der Wahl des Pfandgläubigers abhängt, an welche von den
sämmtlichen verhafteten Sachen er sich seiner Befriedigung halber
halten will, andererseits, daß der Pfandgläubiger beim Pfandverkaufe
wie ein achtsamer Hausvater in eigenen Angelegenheiten handle und
das Interesse des Pfandschuldners, soweit es ohne Gefährdung seiner
Rechte geschehen kann, wahrzunehmen hat. Die Frage, wie diese
Regeln zu vereinigen seien, ist von den Rechtslehrern verschieden beantwortet worden. Denn während

Dernburg, Bd. 1. S. 469.
die Meinung vertheidigt, daß derjenige Gläubiger, welchem eine Forderung verpfändet worden ist, nicht darauf beschränkt sei, die Forderung bis zum Betrage der versicherten Schuld zu verkaufen, vielmehr
ihm freistehe, dieselbe bis zu ihrem Gesammtbetrage zu veräußern,
behauptet

Buchholz, in seiner Ausgabe von Thibaut's Pandectenrecht,
§. 346.
daß der Pfandgläubiger von dem Rechte, von mehreren verpfändeten
Sachen nach Belieben zu verkaufen, nur soweit Gebrauch machen
dürfe, als es zu seiner Befriedigung nöthig sei. Nicht minder führt

Sintenis, practisches gemeines Civilrecht, Thl. 1. §. 70.
nota 26. S. 619. ed. 2. und im Handb. des Pfandrechts,
S. 164. und S. 475. not. 1.
unter Bezugnahme auf die Analogie des Pfandverkaufes aus, daß der
Pfandgläubiger die übersteigende verpfändete Forderung nur dann veräußern dürfe, wenn er vermöge des Gegenstandes und der Beschaffenheit der verpfändeten Forderung nicht anders zur Deckung gelangen
könne, indem es zu einer offenbaren Beeinträchtigung des Verpfänders
gereiche, wenn der Gläubiger die gesammten Pfänder veräußere, obwohl schon der Verkauf eines Theiles derselben zu seiner Befriedigung
ausreiche. Das Oberappellationsgericht vermag der letzteren Ansicht
in der Allgemeinheit, in welcher sie aufgestellt ist, nicht beizutreten,
glaubt vielmehr, daß die Frage, ob der Pfandgläubiger durch den

gleichzeitigen Verkauf einer Gesammtheit von Pfändern einer zum Schadenersatze verpflichtenden culpa sich schuldig mache, lediglich unter Berücksichtigung der concreten Verhältnisse, unter denen der Verkauf erfolgt ist, zu beantworten sei. Was insbesondere den gegenwärtigen Fall anlangt, so stimmt man der Ansicht bei, daß mit Hinblick auf die angegebenen Umstände, unter denen die Veräußerung stattgefunden hat, der W'.schen Bank deshalb allein, weil sie die verpfändeten Creditpapiere gleichzeitig auf den Markt gebracht hat, eine Verschuldung nicht ohne Weiteres beigemessen werden darf. Ein anderes Verhältniß würde eintreten, wenn die Bank die Papiere nach und nach verkauft, und nachdem sie durch den Verkauf eines Theiles der Effecten vollständig für die Darlehne Nr. 1075. und 1150. Befriedigung erlangt, Einleitung zum Verkaufe des Restes der Papiere getroffen hätte. Daß aber solches der Fall gewesen sei, wie Wiederkläger jetzt anführt, erhellt weder aus den Klagbeilagen K. und L., noch ist dieß vom Wiederkläger in der Klage bei pct. lit. cont. — behauptet worden. Denn die Versicherung der Wiederbeklagten, daß die sämmtlichen verpfändeten Creditpapiere nach eingetretenem Verzuge zugleich und zwar theils in Berlin, theils, was die sächsischen Papiere anlangt, in Dresden auf den Markt gebracht worden seien, erscheint mit Rücksicht auf ihre auf §. 2. des Weimarischen Gesetzes vom 12. April 1854 beruhende Verpflichtung, die verpfändeten Papiere durch einen verpflichteten Mäkler an einer Börse verkaufen zu lassen, nicht unglaublich, zumal sich Wiederkläger darauf, daß in W. selbst eine Börse bestehe, und daß die Papiere daselbst von den Wiederbeklagten verkauft worden seien, nicht bezogen hat."

(Urthel des O.-A.-G. in der vorbemerkten Rechtssache B. ÷ Weimarische Bank, v. 13. März 1862.)

116.

Zur Lehre von der Auslegung letztwilliger Dispositionen.

„Wenn Kläger Bl. — auf Gesetzstellen sich beziehen, welche im Zweifelsfalle die Interpretation letztwilliger Verfügungen zu Gunsten des Honorirten anordnen, so ist zunächst zu bemerken, daß Beklagte, insofern sie als Erben von der T. eingesetzt worden, im Allgemeinen ebenfalls als Honorirte erscheinen und die nämliche Rücksicht für sich in Anspruch nehmen könnten. Will man aber, was wohl Kläger im Sinne gehabt, den Legatar im Verhältnisse zum Erben als den Honorirten und letzteren als den Onerirten ansehen, so läßt sich bei entstehendem Zweifel über eine letztwillige Bestimmung, wobei eben soviel zu Gunsten des Honorirten als des Onerirten spricht, mit mehr Anschein sogar der Satz aufstellen, daß für den Erben als debitor und gegen den Legatar als creditor zu entscheiden sei.

l. 17. D. de regul. jur.

Zachariae, Hermeneutik des Rechts, S. 129.

Schweppe, röm. Privatrecht, Bd. 5. §. 801. sub d.

Indessen sind alle einzelnen Regeln über die Auslegung letztwilliger Verfügungen nur Abstractionen aus dem höheren und allein durchgreifenden Principe, daß Alles auf die Absicht des Testirers ankomme, dergestalt, daß selbst an sich klare und bestimmte Worte desselben gegen seine erweislich entgegenstehende Absicht nicht in Betracht kommen,

l. 35. §. 3. D. de hered. inst. 28, 5.

„facit totum voluntas defuncti, nam quid senserit, spectandum est,

l. 3. C. de lib. praeter.

l. 16. C. de fideicomm.

und es ist daher Aufgabe des Richters

l. 7. Cod. de fideicomm.

im concreten Falle den eigentlichen Willen des Testirers zu erforschen zu suchen, was mit größerer Sicherheit jedenfalls durch Berücksichtigung des ganzen Zusammenhanges der Disposition und Combination aller Nebenumstände, als durch Anwendung abstracter und immer nur auf subsidiarische Geltung berechneter Interpretationsvorschriften geschieht. Zudem handelt es sich im vorliegenden Falle nicht sowohl davon, das im Testamente der T. den Klägern ausgesetzte Legat an sich für ungültig oder wegfällig zu erklären, sondern von der Frage, ob nicht nach dem Willen der Testirerin anzunehmen, daß dasselbe an die Stelle der den mit dem Legate bedachten Personen zukommenden Fideicommißquote habe treten sollen, und es würden daher Kläger gegen die letztere Annahme sich mit Grund auf die von einigen Rechtslehrern besonders aus l. 12. D. de reb. dub. und l. 12. D. de regul. jur. abstrahirte Interpretationsregel, daß im Zweifel auf Erhaltung der Legate zu Gunsten des Legatars zu sehen, nicht einmal berufen können."

(Urthel des O.-A.-G. in Sachen Salomo und Gen. ÷ Rüttinger 2c., vom 18. März 1862. — Ger.-Amt Zittau.)

117.

Die Stellung eines Schichtmeisters bei im Privatbesitze sich befindenden Bergwerksanlagen ist im Zweifel nicht für eine auf Lebensdauer übertragene, sondern als eine kündbare anzusehen.

„Wenn es auch nicht bestritten werden mag, daß die Stellung eines Schichtmeisters bei im Privatbesitze einzelner Personen oder Gewerkschaften sich befindenden Gruben oder sonstigen Bergwerksanlagen allerdings eine solche ist, welche deren Inhaber neben den Pflichten gegen den Eigenthümer der Grube oder beziehentlich deren Vertreter auch noch Pflichten im öffentlichen Interesse auflegt, so folgt doch daraus noch nicht, daß eine solche Stellung im Zweifel für eine lebenslängliche anzusehen sei. Einestheils lehrt ein Blick auf die Zahl der im öffentlichen Dienste und zwar ohne Concurrenz von Privaten lediglich von Organen des Staates angestellten Beamten und Functionärs, daß die einem Angestellten obliegende Wahrung eines volkswirthschaftlichen oder polizeilichen Interesses des Staates noch keineswegs genügt, um diese Anstellung als eine lebenslängliche betrachten zu dürfen, anderntheils aber giebt das Gesetz über den Regalbergbau vom 22. Mai 1851 selbst deutlich zu erkennen, daß in der Natur der Function eines Schichtmeisters bei im Privatbesitze befindlichen Gruben die Lebenslänglichkeit der Anstellung nicht begründet sei. Denn §. 99. des gedachten Gesetzes läßt für die Grubenofficianten, und zu diesen gehört nach §. 90. der Schichtmeister, ausdrücklich Privatverträge über die Dauer der Anstellung zu, was nicht hätte geschehen können, wenn die lebenslängliche Dauer der Function schon durch das dem Schichtmeister zur Beachtung überwiesene öffentliche Interesse für geboten hätte angesehen werden sollen. Ist dem aber so, so erscheint in einem Falle, wie hier, wo die Partheien über die Dauer der Anstellung nichts vereinbart haben, eine Präsumtion für die Lebenslänglichkeit derselben nicht begründet. Vielmehr ist anzunehmen, daß das Verhältniß lösbar sei, und es kann nur noch in Frage kommen, welcher Zeitraum für die Kündigung für angemessen gehalten werden müsse. Haben die vorigen Instanzen eine dreimonatliche Kündigungsfrist für den Verhältnissen entsprechend angesehen, so hat das Oberappellationsgericht, zumal Kläger gegen Wochenlohn angestellt gewesen ist, kein Bedenken finden können, dem beizutreten."

(Urthel des O.-A.-G. in Sachen Heß ÷ F. Fikentscher, vom 20. März 1862. Ger.-Amt Zwickau.)

118.
Zur Lehre vom Schadenersatze bei fahrlässiger Behandlung einer zum Transport übergebenen Sache.

„Die Gründe der vorigen Entscheidung haben die für vorliegenden Streit zunächst maßgebende rechtliche Ansicht, daß Beklagter verbunden sei, Vernachlässigungen zu vertreten, welche von seinen Bediensteten innerhalb des ihnen von ihm angewiesenen Geschäftskreises verhangen worden, soweit es dessen nach dem rechtskräftig gewordenen Beweisinterlocute überhaupt noch bedurfte, ausführlich begründet, und diese Begründung hat auch einen besonderen Widerspruch von Seiten des Appellanten nicht erfahren, so daß es eines abermaligen Eingehens auf diesen Punkt nicht bedarf. Obwohl nun dabei nachgewiesen worden ist, daß es für des Beklagten Vertretungs- und Entschädi-

gungsverbindlichkeit keinen Unterschied macht, ob der zu vergütende
Schaden durch eine fahrläſſige Thätigkeit oder durch eine fahrläſſige
Unterlaſſung entstanden ist, so ist doch auch in beiden Beziehungen ſo
viel beigebracht worden, als zur Begründung des Entſchädigungsanſ-
ſpruchs erforderlich war.   Die fahrläſſige Thätigkeit besteht in dem
Transportiren der das Bild enthaltenden Kiste auf einem, vermöge
ſeiner Construction die Ladung gefährdenden Transportmittel und die
fahrläſſige Unterlaſſung in der unterlaſſenen Prüfung der Beſchaffen-
heit der Kiste im Verhältniſſe zu der nach der Wahl des Transport-
mittels möglichen Gefährdung, oder, wenn dieſe erfolgt, in der unterlaſſenen Anwendung, der eine wirkliche Gefahr auſſchließenden Vorkehrungen.   Hat nun auch Kläger ſeinen Beweis nur auf die poſitive
Fahrläſſigkeit, die culpa in faciendo, gerichtet, ſo hat er dadurch
jedenfalls genug für ſeinen Beweisſatz gethan, denn Beklagtens Sache
wäre es geweſen, ſich mindeſtens auf die Abweſenheit einer culpa in
omittendo zu beziehen, nach Befinden ſie dem erwieſenen Entſtehungs-
grunde des ſeiner Natur nach die Annahme eines bloßen casus aus-
ſchließenden Schadens gegenüber zu beweiſen.

Wenn Beklagter durch das Axiom, daß derjenige Schadenerſatz
nicht beanspruchen könne, welcher durch eigene Verſchuldung zur Entſtehung des Schadens beigetragen habe, der Entſchädigungsverbind-
lichkeit ſich überhoben glaubt, ſo legt er dem Satze eine größere Tragweite bei, als ihm in Wirklichkeit gebührt, namentlich insofern, als
er das Unterlaſſen gewiſſer Sicherheitsvorkehrungen als Fahrläſſigkeit
Klägers betrachtet wiſſen will.

Nicht jede Unterlaſſung aller möglichen Sicherungsmaßregeln
iſt Fahrläſſigkeit, ſie iſt es vielmehr nur inſoweit, als es ſich um die
Abwendung ſolcher Beſchädigungen handelt, welche nach dem gewöhnlichen Laufe der Dinge als möglich gedacht werden können.   Kläger
hatte alſo bei Verpackung ſeines Gemäldes dafür Sorge zu tragen,
daß die Kiste ihrem Inhalte gegen etwaige beim Transporte auf weitere Strecken nicht zu vermeidende, durch die Art der Aufbewahrung,
durch Umladen, durch Witterungseinflüſſe, durch die erfahrungsmäßig
nicht immer behutſame Handhabung beim Auf- und Abladen ent-
ſtehende mögliche Gefahr Schutz gewährte; allein er hatte dabei immer
nur das Uebliche und deshalb Wahrſcheinliche im Auge zu behalten
und nicht auch auf ſolche mögliche Gefährdungen Rückſicht zu nehmen,
welche überhaupt nicht eintreten konnten, wenn die beim Transporte
beſchäftigten Perſonen nicht in völlig unvorausſetzlicher Weiſe von ihrer
gewöhnlichen Geſchäftsübung abwichen.

Nun ergiebt ſich aus der vorgenommenen gerichtlichen Beaugen-
ſcheinigung, den Ausſagen der Zeugen und der Sachverſtändigen
allerdings mit der höchſten Wahrſcheinlichkeit, daß das Schaufelende
des Spitzkarrens, deſſen Beklagtens Bedienſtete ſich zur Fortſchaffung
der Kiste bedient haben, in die Kiste nicht eingedrungen und folglich

das in dieser enthaltene Gemälde so, wie geschehen, nicht verletzt worden sein würde, wenn die Construction des Bodens eine andere, wenn namentlich die den Boden bildenden Breter nicht quer, sondern langlaufend befestigt gewesen wären, weil dann das Eindringen des Schaufelendes in die quer verlaufenden Fugen nicht hätte stattfinden können. Es hat jedoch keiner der befragten Sachverständigen in dieser Construction eine Fehlerhaftigkeit der Kiste erblickt, vielmehr sind Ausstellungen gegen die Beschaffenheit der Kiste nur insoweit gemacht worden, als der Mangel von Leisten gerügt wird, welche, nach der Länge der Kiste laufend, der Verbindung der quer liegenden Breter größere Festigkeit gegeben haben würden, und als das Vorhandensein von Fugenöffnungen zwischen einigen der Breter ausgestellt wird. Was aber den ersten Umstand anlangt, so würde das Verhandensein der Leisten nach der Ansicht der Sachverständigen zu Gegenbew. Art. — das Eindringen der scharfen Schaufel immerhin nicht ausgeschlossen haben, und soviel den andern Umstand betrifft, so wird durch die Aussage der Sachverständigen zum 12. Gegenbeweisartikel bestätigt, daß der Boden der Kiste aus zusammengefügten und geleimten Bretern hergestellt gewesen, durch Zusammentrocknen der letzteren aber die wahrgenommenen Spalten sich gebildet haben.

Ist nun, wie erwähnt, die Beschädigung durch Eindringen der Schaufel in eine solche Spalte nach aller Wahrscheinlichkeit entstanden, so würde allerdings ein Glied in der Reihe der bei der Beschädigung mitwirkenden Ursachen, wenn es überhaupt ein verschuldetes ist, was allerdings bezweifelt werden kann, als vom Kläger oder dessen Beauftragten verschuldet erscheinen. Allein selbst das Vorhandensein einer solchen dem Kläger zur Last fallenden Verschuldung überhebt den Beklagten der Verantwortung deshalb nicht, weil die ihm als Geschäftsführer obliegende Verpflichtung zur Anwendung möglichster Sorgfalt es mit sich brachte, daß er das fernere Gebahren mit der Kiste in der Weise vornahm oder vornehmen ließ, welche dem Zustande entsprach, in dem er sie überkommen hatte und von dem sich zu unterrichten ihm oblag, bevor mit der Kiste in einer Weise gebahrt wurde, die, bei irgend einer Mangelhaftigkeit an ihr, ihren Inhalt gefährden konnte.

Es hat also auch dem Oberappellationsgerichte nicht zweifelhaft erscheinen können, daß der Beklagte den durch das sorglose Gebahren seiner Bediensteten mit der Kiste, in welcher des Klägers Bild verwahrt gewesen, an diesem letzterem zugefügten Schaden zu vergüten schuldig ist."

(Urthel des O.-A.-G. in Sachen Sparmann ÷ Reinecke, vom 27. März 1862. — Handelsgericht Leipzig.)

119.

Zur Bestellung eines Faustpfandes ist reale Uebergabe
und Detention der Sache erforderlich; die nur formell cele-
brirte Uebergabe oder ein constitutum possessorium
können deren Stelle nicht ersetzen.

„Bei der Unerheblichkeit der Deduction Bl. — genügt in Betreff
der confirmatoria bei diesem Punkte an sich eine Verweisung auf die
sachgemäßen Rationen*) voriger Instanz, mit denen man darin voll-

---

*) Die hier gebilligten Rationen der zweiten Instanz (des Appellations-
gerichts zu Zwickau) lauten folgendermaßen:
„Die Mitappellanten verlangen vorzugsweise Befriedigung aus dem Erlöse der zur Concursmasse gehörig gewesenen Maschinen, indem sie ein
Faustpfand daran prätendiren rc. Diesen Anspruch stützen sie auf die Bl. —
anzutreffenden Verträge und gerichtlichen Verhandlungen, welche im Wesentlichen dahin gingen, daß der Gemeinschuldner den Mitappellanten ein
Faustpfandrecht an den Maschinen einräumen zu wollen erklärte und hierauf an Ort und Stelle eine „symbolische" Uebergabe, wie es in den betreffenden Protocollen selbst heißt, dadurch stattfand, daß die betreffenden Gläubiger Blechmarken mit den Anfangsbuchstaben ihrer Namen, beziehentlich
Firmen, an den Maschinen befestigen ließen, womit der Cridar die Uebergabe
als geschehen anerkannte, während die Maschinen nach wie vor im factischen
Besitze des Gemeinschuldners blieben und ihm unter gewissen Bedingungen
zur Benutzung überlassen wurden.
Wenn die vorige Instanz ausgesprochen hat, daß aus diesen Vorgängen
ein Pfandrecht nicht abgzielet werden könne und namentlich die Bestellung
eines Faustpfandes nicht erkennbar sei, so hat man gegenwärtig nicht das
geringste Bedenken tragen können, diesem Ausspruche vollständig beizupflichten.
Denn auf den ersten Anblick schon kann man darüber nicht in Zweifel sein, daß,
wenn man solchen Verträgen und Manipulationen die beabsichtigte Wirkung
beizumessen hätte, dieß auf nichts Geringeres, als auf die Wiedereinführung der
Mobiliarhypotheken hinauslaufen würde. Allein schon der einfache Wortlaut
der Erl. Proc.-Ordn. ad Tit. XLIV. §. 2., auf welchen sich die vorige Instanz
bezieht, würde genügen, die Vergeblichkeit solcher, zu Umgehung des Gesetzes
gemachten Versuche nachzuweisen rc. In Bezug auf die neuerlichen Ausführungen der Mitappellanten am vierten und fünften Theile aber mag noch Folgendes bemerkt werden:
Das Motiv für die Abschaffung der gemeinrechtlich zulässigen Hypothekenbestellung an Mobilien lag bekanntlich darin, daß solche die Sicherheit des Verkehrs in hohem Grade gefährdete. Es bemerkt deshalb
Griebner, Discurs zur Erl. Proc.-Ordn. (II. Ausgabe) ad Tit.
XLIV. §. 2.
daß ehedem auch in rebus mobilibus Hypotheken zugelassen worden, „weil es
aber zu vielen Betrügereien Anlaß gab, ist es abgeschafft worden." Um aber
die Absicht des Gesetzes zu erreichen und eine dieselbe gefährdende Umgehung
möglichst zu verhindern, genügte es nicht allein, die Hypothekenbestellung an
beweglichen Sachen als solche für ungültig zu erklären, sondern man mußte
auch den Begriff des Faustpfandes dergestalt präcisiren, daß nicht etwa unter
dem Titel des letzteren die eben abgeschafften Hypotheken wieder eingeführt
werden konnten. Zu diesem Ende war es nöthig, als ein Faustpfand nur diejenige Sache anzuerkennen, welche sich im wirklichen, thatsächlichen Besitze des
Gläubigers befindet und so lange sie sich in demselben befindet; denn nur wenn
und so lange dieß der Fall, ist ein Mißbrauch Seiten des Schuldners nicht zu

kommen übereinstimmt, daß nach dem Tenor der Erl. Proc.-Ordn. ad Tit. XLIV. §. 2. ein Faustpfand nicht in der Art mit Erfolg bestellt werden konnte, daß bei nur formell celebrirter Uebergabe der zu verpfän-

---

befürchten, außerdem aber würde es nach wie vor möglich gewesen sein, daß ein Dritter eine mit einem Pfandrechte behaftete bewegliche Sache unwissentlich kaufte, da er ihr natürlich dieses Pfandrecht nicht ansehen konnte. Namentlich mußten verschiedene Vorschriften des römischen Rechts, welche unter gewissen Umständen an die Stelle der thatsächlichen Uebergabe einen symbolischen Act oder eine bloße wörtliche Erklärung mit gleicher Wirkung treten lassen, für unanwendbar auf dieses Verhältniß erklärt und vielmehr darauf bestanden werden, daß der Faustpfandgläubiger nur dann und insoweit ein dingliches Recht erwerbe, wenn und inwieweit er die verpfändete Sache thatsächlich in seine Verwahrung bekommt und behält.

Die Verfasser der Erl. Proc.-Ordn. haben dieß alles sehr wohl erkannt und sich hierunter mit einer Bestimmtheit und Deutlichkeit ausgedrückt, welche für denjenigen keine Mißdeutung zuläßt, der sie nicht eben in das Gesetz hineintragen will. Das dingliche Recht des Pfandgläubigers wird ausdrücklich an die Voraussetzung geknüpft: „wann er es (d. h. das Pfand) wirtlich in Hän- ben hat, was

Griebner a. a. O.

durch „quamdiu possidet" interpretirt und dazu Note 59. noch bemerkt: „da- her nennt man es auch ein Faustpfand, weil es keinen effectum hypothecae et pignoris hat, wenn er es nicht vorher übergeben erhalten und in seinen Hän- den oder wenigstens unter seinem Beschlusse hat." Nicht minder aus- brücklich und in ganz natürlicher Consequenz davon heißt es weiter: „daß ein constitutum possessorium oder eine traditio ficta dabei keineswegs zu attendiren, und

Griebner a. a. O.

giebt hier die ratio legis dahin an: „Wenn man vor diesem die Leute betrügen wollte, brauchte man diese Clausel, daß bei rebus mobilibus man ein consti- tutum possessorium machte, nämlich man verpfändete v. gr. seine Bibliothek, behielt sie aber in Händen und wollte sie nomine alterius besitzen, weil aber dadurch chicanirt wird, so soll dergleichen ficta possessio nicht mehr attendiret werden, sondern wer Sicherheit zum Pfande haben will, muß sich solches, si res mobilis, trabiren lassen und also in seinem Beschlusse haben; denn wenn der debitor mehr darauf borgt, so kann es Niemand der Bibliothek ansehen, daß sie schon verpfändet ist."

Im vorliegenden Falle läuft die ganze angebliche Uebergabe der Maschine behufs der Pfandbestellung in der That auf nichts weiter, als auf ein con- stitutum possessorium hinaus. Der Gemeinschuldner erklärte, daß er den Gläubigern die Maschinen übergeben habe und sie künftig auf deren Namen besitzen wolle; an dem factischen Zustande wurde dadurch nicht im Mindesten etwas geändert, und zu keiner Zeit sind die Gläubiger dergestalt in den that- sächlichen Besitz gelangt, daß sie den Gemeinschuldner von jeder Einwirkung auf die Maschinen factisch hätten ausschließen, ja auch nur deren Verkauf hätten verhindern können. Das Anheften der Blechmarken macht dabei nicht den geringsten Unterschied; nicht nur waren diese Zeichen für den wirklichen Besitzer leicht zu entfernen, sondern auch keineswegs dazu geeignet, einen Dritten auf die beabsichtigte Pfandbestellung aufmerksam zu machen. Die Mitwirkung des Gerichts endlich — hinsichtlich welcher ohnehin sich fragen würde, ob sie nicht von vorn herein zu versagen gewesen wäre, — konnte an der rechtlichen Na- tur des Actes nichts ändern, sondern nur dessen Beweis erleichtern.

Will man nun auch gar nicht bestreiten, daß ein constitutum posses- sorium und beziehendlich eine symbolische Uebergabe der hier fraglichen Art einer wirklichen Tradition dann vollkommen gleichstehen würde, wenn es sich

benben Gegenstände zu Händen der Gläubiger, dennoch diese factisch in der
Detention und beziehenlich dem Fabriketablissement des Pfandschuld-
ners zu dessen freier Benutzung verblieben, wenn auch dieser für seine
Gläubiger zu besitzen erklärte.

Daß die von voriger Instanz genommene, von dem Oberappellationsgerichte gebilligte Auffassung auch die der Ansicht des Gesetzgebers entsprechende ist, ergiebt sich übrigens auch aus §§. 477. 478.
des Entwurfes eines bürgerlichen Gesetzbuches, deren letzterer mit klaren Worten wiederholt:

soll der Verpfänder selbst die zu verpfändende Sache für den
Pfandgläubiger innebehalten, so entsteht kein Faustpfand.''
(Urthel des O.-A.-G in Grengels Creditwesen, v. 27. März
1862. — Ger.-Amt Zschopau.)

120.
Zur Lehre von dem depositum, insbesondere dem depo-
situm irregulare.

„Das characteristische Merkmal eines Depositionsvertrages besteht darin, daß die Annahme des Depositum als eine dem Deponenten, welcher dasselbe der Sicherheit wegen in fremden Gewahrsam
bringen, jedoch jeden Augenblick disponibel haben will, erwiesene Gefälligkeit erscheint. — Diese gewissermaßen den Grundcharacter des
Depositum bildende Intention der Partheien ist auch bei dem sogenannten depositum irregulare, bei welchem nicht die einzelnen
Stücke, beziehungsweise bei dem Gelddepositum die einzelnen Mün-
zen als species, sondern die Summe (quantitas) den Gegenstand der
Deposition bildet und die Restitution nicht in specie, sondern durch
die Rückgewährung des tantundem zu bewirken ist, vorhanden, denn
der Nutzen, welchen in diesem Falle der Depositar aus dem Gebrauche
der deponirten Species gewinnen kann, ist, weil er jeden Augenblick
eine gleiche Quantität zur Disposition des Deponenten in Bereitschaft
halten muß, nicht so erheblich, daß dadurch der Begriff und die Möglichkeit eines Depositalvertrages in obigem Sinne ausgeschlossen
würde; es ist vielmehr ebenso, wie die beim irregulären Depositum
zulässige Verzinsung des Depositum, ein zufälliger Vortheil, welcher

---

um den Erwerb des Eigenthums auf Grund eines rechtmäßigen Titels handelte, so geht doch aus der Erl. Proc.-Ordn. a. a. O. ganz deutlich hervor, daß
sie, wo es auf Bestellung eines Faustpfandes ankommt, die thatsächliche
Uebertragung der Detention nicht ersetzen können und mithin auch diejenigen
Vorschriften des römischen Rechtes, auf welche in der Deductionsschrift der Mitappellanten Bezug genommen wird, in diesem Falle nicht anwendbar sind.
Mit Recht sind also die Forderungen der nurgedachten Gläubiger lediglich
als chirographarische iocirt worden, woraus von selbst folgt, daß die davon ver-
standenen Zinsen erst nach Bezahlung sämmtlicher Hauptstämme zur Befriedigung gelangen können.''

nach der Auffassung der römischen Juristen mit dem Begriff und dem Wesen dieses Vertrages zu vereinigen ist, wenn nicht die Erlangung dieses Vortheils als der eigentliche Zweck der Partheien sich darstellt.

l. 31. D. locat. 19, 2.

l. 25. §. 1. l. 26. §. 1. D. dep. 16, 3.

Vangerow, Lehrbuch der Pandecten, §. 630. S. 432.

Unterholzner, Lehre von den Schuldverhältnissen des röm. Rechts, §§. 656 f. 661. II. S. 659 f.

Anders verhält es sich aber, wenn nach der Absicht der Partheien der Empfänger ausschließlich oder zugleich mit dem Geber dergestalt gewisse Berechtigungen in Bezug auf den Gebrauch und die Verwendung der ihm überlieferten Sache eingeräumt erhalten soll, daß die Begründung dieser Rechte und der aus diesen fließende Vortheil als der hauptsächliche Grund und Zweck des Vertrags und der Aushändigung auftritt. Welcher andere Vertrag in diesem Falle zwischen den Partheien bestehe, ist begreiflich nach den in concreto gegebenen Verhältnissen zu beurtheilen.

Von diesem Gesichtspunkte ist bei der Entscheidung des vorliegenden Rechtsstreites auszugehen und dabei namentlich in Berücksichtigung zu ziehen gewesen, daß die vorliegende Wiederklage schon dann für begründet erachtet werden muß, wenn sich erweist, daß der Inhalt der im Vorprocesse benutzten, ihrem Wortlaute nach allerdings auf ein Depositum hinweisenden Urkunde dem eigentlichen Sachverhalte nicht entspreche, wobei nicht unbeachtet bleiben darf, daß der in dieser Urkunde gebrauchte Ausdruck „Aufbewahrung" unter Umständen auch in einem andern als dem zunächst liegenden Sinne des Depositum bei Rechtsgeschäften gebraucht werden kann 2c."

(Urthel des O.-A.-G. in Wiederklagsachen Fredy ÷ Schauer, v. 27. März 1862. — Ger.-Amt Dresden.)

121.

Zur Erläuterung des Gesetzes vom 25. Nov. 1858, das Jagbrecht auf fremdem Grund und Boden betr., insbesondere §§. 1. u. 15. — Die Ablösungssumme für das Jagbrecht gehört nicht ausschließlich den Hypothekariern, sondern der Gesammtgläubigerschaft des am 2. März 1849 gewesenen und in Concurs verfallenen Besitzers des jagbberechtigten Grundstücks.

„Das Oberappellationsgericht ist zu einer der Auffassung voriger Instanzen entgegengesetzten Ergebnisse durch folgende Erwägungen gelangt.

I.

Um den Sinn der Bestimmungen des Gesetzes vom 25. Nov. 1858, das Jagbrecht auf fremdem Grund und Boden betreffend, insbe-

sondere in dessen Dispositionen §. 1. u. 15. zu fixiren, mag Folgendes aus der Geschichte jenes Gesezes vorausgeschickt werden.

Die Spitze des Entwurfs, welcher der Ständeversammlung von
1854/55 vorgelegt worden, war der Satz: daß die gegenwärtigen
Besitzer der bis zum 2. März 1849 jagdberechtigt gewesenen Güter auf
Wiedereinräumung des damals durch die sogenannten Grundrechte
entzogenen Jagdrechts auf fremdem Grund und Boden anzutragen berechtigt sein sollten, wofern sie bereits jene Güter am 2. März 1849
besessen.

Hiergegen monirte die Minorität der Deputation der ersten
Kammer, daß hierdurch die Rechtsverletzung nicht in Bezug auf die-
jenigen Besitzer zur Zeit des 2. März 1849, welche inmittelst ihre
Güter veräußert hätten, ausgeglichen sei,

Mittheilungen über die Verhandlungen der ersten Kammer
Bd. II. S. 775.

wogegen die Majorität die Wiedervereinigung mit den Gütern für
alle dermaligen Besitzer, also Wegfall der Beschränkungsclausel,
verlangte.

Mittheilungen a. a. O. S. 802.

Nach beiden Richtungen suchte der Entwurf, welcher im Jahre
1857 der folgenden Ständeversammlung vorgelegt wurde, zu helfen,
indem er nach §. 1. jcto 16. das Jagdrecht den Inhabern am
2. März 1849 oder deren Erben zurückgeben, diese jedoch verbindlich erachten wollte, im Falle eines nachträglichen Besitzwechsels
dieses Recht, sofern es nicht ihnen gegenüber abgelöst, den jetzigen
Besitzern gegen ein der Ablösungssumme gleichkommendes Abstands-
quantum Behufs der Wiedervereinigung mit den Gütern abzutreten.

Landtagsacten von 1857/58. Abth. I. Bd. II. S. 82.

Die Deputationen beider Kammern verwendeten sich jedoch für das
Princip der Rückgabe an die jetzigen Besitzer, jedoch mit der Abweichung, daß man Seiten der Deputation der zweiten Kammer die
früheren Inhaber, resp. deren Erben als die eigentlich Verletzten,
dagegen Seiten der der ersten Kammer das betreffende Gut, vertreten
durch seinen dermaligen Besitzer, als das verletzte Object aufgefaßt
wissen wollte.

Mittheilungen über die Verhandlungen der zweiten Kammer Bd. I. S. 731 f.

Landtagsacten, a. a. O., Beilage zu dem Protocolle der
ersten Kammer, Bd. I. S. 291 f. 313 f.

Die Staatsregierung formulirte nun die Fassung, wie sie sich dermalen
im Gesetze §. 1. und 15. findet, mit der erklärten Absicht, daß die
Besitzer der betreffenden Güter am 2. März 1849 principaliter als
die Verletzten zu betrachten und diesen, wenn sie inmittelst verkauft,
entweder das Jagdrecht in Natur zu restituiren oder das Ablösungs-
quantum dafür zu restituiren sei.

Landtagsacten, a. a. O., u. S. 315.
Mittheilungen der ersten Kammer, Bd. I. S. 609.

II.

Hiernach läßt sich das Princip des Gesetzes von 1858 in folgende Sätze auflösen:

1. Das Unrecht des Jahres 1849 soll auf Antrag ausgeglichen werden, entweder durch Reconstruction eines dinglichen Rechts, wie es am 2. März 1849 bestanden, in Natur oder durch eine entsprechende Ablösungssumme an die Verletzten.

2. Als Verletzte haben principaliter zu gelten die Inhaber vom 2. März 1849, resp. deren Rechtsnachfolger.

3. Im Falle der Reconstruction des dinglichen Rechts bei inmittelst stattgehabtem Besitzwechsel prävalirt jedoch der Besitz des praedium dominans dergestalt, daß das reconstruirte Recht mit Letzterem gegen Entschädigung des principaliter Verletzten durch den jetzigen Besitzer des Gutes zu consolidiren ist.

III.

Aus diesen Sätzen ergeben sich folgende Consequenzen:

a.

Das reconstruirte Recht ist nicht dasselbe pure Recht, welches 1849 aufgehoben worden, sondern nur ein bedingungsweise dem Objecte nach gleichwiegendes neues, indem es außerdem unter allen Umständen und unbedingt dem früheren praedium dominans zufallen, also nicht blos im Objecte, sondern auch im Subjecte conform reconstruirt werden mußte.

Daß dem aber nicht so nach dem Gesetze ist, erhellt, wenn man berücksichtigt, daß es

aa. zu seiner Entstehung eines rechtzeitigen Antrages bedarf,

bb. daß diese Entstehung insofern eine anderweit modificirte ist, als sie eventuell, nämlich für den Fall der Geneigtheit der Besitzer des Objects dieses Rechts zur Ablösung, den Keim der Todtgeburt dieses Rechts als eines dieses Object realiter afficirenden so in sich trägt, daß eben kein Moment seines Lebens als dingliches Recht, sondern nur ein Forderungsrecht, das auf Zahlung einer Geldsumme geht, als Frucht erscheint,

cc. daß es, selbst wenn es als dingliches Recht zur definitiven Entstehung gelangt, nicht unbedingt, dafern es vordem ein solches, welches einem Grundstücke zugestanden, wieder als ein solches, sondern als ein solches, wo das Subject desselben eine Person — abgesehen von der Existenz eines berechtigten Grundstückes — ist, an das Tageslicht tritt, da im Falle eines Besitzwechsels seit dem 2. März 1849, vorausgesetzt daß

α. der damalige Besitzer anmeldet,

β. der jetzige Besitzer nicht anmeldet,

γ. der Besitzer des verpflichteten Objects nicht Ablösung verlangt,

nach dem letzten Satze des §. 1. das Jagdrecht unzweifelhaft
dem früheren Besitzer oder dessen Rechtsnachfolger, also ohne
den Besitz des früheren praedium dominans, zufällt. .

b.

Das neuconstruirte Recht ist also ebenso wie die genannte Ablösungssumme für den früheren Besitzer oder dessen Rechtsnachfolger
nur eine Entschädigung für das am 2. März 1849 durch Entziehung eines damals bestehenden, im Subjecte wie im Objecte dinglichen, in dieser Modalität auch ferner vernichtet bleibenden Rechts,
erlittene Unrecht.

c.

Es läßt sich also das Recht auf diese Entschädigung auch nur
als eine neue Erwerbung der im Gesetze speciell bezeichneten Personen
auffassen. Da nun aber das Gesetz eben nur den damaligen Besitzer
oder dessen Rechtsnachfolger nennt, — nicht aber etwa die damaligen
Hypothekarier, welche nicht in dieser speciellen Eigenschaft, sondern
nur in ihrer Qualität als gewöhnliche Gläubiger zu den Rechtsnach-
folgern gehören können, als die zu Entschädigenden ausdrücklich bezeichnet, so folgt, daß diese als Hypothekarier aus den Worten des
Gesetzes ein Recht nicht, also auch nicht ein Vorzugsrecht, herleiten
können.

d.

Sie können es aber auch nicht der Sache nach, weil die Bl. —
angedeutete angebliche Rechtsregel surrogatum sapit naturam ejus,
in cujus locum surrogatum est, oder res succedit in locum pretii
et pretium in locum rei,

v. Vangerow, §. 71. Anm.

theils für ganz andere Fälle als den hier vorliegenden angewendet
werden wollen, am wenigsten aber ihrer wahren Bedeutung nach auf
einen der vorliegenden Art angewendet werden kann,

Annalen des O.-A.-G., Bd. I. S. 154. Note 61.

weshalb denn auch im Falle der Ablösung von dem Hypothekennexus
unterworfenen dinglichen Rechten ausdrücklich, daß die Ablösungssumme an die Stelle des dem Nexus entzogenen Werthsobjectes treten
solle, vorgesehen werden muß, wenn dieß der Fall sein soll. Durch
das Gesetz von 1858, dessen „Ablösungen" übrigens nach dem Vorbemerkten gar nicht etwa die dem Hypothekennexus unterworfen gewesenen alten Rechte, sondern die durch das Gesetz eventuell und
beziehendlich nur in einer Fiction construirten neuen Rechte betreffen, ist dieß nicht geschehen, und wenn man auch zugeben wollte, daß
§. 20. der Ausführungsverordnung Etwas gegen die früheren Hypothekarier nicht enthält, so enthält er eben so wenig Etwas zu Gunsten
Sprechendes, da darin nicht ein Rechtssatz, sondern nur eine admini-
strative Geschäftsanweisung, eben so — wie von dem Oberappellationsgerichte bereits früher in Rechtssachen von Zehmen c/a Fürst Schön-
burg, N. 282/307. der Reg. vom Jahre 1861 ausgesprochen worden,

und hier beiläufig zu bemerken — in dem §. 15. des Gesetzes, da wo von Ansprüchen auf das Ablösungscapital für ein Lehen oder Fideicommiß die Rede, enthalten ist.

IV.

Kann hiernach der betreffende Erwerb nur als ein solcher der Gläubigerschaft als corpus aufgefaßt werden und gehört ein solcher zur freien Masse, ist also, da bei dieser die Liquidantin am ersten dem Liquidanten am andern Theile wegen ihres privilegium exigendi vorgeht, dieser Massezuwachs der Ersteren zuzusprechen, so ist nur zu des letzteren Refutation Bl. — annoch Folgendes zu bemerken 2c. 2c."

(Urthel des O.-A.-G. in G. A. Robert v. B—s Schuldenwesen, v. 27. März 1862. — Ger.-Amt Plauen.)

Die Verwaltung angehende Präjudizien und Bestimmungen.

I. Das Gemeindewesen betr.

122.

Die Gemeindewaldungen betr.

Die Kreisdirection zu Zwickau hat in Bezug auf diese Folgendes verordnet:

Die Bemühungen, welche die Königliche Kreisdirection zeither darauf gerichtet hat, um die pflegliche Bewirthschaftung der Gemeindewaldungen und die sorgfältige Ausnutzung ihrer Erträgnisse im Interesse der Gemeinden zu befördern, sind von der großen Mehrzahl der betheiligten Obrigkeiten mit anerkennenswerther Bereitwilligkeit unterstützt worden. Das Kapital, welches die Gemeinden in ihren Waldungen besitzen, ist aber auch so werthvoll und wichtig, daß diesem Gegenstande von Allen, welche dabei mitzuwirken berufen sind, nicht genug Aufmerksamkeit geschenkt werden kann. Soweit sich die Aufgabe der Königlichen Kreisdirection auf dieses Gebiet der Communalverwaltung erstreckt, macht sich bisherigen Wahrnehmungen nach in einigen Beziehungen die Vervollständigung derjenigen, in Gemäßheit der deshalb erlassenen besonderen Verordnungen jährlich anher einzureichenden Uebersichten erforderlich, deren die Kreisdirection nothwendigerweise bedarf, um über den Gang der Forstverwaltung bei den Gemeinden unterrichtet zu bleiben und die Zweckmäßigkeit des dabei beobachteten Verfahrens beurtheilen zu können. In dieser Hinsicht findet sich die Königliche Kreisdirection daher zu folgenden Anordnungen veranlaßt:

I. In der Holzschlagstabelle ist nach der Etatsvergleichung und vor dem Culturnachweise anzugeben, an welchen Orten des Waldreviers dem bestehenden Wirthschaftsplane gemäß der Etat hat geschlagen werden sollen, und sind dabei etwaige Abweichungen zu erläutern.

II. In dem den städtischen Haushaltplänen beizufügenden forst-
wirthschaftlichen Voranschlage ist bei der Abtheilung A. der Einnahme
anzugeben, welche Fläche und an welchen Orten des Reviers dieselbe
zum Hieb gebracht, und welche Orte durchforstet werden sollen.

III. In demselben Voranschlage sind bei der Position: „Culturen"
in Abtheilung B. der Ausgabe die in Betracht genommenen Verhältnisse genauer, als zeither, anzugeben, insbesondere also

    a) die Culturflächen,
    b) die Orte des Reviers, wo cultivirt werden soll,
    c) die Art und Weise, wie der Anbau erfolgen soll,
    d) die Berechnung des veranschlagten Aufwandes.

Obrigkeiten, welche das Culturwesen ihrer Gemeindewaldungen
mit erhöhter Sorgfalt zu überwachen bestrebt sind und in dem Umfange derselben dazu Veranlassung finden, werden hierbei auf die bei
der lithographischen Anstalt des Königlichen Finanzministeriums käuflich zu erlangenden schematisirten Bogen für Culturanschläge aufmerksam gemacht, welche neben den Rubriken zu den Voranschlägen zugleich zweckmäßige Rubriken über die Ausführung zum Behufe der
Vergleichung der letztern mit dem Anschlage enthalten.

IV. Ueber die unter II. und III. erwähnten Verhältnisse ist
auch in der den städtischen Rechnungsauszügen beizufügenden forst-
wirthschaftlichen Unterlage in einer dem Zwecke der letztern entsprechenden Weise Auskunft zu geben.

Hiernächst kann die Königliche Kreisdirection in Folge hier und
da gemachter Wahrnehmungen die Gemeindeobrigkeiten, soweit nöthig,
hierdurch nicht bringend genug auffordern, dafür zu sorgen, daß die
Entnahme von Bodenstreu in den Wäldern unterbleibe, und auch in
dieser Hinsicht der Forstschutz kräftig gehandhabt werde, bei Ausführung der Culturen aber nur solche Personen zur Verwendung gelangen, welche zu den bezüglichen Arbeiten vollkommen geschickt und
darin geübt sind. Gen. V. v. 21. Juni 1862. (V. Bl. Nr. 12.).

II. Maßregeln gegen Gefährdung betr.

123.

Das Ausspielen beweglicher Gegenstände betr.

Das Ministerium des Innnern hat zwar die von den Kreisdirectionen zeither befolgte Ansicht, daß das Ausspielen auf der Kegel-
bahn, dem Billard u. s. w. der von den Wirthen angeschafften Vic-
tualien, insbesondere Schweinen, Gänsen, Christstollen und Kuchen,
dafern dasselbe im einzelnen Falle nicht von den Ortspolizeibehörden
ausdrücklich verstattet worden ist, nach Maßgabe der Verordnung der
vormaligen Landesregierung vom 15. Juli 1826 mit den in solcher
gegen dergleichen Uebertretungen angedrohten Strafen zu belegen sei,
als die richtigere anzuerkennen.

Da indeß die Fassung der erwähnten Verordnung den Zweifel nicht ausschließt, ob es nicht in das Ermessen der Polizeibehörden habe gestellt werden sollen, dergleichen, sowie überhaupt die unter III. 1. und 2. der Verordnung gedachten Ausspielungen innerhalb ihrer Polizeibezirke ein für allemal zu genehmigen, ohne daß in jedem speciellen Falle von dem Veranstalter ausdrückliche polizeiliche Erlaubniß dazu eingeholt zu werden braucht, eine Auffassung, von welcher, den veranstalteten Erörterungen zu Folge, die Polizeidirection zu Dresden wenigstens thatsächlich ausgegangen zu sein scheint, so will das Ministerium des Innern geschehen lassen, daß bei Beurtheilung der Statthaftigkeit von Ausspielungen der hier fraglichen Art in Zukunft und bis auf Weiteres von dieser letztgedachten milderen Auffassung ausgegangen und denselben, dafern sie bei Gelegenheit einer der Polizeibehörde überhaupt oder im einzelnen Falle genehmigten Schießbelustigung oder mittelst eines Spieles erfolgen, welches nach Maßgabe des Mandats vom 20. December 1766 zu den erlaubten zu rechnen ist, auch dabei nicht Uebervortheilungen der Theilnehmer zum Vorschein kommen, welche nachträglich ein polizeiliches, nach Befinden selbst strafrechtliches Einschreiten erheischen sollten, stillschweigend nachgesehen werde. M. V. an die Ksd. zu Dresd. vom 17. Febr. 1862. den übr. Ksd. abschr. zugef.

124.
Die Visitation der Feueressen betr.

Nachdem wahrzunehmen gewesen, daß die Cap. 1. §. 14. der Dorffeuerordnung vom 18. Februar 1775 vorgeschriebene Visitation der Feueressen ꝛc. in neuerer Zeit hier und da unterblieben und vernachlässigt worden, hat die Kreisdirection zu Zwickau, unter Bezugnahme darauf, daß dieß um so weniger nachgesehen werden dürfe, je häufiger jetzt Brandunglück vorzukommen pflege, an alle Polizeiobrigkeiten verordnet, auf die Handhabung jener gesetzlichen Bestimmung in ihren Bezirken streng zu halten, dieselbe durch in den Amtsblättern zu erlassende Bekanntmachungen gehörig einzuschärfen, sowohl die Feuer-Polizei-Commissare als die Ortsgerichtspersonen und Gemeindevertreter auf die ihnen hierin obliegende Verantwortlichkeit, beziehendlich auf die, in Fällen der Vernachlässigung, ihnen drohenden Strafen hinzuweisen und sich Behufs sofortigen Einschreitens der ihnen nach dem Generale vom 7. Februar 1819 obliegenden Verpflichtung gemäß bei jeder Gelegenheit selbst Gewißheit zu verschaffen, ob der Anordnung gehörig nachgegangen werde. Gen.-V. d. Ksd. z. Zwick., vom 24. Sept. 1862. (V.-Bl. Nr. 16.)

125.

Die Schulversäumnisse betr.

Die Kreisd. zu Budissin hat — unter Bezugnahme darauf, daß nicht nur einige Lehrer die Bestimmung §. 67. sub 1. des Ges. vom 6. Juni 1835, nach welcher die Kinder, welche nur bis 3 Tage im Monate die Schule versäumten, in die einzureichenden Versäumnißtabellen nicht mit aufzunehmen seien, unrichtig aufgefaßt hätten, indem sie dann, wenn ein Kind mehr als 3 Tage im Monate die Schule versäumte, anstatt der gesammten Zahl der wirklich versäumten Schultage nur die nach Abzug der 3 Tage sich ergebende Zahl in die Versäumnißtabellen eingetragen hätten, sondern auch viele Eltern der Meinung seien, als stehe ihnen frei, ihre Kinder auch ohne dringende Veranlassung jeden Monat 3 Tage aus der Schule zurückzuhalten, während nach §. 64. u. 65. des gedachten Gesetzes ohne statthaften Entschuldigungsgrund überhaupt kein Kind die Schule versäumen, vielmehr der Grund des Außenbleibens von den Eltern, resp. Vormündern, Dienstherren, Lehrmeistern, dem Schullehrer in jedem Falle angezeigt werden solle — an die Schulinspectionen der evangelischen Volksschulen verordnet; die Schullehrer anzuweisen, nicht nur die Versäumnißtabellen unter Vermeidung des angedeuteten Irrthums zu führen, sondern auch diejenigen Eltern namhaft zu machen, welche ihre Kinder regelmäßig oder doch des Oefteren monatlich bis zu 3 Tagen unentschuldigt von der Schule zurückhalten, worauf dann solche Eltern von der Localinspection zu verständigen und wenn sie fortfahren sollten, ihre Kinder ohne triftigen Grund von der Schule zurückzuhalten, bei der vorgesetzten Schulinspection zur Bestrafung anzuzeigen seien. V. v. 25. Sept. 1862. (Kreisbl. Nr. 234.)

III. Die Medicinalpolizei betr.

126.

Die Gebühren für Nachrevisionen von Apotheken betr.

Das Ministerium des Innern hat beschlossen, den Bezirksärzten und den Apothekenrevisoren vom laufenden Jahre an bei Nachrevisionen von Apotheken eine tägliche Auslösung von je drei Thalern, neben der Restitution des Aufwandes für das Fortkommen nach den hierunter bisher angenommenen und auch für die Zukunft maßgebenden Sätzen, zu bewilligen, nächstdem aber, beziehendlich zu Vereinfachung der Sache und zu Herbeiführung einer gleichmäßigen Behandlung derselben folgende Bestimmungen zu treffen:

1. Die Auslösungen der Bezirksärzte sowohl als der Apothekenrevisoren und der von ihnen zu liquidirende Aufwand für Fortkommen bei Nachrevisionen sind denselben aus den Sportel-

caſſen der Kreisdirectionen, nach vorheriger Feſtſtellung Seiten der Letzteren und gegen Quittung auszuzahlen. Es fällt daher künftig der Liquidationsanſpruch der Bezirksärzte an die Apothekenbeſitzer weg.

2. Sowohl den Bezirksärzten, als den Apothekenreviſoren gegenüber hat die erſte Reviſion der betreffenden Apotheke als die turnusmäßige, d. h. diejenige zu gelten, für welche ſie nicht liquidiren dürfen.

3. Der Anſpruch eines Bezirksarztes auf Auslöſung und Fortkommenvergütung wegen einer Nachreviſion ſetzt ſtets voraus, daß der betreffende Liquidant auch an der vorhergegangenen erſten Reviſion Theil genommen habe.

4. Zu einiger Entſchädigung der Sportelcaſſen der Kreisdirectionen wird diejenige Reviſionsgebühr, welche nach Maßgabe von Punkt 11. des Geſetzes vom 30. Juli 1836 von dem revidirten Apotheker in dem dort gedachten Falle an die Staatscaſſe zu zahlen iſt, für alle Fälle ohne Unterſchied der Letzteren auf je 5 Thaler feſtgeſetzt.

5. Was hierunter allenthalben, beziehendlich in den Miniſterial-Verordnungen vom 19. November 1842 und vom 21. März 1854 anders beſtimmt geweſen iſt, hat vom laufenden Jahre an außer Wirkſamkeit zu treten.

Dem Vorſtehenden entſprechend ſind ſowohl die Apothekenreviſoren als die übrigen Bezirksärzte mit Beſcheidung und Anweiſung verſehen worden; gemäß M. V. an d. Ksd. zu Leipz., v. 17. Mai 1862, den übr. Ksd. abſchr. zugeſert., von der Ksd. zu Leipz. durch V. v. 29. Juni 1862. (V.-Bl. Nr. 28.)

127.
Den Hauſirhandel mit Medicamenten betr.

Es hat ſich ergeben, daß, insbeſondere Seiten Fürſtlich Schwarzburg-Rudolſtädtiſcher Unterthanen aus Königsſee und Umgegend, der hierlands den Ausländern gänzlich unterſagte Handel mit Medicamenten zu eben ſo großer Gefährdung wie Beläſtigung des Publikums, beziehendlich der Gensdarmerie noch immer ziemlich ſchwunghaft betrieben wird und daß dieß nicht ſelten auch unter dem Deckmantel irgend eines, an ſich auch den Ausländern geſtatteten Handels im Umherziehen mit den in §. 11. sub 3. des Gewerbegeſetzes vom 15. Oct. 1861 und im 4. Alinea des §. 17. der Ausführungsverordnung dazu gedachten Erzeugniſſen und Waaren geſchieht.

Wenn nun nach dieſen Beobachtungen diejenigen ſtrengen Maßregeln, zu deren Anordnung das Miniſterium des Innern zum Zwecke nachhaltiger Unterdrückung jenes Unweſens ſchon im Jahre 1835 durch Verordnung an die Kreisdirectionen vom 27. Juni des genannten Jahres ſich veranlaßt gefunden hat, nicht allenthalben mit dem erforderlichen Nachdrucke gehandhabt worden zu sein scheinen, so hat das Ministerium zunächst für erforderlich erachtet, daß die beregten Anordnungen den Polizeibehörden und der Gensdarmerie anderweit eingeschärft werden.

Demnächst sollte durch Vernehmung mit dem Finanzministerium dahin Einleitung getroffen werden, daß dem, beziehendlich verschleierten Handel mit Medicinalwaaren Seiten ausländischer Händler auch schon bei der Cognition über Gesuche um Gewerbesteuerscheine, beziehendlich vor der Ausstellung der Letzteren eine sorgfältige Aufmerksamkeit gewidmet und zu dem Ende sofort nach dem Anbringen eines solchen Gesuches zuvörderst eine gründliche Untersuchung der Waarenvorräthe, welche der Gewerbesteuerschein-Extrahent bei sich führt, vorgenommen, in dem Falle aber, daß diese Untersuchung das Vorhandensein von Medicamenten irgend welcher Art unter jenen Vorräthen ergeben sollte, nicht nur das Gesuch um den genannten Schein, und dieß zwar auch dann, wenn die Ausstellung desselben an sich zulässig wäre, unbedingt abgewiesen, sondern auch der betreffende Petent als der Absicht, in hiesigen Landen verbotenen Medicamentenhandel zu treiben, überführt, mit seinen Waarenvorräthen zur weiteren Behandlung an die competente Polizeibehörde abgeliefert werde, welche Letztere sodann den Betroffenen schließlich, nach vorheriger Verwarnung vor der Einlieferung in das Correctionshaus für den Fall seines Wiederbetreffens im Königreiche Sachsen, mittelst Schubtransportes in seine Heimath auszuweisen haben würde.

Die Kreisdirectionen haben Veranlassung erhalten, dem Vorstehenden gemäß die Polizeibehörden und die Gensdarmerie in geeigneter Weise mit der erforderlichen Instruction zu versehen. M. V. an sämmtl. Ksd., v. 21. Oct. 1862, und in deren Gemäßheit Gen.-Verordn. der Ksd. zu Dresd. v. 31. ej. (V.-Bl. Nr. 14.), der Ksd. zu Zwick. v. 1. Nov. 1862. (V.-Bl. Nr. 17.), der Ksd. zu Leipz. v. 16. ej. (V.-Bl. Nr. 47.), der Ksd. zu Bud. v. 9. ej. (Ksbl. Nr. 281.) Nachdem jedoch das Finanzmin. dem Min. d. Inn. die gewünschte Instruction der Ortsobrigkeitn überlassen hatte, hat dieses an die Kreisdirectionen verfügt, letztere mit entsprechender Anweisung zu versehen. M. V. an sämmtl. Ksbb. v. 19. Nov. 1862.

128.
Das Gerzabeck'sche Mittel gegen Bleichsucht betr.

Das Ministerium des Innern hat auf den Vortrag der Kreisb. zu Dresden unter den daraus, sowie aus dem vorgelegten Gutachten des hiesigen Stadtbezirksarztes Dr. Brückmann, sowie des ärztlichen Beisitzers der Kreisdirection sich ergebenden Umständen beschlossen, den Schwestern Marie Anna und Auguste Sophie Gerzabeck daselbst die nachgesuchte Concession zu Fertigung und Führung des in ihrem Gesuche bezeichneten Mittels gegen die Bleichsucht unter der Bedingung zu ertheilen, daß der Verkauf lediglich durch die Apotheken erfolgt, und daß sich die Petentinnen aller marktschreierischen Ankündigungen und der Feilbietungen des fraglichen Mittels gänzlich enthalten. Der Kreisdirection ist anheimgestellt worden, wegen entsprechender Bescheidung der Gesuchstellerinnen, welche im Uebrigen auf die Verordnung, das Feilbieten von Arzeneimitteln betreffend, vom 16. December 1850 zu verweisen sind, und sonst das Erforderliche zu verfügen und zu besorgen. M. V. an die KSd. zu Dresden v. 10. Oct. 1862, den übr. KSd. abschr. zugef., und dieser gemäß V. der KSd. zu Leipz. an die Bezirksärzte v. 26. Oct. (V.-Bl. Nr. 46.)

IV. Das Gewerbewesen betr.

129.

Die Denunciantenantheile beim Hausirhandel mit Arznei-waaren betr.

Bei Erwägung der vom Gerichtsamte R. dem Justizministerium zur Entscheidung anheimgegebenen Frage, ob dem Obergendarm P. in der bei dem genannten Gerichtsamte wider C. F. Sch. in B. wegen unbefugten Hausirhandels mit Arzneiwaaren anhängig gewesenen Untersuchung, auf Grund des Mandats vom 15. Sept. 1750, der gesetzliche Denunciantenantheil verabfolgt werden solle, hat das Ministerium des Innern, welchem die Entschließung hierüber Seiten des Justizministeriums zu überlassen war, zwar befunden, daß die eigentliche Pönalvorschrift des angezogenen Mandats von 1750 gegen das Hausiren, insofern dieselbe auf unbefugten Medicamentenhandel Bezug habe, durch die Bestimmungen des Mandats vom 30. Sept. 1823 allerdings als aufgehoben anzusehen sei, da der Hausirhandel mit Arzneiwaaren in §. 13. des letztgedachten Mandats gewissermaßen als qualificirtes Vergehen mit besonderen, außer den, den unbefugten Medicamentenhandel an sich treffenden Strafen, eintretenden Nachtheilen bedroht sei, die Bemessung der zu erkennenden Strafe nach den Pönalvorschriften des Mandats von 1750 aber für dergleichen Fälle unter Umständen die gewiß nicht in der Absicht des Gesetzgebers gelegene Folge nach sich ziehen könnte, daß unbefugter Medicamentenhandel, wenn er durch Hausiren betrieben wurde, nach dem Mandate von 1750, der qualificirten Beschaffenheit des dadurch verhangenen Medicinalpolizeivergehens ungeachtet, weniger bestraft werden würde, als dann, wenn er ohne Hausiren betrieben worden wäre.

Dagegen hat sich das Ministerium des Innern damit vollkommen einverstanden, daß die im Mandate von 1750 wegen des Denunciantenantheils bei Bestrafung des Hausirhandels getroffene Bestimmung auch für den Fall, wo der Gegenstand des fraglichen Handels Arzneiwaaren sind, durch das Mandat von 1823 nicht für aufgehoben zu erachten sei, da in den im Eingange des Mandats vom 30. Sept. 1823 zu lesenden Worten: „mit ausdrücklicher Aufhebung aller diesen Gegenstand betreffenden älteren Verordnungen" im Hinblick darauf, daß kurz vorher lediglich das Ausgeben von Arzneimitteln durch Nicht-Apotheker als Gegenstand des Mandats bezeichnet wird, eine ausdrückliche Aufhebung der im Mandate vom 15. Sept. 1750 wegen des Denunciantenantheils bei Bestrafung des Hausirhandels getroffenen Bestimmung nicht gefunden werden möge.

Zugleich hat dasselbe befunden, daß für die Bemessung der Höhe dieses Denunciantenantheils noch jetzt die in dem Mandate von 1750 begründete Strafhöhe als maßgebend anzunehmen, derselbe also jederzeit ohne Rücksicht auf die Höhe der nach dem Mandate von 1823 zu bemessenden Strafe im Betrage von 5 Thalern zu verabfolgen sei. M. V. an die Ksd. zu Leipz. v. 29. Juni 1862. (Sächs. Wochenbl. Nr. 37. u. Gendarmeriebl. Nr. 22.)

130.

Die Kammerjägerei fällt nicht unter die Bestimmungen des Gewerbegesetzes.

Vielmehr haben auch jetzt noch die Vorschriften §. 15. des Mand. v. 30. Sept. 1823 darauf unverändert Anwendung zu leiden und ist daher zu deren Betriebe nach wie vor Concession erforderlich. M. V. an d. Ksd. zu Leipz. v. 25. März 1862.

131.

Die Anmeldepflicht der Gewerbetreibenden in combinirten Landgemeinden betr.

Vergl. die hierauf bezügliche Abhandlung in Krug's Zeitschr. für Verwaltungs-Praxis Bd. 1. Heft 4. S. 193., in welcher die Ansicht ausgeführt ist, daß für jeden Ort ein besonderes Anmeldeverzeichniß, wie es im §. 9. der Ausf.-Verordn. zum Gewerbegesetze und im §. 5. des letzteren vorgeschrieben ist, zu halten sei.

132.

Die gewerbliche Berechtigung der Bauhandwerker betr.

Das Ministerium des Innern hat der Ansicht beizupflichten gehabt, daß ein nach der Verordnung vom 14. Jan. 1842 als Maurer oder Zimmermann geprüfter Bauhandwerker, um der ihm nach dem Gewerbegesetze zustehenden Berechtigung, die selbstständige Ausführung von Bauten unter Annahme von Gehülfen aller Art zu unternehmen, Gebrauch machen zu können, nicht genöthigt sei, sich noch einer Ergänzungsprüfung in demjenigen Baufache zu unterwerfen, in dem er nach der der obgedachten Verordnung beigegebenen Instruction weniger speciell geprüft worden ist.

Denn wenn in §. 25. der Ausführungsverordnung zum Gewerbegesetze die Verordnung vom 14. Jan. 1842 und damit auch die ihr beigegebene, einen Unterschied in der Prüfung der Bauhandwerker statuirende Instruction unter gewissen Modificationen bis auf Weiteres ausdrücklich aufrecht erhalten worden ist, so hat damit nur dem Umstande Rechnung getragen werden sollen, daß, wie anzunehmen war, auch nach der Einführung des Gewerbegesetzes, der eine Bauhandwerker mehr Maurer, der andere mehr Zimmermann ist, weshalb es billig erschien, die aus baupolizeilichen Gründen beibehaltene Befähigungsprüfung für Bauhandwerker auch in der bisherigen Weise, je nach der Hauptbeschäftigung des Prüfungscandidaten, mehr auf das Maurer- oder Zimmerhandwerk zu richten.

Diese Berücksichtigung der einmal in der Natur der Sache liegenden Verschiedenheit in den Hauptrichtungen des Bauhandwerks kann aber nach dem Geiste des Gewerbegesetzes selbstverständlich nur den Character einer Erleichterung, nicht aber den einer Beschränkung haben, durch welche etwa die geprüften Bauhandwerkern aller Art gesetzlich gewährleistete Berechtigung zur selbstständigen Uebernahme von Bauten, im Sinne der in der früheren Gewerbeverfassung begründeten, aber als unvereinbar mit der gegenwärtigen Entwickelung der gewerblichen Verhältnisse beseitigten Trennung der Arbeitsgebiete, wieder beeinträchtigt werden sollte.

Das Gewerbegesetz kennt überhaupt nur noch Baugewerken, die, gleichviel ob sie für ihre Person mehr Maurer oder mehr Zimmerleute sind, beide Eigenschaften in sich vereinigen und nach Außen hin die Verantwortlichkeit für Bauunternehmungen aller Art selbstständig übernehmen können.

Darf aber dem Vorstehenden zufolge der als Maurer geprüfte Bauhandwerker zugleich auch als Zimmermann, und umgekehrt der als Zimmermann geprüfte als Maurer auftreten, so fällt die Schwierigkeit von selbst hinweg, die nach dem Wortlaute der auf der früheren Trennung der Arbeitsgebiete fußenden Dresdener Bauordnung vom 12. August 1827 darin gefunden werden könnte, daß es in §. 112. sub ff. heißt, es sollten die einzureichenden Baurisse mit der Unterschrift des Maurer- und Zimmermeisters versehen sein, da, wenn ein Bauhandwerker jetzt beide Functionen in sich vereinigt, er selbstverständlich auch nur allein für die Ausführung des Baues verantwortlich sein kann, was übrigens von dem hier allein festzuhaltenden baupolizeilichen Gesichtspunkte aus unzweifelhaft vortheilhafter erscheint, als wenn die Verantwortlichkeit sich auf zwei Individuen vertheilte.

Das Ministerium des Innern hat daher den Kreisdirectionen überlassen, die Prüfungscommissionen für Bauhandwerker in diesem Sinne zu bescheiden und hat sich die weitere Erwägung darüber vorbehalten, ob unter den veränderten Verhältnissen eine Revision und Umarbeitung der Instruction für die Prüfungscommissionen der Bauhandwerker sich nöthig machen werde. M. V. an die Kgb. zu Dresd., vom 26. Sept. 1862, den übr. Kgb. abschr. zugefert.

133.
Den Handel im Umherziehen betr.

Diejenigen Inländer, welche schon bisher den Viehhandel, das Scheerenschleifen und das Siebmachen im Umherziehen betrieben haben, sind nach §. 92. der Ausführungsverordnung zum Gewerbegesetze an der Fortbetreibung ihres Gewerbes auch nach Eintritt der Wirksamkeit des letztern im Allgemeinen nicht zu behindern. M. V. an die Kgb. zu Zwick. vom 13. Febr. 1862.

134.
Das Hausiren mit Karlsfelder Wanduhren betr.

Der in dieser Zeitschrift Bd. 20. S. 553. abgedruckten Min.-Verordn. vom 19. April 1862 — durch welche das Befugniß des Vertriebes dieses Waarenfabrikates im Wege des Hausirens als fortbestehend anerkannt worden ist — entsprechend, haben, nachdem das Directorium der Karlsfelder Wanduhrenfabrik das Bedenken geäußert, daß die untere Gewerbepolizeibehörden die von diesem den anzunehmenden Händlern zur Erlangung des Hausirerlaubnißscheines auszustellenden Bescheinigungen nach Befinden nicht als vollgültige Legitimationen betrachten könnten (gemäß M. V. an die Kgb. zu Dresden, Leipzig und Zwickau v. 11. Aug. 1862, der Kgb. zu Bud. abschr. zugefert.), auch die Kgb. zu Leipz. durch Gen.-V. vom 16. ej. (V.-Bl. Nr. 35.), die Kreisb. zu Zwick. durch Bek. v. 19. ej. (V.-Bl. Nr. 14.), die Kreisb. zu Bud. durch Gen.-V. v. 16. ej. (Kgbl. Nr. 195.) das Erforderliche bekannt gemacht, und hat die Kreisb. zu Dresden in einer anderweiten Gen.-V. vom 16. ej. (V.-Bl. Nr. 12.) annoch, im übrigen auf ihre Gen.-V. v. 3. Mai 1862 Bezug nehmend, darauf aufmerksam gemacht, daß die erwähnten, vom Directorium der Karlsfelder Wanduhren-Actiengesellschaft ausgestellten Bescheinigungen als vollgültige Unterlagslegitimationen anzusehen seien.

135.
Die Ausstellung von Hausiranmeldungsscheinen betr.

Die städtischen Obrigkeiten sind unter allen Umständen nicht für berechtigt zu erachten, den Behufs der Gestattung des Vertriebes ihrer Waaren im Orte nach §. 20. Abs. 5. der Ausführungsverordnung zum Gewerbegesetze sich anmeldenden Hausirern für die Zulassung daselbst eine nach der muthmaßlichen Dauer des beabsichtigten Handelsbetriebes berechnete Gebühr anzusinnen, da in einem solchen Verfahren

eine nach §. 46. des Gewerbegesetzes unzulässige Besteuerung des Gewerbebetriebes selbst zu erblicken sein würde. Eben so wenig kann
aber auch für die Beurkundung der fraglichen Anmeldung durch Ausstellung eines sogenannten Hausirerlaubnißscheines in den Städten
die Abforderung einer Gebühr für statthaft erachtet werden, da es sich
dabei allerdings nur um eine gewerbspolizeiliche Controlmaßregel
handelt, für welche auf dem platten Lande, wo nach der oben angezogenen Vorschrift der Ausführungsverordnung zum Gewerbegesetze eine
gleiche Anmeldungsobliegenheit für die zum Hausiren berechtigten
Händler stattfindet, den Betheiligten Gebühren nicht anzusinnen sind
und deren Durchführung daher auch in den Städten, um nicht zu
Imparitäten Veranlassung zu geben, unentgeltlich zu bewerkstelligen
ist. M. V. an die KSb. zu Leipz. v. 25. Aug. 1862, den übrigen
KSb. abschr. zugefert. und in deren Gemäßheit V. d. KSb. zu Leipz.
v. 6. Sept. 1862 (V.-Bl. Nr. 38.) V. d. KSb. zu Zwick. v. 13. ej.
(V.-Bl. Nr. 15.) u. Gen.-V. der KSb. zu Dresb. v. 25. Oct. 1862.
(V.-Bl. Nr. 14.)

136.
Die Ausstellung von Arbeitsbüchern betr.

Das Ministerium des Innern hat der von der Polizeidirection zu
Dresden ausgesprochenen Ansicht beigepflichtet, daß die in lithographischen Anstalten als Lithographen oder Zeichner — im Gegensatze
der bloßen Drucker — beschäftigten Gehülfen nach Analogie der in
§. 2. sub 4. der die Arbeitsbücher betreffenden Verordnung vom
15. October 1861 hinsichtlich der Fabrikzeichner gemachten Ausnahme
zu Führung von Arbeitsbüchern nicht verpflichtet seien. M. V. an
die Polizeidir. zu Dresden v. 17. Sept. 1862, den sämmtl. KSb.
abschr. zugef.

137.
Die Ertheilung von Arbeitsbüchern an Ausländer betr.

Nach einem dem Ministerium des Innern vorgelegenen Berichte
der Polizeidirection zu Dresden ist bei derselben seit Einführung der
Arbeitsbücher für das gewerbliche Hülfspersonal mehrfach die Wahrnehmung gemacht worden, daß andere inländische Sicherheitspolizeibehörden, entgegen der Bestimmung in §. 4. der Verordnung vom
15. October vorigen Jahres (Gesetz- und Verordnungsblatt, S. 262.),
nach welcher die Ausstellung des ersten Arbeitsbuchs für Ausländer
bei der Sicherheitspolizeibehörde desjenigen Orts, wo dieselben innerhalb Landes in ein zweites Arbeitsverhältniß treten, zu erfolgen hat,
unterlassen, solchen ausländischen Gewerbegehülfen ein Arbeitsbuch zu
ertheilen, sondern die im Auslande ausgestellte Reiselegitimation nach
andern Orten des Inlandes weiter visiren. Die Polizeidirection hat

sich, ihrem Berichte zufolge, in den bisherigen Fällen darauf beschränkt, bei den betreffenden Polizeibehörden auf nachträgliche Ausstellung von Arbeitsbüchern für die hier zugereisten und in Arbeit tretenden Gewerbsgehülfen anzutragen; da sich jedoch solche Verstöße gegen die gedachte Bestimmung in neuerer Zeit auffallend wiederholt haben, nunmehr eine allgemeine Einschärfung derselben anheim gegeben. Das Ministerium des Innern hat hierauf erachtet, daß diesem Antrage zu entsprechen sei und hat daher den Kreisdirectionen überlassen, bei den Polizeibehörden ihres Bezirks die gehörige Beobachtung der fraglichen Vorschrift durch das Kreis- und Verordnungsblatt in Erinnerung zu bringen. M. V. an sämmtl. Ksd. v. 11. Oct. 1862. Gen.-V. der Ksd. zu Dresd. v. 28..ej. (V.-Bl. Nr. 14.), der Ksd. zu Zwick. v. 30. ej. (V.-Bl. Nr. 17.), der Ksd. zu Leipz. v. 30. ej. (V.-Bl. Nr. 46.), der Ksd. zu Bud. v. 1. Nov. 1862. (Kreisbl. Nr. 259.)

138.

Die Gewerbeschule zu Chemnitz betr.

Es ist bestimmt worden, daß diese zur Unterscheidung von den für den Gewerbestand bestimmten, theils andere Zwecke verfolgenden, theils anders eingerichteten Gewerbeschulen den Namen: Königl. höhere Gewerbeschule zu Chemnitz führen soll. Bek. des Min. des Inn. v. 9. Oct. 1862. (Leipz. Zeit. Nr. 248.)

139.

Die Veräußerung communlicher Reißeschankbefugnisse betr.

Das Ministerium des Innern hat nach Erwägung der Bedenken, welche hinsichtlich der Uebertragung zu veräußernder communlicher Reißeschankbefugnisse auf das Grundstück des Acquirenten, als dingliche Berechtigung mit Rücksicht auf die Bestimmung in §. 9. des Gewerbegesetzes angeregt worden, zu befinden gehabt, daß es zu diesem Behufe einer Dispensation von der beschränkenden Vorschrift im Absatz 2. des gedachten Gesetzparagraphen überhaupt nicht bedürfe, da es sich dabei nicht um einen aus dem Gesichtspunkte der Gewerbegesetzgebung zu beurtheilenden, mithin von obrigkeitlicher Concessionsertheilung abhängigen gewerbmäßigen Schankbetrieb, sondern vielmehr um ein Gemeindebefugniß oder ein dem Gemeindeleben angehöriges Institut handelt, welches seiner Existenz und Beschaffenheit nach von den Bestimmungen des gedachten Gesetzes gar nicht berührt wird, indem es hierunter vielmehr nach der Vorschrift im Absatze 2. des §. 12 der Ausführungsverordnung zum Gewerbegesetze bei der Verordnung der vormaligen Landesregierung vom 14. Februar 1824 zu bewenden hat. War nun aber schon vor dem Erscheinen des Gewerbegesetzes

der gedachten Verordnung und namentlich der Bestimmung im §. 5.
gegenüber die gänzliche Veräußerung eines Reiheschankbefugnisses und
dessen vertragsmäßige Firirung auf das Grundstück eines bestimmten
Gemeindemitgliedes unter obrigkeitlicher, beziehendlich höherer Genehmigung und Bestätigung für zulässig zu erachten, so hat in dieser
Beziehung und soweit dabei nur die bisherige verfassungsmäßige Ausdehnung des Reiheschanks in Frage kommt, jenes Gesetz etwas nicht
geändert, wogegen in Ansehung der dem Acquirenten in der Regel
gleichzeitig gestatteten Ausübung des Schanks an Fremde den Bestimmungen des Gewerbegesetzes allerdings nachzugehen und eine derartige
conceſſionsweise Verwilligung stets nur auf die Person des jeweiligen
Reiheschank-Inhabers zu beschränken sein wird.   M. V. an die Ksb.
zu Dresb. v. 22. Juni 1862, den übrig. Ksbb. abschr. zugefert.

IX.

Grundzüge der Militair-Justizverfassung und des Verfahrens bei Militairgerichten im Königreiche Sachsen.

Nach einer älteren Abhandlung des Auditeur von Larisch neu bearbeitet vom Herrn Auditeur **Girardet** in Großenhain.

(Schluß.)

Abschn. V. Von einigen besonderen Bestimmungen in Bezug auf Strafrechtssachen.

§. 39. Von geringen Urlaubsvergehen der Unterofficiere und Soldaten.

Zur Untersuchung und Entscheidung über geringe gemeine Vergehungen, deren sich Unterofficiere und Soldaten der activen Armee auf Urlaub schuldig gemacht haben, sind die Civilgerichte dann befugt, wenn

1. das zuständige Kriegsgericht sich nicht mit am Orte des Civilgerichts befindet,

2. der Beschuldigte zur Zeit, wo die Untersuchungseinleitung wider ihn beschlossen worden, noch auf Urlaub sich befindet und

3. die Strafe, falls auf eine solche zu erkennen ist, voraussichtlich nicht über Geldstrafe oder dreiwöchiges Gefängniß ansteigt.

Findet sich im Verlaufe der Untersuchung, daß auf eine höhere, als die unter 3. angegebene Strafe zu erkennen sein werde, so ist die Sache zur Fortstellung an das zuständige Kriegsgericht abzugeben.

§. 36. M. G. B. G.

Das competente Civilgericht in Fällen der vorgedachten Art ist das Gerichtsamt[31]), in dessen Sprengel der Beurlaubte sich aufhält, d. h. der Urlaubsort gelegen ist.

§. 5. Abs. II. Ausf. V. v. 31. Juli 1856.

Wegen der Vollstreckung erkannter Strafen, sowie wegen etwaiger Untersuchungshaft cf. §. 41.

In jedem Falle, auch wenn es zu einer Bestrafung nicht kommt, ist übrigens das betreffende Kriegsgericht von dem Vergehen der beurlaubten Militairperson in Kenntniß zu setzen.

§. 5. Abs. IV. Ausf. V. vom 31. Juli 1856.

Kostenfreiheit haben Unterofficiere und Soldaten in den vorerwähnten Untersuchungsfällen nicht zu beanspruchen, da die in §. 67. d. M. G. B. G. geordnete Ausdehnung der Sportelfreiheit nur in Fällen der Mitwirkung von Civilbehörden (bei Requisitionen und Uebertragung von Untersuchungen), nicht aber auch bei selbstständigem Auftreten derselben zur Anwendung kommt. —

§. 40. Von Uebertragung gewisser Untersuchungen gegen Militairpersonen an Civilgerichte.

In anderen, als den im vorstehenden Paragraphen gedachten Fällen kann die Untersuchungsführung und Aburtheilung von Militairgerichtsbefohlenen durch ein Civilgericht nur im Einverständnisse der Ministerien des Kriegs und der Justiz, vermöge besonderen Auftrags, erfolgen und zwar

1. wenn Militairgerichtsbefohlene gemeinschaftlich mit Civilpersonen, oder Militair- und Civilpersonen gegen einander, gemeine Verbrechen begangen haben, oder

2. wenn Militairgerichtsbefohlene allein eines gemeinen Verbrechens bezüchtigt worden, hinsichtlich dessen die Uebertragung der Untersuchung an das Civilgericht im Interesse der letzteren selbst begründet ist.

Diese Maßregel kann auch bei dem Zusammentreffen eines

---

31) Hieraus geht hervor, daß Vergehen, die zur Competenz der Bezirksgerichte gehören, den Kriegsgerichten zur Aburtheilung zu überlassen sind, auch wenn sie hinsichtlich der Strafe als geringe erscheinen.

gemeinen Verbrechens mit einem geringeren Militairverbrechen
dann eintreten, wenn im Voraus zu übersehen ist, daß die zu erkennende Strafe in der Hauptsache auf das gemeine Verbrechen
zu gründen sein werde.

§. 37. M. St. V. O.

§§. 14. 15. Ausf. V. vom 2. Juni 1862.

§. 6. Ausf. V. vom 31. Juli 1856.

Wegen der dießfallsigen Untersuchungshaft und Strafvollstreckung cf. §. 41.

In Betreff der Kosten für solche an die Civilgerichte übertragenen Militairuntersuchungen §. 68. ist zu vergleichen.

§. 41. Von der Untersuchungshaft der Militairpersonen bei
Civilgerichten und der Vollstreckung civilgerichtlich erkannter
Strafen.

I. Wenn sich eine Militairperson in Folge der Rechtshängigkeit
(cf. §. 3.) oder in einem der nach §§. 39. 40. möglichen Fälle
bei einem Civilgerichte in Untersuchung befindet, so hat letzteres über Verhaftung und Haftentlassung des Angeschuldigten dem zuständigen Kriegsgerichte, mindestens gleichzeitig mit der Ausführung der fraglichen Maßregel, Nachricht
zu ertheilen.

§. 38. M. St. V. O.

II. Hinsichtlich der Strafvollstreckung in Fällen, wo nach
den vorstehend erwähnten Bestimmungen (Rechtshängigkeit, geringe Urlaubsvergehen, Uebertragung durch
die Ministerien) die Untersuchung bei einem Civilgerichte
geführt worden ist, gelten folgende Vorschriften:

1. Wenn von einem Civilgerichte in einem der vorgedachten
drei Fälle auf Geldbuße oder eine die Dauer von
8 Tagen nicht übersteigende Gefängnißstrafe erkannt worden ist, so steht die Vollstreckung der Strafe,
dafern der Verurtheilte sich nicht im Dienste befindet, dem
Civilgerichte, jedoch mit der Verpflichtung zu, dem zuständigen Kriegsgerichte von dem Vergehen und der Art
und Weise der Bestrafung ungesäumt Nachricht zu ertheilen; befindet sich aber der Verurtheilte im Dienste, so tritt
die Vollstreckung der Strafe bei dem Kriegsgerichte ein und
es kann solchenfalls dieselbe auch in eine Militairstrafe
verwandelt werden.

2. Höhere als die unter 1. angegebenen Strafen kann das Civilgericht nicht ohne Weiteres vollstrecken. Sind dergleichen Strafen erkannt worden, so sind die Untersuchungsacten und zwar, wenn der Angeschuldigte dem Erkenntnisse sich unterworfen, oder unter Verzichtleistung auf ein zweites Erkenntniß um Begnadigung nachgesucht, oder mit Vorbehalt anderweiter Entscheidung den vorläufigen Strafantritt verlangt hat, sofort, andernfalls aber erst nach Eingang der letzten, ein weiteres Rechtsmittel nicht mehr zulassenden Entscheidung dem Kriegsgerichte mitzutheilen und es hat dasselbe darauf entweder,

a. sofern die Strafe durch gesetzlich zulässige Verwandlung (s. weiter unten sub 5.) in einfachem oder geschärftem Arreste verbüßt werden kann, diese Verwandlung unter Zustimmung des Commandanten selbst auszusprechen,

b. andernfalls und sofern eine Verwandlung überhaupt in Frage kommt, die Entscheidung des Oberkriegsgerichts darüber, nach vorgängiger Erklärung des Commandanten über die Räthlichkeit der Maßregel, berichtlich einzuholen.

3. Tritt durch Verwandlung eine Militairstrafe ein, so geht die Verbindlichkeit zur Strafvollstreckung auf das Kriegsgericht über, wogegen solche

4. in Betreff unverwandelt gebliebener Landesgefängniß-, oder Arbeitshaus-, oder der Verwandlung überhaupt nicht unterliegender Zuchthaus- oder Todesstrafen dem Untersuchungsgerichte obliegt.

5. In Betreff der Umwandlung in eine Militairstrafe sind die in §§. 32. 68—72. des M. St. G.-B. und Punct. III. des Erl. Ges. vom 31. Aug. 1862 enthaltenen Vorschriften hier ebenfalls zu befolgen.

§. 39. M. G. V. G.

§. 42. Von den Vorschriften in Betreff der Kriegsreservisten insbesondere.

Während Kriegsreservisten im Friedensstande vom ständigen Urlaube zeitweilig zur Truppe einberufen sind, können sie wegen solcher während dieser Zeit verübten geringfügigen gemeinen Vergehungen, welche voraussichtlich nur mit Geldstrafe oder Gefängniß von höchstens 3 Wochen zu ahnden sind, von den Kriegsgerichten zur Untersuchung gezogen und nach Befinden bestraft werden. Insofern jedoch die Untersuchung vor der Wiederentlassung auf ständigen Urlaub noch nicht eingeleitet worden, gehört dieselbe vor die Civilgerichte.

§. 26. M. G. B. G.

Untersuchungen wegen Verbrechen von Kriegsreservisten, die als Fortsetzung eines und desselben Verbrechens anzusehen, aber theils Militair-, theils gemeine Verbrechen sind, gehören vor die Militairgerichte.

§. 27. ibidem.

Ist aber in gleichem Falle ein fortgesetztes Verbrechen nicht anzunehmen, so sind, vorbehältlich des Nachtragserkenntnisses (cf. §. 43.), die Untersuchungen getrennt zu führen.[32]

§. 28. ibidem.

Hinsichtlich der Vollstreckung von gegen Kriegsreservisten civilgerichtlich erkannten Strafen (cf. §. 2. sub A c. β. und die vorstehend erwähnten Bestimmungen) leiden die in §. 52. behandelten Vorschriften insofern eine Modification, als die daselbst unter 1. erwähnte Befugniß zur eigenen Vollstreckung mit nachträglicher Mittheilung an die Kriegsgerichte sich auf alle diejenigen Straffälle erstreckt, in denen nicht auf Arbeitshaus-, Zuchthaus- oder Todesstrafe erkannt worden ist.

Ist dagegen auf eine der letztgedachten Strafen erkannt worden, so tritt Benachrichtigung vor der Strafvollstreckung unter Actenmittheilung ein. —

Eine Umwandlung in Militairstrafe kann hier jedoch nur bezüglich der Arbeitshausstrafe und auch nur dann eintreten, wenn dieselbe die Dauer von 4 Jahren nicht übersteigt. Wegen Verwandlung einer derartigen Arbeitshausstrafe ist, — wie im vorigen Paragraph unter 2 b. — die Entscheidung des Oberkriegsgerichts nach vorgängiger Erklärung des Commandanten über die Räthlichkeit der Verwandlungsmaßregel einzuholen. Im Falle einer er-

---

32) Doch kann in diesem Falle, wenn im Voraus zu übersehen ist, daß die zu erkennende Strafe in der Hauptsache auf das gemeine Verbrechen zu gründen sein werde, Ueberweisung an das Civilgericht, wie nach §. 51. beziehendlich §. 54. eintreten.

folgenden Strafumwandlung geht die Verbindlichkeit zur Vollstreckung auf das Kriegsgericht über.

§. 40. M. G. V. G.

§. 8. Ausf. V. vom 31. Juli 1856.

§. 43. Von der Abgabe angeschuldigter Militairgerichtsbefohlener an Civilgerichte.

Wenn ein Militairgerichtsbefohlener entweder nur wegen gemeiner, oder auch gleichzeitig wegen gemeiner und Militairverbrechen, von denen aber die ersteren unzweifelhaft die überwiegen-
den sein müssen, zur Untersuchung zu ziehen oder bereits gezogen
worden, und dabei vor dem ersten Erkenntnisse mit Wahrscheinlichkeit anzunehmen ist, daß der Angeschuldigte im Militairdienste
fernerhin nicht beizubehalten sein werde, so kann derselbe, nach der
hierüber durch das Oberkriegsgericht einzuholenden Entscheidung des Kriegsministeriums, zur An= oder Fortstellung
der Untersuchung unter gleichzeitiger Dienstentfernung an dasjenige Civilgericht abgegeben werden, welchem sie zustehen würde,
wenn der Angeschuldigte dem Militairgerichtsstande nicht angehörte.

§. 41. Abs. I. M. G. V. G.

Die dießfallsige Abgabe hat nicht an das Civilgericht unmittelbar, sondern an den dabei bestellten Staatsanwalt zu
erfolgen.

§. 16. Ausf. V. vom 2. Juni 1862.

§. 16. Abs. II. Ausf. V. vom 31. Juli 1856.

Eine Erstattung der bei dem Kriegsgerichte bis zur Abgabe
etwa aufgelaufenen Kosten und Verläge findet nicht statt.

§. 41. Abs. II. ibidem.

Abschn. VI. Von der Competenz der Kriegsgerichte in Bezug auf
Verwaltungssachen und dem Verfahren darin.

§. 44. Von der Competenz in reinen Administrativsachen der
Militairpersonen und dem Instanzenzuge darin.

Die Militairgerichtsbarkeit erstreckt sich, soweit nicht Ausnahmen festgesetzt sind, auch auf das Verfahren in Polizei= und
andern Verwaltungssachen.

§. 19. M. G. V. G. Abs. II.

Ueber das Verfahren dabei bestehen keine besonderen Vorschriften.

Die Recursinstanz ist das Königliche Kriegsministerium.

§. 31. Ges. sub D.

§. 11. M. G. V. G.

§. 45. Von Verwaltungsstreitigkeiten der Militairpersonen.

In Verwaltungsstreitigkeiten der Militairpersonen ist die Zuständigkeit der Kriegsgerichte ausgeschlossen. Dieselben sind vielmehr bei derjenigen Behörde zu erörtern und zu entscheiden, vor welche sie nach Beschaffenheit des Gegenstandes gehören.

§. 42. M. G. V. G.

Es kommen dabei diejenigen Grundsätze zur Anwendung, welche in §. 2 ff. des Gesetzes sub D. aufgestellt sind.

§. 46. Von Poststrafsachen.

Die Untersuchung und Entscheidung von Uebertretungen, deren sich Militairpersonen in Ansehung der über das Postwesen bestehenden Vorschriften schuldig machen, gehört ebenfalls vor die durch das Postgesetz vom 7. Juni 1859 §. 53. ff. dazu berufenen Civilbehörden.

Doch sind die Vernehmungen und Abhörungen der Angeschuldigten und Zeugen vom Militairstande durch das betreffende, zu diesem Behufe von der Oberpostdirection zu requirirende Kriegsgericht vorzunehmen.

§. 43. M. G. V. G.

Befindet sich eine als Zeuge abzuhörende Militairperson auf Urlaub, so kann ihre Abhörung nach Maßgabe der allgemeinen in §. 4. behandelten Bestimmungen vor dem Civilrichter erfolgen.[31]

§. 43. verb. §. 35. Abs. II. M. G. V. G.

Hinsichtlich der Vollstreckung von in Poststrafsachen erkannten Strafen leiden die in §. 41. behandelten Bestimmungen von §. 39. der M. G. V. G. ebenfalls Anwendung, jedoch unter der Modification, daß Strafen, welche die untergerichtliche Verwandlungscompetenz übersteigen (cf. §. 41. unter II. 2. a.), nicht vom Oberkriegsgerichte, sondern vom Kriegsministerium zu verwandeln sind. §. 43. Abs. III. ibidem.

---

33) Die in §. 33. dießfalls angezogene Gesetzesstelle §. 35. Abs. II. bezieht sich lediglich auf Zeugen, darum dürfte die Vernehmung des Angeschuldigten, auch eines beurlaubten, stets vor dem Kriegsgerichte zu erfolgen haben.

§. 47. Von Zoll- und Steuerstraffachen.

Die Untersuchung und Entscheidung von Uebertretungen, deren sich Militairpersonen in Bezug auf die gesetzlichen Vorschriften in Sachen der indirecten Abgaben und der Gewerbe- und Personalsteuer schuldig gemacht, gehört vor die Civilbehörde, wenn die Uebertretung in einem Vergehen besteht, auf welches entweder nur Verweis, oder Vorhalt, oder Vermögensstrafe, oder endlich nur eine die Dauer von 8 Wochen nicht übersteigende Freiheits- strafe gesetzt ist.

Vor die Kriegsgerichte dagegen gehören

1. die Untersuchungen wegen Stempelvergehen, insoweit dieselben bei Gelegenheit der vor Kriegsgerichten anhängigen Rechts- und Verwaltungssachen entdeckt worden sind;

2. alle Uebertretungen der Abgabengesetze, welche mit einer die Dauer von 8 Wochen übersteigenden Freiheitsstrafe zu ahnden sind.

§. 44. M. G. V. G.

Durch die unter 2. gedachte Bestimmung ist jedoch an der Vorschrift in §. 16. des Gesetzes, das Untersuchungsverfahren gegen Uebertreter der gesetzlichen Vorschriften in Sachen der indirecten Abgaben betreffend, vom 27. December 1833, wornach der Abgabe der Sache an die competente Justizbehörde zur förmlichen Untersuchung und Entscheidung eine summarische Erörterung durch die Haupt-, Zoll- oder Steuerämter vorausgehen darf, nichts ge- ändert worden.

§. 17. A. V. vom 2. Juni 1862.

Wegen der Vollstreckung der in Zoll- und Steuerstraffachen von Civilbehörden erkannten Strafen gilt dasselbe, was am Schlusse des vorigen Paragraphen, die Poststraffachen betreffend, gesagt worden ist.

§. 44. Abs. 4. M. G. V. G.

§. 48. Von Polizeistraffachen und dem Verfahren darin.

Die Untersuchung und Bestrafung der von Militairpersonen verübten Polizeivergehen steht den Kriegsgerichten zu.[34]

§. 45. M. G. V. G.

---

[34] Geringe polizeiliche Ungebührnisse, welche entweder von einem Mili- tairoberen selbst wahrgenommen oder von den Ortsbehörden nur zu disciplina- rischer Abstellung angezeigt werden, können auch disciplinell geahndet werden.

§. 37. Schlußf. M. St. G.

Das Verfahren dabei ist, wie bei den Civilbehörden, summarisch; nach dem bis zum Jahre 1856 üblich gewesenen Denunciations- und Rügenprocesse. Es hat durch die Strafproceßordnungen keine Veränderung erlitten.

§. 34. Ges. sub D.

Art. VII. Ges. vom 30. März 1838.

Gen.-Verordn. der Kreisdirection zu Dresden vom 27. Jan. 1859 in der Zeitschrift f. R. u. Verw. Bd. 17. S. 341.

Namentlich findet also auch die Concurrenztheorie auf Polizeivergehen keine Anwendung und zwar ebensowenig, wenn mehrere Polizeivergehen, als wenn letztere mit Criminalvergehen gleichzeitig zur Bestrafung gelangen. Den Entscheidungen sind sowohl die allgemeinen polizeilichen Bestimmungen, als auch die besonderen des Garnisons- oder Urlaubsortes zum Grunde zu legen.

§§. 4. 5. Thl. II. Ordonn.

§. 13. Ges. sub A.

§. 3. Ausf. V. vom 28. März 1835.

Ist das Verfahren auf Mittheilung der Ortspolizeibehörden eingeleitet worden, so haben die Kriegsgerichte die Verpflichtung, denselben den Erfolg zu notificiren.

§. 45. Abs. M. G. V. G.

Wird gegen einen kriegsgerichtlichen Polizeistrafbescheid ein Rechtsmittel — Recurs — eingewendet, so entscheidet hierüber in Ermangelung einer Militairinstanz das Kriegsministerium in der §. 18. des Ges. sub D. vorgeschriebenen Zusammensetzung in zweiter und letzter Instanz. [35]

§. 18. A. V. vom 2. Juni 1862.

Nr. III. V. vom 25. Januar 1838.

Gesuche um Erlaß, Minderung oder Verwandlung zuerkannter Polizeistrafen im Wege der Gnade, gehören ebenfalls vor das Kriegsministerium.

§§. 39. 40. Ges. sub D.

---

35) Dem Oberkriegsgerichte steht in Polizeisachen keinerlei Competenz zu; daher sind auch z. B. Competenzstreitigkeiten jeder Art in Polizeisachen ebenfalls dem Kriegsministerium zur Entscheidung vorzutragen.

Beſchränkungen der kriegsgerichtlichen Competenz in Polizeiſtraffachen.

I. Wegen geringer Polizeivergehen, deren ſich Unterofficiere und Soldaten während des Urlaubs ſchuldig machen, dürfen die Ortspolizeibehörden in derſelben Maße verfahren, wie ſolches den Civilſtrafgerichten in geringfügigen Strafrechtsſachen nach §. 39. nachgelaſſen iſt.

Die Ortspolizeibehörde iſt jedoch nur dann competent,

a. wenn das zuſtändige Kriegsgericht ſich nicht mit im Orte befindet;

b. wenn der Beſchuldigte zur Zeit der Unterſuchungseinleitung noch auf Urlaub iſt, und

c. wenn die vorausſichtlich ausfallende Strafe nicht über Geldſtrafe oder dreiwöchiges Gefängniß anſteigt.

Hinſichtlich der Haftanlegung und Strafvollſtreckung gilt daſſelbe, was in §. 52. hinſichtlich der Strafrechtsſachen erwähnt worden iſt.

§§. 45. Abſ. II. 36. 38. 39. M. G. V. G.

II. Ebenſo kann, wenn außer dem vorerwähnten Falle Militair und Civilperſonen zuſammen ſich Polizeivergehen zu Schulden kommen laſſen, die Unterſuchung im Einverſtändniſſe des zuſtändigen Kriegsgerichts und unter Zuſtimmung des Commandanten auch gegen die betheiligten Militairperſonen von der Civilbehörde geführt werden, [36]) doch finden hierbei die vorſtehend und in §. 41. referirten Beſtimmungen in §§. 36. 38. 39. b. M. G. V. G's. ebenfalls Anwendung.

§. 45. Abſ. III. M. G. V. G.

Die Vollſtreckung einer von der Civilpolizeibehörde erkannten Strafe kann bei der letzteren ſelbſt erfolgen, wenn es ſich um Unterofficiere und Soldaten handelt, der Verurtheilte ſich noch auf Urlaub befindet und nur auf Geldbuße oder eine die Dauer von 8 Tagen nicht überſteigende Gefängnißſtrafe erkannt worden iſt. Doch iſt von dem Vergehen und der Art und Weiſe der Beſtrafung dem Kriegsgerichte ungeſäumt Nachricht zu ertheilen.

---

36) Hier iſt von Militairperſonen im Allgemeinen die Rede; daher iſt dieſe Beſtimmung nicht, wie die unter I., auf Unterofficiere und Soldaten beſchränkt, ſondern auch auf Perſonen vom Officiersſtande oder Range anwendbar.

Sind die vorstehend erwähnten Voraussetzungen nicht vorhanden, so steht die Vollstreckung dem Kriegsgerichte zu, welches, sofern die Strafe durch gesetzlich zulässige Verwandlung in einfachem oder geschärftem Arreste verbüßt werden kann, diese Verwandlung unter Zustimmung des Commandanten selbst auszusprechen, oder bei höher ansteigenden Strafen wegen derselben an das Kriegsministerium zu berichten hat.

§§. 45. 43. 39. 2a. M. G. V. G.

§. 49. Ueber die Competenzverhältnisse in Bezug auf die Aufhebung von Leichnamen insbesondere.

Bei Auffindung des Leichnams einer innerhalb der Casernen, in den Militairarresthäusern und anderen Militairetablissements, auf Wachtposten, Märschen, in Cantonnements und Lagern verstorbenen Militairperson, deren Tod aus einer scheinbar nicht natürlichen Ursache herrührt, haben die Kriegsgerichte sich der in der Verordnung vom 31. Juli 1839. G. S. p. 181. gedachten ersten Cognition der Sache zu unterziehen. [37]). — An Orten, in welchen sich kein Kriegsgericht befindet, hat die Militaircommandobehörde behufs der Aufhebung der Ortspolizeibehörde zu requiriren. —

Dieser letzteren kommt auch die erste Cognition rücksichtlich der außerhalb der vorangegebenen Orte vorgefundenen Leichname von Militairpersonen zu. Die Civilpolizeibehörde hat in solchen Fällen ohne Verzug das betreffende Kriegsgericht (in Dresden das Militairgouvernement) von der erfolgten Aufhebung unter abschriftlicher Mittheilung des Aufhebungsprotocolles in Kenntniß zu setzen. —

Zieht die Civiljustizbehörde den Vorfall im Interesse der Justiz zu ihrer Cognition, so ist ihr, wenn sie ihren dießfälligen Entschluß zu erkennen gegeben hat, auch in den vorerwähnten Fällen, bei welchen den Militairgerichten die Aufhebung der Leichname zukommt, das weitere Verfahren zu überlassen.

Doch hat die Justizbehörde in gleicher Weise wie die Polizeibehörde das betreffende Kriegsgericht unter abschriftlicher Protocollsmittheilung von der Aufhebung in Kenntniß zu setzen.

---

37) Der Verordnung der Landesregierung vom 4. Juli 1829, die Abgabe der Leichname von Selbstmördern an die anatomischen Theater zu Dresden und Leipzig betreffend, haben die Kriegsgerichte in solchen Fällen ebenfalls nachzugehen.

Kosten für die Aufhebungsexpedition haben die Kriegsgerichte nicht zu liquidiren, auch bei Unvermögen des Nachlasses den Polizeibehörden nicht zu vergüten.

§. 46. M. G. V. G.
V. vom 26. März 1846. G. S. 139.

§. 50. Von dem Festungskriegsgerichte als Localpolizeibehörde.

Das Kriegsgericht der Festung Königstein ist für das gesammte Festungsgebiet die alleinige Polizeibehörde und hat daher als solche die hieraus fließenden Befugnisse auch gegen die der Militairgerichtsbarkeit sonst nicht unterworfenen Personen auszuüben, welche auf Festungsgebiet eines Polizeivergehens sich schuldig machen.

§. 47. M. G. V. G.

Abschn. VII. Von der Competenz und dem Verfahren der Kriegsgerichte in bürgerlichen Rechtssachen.

§. 51. Von der Competenz der Kriegsgerichte in solchen Sachen.

Bürgerliche Rechtssachen der Militairpersonen gehören unter den in §. 4. bereits angegebenen und im nächstfolgenden Abschnitte eingehend behandelten Beschränkungen vor die Kriegsgerichte.

Unter Militairpersonen sind auch hier alle diejenigen Personen zu verstehen, welche in §. 2. unter A. und B. aufgeführt worden sind, doch ist hinsichtlich der Kriegsreservisten zu erwähnen, daß dieselben in bürgerlichen Rechtssachen nur dann, wenn die Armee auf den Kriegsfuß gesetzt ist und sie sich im Dienste befinden, vor den Kriegsgerichten, sonst aber vor den Civilgerichten Recht leiden.

§§. 19. 21. 25. M. G. V. G.

Rechtssachen, welche entweder vor dem Eintritte in den Militairgerichtsverband bei einem Civilgerichte oder vor dem Austritte aus jenem Verbande bei einem Kriegsgerichte anhängig geworden, sind vermöge der Rechtshängigkeit bei demselben Gerichte fortzustellen, sie können jedoch im letzteren Falle zur Beendigung an das Civilgericht abgegeben werden.

§. 32. M. G. V. G.

§. 52. Von dem Verfahren und dem Instanzenzuge in bürgerlichen Rechtssachen.

In Betreff des kriegsgerichtlichen Verfahrens in bürgerlichen Rechtsstreitigkeiten, sowie bei Ausübung der nichtstreitigen Gerichtsbarkeit sind — mit Ausnahme der für die Erkenntnißabfassung, für die Hülfsvollstreckung und hinsichtlich des Schuldarrestes getroffenen besonderen Bestimmungen — die für die Civilgerichte bestehenden gesetzlichen Vorschriften in Anwendung zu bringen.

§. 56. M. G. V. G.

In Sachen der streitigen Rechtspflege ist das erste Erkenntniß von den Kriegsgerichten selbst abzufassen oder mit Ausnahme der ganz geringfügigen Rechtssachen von der Juristenfacultät zu Leipzig einzuholen.

§. 57. M. G. V. G.

Die zweite Instanz bildet in allen vor Kriegsgerichten anhängigen bürgerlichen Rechtssachen das Appellationsgericht zu Dresden, die dritte und letzte das Oberappellationsgericht.

§. 16. ibidem.

§. 53. Von Auftragsertheilungen und Competenzstreitigkeiten.

A. Auftragsertheilungen.

Wenn eine Militairperson bei verschiedenen Kriegsgerichten belangt worden ist, z. B. im Falle öfterer Versetzung von einer Truppe zur andern, oder wenn Militairpersonen verschiedener Truppenabtheilungen zusammen verklagt werden, so hat das Appellationsgericht zu Dresden dasjenige Kriegsgericht, wenn aber Militair- und Civilpersonen zusammen belangt werden, das Justizministerium dasjenige Civilgericht, welches der Verhandlung der Sache sich unterziehen soll, mit Auftrag zu versehen.

§. 4. Nr. 3. Ges. sub B. ject. §. 16. M. G. V. G.

§. 10. Nr. 2. Ges. sub B.

§. 54. M. G. V. G.

B. Competenzstreitigkeiten

der Kriegsgerichte mit Kriegsgerichten, sowie der Kriegsgerichte mit Untergerichten des Dresdner Appellationsgerichts gehören vor dieses letztere. Competenzstreitigkeiten der Kriegsgerichte mit Untergerichten anderer Appellationsgerichte sind Seiten der Kriegsgerichte ebenfalls zum Dresdner Appellationsgerichte einzuberichten, welches sodann mit dem Appellationsgerichte des betreffenden Untergerichts sich in Vernehmung zu setzen hat. Kommt zwischen diesen Appellationsgerichten ein Einverständniß nicht zu Stande, so ist die Differenz Seitens des Dresdner Appellationsgerichts zur Entscheidung des Justizministerii zu bringen, welches sich in geeigneten Fällen mit dem Kriegsministerio einzuvernehmen hat.

§. 4. Nr. 4. Ges. sub B. ject. §. 16. M. G. V. G.
§. 10. Nr. 2. Ges. sub B.
§. 17. M. G. V. G.

§. 54. Von Beschwerden gegen das Verfahren.

Beschwerden gegen Kriegsgerichte, so weit sie einzelne noch nicht beendigte bürgerliche Rechtssachen betreffen, gehören vor das Appellationsgericht zu Dresden, andere, bereits abgethane Sachen, oder die Geschäftsführung im Allgemeinen betreffende vor das Oberkriegsgericht als Aufsichtsbehörde.

§. 16. M. G. V. G.

§. 55. Von den bei Kriegsgerichten vorzunehmenden Handlungen der freiwilligen Gerichtsbarkeit.

Handlungen der freiwilligen Gerichtsbarkeit, als An- und Aufnahme von Testamenten, Fertigung von Recognitionsregistraturen, Beglaubigung von Abschriften, Bestätigung von Vergleichen u. s. w., haben Kriegsgerichte nur in Betreff solcher Personen vorzunehmen, welche unter Militairgerichtsbarkeit stehen.

Hinsichtlich anderer Personen sind sie dazu nur insoweit befugt, als jene Handlungen bei den vor ihnen verhandelten Rechtsgeschäften vorkommen.

§. 53. M. G. V. G.

Uebrigens sind Militairpersonen hinsichtlich der von ihnen vorzunehmenden Handlungen der freiwilligen Gerichtsbarkeit weder speciell an das für sie competente Kriegsgericht, noch an ein Militairgericht überhaupt gebunden; sie können vielmehr derartige Rechtsgeschäfte vor jedem Kriegsgerichte und ebenso vor irgend einem Civilgerichte gültiger Weise vornehmen. Wegen der zu gerichtlichen Handlungen der gedachten Art erforderlichen Beisitzer cf. §. 18. sub B., wegen der Kosten §. 67. sub a.

§. 56. Von der Hülfsvollstreckung und freiwilligen
Abtretungen.

I. Die Hülfe kann niemals vollstreckt werden:

a. in solche Gegenstände, deren die auszupfändende Militairperson zur Dienstleistung bedarf, wie z. B. Pferde, Waffen,
Bekleidungs- und Ausrüstungsstücke u. s. w.;

b. in Quartiergelder, sofern sie nicht von dem Quartierge-
ber selbst behufs seiner Befriedigung in Anspruch genommen werden; .

c. in solche Bezüge, welche als Dienstaufwandsvergü-
tung zu betrachten sind;

d. in alle Dienstbezüge der Unterofficiere und Soldaten;

§. 58. M. G. V. R.

ferner

e. in das Heirathsvermögen der Officiere und dessen
Nutzungen, beziehenlich in die dasselbe vertretenden Zu-
lagen oder Renten,

§§. 1. 2. Gesetz, die Sicherstellung des bei Verehelichung von Officieren der Königl. Sächs. Armee
erforderlichen Vermögens betreff., v. 4. Juli 1855;

f. in die Einstandscapitale vor erfolgter Auszahlung an
die Einsteher und Empfangnahme des Geldes Seiten der
Letzteren.

§. 4. Ges. über Erfüllung der Militairpflicht vom
1. Sept. 1858.

Dagegen ist die Hülfsvollstreckung, beziehenlich beschränkt zulässig:

a. in die Gehalte der Officiere, bis zu einem Sechstheile;

b. in Wartegelder bis zu einem Drittheile;

c. in Dienerzulagen, ebenfalls bis zu einem Drittheile;

§. 58. M. G. V. G.

d. in die Stellvertretungs-Zinsen, unbeschränkt. Sind Gehalte oder Wartegelder als Hülfsobject angegeben worden, so
hat der Richter, bei welchem der betreffende Antrag gestellt
worden ist, denselben an das Kriegsministerium berichtlich
anzuzeigen, worauf von dort aus das weiter Erforderliche
verfügt wird.

Die Priorität der Anmeldung beim Kriegsministerium ent-

scheidet zugleich über die Reihenfolge, in welcher mehrere verschiedene Ansprüche zur Befriedigung gelangen.

§§. 190. 193. Wirthsch.-Reglem. vom Jahre 1853.

II. Freiwillige Mehrabtretungen sind nur in Betreff
der Officiersgehalte und zwar, sofern nicht in einzelnen
Fällen eine Ausnahme von dem Kriegsministerium genehmigt wird, höchstens bis zu einem Drittheile zulässig. Nur
der Militairfiscus ist, soweit ihm ein Compensationsrecht
zusteht, befugt, einen über das Drittheil ansteigenden Betrag vom Officiersgehalte oder Wartegelde zu seiner Befriedigung zu ziehen.

§. 59. M. G. V. G.

Von dem Heirathsvermögen, dessen Nutzungen ꝛc., sowie
von den Einstandscapitalien ist jede, auch freiwillige Abtretung
unzulässig.

§§. 1. 2. des Ges. vom 4. Juli 1855.

§. 94. Ges. vom 1. Sept. 1858.

Auch die Deckung rückständiger Gerichtskosten aus den Stell-
vertretungscapitalien ist unzulässig.

§. 57. Von Wechselsachen und dem Schuldarreste.

Nach der neuen Wechselgesetzgebung aus dem Jahre 1849
sind hinsichtlich der Wechselfähigkeit die Militairpersonen ohne
Ausnahme den Civilpersonen gleichgestellt worden.

Art. 1. Allg. Deutsche Wechselordn. v. 26. Nov. 1848.

§. 10. Einführ.-Ges. v. 25. April 1849.

Nur hinsichtlich der Wechselhaft und des Wechselprocesses bestehen insofern militairrechtliche Abweichungen vom gemeinen Rechte, als einestheils die Wechselprocesse gegen Militairpersonen nur vor dem betreffenden zuständigen Kriegsgerichte
(cf. §. 10.) angestrengt werden können,

§. 54. Ges. über den Schuldarrest und den Wechselproceß vom 7. Juni 1849.

und anderntheils die Vollziehung des Schuldarrestes so
lange, als die betreffende Militairperson der activen Armee
angehört, nicht und zwar selbst dann nicht stattfinden soll, wenn
darauf wider sie schon vor dem Eintritte in den Militairstand, —
sofern nicht derselbe ein freiwilliger war — rechtskräftig erkannt
worden wäre.

Dagegen kann gegen in Wartegeld und à la suite versetzte Militairpersonen, ingleichen gegen Kriegsreservisten der Schuldarrest zwar verfügt werden, es ist aber damit anzustehen, sobald eine Einberufung zum Dienste eintritt.

§. 60. M. G. B. G.

Während der Dauer des Zustandes, in welchem Militairpersonen der Anlegung des Schuldarrestes nicht unterliegen, läuft keine Verjährung der aus einer Schuldverschreibung nach Wechselrecht gegen sie zuständigen Klagen.

§. 60. Schlußf. ibidem.

Auf Schuldverschreibungen nach Wechselrecht, die vor der Einführung des Militairgerichtsverfassungsgesetzes ausgestellt worden sind, leiden übrigens die Bestimmungen des letzteren über den Schuldarrest keine Anwendung, es wäre denn, daß erst nach dem bezeichneten Zeitpunkte eine Prolongation des Wechsels stattgefunden hätte.

§. 20. A. V. vom 2. Juni 1862.

VIII. Von den Beschränkungen der Militairgerichtsbarkeit in Bezug auf bürgerliche Rechtssachen.

§. 58. A. Competenzverhältnisse bei Rechtsstreiten über Grundbesitz und dergl.

Alle Streitigkeiten, welche sich auf die einer Militairperson eigenthümlich zugehörigen, oder von ihr erpachteten Grundstücke, oder auf deren Verwaltung beziehen, also z. B. Rechtsstreite über Besitz, dingliche Rechte und Lasten, Verkauf, Irrungen mit Pachtern oder Verpachtern, mit Verwaltern, mit dem Gesinde u. dergl. gehören nicht vor die Kriegsgerichte, sondern vor das nach allgemeinen proceßrechtlichen Grundsätzen competente Civilgericht.

§. 48. M. G. B. G.

§. 59. B. Von Concursen der Militairpersonen.

Concursprocesse gegen Militairpersonen gehören vor die Civilgerichte, und zwar:

1. hinsichtlich der Officiere vor das Gericht des Garnisonortes,

2. in Betreff der Unterofficiere und Soldaten vor das Wohnortsgericht des Vaters oder subsidiarisch vor das Gericht des Heimathsortes, oder in Ermangelung beider vor das Gericht des Garnisonortes des in Concurs Gefallenen.

Verhandlungen jedoch, welche vor Eröffnung des Concurs-
verfahrens zu deffen Abwendung bei dem Kriegsgerichte beantragt
werden, können bei Lebzeiten des Gemeinschuldners daselbst stattfinden.

§. 49. M. G. V. G.

§. 60. C. Von Nachlaßfachen.

Im Falle des Todes einer Militairperfon find die Commandobehörden angewiesen, das betreffende Kriegsgericht davon unverzüglich in Kenntniß zu setzen und diesem liegt sodann ob, den
Nachlaß resp. zu versiegeln und zu inventiren.   Befindet sich
das Kriegsgericht nicht an dem Orte selbst, so haben die Commandobehörden wegen sofortiger Sicherstellung des bei der Person befindlichen Nachlasses geeignete Vorkehrung zu treffen.

§. 15. Cap. VII. Dienstreglem.

Die förmliche Regelung der Verlaffenschaften gehört ebenfalls
vor die Civilgerichte und zwar vor dieselben, welchen nach Inhalt
des vorigen Paragraphen die Concursfachen zustehen. Eine Ausnahme davon findet nur insoweit statt, als Nachlaßregelungen
verstorbener Unterofficiere und Soldaten dann, wenn dieselben
Wittwen oder Waifen hinterlassen, dem Gerichte des Wohnorts
der Hinterlassenen zufallen.   Es können jedoch die Kriegsgerichte,
wenn sie sich der Versiegelung und Inventirung des bei der Person befindlichen Mobiliarnachlasses unterzogen haben, dieselben
auch den Erben, wenn deren Erbberechtigung unzweifelhaft ist,
ausantworten.

Dagegen find sie zu Verhandlungen über insolvente Nachläffe
nicht befugt.

§. 50. M. G. V. G.

§. 61. D. Von Vormundschaftsfachen.

Die Bevormundung von Militairgerichtsbefohlenen gehört

a. bei Minderjährigen vor dasjenige Gericht, welchem sie zustehen würde, wenn die zu bevormundende Perfon dem Militairstande nicht angehörte;

b. in anderen Fällen der Bevormundung, z. B. bei Abwesenden,
Geisteskranken und dergl., vor diejenigen Gerichte, denen nach
§. 59. die Concurse der Militairperfonen zugewiesen find.

§. 51. M. G. V. G.

Ein sehr häufig in militairischen Verhältnissen vorkommender
Fall der unter b. gedachten Kategorie ist die Bevormundung von

Deserteuren, deren Stellung unter Abwesenheitsvormundschaft sofort nach Eingang der Desertionsanzeige von dem betreffenden Kriegsgerichte bei der competenten Civilbehörde zu beantragen ist. Die näheren gesetzlichen Bestimmungen hierüber enthält

§. 101. M. St. G.

§. 62. E. Von Verlöbniß= und Ehesachen.

Militairpersonen haben in dem Falle, wenn sie als Ascendenten die Einwilligung zu einer Ehe ihrer Descendenten verweigern, ingleichen in Ehestreitigkeiten mit ihren Ehefrauen ihren Gerichtsstand bei demjenigen Appellationsgerichte, in dessen Bezirke ihr Garnisonort liegt. Sind beide Ehegatten katholisch, so haben sie ihren Ehegerichtsstand bei dem katholischen Consistorio zu Dresden, und wenn der Garnisonort in der Oberlausitz gelegen ist, bei dem Consistorio des Domstifts St. Petri zu Budissin. Die nurerwähnten Behörden entscheiden in erster, das Oberappellationsgericht, beziehendlich das Vicariatsgericht zu Dresden in zweiter und letzter Instanz.

§. 55. M. G. V. G.

§§. 63. verb. 54 ff. Ges. sub C.

§. 18. sub B.

§. 63. Vom Festungskriegsgerichte insbesondere.

Auf das Festungskriegsgericht leiden die in Betreff der Concurse, der Nachlaß= und Vormundschaftssachen unter B. b/m. D. behandelten Ausnahmebestimmungen nur insoweit Anwendung, als dabei nicht dessen Eigenschaft als Localgerichtsbehörde in Frage kommt, in welcher es selbstverständlich sich in Betreff der auf der Festung wesentlich aufhältlichen Personen auch den obgedachten Geschäften zu unterziehen hat.

§. 52. M. G. V. G.

Abschn. IX. Von dem Sportelwesen.

§. 64. Von der Sportelverwaltung.

Die Sportelverwaltung der ständigen Kriegsgerichte steht in Gemäßheit der darüber ertheilten regulativmäßigen Bestimmungen unter der Aufsicht und Controle des Oberkriegsgerichts.

An dasselbe werden demgemäß die bei den untern Kriegsgerichten eingehenden Sporteln und Geldstrafen, erstere unter Bei=

32*

fügung eines beglaubigten Extracts aus dem Sportelmanual all-
monatlich eingerechnet.

Das Oberkriegsgericht hat sobann die untergerichtlich einge-
rechneten Sportelbeträge im Ganzen an die bei dem Kriegsministerium bestehende Verwaltung des Gerichtskostenfonds abzuliefern,
woselbst sie in Abschlag auf die Verläge vereinnahmt werden.

§. 65. M. G. V. G.

§§. 14. 19. I. e. O. G. V.

§. 65. Von den Sporteltaxen.

In bürgerlichen Rechtssachen gilt für die Kriegsgerichte die
revidirte Taxordnung vom 26. Nov. 1840.

Letztere sind jedoch — ebenso wie die Juristenfacultät zu
Leipzig, cf. §. 52. — rücksichtlich der Gebühren für die in causis
arduis abgefaßten Entscheidungen auf die Ansätze jener Taxordnung nicht beschränkt, sondern haben vielmehr jedesmal die Taxe
nach Maßgabe der Größe des Streitgegenstandes, der Verwickelung
und Schwierigkeit der Sache, sowie der Umfänglichkeit der Acten
zu bestimmen.

§. 64. M. G. V. G.

§. 19. A. V. vom 2. Juni 1862.

In Strafsachen gilt die Taxordnung zur Militairstrafproceßordnung vom 2. Juni 1862 G. u. V. Bl. S. 244 ff. Dieselbe enthält in Cap. I. p. 244. Allgemeine Bestimmungen; in
Cap. II. p. 247. Bestimmungen über die Gerichtskosten; in Cap. III.
p. 255. die Gebührensätze für Zeugen und Sachverständige; und
in Cap. IV. p. 260 ff. bez. 267 ff. die Vorschriften über die
Vertheidigungs- und sonstigen Sachwalterkosten.

Diese Taxordnung — vergl. daselbst Cap. II. §. 21. unter
Nr. 34. 38. 39. p. 253. — enthält auch die Gebührenansätze,
nach welchen das Oberkriegsgericht in der vor dasselbe devol-
virten Strafsachen zu liquidiren hat.

In Polizeistrafsachen (cf. §. 48.) ist lediglich der Taxordnung von 1840 Tit. 2. sub A. nachzugehen, wo die Gebührenansätze in Denunciations- und Rügensachen enthalten sind.

§. 66. Von den Affessur- und Profoßgebühren.

Militairaffessurgebühren (cf. §. 18.) sind gar nicht zu liquidiren, Profoßgebühren nur in solchen Rechtssachen, in wel-

chen den Kriegsgerichten überhaupt zu liquidiren gestattet ist; cf. §. 67.

§. 64. M. G. V. G.

§. 67. Vom Liquidiren der unteren Kriegsgerichte.

A. Die unteren Kriegsgerichte haben zu liquidiren:

  a. in Civilsachen der Officiere, Unterofficiere und Soldaten[38]), jedoch mit der Beschränkung, daß für Aufnahme von Testamenten und Recognitionsregistraturen von Officieren und Soldaten nur die Hälfte der bezüglichen tarmäßigen Ansätze — cf. 65. — zu erheben ist;

§. 64. Abs. II. M. G. V. G.

  b. in Strafsachen wegen gemeiner Verbrechen, Injurien und Polizeistrafsachen, wenn sie Personen vom Officiersstande betreffen;

§. 365. M. St. P. O.

  c. das Festungsgericht speciell, rücksichtlich der seiner Gerichtsbarkeit untergebenen Civilpersonen in allen solchen Fällen, in welchen den Civilgerichten zu liquidiren gestattet ist.

§. 63. M. G. V. G.

B. Nicht zu liquidiren haben die Kriegsgerichte dagegen:

  a. in allen Militairdienst- und Disciplinarangelegenheiten der Militair- oder bei Militairanstalten angestellten Civilpersonen; also z. B. bei Verpflichtungen, Verabschiedungen, Recognitionen von Einstandsgelderquittungen, Ausfertigung von Trau- und Erlaubnißscheinen ꝛc.;

  b. in Strafsachen wegen gemeiner Verbrechen, Injurien-, Verwaltungs- und Polizeistrafsachen, wenn selbige Unterofficiere und Soldaten betreffen;

  c. in Strafsachen wegen Militairverbrechen der Officiere, Unterofficiere und Soldaten, sowie wegen Dienstverbrechen der bei Militairanstalten angestellten Civilpersonen.

§. 62. M. G. V. G.
§. 365. M. St. P. O.

---

38) In Betreff der gegenseitigen Vernehmungen zwischen Civil- und Militairgerichten in solchen Sachen der Unterofficiere und Soldaten cf. §. 63. sub fine.

Auf die Vertheidigungskosten (cf. §. 28.) erstreckt sich die Kostenfreiheit der Militairpersonen in Strafsachen nicht.

§. 365. M. St. P. O.

Auch auf die Erstattung solcher außergewöhnlichen Kosten, welche von dem zur Antragstellung berechtigten Verletzten aufzu= wenden gewesen sind, ist die Kostenfreiheit nicht auszudehnen.

§. 374. M. St. P. O.

Inwieweit — auch in den Fällen, wo der Angeschuldigte Kostenfreiheit genießt — dem Antragsteller oder anderen Personen etwaige gerichtliche Kosten aufzuerlegen sind, ist in der Entschei= dung mit auszusprechen.

§. 374. Abs. III ibidem.

Uebrigens kommt die Kostenbefreiung auch verabschiedeten Militairpersonen rücksichtlich der während ihrer Dienstzeit bei Mi= litairgerichten anhängig gewordenen und bei ihrer Verabschiedung noch unbeendigten Rechtssachen zu Statten.

Entscheidung des Appell.=Ger. Dresden beim Ar= tillerie=Corps=Kriegsgerichte.

Wenn sich die Truppen im Kriegszustande und im Aus= lande befinden, so ist von den dabei bestellten Kriegsgerichten in Strafrechts=, Polizei= und anderen Verwaltungssachen rücksichtlich aller Militairpersonen kostenfrei zu expediren. —

§. 62. Abs. III. M. G. V. G.

§. 68. Vom Liquidiren der Civilbehörden in Rechtssachen der Militairpersonen.

In allen denjenigen Angelegenheiten, in welchen die Mili= tairbehörden kostenfrei zu expediren haben (cf. §. 67. B.), gilt diese Vorschrift auch für die Civilbehörden, einschließlich der Staatsanwaltschaft, in Betreff der von ihnen dabei gelei= steten oder in Anspruch genommenen Mitwirkung, jedoch mit Ausnahme ihrer dabei gehabten Verläge an Postgeld, Boten= lohn, Zeugengebühren, Rein= und Abschriften, Arrestantenverpfle= gung und andern unvermeidlichen baaren Auslagen, welche von dem zuständigen Kriegsgerichte als Geschäftsaufwand zu übertra= gen sind. [39]   §. 67. M. G. V. G.

---

[39] Hierzu gehören auch die Gebühren der Urkundspersonen, wenn deren Zuziehung von dem requirirenden Militairgerichte in Straffachen bean= tragt worden ist.

§. 56. A. V. v. 2. Juni 1862.

Zu denjenigen gerichtlichen Verhandlungen über Militairgerichtsbefohlene, für welche Civilgerichte nicht zu liquidiren
haben, gehören nach vorgedachter Bestimmung also folgende:

a. alle auf Requisition der Militairgerichte in kostenfreien
   Sachen geschehenen gerichtlichen Vornahmen;

b. alle Untersuchungen wegen gemeiner Verbrechen und
   Polizeivergehen von Unterofficieren und Soldaten,
   welche der Connerität oder Opportunität halber nach §§. 37.
   45. des M. G. V. G. — cf. §. 40. und §. 48. sub II. —
   auftragsweise oder — was die Polizeivergehen betrifft —
   im Einverständnisse mit der Militairgerichtsbehörde
   von der Civilbehörde geführt werden;

c. alle diejenigen Handlungen, welche von Civilbehörden in
   solchen Sachen vorgenommen worden sind, die im weiteren
   Verfolge der Competenz halber an die Kriegsgerichte
   gelangen und dort kostenfrei sind. —

Wo dagegen nicht, wie in den vorgedachten Fällen, eine
directe oder indirecte Mitwirkung der Civilbehörden, sondern
ein vollkommen selbstständiges Auftreten derselben stattgefunden
hat, haben sie auch dann zu liquidiren, wenn eine Verhandlung in Frage ist, hinsichtlich deren die Militairperson vor der
Militairbehörde Kostenfreiheit genossen haben würde, also

a. in Untersuchungen wegen geringer Urlaubsvergehen der Unterofficiere und Soldaten nach §. 36. des M. G. V. G. —
   — cf. §. 39. —

b. in dergleichen Polizeistrafsachen nach §. 45. des M. G. V. G.
   — cf. §. 48. sub II. —

c. in Untersuchungssachen, welche wegen zu erwartender Entfernung des Militairgerichtsbefohlenen nach §. 41. des M.
   G. V. G. — cf. §. 43. — an die Civilgerichtsbehörde abgegeben werden;

d. in Post-, Zoll- und Steuerstrafsachen — cf. §§. 46. 47. —

e. in Strafsachen wegen gemeiner Vergehen, Verwaltungs- und
   Polizeistrafsachen der Kriegsreservisten; nach §. 25. 2. des
   M. G. V. G. — cf. §. 2. A. c. §. 42. —

Nächstdem ist auch in gegenseitigen Vernehmungen
zwischen Militair- und Civilgerichten in bürgerlichen Rechtssachen der Unterofficiere und Soldaten sportelfrei und

nur gegen gegenseitige Vergütung der baaren Verläge zu
expediren.

§. 67. Abf. III. M. G. V. G.

Was unter baaren Verlägen zu verstehen sei, ist in vorgedachter Gesetzesstelle — vergl. den Eingang dieses Paragraphen
— specificirt und der Begriff derselben daher auf Bestellungs-,
Diener- und Frohngebühren 2c. nicht auszudehnen.

§. 69. Vom Sportuliren der Oberbehörden in vor Kriegsgerichten anhängigen Rechtssachen.

Die in §. 67. über das Liquidiren der unteren Kriegsgerichte
aufgestellten Grundsätze leiden auch auf die höheren Behörden
Anwendung.

Namentlich hat auch das Oberkriegsgericht in Untersuchungssachen wegen gemeiner Verbrechen der Unterofficiere und Soldaten nicht mehr, sondern überhaupt nur in den Fällen zu liquidiren,
wo keine Kostenfreiheit stattfindet.

§. 373. M. St. P. D.

§. 62. M. G. V. G.

§. 70. Von der Einbringung der Kosten.

Kann ein Unterofficier oder Soldat schuldige Gerichtskosten
nicht sofort berichtigen, so darf demselben Behufs der Deckung dieser Kosten von der Löhnung und dem Bekleidungsgebührnisse
während der Dienstzeit etwas nicht genommen werden, vielmehr
ist dessen Heimathsbehörde wegen Einbringung des schuldigen
Betrags aus des Debenten bereitestem oder zukünftigem Vermögen
zu requiriren und dessen etwaiges Bekleidungsguthaben für den
Zeitpunkt der Verabschiedung bei der Wirthschaftsverwaltung der
betreffenden Truppe mit Beschlag zu belegen.

§. 83. Thl. II. Ordonn.

§§. 2. 3. O. G. V. vom 22. Oct. 1836.

§. 693. Wirthsch.-Reglem.

Gegen Officiere kann, wenn dieselben auch bereits ein Sechs-
theil, beziehendlich ein Drittheil, ihres Tractamentes oder Warte-
geldes zu Erfüllung sonstiger Verbindlichkeiten abgetreten haben
sollten, behufs der Beitreibung von Kosten noch ein weiterer verhältnißmäßiger Abzug beantragt werden. — cf. §. 56.

§. 59. M. G. V. G.

§. 71. **Von Kostenerlaßgesuchen.**

Ueber Gesuche um Erlaß kriegsgerichtlicher Kosten steht die Entschließung dem Kriegsministerium unmittelbar zu.

§. 66. M. G. B. G.

Theil II.

Von der Militairjustiz im Felde.

§. 72. Vom Militairgerichtsstande.

Im Felde erstreckt sich die Militairgerichtsbarkeit außer den §. 2. benannten Personen

1. auf alle Personen, welche den Truppen zugetheilt sind, oder zu deren Gefolge gehören, also z. B. Privatdiener, Soldatenfrauen, Marketender u. s. w.;

2. auf die zu den Truppen zugelassenen fremden Officiere nebst ihrem Gefolge;

3. auf die feindlichen Kriegsgefangenen;

4. auf aufgegriffene feindliche Spione und

5. auf diejenigen Personen, welche innerhalb des Bereichs der Truppen verrätherischer Handlungen sich schuldig machen, wodurch die Sicherheit der Truppen oder der zu ihnen gehörenden Personen gefährdet erscheint. In Betreff der unter 2. b/m. 5. erwähnten Personen erstreckt sich der Militairgerichtsstand jedoch nur auf Straffälle.

§. 23. M. G. B. G.

Prinzen des Königlichen Hauses haben im Felde, wenn sie eine Dienststellung bei der Armee bekleiden und die letztere im Auslande sich befindet, den Militairgerichtsstand insoweit, als sie

1. als Zeugen oder als Verletzte bei dem Feldoberkriegsgerichte befragt und

2. sofern es auf Anwendung einer Strafe oder Disciplinargewalt ankommt, auf jedesmaligen ausdrücklichen Befehl des Königs vor ein dazu besonders niedergesetztes Gericht gestellt werden können.

§. 24. ibidem.

§. 73. Von der Verwaltung der Militairjustiz im Felde
und dem Feldoberkriegsgerichte.

Sobald die auf den Kriegsfuß gestellten Truppen sich zum
Marsche in's Ausland anschicken oder auch die Verbindung mit
der für die Militairrechtspflege bestellten ordentlichen Landesbehörden unterbrochen zu werden droht, wird zu Verwaltung der
Militairjustiz innerhalb des mobilen Truppencorps ein Feldoberkriegsgericht und ein Feldstabskriegsgericht bestellt, sowie
demnächst wegen Ausübung der Gerichtsbarkeit über die einzelnen
Truppenkörper,* beziehentlich Theile derselben, auf Vortrag des
Oberkriegsgerichts durch das Kriegsministerium den Umständen
gemäße Anordnung getroffen.
            §§. 3. 18. M. G. V. G.

Die Competenzverhältnisse des Feldstabskriegsgerichts sind
dieselben wie bei dem ordentlichen Stabskriegsgerichte — cf. §. 13.
— nur daß selbstverständlich seine Zuständigkeit sich auf das mobile Truppencorps beschränkt. Dem Feldoberkriegsgerichte
steht die Vertretung des ständigen Oberkriegsgerichts, soweit thunlich, unter dessen Beaufsichtigung zu.

Die Geschäfte desselben werden durch einen hierzu vom Könige
auf Vortrag des Kriegsministeriums zu ernennenden Kriegsgerichtsrath oder Oberauditeur, als Vorstand jedoch, insoweit eine richterliche
Entscheidung nicht in Frage kommt, nach der auf desfallsiges Gutachten eröffneten Entschließung des Oberbefehlshabers wahrgenommen. Für die einer collegialen Beschlußfassung bedürfenden Sachen
wird das Feldoberkriegsgericht durch Zuziehung von Auditeuren
oder beziehentlich commandirten Stabsofficieren ergänzt.

Zu Fassung einer collegialen Entscheidung ist die Anwesenheit von drei Richtern incl. des Vorstandes erforderlich; unter den
übrigen zwei Richtern muß sich mindestens ein Auditeur befinden.
Ist jedoch der Angeschuldigte in erster Instanz zu Todes-
oder lebenslänglicher Zuchthausstrafe verurtheilt worden, so ist das
Feldoberkriegsgericht mit dem Vorstande und hierüber mit noch
vier Richtern zu besetzen, unter denen sich mindestens ein Auditeur
befinden muß.   §. 18. M. G. V. G.

Das Feldoberkriegsgericht bildet in allen Strafsachen die
zweite und letzte Instanz.
            §. 76. M. St. P. O.
            §. 18. Abs. 1. M. G. V. G.

§. 74. Von dem Verfahren in Strafsachen.

Das militairgerichtliche Strafverfahren im Felde ist mit Aus=
nahme der in gewissen Fällen eintretenden standrechtlichen Be=
handlung ganz dasselbe, wie es für Friedenszeiten vorgeschrieben
und in Abschn. IV. des ersten Theiles eingehend besprochen wor=
den ist.

Wenn jedoch Verhältnisse eintreten, welche das ordentliche
Verfahren unmöglich machen oder doch so erschweren würden, daß
die für die Militairstrafrechtspflege bestellten Behörden ihre amt=
lichen Befugnisse nur mit erheblichem Zeitverluste auszuüben ver=
möchten, so werden mittelst außerordentlicher Verfügung des Königs
diejenigen Abweichungen von dem gewöhnlichen Strafverfahren
festgesetzt, welche zum Zwecke ungehinderter und unaufhältlicher
Rechtspflege sich als angemessen darstellen. Insbesondere kann
der König die Unwirksamkeit gewisser Rechtsmittel aussprechen
und in Bezug auf die Stimmenzahl bei Abstimmungen Modifica=
tionen eintreten lassen.

Zu Erlassung dießfallsiger Verfügungen kann auch der Ober=
befehlshaber der Truppen vom Könige ermächtigt werden.

§. 411. M. St. P. O.

Auch die Befugniß zu Verwandlung, Milderung und Erlas=
sung der im ordentlichen Strafverfahren erkannten Strafen kann
vom Könige dem Oberbefehlshaber und von diesem letzteren wie=
derum dem Commandanten abgesonderter Truppenabtheilungen
ganz oder theilweise übertragen worden.

§. 412. ibidem.

§. 75. Vom Standrechte.

Das Standrecht ist dasjenige summarisch=militairgerichtliche
Strafverfahren, mittelst dessen unter Wegfall der Förmlichkeiten
des ordentlichen Militairstrafprocesses gewisse der standrechtlichen
Behandlung ausdrücklich vorbehaltene todeswürdige Verbrechen
der Militairgerichtsbefohlenen im Kriege untersucht und bestraft
werden.

Das Standrecht muß ausdrücklich verkündet werden und
greift dann Platz,

a. wenn bei den Truppen im Kriegszustande gewisse Arten von
Verbrechen, insbesondere Verrath, Meuterei, Desertion, Plün=
derung, feigherzige Flucht vor dem Feinde in gefährlichem Grade

überhand nehmen oder dieß zu befürchten ist, so daß, um dem weiteren Umsichgreifen dieses Uebels zu steuern, ein schleuniges, abschreckendes Beispiel erforderlich wird, oder wenn

b. unter den Truppen ein Aufstand ausbricht.

Die Verkündigung erfolgt auf Befehl des Oberbefehlshabers, eines von ihm dazu ermächtigten anderen Befehlshabers, oder bei abgesondert stehenden Truppenabtheilungen, beziehendlich in festen Plätzen, auf Anordnung des betreffenden Commandanten unter Signalgeben mit der Trompete, Trommel oder auf sonst vernehmbare Weise und unter ausdrücklicher Bezeichnung derjenigen Verbrechen, welche fortan standgerichtlich untersucht und bestraft werden sollen.

In dem Falle unter b. (sofortige Standrechtsverkündigung) muß die Verkündigung die Androhung enthalten, daß jeder, welcher dem an ihn ergehenden Aufrufe nicht augenblicklich Gehorsam leiste, standrechtlich gerichtet und mit dem Tode bestraft werden solle.

Die Rechtsgültigkeit einer Standrechtsverkündigung hört in dem Falle sub a. nach Ablauf von vier Wochen, in dem Falle sub b. nach Verlauf von 24 Stunden auf; zur etwaigen Verlängerung dieser Fristen ist eine neue Verkündigung erforderlich.

§§ 413. b/m. 418. M. St: P. O.

Nach erfolgter Verkündigung des Standrechts ist für jeden einzelnen Fall durch den Oberbefehlshaber oder denjenigen, welcher sonst dazu ermächtigt ist, ein Standgericht niederzusetzen. — Es kann dieß jedoch nur unter der Voraussetzung geschehen,

1. daß das Verbrechen sowohl als der Thäter außer Zweifel und die wesentlichen Umstände der That überhaupt so beschaffen sind, daß eine weitläufige Untersuchung voraussichtlich nicht nothwendig ist; sowie

2. daß das Verbrechen von der Beschaffenheit ist, daß die Anwendbarkeit der Todesstrafe mit Wahrscheinlichkeit zu vermuthen steht.

Die Besetzung des Standgerichts erfolgt wie bei den Spruchkriegsgerichten (cf. §. 26.), doch kann im Nothfalle der Dienstgrad der Richter unberücksichtigt gelassen, der Vorsitz einem Hauptmanne oder Rittmeister übertragen und die Stelle des hier ebenfalls vom Stimmrechte ausgeschlossenen Auditeurs durch einen geeigneten Officier vertreten werden. Das Standgericht kann an Sonn-

und Feiertagen, zu jeder Stunde und an jedem Orte, und soll, soweit die Umstände es zulassen, öffentlich und unter freiem Himmel abgehalten werden.

Die Verhandlung beginnt mit Vereidung der Richter, umfaßt außer der Vernehmung des Angeschuldigten eventuell die Abhörung der Zeugen, überhaupt die Vornahme aller zu Aufklärung der Sache und zu Begründung voller richterlicher Ueberzeugung nöthigen Handlungen, die Vertheidigung des Angeschuldigten, die Fällung des Erkenntnisses und muß von der Stellung des Angeschuldigten vor Gericht an binnen 24 Stunden beendet sein. Jedes standrechtliche Erkenntniß muß auf Todesstrafe lauten, und es ist daher nur in den Fällen ein Erkenntniß abzufassen, wenn die Abstimmung eine Majorität von 5 Stimmen für die Todesstrafe ergiebt. Das abgefaßte Erkenntniß wird demjenigen Befehlshaber, der das Standgericht niedergesetzt hatte, zur Bestätigung oder Abänderung zu Gunsten des Angeschuldigten vorgelegt,[40] sodann nebst der Entschließung des Befehlshabers dem Angeschuldigten soweit möglich im Beisein der Mitglieder des Standgerichts eröffnet und, da Rechtsmittel dagegen nicht stattfinden, beziehendlich nach kurzer Todesvorbereitung unaufhältlich vollstreckt.

Ueber den ganzen Hergang der Verhandlung ist von dem Auditeur oder dessen Stellvertreter ein Protocoll aufzunehmen und von den Richtern zu unterzeichnen.

Dasselbe wird nach Vollziehung des Erkenntnisses an das Kriegsministerium eingesendet.

Konnte ein Erkenntniß nicht abgefaßt werden, so ist unter Beifügung des Verhandlungsprotocolles die Entschließung des Oberbefehlshabers darüber einzuholen, ob das ordentliche Strafverfahren eingeleitet, oder von weiterem Verfahren ganz abgesehen werden solle. In derselben Maße ist zu verfahren, wenn nach der Ueberzeugung der Richter der zur Verurtheilung erforderliche Grad von Gewißheit binnen 24 Stunden nicht erlangt werden konnte.

§§. 419. b/m. 424. M. St. P. O.

§. 76. Vom Martialgesetze.

Wenn im Kriege die Sicherheit der Truppen oder der zu ihnen gehörenden Personen durch verrätherische Handlungen be-

---

40) Diese Bestimmung schließt nicht aus, daß der König in gewissen Fällen die Ausübung des Begnadigungsrechts Sich selbst vorbehält.
§. 95. A. V. vom 2. Juni 1862.

droht ist, so kann der Oberbefehlshaber das Standrecht auch über
Civilpersonen — Martialgeseß — verkündigen, muß aber dabei
die als standrechtliche Verbrechen zu betrachtenden Handlungen
unter ausdrücklicher Androhung der dafür verwirkten Strafen
genau bezeichnen.

§. 425. M. St. P. O.

Sobald dieß geschehen, werden die Zuwiderhandelnden vor
ein für jeden einzelnen Fall niederzusetzendes, oder — cf. §. 77.
— für bleibend erklärtes Militairstandgericht gestellt und dort
in der Weise, wie in §. 75. angegeben, jedoch mit der Modification abgeurtheilt, daß, wenn die in der Standrechtsverkündigung
angedrohte Strafe nicht in Todesstrafe bestehen soll, dann auch
von dem Standgerichte nicht auf die letztere, sondern nur auf die
sonst angedrohte Strafe erkannt werden darf; —

§§. 425. jnct. 426. 427. M. St. P. O.

Die vorgedachten Bestimmungen leiden jedoch nur Anwendung, insoweit nicht die Bundeskriegsverfassung oder andere bun-
desrechtliche Bestimmungen für gewisse Fälle besondere Anordnungen enthalten.

§. 77. Vom standgerichtlichen Verfahren außerhalb des
Kriegsfalles.

Wenn außer dem Falle eines wirklichen Krieges im Inlande
eine Kriegsstanderklärung nach §. 13. des Ges. vom 10. Mai
1851, das Verfahren bei Störungen der öffentlichen Ruhe und
Sicherheit betrifft, eingetreten und von dem Oberbefehlshaber das
Standrecht verkündet worden ist, so sind, falls in dessen Folge
gegen Militairgerichtsbefohlene wegen Zuwiderhandlungen der in
dem angezogenen Gesetzesparagraphen gedachten Art standrechtlich
zu verfahren ist, die in §. 75. aufgeführten Bestimmungen über
das Standrecht ebenfalls in Anwendung zu bringen. Nur ist
hier die Todesstrafe nicht die einzige Strafe, auf welche erkannt
werden kann, sondern es ist nur auf diejenige Strafe zu erkennen,
welche der Oberbefehlshaber bei der Standrechtsverkündigung sonst
angedroht hat.

§. 426. Abs. I. M. St. P. O.

Der Oberbefehlshaber kann jedoch Militairangehörige auch an
ein nach §. 14. des Gesetzes vom 10. Mai 1851 niedergesetztes
gemischtes Standgericht zum Verfahren nach den dortigen
Bestimmungen namentlich dann überweisen, wenn ein von Mili-

tair= und Civilpersonen gemeinschaftlich verübtes standrechtliches Verbrechen vorliegt.

§. 426. Abs. II. M. St. P. O.

Ein derartiges gemischtes Standgericht oder eine standge=richtliche Commission besteht aus einem Auditeur und einer gleichen Anzahl von Officieren und mit dem Richtereide belegten Civilbe=amten, aber zusammen mindestens aus fünf Personen. — Es kann auch auf andere Strafen als die Todesstrafe erkennen; zur Todesstrafe ist Stimmeneinhelligkeit, zu anderen Strafen nur Stimmenmehrheit erforderlich; der Auditeur stimmt hier mit, wäh=rend der älteste Officier — in der Regel ein Stabsofficier, min=destens aber ein Hauptmann oder Rittmeister — den Vorsitz führt. Außer den Mitgliedern des Gerichts ist von dem Oberbe=fehlshaber ein Ankläger, und von dem Gerichtsvorsitzenden auf den Wunsch des Angeschuldigten ein Vertheidiger zu ernennen, der jedoch nicht nothwendig juristisch befähigt sein muß.

Die Commission erkennt entweder auf die vom Oberbefehls=haber angedrohte oder in Ermangelung eines solchen auf die ge=setzliche Strafe, oder auf Freisprechung, oder auf Verweisung vor den ordentlichen Richter.

Auch hier muß die ganze Verhandlung, welche öffentlich stattfindet, binnen 24 Stunden vollendet sein.

§§. 14. 15. Ges. vom 10. Mai 1851.

Sowie diese Art von Standgerichten bleibende sind, so kann der Oberbefehlshaber auch für Verbrechen der Militairpersonen im Kriegsstandsbezirke nach erfolgter Standrechtsverkündigung — vergleiche den Eingang dieses Paragraphen — bleibende Mi=litairstandgerichte constituiren. Diese bestehen dann bis auf Weiteres oder auf eine bestimmte Zeit. Solchenfalls sind dazu noch einige Ersatzrichter zu commandiren und die sämmtlichen Richter im Allgemeinen für alle ihnen zuzuweisende Fälle zu vereiden.

§. 427. M. St. P. O.

§. 78. Von bürgerlichen Rechtssachen.

Die für die im Kriegszustande befindlichen Truppen bestellten Kriegsgerichte haben hinsichtlich der bürgerlichen Gerichtsbarkeit die Befugniß, gültiger Weise auch solche Handlungen der streitigen und nichtstreitigen Gerichtsbarkeit vorzunehmen, zu welchen sie außerdem nach den Bestimmungen des zweiten Abschnittes des Gesetzes über die Militairgerichtsverfassung nicht befugt sind.

Eine Grenze ist in dieser Beziehung nicht gezogen und die Befugniß geht daher jedenfalls soweit, als es die Umstände nöthig machen.

§. 61. Abs. I. M. G. V. G.

§. 47. Ges. sub C.

Rechtsstreitigkeiten, welche bei den Truppenkriegsgerichten vor dem Ausmarsche bereits anhängig geworden, sind nach Anordnung des Oberkriegsgerichts an die im Inlande zurückbleibenden Kriegsgerichte zur Fortstellung abzugeben.

§. 61. Abs. II. M. G. V. G.

Die Justiz angehende Präjudizien.

140.

Sconto (Disconto, Rabatt, Decort) bei dem Waarenhandel. — Verschiedene Bedeutungen je nach der gebrauchten Formel der Bewilligung. —

„Im Waarenhandel kommt der procentweise berechnete, unter den Namen Rabatt, Disconto, Sconto und Decort aufgeführte Abzug vom Kaufgelde, welcher dem Käufer vermöge Vertrags oder Usance verstattet wird, hauptsächlich in einer dreifachen Bedeutung vor, wie bereits in den

Annalen des O.-A.-G. Bd. I. S. 559. *)

bemerkt worden ist. Zuvörderst wird nämlich mit dem gedachten Ausdrucke derjenige Abzug bezeichnet, welchen der Waarenkäufer zufolge eines mit dem Verkäufer getroffenen Abkommens oder zufolge Usance für die verfrühte Zahlung des unverzinslich creditirten Kaufpreises zu kürzen befugt ist, indem der Verkäufer den Zinsbetrag, den er durch den gestatteten Credit entbehrt, in den Kaufpreis einrechnet und sich daher, wenn der Käufer den Credit gar nicht oder nicht für die ganze vorausgesetzte Zeit benutzt, die in den Preis gerechneten Zinsen ganz oder theilweise abziehen läßt.

cf. Thöl, Handelsrecht, Thl. 1. §. 66.

Die bei dieser Gattung des Sconto üblichen Formen der Bewilligung in der Factura lauten: „Ziel 6 Monate oder per contant mit 6 Procent Sconto," ingleichen: „per contant mit 6 Procent Sconto oder Ziel 6 Monate" u. s. w.

Zweitens bezeichnet der obige Ausdruck ganz im Allgemeinen einen Abzug vom Kaufgelde, welchen der Käufer unbedingt und ohne Berücksichtigung des Zeitpunktes, zu welchem die Zahlung erfolgt, und desjenigen, zu welchem sie zufolge des getroffenen Abkommens erfolgen soll, vertrags- oder usancemäßig vom Kaufpreise zu kürzen befugt ist. Dieser Decort pflegt häufig Seiten der Fabrikanten den Käufern von Manufacturwaaren gestattet zu werden und wird nicht

---

*) S. diese Zeitschr. N. F. Bd. XX. S. 408. Num. 213.

für die frühere Zahlung, sondern Behufs der Erleichterung der Cal-
culation gegeben, welche der Käufer sich für den Wiederverkauf der
Waaren macht.

cf. Brinkmann, Lehrbuch des Handelsr., §. 76. S. 319 f.

Die hierbei üblichen Formen der Bewilligung sind: „per contant
mit 6 Procent Sconto, Ziel 6 Monate mit 6 Procent Sconto, Ziel
6 Monate und 2 Monate und Tratte mit 6 Procent Sconto," ingleichen
mit andern Zahlungsfristen und andern Procentsätzen des Abzugs.

Endlich wird unter den Namen Sconto, Decort, Rabatt, eine
contractmäßig festgesetzte Prämie verstanden, welche vom Verkäufer
dem Käufer für den Fall der pünktlichen Innehaltung des bedungenen
Zahlungstermins versprochen worden ist. Die letztere Bedeutung
kann jedoch nur dann angenommen werden, wenn aus den von den
Contrahenten gebrauchten Ausdrücken deutlich hervorgeht, daß der
Rabatt oder Sconto nur für den Fall, daß zu bestimmter Zeit die
Zahlung erfolge, bewilligt sei, mithin in Wegfall komme, wenn der
Käufer mit der Zahlungsleistung in Verzug sich befinde.

cf. Brinkmann, a. a. O. S. 320.

Im vorliegenden Falle hat Beklagter ausdrücklich behauptet, daß
er sich mit dem Reisenden der Kläger im Monat Januar 1859 dahin
vereinigt habe:

daß er, Beklagter, mit der Bezahlung der von den Klägern
entnommenen und noch zu entnehmenden Waaren allemal
9 oder 10 Monate Frist haben solle, in diesen Fällen aber
blos 8 Procent Sconto abziehen dürfe, anstatt 10 Procent
bei nur 6 Monaten Ziel.

Nach der Ansicht des Oberappellationsgerichts kann diese Ausflucht
nur dahin verstanden werden, daß dem Beklagten in Betreff der Be-
zahlung des Kaufgeldes von dem Reisenden der Kläger ein doppelter
Vortheil gewährt worden sei, einmal nämlich eine 9—10 monatliche
Zahlungsfrist und außerdem noch ein Sconto von 8 Procent vom
Kaufpreise der entnommenen Waaren. Auch haben die Kläger selbst
die Exception in diesem Sinne aufgefaßt, indem sie unter Rückgabe
des angetragenen Eides erklären, daß, sobald Beklagter die angeblichen
Zusicherungen ihres Reisenden Betreffs einer Gestundung von 9—10
Monaten und eines Sconto von 8—10 Procent durch Leistung des
Relati erprobe, sie die Erklärungen ihres Reisenden nicht desavouiren
wollten. Erst in der Appellationsinstanz sind die Kläger mit der
Behauptung hervorgetreten, daß die Bewilligung eines Sconto von
10 Procent an die Einhaltung eines Zieles von 6 Monaten und die
Gestattung eines Sconto von 8 Procent an die Einhaltung einer Zahlungszeit von 9 auch 10 Monaten gebunden worden sei. Die Richtigkeit
dieses Einwandes erhellt jedoch keineswegs, wie von der zweiten Instanz angenommen worden, aus dem Vorbringen Beklagtens Bl. —,
indem daselbst ein Geständniß des Beklagten, daß ihm nur dann,
wenn er binnen 9—10 Monaten Zahlung leiste, ein Sconto von

8 Procent von dem Reisenden der Kläger bewilligt worden sei, nicht zu finden ist. Ebensowenig haben die Kläger im ersten Verfahren eine Replik dahin, daß das Sconto von der pünktlichen Innehaltung der Zahlungsfrist abhängig gemacht worden sei, vorgebracht 2c."

(Urthel des O.-A.-G. in Sachen Roeff 2c. ÷ Schumann, vom 28. März 1862. — Ger.-Amt Wurzen.)

141.

Dem Käufer eines Trennstücks ist an sich und wenn nicht dießfalls eine besondere Vereinbarung stattgefunden, eine thätige Mitwirkung zu Erlangung der Dismembrations- genehmigung nicht anzusinnen.

„Man hat der vorigen Instanz nicht beizutreten vermocht, wenn dieselbe den Beklagten auch zur thätigen Mitwirkung dazu, daß die von den Klägern beabsichtigte Dismembration die Genehmigung der betreffenden Verwaltungsbehörde erlange und in Folge hiervon speciell zur Mitvollziehung des Originals des Bl. — abschriftlich ersichtlichen Dismembrationsanbringens für verbunden erachtet hat 2c.

In dieser Beziehung ist zu bemerken, daß Kläger nicht zu be- haupten vermocht haben, Beklagter habe eine vertragsmäßige Verpflichtung zur Mitauswirkung der Dismembrationsgenehmigung bei Abschluß des fraglichen Parzellenkaufes oder bei irgend einer an- deren Gelegenheit übernommen. Ebensowenig kann von einer gesetz- lichen Nothwendigkeit der Mitwirkung des Beklagten bei dem Dis- membrationsverfahren die Rede sein, da sich in den einschlagenden Gesetzen und Verordnungen

Gesetz, die Theilbarkeit des Grundeigenthums betreffend, vom 30. Nov. 1843.

Ausführungsverordnung vom 30. Nov. 1843.

Verordnung vom 5. März 1847.

Verordnung vom 12. Juli 1851

keine desfallsige Bestimmung vorfindet, wie denn auch beide vorigen Instanzen dieß anerkannt haben. Somit könnte es sich nur fragen, ob die Thatsache allein, daß Beklagter ein Stück Land von den Klägern käuflich erworben hat, wegen dessen es, wie er mußte, um ihm das bürgerliche Eigenthum daran zu verschaffen, eines vorherigen Dismembrationsverfahrens und der Genehmigung zur Ausscheidung aus dem bisherigen Verbande mit dem übrigen Grundbesitze der Klä- ger Seiten der Steuerbehörde bedurfte, einen Grund, ihn zur thätigen Mitwirkung dabei verbindlich zu erachten, darbieten könnte. Allein dieß läßt sich nicht behaupten. Denn wenn man auch davon auszu- gehen hat, daß Beklagter mit der Einleitung des Dismembrations- verfahrens als einverstanden angesehen werden muß, so folgt doch daraus nur soviel, daß er den desfalls von den Klägern als den Verkäufern zu ergreifenden Maßregeln nicht berechtigt sein würde, ein

33*

Hinderniß entgegenzusetzen, keinesweges aber, daß er zur Entwickelung einer eigenen desfallsigen Thätigkeit verbindlich wäre, wie solche namentlich in der Mitvollziehung, bezüglich gerichtlichen Recognition desfallsiger Schriften und Anträge liegen würde. Dem auf letztere gerichteten Suchen der Kläger fehlt es daher an einem ausreichenden Grunde, und es kann hierbei nichts weiter darauf ankommen, ob die verlangte Mitwirkung des Beklagten für diesen mit einer besonderen Beschwerde verbunden, oder ohne solche ausführbar und gleichzeitig doch den Klägern vortheilhaft sein würde."

(Urthel des O.-A.-G. in Sachen Nitzsche ꝛc. ÷ Mathes, vom 1. April 1862. — Ger.-Amt Werdau.)

142.
Zur Lehre vom Commissionshandel.

„In der Natur des Rechtsverhältnisses, welches zwischen dem Committenten und Commissionär obwaltet, liegt es schon von selbst, daß dem Commissionär, abgesehen von dem Falle eines sogenannten gemessenen Auftrags, welchen er der Vorschrift gemäß vollziehen oder, wenn dieß nicht möglich, unvollzogen lassen muß, bei Ausführung des ihm übertragenen Geschäfts ein freieres, durch die besondern Umstände bedingtes Ermessen gestattet ist, bei welchem, wie sich von selbst versteht, der Vortheil des Committenten stets maßgebend für ihn werden muß. Die auf einem solchen unbestimmten Auftrage beruhenden Obliegenheiten des Commissionärs pflegen gewöhnlich kürzlich in dem Satze ausgedrückt zu werden, daß der Commissionär „bestmöglichst" zu verkaufen, beziehendlich einzukaufen gehalten ist.

Kann es daher durchaus nicht, wie Beklagter zur ersten Beschwerde Bl. — angenommen wissen will, als etwas Abweichendes von der allgemeinen Regel und als etwas Besonderes angesehen werden, wenn dem Commissionär der „bestmöglichste" Ein- oder Verkauf besonders zur Pflicht gemacht wird,

vgl. Treitschke, Rechtsgrundsätze vom Commissionsvertrage, S. 15.

wie dieses in den bei den Klagepunkten IV. VIII. und beziehendlich VII. erwähnten Fällen (Debetposten 15—19. 18.) nach dem Anführen Klägers in der That geschehen sein soll, so muß auch in diesen Fällen, wie überhaupt in der Regel wenigstens, zu Gunsten des Commissionärs, welcher aus Ein- und Verkäufen, die er im Auftrage des Committenten, wiewohl im eigenen Namen, abgeschlossen, Ansprüche gegen den Committenten erhebt, daß er das Beste des Letzteren bei Ausführung des Auftrags in Obacht genommen habe, so lange präsumirt werden, als bis nicht von Seiten des Gegners — was lediglich Sache der Ausflucht ist — behauptet und nachgewiesen werden kann, daß der Commissionär im Einzelfalle eines dolus oder einer vertretbaren culpa sich schuldig gemacht habe dadurch, daß er entweder die ihm zum Verkaufe übergebene Waare unter dem Werthe verkauft, obwohl Gelegenheit vorhanden war, sie höher zu verwerthen, oder beziehendlich bei vorhandener Gelegenheit billiger einzukaufen, höhere Preise verausgabt habe. Man würde andernfalls den Commissionär offenbar mit dem Beweise der Negative beschweren, welcher ihm billigerweise nicht angesonnen werden kann, ganz zu geschweigen, daß dessen Führung in vielen Fällen überaus schwierig, wenn nicht gar unmöglich sein würde.

Vgl. auch die in der Zeitschrift f. Rechtspfl. u. Verw. N. F. Thl. 13. S. 519. abgedruckte Entsch. des O.-A.-G."

(Urthel des O.-A.-G. in Sachen Wallerstein — Müller, vom 1. April 1862. — Handelsger. Leipzig.)

143.

In kaufmännischen Contocorrentverhältnissen ist die Forderung von Zinsen des vorgetragenen Saldo gestattet, auch wenn darunter bereits Zinsen begriffen sind.

„Ebenso unerheblich ist der Einwand Bl. —, daß unter dem geforderten Saldo an 4289 Thlrn. 19 Ngr. Zinsen enthalten und von den Klägern Zinseszinsen berechnet worden seien, da nach der vom Oberappellationsgerichte beim Rechtsprechen befolgten Ansicht in kaufmännischen Contocorrentverhältnissen vom vorgetragenen Saldo in seinem vollen Umfange und ohne Unterschied, ob darunter Zinsen begriffen sind oder nicht, Zinsen in Ansatz gebracht werden können.

cfr. Annalen des K. O.-A.-G. Bd. 1. p. 289 f."

(Urthel des O.-A.-G. in Sachen der Directoren der Leipziger Bank ÷ Grützmann, vom 11. April 1862. — Ger.-Amt Johanngeorgenstadt.)

144.

Zur Frage über die rechtzeitige Annahme einer Vertragsofferte.

„Wie schon in dem Eingange der vorigen Entscheidungsgründe Bl. — mit Recht bemerkt wird, ist der von dem Beklagten Bl. — aufgestellte Satz, eine Vertragsofferte müsse in der Regel so lange, als bis sie zurückgezogen worden, als fortwirkend angesehen werden und könne daher, sofern eine Zurücknahme nicht erfolgt, zu jeder Zeit noch von dem Promissar mit rechtlicher Wirkung angenommen werden, in der Allgemeinheit keineswegs richtig. Im Gegentheile ist davon auszugehen, daß in der Regel ein Anerbieten seine verbindende Kraft dann verliert, beziehendlich als abgelehnt anzusehen ist, wenn derjenige, welchem es gemacht worden ist, ohne ersichtlichen Grund die Erklärung der Annahme verzögert. Es entspricht dieser Grundsatz auch nicht allein der Natur der Sache und der vorausseitlichen Willensmeinung der Betheiligten, sondern es erscheint auch dessen Anwendung, namentlich für den Verkehr unter Handels- oder andern Geschäftsleuten geradezu als ein Gebot der Nothwendigkeit, wenn man nicht der freien Willensbestimmung des Einzelnen den empfindlichsten Nachtheil zufügen will; wie denn überhaupt bei Beantwortung der Frage, ob eine Verzögerung in Abgabe der Zustimmungserklärung auf Seiten des Promissars anzunehmen sei oder nicht, im Einzelfalle ganz wesentlich auf den Gegenstand des Vertrags, sowie auf die Personen der Interessenten und die Art ihrer Geschäftsverbindung Rücksicht zu nehmen sein wird. In diesem Sinne hat auch das Oberappellationsgericht mehrfach erkannt

vgl. Zeitschrift f. Rechtspfl. u. Verw. N. F. Thl. 15. S. 364 f. Thl. 19. S. 517 f.

und der Entwurf eines bürgerlichen Gesetzbuchs für das Königreich Sachsen geht nach Art. 842. von der gleichen Ansicht aus."

(Urthel des O.-A.-G. in Sachen Thost ÷ Lorenz, v. 3. April 1862. — Ger.-Amt Zwickau.)

145.

Zur Lehre von der Sachsenbuße.

„Es besteht in der Praxis der sächsischen Gerichtshöfe kein Zweifel darüber, daß auf Sachsenbuße nur derjenige in Anspruch genommen werden kann, der absichtlich oder verschuldeter Weise die Haft widerrechtlich anlegt oder verlängert. Es hat dieß seinen Grund darin, daß die Sachsenbuße nicht die civilrechtliche Ausgleichung des durch die Freiheitsentziehung verursachten Nachtheils allein bezweckt, sondern zugleich eine Strafe enthält, die nothwendig eine subjectiv zu imputirende Rechtswidrigkeit voraussetzt. Bei consequenter Festhaltung dieses Gesichtspunktes würde man zunächst zu der Ansicht gelangen können, daß gegen den Staat als eine moralische Person, die Verbrechen nicht begehen kann, der Anspruch auf Sachsenbuße überhaupt nicht verfolgt werden könne. Indessen hat sich die Praxis für Zulassung von Klagen auf Sachsenbuße auch gegen den Staatsfiscus erklärt, und so muß denn, da dieser Letztere offenbar hier nur als Vertreter der Organe des Staats in Frage kommt. die Imputationsfähigkeit dieser Organe den Maßstab für die Beurtheilung der im gegebenen Falle in Frage stehenden Verschuldung bieten.

Um dolus des Verhaftenden handelt es sich gegenwärtig nicht, sondern nur um culpa. Die in das Gebiet des Strafrechts überstreifende Natur der Sachsenbuße erfordert dabei die Feststellung des Begriffs der Fahrlässigkeit nach den durch die Strafgesetzgebung aufgestellten Grundsätzen und es wird demnach in Conformität mit der Vorschrift des 48. Artikels des Strafgesetzbuchs für das Dasein der culpa die Vernachlässigung der gewöhnlichen Bedachtsamkeit des Handelnden erfordert werden müssen, wo nicht eine besondere Verpflichtung zu ungewöhnlicher Bedachtsamkeit stattfindet. Es könnte dabei allerdings die Frage entstehen, ob nicht, wo die Handlung einen wissentlichen Eingriff in die Rechtssphäre eines Individuums enthält, jederzeit ungewöhnliche Bedachtsamkeit gefordert werden müsse. Allein wenn auch diese Frage an sich zu bejahen sein würde, so ist doch im Falle der Haftanlegung der Eingriff in individuelle Rechte nur ein scheinbarer, insofern das Recht auf persönliche Freiheit durch die Bestimmungen der Strafproceßordnung in den Fällen eine Einschränkung erleidet, wo die Schwere des in Frage stehenden Verbrechens die Flucht des Angeschuldigten oder die sonstigen Umstände Collusionen zu Vereitelung der Untersuchung fürchten lassen.

Das gegenwärtig in Frage gekommene Verbrechen ist nach Ausweis der beigelegten Acten ein solches, welches härtere Freiheitsstrafe von längerer Dauer für den Thäter erwarten ließ und die augenscheinliche Betheiligung einer Mehrheit von Personen bei demselben legte die Befürchtung von Collusionen nahe, es trat mithin die Berechtigung zu Schritten gegen die persönliche Freiheit des Angeschuldigten ein und die an die Bedachtsamkeit der Staatsorgane zu machenden Ansprüche traten also in die als Regel aufgestellte engere Grenze zurück.

Was nun den Grad der zu erfordernden Bedachtsamkeit von Seiten der bei Haftanlegung und Haftenthaltung thätig gewesenen Staatsorgane betrifft, so hat das Oberappellationsgericht allerdings nicht umhin gekonnt, mit der vorigen Instanz die Anlegung der Haft durch die vorhandenen Anzeichen für gerechtfertigt zu achten und eine schuldbare Säumniß bei den schließlich zu des Klägers Entlassung führenden Erörterungen zu erblicken nicht vermocht. Des Beklagten Entbindung von dem Anspruche auf Sachsenbuße war daher gerechtfertigt."

(Urthel des O.-A.-G. in Sachen Fischer ÷ procurat. fisci, vom 3. April 1862. — Appell.-Gericht Dresden.)

146.

Das dem Pfandgläubiger wegen chirographarischer Forderungen am Pfande zustehende Retentionsrecht cessirt nach sächsischem Hypothekenrechte bei dem Pfandrechte an Immobilien (Hypotheken).

„Das in der l. un. C. etiam ob chirographariam pecuniam pignus teneri posse [8, 27.] dem Pfandgläubiger auch wegen nicht connexer Forderungen unter gewissen Voraussetzungen zugebilligte Retentionsrecht kann der Beklagte nicht für sich geltend machen.

Die Bl. — aufgestellte Ansicht, daß dieses Recht in dem angezogenen Rescripte Gordian's nur den Faustpfandgläubigern zugestanden worden sei, ist allerdings keineswegs unbestritten,

vgl. Vangerow, Lehrbuch der Pandecten §. 382. (I. S. 984 f.)

und die daselbst S. 985. sub 2. citirten Schriftsteller,

und es scheint sogar richtiger, wenn man dasselbe gemeinrechtlich jedem Pfandgläubiger, wenn er sich im Besitze des Pfandes befindet, einräumt. Allein nach dem in Sachsen geltenden Hypothekenrechte, insbesondere also nach dem Gesetze vom 6. Nov. 1843, kann bei Pfandrechten an Grundstücken dem Hypothekengläubiger ein solches Retentionsrecht nicht zugestanden werden. Denn erstlich kann nach der Bestimmung in §. 80. dieses Gesetzes der hypothekarische Gläubiger nicht verlangen, daß er in den Besitz des Pfandgrundstücks gesetzt werde, und zweitens ist es unverträglich mit dem Principe der Oeffentlichkeit und der Specialität im Grund- und Hypothekenwesen, daß eine Hypothek nach Tilgung des Anspruchs, zu dessen Sicherstellung dieselbe bestellt worden ist, dem befriedigten Gläubiger oder dessen Erben noch eine weitere Berechtigung in Bezug auf das verpfändete Grundstück wegen Forderungen gewähre, die nicht in das Grund- und Hypothekenbuch eingetragen und nicht aus demselben zu ersehen sind.“
(Urthel des O.-A.-G. in Sachen Müllerin ÷ Siebert, vom 8. April 1862. — Ger.-Amt Dresden.)

147.

Zur Frage von der Zulässigkeit der Ueberleitung des Provocationsprocesses in den Hauptproceß.

„Es ist allerdings, wenn der Provocat die behauptete Diffamation zugestanden und die Thatsachen, auf welche er seine Forderung gründen will, sogleich und vollständig angegeben hat, eine Ueberleitung des Provocations- in den Hauptproceß zulässig. Dieß kann jedoch, wenn sich der Provocant auf das die Stelle der Hauptklage einnehmende Vorbringen nicht bestimmt und vollständig eingelassen hat, nur dadurch geschehen, daß die Anberaumung eines förmlichen Güte- und Rechtstermines angeordnet wird, weil der Provocationskläger ohne legale Vorladung keine formelle Verpflichtung hat, sich auf ein solches Vorbringen einzulassen und beziehendlich seine Exceptionen rechtzeitig vorzuschützen.

Erl. Proc.-Ordn. ad Tit. V. 55.
Biener, syst. proc. §. 303.

Im vorliegenden Falle hat nicht nur der Provocat die Diffamation fortwährend in Abrede gestellt, sondern es fehlt auch an einer gehörigen Einlassung des Provocanten auf das Anführen Bl. —. Durch die allgemeine Verneinung Bl. — und die eventuelle Erörterung über den Eidesantrag, bei welcher sich namentlich nicht ersehen läßt, ob der Provocant sich als Folge der Eidesleistung eine sofortige definitive Entscheidung im Hauptprocesse oder etwa nur eine Freisprechung des Provocaten von der Provocationsklage gedacht habe, kann diese förmliche Einlassung nicht ersetzt werden.“
(Urthel des O.-A.-G. in Sachen v. Wunsch ÷ Schmidt, vom 10. April 1862. — Ger.-Amt Dresden.)

148.

Der Gläubiger, welcher wegen einer rechtskräftig zuer=
kannten Forderung Execution in des Schuldners Immobi=
lien suchen will, ist nicht berechtigt, die Vormerkung
einer desfallsigen Hypothek zu verlangen, um sich, noch
ehe er in der Lage ist, die Hülfsvollstreckung nachzusuchen,
eine prioritätische Stelle für das ihm einzuräumende
Hülfspfandrecht zu sichern.

„Zufolge §. 51. des Gesetzes, die Grund= und Hypothekenbücher ꝛc.
betreffend, vom 6. Nov. 1843 kann, wenn eine mit einem Rechtstitel
zur Erlangung einer Hypothek versehene Forderung durch unverdäch=
tige Urkunden bescheinigt ist, die förmliche Eintragung in das Grund=
und Hypothekenbuch aber wegen eines noch zu beseitigenden, das Wesen
der Handlung nicht betreffenden Mangels nicht sogleich erfolgen kann,
auf Ansuchen des Betheiligten die Forderung einstweilen im Grund=
und Hypothekenbuche zum Behufe der Sicherung der Stelle für die
förmlich einzutragende Hypothek vorgemerkt werden. Nach den an
sich klaren Worten ist es offenbar eine doppelte Voraussetzung, unter
der eine derartige Vormerkung auf Antrag Platz ergreifen kann,
einmal die, daß unverdächtige Urkunden vorhanden sind, welche nicht
allein die Forderung und deren Betrag, letzteren wenigstens nach
einem Minimum, außer Zweifel stellen, sondern auch den Rechtstitel
zur Erlangung einer Hypothek nachweisen, sodann die, daß der förm=
lichen Eintragung selbst ein erst noch zu beseitigendes, das Wesen der
Handlung nicht berührendes Hinderniß entgegen steht, indem ja, wenn
ein solches Hinderniß nicht vorhanden, der Gläubiger, der einen
Rechtstitel zur Hypothekenerwerbung beigebracht hat, ohne Weiteres
die Eintragung selbst verlangen kann.

Nun kann ein Rechtstitel zur Erwerbung einer Hypothek ent=
weder auf einer unmittelbaren gesetzlichen Bestimmung oder auf dem
durch Vertrag oder letztwillige Disposition erklärten Privatwillen be=
ruhen (§. 37. des Hypothekengesetzes). Welche Gläubiger Kraft des
Gesetzes selbst und ohne daß es dazu einer Willenserklärung
des Schuldners bedarf, zur Erwerbung einer Hypothek berech=
tigt sind, ergiebt sich aus den §§. 38—41. des angezogenen Gesetzes;
zu ihnen gehören unter Anderen nach §. 40. alle Gläubiger ohne
Unterschied wegen ihrer durch rechtskräftiges Erkenntniß entschiedenen
oder sonst zur Hülfsvollstreckung geeigneten Forderungen, soweit sie
nicht schon durch Hypothek versichert und gedeckt sind, rücksichtlich der
von ihnen als Hülfsobject bezeichneten Immobilien des Schuldners;
nach vorausgegangener Feststellung des Schuldbetrags in Gemäßheit
der Proceßgesetze sollen sie die Eintragung verlangen können und in
dieser Eintragung des Schuldbetrags soll die Vollstreckungshandlung
bestehen. Das Gesetz hat hier an dem bisherigen Rechte im Wesent=
lichen nur insofern etwas geändert, als es an die Stelle der bei der

Hülfsvollstreckung in Immobilien früher üblich gewesenen symbolischen Handlungen die Eintragung in das Grund- und Hypothekenbuch gesetzt und für die bereits mit Hypothek versehenen Gläubiger die Ausübung des gesetzlichen Rechtstitels nur in Ansehung desjenigen Theils des in Gemäßheit der Proceßgesetze festgestellten Schuldliquidums für erforderlich erachtet hat, welcher durch die bereits bestehende Hypothek nicht gesichert ist;

vgl. §. 16. der Ausführungsverordnung v. 15. Febr. 1844. es hat also hier nur festgesetzt werden sollen, in wie weit es in Fällen der fraglichen Art noch eines Hülfsactes bedürfen und worin diese Vollstreckungshandlung bestehen solle. Eine Abänderung des durch das Gesetz vom 28. Febr. 1838 bestimmten und geregelten Hülfsverfahrens ist hierbei offenbar nicht beabsichtigt worden; die Worte: „nach vorausgegangener Feststellung des Schuldbetrags in Gemäßheit der Proceßgesetze" finden ihre einfachste und natürlichste Erklärung in dem in §. 48. aufgestellten Principe der Specialität, zufolge dessen nur Forderungen, welche der Summe nach bestimmt sind, in das Grund- und Hypothekenbuch eingetragen werden können und das Grundstück nur bis zu dem Betrage der eingetragenen Summe haftet.

Nach dem Allen ist mit der vorigen Instanz davon auszugehen, daß der Rechtstitel zur Erlangung einer Hypothek auf Grund des angezogenen §. 40. erst mit dem Momente entsteht, wo der Gläubiger sich in der Lage befindet, den Antrag auf Hülfsvollstreckung stellen zu können, und dieser Augenblick ist nach den Vorschriften des gedachten Executionsgesetzes erst dann vorhanden, wenn die dem Schuldner in der Zahlungsauflage eingeräumte Zahlungsfrist abgelaufen ist, ohne daß der Auflage Genüge geleistet wurde.

Nun war aber die Impetratin an dem Tage, unter welchem auf ihren vorausgegangenen Antrag die Vormerkung der ihr an den Ehemann der Impetrantin zustehenden Forderung erfolgte (am 10. Juni 1861) noch keineswegs in der Lage, die Hülfsvollstreckung nachsuchen zu können, denn hatte sie auch bereits ein rechtskräftiges Erkenntniß für sich und war auch der Schuldbetrag bereits gerichtlich festgestellt, so war doch an jenem Tage noch nicht einmal eine Zahlungsauflage an den Schuldner erlassen, vielmehr ist dieß nach Bl. — des Beilagsfascikels erst am 14. Juni geschehen und somit hatte die Impetratin damals noch gar keinen Rechtstitel zur Erwerbung der Hypothek; es fehlte also die erste und nothwendigste Voraussetzung, welche nach §. 51. des Hypothekengesetzes zur Begründung des Antrages auf Vormerkung vorhanden sein mußte, und in Berücksichtigung dieses ganz wesentlichen Mangels, dessen Vorhandensein ein näheres Eingehen auf die Frage, ob nicht überhaupt die Bestimmung in §. 51. auf solche Forderungen, welche mit einem auf Privatwillen beruhenden Rechtstitel zur Erwerbung einer Hypothek versehen sind, zu beschränken sei, entbehrlich macht, hat Impetrantin vollkommen Recht, wenn sie der geschehenen Vormerkung jede Wirkung abgesprochen und ihrer

nach Bl. — am 11. Juni 1861 nach Höhe von 200 Thlrn. einge=
tragenen Jllatenforderung die Priorität vor der nach Bl. — erst unter
dem 13. Juli 1861 zur förmlichen Eintragung gelangten Forderung
der Impetratin zuerkannt wissen will."

(Urthel des O.=A.=G. in Sachen verehel. Mühlig ÷ verehel.
Groß, v. 10. April 1862. — Ger.=Amt Eibenstock.).

149.

Zur Frage von der Verjährung der res litigiosae.

„Beide vorige Instanzen sind nach Bl. — bei der rechtlichen
Beurtheilung des von den Impetraten beigebrachten Beweismaterials
von dem Satze ausgegangen,

daß Sachen, worüber ein Proceß angefangen worden und liegen
geblieben, insofern sie der Beklagte gegen den Kläger ersitzen
wolle, nur binnen 40 Jahren, von der letzten gerichtlichen Hand=
lung an gerechnet, verjährt werden können,

sie haben deducirt, daß nach Inhalt der beiliegenden Acten bereits im
Jahre 1823 das gegenwärtig von dem Impetraten in Anspruch ge=
nommene Wässerungsbefugniß Gegenstand einer rechtlichen Differenz
gewesen, diese aber seit dem 22. Sept. 1824 liegen geblieben sei, von
da an bis zum Beginn des vorliegenden Rechtsstreites nach Bl.—
im Juni 1857 ein Zeitraum von 40 Jahren noch nicht verflossen
wäre, mithin der Theil des Beweises der Impetraten, der sich auf eine
innerhalb der letztverflossenen ordentlichen Verjährungsfrist von 31
Jahren 6 Wochen 3 Tagen, von Zeit des Beginns der jetzigen Dif=
ferenz zurückgerechnet, angeblich stattgefundene ungestörte Ausübung
jenes Bewässerungsbefugnisses bezieht, nicht in Betracht kommen
könne.

Der vorgedachte, an die Spitze der Deduction der früheren Ent=
scheidungen gestellte Satz ist aber, wenigstens in dieser Allgemeinheit,
nicht begründet und kann, in soweit er anzuerkennen ist, im vorlie=
genden Processe keine Anwendung finden.

Derselbe gründet sich auf

l. 9. C. de praescriptione XXX vel XL annor. (7, 39.)
und

l. 1. C. de annali exceptione etc. (7, 40.)

In beiden Gesetzstellen wird, unter theilweiser Abänderung der bis
dahin geltenden Vorschriften, als Grundsatz aufgestellt, daß, wenn
jemand sein Recht, welches außerdem schon binnen 30 Jahren, oder in
kürzerer Frist aufgehört haben oder verloren gegangen sein würde, durch
Erhebung einer Klage zu verfolgen begonnen habe, dieses Recht, dafern die
Klage aus irgend einem Grunde nicht fortgestellt worden sein sollte, nur
erst nach Ablauf von 40 Jahren, von Zeit der letzten im Processe
vorgekommenen Handlung an gerechnet, für erloschen anzusehen sei.

Hieraus ergiebt sich aber,

1. daß diese Verjährung geordnet ist zu Gunsten eines Rechtes, eines Anspruchs, den der Kläger gegen den Beklagten rechtshängig gemacht hat, und

2. daß das ganze Institut lediglich unter den Begriff der Verjährung der Litispendenz fällt.

Vgl. Linde, in der Zeitschrift für Civilrecht und Proceß, Bd. 6. Abhandl. 5. und 6.

Heimbach, im Rechtslexicon s. v. Verjährung, Bd. 12. S. 512 f.

ad 1. In dem vorliegenden Falle haben nun aber nicht die Kläger im Jahre 1823 ein ihnen zustehendes Recht mittelst einer Klage geltend gemacht, sondern sie haben sich lediglich auf die einem rechtlichen Zweifel nicht unterliegenden, für die Oberlausitz geltenden gesetzlichen Bestimmungen des Oberamtspatentes vom 18. August 1727 berufen und die damaligen Beklagten sind angewiesen worden, denselben nachzukommen. Nur die Beklagten haben exceptionsweise auf ein ihnen zustehendes, durch Verjährung erworbenes Befugniß sich bezogen, haben dieß nach Maßgabe der im angezogenen Oberamtspatente §. 14. getroffenen Bestimmung in continenti liquid zu machen unternommen, haben zu diesem Behufe um Abhörung von Zeugen gebeten, diese sind abgehört, der dießfalls ausgefertigte Zeugenrotul auch zu den Acten gebracht, hierauf aber weder von den Partheien noch von dem Gerichte irgend etwas in der Sache weiter gethan worden. Es war also nur das Bewässerungsrecht der Beklagten streitig, dieses war exceptionsweise in litem deducirt und dieses bedurfte einer richterlichen Entscheidung.

Hieraus würde folgen, daß die vorerwähnte vierzigjährige Verjährungsfrist nur zu Gunsten der Beklagten, die excipiendo in die Stelle der Kläger eingetreten sind, laufen könnte, daß also das von ihnen behauptete Recht nur durch den Ablauf von 40 Jahren seit dem Liegenbleiben jenes Processes verloren gehen konnte, ein Fall, von dem, weil jene 40 Jahre noch nicht verstrichen sind, nicht die Rede sein kann.

Unter diesen Umständen kann man auch die im Erkenntnisse erster Instanz behandelte Frage, ob die in Rede stehende Verjährung der Litispendenz nur dann eintreten könne, wenn ein petitorischer Proceß stattgefunden habe, oder ob sie auch zur Anwendung zu bringen sei, wenn ein possessorisches Rechtsmittel die Veranlassung zu einem Rechtsstreite gegeben habe, auf sich beruhen lassen.

Wollte man nun aber auch hiervon allenthalben absehen und annehmen, daß im vorliegenden Falle die Kläger einen Anspruch dadurch geltend gemacht hatten, daß sie sich im Jahre 1823 auf die Bestimmungen des Oberamtspatents beriefen und verlangten, daß die Beklagten sich darnach richteten, so folgt doch

ad 2. aus der Natur der in Rede stehenden gesetzlichen Disposition der geordneten Verjährung der Litispendenz nur soviel, daß die Partheien bis zum Schluße dieser, wie gedacht, noch gar nicht abgelaufenen Frist dem Beginne eines neuen, denselben Gegenstand betreffenden Rechtsstreites widersprechen und die Beendigung des noch unvollendeten Processes verlangen konnten.

Das hat aber keine der streitenden Partheien gethan, vielmehr haben beide den früheren unvollendeten Rechtsstreit bis zu dem von den Beklagten jetzt geführten Beweise ignorirt und aus der vorhandenen Litispendenz kein Recht für sich abgeleitet.

Kläger haben den Rechtsstreit von Neuem begonnen und sich jetzt, wie damals, auf die ihnen günstigen Bestimmungen des Oberamtspatents vom 28. Aug. 1727 berufen, daher factisch auf Fortstellung des früheren Rechtsstreites verzichtet, Beklagte aber haben die Einrede der Litispendenz, die sie nach Lage der Sache hätten vorschützen können, nicht benutzt, die frühere Einrede aber von Neuem opponirt.

Hat aber sonach keine der Partheien den jetzigen Proceß als eine Fortsetzung des früheren angesehen, keine die Beendigung des früher liegen gebliebenen Processes beantragt, ist sogar in dem neueren Rechtsstreite, ohne alle Rücksicht auf den früheren, den Beklagten der Beweis ihrer exceptivischen Behauptung, daß ihnen ein durch Verjährung erlangtes Recht zur beliebigen und unbeschränkten Wiesenbewässerung zustehe, Bl. — rechtskräftig auferlegt worden, so ist dadurch von allen Seiten zweifellos anerkannt worden, daß die vorhandene Litispendenz unbeachtet bleiben solle.

Ist aber die Litispendenz mit ihren Folgen nicht zu attendiren, so liegt weiter kein Grund vor, einer in der Zeit zwischen dem Liegenbleiben des früheren Rechtsstreites und dem Beginne des gegenwärtigen Processes etwa eingetretenen vollen Verjährung ihre Wirkung abzusprechen. Es leuchtet dieß sofort ein, wenn man erwägt, daß sogar dann, wenn jener frühere Rechtsstreit, anstatt liegen zu bleiben, zu Gunsten der Kläger rechtskräftig entschieden worden wäre, nach Beendigung dieses Processes eine dieser rechtskräftigen Entscheidung entgegenlaufende Verjährung ohne Zweifel sofort hätte beginnen und mit voller Wirkung binnen 31 Jahren 6 Wochen 3 Tagen vollendet werden können. Ein größeres Recht konnten aber die Kläger durch das Liegenbleiben jenes Rechtsstreites in alle Wege nicht erlangen, als durch eine ihnen günstige rechtskräftige Entscheidung, wie denn auch die deutlich angegebenen Motiven des Gesetzgebers in den oben allegirten Stellen erkennen lassen, daß die darin geordnete Verlängerung der gewöhnlichen Verjährungsfrist nur darin ihren Grund hatte, daß man den Kläger gegen den Nachtheil schützen wollte, der ihm aus der Verzögerung der Entscheidung über seinen Anspruch erwachsen könnte.

Wie nun aus allen diesen Gründen nicht nur der zwischen den Partheien in den Jahren 1823 und 1824 anhängig gewesene und unbeendigt gebliebene Rechtsstreit in Ansehung der ihm zugeschriebenen Einwirkungen auf das seitdem sich gestaltete Rechtsverhältniß unter den Partheien ohne Wirkung zu bleiben hat; so hat man aber auch dem in jenem Processe aufgenommenen Rotul über die Aussage der damals abgehörten Bescheinigungszeugen in Uebereinstimmung mit der dießfallsigen Ansicht der Kläger Bl. — irgend einen Werth nicht beilegen können. Gegenwärtig bewegt sich der vorliegende Rechtsstreit auf Grund des angezogenen rechtskräftigen Beweisinterlocuts in den Formen des ordentlichen Processes und ist dazu bestimmt, eine endgültige Entscheidung des zwischen den Partheien streitigen Rechtsverhältnisses herbeizuführen. Hierzu können aber nicht Depositionen von Zeugen benutzt werden, die im Beweise nicht denominirt, im Productionstermine nicht producirt und in Betreff deren dem Gegner im Processe nicht Gelegenheit gegeben ist, durch Fragstücke oder sonst die Glaubwürdigkeit derselben zu prüfen und anzufechten.

Zwar würden diese Zeugenaussagen in jenem älteren nur summarischen Processe dessen allen ungeachtet nicht ohne Berücksichtigung bei Ertheilung der dort zu fällen gewesenen Entscheidung haben bleiben können, allein darin liegt keine Inconsequenz, weil eine jede in dem durch das oft angezogene Oberamtspatent geordneten Verfahren ertheilte Entscheidung immer noch keinen definitiven Character hat, vielmehr nach Ansicht des Oberappellationsgerichts

vergl. dabei Annalen des Oberappellationsgerichts Bd. 2. S. 350. *)

dem in diesem Interdictsprocesse unterliegenden Theile immer noch die Beschreitung des ordentlichen Rechtsweges nachgelassen ist. Dieser von den Klägern nach Bl. — anfänglich allerdings beabsichtigte Interdictsproceß ist aber dadurch, daß das Proceßgericht Bl. — die von den Beklagten dem ertheilten Verbote entgegengestellte Einrede des durch Verjährung erlangten gegentheiligen Befugnisses zum formellen Beweise ausgesetzt hat und die Kläger dagegen nicht remedirt haben, verlassen und nunmehr der ordentliche Proceßweg eingeschlagen worden, in welchem das streitige Recht einer definitiven Entscheidung zwischen den Partheien entgegenzusehen hat."

(Urthel des O.-A.-G. in Sachen Urban 2c. ÷ Lehmann, vom 10. April 1862. — Ger.-Amt Budissin.)

---

*) S. diese Zeitschrift N. F. Bd. XX. S. 162. f. Nummer 112.

150.

Der Eidesantrag über die Thatsachen, worüber der andere Theil in der wider ihn anhängig gewesenen Untersuchung den Reinigungseid abgeleistet hat, ist im Civilbeweise statthaft.

„In Ansehung der Frage, ob der Beklagte verhindert gewesen sei, sich beim Civilbeweise des Eidesantrags über dieselben Thatsachen zu bedienen, worüber in der Untersuchung der Reinigungseid von dem Kläger geleistet worden, ist Folgendes zu bemerken: Zunächst kann der Art. 449. der Strafproceßordnung auf den vorliegenden Fall nicht, auch nicht einmal analog angewendet werden. Denn dieser Artikel bestimmt, insoweit er den Civilproceß und die Entscheidungen der Civilgerichte angeht, nur den Einfluß, welchen ein Strafurtheil, wodurch der Angeklagte der ihm beigemessenen Handlung für schuldig erkannt, diese Handlung also für bewiesen erachtet worden ist, auf die Entscheidung im Civilprocesse über die privatrechtlichen Ansprüche des Verletzten aus derselben Handlung des Angeklagten äußern soll. Nur also dann, wenn der gegenwärtige Kläger in der auf Antrag des Beklagten wider ihn eingeleiteten Untersuchung verurtheilt worden wäre, hätte die, selbst in diesem Falle nicht zweifellose, Anwendung des Art. 449. in Betracht gelangen müssen, aber alsdann hätte sich auch die Frage nur so gestalten können, ob in Berücksichtigung der Verhältnisse des vorliegenden Civilprocesses nach Art. 449. die Bezugnahme auf die Acten und das Straferkenntniß des Untersuchungsrichters für den Beweis des Beklagten hinreichend und der Civilrichter gebunden gewesen wäre, die Thatsachen, welche der Untersuchungsrichter für bewiesen erachtet, als feststehend anzuerkennen.

Die gegen den Kläger geführte Untersuchung hat jedoch in Folge des ihm nachgelassenen und von ihm abgeleisteten Reinigungseides mit einer Freisprechung in Mangel an vollständigem Beweise geendet. Daß durch eine bedingte oder unbedingte Freisprechung des Angeklagten wegen der ihm als strafbar beigemessenen Handlung die Ausführung der privatrechtlichen Ansprüche, welche diese Handlung auf Seiten des Letzteren begründet, nicht aufgehoben wird, daß es vielmehr dem Letzteren immer noch freisteht, solche Ansprüche im Civilprocesse auszuführen und zu diesem Behufe die nämliche Handlung, welche bereits Gegenstand einer Untersuchung gewesen, aber dem Angeklagten gegenüber nicht erwiesen oder nicht für erwiesen erachtet worden ist, nimmermehr nach den Regeln der Beweisführung im Civilprocesse und durch die bei dieser zulässigen Beweismittel darzuthun, ist ein in der bisherigen Praxis unbestrittener Satz, an dem auch der Art. 449. der Strafproceßordnung nichts geändert hat und nichts ändern konnte, wenn nicht dem Untersuchungsverfahren ein unstatthafter Einfluß auf die gesetzliche Verfolgung privatrechtlicher Ansprüche vor dem competenten Civilrichter hätte beigelegt werden sollen.

Daß der Eidesantrag über eine unerlaubte Handlung angetragen werden darf, wenn diese Handlung zugleich von privatrechtlichen Folgen begleitet wird und privatrechtliche Ansprüche und Befugnisse daraus erhoben werden, ist ein fernerer Satz, der, wie die vorige Instanz mit Recht angeführt hat, in der sächsischen Praxis als Regel anerkannt und befolgt worden ist. Im Allgemeinen also unterliegt es keinem Zweifel, daß bei dem Civilbeweise einer solchen Handlung der Eidesantrag, insoweit er nach den bürgerlichen Proceßgesetzen an sich zulässig ist, auch dann benutzt werden kann, wenn eine Untersuchung vorausgegangen und der Angeklagte im Mangel allen oder vollständigen Beweises freigesprochen worden ist.

Es ist kein genügender Grund zu einer Ausnahme von dieser Regel vorhanden, wenn beim Civilbeweise der Eid über Thatsachen angetragen werden soll, welche der Delat in der Untersuchung vermittelst eines Reinigungseides abgelehnt hat. Denn in allen den Fällen, welche nicht unter die Vorschrift des Art. 449 subsumirt werden können, ist auch gegenwärtig noch der Grundsatz festzuhalten, daß nach heutigem Rechte, bei der wesentlichen Verschiedenheit des Zweckes und der Form, die Beweisaufnahme und das Erkenntniß im Untersuchungsprocesse weder die Verbindlichkeit, noch die Berechtigung zur Beweisführung im Civilprocesse aufhebt oder beschränkt, weil sie kein formelles Recht zwischen den betheiligten hinsichtlich der privatrechtlichen Folgen der incriminirten Handlung herstellt.

Die Leistung eines Reinigungseides, da, wo dieselbe nach der Strafproceßordnung überhaupt zulässig ist, hat also nur den Erfolg, daß der Angeklagte von der ihn außerdem treffenden Strafe befreit wird, für die civilrechtlichen Folgen der ihm beigemessenen Handlungen gewährt die Untersuchung und auch die Leistung des Reinigungseides keine formelle Wahrheit. Der Verletzte muß seine privatrechtlichen Ansprüche im Civilprocesse nach den formalen Vorschriften der Civilproceßgesetze beweisen, wenn er dieselben zur Geltung bringen will; es können sich im Civilprocesse beide Partheien bei ihrer Beweisführung der Untersuchungsacten bedienen, um durch den Nachweis dessen, was nach Inhalt dieser Acten vor dem Untersuchungsrichter geschehen und erörtert worden, Beweis- oder Gegenbeweisgründe herbeizuschaffen, sie sind aber, wenigstens außer dem Falle des Art. 449., nicht gezwungen, diesen Weg der Beweis- oder Gegenbeweisführung zu wählen, wenn sie sich davon nach Lage der Sache keinen Erfolg für den Civilproceß versprechen. Der Civilrichter kann den Inhalt der Untersuchungsacten, ohne deren formale Benutzung als Beweismittel, nach den Regeln des Civilprocesses bei seiner Entscheidung nicht berücksichtigen, und wenn diese Benutzung erfolgt ist, muß er bei Abfassung des Definitiverkenntnisses die Ergebnisse der Untersuchung einer freien und selbstständigen Prüfung unterwerfen, ohne sich dabei an die Auffassung und Entscheidung des Untersuchungsrichters zu binden. In dem vorliegenden Rechtsstreite, auf welchen der Art. 449.

der Strafproceßordnung nicht paßt, hat sich der Beklagte, wie schon anderen Orts bemerklich gemacht worden ist, der Untersuchungsacten nicht zu dem Zwecke als Beweismittel bedient, um damit direct den Beweis der betreffenden Thatsachen zu führen, und in der That wären auch dieselben nicht geeignet gewesen, irgend einen bei der Entscheidung im Civilprocesse beachtenswerthen Beweisgrund zu liefern, da sie weder ein Geständniß des Klägers, noch andere für die Wahrheit der zu beweisenden Thatsache sprechende Momente darbieten; denn die Aussage eines unvereideten Zeugen hat, wie bekannt, im Civilprocesse gar keine Beweiskraft. Einen directen Gegenbeweis mit Benutzung der gedachten Untersuchungsacten als Beweismittel hat der Kläger seinerseits nicht unternommen, so daß nach den oben entwickelten Grundsätzen nur die Frage noch entstehen mochte, ob in dem Wesen und dem Zwecke des Eides bei bürgerlichen Rechtsstreitigkeiten ein selbst von amtshalber zu berücksichtigender Grund gegen die Zulässigkeit des hier streitigen Eidesantrages zu finden gewesen sei.

Eine ausdrückliche Bestimmung, nach welcher die wiederholte Ableistung eines Eides über dieselben Thatsachen schlechthin untersagt wäre, enthalten die sächsischen Gesetze nicht. Die religiöse und sittliche Seite der Handlung verbietet allerdings die Ableistung überflüssiger Eide, welche der erkennende Richter eben deßhalb schon von amtshalber nicht zulassen darf. Allein diese Rücksicht auf die Heiligkeit des Eides darf auch nicht weiter, als eben zu einer Vermeidung überflüssiger und wahrheitswidriger Eide, und nicht zu einer Beschränkung der beweispflichtigen Parthei in dem Gebrauche eines an sich gesetzlich erlaubten Beweismittels führen. Als überflüssig kann im Civilprocesse eine Eidesleistung nur dann betrachtet werden, wenn dadurch Thatsachen, welche von keiner Bedeutung für die Entscheidung des streitigen Rechtsverhältnisses sind, abgelehnt, oder Thatsachen bestätigt werden sollen, die zwar an sich von Einfluß, aber von dem Gegner gar nicht bestritten worden sind, und eben deßhalb gar keines Beweises bedürfen. Die bereits erfolgte Ableistung eines dieselben Umstände betreffenden Eides dagegen würde die Nothwendigkeit einer neuen Beweisführung und die Zulässigkeit des Eidesantrages bei dieser neuen Beweisführung nur dann ausschließen, wenn durch jene Eidesleistung die formelle Wahrheit oder Unwahrheit der betreffenden Thatsachen zwischen den streitigen Partheien bereits festgestellt und dieses formelle Recht geltend gemacht worden wäre. Schon aber nach römischem Rechte,

l. 3. §. 3. l. 9. §. 7. l. 10. l. 11. §. 3.
l. 12. D. de jurejurando (12, 2.).
Savigny, System ꝛc. §. 311. Bd. 7. S. 64.
Keller, Pandecten, S. 101. S. 194.

beschränkte sich die Wirkung der Eidesleistung auf die Partheien, unter welchen die Zuschiebung und Ableistung desselben vor sich gegangen war, und deren Rechtsnachfolger. Nach den Grundsätzen des heutigen und so auch des sächsischen Proceßrechtes, welches den Eides-

antrag in der Eigenschaft eines Beweismittels im Civilproceſſe anerkennt, kann es noch weniger zweifelhaft erſcheinen, daß die Eidesleiſtung im Civilproceſſe in der Regel nur zwiſchen den Partheien,
welche den betreffenden Rechtsſtreit mit einander geführt haben, eine
formelle Gewißheit über die Exiſtenz oder Nichtexiſtenz der eidlich be-
ſtätigten oder abgelehnten Thatſachen begründet. Gelangen aber dieſe
Thatſachen einer anderen Perſon gegenüber abermals als Entſtehungs-
gründe von Rechten oder Verpflichtungen zur Sprache, ſo bedarf es
einer neuen, von der früheren unabhängigen Beweisführung. Von
dieſer Regel macht zwar das römiſche Recht bei Correal- und bürg-
ſchaftlichen Verhältniſſen eine Ausnahme,

vgl. l. 28. pr. §. 1. 3. D. de jurejur.
l. 1. §. 3. D. quar. rer. act. non dat. (44, 5.).

wenn aber auch dieſe Vorſchriften des römiſchen Rechts, welche nicht
auf der Vorſtellung, daß wiederholte Eidesleiſtungen ſchlechterdings
unzuläſſig ſeien, ſondern auf den civilrechtlichen Grundſätzen über die
Liberation des Schuldners bei dergleichen Verhältniſſen beruhen, noch
gegenwärtig anwendbar ſind und eine exceptio jurisjurandi und
rei judicatae begründen können, ſo darf dieß doch nur in den im
Geſetze bezeichneten oder dieſen analogen Fällen geſchehen.

Vgl. Zeitſchrift für Rechtspflege und Verwaltung Bd. 15.
S. 456.

Von einer exceptio rei judicatae oder jurisjurandi in dieſem
Sinne konnte aber hier ſchon deshalb nicht die Rede ſein, weil der
Kläger nicht im Civilproceſſe, ſondern in der Unterſuchung geſchworen
hat und der in der Unterſuchungsſache von dem Kläger geleiſtete Reinigungseid, wie bereits gezeigt worden iſt, für die privatlichen Anſprüche des Beklagten gar keine formelle Gewißheit begründet. Und
wenn es daher auch in anderer Beziehung wünſchenswerth geweſen
wäre, eine nochmalige Leiſtung dieſes Eides zu vermeiden, ſo konnte
doch deshalb allein der Gebrauch des Eidesantrags dem Kläger nicht
verſagt werden.‟

(Urthel des O.-A.-G. in Sachen Ruthenberg ÷ Schwartze,
vom 15. April 1862. — Handelsgericht Leipzig.)

151.

Nicht der Zeitpunct der Vollziehung und bezüglich gerichtlichen Recognition, ſondern der aus der Datirung derſelben
ſich ergebende Zeitpunct der Ausſtellung iſt für die Auslegung einer Urkunde entſcheidend.

„Die zweite Inſtanz hat Bl. — ein hauptſächliches Gewicht auf
das Anführen der Kläger Bl. —, daß ſie die Pachturkunde kurze Zeit
vor der am 4. October 1855 erfolgten gerichtlichen Recognition un-
terſchriftlich vollzogen haben, gelegt, indem ſie von der Anſicht ausgeht, daß nicht ſowohl der Tag der Ausfertigung der Urkunde, als

vielmehr die Zeit, zu welcher die Kläger den Pachtcontract vollzogen haben, in Betracht komme, weil die Kläger erst durch die Vollziehung desselben den darin enthaltenen Bestimmungen sich unterworfen hätten, sonach aber die Verzichtleistungen in §. 14., sowie in dem später zu erwähnenden §. 18. des Pachtvertrags durch die vorbehaltlose Vollziehung zu einer Zeit, zu welcher die Uebergabe erfolgt, und die Räumungsarbeiten vollendet gewesen, in Wirksamkeit getreten seien. In gleicher Weise hat die erste Instanz Bl. — dem Umstande, daß die Kläger die Pachturkunde ohne allen Vorbehalt gerichtlich anerkannt haben, einen Einfluß auf die Entscheidung beigemessen. Diesen Ansichten vermag man jedoch nicht beizupflichten.

Bei Abfassung der Pachturkunde Bl. — haben die Partheien offenbar den Zweck verfolgt, ein Beweismittel für den unter ihnen abgeschlossenen Pachtvertrag herzustellen. So unbestritten nun auch ist, daß dieses Beweismittel erst durch die Vollziehung der Urkunde Seiten der Contrahenten geschaffen wird und zur Existenz gelangt, so kann doch aus diesem Grundsatze nicht die Folgerung abgeleitet werden, daß bei Beurtheilung des Vertragsverhältnisses nicht sowohl auf das unter die Urkunde selbst gebrachte Datum der Ausstellung, sondern auf den aus dem Documente nicht erhellenden und erst durch spätere Erklärungen der Partheien in Gewißheit gesetzten Tag, an welchem die Urkunde nach deren Ausfertigung von den Partheien vollzogen worden ist, zu sehen sei. Denn die Contrahenten haben dadurch, daß sie bei der Vollziehung das Datum der Ausstellung nicht abgeändert haben, ihre Willensmeinung, daß das Vertragsverhältniß, sowie es sich zu der aus der Urkunde ersichtlichen Zeit der Ausfertigung gestaltet hat, genau festgestellt und fixirt werde, mit der erforderlichen Deutlichkeit zu erkennen gegeben. Hieraus folgt aber, daß bei Auslegung der Urkunde Vorgänge, welche zwischen der Zeit der Ausfertigung und der Vollziehung der Urkunde eingetreten sind, nicht in Betracht kommen können, indem den Contrahenten, falls sie beabsichtigt haben sollten, daß jene Vorgänge als ein Bestandtheil des in der Urkunde dargestellten Contractsverhältnisses angesehen werden, obgelegen hätte, entweder durch einen Nachtrag das Datum der Ausfertigung abzuändern oder die nurgedachte Absicht durch Zusatzbestimmungen unter einem neuen Datum in unzweideutigster Weise kund zu geben."

(Urthel des O.-A.-G. in Sachen Gocht u. Gen. ÷ Stadtrath zu Zittau, v. 21. April 1862. — Ger.-Amt Zittau.)

152.

Auch im ordentlichen Besitzprocesse kommt darauf, ob der vom Possessorienkläger behauptete Besitz einem Dritten gegenüber fehlerhaft ist, nichts an.

„Der dem Erkenntnisse zweiter Instanz zu Grunde liegende Rechtsgrundsatz, daß in dem gegenwärtigen Besitzprocesse nur der Befitz der ftreitenden Theile in Frage ftehe und daher darauf, ob dieser Befitz einem Dritten gegenüber fehlerhaft fei, etwas nicht ankomme, ift im Mandate, die Entfcheidung einiger zweifelhaften Rechtsfragen betreffend, vom 30. März 1822 in Beziehung auf den fummarifchen Befitzproceß (verb. im Verhältniffe gegen den Beklagten) ausdrücklich hervorgehoben und mit Rückficht auf die Befchaffenheit der vorgedachten Proceßgattung, bei welcher allein auf das factum possessionis gefehen werden foll und eben deshalb die fchon mehr in das Materielle der Sache eingehende Beachtung der vitia possessionis in der Praxis Sachfens ftreitig geworden war (Kind, qu. for. tom. III. cap. XVI. p. 69 sq.), muß darin um fo mehr für den ordentlichen Befitzproceß, in welchem ohnehin die Befitzfrage in eingehenderer Weife der richterlichen Beurtheilung unterftellt ift, eine allgemeine Anerkennung deffen gefunden werden, was gemeinrechtlich in diefer Hinficht unbeftrittenen Rechtens ift (Kind l. l. p. 10 sq.), übrigens auch in der Natur der Sache und in dem Wefen des Befitzproceffes liegt. Denn vom formellen Standpuncte der Exception betrachtet, ftellt fich der Einwand, daß der Kläger den beanfpruchten Befitz mit Hintanfetzung oder Verletzung der Rechte einer britten Perfon erworben habe, als exceptio de jure tertii dar und der in Befitzftreitigkeiten zu gewährende Rechtsfchutz gegen unbefugte, der allgemeinen Rechtsordnung wie dem Rechte der Perfönlichkeit des Einzelnen entgegentretende Störungen ift offenbar da am Orte, wo der beklagte Störer nicht in der Lage ift, irgend eine Verletzung feiner Rechte durch Klägers Befitzergreifung zu behaupten oder die Fortdauer diefes Befitzes als einen Eingriff in die Rechte feiner Perfönlichkeit zu bezeichnen."

(Urthel des O.-A.-G. in Sachen Fischer ÷ Gemeinde Crabefeld, v. 24. April 1862. — Ger.-Amt Taucha.)

153.

Zur Frage, ob es bei einer Klage auf Erfüllung des Lieferungsvertrages über Creditpapiere des Anführens und Nachweifes der Realoblation am Lieferungstage bedürfe.

"Das Königliche Oberappellationsgericht hat nicht nur in der Bl. — angezogenen Rechtsfache Philipp ÷ Lehmann,
cfr. Zeitfchrift für Rechtspfl. u. Verw. N. F. Bd. 19. S. 228 f.,
fondern auch früher
cfr. Wochenblatt für merkw. Rechtsf., Jahrgang 1844. S. 249 f. Jahrgang 1848. S. 346 f. Jahrgang 1859. S. 101 f.
beim Rechtfprechen conftant die Anficht befolgt, daß in Fällen der vorliegenden Art, wo die Klage nicht auf die Curbifferenz oder die Schäden wegen nicht rechtzeitig erfolgter Abnahme der zu liefernden

Creditpapiere, sondern auf die Erfüllung des abgeschlossenen Kaufes durch Bezahlung des Kaufpreises gegen Uebergabe der verkauften Creditpapiere gerichtet ist, es weder im Executiv- noch im Ordinarprocesse des Anführens und des Nachweises bedürfe, daß Kläger am Lieferungstage im Besitze der zu liefernden Papiere sich befunden und dieselben dem Beklagten zur Abnahme offerirt habe, vielmehr zur Begründung der Klage genüge, wenn Kläger in derselben zur Erfüllung des Kaufes seinerseits sich erbiete."

(Urthel des O.-A.-G in Sachen Hirsch ÷ Seebe, v. 25. April 1862. — Ger.-Amt Dresden.)

154.

Ein Recht auf Bestellung einer nothwendigen Serviut ist nicht vorhanden, wenn das Hinderniß, wegen dessen sie beansprucht wird, vom Antragsteller selbst herbeigeführt worden.

„Es kann Kläger auf Bestellung einer nothwendigen Servitut schon insofern keinen Anspruch machen, als zufolge Bl. — die Hindernisse, wegen welcher nach seiner Behauptung von seinem Grundstücke 13b. aus auf die Wiesen 22. und 24. mit Wagen nicht zu gelangen ist, in Umständen, welche er selbst erst herbeigeführt, in der von ihm auf dem Grundstücke 13b. veranstalteten Anlegung von Teichen, ihren Grund haben, denn hiernach liegt ein Fall vor, welcher dem Falle an die Seite zu stellen und gleich diesem zu beurtheilen ist, wenn die Bestellung einer Servitut blos Behufs einer vortheilhafteren Bewirthschaftung verlangt wird.

Glück, Commentar, Bd. 9. §. 628. S. 103 f.
Schweppe, römisches Privatrecht, Bd. 2 §. 231. Ausg. 4."

(Urthel des O.-A.-G. in Sachen Hofmann ÷ Böhmin, vom 25. April 1862. — Ger.-Amt Sayda.)

155.

Ueber die Wirkung der in höherer Instanz vom Kläger erklärten Zurücknahme der Klage, insoweit derselbe damit rechtskräftig bereits in der angebrachten Maße abgewiesen worden.

„Der Kläger hat Bl. — in seiner Refutationsschrift erklärt, daß er die gegenwärtige Klage, soweit sie auf Bezahlung der Bl. — befindlichen Wechsel gerichtet worden ist, zurücknehme. Diese Erklärung bezieht sich also auf die Erstattung derjenigen beziehendlich 1600 Thlr. und 300 Thlr., sammt Zinsen von Zeit erhobener Klage an, hinsichtlich deren die Klage in der vorigen Instanz Bl. — sub III. 2. in der angebrachten Maße abgewiesen worden ist. An sich ist ein Verzicht auf den Proceß auch in der höheren Instanz zulässig, so lange weder ein rechtskräftiges Enderkenntniß vorliegt, noch sonst ein proceſſualiſches Recht des Beklagten entgegensteht,

> Biener, syst. proc. §. 85. p. 155.
> Erl. Proc.-Ordn. ad Tit. V. §. 9.

Die Frage aber, ob und inwiefern ſich der Kläger bei einer nur theilweiſen Zurücknahme der Klage in dritter Inſtanz zur Koſten-erſtattung zu erbieten gehabt hätte, hätte höchſtens bei der Anſtellung einer anderweiten Klage in Betracht gelangen können.

In deſſen Erwägung kann nun der gedachten Erklärung inſoweit keine Folge gegeben werden, als der Kläger gegen die Abweiſung des bezüglichen Anspruchs in der angebrachten Maße ſeinerſeits kein Rechtsmittel eingewendet hat, ſonach aber ihm gegenüber und zu Gunſten des Beklagten durch die Entſcheidung voriger Inſtanz ſoviel rechtskräftig feſtſteht, daß die gegenwärtige Klage in Betreff der obgedachten Erſatzansprüche unſchlüſſig ſei. Der Vortheil dieſer Rechtskraft, welche bewirkt, daß der Kläger, falls er wegen ſeines Anspruchs auf Erſatz der bezüglichen 1600 Thlr. und 300 Thlr. mit einer anderweiten Klage hervorzutreten gemeint wäre, zur Beſei-tigung der exceptio rei judicatae die ihm nach der Entſcheidung der vorigen Inſtanz Bl. — entgegenſtehende proceßhindernde Einrede des Vergleichs durch eine ſchlüſſige Replik beſeitigen oder ſeinen vermeint-lichen Anſpruch auf Erſtattung jener Summen auf andere Weiſe beſſer, als geſchehen, zu begründen haben würde, kann dem Beklagten durch die Bl. — erklärte theilweiſe Zurücknahme der Klage nicht ent-zogen werden. Dagegen hat man derſelben den proceſſualiſchen Er-folg nicht abzuſprechen, daß dadurch die Erörterung der Frage, ob auf die von dem Beklagten in Betreff derſelben Anſprüche einge-wendete Berufung die Klage ſchlechterdings abzuweiſen oder der Be-klagte inſoweit von der erhobenen Klage zu entbinden und loszuzäh-len ſei, zur Erledigung gekommen iſt."

(Urthel des O.-A.-G. in Sachen Lauffgen ÷ Keil, v. 29. April 1862. — Ger.-Amt Leipzig.)

156.

Durch das Geſetz vom 19. Februar 1838 (die Abſchaffung des Gefährdeeides ꝛc. betr.) §. a. 1. iſt auch der in 1. ult. Cod. de fideicomm. (VI. 42.) georbnete Gefährdeeib für abge-ſchafft zu erachten.

„Das Mittel, wodurch chicaneuſe Eidesklagen früher verhindert werden ſollten, der Gefährdeeid, iſt in Sachſen abgeſchafft. Man hat an dieſer Stelle ſelbſtverſtändlich ſich nicht über die Zweckmäßigkeit oder Unzweckmäßigkeit dieſer Maßregel auszuſprechen, mag jedoch die Bemerkung nicht unterdrücken, daß der Wegfall dieſes Eides den Ju-raturus wenigſtens inſofern nicht benachtheiligt, als, namentlich bei Crebulitätseiden, dadurch ein Moment ceſſirt, welches für den Juraturus, neben ſeinen Erhebungen, mehr oder weniger ſchwer in das Gewicht fallen konnte. Ist er nämlich nach letzteren bis zum Schwuracte nicht behindert, den Crebulitätseid zu leisten, so erwächst in der Leistung des Gefährdeeides Seiten seines Gegners ein Moment, welches, wenn selbst nicht die Grundlagen seines Wissens, Glaubens und Dafürhaltens direct zu afficiren, doch der Außenwelt gegenüber einen dem Gegner günstigen Anschein zu erwecken geeignet ist, dessen Fortfall dem Juraturus nur erwünscht sein kann.

Diese Erwägungen würden nun zwar nicht hindern können, dem Antrage Bl. — auf Zuerkennung des in der l. ult. C. de fideic. (VI. 42.) georbneten Gefährdeeides zu entsprechen. Allein man hat — noch ganz abgesehen davon, daß es sich hier nicht um eine Eidesleistung des nächsten Erben, sondern um die von Fideicommiffaren handelt — der von voriger Instanz ausgesprochenen Ansicht beizupflichten, daß durch das Gesetz vom 19. Febr. 1838. §. 1. auch dieser Gefährdeeid abgeschafft sei."

(Urthel des O.-A.-G. in Sachen A. v. Egidy ÷ v. Egidy ꝛc., vom 1. Mai 1862. — Ger.-Amt Meißen.)

157.

Der Zusatz der Worte „mehr oder weniger" in der Eidesnotul (Erl. Proc.-Ordn. ad Tit. V. §. 8.) ist nicht anwendbar, wenn es sich von der Constatirung des Kaufpreises einer Sache durch den Eid handelt. — Jedoch kann es bei dem Zusatze „oder weniger" bewenden, wenn der Käufer den Betrag des Kaufpreises angegeben hat.

„Um des Verkäufers Verurtheilung in Herausgabe der erkauften Sache zu erlangen, muß der Käufer sich zur Zahlung des bedungenen Kaufpreises erbieten; benennt er diesen in der Klage, so erbietet er sich eben dadurch zu Entrichtung dieser Summe und keiner andern. Der Verkäufer braucht aber nur gegen Zahlung des wirklich bedungenen Preises die Waare zu verabfolgen, deshalb muß eben dieser Preis, wenn er vom angeblichen Käufer geläugnet wird, festgestellt werden und ist auf die Höhe des als Gegenleistung zu gewährenden Kaufpreises die Vorschrift §. 8. ad tit. V. der Erl. Proc.-Ordn., die nur von schuldig gewordenen Summen als dem Gegenstande der Klage handelt, nicht anwendbar. Man hätte daher den Zusatz „mehr oder weniger" vollständig in Wegfall bringen können, wenn nicht Beklagter Bl. — blos die Wegnahme der Worte „oder mehr" beantragt hätte, was er allerdings thun mochte, insofern in des Klägers Erbieten, den Kaufpreis von einem Thaler für den Scheffel zu entrichten, zugleich das Erbieten zur Bezahlung des vom Beklagten etwa stipulirten Minderbetrags enthalten ist und also, wenn Kläger ein Mehreres, als diesen stipulirten Minderbetrag zu gewähren sich anheischig macht, der Beklagte deshalb, weil er nur um eine geringere Summe verkauft hat, die Kauferfüllung zu verweigern nicht berechtigt wird."

(Urthel des O.-A.-G. in Sachen Hanse ÷ Wünsche, vom 2. Mai 1862. — Ger.-Amt Neustadt.)

158.

Ueber die Wirkung der Verzichtleistung auf das Kündigungsrecht Seiten des einen Socius bei einem auf unbestimmte Dauer eingegangenen Gesellschaftsvertrage.[*]

„Nach der vorliegenden Klage stellt sich derjenige Vertrag, welchen im Jahre 1859 der Kläger mit der Beklagten wegen des Anräumens eines neuen Steinbruchs, sowie wegen des gemeinschaftlichen Betriebes .des letzteren sowohl als eines zweiten, auf den Grundstücken der Beklagten bereits angelegten Steinbruches abgeschlossen hat, als ein auf unbestimmte Dauer eingegangener Societätscontract dar. Die vorige Instanz hat dieß auch nicht verkannt und ebensowenig in Zweifel gezogen, daß, da bei einem derartigen Vertragsverhältnisse der einseitige Rücktritt von diesem dem Zurücktretenden dann freistehe, wenn derselbe der Gesellschaft unnachtheilig, namentlich zu einer Zeit erfolge, wo die einzelnen Geschäfte und Vorrichtungen der Gesellschaft beendigt, neue Geschäfte und Vorrichtungen aber nicht angefangen oder vorbereitet worden seien, zu Begründung der Klage die Vorführung von Thatsachen erforderlich gewesen wäre, welche entnehmen ließen; daß der Rücktritt der Beklagten von dem Vertrage in dem nurerwähnten Sinne ein unzeitiger genannt werden müsse; sie hat jedoch dieser Lücke ungeachtet, mit Rücksicht darauf, daß von dem Kläger zugleich auf ein Abkommen Bezug genommen worden, wonach sich die Beklagte dem Kläger gegenüber des Kündigungsrechtes begeben haben soll, die Klage, insoweit sie auf Ueberlassung jener beiden Steinbrüche zum Zwecke der Betreibung für die Gesellschaft, sowie auf Vergütung erweislicher Schäden gerichtet ist, aufrecht erhalten zu müssen geglaubt, indem sie dabei von der Ansicht ausgegangen ist, daß der Fall, wenn, wie gegenwärtig von dem Kläger behauptet worden, der einseitig zurücktretende Gesellschaftstheilhaber sich seines Rücktrittsrechtes insoweit begeben, als er die Dauer des Vertrags von dem Willen des anderen Gesellschaftstheilhabers abhängig gemacht habe, dem Falle eines einseitigen Rücktrittes vor Eintritt einer dem Gesellschaftsvertrage beigefügten auflösenden Bedingung dem Wesen nach gleichzuachten sei. Dieser Ansicht hat jedoch die gegenwärtige Instanz beizutreten nicht vermocht.

Nebenverträge, durch welche die Dauer einer Societät von dem Eintritte einer Resolutivbedingung abhängig gemacht worden, lassen sich insofern, als sie für einen gewissen Fall den Endpunkt des Vertragsverhältnisses fixiren, wohl mit einem auf eine bestimmte Zeit abgeschlossenen Gesellschaftscontracte, nicht aber mit einem solchen, welcher keine Zeitbestimmung enthält, in Parallele stellen, sie gehören

[*] Wochenblatt f. m. R. Jahrg. 1863. S. 51 f.

aber auch zu denjenigen Vereinbarungen, welche nach ausdrücklicher gesetzlicher Bestimmung

l. 1. Dig. pro socio (17, 2.)
const. 6. C. pro socio (4, 37.)

von den Theilnehmern einer Societät gültiger Weise abgeschlossen werden können. Anders verhält es sich dagegen mit einem Vertrage, durch welchen man sich des Rechtes auf Aufkündigung der Societät für immer begiebt. Der Gesellschaftsvertrag macht den Begriff der engsten Personenvereinigung aus, geschlossen durch freien Verzicht auf die natürliche Willensfreiheit des Einzelnen, um einen Gesammtwillen Aller zu bilden und eben deshalb gestützt auf das gegenseitige Vertrauen, daß kein Theilnehmer seinen eigenen Willen dem Willen der Gesellschaft entfremde.

§. 4. Inst. de societat. (III. 26.)
manet societas eo usque, donec in eodem consensu perseveraverint, at cum aliquis renunciaverit societati, solvitur societas.

const. 5. Cod. pro soc. (4, 37.)
tamdiu societas durat, quam diu consensus partium integer perseverat.

l. 63. pr. Dig. eod.
societas jus quodammodo fraternitatis habet.

Archiv für civilist. Praxis, Bd. 17. S. 274 f.

Diese, das Wesen des Societätscontractes bildenden Grundzüge lassen es nicht nur erklärlich finden, daß letzterer nicht blos durch gemeinschaftlichen Beschluß aller Theilnehmer, sondern auch durch einseitigen Rücktritt jedes einzelnen derselben aufgehoben wird, und daß selbst ein solcher einseitiger Abgang nur ausnahmsweise, wenn nämlich derselbe ohne eine rechtmäßige Ursache

Treitschke, die Lehre von der Gewerbegesellschaft, §. 67.

vor- oder unzeitig, oder aus Arglist — dolose — erfolgt ist, den Zurücktretenden seinen Gesellschaftsgenossen gegenüber verantwortlich macht, sondern es ergiebt sich auch daraus, daß der Societätscontract seiner Natur nach nur so lange Bestand und Dauer haben kann, als die Interessenten ihn fortzusetzen Willens sind, zugleich die Richtigkeit der von den bewährtesten Rechtslehrern vertheidigten Ansicht, daß die Verabredung der Unauflöslichkeit der Societät ebensowenig, als der von dem einen oder anderen der Contrahenten bewirkte Verzicht auf das Aufkündigungsrecht bezüglich des letzteren eine Aenderung hervorzubringen vermöge,

Weber, von der natürlichen Verbindlichkeit, §. 81. Note 6.
§. 85. Note 2.

Puchta, Pandecten, §. 372.

Treitschke, die Lehre von der Gewerbegesellschaft, §. 67.

Arndts, Lehrbuch der Pandecten, §. 319.

Heimbach, in Weiskes Rechtslexicon, Bd. 4. S. 692.

Sintenis, Civilrecht, Bd. 2. §. 121.

einer Ansicht, welche übrigens auch von dem Verfasser der von der vorigen Instanz bezogenen Abhandlung (Archiv für civil. Praxis, Bd. 17. S. 267.) getheilt wird. Diesem Allen zufolge kann die Klage, insofern sie sich lediglich darauf stützt, daß die Beklagte des Kündigungsrechtes sich begeben, gleichwohl aber der desfalls dem Kläger gegebenen Zusage zuwider gehandelt habe, als ausreichend fundirt nicht angesehen werden.

Dazu kommt aber noch, daß Kläger, selbst wenn er sich auf Thatsachen zu beziehen im Stande gewesen wäre, aus welchen hervorginge, daß der Rücktritt der Beklagten intempestiv erfolgt sei, doch immer nicht zur Formirung eines Klaggesuches, dergleichen von ihm gestellt worden, sondern nur zu Erhebung eines Anspruchs auf Vergütung der ihm durch die Handlungsweise der Beklagten zugezogenen Nachtheile berechtigt gewesen sein würde,

Puchta, Pandecten, §. 372.

Arndts, Lehrbuch der Pandecten, §. 319.

und daher den Grundsätzen zufolge, welche zur Anwendung kommen, wenn principaliter Schäden eingeklagt werden, diese in quali et quanto sofort speciell zu begründen gehabt hätte."

(Urthel des O.-A.-G. in Sachen Kersch ÷ Palischin, vom 5. Mai 1862. — Ger.-Amt Pirna.)

159.

Beschwerden wegen der Proceßlegitimation können auch alleinstehend Gegenstand des ordentlichen Rechtsmittels der Appellation sein. — Eine Ehefrau bedarf nicht des Beitritts ihres Ehemannes zu der ihrem Sachwalter ertheilten Vollmacht Behufs der Geltendmachung ihrer Ansprüche im Concurse des Ehemannes.

„Es konnte zunächst die Frage entstehen, ob eine die Proceßlegitimation einer der Partheien betreffende Anordnung des erkennenden Richters der alleinige Gegenstand des ordentlichen Rechtsmittels der Appellation werden könne, und ob darüber in der höheren Instanz durch förmliches Erkenntniß zu entscheiden sei? Man hat sich für die bejahende Beantwortung dieser Frage entschieden. Denn zuvörderst gehört die Prüfung der Proceßlegitimation im Civilprocesse zur Competenz des erkennenden Richters, dessen Beurtheilung sie nicht durch eine der Justizverwaltungsbehörde zuzuweisende Beschwerde entzogen werden kann, und wenn man dieß einmal zugiebt, so muß auch die Zulässigkeit eines ordentlichen Rechtsmittels, welches nur gegen den Ausspruch des erkennenden Richters über die Proceßlegitimation gerichtet worden ist, insoweit anerkannt werden, als im gegebenen Falle der gesetzliche Instanzenzug überhaupt noch nicht erschöpft ist. Sodann aber ist zwar nach der Regel legitimatio (ad processum) fit judici der erkennende Richter berechtigt und verpflichtet, die Pro-

ceßlegitimationen der für die streitenden Partheien aufgetretenen Sachwalter von amtshalber zu prüfen und die Beseitigung vorgefundener
Mängel anzuordnen; allein hieraus folgt noch nicht, daß die Proceßlegitimation ganz außer dem Kreise der zur Entscheidung gelangenden
Partheifragen liege. Je größer augenscheinlich das Interesse der
Partheien daran ist, daß durch die richterliche Entscheidung eines
Processes das streitige Rechtsverhältniß vollständig geordnet und eine
formelle Gewißheit für die Zukunft begründet werde, und je wichtiger
deshalb die Beobachtung alles dessen ist, was als nothwendige Voraussetzung für den Eintritt der Rechtskraft erscheint, um so weniger
kann, mit Rücksicht zumal auf die Vorschrift der Erl. Proc.-Ordn.
ad Tit. XXXVIII. über Nullitäten, welche ex defectu citationis
oder mandati herrühren, den Partheien die Berechtigung abgesprochen
werden, ihre Proceßlegitimationen gegenseitig zu prüfen und eine endgültige richterliche Entscheidung zu verlangen, wenn Zweifel gegen
deren Richtigkeit oder Vollständigkeit entstehen. Die Berechtigung
der Gegenparthei, die Beibringung oder Vervollständigung der Proceßlegitimation zu fordern, erkennt die Erl. Proc.-Ordn. ad Tit. VII.
§. 7. selbst an, und folgerichtig muß auch derjenigen Parthei, welche
ihrem Sachwalter besser, als geschehen, legitimiren soll, gestattet werden, ihre Einwendungen gegen dieses Ansinnen vorzubringen. Wie
also unter den Partheien selbst ein Streit über die Proceßlegitimation entstehen und der richterlichen Entscheidung bedürfen kann, so
sind auch Widersprüche, welche gegen eine in Bezug auf die Proceßlegitimation von amtshalber getroffene Verfügung erhoben werden,
zu den die Partheirechte mindestens mittelbar betreffenden Streitigkeiten zu rechnen.

In der Sache selbst hat man die von dem Bevollmächtigten der
Appellantin Bl. — Vol. I. a. beigebrachte Vollmacht zum Behufe
der Anmeldung und Fortstellung ihrer Illatenansprüche beim Concurse des Ehemannes für genügend erachtet ꝛc.

Die Zustimmung des Ehemannes, welche die vorige Instanz
nach Bl. — Vol. II. vermißt hat, würde nach der Ansicht des Oberappellationsgerichts erforderlich gewesen sein, insofern die Appellantin
wegen ihres, der ehemännlichen Administration und Nutznießung unterworfenen Vermögens Ansprüche gegen eine dritte Person erhoben
hätten. Dieß läßt sich jedoch hier nicht behaupten. Wenn nämlich
die Ehefrau nach Eröffnung des Concurses zu dem Vermögen ihres
Ehemannes das dem letzteren inferirte Vermögen liquidirt, so liegt in
dieser Liquidation, deren endlicher Zweck die Bezahlung dieses Einbringens aus dem Vermögen ihres Ehemannes ist, nichts Anderes,
als ein Anspruch auf Restitution ihres Einbringens, welcher virtuell
immer gegen den Ehemann gerichtet ist, wenn auch derselbe seine
Rechtsvertheidigung gegen die Ansprüche seiner Gläubiger, zu denen
auch die Ehefrau gehört, nicht selbst vertritt. Diese Partheistellung
erkennen die sächsischen Gesetze

Erl. Proc.-Ordn. ad Tit. XLI. §. 4.

Geschärftes Bank.-Mandat vom 20. Dec. 1766. §. 2.

ausdrücklich an, indem sie dem Gemeinschuldner gestatten, selbst oder durch einen Bevollmächtigten auf der Creditoren Vorbringen zu antworten. Zwar hat der vom Gerichte bestellte Curator litis ebensowohl, als der vom Gemeinschuldner erwählte und gleich jenem eidlich zu verpflichtende Bevollmächtigte insofern auch die Rechte der übrigen Gläubiger wahrzunehmen, als er unbegründete und unwahre Forderungen nicht zugesteht, bei der Prüfung der angemeldeten Forderungen keinen Gläubiger vor anderen bevorzugen darf und in dieser Hinsicht an den Willen und die Weisungen des Gemeinschuldners nicht gebunden ist.

Günther, Concurs der Gläubiger, S. 26. 27.

Diese gleichzeitige Wahrung der Rechte aller Gläubiger schließt aber die Richtigkeit der Behauptung, daß der vom Gerichte erwählte Curator litis zunächst die Rechte des Gemeinschuldners gegen die Gläubiger wahrzunehmen habe, umsoweniger aus, als dieselbe dem wohlverstandenen Interesse eines redlichen Schuldners nicht zuwiderläuft, und die Ansprüche der Liquidanten immer solche sind, welche an sich gegen den Gemeinschuldner und nicht gegen die übrigen Gläubiger gerichtet werden. Das rechtliche Verhältniß, welches durch die Eröffnung des Concurses zwischen den einzelnen Gläubigern entsteht, hat seinen Grund darin, daß infolge dieser Concurseröffnung das übertragbare Activvermögen des Schuldners zum Behufe ihrer Befriedigung auf dieselben übergeht; die Gemeinschaftlichkeit der Befriedigungsmittel für die Ansprüche, die ihnen an den Gemeinschuldner zustehen, kann zwar, insoweit es sich um die Verwendung dieser Befriedigungsmittel handelt, zu einem Partheiverhältnisse zwischen den einzelnen Gläubigern, zu Prioritätsstreitigkeiten zwischen diesen, oder zu Interventionen einzelner Gläubiger bei dem zwischen dem Liquidanten und dem Curator litis, oder dem Bevollmächtigten des Gemeinschuldners abzusetzenden, die Existenz und die Höhe der angemeldeten Forderungen betreffenden Liquidations- und beziehenlich Beweisverfahren führen, es ist dieß aber nicht nothwendig, während der Gemeinschuldner selbst jederzeit ein eigenes und wesentliches Partheiinteresse bei der Anmeldung, der Ausführung und der Befriedigung der Ansprüche seiner Gläubiger aus dem zum Behufe der möglichst vollständigen Befriedigung gegründeter Forderungen auf die Gläubigerschaft übergegangenen Vermögen hat. Es läßt sich daher, mit Rücksicht auf die angezogenen Gesetzesstellen, wenigstens nach sächsischem Rechte nicht sagen, daß ein Gemeinschuldner, der von dem Rechte der Selbstvertretung keinen Gebrauch gemacht hat, gar keine Partheistellung im Concurse einnehme, daß er verhindert sei, persönlich gegen das Verfahren des Curator litis bei der Prüfung der Liquidation zu interveniren, und daß er alles gegen sich gelten lassen müsse, was die

Gläubiger über die Verwendung der Masse ohne seine Concurrenz beschließen und ausführen wollen.

Hieraus folgt, daß die Appellantin, indem sie ihr Einbringen bei dem Concurse ihres Ehemannes liquidirte, als Gläubigerin des letzteren und gegen denselben aufgetreten ist, obschon sie gleich jedem anderen Gläubiger und dem Cridar selbst bei der Erörterung und beziehenlich Befriedigung ihrer Forderung im Concurse die von der gewöhnlichen Klaganstellung abweichenden Formen des Concursprocesses befolgen und die Verhältnisse, welche die Insolvenz des Cridar und die Eröffnung des formellen Concurses zwischen den Gläubigern unter sich begründen, anerkennen mußte. Auch der Anspruch auf prioritätische Befriedigung ist ein solcher, der nicht blos die Interessen der übrigen Gläubiger betrifft und der von dem Anspruche selbst in Bezug auf die Entbehrlichkeit des ehemännlichen Consenses um so weniger getrennt werden kann, als derselbe nur die Realisirung jenes Anspruches nach gesetzlich feststehenden Normen bezweckt. In der That würde es, selbst abgesehen von den Bl.— erwähnten besonderen Umständen, zu einer Härte und zu einem Widerspruche führen, wenn man das Recht der Ehefrau, ihre Ansprüche beim Concurse des überschuldeten Ehemannes selbst oder durch einen Bevollmächtigten anzumelden und deren Befriedigung nach Maßgabe der bestehenden Gesetze zu fordern, von der Zustimmung ihres Schuldners abhängig machen wollte."

(Urthel des O.-A.-G. im Auerbach'schen Schuldenwesen, vom 6. Mai 1862. — Ger.-Amt Augustusburg.)

160.

Zu §. 5. d. des Gesetzes vom 23. Juli 1846 wegen Einführung einer kurzen Verjährung für gewisse Forderungen. — Ein Gestundungsvertrag zwischen Gläubiger und Schuldner über Forderungen dieser Art, wobei ein anderweiter, vom Gläubiger abzuwartender Zahlungstermin bestimmt worden, unterliegt der Bestimmung in §. 5. sub d. des angef. Gesetzes nicht, sondern unterbricht die kurze Verjährung. *)

„Man ist in der vorigen Instanz der Ansicht gewesen, daß bezüglich der Forderungen aus dem Jahre 1856 durch das in der Klage behauptete Anerkenntniß und Zahlungsversprechen die damals noch im Laufe befindliche Verjährung nach der Vorschrift des Gesetzes v. 23. Juli 1846 §. 5. d. nicht habe unterbrochen werden können. Dieser Meinung hat man jedoch nicht beipflichten können.

Das Gesetz bestimmt an der betreffenden Stelle, die durch dasselbe eingeführte Verjährung solle unter Andern „durch ein mündliches Anerkenntniß oder Zahlungsversprechen, wenn es vor Gericht erfolgt und ein Protocoll darüber aufgenommen worden sei, unterbrochen werden,"

---
*) Wochenbl. f. m. R. Jahrg. 1862. S. 489 f.

die Concurrenz des Gerichts soll also erforderlich sein, um dem Anerkenntnisse oder Zahlungsversprechen den Effect einer Unterbrechung der Präscription zu verschaffen.

Die gebrauchten Worte „Anerkenntniß und Zahlungsversprechen" sind an sich allgemeiner Natur; sie drücken keinen scharf abgegrenzten juristischen Begriff aus und sind einer Auslegung fähig, welche ebensowohl beschränkend als ausdehnend ausfallen kann. Es lassen sich nämlich unter den Anerkenntnissen theils eigentliche Anerkennungsverträge, welche auf dem beiderseitigen Willen der Paciscenten beruhen, dem bereits bestehenden auch noch einen zweiten Verpflichtungsgrund beizufügen, theils aber auch bloße Bekenntnisse des Schuldners gegen den Gläubiger selbst verstehen, welche die thatsächliche Existenz eines Schuldverhältnisses betreffen und deshalb als außergerichtliche Geständnisse nur einen Beweisgrund abgeben, dessen Tragweite sich nach den über die Beweiskraft der Geständnisse im Civilprocesse geltenden proceßrechtlichen Grundsätzen richtet. Ebenso kann das Zahlungsversprechen in der Gestalt einer einseitigen, von dem Gläubiger stillschweigend hingenommenen Erklärung des Schuldners, welche häufig nur in das Gebiet sogenannter Vertröstungen fällt, wie in bestimmten, vom Gläubiger erforderten oder ausdrücklich acceptirten Zusagen auftreten, bei denen hinwiederum das Versprechen ohne Einfluß auf den früheren Zahlungstermin bleiben, oder mit einem Gestundungsvertrage, einem, die Geltendmachung der Obligation für eine begrenzte Zeit ausschließenden pactum de non petendo verbunden werden kann.

Auch bei solchen Forderungen, welche hinsichtlich der Klagverjährung nicht unter der Herrschaft des Gesetzes vom 23. Juli 1846 stehen, kann dem mündlichen Anerkenntnisse nicht so unbedingt der Effect der Interruption beigelegt werden, denn durch das bloße Zugeständniß des Schuldners gegen den Gläubiger, daß er dem letzteren aus diesem oder jenem Rechtsgrunde etwas schuldig geworden sei, kann sich der Gläubiger der Nothwendigkeit, seine an sich unbestrittene Forderung vor Ablauf der Verjährungsfrist im Wege der Klaganstellung geltend zu machen, nicht für überhoben ansehen, es kann daher auch bei Ansprüchen, welche der ordentlichen Verjährung unterliegen, ein solches Geständniß nicht als ein Act betrachtet werden, wodurch — ohne Zuthun des Gläubigers — die gerade im Laufe begriffene Verjährung unterbrochen würde.

In welchem Sinne und Umfange der Gesetzgeber die Worte „Anerkenntniß und Zahlungsversprechen" in §. 5. d. verstanden habe, läßt sich weder aus den Motiven des Gesetzes, noch aus der ständischen Berathung des letzteren mit Zuverläßigkeit erweisen, nur Andeutungen finden sich vor, welche an einer späteren Stelle erwähnt werden sollen. In Mangel einer anderen und directen Erkenntnißquelle hat man sich auch hier an die allgemeinen Regeln über die Interpretation unbestimmter Ausdrücke zu halten. Dabei ist vorauszuschicken, daß alle diejenigen Bestimmungen des Gesetzes vom 23. Juli

1846, welche die Abkürzung der Verjährungsfrist und eine strengere Form der Interruption betreffen, eine extensive Auslegung nicht zulassen, weil sie eine noch größere Beschränkung der natürlichen Freiheit der Bewegung innerhalb der eigenen Rechtssphäre enthalten und den Berechtigten zur Anstellung einer Klage binnen einer verhältnißmäßig sehr kurzen Frist zwingen, wenn er nicht den Verlust des Rechtes über sich ergehen lassen will. Die justizpolitischen Gründe, auf welchen das an sich wohlthätige Institut der Verjährung beruht, bestehen schon in dem römischen Rechte vornehmlich in dem Bedürfnisse der endlichen Herbeiführung eines vor weiteren Anfechtungen gesicherten Rechtszustandes und bei der Klagverjährung insbesondere noch in der Erwägung, daß durch die verspätete Anstellung einer Klage dem Beklagten möglicherweise und ohne seine Verschuldung die ihm zu Gebote stehenden Vertheidigungsmittel entzogen oder geschmälert werden können. Die Sorglosigkeit (desidia), welche dem Gläubiger deshalb, daß er während eines langen Zeitraumes nichts zur Verfolgung seiner Ansprüche gethan hat, allerdings beigemessen werden kann, rechtfertigt das Institut gegen den Vorwurf einer unberechtigten Begünstigung des Schuldners und einer harten und ungerechtfertigten Beschränkung des Gläubigers in der Ausübung seiner Befugnisse.

l. 1. D. de usurp. et usuc. 41, 3.

l. 5. D. pro socio, 41, 10.

l. 2. 3. C. de annali exc. 7, 39.

Savigny, System des heutigen Römischen Rechts, Bd. 4. S. 305—307. Bd. 5. S. 265 f.

An sich kann weder die zuletzt gedachte Erwägung, noch die für die Klagverjährung bei Forderungen insbesondere noch geltend gemachte Präsumtion der Tilgung der Schuld bei einer Verjährung, die innerhalb des kurzen Zeitraumes von drei Jahren vollendet werden soll, zu Rechtfertigung dieser Fristkürzung angeführt werden; es hat vielmehr, wie auch das Gesetz im Eingange ausdrücklich angiebt, die Abkürzung der Verjährungsfrist bei gewissen Forderungen darin ihren legislativen Grund gefunden, daß man es wegen der bei diesen Forderungen in der Regel eintretenden besonderen Verhältnisse für nothwendig hielt, schon früher jenen sichern Rechtszustand, der weitere Anfechtungen ausschließt, herbeizuführen und den Schuldner gegen die bei solchen Forderungen im Verlaufe eines langen Zeitraumes leichter als sonst zu befürchtende Erschwerung seiner Rechtsvertheidigung zu schützen.

Obschon durch diese Betrachtungen die Nothwendigkeit und Zweckmäßigkeit des Gesetzes vom 23. Juli 1846 im Allgemeinen nicht in Frage gestellt wird, so ergiebt sich doch daraus hinlänglich, daß eine extensive Interpretation desselben, wenigstens vom Standpunkte des erkennenden Richters, nicht bevorwortet werden kann.

Bei der Berathung der in §. 5. d. (im Entwurfe des Gesetzes §. 7.) enthaltenen Bestimmungen wurde

vgl. Landtagsmittheilungen II. Kammer 1845/46. S. 38. 35.
zu Rechtfertigung derselben von Seiten des Regierungscommissars darauf hingewiesen, daß es häufig zweifelhaft erscheinen würde, ob in dem, was der Gläubiger im concreten Falle als Anerkenntniß oder Zahlungsversprechen aufgefaßt und geltend gemacht, in der That ein Anerkenntniß oder ein Zahlungsversprechen zu finden sei, und daß dabei namentlich der Gebrauch des Eidesantrages bedenklich fallen könne. Dieser Grund trifft nicht zu, wenn eine bestimmte gegenseitige Willenserklärung, deren Möglichkeit oder Wahrscheinlichkeit doch gewiß nicht zu bestreiten ist, stattgefunden hat und in dessen Gemäßheit auch eine schlüssige Eidesklage ohne Schwierigkeiten angestellt werden kann. Nicht minder ist in den Motiven zu §. 7. des Entwurfs

Landtagsacten 1845/46. Bd. 1. S. 556.
zu Rechtfertigung der in §. 5. d. ertheilten Vorschriften bemerklich gemacht worden, daß dem Gläubiger im Falle eines Anerkenntnisses oder Zahlungsversprechens die Klagerhebung noch freistehe. Beide Aeußerungen scheinen darauf hinzudeuten, daß man bei Anerkenntnissen und Zahlungsversprechen nur an solche gedacht habe, welche mindestens in Bezug auf die Berechtigung des Gläubigers zur Klaganstellung an dem bisherigen Rechtsverhältnisse der Partheien nichts ändern, denn daß man mit der Klagerhebung blos die factische und formelle Möglichkeit, eine Klage anzustellen und deren Behändigung zu erlangen, ohne alle Rücksicht auf die Statthaftigkeit und den Erfolg dieser Klage gemeint — ist gewiß nicht vorauszusetzen. Indessen würde man diesen Aeußerungen mehr Gewicht, als sie verdienen, beilegen, wenn man in Folge derselben den §. 5. d. nur auf solche Anerkenntnisse und Versprechungen beziehen wollte, welche ihrem Zwecke und Inhalte nach keinen selbstständigen Verpflichtungsgrund gewähren. Die jedenfalls umfassendere Bedeutung der Ausdrücke „Anerkenntnisse und Zahlungsversprechen", die Vorschrift der gerichtlichen Insinuation und die Bedeutung, welche §. 7. dem gerichtlichen Anerkenntnisse in Bezug auf den nunmehrigen Eintritt der ordentlichen Verjährung beilegt, weisen im Gegentheile darauf hin, daß der Gesetzgeber auch den Anerkennungsvertrag mit der Bestimmung des §. 5. d. zu treffen und dadurch eine neue, die kurze Verjährung gewisser Forderungen betreffende Vorschrift auszusprechen bezweckt habe. Anders verhält es sich aber, und hierbei ist die angeführte Stelle der Motive allerdings von größerer Bedeutung, wenn entweder bei Gelegenheit eines Schuldanerkenntnisses, bezüglich eines Zahlungsversprechens, oder auch ohne dessen Hinzutritt eine die Füglichkeit der sofortigen Klaganstellung durch übereinkünftliche Festsetzung eines neuen Zahlungstermins ausschließende Vereinbarung getroffen worden ist.

Der nach gemeinem und sächsischem Rechte unbestrittene Grundsatz, daß der Lauf der Klagverjährung erst von dem Zeitpunkte an beginnen kann, wo die betreffende Klage angestellt werden konnte (actio nata vorhanden war), ist auch durch das Gesetz vom 23. Juli 1846 rücksichtlich der in §. 1. desselben aufgezählten Forderungen nicht aufgehoben oder verlassen worden. Im Gegentheile findet er seine ausdrückliche Anerkennung darin, daß in §. 2. besondere Bestimmungen darüber, von welchem Zeitpunkte an die Verjährungsfrist zu berechnen sei, getroffen worden sind, welche offenbar auf der Vorstellung beruhen, daß der Lauf dieser Frist erst nach dem Eintritte der Fälligkeit des Anspruchs (der actio nata) beginnen könne, und wobei sogar — in billiger Berücksichtigung beider Theile — ein noch etwas späterer, als der Zeitpunkt der Fälligkeit für den Beginn der Verjährung angenommen worden ist. Die Vorschrift im §. 2. Absatz 2. des Gesetzes: „bei allen andern in §. 1. gedachten Ansprüchen ist der Anfang der dreijährigen Verjährungsfrist von dem Schlusse des Jahres an zu rechnen, in welchem dieselben gefordert werden konnten," insbesondere ist in dieser Fassung erst aus den ständischen Berathungen hervorgegangen, wobei die Worte „gefordert werden konnten" besage der

Landtagsmittheilungen l. c. S. 3841 f.

deshalb anstatt der beim Vorschlage der Deputation der II. Kammer gebrauchten Worte: „entstanden sind" erwähnt wurden, damit es keinem Zweifel unterliegen könne, daß auch bei den dort bezeichneten Forderungen nicht die Zeit der Entstehung, sondern die Zeit der Fälligkeit, also der Klagbarkeit gemeint werde; dabei schließt diese Vorschrift keinen Fälligkeitsgrund aus und läßt erkennen, daß der Gesetzgeber die Betheiligten in Bezug auf die ursprüngliche Bestimmung der Zahlungszeit nicht beschränken wollte, so daß infolge derselben der Lauf der Verjährung nie vor Eintritt des Zahlungstermins beginnen kann, mag nun dieser durch eine besondere Vereinigung und auf noch so lange Zeit hinausgeschoben worden sein oder nicht. Die Aufhebung des anfänglichen und die Festsetzung eines neuen weiter hinausgerückten Zahlungstermines hat an sich die nothwendige Folge, daß nunmehr eine neue Verjährung erforderlich wird, deren Lauf erst nach Eintritt des anderweit festgesetzten Zahlungstermines beginnen kann, weil bis dahin auf Seiten des Gläubigers die actio nata nicht vorhanden ist. Hätte es in der Absicht des Gesetzgebers gelegen, einen Gestundungsvertrag im Laufe der Verjährungsfrist an die Form der gerichtlichen Insinuation zu binden, so hätte er folgerichtig den Abschluß eines solchen Vertrags ohne Beobachtung dieser Form in Bezug auf beide Theile, Gläubiger wie Schuldner, für unwirksam erklären müssen. Denn erstlich liegt es in der Natur und dem Begriffe des Vertrags, daß ein solcher überhaupt nicht zum rechtlichen Dasein gelangt ist, wenn die getroffene Verabredung nur einen der Paciscenten, den andern aber nicht bindet; dann aber würde es in einem Widerspruche mit der in §. 2. anerkannten Nothwendigkeit der actio nata für den Beginn der Klagverjährung stehen und zu einer ungemeinen Härte gegen den Gläubiger führen, wenn demselben das Recht der Klaganstellung auf Grund der gegebenen Zusage versagt und gleichwohl der Lauf der Verjährungsfrist von dem ehemaligen Zahlungstermine an berechnet, dem Gläubiger also möglicher Weise die Füglichkeit, noch vor Ablauf dieser Frist seine Rechte vermittelst einer schlüssigen Klage auszuführen, abgeschnitten werden sollte. Hiergegen läßt sich auch nicht einwenden, daß der letztere durch Anstellung einer vorzeitigen Klage oder durch gerichtliche Notification (§. 5. a. b.) den Lauf der Verjährung unterbrechen und sich dadurch die künftige Anstellung einer schlüssigen Klage sichern könne. Denn die Möglichkeit, den Nachtheil einer an sich ungerechtfertigten Bestimmung abzuwenden, ist kein Beweis für die Richtigkeit dieser Bestimmung und führt auch nicht zu der Folgerung hin, daß selbige dennoch in der Meinung des Gesetzgebers gelegen habe. Hiernächst kann dem Gläubiger augenscheinlich nicht zugemuthet werden, sich durch Anstellung einer vorzeitigen Klage unnütze Kosten zu verursachen, und am wenigsten würde sich der Gesetzgeber bewogen finden, unschlüssige Klagen zu veranlassen. Endlich aber ist weder die Klaganstellung noch die Notification ein für alle Fälle sicheres Mittel, da dieselbe bei einer auf längere Zeit ertheilten Gestundung ihren Zweck vollständig verfehlen kann.

Erwägt man dabei noch, daß das Gesetz zwar vorzugsweise das Interesse des Schuldners berücksichtigt, aber doch nicht will, daß die bezüglichen Forderungen verjähren sollen, sondern nur, daß sie binnen einer kürzeren Verjährungsfrist verjähren können, daß ferner die Motive an der angezogenen Stelle darauf hinweisen, daß man bei der Kürze der einzuführenden Verjährungsfrist dem Gläubiger die Unterbrechung der Verjährung so weit thunlich erleichtern müsse, endlich daß es nicht einmal im Interesse des Schuldners liegen könnte, dem Gläubiger die Verwilligung einer Gestundung zu erschweren, so hat man sich um so mehr dafür entscheiden müssen, daß ein Gestundungsvertrag zwischen Gläubiger und Schuldner über Forderungen der in §. 1. 1—13. gedachten Gattungen der Bestimmung in §. 5. d. nicht unterliege, als die Worte des einer extensiven Interpretation ohnedieß nicht fähigen Gesetzes denselben jedenfalls nicht direct treffen. Denn, wie bereits erwähnt worden ist, gehört es weder zum Rechtsbegriffe eines Anerkenntnisses, noch zu dem eines Zahlungsversprechens, daß ein neuer Termin für die Abtragung der älteren Schuld festgesetzt werde, und umgekehrt kann ein pactum de non petendo stattfinden, ohne daß damit ein besonderes Anerkenntniß oder Zahlungsversprechen verbunden wird.

Das Königliche Oberappellationsgericht hat auch schon früher den Grundsatz anerkannt, daß durch die angezogene Vorschrift des §. 5. d. nicht jede Vereinbarung der Partheien über Forderungen der gedachten Art, welche im Laufe der Verjährungsfrist erfolgt und auf diese von Einfluß ist, an die gerichtliche Form gebunden sei, und in Consequenz dieser Vorstellung ist eine außergerichtliche Vereinbarung, zufolge deren eine Forderung, welche nach ihrem Entstehungsgrunde der kurzen Verjährung unterworfen gewesen sein würde, im Laufe der Verjährung in eine Darlehnsforderung verwandelt worden, für rechtlich wirksam erachtet und derselben der Effect beigelegt worden, daß die auf diese Weise durch Novation ihres Rechtsgrundes umgewandelte Forderung forthin nur noch der ordentlichen Verjährung unterliegt.

Zeitschrift, N. F. Bd. 18. S. 344.
Annalen, Bd. 1. S. 551.

Nun läßt sich zwar ein Gestundungsvertrag nicht im eigentlichen Sinne als eine Novation betrachten, allein der Fall eines solchen hat in Bezugnahme auf die kurze Verjährung mit der letzteren wenigstens das gemein, daß durch Vereinbarung der Partheien eine frühere, für die Verjährung besonders wichtige Thatsache aufgehoben und an deren Stelle eine neue von gleichem Einflusse substituirt wird.

Schon aus dem bisher Angeführten ergiebt sich indeß, daß nur solche Fälle der Gestundung von der Vorschrift des §. 5. d. eximirt werden können, wobei durch eine Uebereinkunft beider Theile ein anderweiter Zahlungstermin dergestalt bestimmt worden ist, daß nach civilrechtlichen Grundsätzen der Gläubiger verbunden erscheint, den Eintritt dieses Termines abzuwarten, bevor er zur Klaganstellung verschreitet, nicht also derartige Aeußerungen, welche es dem Ermessen des Gläubigers überlassen, wie lange er dem Schuldner noch Zahlungsfrist gönnen will. Dagegen ist es gleichgültig, ob der Gestundungsvertrag mit einem Anerkenntnisse und einem besonders noch ertheilten Zahlungsversprechen concurrirt oder nicht. Auch hat man demselben, sofern er nicht etwa mit einem gerichtlich abgegebenen und protocollirten Anerkenntniß oder Zahlungsversprechen oder einer Novation der vorbemerkten Art verbunden wird, nur die Wirkung beizulegen vermocht, daß er den Termin, von welchem an nach §. 2. die kurze Verjährungsfrist ihren Lauf beginnt, dergestalt abändert, daß diese kurze — und nicht die ordentliche — Verjährungsfrist von Ablauf des Jahres an, in welchem vermöge der neuerlich getroffenen Vereinbarung die Zahlung gefordert werden konnte, oder bei den in §. 1. 11. gedachten Forderungen von diesem Termine selbst zu rechnen ist.

Bei der Berechnung, auf welche sich die Kläger bezogen haben, soll ausdrücklich festgesetzt worden sein, daß Beklagter das damals berechnete und anerkannte Guthaben nach und nach in einzelnen Beträgen im Laufe des Jahres 1859 bezahlen solle. Diese Vereinbarung entspricht den oben gestellten Anforderungen und müßte somit auch zur Folge haben, daß der Lauf der dreijährigen Frist in Ansehung jenes Guthabens allenthalben nicht vor dem Schlusse des Jahres 1859 beginnen könnte. Die Klage ist aber bereits im Jahre 1861 dem Beklagten insinuirt worden."

(Urthel des O.-A.-G. in Sachen Vetterin und Consf. — Heincke, vom 8. Mai 1862. — Ger.-Amt Dresden.)

161.

Die solidarische Verpflichtung des Gemeinschuldners aus den von ihm acceptirten Wechseln giebt keinen Grund, den vollen Wechselbetrag im Concurse zu liquidiren, wenn bereits von anderen, aus den nämlichen Wechseln verpflichteten Personen eine Abschlagszahlung geleistet worden.

„Ephraim A. hat schon im Liquidationsverfahren nach Bl. — zugestanden, daß er auf die von ihm angemeldeten Forderungen bereits 30 Procent von Theodor H. abschläglich gezahlt erhalten habe. Gleichwohl will er mit dem ganzen Betrage der von ihm liquidirten Ansprüche in Ansatz gebracht sein und zwar um deswillen, weil dieselben aus den von ihm beigebrachten, von Theodor H. auf den Gemeinschuldner gezogenen und von Letzterem acceptirten Wechseln herrührten und der Gemeinschuldner in Folge seiner Accepte solidarisch wegen der ganzen verschriebenen Wechselsumme gehalten sei. Beide vorige Instanzen haben jedoch die Forderungen des Liquidanten nur nach Höhe des nach Abzug der von diesem bereits empfangenen 30 Procent verbleibenden Betrags für begründet erachtet, und auch das Königl. Oberappellationsgericht hat der dießfallsigen Ansicht beizutreten gehabt. Im Allgemeinen genügt es, auf die hierunter in den früheren Instanzen ertheilten Entscheidungsgründe Bezug zu nehmen, zumal da der Liquidant A. gegenwärtig zu deren Widerlegung etwas nicht vorgebracht hat, und man hatte nur Folgendes noch zu bemerken: Der Gläubiger, dem mehrere Schuldner solidarisch haften, ist zwar an sich berechtigt, jeden der mehreren Schuldner auf Grund der zwischen ihm und jedem Einzelnen der mehreren Verpflichteten bestehenden, auf Gewährung des ganzen Objects gerichteten Obligation in Anspruch zu nehmen, allein die Leistung des Einen der mehreren Schuldner befreit zugleich die übrigen, weil durch die auch nur von einem Schuldner bewirkte Leistung der Gegenstand der mehreren Obligationen, in denen die übrigen solidarisch verhafteten Schuldner zu dem nämlichen Gläubiger stehen, wegfällt.

vgl. l. 1. §. 4. D. de eo, per quem factum erit, quo minus quis in judicio sistat. II. 10.

l. 14. §. 15. l. 15. D. quod metus causa. IV. 2.

l. 3. D. de his, qui effuderint. IX. 3.

l. 3. D. si mensor falsum modum dixerit. XI. 6.

l. 7. §. 4. l. 5. D. quod falso tutore. XXVII. 6.

Ribbentrop, zur Lehre von den Correalobligationen, S. 91 f.

Puchta, Pandecten, §. 233.
v. Savigny, das Obligationenrecht, Bd. 1. S. 201.
Fitting, die Natur der Correalobligationen, S. 148.

Diese Grundsätze finden aber auch dann Anwendung, wenn zu dem Vermögen Eines oder Mehrerer der solidarisch Verhafteten Concurs ausbricht und der Gläubiger seine Forderung bei dem Concurse anmeldet, indem es ihm zwar auch solchenfalls freisteht, den ganzen Betrag seiner Forderung zu liquidiren, jedoch immer nur unter der Voraussetzung, daß er bis dahin seine Befriedigung nicht von dem einen oder dem andern ihm solidarisch verhafteten Schuldner empfangen hat. War Letzteres zu der Zeit, zu welcher die Anmeldung seiner Forderung erfolgte, bereits geschehen, so war er, eben weil er einen Anspruch gar nicht mehr hatte, zur Liquidirung einer solchen nicht mehr bestehenden Forderung überhaupt nicht weiter berechtigt, und nach dem nämlichen Principe kann er, wie auch von dem Königl. Oberappellationsgerichte noch in der neueren Zeit ausgesprochen worden,

vgl. Zeitschrift f. Rechtspfl. u. Verw. N. F. Bd. 15.
S. 177.

dann, wenn er von einem andern seiner Schuldner wenigstens theilweise Zahlung bereits erhalten hatte, nur noch denjenigen Betrag seiner Forderung anmelden, der durch die partielle Zahlung nicht gedeckt worden war. Eine andere Beurtheilung der Sache kann nun auch dann nicht eintreten, wenn es sich um Wechselforderungen handelt, die einem und demselben Gläubiger gegen mehrere solidarisch verpflichtete Wechselschuldner zustehen. Denn wenn auch in Art. 81. der Allg. Deutschen Wechselordnung bestimmt ist, daß der Wechselinhaber sich wegen seiner ganzen Forderung nach seiner Wahl an jeden einzelnen wechselrechtlich Verpflichteten halten könne, so ist doch damit eben nur ausgesprochen, daß die mehreren Verpflichteten dem Wechselinhaber solidarisch für die ganze ihm zustehende Forderung verhaftet seien, es ist aber weder hierdurch, noch durch irgend eine sonstige Vorschrift des gedachten Gesetzes den Wechselansprüchen irgend eine Bevorzugung vor anderen solidarischen Forderungen eingeräumt worden und ebensowenig ist ein derartiger Vorzug in der sächsischen Particulargesetzgebung begründet. Auch läßt sich den von Renaud im

Archive für Wechselr. Bd. 8. S. 298 f.

entwickelten Ansichten, wonach ein Unterschied bestehen soll zwischen der solidarischen Haftung mehrerer Schuldner für die nämliche Wechselsumme und der solidarischen Haftung mehrerer Schuldner für eine Wechselregreßsumme, nicht beitreten, da eine genügende Veranlassung für eine derartige Unterscheidung nicht vorhanden ist, namentlich auch Art. 81. der Wechselordnung eine solche nicht macht.

Aus diesen Gründen, welche das Königl. Oberappellationsgericht auch schon früher in einem ähnlichen Falle befolgt hat — Erkenntniß in dem zu Bankwitz's Vermögen entstandenen Concurse Nr. 354

B. R. 1861*) war daher auf die von Ephraim A. eingewendete Berufung das vorige Urthel lediglich zu bestätigen."

(Urthel des O.-A.-G. in Bendixens Concurse, v. 8. Mai 1862. — Ger.-Amt Leipzig.)

162.

Competenz der Justizbehörden zu Entscheidung über die gegen den Polizeipassus eingewendeten Rechtsmittel.

„In Beziehung auf den von dem Bezirksgerichte L. mittelst Berichts vom 25. v. M. zur Entscheidung des Justizministeriums gestellten Zweifel wird dem Bezirksgerichte eröffnet, daß das Justizministerium in Uebereinstimmung mit dem Ministerium des Innern sich allerdings für die der Entschließung der Kreisdirection zu L. zum Grunde liegende Ansicht entschieden hat, daß in Fällen, wo nach §. 3. der Ausführungsverordnung zur Strafproceßordnung ꝛc. vom 31. Juli 1856 die Cognition der Polizeibehörden über polizeiliche Excesse cessirt, ebenso wie in den in der Verordnung vom 25. Januar 1838 unter I. und II. erwähnten Fällen, auch auf die von den Angeschuldigten gegen die Entscheidung der Justizbehörde eingewendeten Rechtsmittel, wenn sie auch nur den Polizeipassus betreffen, die höheren Justizbehörden zu entscheiden haben. Dies leidet namentlich auch Anwendung auf den Fall, wo der Angeschuldigte wegen des ihm gleichzeitig beigemessenen Verbrechens freigesprochen worden ist, da schon durch die Untersuchungseinleitung wegen des letzteren die Competenz der Justizbehörde auch für den Polizeipassus begründet war. In den im zweiten Absatze des gedachten §. 3. erwähnten Fällen würde dasselbe eintreten, so lange nicht von dem Verletzten der Strafantrag zurückgenommen ist.

Demnach mag sich das Bezirksgericht L. an der Entscheidung über den von N. N. eingewendeten Recurs nicht behindert finden."

(Verordnung des Justizministeriums an das Bezirksgericht L. d. d. 5. December 1862. 11537/2067. I.)

163.

Die Handelsgerichte sind nicht berechtigt, eheweibliche Verbürgungen, soweit sie bei den ihnen zugewiesenen Geschäften vorkommen, vorzunehmen.

„Das Justizministerium hat, wie dem Handelsgerichte Ch. bereits durch das Appellationsgericht zu Z.. eröffnet worden ist, über die in dem Berichte vom 7. Oct. d. J. berührte Frage, ob durch den vorletzten Absatz im §. 8. der Ausführungsverordnung zum Handelsgesetzbuche ꝛc. vom 30. December 1861 den Handelsgerichten ge-

---

*) S. diese Zeitschrift, N. F. Bd. XXII. S. 317 f. Nr. 95.

stattet sei, auch eheweibliche Verbürgungen, soweit sie bei den ihnen ebendaselbst durch die Bestimmungen unter 1. bis 11. zugewiesenen Geschäften vorkommen, vorzunehmen, zuvörderst Vorträge von den Appellationsgerichten erfordert. Nachdem jedoch die Mehrzahl der Appellationsgerichte sich dahin ausgesprochen hat, daß unter den an der gedachten Stelle den Handelsgerichten gestatteten Handlungen der nicht streitigen Gerichtsbarkeit Verbürgungen der Frauenspersonen für ihre Ehemänner nicht für inbegriffen zu achten seien, so trägt das Justizministerium Bedenken, das Handelsgericht zu Ch. zur Vornahme solcher Verbürgungen, welche sonach der Anfechtung im Rechtswege unterliegen würden, zu ermächtigen, es wird dasselbe vielmehr angewiesen, in vorkommenden Fällen die Betheiligten damit an deren persönliche Gerichtsbehörde — welche in der Regel das Gerichtsamt in dem betreffenden Bezirksgerichte sein wird — zu verweisen."

(Verordnung des Justizministeriums an das Handelsgericht zu Ch. d. d. 15. December 1862. 11859/2125. I.)

164.

Die Vorstandsmitglieder einer Actiengesellschaft brauchen nicht in das für die Zweigniederlassung angelegte Folium des Handelsregisters eingetragen zu werden.

„Dem Handelsgerichte zu L. wird auf die berichtlichen Anfragen vom 8. d. M. Folgendes zu erkennen gegeben:

&c. &c. &c.

2. Was die Eintragung von Zweigniederlassungen auswärtiger Actiengesellschaften betrifft, so ist in Betracht zu ziehen, daß Art. 212. des Handelsgesetzbuchs — ein bei der dritten Lesung des Entwurfs des Handelsgesetzbuchs eingeschobener Zusatzartikel — wie in der Bl. — f. des Actenhefts zu lesenden Vorstellung hervorgehoben wird, für den Eintrag der Zweigniederlassung einer Actiengesellschaft nur die Anmeldung der im zweiten und dritten Absatze des Art. 210. erwähnten Angaben vorschreibt. Man hat alle Ursache, diese formelle Bestimmung, die den einschlagenden Bestimmungen der Artikel 86. 152. und 153. gegenüber, welche ebenfalls auf Zusätzen bei der dritten Lesung beruhen, als eine Ausnahmebestimmung erscheint, wörtlich zu nehmen und eine extensive Interpretation derselben nicht gelten zu lassen, da dieselbe, wie sich aus den S. 4658. der Protocolle zu lesenden Motiven ergiebt, aus der Anerkennung des Satzes hervorgegangen ist, daß es kein practisches Bedürfniß sei, Alles, was für den Eintrag bei der Hauptniederlassung einer Actiengesellschaft vorgeschrieben ist, auch bei jeder Zweigniederlassung eintragen zu lassen.

Dieß paßt ganz auf die im Art. 228. enthaltenen Vorschriften über die Eintragung der Vorstandsmitglieder. Es liegt dazu bei den Zweigniederlassungen kein Bedürfniß vor, da das Publikum hier nur mit dem Vorstande der Zweigniederlassung verkehrt, der nach Art. 234.

als Handlungsbevollmächtigter anzusehen ist, und bei welchem derjenige, der ausnahmsweise ein besonderes Interesse hat, die Mitglieder des Gesellschaftsvorstandes kennen zu lernen, die Personen derselben leicht erfahren kann. Es kommt hinzu, daß bei dem Vorstande einer Actiengesellschaft ein regelmäßiger Wechsel stattzufinden pflegt, und daher Jeder, der die Vorstände kennen will, Veranlassung hat, sich zu bestimmten Zeiten nach denselben zu erkundigen, was sich bei dem Aus- oder Eintritte von geschäftführenden Mitgliedern einer offenen Gesellschaft anders verhält. Würde aber ein Angehöriger des Districts, für welchen eine Zweigniederlassung besteht, unmittelbar mit dem Vorstande der Gesellschaft contrahiren, so würde er sich selbst in die Lage setzen, als ob die Gesellschaft eine Zweigniederlassung nicht hätte, und sich daher nach den Einträgen beim Handelsgerichte der Hauptniederlassung und der von diesem (und in der Regel auch von der Gesellschaft selbst) ausgehenden Publicationen zu richten haben.

Durch dieß Alles erledigt sich auch die Nothwendigkeit der im Art. 228. vorgeschriebenen persönlichen oder in beglaubter Form einzureichenden Zeichnung der Unterschrift der Vorsteher bei dem Handelsgerichte der Zweigniederlassung, und man muß daher annehmen, daß es absichtlich unterlassen worden sei, die im Art. 228. enthaltenen Vorschriften, die eine wie die andere, auch auf die Zweigniederlassungen auszudehnen, zumal da die Conferenz bei entgegengesetzter Ansicht gerade in der Hinzufügung des Art. 212. (und der übrigen obgedachten Zusätze) eine dringende Veranlassung zu finden gehabt hätte, auch bei Art. 228. wenigstens eine Verweisung auf Art. 212. einzuschalten, wie solches im Art. 214. Abs. 2. nachträglich geschehen ist.

Hiernach werden die Bl. — f. des Actenheftes concipirten Einträge für die Vertreterrubrik in Wegfall kommen können ꝛc. ꝛc."

(Verordnung des Justizministeriums an das Handelsgericht zu L. d. d. 29. Nov. 1862. 1141/1968. I.)

165.

Welche Gebühren darf der Streitvertreter im Concurse für seine Information in der Sache in Ansatz bringen?

„In der revidirten Taxordnung für die Advocaten ist Cap. II. Nr. 1. festgesetzt, daß der Sachwalter für die Information zu Betreibung einer Streitsache vor einer Behörde die dort nach einer Werthscala geordneten Gebührensätze fordern dürfe, und es liegt dieser Taxbestimmung die Erwägung zum Grunde, daß der Sachwalter in jedem Falle, bevor er zu Fertigung von Proceßschriften oder sonstiger Betreibung der Sache bei der Behörde schreitet, Behufs seiner Vorbereitung sich gewissen Mühwaltungen zu unterziehen habe, wegen deren er durch die später geordneten Taxsätze für die eigentlichen bei Gericht vorgenommenen proceßualischen Handlungen nicht genügend entschädigt wird und für welche ihm daher eine besondere Vergütung nach-

zulaffen ift. Auch macht die Taxordnung keinen Unterfchied in Bezug
auf die Proceßart, und es muß hieraus gefolgert werden, daß die
fragliche Gebühr bei allen denjenigen Verhandlungen ftatthaft fei,
welche unter den Begriff einer, bei einer Behörde anhängigen Streit-
fache fallen.

Diefe Rückfichten haben das Juftizminifterium beftimmt, in der
den Appellationsgerichten in vim decreti zugefertigten Verordnung
an die Juriftenfacultät zu Leipzig vom 8. Aug. 1860 *) den Grund-
faß auszufprechen, daß der Streitvertreter im Concursproceffe an fich
für feine Information in der Sache, und zwar jedem einzelnen Liquidanten gegenüber, die geordnete Gebühr in Anfaß bringen dürfe.
Nun foll zwar diefes Befugniß, wie in derfelben Verordnung weiter
bemerkt worden ift, dann wegfallen, wenn derfelbe bereits im Allgemeinen fich ausführlich in der Sache inftruirt und für feine dieß-
fallfige Information Gebühren in Anfaß gebracht hat, durch welche
er wegen der fämmtlichen, feine Inftruction zum Gegenftande habenden
Bemühungen genügend entfchädigt wird, und es hat das Appellationsgericht, wie es in dem Vortrage vom .... erwähnt, diefe Voraus-
feßungen für den Wegfall der Informationsgebühr um deswillen hier
für vorhanden angefehen, weil Advocat N. N. für feine Inftruction
im Allgemeinen 4 Thaler berechnet und nächftdem zahlreiche Anfäße
für Conferenzen gemacht habe. Allein wie einmal die Liquidations-
poft von 4 Thalern mit Rückficht darauf, daß Advocat N. N. nach
Bl. — der Acten zugleich als Gütervertreter fungirt hat, als eine
ausreichende und der Beftimmung der Taxordnung entfprechende Ent-
fchädigung für die Information zu den mit den einzelnen Gläubigern
abzuhalten gewefenen Liquidationsverfahren nicht füglich angefehen
werden kann, fo bezieht fich auch von den 23 in der Berechnung
Bl. — f. Vol. III. enthaltenen Anfäßen für Conferenzen der bei
Weitem größte Theil, und zwar mindeftens 16, auf Verwaltung und
Verwerthung der Activmaffe, fo daß bei Abhaltung diefer Conferenzen
die erforderliche Information zu richtiger Beurtheilung der angemeldeten 32 verfchiedenen Forderungen muthmaßlich nicht hat erlangt
werden können, und es mag in diefer Beziehung, um den Unterfchied
zwifchen dem gegenwärtigen und dem früheren, der erwähnten Verordnung vom 8. Auguft 1860 zum Grunde liegenden Falle deutlich
zu machen, nicht unerwähnt bleiben, daß in dem leßteren für verfchie-
dene, direct zur Inftruirung für die Liquidationsverfahren dienende
Bemühungen Säße von zufammen mehr als 40 Thalern liquidirt
worden waren. Die weiter in dem Vortrage vom .... erwähnten
Umftände aber, daß Advocat N. N. auch die Infolvenzanzeige und
den Status gefertigt habe, fowie, daß die angemeldeten Forderungen
zum größten Theile hypothekarifche, aus dem N. N.'fchen Kaufvertrage herrührende gewefen feien, können nach der Anficht des Juftiz-

---

*) Vgl. diefe Zeitfchrift, N. F. Bd. XX. S. 188 f. Nr. 130.

ministeriums nicht zu der Annahme führen, daß Advocat N. N. überhaupt nicht nöthig gehabt habe, in Ansehung der einzelnen, bei der Liquidation zu Begründung und zum Beweise der verschiedenen Forderungen vorgebrachten Thatsachen sich zu informiren, sondern nur dazu, daß man seine deshalbigen Bemühungen als verhältnißmäßig geringere ansieht und daher auch nur die niedrigsten der geordneten Tarsätze für passirlich erachtet. Demgemäß sind die Ansätze für Conferenzen Bl. — Vol. I. Bl. — — Vol. II. der Privatacten des genannten Sachwalters in dem angeschriebenen Betrage, und der Ansatz Bl. — ibid. Vol. II. nach Höhe von 20 Ngr. für zulässig anzusehen, wogegen es bezüglich der Ansätze Bl. — — ibid., weil es sich bei den Ansprüchen, auf welche sich diese Liquidationsposten beziehen, um Beträge von nicht mehr als 20 Thalern gehandelt hat, bei der Abstreichung bewendet. Denn rücksichtlich der Forderungen, deren Gegenstand den Betrag von 20 Thalern nicht übersteigt, lassen die bestehenden Tarvorschriften (vergleiche die revidirte Taxordnung für die Advocaten Punkt 47. und §. 8. des Gesetzes vom 30. December 1861, die Abkürzung ꝛc. des bürgerlichen Proceßverfahrens betreffend), wie sich namentlich aus dem verschiedenen Inhalte der Anmerkungen zu den Punkten 46. und 47. der Taxordnung ergiebt, in deren letzterer nur Arbeiten nach der Bescheidertheilung erwähnt sind, eine Informationsgebühr überhaupt nicht zu, und wenn auch diese Vorschriften zunächst nur auf die nach dem Gesetze vom 16. Mai 1839 behandelten Streitigkeiten Anwendung leiden, so ist doch das Motiv derselben, daß die Kosten zu dem Belaufe des Anspruches nicht außer Verhältniß treten sollen, für die Behandlung solcher Ansprüche im Concursprocesse ebenfalls maßgebend und daher deren analoge Anwendung auf den letzteren ganz unbedenklich."

(Verordnung des Justizministeriums an das Appellationsgericht zu N. N. d. d. 16. December 1862.)

Miscellen.

(Fortsetzung von Band XXII. S. 556 fg.)

I. Veränderungen.

A. Bei den Ministerien:

Dem Kreisdirector zu Zwickau Bruno von Schimpf ist die erledigte Stelle eines Directors der III. Abtheilung des Finanzministeriums unter Ernennung zum Geh. Rathe übertragen, der Regierungsrath von Charpentier von der Kreisdirection zu Zwickau in das Ministerium des Innern in der Eigenschaft als vortragender Rath versetzt, dem Geh. Finanzrath Friedrich Wilhelm Opelt unter Bezeigung der besondern Allerhöchsten Zufriedenheit mit dessen langjähriger treuer und ausgezeichneter Dienstleistung die gebetene Versetzung in den Ruhestand mit der gesetzlichen Pension bewilligt und das auf überkommene Dienstunfähigkeit gegründete Entlassungsgesuch des im Ministerium der auswärtigen Angelegenheiten angestellt gewesenen Geh. Legationsraths Julius Heinrich Grünler genehmigt worden.

B. Bei dem Oberappellationsgerichte, den Appellationsgerichten und den Kreisdirectionen:

Die erledigte Stelle des ärztlichen Beisitzers bei der Kreisdirection zu Dresden ist dem Medicinalrathe Dr. Gustav Heinrich Warnatz daselbst übertragen, dem Präsidenten des Appellationsgerichts zu Leipzig Dr. Johann Ludwig Wilhelm Beck der Charakter eines Geh. Rathes und dem zur Dienstleistung bei dem Appellationsgerichte zu Leipzig verwendeten Gerichtsrathe beim Bezirksgerichte Leipzig Dr. Rudolph Ferdinand Wenck der Character als Appellationsrath beigelegt, der Gerichtsamtmann Hohlfeld zu Zwickau, der Gerichtsrath Dr. Wahle zu Budissin, der Supernumerar-Regierungsrath von Koppenfels zu Zwickau und der Commissionsrath bei der General-Commission f. A. u. G. Heymann, seither zu Dresden, sind zu Regierungsräthen bei der Kreisdirection zu Zwickau ernannt, dem ersten Secretair bei der letztern, Vogel, ist das Prädicat als Commissionsrath in der 5. Classe der Hofrangordnung beigelegt, der Secretair bei der Kreisdirection zu Leipzig Veit Gerald Freiherr von Seckendorff zugleich zum Referendar ernannt und dem Geh. Regierungsrathe Abbe in Dresden die erledigte Stelle des Kreisdirectors in Zwickau übertragen worden.

C. Bei dem Oberkriegsgerichte.

Der beim Oberkriegsgerichte angestellte Kriegsgerichtsrath Eugen Robert Dietrich ist zum Oberkriegsgerichtsrathe ernannt worden.

D. Bei der Oberrechnungskammer:

Der Oberrechnungsrath Rudolph **Constantin** ist zum Landrentmeister mit dem Prädicat „Finanzrath" ernannt und dem seither bei der Canzlei des Finanzministeriums angestellten Commissionsrathe Gustav Balthasar **Geuder**, unter Ernennung zum Oberrechnungsrathe, die zur Erledigung gekommene zweite Rathsstelle bei der Oberrechnungskammer übertragen worden.

E. Bei der Zoll- und Steuerdirection:

Dem Sächs. Zollvereinsbevollmächtigten in Breslau, Zoll- u. Steuer-Vice-Director Albert Wilhelm Ludwig **von Hake**, ist der Titel „Geheimer Finanz-rath" ertheilt worden.

F. Bei dem Oberbergamte:

Dem Bergrathe, Oberbergamts-Assessor Adolph Eduard **von Beust** zu Freiberg ist der Rang in der vierten Classe der Hofrangordnung und dem Ober-bergamts-Assessor Oswald Erhard **Römisch** daselbst das Prädicat „Bergrath" ebenfalls in der vierten Classe der Hofrangordnung verliehen worden.

G. Bei der Universität Leipzig:

Dem Ordinarius und ersten Professor der Rechte an der Universität Leipzig, Geh. Rath Dr. Carl Friedrich **Günther** und dem ordentlichen Professor der Rechte, Appellationsrath Dr. Wilhelm Ferdinand **Steinacker** daselbst ist die aus Gesundheitsrücksichten erbetene Entlassung mit Schluß des Jahres 1862 bewilligt und die erste Professur in der juristischen Facultät und das Ordinariat in derselben dem ordentlichen Professor der Rechte, Geh. Rath Dr. Carl Georg **von Wächter** vom 1. Januar 1863 an übertragen worden.

H. Bei den Staatseisenbahn-Directionen:

Der seitherige Secretair bei der Staatseisenbahn-Direction zu Leipzig Georg **von Nostitz und Jänkendorf** ist, unter Belassung in seiner jetzigen Stellung, zum Referendar bei gedachter Direction ernannt worden.

I. Bei Unterbehörden:

Dem seitherigen Assessor beim Gerichtsamte Riesa Hermann Oscar **Uibrig** ist die Stelle des Gerichtsamtmannes bei dem Gerichtsamte Riesa übertragen, der Polizeidirector **von Carlowitz** in Dresden auf sein durch Gesundheitsrück-sichten bedingtes Gesuch dieses Postens, unter Versetzung in Wartegeld, ent-hoben, die hierdurch zur Erledigung gelangte Stelle des Vorstandes der Polizei-direction zu Dresden dem vortragenden Rathe im Ministerium des Innern, Geh. Regierungsrathe **Uhde**, unter Ernennung zum Polizeidirector, übrigens mit Beibehaltung seines derzeitigen Dienstprädicats und des damit verbundenen Dienstranges, übertragen, dem Polizeirathe **Schwaß** bei der Polizeidirection zu Dresden das Dienstprädicat als Regierungsrath verliehen, der Vorstand des Gerichtsamtes Markranstädt, Gerichtsamtmann Carl Alexander **Hänel** zum Gerichtsrathe bei dem Bezirksgerichte Plauen, der seitherige Actuar beim Ge-richtsamte Frankenberg Ernst Julius **Raupert** zum Gerichtsamtmanne bei dem Gerichtsamte Markranstädt ernannt, der Gerichtsrath bei dem Bezirksgerichte Oschatz Friedrich August **Müller**, ohne Aenderung seiner Dienstleistung, zum Bezirksgerichte Budissin versetzt, der seitherige Actuar beim Gerichtsamte Kö-nigstein Ernst Ludwig **Dietze** zum Gerichtsrathe beim Bezirksgerichte Oschatz ernannt, dem seitherigen Gerichtsrathe bei dem Bezirksgerichte Plauen Julius Ferdinand **Damm** die Stelle des Gerichtsamtmanns bei dem Gerichtsamte Plauen übertragen, der seitherige Vorstand des Gerichtsamtes Radeberg, Ge-richtsamtmann Alexander Emil **Römisch** in gleicher Stellung zum Gerichts-amte Zwickau versetzt, der Assessor beim Gerichtsamte Sayda Gottlieb Friedrich

Kretzschmar zum Gerichtsrathe beim Bezirksgerichte Chemnitz ernannt, der seitherige Vorstand des Gerichtsamtes Markneukirchen, Gerichtsamtmann August Theodor Gröbel in gleicher Eigenschaft an das Gerichtsamt Radeberg versetzt, der seitherige Assessor beim Gerichtsamte Hainichen Friedrich Hermann Müller zum Gerichtsamtmanne bei dem Gerichtsamte Markneukirchen ernannt, der Gerichtsrath beim Bezirksgerichte Annaberg Wilhelm Steinert in derselben Dienststellung zum Bezirksgerichte Meißen versetzt, der Assessor beim Gerichts= amte Zwickau Carl Heinrich Pusch zum Gerichtsrathe beim Bezirksgerichte Annaberg ernannt, der Gerichtsamtmann beim Gerichtsamte Ehrenfriedersdorf Heinrich Hermann Wiegand in gleicher Dienststellung zum Gerichtsamte Frankenberg versetzt, der seitherige Bürgermeister zu Marienberg Friedrich Heinrich Oskar Hanisch zum Gerichtsamtmanne beim Gerichtsamte Ehrenfrie= dersdorf ernannt, die Actuare Hugo Alexander von Metzsch beim Gerichtsamte Pentzig und Johann Carl Gustav Wendschuch beim Gerichtsamte Pirna sind zu Gerichtsräthen beim Bezirksgerichte Leipzig ernannt, ferner ist dem Stellver= treter des Directors des Bezirksgerichts Leipzig, Criminalrichter Dr. Wilhelm August Rothe und dem ersten Gerichtsrathe beim genannten Bezirksgerichte, Stadtrichter Dr. Eduard August Steche das Prädicat als Justizrath ertheilt worden.

II. Ehrenbezeigungen.

Se. Königl. Majestät haben folgende Orden zu verleihen geruht:

1) Das Comthurkreuz I. Classe des Verdienstordens: dem ersten Rathe im Justizministerium, Geh. Rath Dr. Moritz Christian Hänel, seit= herigem Comthur II. Classe des Verdienstordens;

2) Das Comthurkreuz II. Classe des Verdienstordens: dem ordent= lichen Professor der Rechte an der Universität Leipzig, Appellationsrath Dr. Wilhelm Ferdinand Steinacker und dem vormaligen Vicepräsident des Appellationsgerichts zu Leipzig Dr. Christoph Friedrich Schrecken= berger aus Anlaß seines fünfzigjährigen Doctorjubiläums;

3) das Ritterkreuz des Verdienstordens: dem Actuar beim Gerichts= amte Pegau Christian Leberecht Ludwig, Inhaber des Kleinkreuzes des Verdienstordens, bei Erfüllung des fünfzigsten Jahres seines verdienstlichen Wirkens im öffentlichen Dienste, dem Geh. Regierungsrathe Schmalz und dem Abtheilungsvorstande im Kriegsministerium, Geheimen Kriegsrathe Teucher und dem Vice-Bürgermeister zu Leipzig Franz Theodor Berger, aus Anlaß seines Ausscheidens aus dem öffentlichen Dienste in Anerken= nung seiner langjährigen, verdienstlichen Wirksamkeit;

4) Das Comthurkreuz I. Classe des Albrechtsordens: dem Ordi= narius und ersten ordentlichen Professor der Rechte an der Universität Leip= zig, Geh. Rath Dr. Carl Friedrich Günther;

5) das Ritterkreuz des Albrechtsordens: dem Advocat Dr. jur. Ernst Carl Erdmann Heine in Plagwitz bei Leipzig und dem Bürgermeister Paul Wilhelm Schickert in Großenhain.

Hiernächst haben Se. Königl. Maj. zu genehmigen geruht, daß der außer= ordentliche Professor der Rechte an der Universität Leipzig, Dr. Hermann Schletter, das ihm von Sr. Maj. dem Könige von Portugal verliehene Rit= terkreuz des Königl. Portugiesischen Schwertordens, der Staatseisenbahndirector, Finanzrath Freiherr von Weber den ihm von Sr. Maj. dem Könige von Preußen verliehenen Kronenorden III. Classe, der Geh. Regierungsrath Just in Dresden das von Sr. Hoheit dem Herzoge von Sachsen=Coburg und Gotha ihm verliehene Comthurkreuz II. Classe des Herzogl. Sachsen=Ernestinischen Hausordens, der Geh. Rath und ordentliche Professor der Rechte an der Universi= tät Leipzig Dr. Carl Georg von Wächter das ihm von Sr. Maj. dem Kaiser von Oesterreich verliehene Commandeurkreuz des kaiserlichen Leopoldordens und der Finanzprocurator und fürstlich Reußische Hofrath Carl Gustav Acker= mann in Dresden das ihm von Sr. Durchlaucht Friedrich Günther zu Schwarz= burg verliehene Ehrenkreuz III. Classe annehmen und tragen.

Ferner haben Se. Maj. der König dem Polizeidirector a. D. **von Carlo-witz** in Dresden als Zeichen Allerhöchster Zufriedenheit mit seiner Dienst-leistung den Character als Geheimer Regierungsrath und dem Geh. Legations-rathe a. D. Julius Heinrich **Grünter** in Dresden in Anerkennung seiner lang-jährigen ersprießlichen Dienste das Prädicat eines königl. Geheimenraths beizulegen geruht.

III. Todesfälle.

Gestorben im Jahre 1862: Am 2. Juli der Finanzprocurator, Ad-vocat Hermann Moritz **Garten** in Schwarzenberg; am 4. Juli der Gerichts-amtsassessor Emil Gideon **Dietrich** in Dresden; am 15. Juli der emeritirte Bürgermeister Christian Friedrich **Wehner**, Ritter des K. S. B. O., zu Dres-den; am 21. Juli der Steuerprocurator, Advocat **Müller** in Bischofswerda; am 19. Aug. der Bezirksgerichtsrath Eduard **Panzer** in Meißen; am 21. Aug. der Advocat Carl Aemilius **Bachmann** zu Reichenbach; am 2. Oct. der eme-ritirte Stadtrath Carl Gotthelf **Neumann** in Zittau; am 7. Oct. der Gerichts-amtsassessor Gustav **Herrmann** in Oschatz; am 8. Oct. der vormalige Gerichts-director zu Lichtenwalde Carl Christian **Schilling** in Frankenberg; am 9. Oct. der Advocat Julius **Böttger** in Leipzig und der vormalige Vicepräsident des Oberappellationsgerichts Dr. Gustav Samuel Theodor **Baumgarten-Crusius** in Dresden; am 18. Oct. der Gerichtsamtsactuar Georg **Uber** in Herrnhut; am 31. Oct. der Geh. Secretair im Gesammtministerium Carl Christian Fried-rich **Krell**; am 3. Nov. der Gerichtsamtsactuar Carl Hermann **Wittich** in Leipzig; am 4. Nov. der Stadtgerichtsactuar Paul **Grimm** in Meerane; am 25. Nov. der Advocat Ernst Theodor **Weidner**, Actuar bei der Deputation zu den milden Stiftungen in Zittau; am 30. Nov. der pensionirte Stadtvoigt und Advocat Heinrich Gottlob **Mühlmann** in Zwickau; am 4. Dec. der Advocat Otto Adolph Dietrich **Schmidt** in Leipzig; am 7. Dec. der Advocat Carl **Klein** in Leipzig; am 15. Dec. der Advocat und vormalige Gerichtsdirector August Friedrich **Adler**, Ritter des K. S. Albrechtsordens, auf Plohn; am 19. Dec. der Advocat Georg **Crasso** in Kamenz.

IV. Immatriculation von Advocaten 2c.

Vom K. Justizministerium sind

1) folgende Advocaten: der seitherige Gerichtsamtsactuar Alexander **Zinkeisen** in Leipzig, der Bürgermeister Georg Woldemar Esaias **Häntzschel** in Ra-deberg, der Bürgermeister Carl Heinrich Georg **Burckhardt** in Oelsnitz, der Rechtscandidat Carl Hugo **Tschucke** in Meißen, der seitherige Bezirks-gerichtsactuar Heinrich Franz **Ulrich** in Chemnitz und der seitherige Be-zirksgerichtsactuar Anton **Vater** in Chemnitz und

2) folgende Notare (unter Gestattung der Ausübung des Notariats in dem durch die Notariatsordnung vom 3. Juli 1859 bestimmten vollen Umfange): der Bürgermeister und Advocat Wilhelm Theodor **Bachmann** in Dahlen und der Advocat Constantin Friedrich Moritz **Ufer** in Hartenstein, immatriculirt worden.

Ferner ist die wider den vormaligen Advocat Ernst Julius **Förster** und den vormaligen Bürgermeister und Advocat Alexander **Lincke** aus Werdau verfügt gewesene Suspension von der Advocaten- und Notariatspraxis wieder aufgehoben worden.

Sachregister

zum dreiundzwanzigsten Bande der neuen Folge der Zeitschrift für Rechtspflege und Verwaltung.

C.